LA
BATALLA
CULTURAL

AGUSTÍN LAJE
LA
BATALLA
CULTURAL

REFLEXIONES CRÍTICAS
PARA UNA NUEVA DERECHA

HarperCollins *México*

© 2022, HarperCollins México, S.A. de C.V.
Publicado por HarperCollins México
Insurgentes Sur 730, 2º piso.
03100, Ciudad de México.

© Agustín Laje Arrigoni, 2022

Este libro también está disponible en formato electrónico.

Todos los comentarios, ideas, descripciones y expresiones que aparecen en esta obra corresponden al autor y no son responsabilidad de la editorial ni representan necesariamente su punto de vista.

A menos que se indique lo contrario, todas las citas bíblicas han sido tomadas de la Santa Biblia, Versión Reina-Valera 1960 © 1960 por Sociedades Bíblicas en América Latina, © renovada 1988 por Sociedades Bíblicas Unidas. Usada con permiso. Reina-Valera 1960® es una marca registrada de la American Bible Society y puede ser usada solamente bajo licencia.

Los sitios web, números telefónicos y datos de compañías y productos mencionados en este libro se ofrecen solo como un recurso para el lector. De ninguna manera representan ni implican aprobación ni apoyo de parte de HarperCollins, ni responde la editorial por la existencia, el contenido o los servicios de estos sitios, números, compañías o productos más allá de la vida de este libro.

Editora en Jefe: *Graciela Lelli*
Edición: *Juan Carlos Martín Cobano*
Diseño: *Setelee*

ISBN: 978-1-40023-841-5
eBook: 978-1-40023-599-5
Audio: 978-1-40023-850-7

Distribuido fuera de México por HarperCollins Leadership

Impreso en Estados Unidos de América
22 23 24 25 LSC 9 8 7 6 5

A los que están
resistiendo

CONTENIDO

AGRADECIMIENTOS

Este libro, que fue escrito de forma algo discontinua entre el año 2014 cuando empezó esta aventura y hasta mediados del 2021 cuando por fin concluye su redacción, se llevó muchos años de mi vida y, por tanto, muchas personas, afectos y apoyos que han intervenido de una u otra manera en el camino. No alcanza el espacio ni es suficiente la memoria para todos ellos. Sin embargo, quiero anotar acá el nombre de algunas personas a las que debo agradecer.

A mi familia en general, y a mi madre en particular, a quien debo todo.

A mi primer maestro, amigo y compañero de batallas culturales, Nicolás Márquez, de quien aprendí la importancia política de la cultura.

A Pablo Pozzoni, que a lo largo de los últimos tres años de trabajo de este libro me acompañó casi como una suerte de «director de tesis», sugiriendo y brindando bibliografía, compartiendo ideas, proponiendo críticas y revisando el manuscrito.

A Sofanor Novillo Corvalán, que me acompañó durante los primeros años de trabajo en este libro, y me obsequió, con la generosidad que lo caracteriza, numerosa bibliografía aquí citada.

A Emilio Viramonte y José Luis Cea, sin cuyo apoyo no podría haber estudiado Filosofía en la Universidad de Navarra, y por lo tanto este libro hubiera perdido de vista muchas cosas importantes.

A Carlos Beltramo, quien insistió con que, diagnosticado el mal de la Nueva Izquierda, ahora debía proponerse algo: «cazar al oso».

A Miklos Lukács, quien hace dos años abrió en las derechas el debate tecnológico-político, y a quien debo inspiración en lo que corresponde a ese asunto en este libro.

A Alexander Beglenok y Juan Antonio Castro, que me asistieron en la investigación para este libro.

A Erick Kammerath, que trabajó en la edición de citas y bibliografía.

A los editores de este libro, Graciela Lelli y Juan Carlos Martín Cobano, porque su valioso trabajo contribuyó significativamente a la calidad del manuscrito.

A mis «patreons», cuyo generoso apoyo significa un sostén para mi trabajo. En especial, a María Virginia Goñi, Dinko Zambrano, Rafael Elizondo, Abner Román, Jorge A. Mencias, Raúl Rodríguez, Sandra Lorena Fernández, Cristian König, Edith Zavaleta González y Rebeca Cuevas-Zavaleta.

INTRODUCCIÓN

Desde hace bastante tiempo, la cultura parece ser un tema de las izquierdas. En ellas resuenan nombres como Antonio Gramsci, y destacan escuelas como la de Fráncfort. En ella se escruta la microfísica del poder con Michel Foucault a la cabeza, y se impulsan estrategias hegemónicas con los favores teóricos de Ernesto Laclau y Chantal Mouffe. En ellas se habla de revoluciones culturales, de deconstrucción, de «políticas identitarias», de «interseccionalidad», de sexo, de género, de raza, de etnias, de opresores y oprimidos, cada vez más definidos por la cultura en detrimento de la centralidad que alguna vez tuvo la economía en el discurso marxista. Porque la cultura, desde ya hace varias décadas, es sin duda el campo de los antagonismos políticos favoritos de las izquierdas hegemónicas.

Desde hace mucho menos tiempo, sin embargo, la cultura empieza a ingresar en el discurso de las derechas. Concretamente, la noción de «batalla cultural» está hoy en boca de libertarios antiprogresistas, conservadores, tradicionalistas y patriotas. Todos ellos hablan hoy de «batalla cultural». Pero, hasta el presente, nadie ha especificado muy bien qué quiere decir semejante término. Sin esta precisión teórica, es difícil que eso signifique algo realmente importante en la práctica.

Este libro constituye un esfuerzo por encarar esa tarea. Lo que pretendo, en resumen, es ofrecer una teoría sobre la batalla cultural, y mostrar por qué la cultura se ha vuelto central para la política. Si bien el estilo de mi trabajo es académico, y la honestidad intelectual es su guía, mis posiciones y mi compromiso político son explícitos desde la primera página. En efecto, mi interés teórico no está al servicio de la mera teoría, sino de una práctica política que sirva a las derechas en general, y a lo que al final de este estudio llamo «Nueva

Derecha» en particular. Podría decirse, pues, que tras los esfuerzos académicos que insumió este libro subyace una ilusión cabalmente política.

Así pues, el libro se divide en seis capítulos. En el primero discuto distintas acepciones de la palabra «cultura» y pienso con ellas el sentido de algo llamado «batalla cultural». Allí defino, entre otras cosas, las características de toda batalla cultural que habrán de considerarse para el resto del estudio.

En el segundo capítulo abordo los componentes políticos, económicos y culturales de la modernidad, buscando distinguirla de contextos premodernos. Según entiendo, las batallas culturales solo tienen sentido en marcos modernos por razones que allí explico, y por eso resulta imprescindible explicitar algunas de sus características fundamentales.

En el tercer capítulo conecto directamente la batalla cultural con el contexto de la modernidad, explorando asuntos bien concretos, tales como la emergencia de las ideologías, la ingeniería social, el declive de los lazos tradicionales, el rol de los intelectuales, la sociedad de masas, la democratización del sistema político y los medios de comunicación masiva.

En el cuarto capítulo me sumerjo en la modernidad tardía, o lo que se ha llamado también «posmodernidad», tratando de comprender sus determinantes económicas. Así pues, exploro el paso del sistema industrial al posindustrial, el paso de la sociedad de masas a la sociedad del consumo, el posfordismo y las industrias culturales, y la irrupción de la economía digital. El foco está puesto en cómo interactúa todo esto con la cultura, y de qué manera esta última va recubriéndolo todo en este contexto histórico.

En el quinto capítulo busco las características tecnológicas, mediáticas y políticas de la modernidad tardía o «posmodernidad». En concreto, analizo cómo las tecnologías de la información, la inteligencia artificial y las biotecnologías impactan sobre realidades saturadas de cultura, en las que se resuelven nuestras vidas y nuestros procesos políticos, que cada vez son menos nuestros. Además de la digitalización de lo individual, lo social y lo político y el consiguiente refinamiento del poder, este contexto ve surgir el globalismo como orden político que va trasladando la soberanía de las naciones a entidades supranacionales. Las batallas culturales, en este mundo, se muestran más necesarias que nunca.

Finalmente, en el sexto y último capítulo, ingreso en la espinosa díada izquierda/derecha. Allí trataré de fijar su sentido, discutiendo distintas propuestas que se han ido esgrimiendo, y ofreciendo una propia. Además, defenderé que la díada no ha perdido vigencia, sino más bien todo lo contrario: ha mostrado de qué manera es capaz de actualizar sus contenidos a los más variados contextos históricos. En la actualidad, y desde 1968, el grueso de la díada se va definiendo en torno a la cultura. Por eso explico cuáles fueron los acontecimientos que estuvieron en la base de este desplazamiento, y cuáles fueron algunas de las más importantes teorías de las izquierdas que abrazaron la cultura como centro del conflicto político. Las derechas, por su parte, y al revés que las izquierdas, no elaboraron estrategias políticas en torno a batallas culturales, y eso me lleva a determinar algunos de los motivos de esta defección. Cierro el libro proponiendo una articulación entre distintas corrientes de derechas que pongan en el centro de un nuevo «nosotros» político sus batallas culturales, en lo que llamo «Nueva Derecha».

Espero que este libro sirva a todos esos «guerrilleros culturales» que, por ahora dispersos y fragmentados, llevan con valentía sus batallas culturales. Espero que en algún momento podamos conformar algo más grande que nuestras meras células políticamente incorrectas.

CAPÍTULO 1

APROXIMACIONES CONCEPTUALES

I. Tres acepciones de «cultura»

Cultura: palabra usada y *re*-usada, instrumentalizada y violentada, infinitamente repetida en *este* o en *aquel* contexto, con *este* o con *aquel* propósito, para decir *esto* o *aquello*. Palabra versátil, polisémica, de múltiples acepciones, manoseada por doquier, adaptable a las necesidades de un sinfín de caprichos. Palabra comodín, palabra talismán, palabra que configura la respuesta a todas las preguntas que se han formulado, y a las que no, también. Palabra fácil, palabra tendencia, palabra de moda actualmente en boca de todos, pues maravilla con sus revelaciones sobre nosotros mismos, sobre una conciencia vuelta sobre sí misma, que reconoce su absoluta contingencia en el movimiento de no reconocerse más que como pura «cultura», como mera «construcción cultural», como artificio resultante de la «artificialidad» constitutiva del hombre. Pero este es, en todo caso, un punto de llegada: lo que puede verse al final de un túnel cuyo origen podría rastrearse, al menos, hasta el proyecto de la Ilustración, al que se le debe en gran medida la idea de la cultura como *proyecto*. De aquí en adelante, el significante «cultura» fue extendiendo su significación, su campo semántico, y así dio lugar a la emergencia de diversas acepciones, en muchos casos contradictorias las unas con las otras. Que hoy sea posible decir tantas cosas tan distintas con la misma palabra «cultura» es una consecuencia del estiramiento incesante de su significación.

La palabra cultura fue popularizada a partir del siglo XVIII como una propiedad de espíritus humanos elevados. En concreto, hacía referencia al depósito de conocimientos, gustos refinados y hábitos deseables que los hombres deberían esforzarse por adquirir, pero que no todos adquirían. Llegar a «ser culto» era el resultado de un proceso educativo signado por las enciclopedias, la filosofía, las ciencias, las obras de arte y la buena música. Así, no todo hombre tenía cultura. La cultura, en tanto que posesión que se fundía con el espíritu humano, realizando al hombre *qua* hombre, era el premio de aquellos que habían dedicado tiempo y esfuerzo a *cultivarse*. Y es que la cultura era al espíritu lo que la agricultura es a la tierra. Así lo sugiere su etimología: *colere*, del latín, significa «cultivar» y «dedicarse con esmero». De la misma manera como la tierra ha de ser laboriosamente cultivada —con esmero— para que dé su fruto, el hombre ha de cultivar su conocimiento, sus intereses, su gusto, su cuerpo y su espíritu para llevar adelante una vida enriquecida y plenamente humana.

En *La metafísica de las costumbres*, Kant hace saber con claridad qué es la cultura para un ilustrado como él: «El cultivo (*cultura*) de las propias facultades naturales (las facultades del espíritu, del alma y del cuerpo), como medio para toda suerte de posibles fines, es un deber del hombre hacia sí mismo».[1] Las facultades del hombre deben ser labradas, deben ser *cultivadas*, para que este pueda realizarse en lo que se propone. Podría decirse que el hombre que ha alcanzado la «mayoría de edad», en el sentido ilustrado, es el hombre cultivado. Johann Christoph Adelung, filólogo alemán contemporáneo de Kant, definía en su *Ensayo sobre la historia de la cultura de la especie humana* (1782) ocho etapas del desarrollo de la cultura humana, que empezaba como «embrión», seguía como «niño», «joven», y así sucesivamente se iba perfeccionando hacia la adultez con arreglo al conocimiento y el refinamiento. «La cultura consiste en la suma de conceptos definidos y en la mejora y el refinamiento del cuerpo y de los modales», dice Adelung.[2]

---

1. Immanuel Kant, *La metafísica de las costumbres* (Madrid: Tecnos, 2008), p. 311.
2. Citado en Clyde Kluckhohn, Alfred Kroeber, *Culture: A Critical Review of Concepts and Definitions* (Cambridge (MA): The Museum, 1952). Edición consultada de Pantianos Classics, (S/F), p. 19.

Es evidente que esta forma de concebir la cultura, propia del siglo XVIII, ha trascendido su propio tiempo histórico. Spengler adopta esta lógica de las etapas culturales en sus estudios sobre la civilización: esta última es el punto de llegada de aquella. Hegel, que sin embargo hablará más que nada del *Geist*, refiere al término en cuestión cuando señala que «el nombre de Grecia tiene para el europeo culto, sobre todo para el alemán, una resonancia familiar».[3] El «europeo culto» es el europeo que ha cultivado su espíritu (de entre quienes destacan los alemanes), y que por ello es capaz de seguir una genealogía que lo hace mirar, en este caso, a Grecia. En otro tipo de literatura de la época, como es el caso de *El retrato de Dorian Gray* de Oscar Wilde, se lee asimismo que «quienes encuentran significados bellos en las cosas bellas son espíritus cultivados [...]. Son los elegidos, y para ellos las cosas bellas solo significan belleza».[4] Otra vez, la misma noción: el «espíritu cultivado» se abre a una realidad humana —cerrada al inculto— donde es posible contemplar la belleza.

Hay que regresar un momento al *ethos* de la Ilustración para comprender mejor esta acepción de cultura. El proyecto ilustrado postulaba la emancipación del hombre como una función del conocimiento. Su vocación universal demandaba una expansión cultural con los elegidos como agentes de transformación. La cultura, en singular, debía articularse en un proyecto universal emancipador. De este modo, la educación se convertía en la estrategia predilecta para hacer que los incultos dejaran de serlo, y el joven Estado moderno, a la par que se popularizaba el concepto de cultura, rápidamente puso sobre sus hombros la misión de *cultivar* el espíritu de los hombres que se ubicaban bajo su soberanía. El proyecto cultural se hizo proyecto político. Esto fue especialmente evidente en Francia, por su vocación universalista. Zygmunt Bauman comenta al respecto que «el concepto francés de *culture* emergió como nombre colectivo para los esfuerzos gubernamentales en pos de fomentar el aprendizaje, suavizar y mejorar los modales, refinar los gustos artísticos y despertar necesidades espirituales que el público no había sentido hasta entonces, o bien no era consciente de

---

3. G.W.F Hegel, *Lecciones sobre la historia de la filosofía* (México: FCE, 1995), p. 139.
4. Oscar Wilde, *El retrato de Dorian Gray* (Buenos Aires: Hyspamérica, 1983), prefacio.

que las sentía».[5] La noción misma de «política cultural», derivada de la necesidad de gobernar la cultura, nos acompaña desde el surgimiento de las naciones modernas.

Esta primeriza acepción de cultura, de cuño ilustrado, podría denominarse «elitista» o «jerárquica». Esto es así en la medida en que prevé la existencia de una jerarquía cognitiva, epistemológica, sapiencial (la ciencia supera al mito) y estética (el buen arte, la buena música, la buena literatura, por sobre las expresiones «vulgares» de sensibilidades «populares») que jerarquiza, a su vez, a quienes comprenden y respetan el orden de la escala y los códigos que la componen. La cultura es algo que se posee y que se puede transmitir sin perderlo, pero que no todos lo poseen y por tanto no todos lo pueden transmitir por igual. Así como existen personas cultas, existen también los *incultos*. Los unos deberían enseñar y los otros deberían aprender. La cultura es vista, en estos términos, como un registro de la actividad humana que trasciende las limitaciones naturales; que *civiliza*, por así decirlo, al hombre (en Francia, *culture* y *civilisation* iban de la mano: una generaba las condiciones de posibilidad de la otra). No por nada en Kant la naturaleza es fuente de las inclinaciones a las que se opone la ley moral: si el hombre es libre, eso se debe a su capacidad para determinar la voluntad no con arreglo al mundo de la causalidad natural, sino con arreglo al reino de la libertad al que su razón es capaz de acceder: «Es para el hombre un deber progresar cada vez más desde la incultura de su naturaleza, desde la animalidad (*quoad actum*) hacia la humanidad, que es la única por la que es capaz de proponerse fines».[6] La naturaleza como prisión y la cultura como libertad, visiones tan corrientes hasta hoy día, tienen en alguna medida aquí un magistral antecedente.

La cultura es creación humana. La naturaleza no se cultiva a sí misma, sino que es el hombre el que, trabajándola, imprime en ella el orden que le sea conveniente para sus fines. La naturaleza no cultivada es salvaje, peligrosa, no responde a fines humanos, de la misma forma que el hombre no cultivado tampoco se pone fines a sí mismo, sino que es preso de su condición animal. Cultivar al hombre

---

5. Zygmunt Bauman, *La cultura en el mundo de la modernidad líquida* (México: FCE, 2015), p. 85.
6. Kant, *La metafísica de las costumbres*, p. 238.

es volverlo «mayor de edad», parafraseando a Kant. Esta noción de cultura, si bien es jerárquica, pone su foco en la capacidad del hombre para la libertad, y lo convierte en amo y señor de su entorno, ordenador de su sociedad y dueño de su vida.

La acepción elitista de la cultura se ajustó sin demasiados problemas a las condiciones sociales del siguiente siglo. La industrialización y el surgimiento de la clase obrera crearon pautas de comportamiento y formas de ser más bien distintivas de cada clase particular. Se vio, en concreto, que los efectos de conjunto podían ser ligados a las condiciones materiales de existencia: la sociología ya estaba asomando con fuerza. Los paralelos procesos de urbanización, asimismo, ponían en contacto a las clases, haciendo de sus diferencias culturales algo patente para todos. Así surgió la distinción entre «alta» cultura y «baja» cultura, sobre todo en las sociedades industrializadas, a partir de la cual ya no se suponía que un hombre no pudiera tener cultura, sino que la cultura tenía diversos grados de calidad. Del blanco al negro se encontró, pues, toda una gama de grises. El asunto no era tan simple como parecía. Ya no cabía hablar aquí de «incultos» en un sentido estricto, sino, más bien, de personas de «bajo nivel cultural». Todos tienen cultura, pero no de igual calidad: estiramiento de la escala, modesto estiramiento del significado.

Estas nociones de cultura siguen operativas en la actualidad, al nivel de los usos del lenguaje cotidiano, aunque mezcladas a menudo con otras distintas. Así, por ejemplo, cuando se califica a una persona de «culta», cualquiera comprende que se está ponderando en ella la posesión de conocimientos, intereses y gustos propios de espíritus refinados. De la misma forma, cuando se dice que alguien es «inculto» se está indicando que carece de la formación que caracteriza a los hombres cultos; y lo mismo aplica para la distinción entre «alta» y «baja» cultura o «cultura popular», como más a menudo se utiliza.

Ahora bien, de la mano de la antropología empírica surgirá, en la segunda mitad del siglo XIX, una acepción bien distinta de cultura, hoy también ampliamente incorporada a nuestro lenguaje cotidiano. En este contexto, «cultura» empieza a significar toda regularidad social que distingue a la sociedad en la que el hombre se inserta: algo así como las marcas y las estructuras relativamente estables de la existencia social de un grupo concreto. Uno de los más importantes referentes de esta visión fue el antropólogo británico Edward Burnett Tylor, quien en 1871 ya utilizaba la palabra «cultura» (tomada del alemán «Kultur», influido por Gustav Klemm, influido a su vez por Voltaire[7]) para englobar el conjunto de los elementos que distinguen y ordenan a una sociedad dada y a sus miembros: «La cultura, tomada en su significado etnográfico más amplio, es ese conjunto que incluye conocimientos, creencias, arte, moral, leyes, costumbres y toda otra capacidad y hábito adquiridos por el hombre en cuanto miembro de una sociedad»,[8] escribe Tylor.

A diferencia de la concepción elitista o jerárquica de cultura, aquí la noción de *incultura* carece por completo de sentido. La cultura, definida por aquello que pertenece a la vida del hombre pero que no está directamente determinado por su patrimonio genético, sino más bien por la forma y las condiciones de la sociedad en la que vive, se vuelve *de facto* un universal. En esta instancia, la noción ilustrada de cultura se invierte en dos sentidos. Por un lado, todos los hombres tienen, por ser hombres, cultura, aunque no hay una sola cultura, sino que hay tantas culturas como grupos sociales existan. No hay *una cultura* universal, pero *lo cultural* en abstracto es universal en la medida en que el hombre siempre está sujeto a una cultura particular. Y, por otro lado, la cultura ya no refiere tanto a una realización individual del sujeto abstracto que cultiva su espíritu deliberadamente, sino que apunta a las realizaciones sociales que generan las condiciones de vida en las que un sujeto concreto se desenvuelve.

La antropología de Ernst Cassirer se enmarca bien en esta noción y ayuda a entender el punto, sobre todo por su réplica a Kant en esta materia. Para Cassirer, cómo se había descrito al hombre y a la cultura no respondía más que a imperativos éticos. Lo que toca hacer es descender a la vida misma del hombre y encontrar cuál es el principio diferenciador, cuál es la índole de lo que el hombre es y de lo que el hombre hace. La conclusión de Cassirer es que «la razón es un término verdaderamente inadecuado para abarcar las formas de la vida cultural humana en toda su riqueza y diversidad, pero todas

---

7. Kluckhohn; Kroeber, *Culture: A Critical Review of Concepts and Definitions*, p. 9.
8. Citado en Marco Aime, *Cultura* (Buenos Aires: Adriana Hidalgo Editora, 2015), p. 20.

estas formas son formas simbólicas. Por lo tanto, en lugar de definir al hombre como un *animal racional* lo definiremos como un *animal simbólico*».[9] La relación del hombre con el mundo simbólico que él mismo ha edificado es lo que distingue al hombre de cualquier otra especie (como diría Weber: «el hombre es un animal suspendido entre telarañas de significados que él mismo ha tejido»). En estos términos, la cultura abarca toda creación simbólica que estructura el entorno de ese animal simbólico que es el hombre. Pero el acento no está puesto por lo general en la creación humana como acto de libertad, sino sobre todo en los efectos que esa red de normas, instituciones y relaciones llamada «cultura» tiene sobre la acción humana. Cassirer pone de manifiesto esta paradoja en la cual el hombre termina preso de su propia realización: «El hombre no puede escapar de su propio logro, no le queda más remedio que adoptar las condiciones de su propia vida; ya no vive solamente en un puro universo físico sino en un universo simbólico».[10]

La antropología empírica podría verse como el intento de penetrar estos universos simbólicos particulares y comprenderlos desde su interior, desde las reglas que les son propias. Así al menos lo quería Bronislaw Malinowski, al describir lo que había de hacerse como «el hecho de captar el punto de vista nativo, su relación con la vida», percibiendo «*su* visión de *su* mundo».[11] Las significaciones compartidas que llamamos «cultura» crean el mundo saturado de símbolos en el que la vida del grupo transcurre; para comprender ese mundo hay que sumergirse en esas significaciones; y, si bien muchos antropólogos tempranos —como el mencionado— establecieron un esquema teleológico de evolución social, dividido en fases y estadios, sobre los cuales es posible jerarquizar las culturas, el punto crucial es que el ser de la cultura (su ontología) ya no está en función de esa jerarquía. No hay «grados de ser», por así decirlo.

Franz Boas, contemporáneo de Malinowski, también llamó la atención sobre la necesidad de estudiar las culturas a partir de los

---

9. Ernst Cassirer, *Antropología filosófica. Introducción a una filosofía de la cultura* (Ciudad de México: FCE, 2016), p. 60.
10. Ibíd., p. 58.
11. Bronislaw Malinowski, *Argonauts of Western Pacific* (Londres: Routledge & Sons, 1922), p. 25. Citado en Zygmunt Bauman, *La cultura como praxis* (Barcelona: Paidós, 2002), p. 131.

marcos interpretativos de estas mismas. Pero, más que significaciones, la antropología de Boas fue tras los comportamientos, influenciada por los paradigmas conductuales norteamericanos. En la relación del individuo con su cultura se hacía posible entender, pues, la conducta humana. Franz Boas buscaba en esta relación «las fuentes de una verdadera interpretación del comportamiento humano».[12] Cada cultura revestía elementos únicos y diferenciadores, y por cultura aquel entendió «todas las manifestaciones de los hábitos sociales de una comunidad, las reacciones de un individuo en cuanto afectado por los hábitos del grupo en el que vive, y los productos de las actividades humanas en cuanto determinadas por esos hábitos».[13] Independientemente de la diferencia filosófica de ambos autores clásicos de la antropología moderna, es evidente que ambos mantienen una noción de cultura que llega a nuestros días, y que apunta a significar el conjunto de elementos sociales que están en la base de la vida de los hombres concretos.

Ciertamente, bajo la acepción antropológica no tiene sentido derivar el adjetivo «culto» del sustantivo «cultura». Todo hombre, por el solo hecho de nacer y crecer en una sociedad, sería parte de una cultura. Por lo tanto, hablar de un «hombre culto» sería algo así como una redundancia. El pedagogo izquierdista Paulo Freire, en su libro *La educación como práctica de libertad*, comenta una anécdota sobre cómo le enseñó a un campesino lo que «verdaderamente» significaba ser «culto». «Sé ahora que soy culto —afirmó enfáticamente un viejo campesino—. Y al preguntársele cómo lo sabía, respondió con el mismo énfasis: "Porque trabajo y trabajando transformo el mundo"». Jorge Bosch hace una interesante crítica sobre este punto:

> Freire había enseñado a este humilde personaje que «ser culto» quiere decir «trabajar» (acepción pseudo-antropológica muy personal del señor Freire); y que además el trabajo transforma el mundo. *Ergo*, aquel viejo campesino era culto; el pobre hombre quedó (supongo) encandilado por esta revelación, y como las pautas tradicionales imperantes en su medio asignaban valor y prestigio a las personas cultas, se sintió

---

12. Franz Boas, *Race, Language, and Culture* (Londres: Macmillan, 1984), p. 258. Citado en Bauman, *La cultura como praxis*, p. 132.
13. Citado en Aime, *Cultura*, p. 22.

orgulloso y realizado, sin advertir (precisamente porque no era culto) que había sido víctima de una perversa trampa semántica.[14]

En efecto, la acepción antropológica de cultura ha sufrido a menudo estiramientos exacerbados de su campo semántico. Cuando todo lo no-biológico cabe dentro del significado de cultura, se tiene por resultado un significante que, al decir cada vez más cosas, *cada vez dice menos.* En la modernidad tardía, sobre todo, donde no parece quedar ningún sitio legítimo para lo «natural», lo «cultural» monopoliza todo discurso sobre el hombre y su sociedad. Pero cuando un significante pretende significarlo todo, su capacidad para significar algo particular se debilita. Quizás sea por esta razón por lo que la cultura ahora empieza a ser categorizada y clasificada, dado que, por sí misma, su significado, de tanto que se ha ensanchado, empieza a disolverse. Así, se habla de la «cultura gastronómica», de la «cultura religiosa», de la «cultura musical», de la «cultura vehicular», de la «cultura política», de la «cultura del trabajo», de la «cultura empresarial», de la «cultura deportiva», de la «cultura sexual», y un innumerable etcétera. Dicho con otras palabras: tan amplio se ha vuelto el dominio de la cultura que es imperioso especificar su concreta dimensión para hacerse entender. También hoy se hace necesario hablar de cultura no para designar rasgos propios de grandes grupos humanos, como son las naciones, sino también para referir a aquello que atañe a grupos más reducidos e incluso a subgrupos y subgéneros. Así, por ejemplo, la «cultura del punk», la «cultura del animé», la «cultura de la fiesta electrónica», la «cultura del fútbol» o la «cultura organizacional» de una determinada empresa, etcétera.

Si tanto la acepción ilustrada como la antropológica llegan hasta nuestros días a determinar los usos —tan disímiles— que se le dan a la palabra «cultura», hay que agregar una tercera acepción también presente en el discurso sobre lo cultural. En efecto, lo cultural no solo aparece como el esfuerzo por refinar el espíritu, ni como las características no determinadas genéticamente que constituyen la estructura en la que la vida de un grupo se desenvuelve. Lo cultural también irrumpe con frecuencia como el campo de la creatividad y la recreación humana, como el campo de las creaciones

---

14. Jorge Bosch, *Cultura y contracultura* (Buenos Aires: Emecé, 1992), pp. 16-17.

artísticas y estéticas que caracterizan a la sociedad y en la que sus miembros realizan las dimensiones simbólicas más sensibles de sus vidas. Como se ve, esta acepción particular, que podría llamarse «acepción estética» o «humanista», está atravesada por elementos de las dos acepciones que previamente se han comentado. Sin embargo, la cultura aquí no sería la antítesis de la naturaleza ni la antítesis de la falta de educación y refinamiento, sino que se presentaría sobre todo como lo contrario de la *razón instrumental*, regida esta bajo el criterio de la utilidad de un medio respecto de un fin. La cultura, por el contrario, se configuraría bajo esta particular acepción como una dimensión que trasciende el «mundo del trabajo» y que lleva a quien en ella se sumerge más allá de él. ¿Cuál es la eficacia de una poesía, de un cuadro, o de la inquietud aristotélica por el primer motor inmóvil? ¿Qué podemos *lograr* con ello, si no es escapar por algunos instantes de las funciones sociales verdaderamente —esto es: materialmente— productivas?

La cultura, al decir otra vez de Oscar Wilde, es «lo inútil». Semejante declaración resultaría aberrante tanto para la acepción elitista o jerárquica como para la antropológica. Más acá en el tiempo, en similar sintonía, Andy Warhol dirá que «un artista es alguien que hace cosas que nadie necesita», y, bajo esta acepción, el artista es uno de los representantes por antonomasia del campo cultural. Así, la cultura no tiene otra finalidad que la de embellecer la vida y hacerla más humana. La cultura como estética refiere al dominio del arte, del gusto, de lo bello. Precisamente sobre lo bello, Kant ya había señalado en su tiempo que las sensaciones que provocan las cosas bellas las provocan sin el concurso del interés: «sólo y exclusivamente el gusto por lo bello es un placer libre y desinteresado, pues no hay interés alguno capaz de arrancarnos el aplauso, ni el de los sentidos ni el de la razón». De ahí su definición de gusto: «Gusto es la facultad de juzgar un objeto o modo de representación por un agrado o desagrado ajeno a todo interés».[15] Tomás de Aquino distinguía entre las «artes liberales» y las «artes serviles», siendo estas últimas aquellas que se ordenan a un fin útil. En la Edad Media, las «artes liberales» se dictaban en la llamada «Facultad de los Artistas»: la actividad que

---

15. Immanuel Kant, *Crítica del juicio* (Buenos Aires: Editorial Losada, 1961), pp. 51-52.

aquí se desarrollaba era libre en la medida en que estaba *liberada* del trabajo, esto es, de la producción de lo utilizable; *liberada* de la materia, *liberada* de lo mundano. Hoy las «artes liberales» siguen designando todo aquello que no sabríamos bien cómo utilizar, pero que de alguna manera nos realiza. La crisis de las humanidades y las artes liberales en el mundo contemporáneo es propia de un mundo donde todo lo que existe es la materia, el consumo y la diversión, no como ocio, sino como distracción momentánea y preparativa para volver al quehacer materialmente productivo.

En efecto, es bajo la actividad de la recreación donde se despliega este sentido estético de lo cultural. La cultura es la realización del *ocio*, y en nuestro tiempo ocioso, como interrupción de un día *oficioso*, nos realizamos culturalmente. No como descanso, —ya que este existe como una función del trabajo, en la medida en que se descansa para seguir trabajando y para hacerlo mejor—, sino como un plano vivencial donde la utilidad no tiene cabida: la realización se desenvuelve al margen de ella. Aristóteles habla en su *Política* del ocio como «libertarse de la necesidad de trabajar».[16] En la lengua de este último, *scholê* significa ocio y *ascholia* significa trabajo: el prefijo «*a-*» se usa como negación. El trabajo es algo así como «no-ocio». En el siglo XV, el humanista francés Nicolás Clamanges escribía a Juan de Montreuil: «No te avergüences de esa ilustre y gloriosa ociosidad en la que se deleitaron siempre los grandes espíritus» (Aristóteles entre ellos). En latín, a su vez, la negación de *otium* es *neg-otium*. El ocio es *no-negocio*, siendo el negocio una actividad utilitaria por definición. Pero el ocio no tiene fin alguno más que él mismo y por sí mismo.[17] Josef Pieper, para quien el ocio es precisamente el fundamento de la cultura, escribe al respecto: «Lo normal es "trabajar", lo cotidiano es el día de trabajo. Pero la cuestión es: ¿puede agotarse el mundo del hombre en ser "mundo del trabajo"?».[18] La cultura se levanta, bajo los términos de esta acepción, como ese espacio donde

---

16. Aristóteles, *Política*, Libro II, 1269a.
17. Interesa al respecto la siguiente afirmación de un estudioso de Aristóteles y la cuestión del ocio: «El ocio es un estado en el cual la actividad se lleva a cabo como un fin en sí y por no otra razón que el realizarla» (Sebastián De Grazia, *Tiempo, trabajo y ocio*, Madrid: Tecnos, 1966, p. 4).
18. Josef Pieper, *El ocio: fundamento de la cultura* (Buenos Aires: Librería Córdoba, 2010), p. 170.

lo inútil puede legítimamente existir, para embellecer la existencia del *homo laborans* que lucha para ser algo más que solamente eso.

El criterio de la utilidad no tiene por qué limitarse a la experiencia estética. Algunos pensadores lo han aplicado también a otras experiencias, como la de la verdad o la de la justicia. Estas últimas también, más que medios para algo, son su propio fin. José Ortega y Gasset ha caracterizado a la cultura precisamente en estos términos, comprendiendo elementos que trascienden al plano artístico y estético, para abrazar toda expresión del espíritu en general: «el sentimiento de lo justo, el conocimiento o pensar la verdad, la creación y goce artísticos tienen sentido por sí, valen por sí mismos, aunque se abstraigan de su utilidad para el ser viviente que ejercita tales funciones. Son, pues, vida espiritual o cultural».[19]

La acepción estética-humanista de la cultura refiere, en concreto, al corpus de obras intelectuales y artísticas en general con las cuales el espíritu humano se puede regocijar de su creatividad y belleza, en sentido amplio, al margen de toda utilidad material o productiva. A diferencia de la noción ilustrada, esta noción no implica necesariamente tanto una jerarquización cuanto una delimitación del campo donde se expresa lo cultural; y, a diferencia de la noción antropológica, esa delimitación del dominio de lo cultural es muy concreta: no abarca la inmensa realidad no-natural del hombre, por así decirlo, sino campos bien concretos (arte, literatura, filosofía, etcétera). Sin embargo, y al igual que las acepciones jerárquicas y antropológicas, esta forma «estética» o «humanista» de concebir la cultura también llega hasta nuestros días y es parte de la manera cotidiana en la que nos referimos al dominio de lo cultural. Así, si alguien invita a un «paseo cultural», es casi seguro que no será para jugar a la pelota, de la misma manera que en un «café cultural» se espera no encontrar cosa distinta de libros u obras de arte. Es bajo esta acepción de la cultura como se tiende a considerar una galería de arte como un espacio cultural, y no así un aeropuerto o una tienda de verduras, independientemente de la calidad del arte que se exponga en dicha galería.

Hay que notar que, en las tres acepciones mencionadas, la cultura emerge como concepto (y también como realidad mediada por el

---

19. José Ortega y Gasset, *El tema de nuestro tiempo* (Madrid: Austral, 1987), p. 51.

concepto) en la práctica de la comparación. La cultura es el fruto de la diferencia percibida. La acepción elitista de la cultura implica el ejercicio de un grupo amplio —como una nación o una civilización— de compararse sobre todo a sí mismo en sus elementos constitutivos. Dicha comparación se extiende no solo entre los subgrupos que componen el entramado social, sino también entre el pasado registrado y el presente vivido por el grupo, y, sobre todo, entre el futuro idealmente concebido y las condiciones reales de vida. El reloj de la cultura en la acepción ilustrada corre hacia adelante; la cultura es el nombre de lo que cumplirá, en su realización, las proyecciones delineadas. En el elitismo cultural, en efecto, es la selección la que da, en el marco de la comparación, sentido al concepto de lo cultural: aquello que sirve para *cultivar* nuestro espíritu (y así cumplir las proyecciones humanas) es lo estrictamente cultural, *diferente* de lo que no sirve para esos fines.

La acepción antropológica, por el contrario, surge sobre todo de la comparación que se establece entre el grupo amplio de pertenencia y grupos extraños, exóticos, radicalmente diferentes.[20] Claro que hubo sociedades antiguas, como la griega, que a menudo se compararon con otras sociedades sin haber por ello desarrollado el concepto de cultura que maneja la moderna antropología. Pero ello obedeció a que las condiciones de existencia premodernas, que naturalizaban y daban por sentado lo que mucho más tarde se llamará «cultura» y que será visto en consecuencia casi como un artificio, impedían en este tipo de sociedades una «mentalidad antropológica». Para esto habrá que esperar a la llegada del mundo moderno, en el que la aceleración de los cambios sociales, la disolución progresiva del orden comunitario y la búsqueda de nuevos principios del orden social desestabilizarán la naturalización de lo cultural. Bajo semejante aceleración histórica, la comparación entre los diversos grupos humanos genera nuevas interpretaciones. Ya no se compara hacia adentro, entre las partes constitutivas de lo mismo, sino sobre todo hacia afuera: lo propio con lo totalmente ajeno. Aquí, por supuesto,

---

20. Así puede entenderse que Hegel, explicando los orígenes de la cultura griega, diga que «es sabido que los comienzos de la cultura coinciden con la llegada de los extranjeros a Grecia» (*Lecciones sobre la filosofía de la historia universal*, Madrid: 2001, p. 408).

todo se vuelve novedoso, y lo cultural pasa a denotar no necesariamente lo mejor de nuestro grupo, sino todo lo que nos *extraña* de los
extraños que —en el marco de las sociedades premodernas sobre las
cuales posó su vista la moderna antropología temprana— suele ser
todo. Además, el reloj no corre hacia adelante, sino más bien hacia
atrás: preguntarse por la cultura es preguntarse por la sedimentación en el tiempo de ciertas formaciones, costumbres y relaciones
sociales. No hay tanto proyección como retrospección. «La cultura es a la sociedad lo que la memoria es a los individuos», anotaba
Clyde Kluckhohn.[21] De tal suerte que, bajo la visión antropológica,
no es la selección sino la *extrañación* la que da sentido al concepto
de lo cultural.

En cuanto a la acepción estética-humanista, por último, lo que en
ella se compara son las dimensiones de la existencia social, tratando
de identificar una esfera (la del *otium*) bajo la cual pueda ubicarse
como realidad lo específicamente cultural. El tiempo, por lo tanto,
no tiene mayor sentido en esta acepción. La pregunta no busca el
cuándo de lo realmente significativo de la cultura (atrás o adelante;
proyección o retrospección; sedimentación o humanización), sino el
dónde. «Cultura» responde, pues, a la pregunta por el lugar legítimo
de lo cultural; y ese lugar se encuentra en una esfera que, idealmente,
está anclada en un presente puro, porque la realización ociosa —que
no calcula eficiencia ni utilidad— solo tiene sentido como presente
puro. Esta esfera se quiere separada de lo político y lo económico; se
diferencia radicalmente de estas otras en la medida en que la utilidad
y la eficiencia le resultan criterios totalmente ajenos. Estos esfuerzos
conducen a un ejercicio en el que no es la selección de lo mejor ni la
extrañación respecto de lo ajeno, sino la identificación de un lugar
propio *de* y *para* la cultura la que se constituye en la forma de delimitar idealmente sus contornos, aunque en la práctica los «bienes
culturales» terminen confundiendo las fronteras que quisieron para
sí con las fronteras del poder político y la utilidad económica. Pero
ese ya es otro cantar.

Las distintas acepciones aquí abordadas (que no tienen por qué
agotar un repertorio difícil de abarcar) generan, por la particular po-
lisemia de «cultura», contradicciones entre sí. La misma palabra se

---

21. Kluckhohn; Kroeber, *Culture: A Critical Review of Concepts and Definitions*.

utiliza para significar cosas diferentes en forma no analógica. Comer hamburguesas con queso en un local de comida rápida sería, para la acepción antropológica, un rasgo bastante común de la cultura global contemporánea; no así para la acepción elitista de la cultura, que no ve cómo el espíritu humano podría enriquecerse con un sándwich preparado en tiempo récord por una suerte de taylorismo gastronómico. De igual manera, la funda o carcasa con la que cubrimos nuestro teléfono móvil es, sin dudas, parte de la cultura material del siglo XXI para la acepción antropológica. No así para la acepción estética, a menos que la nuestra sea una funda de diseño que personalice «artísticamente» nuestro artefacto, o que se trate de una «obra» convenientemente exhibida en algún museo de arte contemporáneo, por ejemplo.

No creo que haya necesariamente una fórmula correcta para conceptualizar la cultura. Lo ideal, claro, sería tener distintas palabras para significar cosas diferentes, pero se carece de esa ventaja y, hoy por lo menos, no se puede sino distinguir sus diferentes usos, que es lo que aquí he intentado hacer mediante la selección de tres acepciones fundamentales. Lo que debería hacerse, en efecto, es siempre aclarar qué significado de cultura se está adoptando, para no terminar como el campesino de Freire al que se le hinchaba el pecho de orgullo por «ser culto» precisamente porque se le había vendido una acepción antropológica, pero con las consecuencias axiológicas de la acepción elitista. Esa estafa intelectual conduce al relativismo propio de nuestros tiempos. Lo que sí creo es que el valor de la fórmula está en función de aquello que se quiere describir; y aquí, puesto que la propuesta consiste en describir algo llamado «batalla cultural», se hace necesario delimitar el dominio de la cultura bajo el cual una «batalla» constituye un hecho significativo.

II. Qué es una batalla cultural

La velocidad del cambio social es una función de las características técnicas, económicas, políticas y culturales de la sociedad de que se trate. Ni el cambio ni la conservación son datos permanentes. El hombre, en rigor, ha vivido durante la mayor parte de su existencia en contextos sociales donde el cambio era una rareza. Las cosas no resultaban muy distintas entre el nacimiento y la muerte de cualquier individuo. Lo que se veía y cómo se vivía durante los primeros años de vida no difería respecto de los últimos. Por razones que serán abordadas mejor en el próximo capítulo, con el advenimiento de la modernidad el cambio pasó a formar parte de la vida corriente de los hombres, al punto de constituirse en la naturaleza misma de su vida social, económica y política. La sociedad en la que nacemos no se nos presenta como la misma en la que morimos. Vivimos para presenciar cómo cambian nuestras condiciones de vida, a veces de manera radical. Además, lo que desde hace no mucho se ha empezado a denominar «posmodernidad» o «tardomodernidad», por su parte, aceleró todavía más el ritmo del cambio: la diferencia entre una década y otra entraña hoy mayor cantidad de elementos disímiles que siglos de existencia en épocas premodernas. Marx diría que, hoy más que nunca, «todo lo sólido se disuelve en el aire».

Existe la tentación, producto de las propias condiciones de vida actuales, de suponer que el cambio siempre fue, y es, cosa permanente. Ello es producto de confundir el cambio, que implica una alteración relevante y visible de las condiciones sociales de vida, con el mero movimiento, interacción y diversidad dentro de una sociedad. Si el cambio estructural fuera efectivamente permanente, la sociedad devendría imposible: un estado permanente de revolución estropearía cualquier tipo de fijación social necesaria para la vida en común. Otra cosa es lo que se debería, siguiendo a Radcliffe-Brown, llamar «reajustes», es decir, modificaciones que mantienen a un mismo tipo social, y que son parte de la necesaria actualización de la vida en sociedad. Esta idea es compartida por Robert Nisbet, para quien la comprensión del cambio social depende de «un modelo que establece una distinción rigurosa entre los cambios menores, alternativos, tipo reajuste, normales de la vida social de todos los tiempos y lugares, y los grandes cambios, relativamente raros, que afectan a tipos, categorías y sistemas».[22] Las ideas de Kuhn sobre los procesos de cambio dentro del campo de la ciencia pueden ser de utilidad para ilustrar lo que se quiere decir con esto. En efecto, la división entre

---

22. Robert Nisbet, «El problema del cambio social». En Robert Nisbet *et al.*, *Cambio social* (Madrid: Alianza, 1979), p. 46.

«ciencia normal» y «ciencia extraordinaria» está mediada por la idea de un cambio sustancial, un «cambio de paradigma», que reorganiza a la misma ciencia, sus normas, problemas y teorías. Durante tiempos de «normalidad», de «ciencia normal», las hipótesis se reajustan, se refutan, se reformulan, se acumulan datos, se prueba con unos y otros procedimientos. Es decir, se dan «reajustes», pero dentro de un mismo paradigma. A la inversa, el advenimiento de la «ciencia extraordinaria» lo provoca una crisis que prepara las condiciones para una revolución científica que termina en el desplazamiento de un paradigma y su reemplazo por otro. En la sociedad ocurre algo similar, y eso es precisamente lo que hace pertinente distinguir entre meros «reajustes» y «cambios» en sentido estricto.

William Ogburn ha señalado algunos factores que explicarían lo excepcional del cambio social en ciertas sociedades.[23] Entre otros, destacó la dificultad a la hora de efectuar y difundir innovaciones, razones de aislamiento geográfico, el poder de grupos de interés, el peso de la tradición, el grado de conformidad social arraigada en normas y costumbres populares, el deseo de certidumbre, etc. Muchos de estos factores han ido perdiendo peso, y en el mundo de hoy el cambio encuentra cada vez menos resistencia. Así, las innovaciones tecnológicas constituyen en la actualidad el motor de las economías; la difusión se vehiculiza a través de tecnologías de la comunicación que permiten diseminar novedades por todo el mundo en fracciones de segundo; el aislamiento geográfico resulta una extrañeza en un planeta globalizado, y las tradiciones que todavía sobreviven están en peligro de extinción (y, cuando «vuelven», es solo como moda comercial pasajera). El cambio social y tecnológico que, respectivamente, era tan raro y suavemente escalonado en las sociedades premodernas, bajo las condiciones actuales de vida acontece sin pausa ni descanso. Estas transformaciones, ligadas en general a un *statu quo* moderno basado en el desarrollo, sí implican una forma de «cambio constante» cultural, en tanto la cultura se articula con el cambio de las técnicas de producción. Esta revolución técnica de infinidad de saltos pequeños y eventualmente grandes, así como su correlación compleja con las revoluciones culturales en el seno de

---

23. *Cf.* William Ogburn, «Inmovilidad y persistencia en la sociedad». En R. Nisbet, R. *et al.*, *Cambio social*.

la sociedad civil capitalista, no implican sin embargo una «revolución permanente» ni un sentido político de la «destrucción creativa» por fuera del mero sentido técnico-empresarial schumpeteriano, ni como puro cambio institucional que soslayara un necesario sustrato de orden, ni tampoco como ingeniería social (salvo, por supuesto, en los casos en que de forma anómala el proceso de desarrollo de la modernidad es intervenido desde fuera con la excusa de una evolución consciente o por saltos planificados desde el poder).

Una teoría sobre la batalla cultural ha de posar su mirada sobre los cambios que se suceden, que se impulsan y que se resisten en la dimensión cultural de una sociedad. Con ello debe entenderse: los cambios que acontecen en el nivel de lo simbólico, de las costumbres, los valores, las tradiciones, las normas, los lenguajes, las ideologías. No son pocas las dificultades que emergen de inmediato: los factores que están en la base de los cambios culturales son variados y a menudo están interrelacionados. Los cambios culturales no tienen por qué ser siempre el producto de batallas. Más aún, los cambios culturales a veces ni siquiera suponen fricción alguna. Por ello, una teoría sobre la batalla cultural debiera no simplemente posar su mirada sobre los cambios culturales y las resistencias, sino también definir con claridad una serie de características que demarquen con precisión aquello que constituye en concreto una batalla cultural. Eso mismo se intentará a continuación.

Primera característica: *la cultura no es simplemente el fin de una batalla cultural, sino también su medio*. Como sugerí más arriba, los cambios sociales sobrevienen por factores de diversa índole y que pueden ocurrir en distintas dimensiones de la vida social (política, económica, militar, familiar, etcétera). Una batalla cultural tiene por fin la promoción de un cambio, o bien la resistencia al mismo, que tendría lugar fundamentalmente en la dimensión cultural de la sociedad. Pero la batalla cultural no se determina solo por el fin de tipo cultural, sino también por el medio que se emplea, al menos de forma preponderante, para conseguir ese fin. En efecto, los factores que están en la base de los cambios culturales son variados y a menudo están interrelacionados. Una innovación tecnológica puede generar importantes cambios culturales, de la misma forma que los cambios culturales muchas veces allanan el camino para innovaciones tecnológicas. Las revoluciones políticas suelen proponerse cambios culturales, pero es raro ver revoluciones políticas triunfantes que no hayan estado precedidas por alteraciones culturales. Las guerras, por su lado, entrañan cambios culturales para las partes, aunque ciertas novedades culturales muchas veces están en la base de la propia guerra. Así, tan cierto es que introducir una tecnología de la producción, como por ejemplo el arado, puede generar toda una forma nueva de ver el mundo[24] como que nuevas doctrinas religiosas, a su vez, pueden contribuir a consolidar una forma de producción, si se sigue aquello de Max Weber respecto de la ética protestante y el capitalismo. Tan cierto es que una revolución como la francesa, según describió magistralmente Augustin Cochin, desplegó tras su triunfo y durante su período de terrorismo estatal jacobino un proyecto de ingeniería cultural seguramente inédito hasta entonces como que los orígenes de dicha revolución no pueden ser explicados sin subrayar los cambios culturales que ya se venían sucediendo en el *Ancien Régime*, el cual hizo de los filósofos y escritores los nuevos líderes políticos de aquella sociedad, tal como enseñó Alexis de Tocqueville.[25] Y tan cierto es que una guerra como la de Vietnam resultó ser el catalizador de nuevas formas contraculturales en los Estados Unidos como que el nazismo y la misma Segunda Guerra Mundial resultan inseparables de las novedades de la cultura de masas políticamente instrumentalizada.[26]

Las fuentes del cambio cultural, como se aprecia, son variadas. Algunas veces es más fácil divisar las económicas, otras las tecnológicas, otras las políticas y otras las militares. A menudo se trata de un simple ejercicio analítico, tras el cual se esconden interrelaciones muy complejas que se desanudan al separar las partes para su correspondiente análisis. Pero, con independencia de la fuente, lo que aquí interesa verdaderamente cuando se habla de «batalla cultural» es la dimensión donde esa batalla se efectiviza, y para hablar de «batalla

---

24. *Cf.* Lynn White, *Medieval Technology and Social Change* (Oxford: Claredon Press, 1962). También se puede consultar George Foster, *Las culturas tradicionales y los cambios técnicos* (México: FCE, 1966).
25. *Cf.* Darío Roldán, «Posfacio. Epitafio para la idea de Revolución». En François Furet, *La revolución francesa en debate* (Buenos Aires: Siglo XXI, 2016), pp. 147-152. Y también Alexis De Tocqueville, *El antiguo régimen y la revolución* (Madrid: Istmo, 2004).
26. *Cf.* George L. Mosse, *La nacionalización de las masas* (Madrid: Marcial Pons, 2005), pp. 269-276.

cultural» esa dimensión debe ser, desde luego, la cultura misma. Es decir, un cambio al que debería prestarse aquí especial atención es aquel que ocurre *en* la cultura fundamentalmente *por* la cultura. Así, no cae bajo el interés de una teoría de la batalla cultural aquel cambio cultural que se concreta a través de, por ejemplo, la presión *armada* que un ejército ocupante ejerce sobre una población para que esta adopte nuevos valores. La palabra clave aquí es «armada», porque si esa presión la llevara adelante ese mismo ejército, pero con arreglo no a sus armas, sino a medios de propaganda o al dominio sobre instituciones educativas, por ejemplo, entonces podríamos bien hablar de una «batalla cultural» no solo por el objeto de esa batalla (los valores, las formas de vida, etc.), sino también por el medio en el que ella se desenvuelve (instituciones culturales y esfuerzos simbólicos). De la misma manera, no caería tampoco bajo el interés de una teoría sobre la batalla cultural un cambio cultural que provenga de la introducción de una nueva tecnología, como pueden ser ordenadores conectados a una red mundial, a menos que esa tecnología sea puesta al servicio de generar cambios culturales conscientemente direccionados. Y así sucesivamente.

Lo que a una teoría de la batalla cultural debiera interesarle, en efecto, son los esfuerzos por el cambio (o conservación) cultural. Pero no cualquier tipo de cambio o conservación, sino aquel que, ante todo, *se opera preponderantemente dentro* de la propia esfera cultural. La esfera cultural, a su vez, debe ser entendida como una dimensión social compuesta por instituciones y actores, tácticas y estrategias, específicamente culturales. Finalmente, lo *específicamente cultural* ha de entenderse como aquello que, sobre todo en un nivel simbólico e intangible en su contenido significativo, caracteriza el modo de ser de grupos humanos de diversos tamaños (como ya se ha dicho: lenguaje, costumbres, normas, creencias, valores, etcétera). Así pues, la primera característica de la «batalla cultural» es que el objeto de esa batalla es el dominio de la cultura, pero que no hay batalla cultural allí donde la esfera cultural no aparece, al mismo tiempo, *como botín de la batalla y como terreno de su propio desarrollo*. La cultura es, al unísono, aquello que está en juego y aquello donde se juega lo que está en juego.

Segunda característica: *la batalla cultural supone un conflicto de cierta magnitud* (y en esta medida una batalla cultural es una forma

o instanciación de *lo político*). Es evidente que hay cambios culturales que sobrevienen sin conflictos significativos. Durante los primeros años del decenio de 1930, los antropólogos norteamericanos pusieron de moda la palabra «aculturación» para referirse a los cambios
culturales que ocurrían cuando dos culturas diferentes se ponían en
contacto. La palabra «sincretismo», de manera similar, fue adoptada
por la antropología para señalar aquellos casos donde la aculturación
transcurre sin mayores sobresaltos en función de procesos de reinter-
pretación de los nuevos elementos culturales que son adaptados a la
cultura que los recibe. Herskovits, por ejemplo, supo señalar cómo
ciertas comunidades de negros en América adoptaron el catolicismo
e identificaron divinidades africanas con santos católicos.[27] *Mutatis
mutandis*, dentro de una misma cultura las innovaciones culturales
a veces son recibidas sin demasiadas fricciones y no redundan en un
conflicto de ningún tipo de relevancia social. Por ofrecer un ejemplo contemporáneo, la música electrónica tuvo algunas resistencias
por parte del mundo del *rock* y del *pop* en general, pero finalmente
diversos músicos optaron por una suerte de sincretismo musical que
redundó en extrañas mixturas que dieron lugar a nuevos «mains-
treams» dentro de aquel mundo. Pero va de suyo que este tipo de casos no pueden ser de interés para una teoría sobre la batalla cultural,
bajo la cual la propia noción de batalla sugiere la existencia de un
conflicto de magnitud, de una «lucha» en el sentido weberiano,[28] de
una disputa a partir de la cual el cambio que sobreviene es entendido
sobre la base de antagonismos y colisiones evidentes.

El problema es claro. Es el conflicto cultural como base de una
lucha cultural lo que aquí importa, pero ¿a qué se refiere aquello de
conflicto cultural de magnitud? John Beattie ha explicado de forma
muy clara que la antropología procura distinguir dos tipos de conflicto cultural. «Primero, existen aquellos conflictos y cambios que

---

27. *Cf.* Melville Herskovits, *El hombre y sus obras. La ciencia de la antropología cultural*
(México: FCE, 1952).
28. «Debe entenderse que una relación social es de lucha cuando la acción se orienta
por el propósito de imponer la propia voluntad contra la resistencia de la otra u
otras partes. Se denominan "pacíficos" aquellos medios de lucha en donde no hay
una violencia física efectiva» (Max Weber, *Economía y sociedad*, México: FCE, 2016,
p. 169). La batalla cultural es una lucha que recurre idealmente a medios pacíficos,
en donde la voluntad refiere a los contenidos culturales que dominan o que pretenden dominar.

se mantienen dentro de la estructura social existente. [...] Operan dentro del marco normativo existente, se pueden resolver en función de sistemas compartidos de valores y no constituyen un reto para las instituciones existentes». Este tipo de conflicto cultural, que podría llamarse «conflicto cultural ordinario», activa los mecanismos de reajuste social a los que se hacía referencia más arriba. Su magnitud no es capaz de provocar ningún «cambio de paradigma», ningún cambio estructural. Por ejemplo, si dentro de los límites de la familia compuesta por un hombre, una mujer y sus hijos sobreviene un conflicto cultural dado por una relajación de las costumbres que ha aumentado los casos de infidelidad en la pareja, se tiene un conflicto, aunque no se ve cómo podría este generar un cambio significativo en la estructura de la misma institución familiar. Pero, continúa Beattie, el segundo tipo de conflicto que los antropólogos estudian puede provocar «un cambio de la índole del sistema mismo: algunas de las instituciones que lo componen se alteran de tal manera que ya no "engranan" como antes con otras instituciones existentes».[29] Este tipo de conflicto aparece allí cuando emerge con fuerza una visión radicalmente distinta respecto de los elementos culturales, que ponen en peligro la constitución misma de estos últimos. Siguiendo con el mismo ejemplo relativo a la institución familiar, el conflicto que se desencadena cuando aparece con fuerza la idea de que la familia ya no debería definirse como un grupo integrado por un hombre, una mujer y sus hijos, sino que dos hombres, dos mujeres, o lo que a cualquiera se le ocurra puede ser de idéntica manera considerado una «familia», interpela las mismas bases de la institución en cuestión, en sus funciones reproductivas en este caso, redefiniéndola por entero.

La distinción puede quedar más clara todavía si pensamos lo propio en el campo de la política. Todo sistema político procura resolver conflictos. En la democracia representativa, por ejemplo, se establecen mecanismos electorales para dar resolución al conflicto que supone el recambio de las autoridades políticas. El conflicto, pues, es la base de toda contienda electoral, pero se trata de un conflicto que lejos de poner en crisis al sistema político, constituye su

---

29. John Beattie, *Otras culturas. Objetivos, métodos y realizaciones de la antropología cultural* (México: FCE, 1972), p. 318.

propio fundamento, su propia razón de ser, activando por ello los mecanismos de reajuste que quita a unos políticos del poder para colocar a otros. Frente a una rebelión o, más todavía, una revolución, el conflicto ya no se resuelve dentro de los marcos del propio sistema, sino que se apela a una redefinición de las estructuras políticas y sus instituciones, dando sentido a la noción de cambio social anteriormente discutida.

La segunda característica, en suma, de toda batalla cultural, es la presencia de un conflicto cultural de magnitud, bajo el cual lo que está en juego no es el mero reajuste, sino el cambio cultural significativo. Los conflictos culturales ordinarios pueden generar tensiones, pero nunca batallas. En una batalla existe la sensación de que efectivamente se está desarrollando un combate por la cultura y de que, en otras palabras, en una batalla no se disputan pequeñeces, sino cosas relevantes.

Tercera característica: *toda batalla posee un elemento consciente del cual surgen esfuerzos racionales para conseguir la victoria.* En efecto, cuando se piensa en una batalla se piensa necesariamente en una cierta organización de la acción individual y colectiva, una cierta planificación y dirección consciente de lo que ha de hacerse si se pretende ganar. Sin estos componentes no podría hablarse de batalla, sino tal vez simplemente de *escaramuza*: de un mero chispazo inorgánico que se agotaría en sí mismo. La batalla, en cambio, tiene tácticas, estrategias y liderazgos que se despliegan a corto, mediano y largo plazo; no se trata de fuerza desnuda, sino de la aplicación de la fuerza orientada cuidadosamente por la razón, que la economiza, la distribuye, la alista y la ejecuta de una u otra manera, previendo esto o aquello, en virtud de una u otra meta. Si los animales no conocen las batallas (sino simplemente choques de fuerza bruta) eso es porque no conocen la razón ni el tiempo. Y la batalla es, en rigor, acción humana racional: sus objetivos y medios se despliegan racionalmente en el espacio y se mantienen y dosifican en el tiempo, procurando de manera consciente una victoria que, en el caso de la batalla cultural, por su propia índole, refiere a la capacidad de definir, aun contra toda resistencia, los elementos hegemónicos de una cultura.

Así, en una batalla cultural hay por lo menos un grupo consciente de sí mismo que decide emprender la batalla. Este puede enfrentarse a otro grupo que más tarde o más temprano tome a su vez consciencia de sí mismo, o bien puede arrasar con la cultura, dominarla por completo, enfrentando meras resistencias inorgánicas.[30] Tomar consciencia de sí mismo supone ubicarse en un plano de combate: se sabe por lo que se pelea, y se actúa en consecuencia. Por ejemplo, en 1958 en Argentina sobrevino un conflicto de magnitud cuando el gobierno del presidente Arturo Frondizi propuso autorizar a las universidades privadas la concesión de títulos habilitantes. Al calor del eslogan «laica» se gestó una feroz resistencia que reclamaba que el Estado conservara el monopolio de otorgar este tipo de títulos, frente a quienes se agruparon en torno al eslogan «libre», en apoyo de la medida descentralizadora. El proyecto de Frondizi era bien recibido por los sectores católicos, que no olvidaban que las primeras universidades del país habían sido fundadas por la Iglesia Católica y luego expropiadas por el Estado. Se organizaron numerosas manifestaciones tanto por unos como por otros. Los partidarios de «laica» prendieron fuego a una efigie de Frondizi, vestido con una sotana, en un gesto *simbólico* que quedó para la historia. Aquí se encuentra, con mucha claridad, un caso donde los involucrados en el conflicto toman consciencia de grupo al punto de identificarse en torno a determinados símbolos, y organizan sus estrategias y sus tácticas con el objetivo de vencer a sus rivales en una lucha que, en última instancia, es también simbólica (se despliega siempre en derredor de los símbolos culturales). La tercera característica de una «batalla cultural» es entonces, en resumen, ese elemento consciente que coloca al menos a un grupo frente a la intención de dirigir culturalmente a la sociedad, organizándose y actuando a esos efectos.

Así las cosas, están dadas las condiciones para resumir y condensar lo expuesto. Para hablar de «batalla cultural» es necesaria, entonces, la presencia de tres elementos característicos. Primero, el objeto de la batalla en cuestión es la definición de los elementos hegemónicos de una cultura. En ella no se lucha directamente por dominar un Congreso, una empresa o un territorio por la vía militar, sino

---

30. El grado de resistencia no define la batalla. La batalla cultural existe en la medida en que hay algún grado de resistencia, sin importar la magnitud y durabilidad de esa resistencia. Aun la más efímera de las resistencias ya constituye batalla, pues ya supone la colisión de voluntades que está en el centro de la noción de «lucha».

por dominar la cultura de una sociedad. Ahora bien, si la cultura es el *fin* de la batalla cultural, la cultura es al mismo tiempo su *medio*. Así, los medios a través de los que preponderantemente se desarrolla esta batalla están compuestos por las propias instituciones dedicadas a la producción y reproducción cultural de la sociedad (escuelas, universidades, iglesias, medios de comunicación, arte, órganos de propaganda del Estado, fundaciones, etcétera). Segundo, debe producirse un conflicto de magnitud en torno a la cultura que otorgue sentido al término «batalla». No hay batalla sin conflicto: se da la batalla precisamente porque se nos agrede, o bien porque se nos ofrece resistencia. El conflicto puede darse en paridad de fuerzas relativas, o bien puede resultar arrollador contra una resistencia muy débil y efímera. Sin embargo, aunque débil y efímera, alguna resistencia siempre es condición necesaria de cualquier batalla. Tercero, la noción de «batalla» incluye un necesario componente de consciencia. En efecto, las batallas se llevan adelante con arreglo a estrategias y tácticas; las batallas se planifican y se direccionan racionalmente. Las batallas culturales se suelen emprender con el objeto de dirigir cosmovisiones organizadas de manera consciente, ideologías integrales y sistémicas, e ideas y valores articulados orgánicamente, que impactan a la postre sobre la cultura.

Ahora sí, es factible volver a un punto que fuera abierto con anterioridad. Cuando se analizaron diversas acepciones fundamentales de «cultura», se dijo que la pertinencia de las nociones y de los elementos culturales que se pongan en juego en una teoría de la batalla cultural será una función de que esas nociones y esos elementos tornen significativa la noción de «batalla». Esto es, que se suscite en torno a ellos una lucha con las características ya mencionadas. Es evidente a esta altura que aquí reina la contingencia, y que dependerá de cada caso particular que un elemento u otro del conjunto cultural referido, que viene dado por una u otra noción de cultura, se inserten en un esquema agonístico, de batalla. Tal vez ilustrando con un ejemplo el problema se entienda mejor.

Un baile típico en una comunidad, por caso, cae dentro de la esfera cultural tal como fuera definida por la acepción antropológica. Aquel se trata de una expresión social que entraña valores y tradiciones específicas. ¿Pero es dable concebir el movimiento de los pies y las caderas como cosa inserta en un contexto de batalla? Ello depende, precisamente, del contexto político en el que el baile se practique. Puede bien ser este un simple ritual para acercar a los sexos, en cuyo caso poco interés tendría (en principio) para ser enmarcado como parte de una «batalla», por más conflicto de tipo ordinario que genere entre ciertos miembros del grupo (a menos que el grupo esté bajo una guerra ideológica de sexos). Pero el mismo baile puede ser, en otro sentido, un acto de reafirmación nacional frente a nuevas modas extrañas al grupo en cuestión, en cuyo caso se vuelve significativo para la noción de batalla cultural. De la misma manera, un cuadro es un bien cultural según la delimitación estética del concepto. ¿Pero en qué medida dicho cuadro importa como parte de una «batalla cultural»? Pues en la medida en que su significado procure tomar partido en una disputa cultural. No es lo mismo retratar (siempre en principio) sobre el lienzo a Mickey Mouse que retratar al Che Guevara en un cuadro que terminará expuesto en la «galería de los próceres» de la Casa Rosada en la Argentina (tal como se vio durante el kirchnerismo). Asimismo, conocer la metafísica aristotélica es propio de espíritus elevados, y esto cabría bien decir bajo la acepción jerárquica de cultura. Pero ello, por sí mismo, no tendría mayores consecuencias para la noción de una batalla por la cultura, a menos que dicho conocimiento se utilice como parte de una resistencia a la deconstrucción, característica de la filosofía antiesencialista hoy tan de moda.

En resumen: si la cultura, tal como aquí interesa, supone algo así como el orden de lo artístico y lo intelectual, y los valores, normas, creencias, costumbres, ideologías y signos que de aquel derivan, el interés que un libro en particular, un cuadro en particular, un valor en particular, un signo en particular, etcétera, tienen para una batalla cultural está en función de que ese elemento cultural en particular provoque un nuevo conflicto cultural o bien se inserte en uno ya existente con el fin de tomar partido, dar lugar a una resistencia, a un contraataque, inscribirse en una táctica, en una estrategia, o cualquier acción similar. Dicho de otra manera, lo que interesa aquí de lo cultural es aquello que puede ser materia para una batalla cultural: aquello capaz de encender los antagonismos, definirlos, redefinirlos u orientarlos sobre la base de diferencias culturales.

Ahora bien, ¿qué hay en la cultura como para que esta se convierta en un fin y un medio, al mismo tiempo, de un conflicto que pueda ser llamado «batalla»? Dicho de otra forma: ¿en virtud de qué condición ontológica la cultura se convierte en un campo de batalla? La pista para responder a esta pregunta engorrosa se encuentra en la ambivalencia de las acepciones de cultura que se han repasado. Que la cultura se haya utilizado (y se utilice), al mismo tiempo, para referirse al producto de la praxis humana y las condiciones estructurales que la condicionan; para referirse a la creatividad y el hábito; la originalidad y la dependencia; la diferencia y la repetición; la singularidad y lo universal; la libertad y el orden; la indeterminación y la determinación; lo interno y lo externo; la contingencia y la necesidad... que la cultura se utilice, pues, para referirse a polos diametralmente opuestos de la experiencia humana revela una tensión permanente que la atraviesa por entero. La cultura es el fruto de esta tensión; ella *es* esta tensión.

Bauman remarca con lucidez esta condición paradójica, explicando que «estar estructurado y ser capaz de estructurar parecen dos núcleos gemelos del estilo humano de vida, eso que llamamos cultura».[31] Por lo tanto, «al margen de cómo se la defina y describa, la esfera de la cultura siempre se acomoda entre los dos polos de la experiencia básica. Es, a la vez, el fundamento objetivo de la experiencia subjetivamente significativa y la «apropiación» subjetiva de un mundo que, de otra manera, resultaría ajeno e inhumano».[32] Antes que Bauman, Georg Simmel había señalado algo parecido: «hablamos de cultura cuando el movimiento creador de la vida ha producido ciertas formaciones en las cuales encuentra su exteriorización, las formas en que se realiza, formas que, por su parte, aceptan en sí las ondas de la vida venidera dándoles contenido y forma, lugar y orden».[33] La vida produce cultura, pero la cultura instituye formas que maniatan y dirigen la vida. La ambivalencia del concepto reluce con claridad. Por eso, cuando la vida advierte esto, emprende una lucha contra las formas, explica Simmel: «Aquí, pues, quiere la vida algo que absolutamente no puede alcanzar; quiere, pasando por encima de todas las formas, determinarse y aparecer en su

---

31. Bauman, *La cultura como praxis*, p. 167.
32. Ibíd., p. 258.
33. Georg Simmel, *El conflicto de la cultura moderna* (Córdoba: Universidad Nacional de Córdoba / Encuentro Grupo Editor, 2015), p. 37.

inmediatividad desnuda». Estas son «manifestaciones de la más profunda contradicción íntima del espíritu»,[34] concluye Simmel.

Ahora bien, el punto en el que esta tensión constitutiva se revela y se vuelve evidente es el punto en el que la cultura se abre como batalla. En efecto, lo que revela esta tensión es el poder de la cultura, como objeto y como sujeto;[35] es decir, el poder que el hombre tiene sobre la cultura, y el poder que la cultura tiene sobre el hombre. Este doble rostro de la cultura, una vez que es contemplado, es el que llama a la batalla. Al hacerse el hombre de una noción que supone, al mismo tiempo, una creación humana y una condición de la acción y de la vida de los humanos, lanzarse a combatir por definir los contenidos concretos de esa creación significa lanzarse a batallar por el control de las condiciones de la acción y de la vida de los demás. Siguiendo con la terminología de Simmel, la vida se lanza a la lucha consciente, a la resistencia o a la imposición de determinadas formas. La vida se lanza a la batalla cultural.

Este punto se revelará concretamente con el advenimiento de la modernidad. La ambivalencia ontológica de la cultura es la ambivalencia de las condiciones modernas de existencia. Recién entonces, en el marco de una vida moderna, la cultura tomará consciencia de sí misma, delimitando un campo de juego distinguible de lo económico, lo político y lo militar, como para ser tomada por asalto en una batalla cultural. Es necesario entonces, a continuación, comprender las condiciones de la modernidad que habilitaron todo esto.

---

34. Simmel, *El conflicto de la cultura moderna*, p. 68.
35. En otro lado, Simmel explica que «un tornarse-objetivo del sujeto y un tornarse-subjetivo de algo objetivo [...] constituye lo específico del proceso cultural» (Georg Simmel, *De la esencia de la cultura*, Buenos Aires: Prometeo Libros, 2008, p. 101).

CAPÍTULO 2

LA DIFERENCIACIÓN MODERNA

La batalla cultural no es un fenómeno ahistórico. Tal como aquí se ha conceptualizado al menos, no se podrían hallar batallas culturales en todos los tiempos y en todos los lugares. Al contrario, la batalla cultural tiene un contexto sociohistórico de emergencia bien preciso que posibilita, por un lado, concebir la cultura como un campo de acción autonomizado de otras dimensiones sociales y, por el otro, disponer de los mecanismos tecnoculturales que abren la posibilidad de una dirección cultural e ideológica de la sociedad. Tal contexto es el de la modernidad.

En el lenguaje ordinario, y en relación con su origen etimológico (*modernus*), lo moderno es aquello que reviste plena actualidad, que está «a la orden del día»: moderno es quien vive, pues, conforme a los valores y la tecnología de *ahora mismo*. La modernidad, así, siempre según su acepción ordinaria, sería aquello que consagra como actual lo que dispone del poder necesario para encarnar una «novedad», y lo moderno representaría el ajuste respecto de esa presunta actualidad. Creer, al buen tono de la «New Age», que se ha ingresado en la «era astrológica de Acuario» porque la posición del sol ya ha superado la «era de Piscis» es cosa «moderna», pero creer en lo que dice la Biblia es propio de místicos medievales; renunciar a los placeres de comer carne y sumarse a las filas del veganismo es una actitud bien recibida como «moderna», pero renunciar a los placeres de la poligamia, el intercambio de parejas, el «amor libre» o el celebrado «poliamor» es propio de la «mojigatería» que se ha quedado en un pasado de «represión y censura»; defender la vida de los pobres escarabajos que, según la Comisión Europea, se encontrarían en peligro de extinción, constituye una causa que todo espíritu «moderno» no dudaría en respaldar, pero defender la vida de los seres humanos por nacer distingue a aquellos que «se han quedado atrás en el tiempo». En el terreno de lo tecnológico, lo moderno también representa, bajo su acepción ordinaria, todo lo que es estrictamente actual, de último modelo, nuevo, nuevísimo. De tal suerte que usar un teléfono fijo sea un anacronismo comparado con los modernos teléfonos móviles inteligentes, y que enviar una carta postal a un amigo sea prácticamente impensable en la era del *e-mail* y el WhatsApp.

Pero no es esta noción vulgar de modernidad la que aquí interesa, sino aquella que cuando se refiere a la modernidad procura significar un contexto sociohistórico iniciado en Europa entre el siglo XVI y el XVIII. Es por entonces, en efecto, cuando se suscita una reestructuración completa de la sociedad: desde el nacimiento del Estado moderno a partir de la paulatina centralización del poder hasta el entero recambio de los esquemas de estratificación social; desde los procesos de urbanización que alteraron no solo los paisajes, sino también las propias relaciones sociales, hasta las nuevas ideologías que ponían al hombre y su razón en el centro de todo. Que algo había cambiado de manera significativa en esas sociedades no era secreto para nadie, y la sociología (y también la antropología) clásica dedicó importantes esfuerzos de conceptualización y clasificación para poder explicar qué era eso que había cambiado. Se buscaba distinguir dos formaciones sociales diametralmente opuestas: la que se había dejado atrás y la que recientemente había nacido.

Así, por ejemplo, la diferencia que establece Durkheim entre «solidaridad mecánica» y «solidaridad orgánica» está dada por la diferencia entre una sociedad integrada y coherente a partir de una «conciencia colectiva» (premoderna), frente a una integrada y coherente a partir de la creciente división social del trabajo (moderna). Por su parte, la diferencia entre «comunidad» (*Gemeinschaft*) y «sociedad» (*Gesellschaft*) en Tönnies está en correspondencia con la diferencia entre la voluntad natural que une a los hombres y el espíritu racional que establece esa unidad bajo formas contractuales. En Maine se dejará ver algo similar a partir de la contraposición de «estatuto» y «contrato», donde el primer tipo de vínculo encuentra su fundamento en la pertenencia a un grupo social (premoderno) en el que se establecen relaciones personales y pautadas entre individuos, mientras que el segundo, el contrato, propio de las sociedades avanzadas, se fundamenta en relaciones anónimas y circunstanciales entre individuos. Para el evolucionismo de Morgan, el parentesco constituyó la base organizativa de la *societas*, propia de estadios de «barbarie», frente al criterio del territorio y la propiedad como base de la *civitas* (Estado), propio de la «civilización». Para otro evolucionista como Comte, la historia de la sociedad podía dividirse en distintos «estadios» en virtud del tipo de conocimiento reinante: teológico primero, metafísico después y, a partir del siglo XVII y ya consolidado en el XIX, positivo (científico). En Weber es imposible no recordar sus distinciones entre «autoridad carismática» y «autoridad tradicional», típica de sociedades premodernas, y la «autoridad burocrático-racional», propia de la modernidad. Y así, sucesivamente, los grandes sociólogos y antropólogos fueron edificando un armazón de conceptos y categorías que todavía hoy son utilizadas a menudo para diferenciar en la teoría aquello que en la práctica era a todo propósito diferente.

Con la modernidad surge, pues, una forma completamente distinta de articular las relaciones sociales, de establecer la estructura de dominación y de justificar el poder. En una palabra: ve la luz un nuevo tipo de sociedad, diferente hasta la médula respecto de todo lo anterior. En el centro, puede hallarse el exponencial aumento de la *división social del trabajo* (Durkheim) y la *racionalización formal* que va privando al mundo de su *magia* o *encantamiento* (Weber) para entronar el conocimiento racional como medida de todas las cosas, bajo la lógica del *cálculo* de medios y fines. En política, este proceso se interrelaciona con la formación del Estado moderno como organización dotada de una burocracia capaz de establecer un dominio racional sobre grandes (y crecientes) grupos humanos; en economía, con la emergencia del capitalismo como sistema que, basado en la contabilidad,[36] dinamiza y automatiza la productividad a gran escala y el progreso material que excede a las necesidades

---

36. Mises ha sostenido la conveniencia de emplear la palabra *capitalismo* «para designar un modo de economía en el cual las acciones económicas se regulan conforme al resultado del cálculo capitalista». La base del sistema estriba en la condición del cálculo económico monetario entre empresas privadas e independientes, con un sistema de precios guiado por la libre inversión para la maximización posible del beneficio en un mercado. Véase Ludwig von Mises, *El socialismo* (Madrid: Unión Editorial, 2007), p. 130.

inmediatas de las familias y los grupos sociales reducidos y próximos; en cultura, con la secularización como producto de una visión cada vez más científica del mundo que da lugar a una nueva cosmovisión bajo la cual el hombre buscará posicionarse como ingeniero de sí mismo y de su entorno. La sociedad moderna, de tal suerte, deviene en una sociedad internamente escindida o *diferenciada*: sus distintos órdenes funcionales (Parsons) han tomado consciencia de sí a través del mismo proceso racionalizador; ella no se diferencia simplemente del pasado, sino que se diferencia *hacia adentro*, haciendo aparecer en su interior subsistemas o esferas que en la premodernidad estaban tan engarzados que resultaban indiferenciables.

Conviene analizar brevemente estos cambios estructurales, abordando por separado cultura, economía y política, en ese orden, para entender su desmembramiento como condición sociohistórica necesaria para que exista algo llamado «batalla cultural». Pero antes una advertencia: lo que sigue no está guiado por ninguna pretensión de exhaustividad, sino de mera aproximación, de mera ilustración, a la manera de trazados gruesos que, sin embargo, ayuden a visualizar la batalla cultural como una disputa históricamente determinada.

I. Secularización cultural

La cultura premoderna es, esencialmente, una cultura tradicional. Por ello no debería entenderse simplemente una cultura que tiene su eje en la reproducción de la costumbre heredada («Somos enanos encaramados en los hombros de gigantes» decía Bernardo de Chartres), sino una cultura que, articulada por una visión mágica o religiosa del mundo,[37] impregna la totalidad de la vida social del hombre. El conocimiento en una sociedad premoderna está ligado con fuerza al conocimiento teológico, en el sentido amplio del término: es el conocimiento de Dios (o de los dioses o divinidades) y del efecto de sus acciones sobre la existencia humana y natural. De

---

37. Esta diferenciación obedece a que magia y religión no pueden ser tenidos por sinónimos. Conforme a la sociología weberiana, la religión es un paso hacia adelante, en el marco del continuo proceso racionalizador, que la sociedad premoderna da para dejar atrás la magia.

ahí que los depositarios del conocimiento en estas sociedades sean, de corriente, aquellos que se dedican a los asuntos sobrenaturales, pues es en esta dimensión donde se encuentra la llave para comprender, dentro de nuestras infinitas limitaciones, nuestro paso por el mundo: quiénes somos, por qué existimos, qué debemos hacer y qué nos espera después. Y si el *telos* de nuestra conducta es la salvación, o por lo menos no enfadar a los dioses, ¿resulta exagerado insistir con que los que pueden enseñar cómo cumplir con esto sean los delegados naturales de la cultura?

Tal es el lugar que ocupa el chamán de sociedades primitivas, por ejemplo. Es su carisma particular y su profundo conocimiento de tradiciones inmemoriales lo que posibilita su intervención mágica en el orden de lo sobrenatural que acecha a la indefensa comunidad. Es probable que este haya sido el primer oficio especializado. Los artistas del paleolítico, por ejemplo, pintaban animales con propósitos mágicos, pensando que ello ayudaba al éxito de la caza. Martín Almagro, especialista en el paleolítico español, ha explicado que

> los lugares donde estas obras de arte rupestre aparecen no eran nunca lugares de habitación, no eran salas decoradas por un móvil estético, sino recónditos escondrijos donde los magos artistas realizaban sus exorcismos de «magia simpática» para iniciar a los cazadores, asegurar la abundancia de la caza a la tribu, y donde en ceremonias religiosas se deberían cazar, en sentido simulado, las especies representadas, protegerlas si eran útiles, o exterminarlas si destruían la caza y ofrecían un peligro para el hombre.[38]

De los estudios técnicos realizados sobre estas pinturas se ha concluido que no cualquier miembro de la tribu se dedicaba al arte mágico, sino miembros especializados en tan delicada materia.

Es el excedente productivo el que hace posible la aparición de individuos que son mantenidos sin producir en sentido material, pero que generan, sin embargo, condiciones sobrenaturales de producción y cohesión social. A medida que se desarrollan las técnicas

---

38. Martín Almagro, «El paleolítico español», en *Historia de España*, dirigida por Ramón Menéndez Pidal, tomo I, (Madrid: Espasa-Calpe, 1975), p. 3. Citado en Luis González Seara, *La aventura del intelectual antiguo* (Madrid: Centro de Investigaciones Sociológicas, 2008), p. 40.

productivas, pasando de la recolección y la caza a los quehaceres agropecuarios, la división social del trabajo hace más compleja también la división del trabajo cultural; así aparecen los sacerdotes y los escribas, que muchas veces son los mismos,[39] y que están en la base de los sistemas de dominación político-religiosa del mundo arcaico. En Egipto, por ejemplo, el sistema original de escritura se denominó *meduu-neter*, que significa «palabras divinas», y que luego será traducido por los griegos como *hieroglúphos*, es decir, «jeroglífico», cuya raíz es *hierós* («sagrado») y *glýphein* (grabar). El responsable de la invención de la escritura no fue el hombre, sino el dios *Thoth*, con lo cual era esperable que quienes conocieran a los dioses (sacerdotes) y quienes conocieran la escritura y la lectura (escribas) fueran frecuentemente los mismos. Es de tal magnitud el poder que estos últimos detentan que a veces los escribas devienen incluso en verdaderos dioses, como *Imhotep*, arquitecto de la pirámide de Sakará y consejero político del faraón, que tras su muerte fue divinizado, lo cual pone de manifiesto la simbiosis entre cultura y religión que imperaba entonces. En la antigua India, por su parte, los sacerdotes brahmanes llegaron a tener más poder que el propio rey, y se convirtieron en una casta todopoderosa protegida por las *Leyes de Manú* que establecían terribles castigos para quienes ofendieran a alguno de ellos:

> Si alguien se atreve a recordarle [al brahmán] sus obligaciones, el rey debe mandar que se le vierta aceite hirviendo en los oídos y en la boca; si un *sudra* se sienta en la silla de un brahmán, se le aplica hierro candente en las nalgas; si un *sudra* toca a un brahmán con los brazos o con los pies, se le corta el pie o la mano.[40]

Más importante todavía: se vertería aceite hirviendo en la boca a quien, sin ser brahmán, se le ocurriera leer los libros sagrados. Saber, cultura, poder: distintos términos enlazados en una misma ecuación.

Las manifestaciones materiales y simbólicas de la cultura suelen estar saturadas, pues, de sacralidad: se levantan templos, se pintan

---

39. El sistema jeroglífico egipcio, por ejemplo, solo podían leerlo los sacerdotes.
40. González Seara, *La aventura del intelectual antiguo*, p. 157.

imágenes, se configuran ritos, conjuros y oraciones, se compone música, se diseñan ropas y objetos específicos, con el propósito de atender al orden de lo sagrado. Pero ese orden, si bien a todos afecta, no está abierto a la intervención de cualquiera, sino de aquellos que tienen, de manera bastante exclusiva, los medios de su control. Siguiendo con el ejemplo de Egipto, Luis González Seara comenta que «al artista egipcio no se le pide que sea original, sino que sea capaz de hacer sus obras con la mayor semejanza posible respecto de las obras del pasado, y así se enseñaba en los talleres anejos a los templos». Además, «los principales clientes eran los reyes y sacerdotes y, con frecuencia, sus encargos no se hacían para ser expuestos a la vista de todos, sino para perderse en la oscuridad profunda de las tumbas».[41] El arte tenía, así, una función más religiosa que estética, y pensar en un artista creativo era casi una contradicción en sus términos. *Anubis* debía tener rostro de chacal mientras *Horus* lo tenía de halcón, y no había margen para cosa diferente.

Lo sobrenatural atraviesa, del derecho y del revés, el conjunto del pensamiento de los pueblos arcaicos. El hombre es situado en el marco de un orden cósmico que no está sujeto a su intervención activa y consciente, sino que depende de voluntades extrañas que son divinizadas. La mayor o menor afluencia del Nilo, vital para la economía egipcia, dependía del dios del propio río, *Hapi*; la reproductividad humana dependía, en el caso del hombre, del dios *Min*, y en el caso de la mujer, de la diosa *Renenet*, mientras que en los mayas esa función estaba atada a la buena o mala voluntad de *Ixchel*, la diosa de la Luna. La fertilidad de la tierra, para los sumerios, dependía de la diosa *Ninhursaga* y de *Enki*, mientras que la abundancia en general era un asunto de *Dumuzi*. Entre los mayas, la agricultura era beneficiada por *Yum Kax*, la indispensable lluvia era posibilitada por el dios *Chaak*, mientras que el fuego era obra de *Tojil*. En rigor, prácticamente todo lo que resultaba importante para el grupo humano era divinizado. Así encontramos, en Egipto, el dios Sol (*Ra*, *Atum*, *Jefri* o *Aten*, según sus variadas denominaciones), el dios del aire (*Shu*), el dios de la humedad (*Tefnet*), el dios de la Tierra (*Geb*), el dios del orden (*Maat*), el dios del embalsamamiento (*Anubis*), etcétera. En la antigua Mesopotamia encontramos a la diosa de las

---

41. González Seara, *La aventura del intelectual antiguo*, p. 96.

cañas (*Nidaba*), el dios del cielo (*Anu*), el dios de la tormenta (*Enlil*), el dios del Sol (*Utu*), la diosa de la Luna (*Nanna*), la diosa del amor o de Venus (*Inanna*), etcétera. Entre los mayas encontramos el dios del cielo (*Hunab Ku*), el dios del Sol (*K'inich Ajaw*), el dios de la muerte (*Kimi*), el dios del rayo (*K'awil*), el dios del viento (*Ik'*), el dios del terremoto (*Kabraqan*), el dios del maíz (*Ah Mun*) a partir del cual hemos sido creados los seres humanos, y así sucesivamente.

Cultura, tradición y religión están en tal medida imbricadas entre sí que en el mundo antiguo el sujeto revolucionario no es otro que el *profeta*. Dadas condiciones carismáticas bien particulares, el profeta anuncia revelaciones capaces de trastocar la religión y, con ella, la cultura. Un cambio cultural es esencialmente un cambio religioso. Si el sacerdocio organizado continúa una tradición religiosa ya establecida, el profeta la renueva. De Moisés a Jesús, los profetas han incomodado al orden establecido (mientras Buda ponía en crisis a los brahmanes en India) pero, y este es el punto que aquí interesa, su revolución no puede desplegarse sino en un plano igualmente sacralizado porque, en definitiva, la cultura se articula fundamentalmente a través de la religión. No hay, pues, *revolución cultural* sino, en todo caso, *revoluciones religiosas* en términos estrictos que trastocan por sí mismas todo el paisaje cultural, precisamente porque el paisaje cultural es, más que nada, paisaje religioso. La Torá, por ejemplo, en el caso de los antiguos hebreos, va a estar en el centro de la disputa por su interpretación entre sectas como las de los saduceos, los fariseos y los esenios, no por *simples* motivos religiosos, sino porque la interpretación de esos motivos redundaba en un esquema bien específico para ordenar política y jurídicamente al pueblo judío.

Ahora bien, se tiene a menudo la idea de que la ilustración de la Grecia antigua sepultó al mito para dar paso a la hegemonía del *logos*, pero tal cosa debería matizarse. La cultura griega no dejaba de ser premoderna y, con ello, no dejaba de estar articulada tradicional y religiosamente. Claro que la filosofía y los primeros pasos del pensamiento científico se ven aquí, como nunca antes, de manera característica; pero ello no basta para suponer que su cultura, como tal, fuera una cultura secular, en un nivel general, como la moderna. Del oráculo de Delfos, con los éxtasis de la Pitia y las interpretaciones de los sacerdotes, nunca dejó de irradiar un poder mucho mayor que el que podía cosechar cualquier filosofía en boga. La popularidad de los poetas, como Píndaro, Arquíloco o Solón, es la popularidad de quienes saben convertir los mitos en guías para la vida cotidiana e incluso para la política. El propio Pitágoras, quien ya por entonces dejaría constancia de que la Tierra es redonda, además de ser el padre de la aritmética, «organizó una comunidad religiosa en el sur de Italia, de hombres y mujeres, basada en una regla de vida determinada por la transmigración de las almas»,[42] con lo que decidieron prohibir el consumo de carne para evitar toda posibilidad de estar comiendo un animal que albergara un alma humana. El Partenón fue construido por Pericles, el gran demócrata ateniense, para consagrar la *polis* a los dioses y agradecerles por la victoria frente a los persas. Sócrates sería condenado por negar a los dioses y pervertir a la juventud con su filosofía, mientras Anaxágoras había tenido que abandonar Atenas por impiedad. Platón, a su vez, reparará en el problema del alma y su eternidad, y postulará una *polis* ideal de tipo teocrática, mientras Aristóteles anotaba en su *Metafísica* que «el "amante del mito" [*philómythos*] sea, a su modo, "amante de la sabiduría" [*philósophos*]: y es que el mito se compone de maravillas».[43]

Saltando ahora un poco en el tiempo, se encontrará también en la Edad Media, ciertamente, una sólida unión entre cultura y religión. Un ejemplo ilustrativo: el abad Felipe de Harvengt celebraba en el siglo XII que París, donde la enseñanza florecía,[44] se hubiera convertido en algo así como el epicentro cultural de la época; y lo hacía en los siguientes términos:

¡Feliz ciudad en la que los santos libros se leen con tanto celo, en la que sus complicados misterios son resueltos gracias a los dones del Espíritu Santo, en la que hay tantos profesores eminentes, en la que hay una ciencia teológica tal que bien se podría llamar a París la ciudad de las bellas letras![45]

42. González Seara, *La aventura del intelectual antiguo*, p. 255.
43. Aristóteles, *Metafísica*, Libro I, cap. 2, b19 (Madrid: Gredos, 1994), pp. 18-19.
44. En el marco de los cambios demográficos del siglo XII, los *goliardos*, un grupo de intelectuales vagabundos, llegaban a París en masa con sus enseñanzas. La ciudad se había convertido en el centro de la cultura de lo que muchos consideran un «Renacimiento» dentro de la propia Edad Media.
45. Jacques Le Goff, *Los intelectuales en la Edad Media* (México: Gedisa, 2008), p. 41.

Puede verse en ello, con mucha claridad, cómo la religión aparece como el centro necesario no solo de la teología, por supuesto, sino también de la ciencia en general (siendo la teología, de hecho, la más importante de las ciencias)[46] e incluso de la literatura; y cómo el «profesor eminente» es, en efecto, el profesor de teología. Como afirma Marc Bloch, «toda concepción del mundo de la que lo sobrenatural estuviese excluido era completamente extraña a los espíritus de esa época».[47] Así, era dable esperar que otras áreas de la cultura, como la pintura, la música o la escultura estuvieran atravesadas también por una visión religiosa de su propia función estética. El arte fue puesto al servicio de expresar, y al mismo tiempo enseñar, cómo vivir en una sociedad que tenía a Dios en su centro de gravedad.[48]

Repárese en este sentido en las catedrales medievales. Fruto del genio arquitectónico y artístico de la época, no podría entenderse el lugar de la catedral en aquella sociedad sin pensar en la más profunda simbiosis entre lo religioso y lo cultural que la caracteriza. Alfredo Sáenz logra resumir esto de la siguiente manera:

> Casa de Dios, ante todo, era al mismo tiempo escuela, teatro, y lugar de reunión para los asuntos comunales de cierta importancia, sea del ámbito político como del económico. En su interior se celebraba el Santo Sacrificio de la Misa, se administraba el bautismo, se concentraba el matrimonio y se realizaban los funerales. Es decir que desde la infancia hasta la muerte constituía el lugar de paso obligado.[49]

La catedral condensaba toda la cultura medieval, en sentido amplio: en ellas se encontraban desde calendarios de piedra (como en Chartres, Ferrara, Reims o Amiens), donde se representaban las diversas actividades del pueblo en función de las distintas épocas del año, hasta imponentes esculturas de siete Musas que representaban

---

46. Probablemente la más importante universidad de la Edad Media haya sido la de París, destacada sobre todo por su especialización en teología.
47. Marc Bloch, *La sociedad feudal* (Madrid: Akal, 2002), p. 103.
48. Edgar de Bruyne, *La estética de la Edad Media* (Madrid: Visor, 1994), pp. 188-212.
49. Alfredo Sáenz, *La cristiandad y su cosmovisión* (Buenos Aires: Gladius, 2007), p. 256.

las siete artes liberales (como en Chartres, París o Laon), que estaban en la base de la erudición de la época. ¿Y cómo no mencionar el característico canto gregoriano, sobre el cual nadie menos que Mozart confesaría que «daría toda mi obra por haber escrito el *Prefacio* de la misa gregoriana»? Fuera de la ciudad, las iglesias rurales cumplían la misma función a su propia manera, colocándose en el centro de todas las actividades sociales significativas. El pueblo dependía incluso de las melodías de sus campanas para orientarse durante el día en cuanto al horario.[50]

A partir del arte de las catedrales incluso vieron la luz nuevas formas y prácticas artísticas, como la de los *esmaltistas*, la de la *tapicería* o la del *vitral*, al tiempo que, después de siglos, se recuperaban el *teatro* y la *escultura*. Dicho arte tenía por objeto, además de embellecer la casa de Dios, educar a los fieles en los conocimientos religiosos. Paredes, pinturas, vitrales, tapices y esculturas relataban historias y transmitían esos conocimientos. En las catedrales de Pisa y Siena, por ejemplo, distintas esculturas van contando importantes escenas bíblicas. En la catedral de San Trófimo (Arlés) se escenifica la historia de los reyes magos en un bajorrelieve ubicado en el pórtico. En la catedral de Sens se encuentra, por su parte, un vitral que relata la parábola del buen samaritano. En rigor, no hay catedral, y no hay siquiera iglesia, donde el arte no constituya una forma de pedagogía. Los analfabetos podían así aprender por vías no escritas aquello que debía aprenderse, tal como de hecho había solicitado un Sínodo reunido en 1025 en Arrás.[51] Y todavía más: todo un sistema moral bastante explícito era a menudo transmitido por el arte de las catedrales, realizado por artistas que jamás hubieran podido, como hoy sí, separar su fe de su genio artístico. Sáenz exclama sobre los fieles de aquellos tiempos: «¡Cómo debían gozar cuando veían la Cobardía figurada por un esbelto caballero

---

50. Los períodos de tiempo relativamente cortos, hasta fines del siglo XIV, se midieron en *Aves*, una medida que representaba el tiempo en que se rezaba un Avemaría. Ver Peter Watson, *Ideas. Historia intelectual de la humanidad* (Colombia: Planeta, 2017), p. 637.

51. «Se ha comparado a menudo la catedral, sobre todo desde Víctor Hugo, a un gran libro de piedra donde podían instruirse los más humildes, a una Biblia en imágenes que hablaban con voz que todos entendían» (Daniel-Rops, *La Iglesia de la Catedral y de la Cruzada*, Barcelona: Luis de Caralt, 1956, p. 462, citado en Sáenz, *La cristiandad y su cosmovisión*, p. 286).

que huía temeroso ante una liebre, o a la Discordia representada en el altercado de un marido con su mujer donde acababan volando por el aire el vaso de vino del uno y la rueca de la otra!».[52]

Si la cultura premoderna puede ser caracterizada, tal como se dijo, como una cultura fundada en la tradición, no menos cierto es que se distingue también por la precariedad técnica de sus mecanismos de reproducción cultural. En ella, las instituciones formales de enseñanza son cosa extraña a la mayor parte de los hombres. La cultura se transmite, sobre todo, de manera oral. Una tesis universitaria se ofrece casi siempre oralmente; un abogado ni siquiera tiene la obligación de saber leer y escribir.[53] Es evidente que el cuidado en los detalles con el que están escritos, por ejemplo, los libros de la Alta Edad Media, signados por una delicada caligrafía y hermosos adornos que hacen de ellos verdaderas obras de arte, realizadas por monjes especialmente dedicados a esos efectos en los *scriptoria* de los monasterios, habla a las claras del lujo que representan y la escasa circulación que tienen. En el Occidente medieval, la lengua de la cultura era el latín: lengua a la que el común de la gente no tenía acceso. *Idiota* se llamaba al monje que no lograba leer la Biblia. Ni siquiera el linaje era, en todos los casos, garantía de erudición: Bloch documenta los casos de «Otón *el grande*, que aprendió a leer a los 30 años, y Conrado II, cuyo capellán confiesa que "no conocía las letras"».[54] Nadie menos que Carlomagno, responsable del llamado «renacimiento carolingio» que enriqueció culturalmente el medioevo convocando a esos efectos a los más destacados eruditos eclesiásticos de la época, era un príncipe «casi analfabeto».[55] En las sociedades tradicionales, en suma, quienes manejan los precarios mecanismos de reproducción cultural son aquellos que están en directa comunión

---

52. Sáenz, *La cristiandad y su cosmovisión*, p. 260.
53. «En un capítulo de los Estatutos municipales de la ciudad de Marsella, que datan del siglo XIII, encontramos la enumeración de las cualidades que se exigen a un buen abogado, y el añadido: *litteratus vel non litteratus*, letrado o no». Es decir, ni siquiera para el abogado era determinante saber leer y escribir (Régine Pernoud, *A la luz de la Edad Media*, Barcelona: Juan Granica Ediciones, 1983, p. 127).
54. Bloch, *La sociedad feudal*, p. 101.
55. Sáenz, *La cristiandad y su cosmovisión*, p. 64. El autor, con razón, llama la atención sobre los mecanismos orales de transmisión. No saber leer no significaba necesariamente ignorar las cosas importantes de la época, porque ellas podían conocerse sobre todo de manera oral.

con las fuentes del conocimiento: los que, en una palabra, se encargan de los asuntos del *espíritu*. El dominio de la cultura, luego, no es otra cosa que el dominio del espíritu, y quienes naturalmente dominan este terreno son los eruditos de la religión.

Véase de cerca, pues, el caso de la universidad occidental, nacida al calor de la Edad Media, en el siglo XIII, dato cuidadosamente evitado por quienes hacen de esta etapa de nuestra civilización una caricatura maniquea (y más evitado todavía es el dato de que la gratuidad de la enseñanza, tan celebrada hoy por el progresismo, fue originalmente un principio cristiano).[56] Un siglo atrás, un pensador como Abelardo ya solicitaba «que la ciencia de las Escrituras no quede limitada a nosotros, pues nosotros debemos enseñar a beberlas».[57] Así, producto de los procesos de urbanización y desarrollo de las ciudades, del surgimiento de las corporaciones medievales y de la reciente importación de la cultura helénica antigua, las universidades se convirtieron en el recipiente donde el conocimiento se impartiría de forma organizada, fundamentalmente a partir de la bula *Parens scientiarum* de Gregorio IX. París, Bolonia, Oxford, devienen en centros universitarios de excelencia. Los papas Celestino III, Gregorio IX e Inocencio III apoyan estas nacientes instituciones. Este último pone a Oxford «bajo la protección de san Pedro y el Papa», lo cual equivalía a decir: lejos de los intereses de Enrique III y el poder real. La Universidad de Tolosa fue fundada en 1229 por petición de los papas; entre 1220 y 1230 se funda la Universidad de Salamanca y es establecida por bula papal en 1255, a la vez que Bolonia reconoce en 1278 a Honorio III como «señor de Bolonia». Las asambleas universitarias, por su parte, acostumbraban a reunirse en iglesias y conventos: los profesores son, necesariamente, hombres de la Iglesia y en buena parte pertenecientes a órdenes religiosas (entre las que sobresalen los franciscanos y los dominicos). Los alumnos, también: el examen final del doctorado de la Universidad de Bolonia se daba con frecuencia en la catedral,[58] y los universitarios, además de sus estudios, deben cumplir con oficios religiosos. La universidad,

---

56. Vender la educación en la ciencia de Dios se constituía en pecado de simonía. La gratuidad de la enseñanza fue proclamada por el papa Alejandro III en 1179.
57. Citado en Le Goff, *Los intelectuales en la Edad Media*, p. 73.
58. *Cf.* Ibíd., p. 86.

en definitiva, es una creación de la Iglesia y a ella debe servir, lo cual, a lo que al tema que aquí interesa se refiere, significa un importante dato que ratifica la realidad de que, en las sociedades premodernas, *cultura* y *religión* forman una unidad tal que pueden incluso pasar por términos casi equivalentes.[59]

Vale aclarar que la educación formal del medioevo no se limitaba a la universidad, sino que esta representaba, en todo caso, su más alto nivel. Por debajo de ella puede encontrarse algo parecido a lo que llamamos hoy «educación primaria» en colegios anexados a las parroquias. El Concilio de Letrán ya había establecido en 1179 la obligación de que toda parroquia contara con un colegio, donde se enseñaba a leer, escribir, contar y, desde luego, doctrina cristiana. Existía, además, algo similar a lo que hoy se llama «educación secundaria» en los conventos, donde impartía clases un «maestroescuela» designado generalmente por el obispo; en algunos casos, como el de Lisieux a comienzos del siglo XII, el obispo en persona enseñaba a los alumnos.[60] Los contenidos se dividían en Gramática, Dialéctica, Retórica, Aritmética, Geometría, Astronomía y Música, siempre atravesados por la doctrina cristiana. El saber era en todos los niveles indisociable del conocimiento de Dios, y en él se fundaba su mismo objeto. Hasta la organización de las bibliotecas respondía a un criterio religioso, en la medida en que el orden de los libros no era alfabético, sino que «primero estaba la Biblia, luego los padres de la Iglesia y, en último lugar, los libros seculares sobre las artes liberales».[61]

En un contexto cultural como el descrito, pensar en batallas culturales es casi imposible. Es así por dos razones fundamentalmente. En primer lugar, es tal la simbiosis que existe entre cultura y religión que el margen de desafío cultural es prácticamente nulo. La cultura, de hecho, está en la base de la sociedad y es, en última instancia, religión. Una batalla cultural en una formación social así sería, más bien, una batalla *esencialmente* religiosa (y eso fue, precisamente, el gran cisma que hallamos al final de la civilización cristiana).[62] En

---

59. *Cf.* Thomas S. Eliot, *La unidad de la cultura europea* (Madrid: I.E.E./Encuentro), pp. 47-55.
60. *Cf.* Pernoud, *A la luz de la Edad Media*, p. 116.
61. Watson, *Ideas*, p. 596.
62. *Cf.* Christopher Dawson, *Historia de la cultura cristiana* (México D. F.: FCE, 2005), pp. 231-232.

segundo lugar, la precariedad de los mecanismos de reproducción cultural y su monopolización por parte de quienes dominan el campo religioso no solo apuntala la simbiosis señalada, sino que también estabiliza la cultura con tanta fuerza que esta queda «disuelta», por así decirlo, en lo social, transfigurándose en naturaleza. La sociedad se vuelve naturaleza y, por tanto, parece eterna y, sobre todo, inmutable. Las condiciones ideológicas y materiales para concebir una batalla cultural, por ello mismo, no están aquí dadas.

Ahora bien, resulta muy complicado seguir con un grado importante de detalle y sistematicidad los procesos históricos que están en la base de la secularización moderna. No es el propósito de este estudio realizar semejante trabajo. Sin embargo, puede ofrecerse en lo que sigue una sencilla pincelada sobre la cuestión, que sirva para dar cuenta, aunque sea con trazos muy gruesos, de cómo la cultura se fue desligando de sus lazos tradicionales y religiosos.

El largo proceso que desemboca en la cultura moderna tiene en el centro el paulatino avance de la mentalidad burguesa. Por ella ha de entenderse una manera específica de concebir el mundo y de relacionarse con él que tiene sus orígenes en el siglo XI con el surgimiento de ese grupo social que suele llamarse «burguesía».[63] Las ciudades medievales, a la sazón, constituyeron el marco en que emerge el burgués. Lo que este contexto ofrecía era un modo de vida distinto al que había tenido lugar desde las invasiones germánicas, que hicieron del mundo medieval un mundo esencialmente rural. En las ciudades, las relaciones —no solo entre hombres, sino también entre el hombre y la naturaleza— se trastocan, se dinamizan, aparecen nuevas actividades, nuevas libertades, nuevas formas de organización, y lo mercantil comienza a desplegarse. La mentalidad también empieza a modificarse, aunque con mayor lentitud que las condiciones materiales. Así, la cultura irá tomando de a poco una nueva forma.

---

63. Hay que puntualizar que lo que se llamaba en la Edad Media (y solo eventualmente) «burgueses» no se corresponde *vis à vis* con los mercaderes (ni estos con los comerciantes, y viceversa, como bien explicaron Moses Finley y Karl Polanyi), y es precisamente el establecimiento en Occidente de una nueva forma de vida mercantil lo que suele utilizarse en sociología para definir como burgués a un individuo, aunque no tiene por qué incluir directamente al habitante del burgo ni excluir a un miembro de la nobleza tardía devenido en comerciante; así como, por otra parte, las ciudades pueden estar formadas por campesinos.

Es importante notar que si la burguesía se desarrolló en la Europa medieval (y de ahí que el capitalismo sea un sistema fundamentalmente originado en Occidente)[64] eso fue porque aquí se les otorgó a los burgueses, como en ninguna otra parte, un régimen privilegiado de ciudadanía. Las ciudades gozaron de autonomía política y grados de independencia inéditos, y la burguesía recibió importantes respaldos políticos. A menudo se señala al respecto la importancia y el ejemplo de las Cruzadas: «tras las naves que llevaban a los guerreros circularon las naves de los mercaderes de Pisa, Génova o Venecia, y en unas y otras viajaron una y otra vez quienes descubrían en el mundo bizantino y en el mundo musulmán nuevas ideas antes no adivinadas».[65]

El poder de la burguesía aumentará conforme aumentan sus riquezas; el poder de la burguesía es, sobre todas las cosas, poder económico; y, si algo han entendido los burgueses al respecto, es que la suerte de lo económico va ligada a una visión de la realidad regida no tanto por consideraciones trascendentales como empíricas (visión que más adelante posibilitará el desarrollo de lo que llamamos «ciencia moderna»). Pero se cometería un error si de ello se dedujera que se niega lisa y llanamente a Dios, de una vez por todas. Lo que va desapareciendo, más bien, es su involucramiento cotidiano, dando paso así a una nueva concepción de la realidad, cuyo centro de gravedad se ubica no *más allá*, sino *más acá*. José Luis Romero entiende al respecto que

> para operar sobre el mundo, la burguesía asumió, expresa o tácitamente, que la divinidad no opera de manera contingente. La divinidad crea, es demiúrgica, pero lo creado tiene desde el primer momento su propia ley. De allí deriva la teoría del libre albedrío y la posibilidad de la creación humana, no sujeta en lo contingente a Dios.[66]

---

64. Este punto remite a una discusión que aquí no puedo estudiar. Pero debe tenerse presente que, en rigor, a la visión clásica según la cual el capitalismo es un producto occidental, que sostienen autores como Marx, Weber, Sombart y Wallerstein, entre otros, se ha opuesto una tesis, sostenida por ejemplo por Fernand Braudel, que afirma que el capitalismo tiene asimismo sus orígenes en la influencia de los capitales de Occidente sobre el mundo árabe mahometano y la China de los Song.

65. José Luis Romero, *La cultura occidental. Del mundo romano al siglo XX* (Buenos Aires: Siglo XXI, 2013), p. 38.

66. José Luis Romero, *Estudio de la mentalidad burguesa* (Buenos Aires: Alianza,

Ahora bien, si no se acepta la sociedad como una creación directa de Dios, sino como producto del libre albedrío con el cual Dios dotó a los hombres, entonces los fundamentos que en la mente de las personas sostenían al orden social tradicional empiezan a agrietarse. Tal hecho es fundamental para este estudio. La sociedad se va viendo cada vez menos como naturaleza y cada vez más como contrato; y los contratos son, por supuesto, el producto de negociaciones profanas entre los hombres. Ya no se vive enmarcados en determinaciones divinas, sino en contingencias humanas, desplegadas en la historia. Los marcos resultantes son, por lo mismo, relativamente débiles, porque la estructura que surgió a partir de un contrato entre hombres puede transgredirse con facilidad. Si a ello se suma que en las ciudades empieza a tener lugar un nuevo modo de vida que involucra el contacto con una mayor cantidad de gente de heterogeneidad creciente, con diferentes perspectivas e ideas, que se relacionan, que discuten, que manifiestan sus opiniones en el espacio público, se verá asomar, de forma paulatina por supuesto, las condiciones necesarias para lo que he llamado «batalla cultural».

Pero el contacto no es simplemente entre quienes viven en la ciudad, sino también con nuevas culturas distantes. Entre ellos, musulmanes y bizantinos. Las Cruzadas han jugado en esto un papel crucial. Ya desde el siglo XII se pusieron en marcha, por ejemplo, centros de traducción de obras de origen musulmán y griegas al latín o al hebreo, que impactaron decisivamente en los pensadores medievales. Por otra parte, reuniones entre la iglesia occidental y oriental, como el Segundo Concilio de Lyon en 1274, y posteriormente el Concilio de Basilea de 1439 que culminó con un acuerdo de apoyo entre el papa Eugenio IV y el emperador y patriarca de Bizancio, asediado en aquel entonces por los turcos otomanos, estimulaba el intercambio entre culturas significativamente distintas. ¡Y vaya si llegaron nuevas ideas tras la caída de Constantinopla en 1453, en los libros que aquellos sabios que fueron refugiados por Occidente trajeron consigo! Estos contactos con otras culturas se verán aceitados también por la propia expansión occidental, que una historiadora resume en los siguientes términos: «en 1488, Bartolomé

2016), p. 34. El repaso que aquí se ofrece sobre la burguesía está basado, fundamentalmente, en los estudios de Romero.

Díaz llegaba al sur de África, al Cabo de Buena Esperanza; en 1492, Colón a América; en 1498 Vasco de Gama a Calcuta; entre 1519 y 1520 la expedición de Magallanes realizaba el primer viaje de circunnavegación».[67]

Sin duda, la sociedad se ha puesto en movimiento, y ese movimiento es el resultado de los hombres. Y si los hombres son los responsables del movimiento, ¿no podrían también planificar conscientemente su dirección y su magnitud? No hay que adelantarse tanto. Es preciso volver un momento al sentido que adquiere la realidad en la naciente mentalidad. Ya se ha aseverado que ella se origina, en gran medida, en la propia experiencia pragmática de los burgueses, que necesitan comprender el funcionamiento del mundo inmediato para desenvolverse económicamente en la sociedad. En este contexto aparece el nominalismo. Guillermo de Ockham, como se sabe, atacará la idea de realidad del feudalismo cristiano —de raíz platónica—, que sostenía que la realidad había de explicarse no tanto por el mundo sensible como por conceptos universales. Para Ockham, por el contrario, los universales son abstracciones que los individuos desarrollan dentro de sus mentes, y no tienen lugar fuera de ella.[68] Su «principio de economía del pensamiento» (*Etnia non sunt multiplicanda praeter necessitatem*), adicionalmente, establecerá que, dados dos métodos para aprehender la realidad, debemos preferir aquel que logre los mismos resultados utilizando menor número de presupuestos y conceptos. Por lo tanto, si las causas naturales bastan para conocer lo real, no tiene mayor sentido zambullirse en causas sobrenaturales. ¿Qué lugar quedaba entonces para Dios? Sencillamente el lugar, que va lentamente estrechándose, de la fe. El

---

67. Susana Bianchi, *Historia social del mundo occidental. Del feudalismo a la sociedad contemporánea* (Buenos Aires: Universidad Nacional de Quilmes, 2016), p. 72.

68. Ockham rechaza la idea de que existe una «naturaleza común» en dos cosas que denominamos de la misma manera; solo lo singular existe verdaderamente, y trata de probarlo de la siguiente forma: «Síguese de tal opinión [la de la naturaleza común] que esa parte de la esencia de Cristo sería malvada y condenada, pues esa misma naturaleza común realmente existente en Cristo existe también en Judas y está condenada» (citado en Anthony Kenny, *Breve historia de la filosofía occidental*, Barcelona: Paidós, 2005, p. 227). Esta perspectiva, que en historia de la filosofía se denomina «nominalismo», sería uno de los más importantes desencadenantes de la filosofía moderna, así como de sus dos primeras escisiones: el «racionalismo» (Descartes, Malebranche, Spinoza, Leibniz, Wolff) y el «empirismo» (Bacon, Hobbes, Locke, Berkeley, Hume).

conocimiento de lo real, de lo inmediato, precisa no de fe, sino de un método sensible y experimental que permita conocer. Las bases de la ciencia moderna serán poco después colocadas y el saber, como tal, se irá desentendiendo del saber revelado.

Andando el tiempo, en este proceso se sumarán otros nombres, como el de Francis Bacon, quien argumentará en favor de la necesidad de establecer una teoría del descubrimiento científico para garantizar el «reino del hombre»,[69] procurando superar la especulación y los silogismos. En efecto, se debían evitar los «ídolos» por medio de un método inductivo basado en una cuidadosa observación de la realidad,[70] cuyo funcionamiento era comparable al de una máquina. Galileo Galilei es otro nombre importante en este proceso. Para él, la realidad del universo era reductible a las matemáticas: «[El universo] está escrito en el lenguaje de las matemáticas, y sus letras son triángulos, círculos y otras figuras geométricas, sin las cuales no es posible entender ni una palabra». Galileo puso en marcha conocidas experimentaciones científicas, procurando superar con ellas ciertos aspectos de la física aristotélica[71] y proporcionando evidencias, gracias al uso del telescopio, en favor de la teoría heliocéntrica de Copérnico. Estos son tan solo algunos de los primeros pasos de la ciencia moderna experimental, que en el siglo XVII encontrará el apoyo de la filosofía moderna de Descartes, basada en la duda radical, en las posibilidades de las matemáticas y en la confianza en el poder de la razón para resolver los misterios que el mundo presenta. Newton terminará poco después de coronar el surgimiento de la ciencia moderna. Como explica Michael Oakeshott, este complejo proceso estuvo muy ligado a una «declinación de la creencia en la Providencia: una técnica benefactora e infalible reemplazó a un Dios benefactor e infalible».[72]

---

69. La expresión aparece en su *Novum Organum*.

70. Escribía Bacon: «Al igual que las Indias Occidentales no se habrían descubierto nunca si no se hubiera inventado primero el uso de la brújula, por más que aquélla sea una vasta región y ésta tenga un pequeño movimiento, así tampoco debería parecer extraño que no se descubrieran nuevas ciencias si el arte mismo de la invención y el descubrimiento hubiera sido pasado por alto» (citado en Kenny, *Breve historia de la filosofía occidental*, p. 261).

71. Verbigracia: contradiciendo a Aristóteles, Galileo demostró que los cuerpos en caída se aceleran uniformemente con el tiempo.

72. Michael Oakeshott, «El racionalismo en la política», *El racionalismo en la política y otros ensayos* (México D. F.: FCE, 2001), p. 37.

Es conveniente matizar un poco lo que se ha dicho hasta aquí para no incurrir en reduccionismos típicos en lo que se refiere a la relación entre cristianismo y ciencia. La Edad Media tuvo desarrollos científicos importantes y, todavía más, el cristianismo jugó un papel crucial en lo que Weber llamó el «desencantamiento del mundo». Recordemos al respecto que el monoteísmo en general, y sobre todo el judeocristianismo, supusieron un corte radical con la idea de un mundo sujeto a la magia y los espíritus, en el que la naturaleza era, esencialmente, encantamiento. Con el monoteísmo, «a pesar de que el mundo y el trasmundo permanecen relacionados, obedecen a diferentes principios de orden».[73] Esto desata, ciertamente, un poderoso desencantamiento del mundo: causalidad natural y causalidad compensatoria han sido separadas. Ya no se está frente a un mundo caótico, sino frente a un orden estable, y solo bajo esta presuposición es posible el conocimiento racional. El historiador de la ciencia Stanley Jaki ha enseñado que la tradición cristiana desde el Antiguo Testamento en adelante concibe a Dios como un ser racional y metódico, responsable de una creación que, por el mismo motivo, es racional y metódica:[74] por ello mismo, luego, puede ser racionalmente conocida. En el Libro de la Sabiduría, subraya Jaki, encontramos que Dios «ordenó todas las cosas por su medida, su número y su peso», introduciendo racionalidad en la existencia y conformando un fértil campo sobre el cual la ciencia pudiera posteriormente desarrollarse.

Incluso el modelo aristotélico-ptolemaico adoptado por la Iglesia durante siglos implicaba la aceptación de un cosmos cerrado y fijo en el tiempo, que chocaba con la visión de un universo que surgió por la voluntad divina dando inicio al espacio y al tiempo, en tanto que, desde la teología cristiana, Dios percibe el pasado y el futuro desde fuera del tiempo como un «eterno presente». En este sentido, la Iglesia, mediante cambios en su magisterio, o bien adaptaba sus criterios hermenéuticos de interpretación de la Escritura o bien, ante la posible literalidad del relato bíblico optaba por una

---

73. Wolfgang Schluchter, *El desencantamiento del mundo. Seis estudios sobre Max Weber* (México D. F.: FCE, 2017), p. 72.
74. *Cf.* Stanley Jaki, *Science and creation: from eternal cycles to an oscillating universe* (Edimburgo: Scottish Academic Press, 1986).

forma –incluso hoy avanzada– de criterio epistemológico llamada «instrumentalismo». La aceptación del modelo geocéntrico (al menos por gran parte de la Iglesia) estaba basado, dentro de ciertos límites, en este criterio, y fue precisamente el entrecruzamiento entre revelación teológica y teoría científica lo que llevó a una confusión que puso obstáculos —finalmente salvados— al avance de las teorías científicas. El filósofo analítico Anthony Kenny explica cómo el caso Galileo mostró no tanto un problema de la Iglesia medieval como de la Iglesia de la Contrarreforma. Comenta, a su vez, la curiosa situación de que lo que realmente creó a este peculiar astrónomo un verdadero problema con la Inquisición (cosa que no ocurrió con Copérnico)[75] fueron las pretensiones de reinterpretar los textos bíblicos sobre la base de una certeza científica, mientras que Bellarmino, su interlocutor, argumentaba que el heliocentrismo era una hipótesis como el mismo geocentrismo y que se necesitaba algo más que observaciones inductivas. Kenny esgrime, casi con gracia, que «en este intercambio hay una agradable ironía, con el físico mostrándose mejor crítico bíblico y el cardenal mostrándose mejor filósofo de la ciencia».[76]

Comoquiera que sea, la idea de que Dios estableció para sus criaturas un mundo regido por leyes fijas y coherentes desactiva el poder de la magia que, fundado en «encantamientos» como norma cotidiana de las sociedades mágicas, devienen en «milagros» como excepciones extrañas e infrecuentes en las sociedades judeocristianas. Un milagro es algo excepcional, precisamente porque el orden esperable es el que se fundamenta en las leyes de *este* mundo que el hombre es capaz de conocer. La divinización de la naturaleza bloquea las posibilidades de su comprensión racional, que solo emergerá tras los efectos de una teología que haga de Dios un ser distinto de su creación y, por añadidura, que la despersonalice, que desencante el mundo mágico, azaroso, impredecible e inaprensible. Es así como sería injusto presuponer que la ciencia, en el Medioevo, sencillamente no existía. Lo que no resultaba corriente, en todo caso, era la moderna ciencia hipotético-deductiva basada en corroboraciones

---

75. *Cf.* Arthur Koestler, *Los sonámbulos. Historia de la cambiante cosmovisión del hombre* (Buenos Aires: Eudeba, 1963), pp. 482-483.
76. Kenny, *Breve historia de la filosofía occidental*, p. 261.

empíricas vía experimentación.[77] Por lo demás, ya se ha visto que en las universidades medievales el estudio de la aritmética, la geografía, la astronomía o la lógica eran parte de las llamadas «artes liberales». A ello debería agregarse que la filosofía natural encontró importantes desarrollos en el siglo XII en la escuela de Chartres, institución de la cual Adelardo de Bath, uno de sus estudiantes, decía: «Es la razón lo que nos hace hombres. Pues si volvemos la espalda a la asombrosa belleza racional del universo en que vivimos, ciertamente merecemos ser expulsados de él, como el invitado que no aprecia la casa en que es acogido».[78] Guillermo de Conches, por su parte, sostenía: «Nada le hurto a Dios. Él es el autor de todas las cosas, salvo el mal. Mas la naturaleza con que ha dotado a todas Sus criaturas ejecuta todo un esquema de operaciones, y también éstas nos remiten a Su gloria, pues Él es quien creó esta naturaleza».[79] Había, pues, que desentrañar ese esquema de operaciones para conocer mejor al Creador.

La Edad Media ha legado en este sentido grandes nombres, y los historiadores de la ciencia los han empezado a exhumar. Roger Bacon, un franciscano de Oxford, fue reconocido por sus trabajos en las áreas de óptica y matemáticas, habiendo conocido en el siglo XIII «la pólvora y el cañón, y el empleo de lentes convexas y cóncavas».[80] Además, en sus trabajos adelanta que es posible «construir barcos gobernados por un solo hombre, carros que se desplazan a una velocidad increíble, instrumentos capaces de volar, o de levantar sin esfuerzo cargas pesadísimas, submarinos, e incluso catalejos».[81] San Alberto Magno, por su parte, dedicó estudios a asuntos de lo más variados, como lo son la física, la biología, la psicología, la lógica y ciencias de la tierra, llamando a «investigar las causas que operan por sí mismas en la naturaleza»[82] en su *De Minerali-*

---

77. *Cf.* Alan Chalmers, *¿Qué es esa cosa llamada ciencia?* (Madrid: Siglo XXI, 2015).
78. Thomas Goldstein, *Dawn of Modern Science: from the Ancient Greeks to the Renaissance* (Nueva York: Da Capo Press, 1995), p. 88. Citado en Thomas Woods, *Cómo la Iglesia construyó la civilización occidental* (Madrid: Ciudadela, 2007), p. 117.
79. Goldstein, *Dawn of Modern Science: from the Ancient Greeks to the Renaissance*, p. 82. Citado en Woods, *Cómo la Iglesia construyó la civilización occidental*, p. 118.
80. Pernoud, *A la luz de la Edad Media*, p. 196.
81. Rémi Brague, *El reino del hombre. Génesis y fracaso del proyecto moderno* (Madrid: Ediciones Encuentro, 2016), p. 90.
82. Citado en Woods, *Cómo la Iglesia construyó la civilización occidental*, p. 126.

bus. Según cuenta Pernoud, Alberto también «hizo investigaciones sobre acústica y los tubos sonoros que lo llevaron a construir un autómata parlante, ochocientos años antes que Edison».[83] El obispo de Lincoln y canciller de Oxford, Robert Grosseteste, impulsó también importantes estudios relativos a cómo desarrollar experimentos científicos, en los que subrayó especialmente la necesidad de la matemática para el conocimiento de la naturaleza física. A Arnaud de Villenueve, profesor de Montpellier, se le debe el descubrimiento del alcohol, y diversos ácidos como el clorhídrico, el nítrico y el sulfúrico. Recientemente se han reconocido en científicos medievales, como Jean Buridan, antecedentes muy claros del moderno concepto de inercia; y, según explica de nuevo Pernoud, en otros medievales como Nicolas Flamel y Ramon Llull encontramos los principios de lo que hoy llamamos radioactividad. Así pues, conviene insistir en que sería un error pensar que la ciencia es algo que abruptamente aparece en la modernidad. Lo que caracteriza en este sentido a la modernidad, en todo caso, es que la ciencia se desentiende totalmente de la religión y que se completa de forma definitiva el «desencantamiento del mundo» que empezó con ella. Ya no solo no existe el encantamiento, sino tampoco el milagro, y todo puede ser dominado por medio del cálculo y la previsión, como decía Weber.

Una idea revolucionaria ha surgido en la transición a la modernidad: los hombres son capaces ahora de conocer la realidad con absoluta independencia de la Revelación. Poco a poco, además, ese conocimiento se orientará hacia el dominio técnico de la naturaleza y del hombre mismo. El proceso es largo, irregular, y tiene sus matices que aquí no se pueden comentar, aunque será este mismo, con todo, la base del *proyecto moderno*.[84] El hombre que reina sobre la naturaleza, que la domina consciente y paulatinamente como mandato moral, que lucha *contra* ella por medio de la experimentación (y no ya *con* ella por medio de la mera contemplación), es un hombre que asume el lugar del *soberano*. Semejante alejamiento

---

83. Pernoud, *A la luz de la Edad Media*, p. 196.
84. El dominio de la naturaleza, puede argüirse, está ya en el propio cristianismo. Es cierto, pero en tanto que *tarea* y no *proyecto*, es decir, como mandato del Creador y no como propia planificación. Esta diferencia capital ha sido especialmente estudiada en Brague, *El reino del hombre*.

de las fuerzas divinas[85] y el concomitante corrimiento del centro de gravedad hacia lo meramente humano recibe una característica expresión en el Renacimiento. El «humanismo» posa sus ojos en el antiguo saber clásico, no para adaptarlo a la sociedad medieval, sino para romper en gran parte con ella. Se trata del triunfo final de la vida urbana, su mentalidad y sus condiciones materiales de existencia: hasta la vieja noción de «dignidad» humana, como ha estudiado Rémi Brague, se desplaza hacia la realización del dominio de la naturaleza.[86] No es casualidad, en efecto, que el Renacimiento haya tenido su epicentro en las ciudades italianas, sobre todo en Florencia y Venecia: hacia el año 1300, Italia ya contenía unas veintitrés ciudades con más de veinte mil habitantes,[87] y destacaba por sus industrias y vida comercial. Nótese que en las ciudades italianas aparecen a la sazón las primeras escuelas de negocios, las «escuelas de ábaco», dedicadas a la enseñanza de la aritmética, la contabilidad y la destreza mercantil, y que aquí es donde el sistema de la banca se desarrolla: estamos ante el triunfo definitivo de la vida y la mentalidad empírica e inmanente de la burguesía por sobre la vida trascendental del cristianismo feudal.

La secularización cultural del Renacimiento está vinculada a la paralela secularización de las fuentes de su financiamiento. En efecto, el incremento de las riquezas en las ciudades permitió auspiciar proyectos culturales al margen de la Iglesia. El patronazgo privado de artistas y escribas por parte de importantes familias se combinó con el patronazgo directo de las propias ciudades. Célebres personalidades del siglo XIV, como Giotto, Duccio y Ambrogio Lorenzetti, prestaron sus servicios culturales sobre todo al gobierno de las ciudades.[88] Erasmo escribió *El elogio de la locura*, una crítica

---

85. Una curiosidad, que sirve además como matiz, es que el Renacimiento es sin embargo un tiempo repleto de *magia*. Pero ya no como manera de solicitar el servicio de fuerzas indomables, sino como manera de dominar una naturaleza llamada a ser dominada por el hombre. Así pues, la magia retorna, pero para anticipar las pretensiones de la técnica. La magia dejará de ser inconveniente, no por mala o pecaminosa, sino por ineficaz: en ello estriba la crítica de Francis Bacon, por ejemplo. La alquimia será pronto reemplazada por la química, como una forma más eficaz no solo para conocer, sino también para modificar la naturaleza.

86. *Cf.* Brague, *El reino del hombre*, p. 65.

87. Watson, *Ideas*, p. 614.

88. *Cf.* Ibíd, p. 620.

burlona a la vida monacal, mientras viajaba a Inglaterra buscando un lugar en la corte de Enrique VIII. Pietro Aretino pasó de la pobreza a la opulencia gracias al auspicio de Francisco I y de Carlos V.[89] Maquiavelo escribiría buscando los favores de los Médici. Después de 1480, los artistas empezaron a recibir incluso títulos de nobleza y a generar suculentas riquezas en el nuevo mercado de la cultura, cosa impensable en el Medioevo sencillamente porque, hablando con propiedad, la cultura no constituía un mercado en absoluto. El valor que adquieren los flamantes productores de cultura, que ahora puede calcularse de manera precisa como valor de mercado, es correlativo al valor que la propia cultura adquiere como campo autónomo, consciente de sí mismo, de sus capacidades, de su *poder*.[90] La idea del artista como «genio» es renacentista hasta la médula, y es en este marco en el que la fama deja de ser un atributo extraordinario del caballero medieval (cuya crisis se ve célebremente representada en el *Don Quijote* de Cervantes) para condecorar con sus intangibles reconocimientos sociales al genio cultural. «En público se me identifica como el hombre que recibió una carta de Erasmo»,[91] escribía a la sazón uno de los amigos de este.

El Renacimiento de los siglos XV y XVI, como hito cultural de la historia occidental, procura superar la ya cuestionada cultura medieval recuperando la cultura clásica grecorromana en sus propios términos paganos: superar el presente a través del pasado da sentido al pretendido *renacer*. Petrarca inaugura esta idealización de las realizaciones humanas previas a Cristo, que desemboca en una fascinación por el arte y la filosofía antiguos, cuyos escritos se procura incluso leerlos en su idioma original. Los dioses paganos vuelven a hablar: Giordano Bruno le hace decir a Júpiter que al hombre se le ha concedido el «poder operar no sólo según la naturaleza y de forma habitual, sino también más allá, fuera de las leyes de ésta, a

---

89. *Cf.* Car Grimberg; Ragnar Svanström, *Historia universal. Tomo VI: Descubrimientos y reformas* (Buenos Aires: Daimon, 1984), p. 25. Mejor conocido como «el fustigador de príncipes», era mejor comprar los favores de Aretino que padecer sus críticas.

90. *Cf.* Pierre Bourdieu, *El sentido social del gusto. Elementos para una sociología de la cultura* (Buenos Aires: Siglo XXI, 2014). Sobre todo el capítulo 5, «El mercado de los bienes simbólicos».

91. Citado en Watson, *Ideas*, p. 630.

fin de que llegue a mantenerse como dios en la tierra».[92] Así, todo el sistema cultural se va zambullendo en la nueva corriente, incluido desde luego el propio sistema educativo formal que, rápidamente, se impregna del nuevo humanismo: primero Italia, de inmediato París, Oxford, Cambridge, Heidelberg, etcétera. Cultura y religión finalmente se desligan en una magnitud significativa, y el hombre se convierte, así, en el centro de la cultura, ya no como hombre en abstracto, sino como individuo particular y creador. Los artistas comienzan, pues, a representar a individuos singulares, corrientes y ordinarios, detallando sus particularidades, sus emociones,[93] junto con el entorno de lo específicamente humano y mundano. Los artistas firman sus obras de arte y, muchas veces, incluso se representan a sí mismos en ellas, como es el caso de Jan van Eyck,[94] el de Antonio Filarete o, siglos más tarde, el de Diego Velázquez. «Qué vanidad que la pintura atraiga la admiración por la semejanza con las cosas que no son admiradas en sus originales», se quejaba Pascal con notable suspicacia. Emergía, en suma, una cultura secular, dominada por el hombre en tanto que individuo consciente de sí mismo y de sus capacidades para transformar el mundo. El Renacimiento fue, probablemente, la cuna de la modernidad; la Ilustración será su madurez.

Es indudable que, bajo los efectos de semejante torbellino, la relación con Dios experimentará en este nuevo marco cambios profundos. Los desafíos a la Iglesia se remontan al siglo XIV, pero la Reforma es la consecuencia teológica que finalmente sobreviene, y que termina de desmembrar la unidad cultural que descansaba en la unidad eclesiástica. Así, Lutero reaccionará contra la venta de indulgencias —y otros asuntos— clavando en 1517, en la iglesia de «Todos los Santos» y otras parroquias de Wittenberg, sus noventa y cinco tesis. Toda una nueva forma de concebir y, por lo tanto, de vivir la religión se pone entonces de pie. Las consecuencias culturales de estas novedades son importantes: el contacto directo con Dios que cada

---

92. Citado en Brague, *El reino del hombre*, p. 73
93. Este desarrollo artístico, puntualmente, fue posibilitado gracias a la innovación de la pintura al óleo que, demorando semanas en secarse (a diferencia de los «frescos»), permitían al pintor dedicar mayor tiempo a los detalles de los rostros.
94. *Cf.* Tzvetan Todorov, *El nacimiento del individuo en el arte* (Buenos Aires: Ediciones Nueva Visión, 2006), pp. 20-21.

individuo tiene la capacidad de establecer, que hace de la religión una experiencia íntima, sustrae de la Iglesia su función mediadora; el reemplazo del dogma católico por la autoridad de los textos de la Biblia y su libre interpretación da por tierra con toda una tradición institucional forjada al calor de los siglos y fundamentada en una hermenéutica unificada que ahora se vuelve anárquica; el «sacerdocio universal de todos los cristianos» ataca de forma directa al orden jerárquico formalmente establecido por la Iglesia; el libre examen apuntala una concepción del hombre como individuo racional en soledad, desligado de la tradición religiosa, capaz de vivir de manera autónoma su fe, a partir de la cual puede salvarse sin intermediarios humanos. Con la pérdida de un criterio único definido por la ortodoxia y la consiguiente emergencia de nuevas maneras de vivir la vida religiosa, reservadas a la interioridad, la otrora unidad cultural termina de disgregarse en una pluralidad de nuevas significaciones que tenderán a colisionar entre sí. No debe sorprender que, en semejante contexto de confusa polifonía teológica y epistemológica, el escepticismo haya invadido la mente de muchos, y que se hayan escrito a la sazón trabajos como *Apología de Raimond Sebond* de Michel de Montaigne, cuestionadores incluso de la capacidad que el hombre tiene de conocer.

Estos cambios culturales sirven por supuesto a cambios de índole político y económico. Donde la multiplicidad de iglesias desactivó el dominio efectivo de la Iglesia Católica, el mantenimiento del orden social y cultural terminó en manos civiles y sirvió a la centralización estatal que se abordará en el próximo subcapítulo. Toda una «voluntad de saber» será concentrada en el Estado, que encontrará en la ecuación *saber-poder* la razón para financiar la producción de nuevo conocimiento y su aplicación práctica. Adicionalmente, la ascesis calvinista establecerá una ética del trabajo duro y de la autodisciplina que, fundada en los logros personales en el *aquí abajo*, determina nuestro lugar en el *allá arriba*, dinamizando sin proponérselo el crecimiento racional de los negocios y la actividad profesional. Vicente Massot, analizando los estudios de Ernst Troeltsch al respecto, ofrece una importante conclusión que ilustra lo que aquí se viene exponiendo: «el protestantismo —sobre todo el nuevo— al haber renegado de una autoridad o jerarquía omnicomprensiva, hizo que la religiosidad naciente no estuviese directamente vinculada a la cultura».[95] No es, en efecto, simplemente la fragmentación de una tradición y de una institución tradicional lo que hace al protestantismo tan importante para la modernidad, sino su capacidad para inaugurar una nueva tradición donde lo religioso se ha desplazado, sobre todo, a la esfera de lo privado.

Es importante recalcar que semejante fractura probablemente no hubiera sido posible de no ser por el avance de los medios con los que la cultura se transmite. En este caso, es obligada la referencia al desarrollo de la imprenta en la segunda mitad del siglo XV, que amplificó de una forma nunca vista la posibilidad de comunicación social masiva. La imprenta hizo que las disputas teológicas fueran disputas de sociedades enteras. En efecto, los libros empezaban a ser bienes de masas, mucho más accesibles económicamente debido al incremento de su oferta y a su diseño en tamaños apropiados para ser fácilmente transportados a los fines del consumo popular. La lectura, otrora colectiva y generalmente en voz alta, se volvió individual, silenciosa, solitaria, de modo que facilitaba y multiplicaba la transgresión y la herejía.

La cantidad de títulos que empiezan a prohibirse por entonces da cuenta de la peligrosidad que las ideas por sí mismas comienzan a revestir para un orden en plena descomposición. Muchos impresores, y no solo los autores, serán a la postre perseguidos. Pero la imprenta continúa desarrollándose, y todo apunta a ampliar el público, porque es precisamente el *gran público*[96] lo que está en juego (entre el siglo XV y el XVI se editaron entre 150 y 200 millones de copias de libros en Europa).[97] Por ello incluso el latín vulgar empieza a ser reemplazado por las lenguas romances, por las itálico-occidentales, o bien deja aquel de imponerse cada vez más a diferentes niveles por sobre las variedades populares en desarrollo que mayoritariamente

---

95. Vicente Gonzalo Massot, *Max Weber y su sombra. La polémica sobre la religión y el capitalismo* (Buenos Aires: Grupo Editor Latinoamericano, 1992), p. 94.

96. Ediciones de dos mil libros ya era cosa frecuente para el siglo XVI. Los derechos de autor recién se introducirían en el siglo siguiente, en Inglaterra. En 1762, Oliver Goldsmith decía: «En la actualidad, los pocos poetas de Inglaterra ya no dependen de los grandes para su subsistencia; ahora no tienen más patrones que el público, y este, considerado colectivamente, es un amo bueno y generoso». Citado en Daniel Bell, *Las contradicciones culturales del capitalismo* (Madrid: Alianza, 1977), p. 28.

97. *Cf.* Lucien Febvre; Henri-Jean Martin, *The Coming of the Book: The Impact of Printing 1450-1800* (Londres: Verso, 1976), p. 262.

formaron el resto del árbol genealógico de las lenguas germánico-occidentales. El propio Lutero tradujo la Biblia a un alemán muy claro (sus tesis llegaron a toda Alemania en solo quince días gracias a la imprenta, y al resto de Europa en solo un mes),[98] mientras John Wyclif había hecho lo propio con el inglés bastante tiempo antes. En 1501, por ejemplo, en París, apenas el 9 % de los libros publicados eran en francés, mientras que en 1530 el guarismo se disparó al 26 %[99] y, en lo sucesivo, no dejaría de crecer. Descartes ya usaría el francés para escribir su *Discurso del método* en 1637, y agradecía de la siguiente manera al traductor de *Los principios de la filosofía*: «Vuestra traducción de mis *Principios* es tan clara y perfecta, que espero que sean leídos por más personas en francés que en latín y que sean mejor comprendidos».[100] Paralelamente, el campo universitario también mostrará cambios cuantitativos y cualitativos. «Entre comienzos del siglo XIV y 1500 las universidades europeas pasaron de ser unas quince o veinte a ser cerca de setenta»,[101] habiendo sido la mayoría de las nuevas universidades fundadas por el poder secular, como las de Viena, Heidelberg y Leipzig. Era evidente que la cultura estaba cambiando de manera drástica, cuantitativa y cualitativamente, y ese cambio iba acompañado por el desarrollo de los mecanismos de producción y reproducción cultural.

En suma, la esfera de la cultura en la sociedad moderna modifica sus elementos de forma radical. Al perder peso la religión y la tradición, sus custodios pierden por añadidura el relevante lugar de otrora concerniente a su reproducción. La cultura se vuelve un producto humano, consciente de sí, abierto al arbitrio de los hombres: en el centro de la cultura ya se ubica no la mera reproducción, sino la *creación* deliberada y pretendidamente autónoma. Esto, además, se articula con la emergencia del pluralismo moderno. ¿Por qué no podría cada uno, en un mismo marco común, elegir su cultura? ¿Y por qué, en consecuencia, no podría fabricarse cultura, de la misma manera que se fabrican automóviles, y por qué no podría

---

98. *Cf.* Margaret Aston, *The Fifteenth Century: The Prospect of Europe* (Londres: Thames and Hudson, 1968), p. 76. Citado en John Thompson, *Los media y la modernidad* (Barcelona: Paidós, 2017), p. 85.
99. *Cf.* Watson, *Ideas*, p. 608.
100. René Descartes, *Los principios de la filosofía* (Madrid: Alianza, 1995), p. 7.
101. Watson, *Ideas*, p. 592.

distribuirse cultura, de la misma manera que se distribuye Coca Cola embotellada? En efecto, si la cultura ya no está protegida por el halo de lo sagrado, ni confundida con la naturaleza que la circunda y ordena, se emancipa de las fuerzas que anteriormente limitaban los márgenes dentro de los cuales los cambios, lentos y graduales, eran viables. En la modernidad, al contrario, el cambio se convierte en lo distintivo de lo cultural, precisamente porque no hay otro límite que no sea el ingenio del hombre que procura tomar las riendas de su cultura en el marco de una nueva sociedad, mercantil y estatizada, como se verá en lo sucesivo. La magia y la religión están fuera de juego, y la razón se postulará, como luego se desentrañará con mayor detalle, para tomar ella sola las riendas: el ingeniero cultural y la maquinaria cultural reemplazarán rápidamente al sacerdote y sus templos.

El concepto moderno de cultura ha nacido, y su ambivalencia constitutiva se ha dejado ver por fin. De ahora en adelante, la batalla cultural será posible y necesaria.

II. Mercantilización de la economía

En el terreno de la economía, las diferencias que reviste una sociedad premoderna respecto de la modernidad son, de la misma manera que en la cultura, de magnitudes estructurales. Por mor de la precisión, hay que decir que en la sociedad premoderna la economía no es un terreno *en sí*, en la medida en que sus límites no son susceptibles de demarcación en absoluto. En este contexto, la economía está *imbricada* en la compleja constelación de relaciones sociales que existen en su seno y es inseparable de ellas. No existe un campo autónomo de lo económico ni, desde luego, una lógica económica racional como la que hoy resulta fácilmente identificable. El mercado —cuando existe en estas sociedades— no pasa de ser un lugar bien específico, que no constituye el centro de gravedad de la sociedad, sino apenas un espacio geográfico localizable donde un personaje bien concreto, el *mercader*, lleva a cabo sus intercambios. Lo económico recién podrá emanciparse como esfera autónoma cuando sean las relaciones de intercambio la base de cohesión y dinamismo social y, por lo tanto, cuando todos se hayan convertido, al decir de Adam Smith, en *comerciantes* de una *sociedad comercial*.

Las diferencias entre una sociedad premoderna y una moderna en sus términos económicos son tan profundas que la propia palabra, de origen griego, no significa lo mismo hoy que cuando fue acuñada. Compuesta por *oikos*, que quiere decir «casa», y *nem*, que quiere decir «administrar», «organizar», la economía refirió en sus inicios a la administración de los asuntos del *paterfamilias*, en la medida en que el *oikos* era la unidad tanto de producción como de consumo. El ateniense Jenofonte, en el siglo IV a.C., escribió *Oikonomikos*, cuyo contenido nada tiene que ver con lo que hoy se entiende por economía. Este se trataba, más bien, de una guía ética para el terrateniente y de las correctas relaciones en el hogar, en la que se subrayaba la importancia de mantener buenas migas con el mundo sobrenatural. Lo mismo cabe decir sobre la homónima obra del pseudo-Aristóteles, en la que se repara en la función de la procreación, en la educación de los hijos, en la moralidad del matrimonio, la relación entre hombre y mujer y, además, en las relaciones con los esclavos y la administración del *oikos*. La economía, pues, era inseparable de las relaciones sociales en las que el hombre se insertaba: el *homo oeconomicus*, aquí, no tiene lugar alguno.

El paso del mundo antiguo al medieval no significó un cambio de fondo. No significó, al menos, una aproximación a lo que hoy entendemos por economía. La pluma de Honorio de Saint-Victor, por ejemplo, describía en el siglo XII la economía como «la puerta de la patria del hombre. Allí se disponen los estados y las dignidades, se distinguen las funciones y los órdenes. Allí se les enseña a los hombres que se dirigen presurosos hacia su patria cómo alcanzar, según el orden de sus méritos, la jerarquía de los ángeles».[102] Estas concepciones de la economía, que no se ajustan a lo que hoy entendemos por ella, continuarán dominando la escena intelectual general por lo menos hasta mediados del siglo XVIII de nuestra era. En *Breve introducción a la filosofía moral*, libro publicado en 1742 por Francis Hutcheson, maestro de Adam Smith, el capítulo dedicado a la economía trataba sobre el matrimonio, el divorcio, la relación con los hijos, con los criados, y sobre asuntos más bien políticos. El eco de

---

102. Citado en Le Goff, *Los intelectuales en la Edad Media*, p. 69.

los antiguos, incluso en las mismísimas puertas de la modernidad, continuaba resonando. Moses Finley ha notado que el término «economía» a secas (en siglo XVIII se hablaba de «economía política») recién empezará a usarse en el siglo XIX, y toma la obra de Alfred Marshall, *Principles of Economics*, como pionera al respecto, ofreciendo una interesante reflexión:

> El título de la obra de Marshall no puede traducirse al griego o al latín, ni tampoco sus términos básicos, como mano de obra, producción, capital, inversión, ingreso, circulación, demanda, empresario, utilidad, al menos no en la forma abstracta requerida por el análisis económico.[103]

Estas nociones, sencillamente, no existían, por la índole del sistema económico premoderno mismo.

Así, la distancia que existe entre lo que el mundo antiguo y el medieval consideraban «economía» en comparación con los actuales conocimientos, reside no solo en el contenido del conocimiento mismo, sino, sobre todo, en la realidad económica de la premodernidad. Esto es: no se trata simplemente de una diferencia epistemológica, sino de una diferencia al nivel del propio objeto de estudio. Para simplificar puede tomarse la tipología de sistemas económicos premodernos de Joseph Lajugie, a saber: economía doméstica pastoril, economía señorial agrícola y economía urbana artesanal.[104] Sus diferencias internas están dadas por consideraciones tales como la unidad de la actividad económica (la familia antigua, el solar feudal o la comuna o ciudad, respectivamente), el grado de división del trabajo (de menor a mayor), las actividades económicas centrales (ganadería, agricultura o artesanías), la forma de la propiedad (colectiva o feudal) o el régimen de trabajo de las personas (esclavitud, servidumbre o trabajo corporativo). Las diferencias que pueden hallarse entre los distintos sistemas de economías premodernas son, a no dudar, muy importantes. Pero más importante es aquello que hace que todas sean, al final de cuentas, *economías premodernas*, y en ello hay que concentrarse aquí con el objeto de entender, a su vez, la especificidad de la sociedad moderna en lo que a este tema concierne.

---

103. Moses Finley, *La economía de la antigüedad* (México: FCE, 2003), p. 48.
104. *Cf.* Joseph Lajugie, *Los sistemas económicos* (Buenos Aires: EUDEBA, 1960).

LA DIFERENCIACIÓN MODERNA

En las sociedades premodernas, para empezar, las relaciones económicas están cultural y políticamente articuladas de tal manera que entre ellas hay más bien una imbricación recíproca. O, dicho de otra manera, en lo cultural y lo político se resuelve lo económico (hay que aclarar empero que lo político, a su vez, está imbricado en lo cultural, como se verá más adelante). Así, por ejemplo, pueden encontrarse economías domésticas donde las relaciones económicas son relaciones de parentesco, dando sentido, dicho sea de paso, a aquello de «*oikonomikos*». En economías feudales se encontrarán lazos estamentales entre señores y vasallos, con sus respectivas obligaciones recíprocas y derechos tradicionales y, si se mira de cerca las ciudades, se verá cómo la producción artesanal es controlada estatutariamente por corporaciones que determinan un régimen cerrado y organizado de profesiones, y establecen las condiciones técnicas, laborales y salariales de la producción, con lo que protegen contra toda competencia.[105] En todos estos casos, los lazos económicos son lazos personales (de estatus y no de contrato, diría Maine), y se encuentran cultural y políticamente afectados: se mantiene una relación *personal y directa* con el otro, sea este alguien con quien se guardan vínculos de parentesco, vínculos feudales o vínculos gremiales, como en las relaciones entre aprendices, oficiales y maestros en las ciudades de la Edad Media, que con frecuencia llegaban a vivir todos juntos en una misma casa.

La producción en estas sociedades es de pequeña escala. Y es que, en la premodernidad, el ajuste entre producción y necesidades, que determina cuánto es preciso producir para satisfacer lo necesario, no es efectuado por el mercado, sino por mecanismos de otra naturaleza. En la economía familiar, dicho ajuste lo aseguraba el jefe de familia, que dirigía la producción y establecía su posterior distribución entre los miembros de la casa. En los dominios señoriales, la producción se llevaba adelante en función de los habitantes del feudo y sus necesidades, determinadas tanto por costumbre como por las consideraciones del propio señor feudal, y la distribución se daba de acuerdo con las obligaciones estatutariamente previstas. En las ciudades medievales, la producción artesanal era controlada por

---

105. *Cf.* Hilaire Belloc, *La crisis de nuestra civilización* (Buenos Aires: Sudamericana, 1950), pp. 164-168.

la institución gremial que, sin perjuicio del incremento de división del trabajo que las comunas vivencian, no borraba el hecho de que aquello que se producía estaba orientado a satisfacer a personas con las que se tenía a menudo un trato de carácter personal. En una palabra, la producción en las economías premodernas está orientada a satisfacer a quienes se conoce: como a las propias personas, las necesidades también se conocen *de antemano* («*ex ante*»), y se produce aquello que con anterioridad se sabe que se va «a colocar», por así decirlo.

La economía premoderna no está basada predominantemente en el intercambio mercantil. En sociedades primitivas se da desde luego circulación de bienes, pero generalmente no bajo la forma del intercambio, sino como circulación basada en la reciprocidad, en la circulación distributiva o en formas comerciales de intercambio, pero con ausencia de un mercado formador de precios.[106] A menudo, incluso, la circulación adquiere la forma de ritos que sirven a la cohesión de la sociedad en cuestión, evidenciando las sólidas ligaduras entre lo económico y lo cultural. Es célebre al respecto la descripción que Malinowski hace del *kula*, un sistema de intercambio muy complejo en el que intervienen habitantes de islas del Pacífico Occidental, entre ellos, los trobriandeses que estudió el antropólogo. Lo interesante del caso es que en el *kula* no se intercambia nada que tenga valor práctico o comercial. Lo que se intercambia son, sencillamente, collares de conchas rojas y brazaletes de conchas blancas, unos por otros. Así pues, se llevan a cabo largos viajes en canoas para realizar estos intercambios cuyo sentido es estético y cuya función es la de reforzar el estatus social. Algo similar ocurre con los isleños yap de las Carolinas, que «cambian las mercancías que les ha costado años acumular, por pesados discos de piedra que entierran luego

---

106. En sociedades arcaicas, el intercambio empezó a ser aceptado recién cuando resultó funcional a la cohesión comunitaria: se habilitó el intercambio siempre que este no fuera lucrativo. Esto fue posibilitado por sistemas de equivalencia entre bienes, bajo los cuales se suponía que en una transacción nadie ganaba ni perdía nada y el grupo, por añadidura, podría mantener sus lazos intactos. El establecimiento de las cantidades «justas» dependía de tradiciones y costumbres, y no de nada parecido al mecanismo moderno del mercado. Los tikopia, por ejemplo, podían intercambiar conchas por cerdos, y la cantidad de conchas a dar debía ser aquella que llegara desde el rabo hasta el hocico del animal.

bajo sus chozas sin darles uso económico alguno».[107] Los maoríes, por su lado, han acuñado la palabra *hau* para nombrar el espíritu de reciprocidad que debe surgir en los regalos. Dar algo a alguien es llevarse una parte de esa persona, y por ello la reciprocidad es un sentimiento obligatorio de connotaciones casi sobrenaturales. En las sociedades primitivas, pues, el intercambio se halla bastante frenado por consideraciones mágicas, y, cuando se lleva adelante, no obedece a impulsos económicos en sentido estricto. Por ello Friedrich Hayek reconoce que la actividad comercial «sólo lograría avanzar entre grandes dificultades, e implicaría, sin duda, la ruptura de muchos lazos tribales».[108]

En la sociedad feudal, el intercambio, por lo general, se ha librado paulatinamente de los ritos y la magia de otrora, pero no constituye tampoco la base de la economía. Podría en esta instancia eliminarse de cuajo todo intercambio mercantil sin poner en crisis la organización económica como tal, lo que daría la pauta de que, sin perjuicio del relativo aumento del comercio, no se estaría frente al centro de gravedad del sistema social. En términos de Weber, podría decirse que en la sociedad premoderna predomina la *economía consuntiva* («acción económica orientada a cubrir las propias necesidades, ya sean las de un Estado, un individuo o una cooperativa de consumo») frente a la *economía lucrativa* («orientación en el sentido de las probabilidades de ganancia [...] mediante el cambio»).[109] Asimismo, es importante considerar que, en las relaciones comerciales, la tradición, y no el mecanismo de mercado (oferta-demanda-precio), continúa fijando las reglas del intercambio. Tal es el caso de los precios, establecidos por un sistema de «equivalencias» que provee criterios de justicia y, como destaca Karl Polanyi:

> desde las primeras colonias comerciales asirias, las leyes de Eshnunna y el Código Hammurabi, hasta la *Mishnah* y el Talmud de Babilonia dos mil quinientos años después, en realidad, hasta la época de Tomás de Aquino, si no después, el precio justo seguía siendo el único índice según el cual las transacciones eran consideradas legítimas.[110]

---

107. Beattie, *Otras culturas*, p. 261.
108. Friedrich Hayek, *La fatal arrogancia* (Madrid: Unión Editorial, 1990), p. 81.
109. Max Weber, *Historia económica general* (México: FCE, 2017), p. 28.
110. Karl Polanyi, *El sustento del hombre* (Madrid: Capitán Swing, 2009), p. 148.

La tradición se encontraba en la base de la economía o, dicho de otra manera, el funcionamiento económico estaba aceitado por motivos y consideraciones, ritos y predisposiciones, usos y costumbres, que hoy no consideraríamos económicos en absoluto o, con más precisión, que no derivan de una lógica estrictamente económica. Los monjes medievales, por caso, llevaban adelante su actividad comercial por razones religiosas, y sus monasterios se transformaron en los más importantes espacios donde el comercio se consumaba en Europa. En la antigua Grecia, el poeta Hesíodo explicaba la escasez exclamando: «¡Los dioses han ocultado el sustento del hombre!» (y para erradicar los males, en contextos de crisis, se ha dicho que los atenienses sacrificaban a ciertos individuos llamados *phármakoi*, que hacían las veces de chivos expiatorios), mientras Amós, uno de los doce profetas hebreos, prometía la venganza de Jehová para quienes comerciaran el producto de la tierra. Por su parte, tanto el Antiguo como el Nuevo Testamento[111] han sido durante siglos guías no-económicas de organización y conducta económica. Civilizaciones arcaicas como la sumeria rogaban a *Dumuzi*, dios de la abundancia económica, para garantizarse bienestar material: cada año, en primavera, el rey «representando a Dumuzi, cortejaba ritualmente a una sacerdotisa, que representaba a Inanna, con la que luego copulaba, mientras los textos del mito eran cantados», garantizándose con ello «el brote de las plantas y el crecimiento de las cosechas».[112] Los antiguos egipcios, cuya economía dependía de la crecida anual del Nilo, le suplicaban que tal cosa ocurriera al dios *Hapi*. Para los mayas, por su lado, los dioses habían creado al hombre a partir del maíz (base de la alimentación maya), que a su vez representaba, también, a una divinidad. Hasta no hace mucho, algunas tribus australianas, como la de los aruntas, practicaban ceremonias religiosas en las cuales se comían a sus tótems como forma de garantizar el abastecimiento de las provisiones necesarias para la

---

111. El Viejo Testamento pone frenos, por ejemplo, a toda inclinación a la ganancia que pueda surgir dentro del intercambio con miembros del propio grupo social.
112. Jesús Mosterín, *El pensamiento arcaico* (Madrid: Alianza, 2015), p. 110. Los antiguos mesopotámicos cantaban: «Que Dumuzi, como labrador, are los campos / que, como buen pastor, haga crecer los rebaños / que a su sombra crezca la vid / que a su sombra crezca la cebada / que a su sombra se multipliquen las carpas del río / que a su sombra los campos se llenen de cebada moteada / que a su sombra resuenen los pescados y las aves en las marismas».

vida.[113] La antropología cultural (Boas, Malinowski, Thurnwald), en efecto, ha dado sobrados ejemplos de los motivos no-económicos en los comportamientos económicos de sociedades primitivas, y de los mitos y los ritos vinculados a la vida económica que no es posible aquí recopilar. Lo relevante para este libro, empero, es señalar una vez más que la economía en la premodernidad está incrustada, por así decirlo, en lo cultural. Dicho de otra manera, que instituciones no-económicas dan forma sustancial a lo económico, entendido esto último como el conjunto de actividades vinculadas a la producción y distribución de bienes materiales y servicios.[114]

Se ha mostrado, en síntesis, que la economía de la premodernidad se caracteriza por estar «incrustada» (Karl Polanyi) en la constelación de relaciones sociales regidas por la cultura. No hay un sistema económico autónomo, articulado por una lógica económica racionalizada, lo cual *no equivale* a decir que no haya economía en absoluto. Si la economía comprende aquellas actividades vinculadas a la producción y formas de distribución de bienes y servicios, no puede existir ninguna sociedad no-económica en la medida en que ninguna sociedad puede vivir sin producir y sin hacer circular su producción. Las modernas economías abiertas operan en forma extensiva sobre un sustrato de intercambio mercantil que aparece como ya dado a los agentes al entrar en él. En las economías premodernas, en cambio, podía encontrarse entre las economías locales cerradas y prácticamente autárquicas una compleja combinación de formas de producción y circulación diferentes, usualmente basadas en la reciprocidad pautada (como en las aldeas descentralizadas, las villas medievales y las economías de parentesco), o en la redistribución (como en el caso de las tribus de cazadores o las haciendas de la Antigüedad), con anexos de ciertos espacios de economías domésticas totalmente autárquicas, así como de mercaderes fijos o comerciales que sí operaban bajo el principio del intercambio. Lo que existía,

---

113. Ver Beattie, *Otras culturas*, pp. 285-286.
114. Marx ha destacado algo interesante respecto de lo que venimos hablando: «Entre los antiguos no encontramos jamás una investigación acerca de las formas de propiedad territorial, etc. que resultan las más productivas, crean un máximo de riqueza. La riqueza no aparece como el objetivo de la producción (...). La investigación se refiere siempre a la clase de propiedad que crea a los mejores ciudadanos» (Karl Marx, *Formaciones económicas precapitalistas*, Buenos Aires: Editorial Polémica, 1973, p. 25).

entonces, era una economía que dependía en enorme medida, para articularse y funcionar, de lo cultural. O, con otras palabras, que funcionaba a partir de un sustrato de tradiciones, instituciones y lógicas no-económicas en las cuales el principio de economización era un medio. Por ejemplo, hasta el dinero, que solo algunas veces era un recurso mercantil y llevaba al surgimiento de múltiples monedas con funciones diferentes, siempre significaba sin embargo un símbolo de «cambio», aunque fuera localizado o limitado. En el extremo de las economías del Occidente medieval, el uso de monedas se había tornado muy infrecuente o ligado a una suerte de «economía de la dádiva».[115]

En la modernidad contractual, la forma de subsistencia no puede deliberarse ni pautarse con los consumidores calculando el costo en esfuerzo. En tanto que productor privado e independiente, el individuo no conoce el límite de trabajo de los demás productores y por ende tampoco la demanda esperada, con lo cual debe considerar sus propios medios de producción, sea trabajo o máquinas, como fines regidos por la maximización de beneficios.[116] En el contexto premoderno, en cambio, no existía una autonomía del principio económico en forma mercantil. Simplemente no había, como en nuestro presente, expectativas mutuas impersonales que llevasen a los individuos a incrementar la productividad, ni tampoco una dinámica competitiva que compela a una inversión constante en nuevos

---

115. *Cf.* Jacques Le Goff, *La Edad Media y el dinero* (Madrid: Akal, 2012), pp. 187-197.
116. *Cf.* Giovanni Sartori, *Teoría de la democracia* (Madrid: Alianza, 2005), pp. 489-505. Como bien agrega el autor, esto no implica que, en la sociedad mercantil, desarrollada prácticamente desde el siglo XVI hasta el presente global capitalista, los bienes de consumo se hayan convertido en medios y los de producción en fines. Pero sí es cierto que al momento de la producción ocurre una suerte de inversión en la relación medios-fines, así como una subordinación mutua de los intereses individuales de cada productor privado, ya no directamente a los intereses de los demás productores mediados neutralmente por el mercado, sino a los intereses colectivos del mercado en tanto *orden espontáneo*. Recién luego de la adaptación de todos a un rol productivo no deliberado, aquella parte restante del consumo de uso privado es para los individuos clientes una elección libre de coacción y representa la inevitable «soberanía de las masas consumidoras» sobre la empresa privada. Aquí han errado a la diana las críticas de Gerald Cohen que parten del supuesto de una «estructura de privación de libertad» que la pobreza impondría, al menos en el espacio público, a la «libertad negativa» (Berlin), ya que suponen negar el carácter de «auto-propiedad» (Nozick) de cualquier uso de la libertad, lo cual ha sido respondido desde posiciones marxistas clásicas hasta libertarias.

sistemas de producción más eficientes. No existe aquí una «revolución» permanente de la industria, sino una reproducción estacionaria. Se establece una meta futura de consumo entre la propia familia y las vecinas en base a una situación pasada acordada por lo general según tradiciones, y se produce solo para ese fin. Simplemente, como no se produce para desconocidos, no hay que prever necesidades desconocidas para subsistir. Tal es el cuadro de situación que económicamente caracteriza a la premodernidad.[117]

Ahora bien, todo esto cambia de forma radical en la sociedad moderna. Lo distintivo de la modernidad, como ya se subrayó, es la escisión lógica de los subsistemas funcionales, y la economía en este sentido no es una excepción. En la modernidad, la economía se halla emancipada en un grado importante respecto de la constelación de relaciones sociales cultural y tradicionalmente predeterminadas. El funcionamiento económico moderno pasa así a depender de consideraciones económicas racionales basadas en la maximización de la ganancia y, para ello, dependientes no de la magia o de las fuerzas extramundanas o de las costumbres o de las razones estamentales, sino casi exclusivamente del *cálculo racional*. «Económico» es lo que responde al cálculo riguroso de nuestra razón: por ello la eficiencia es el horizonte de lo económico. En la base de este proceso se encontrará el ya mencionado «desencantamiento del mundo» que, tal como Weber mostró, está en la médula misma de la modernidad y su despliegue.

Muchos factores a su vez están inscriptos en la dinámica de dicho proceso signado por el avance progresivo de lo racional (judaísmo, cristianismo, Renacimiento, Reforma, etcétera) cuyos detalles no interesa aquí desentrañar. Lo único que se dirá al respecto es que, si la

---

117. Según autores como Michael Polanyi en *La lógica de la libertad*, no debe confundirse esta situación premoderna con la moderna opresión del estatismo. En esta última, la actividad de los agentes económicos es anulada con la excusa de liberarlos de la socialización compulsiva del mercado. Si bien las condiciones de la «sociedad burguesa» impulsan a una forma de usar la libertad individual, no implican que sus decisiones estén dirigidas. Es a la inversa: solo esta sociedad posibilita, y hasta requiere, ese espacio de cabal independencia para la acción individual que es la propiedad moderna. La aporía de «liberar» al individuo de este condicionamiento limitando su actividad privada es el corolario de que el socialismo estatal sea la cubierta ideológica de una élite impuesta sobre una sociedad capitalista reprimida. Por otra parte, las relaciones pautadas de las economías comunitarias o de parentesco no eran «opcionales» y, si bien se encontraban libres del peso de la «lógica del capital», no estaban tanto más libres de las diferentes tradiciones locales.

economía estaba «incrustada» en lo cultural, y lo cultural en la premodernidad era en lo esencial *tradición*, primero mágica y después
religiosa, la emancipación de lo económico respecto de esa cultura ha
de hallarse fundamentalmente en los cambios que esas culturas fueron vivenciando en orden a *racionalizar* la ética que condicionaba el
despliegue de lo económico-mercantil. Esto ha sido, precisamente,
lo que Weber tanto se empeñó en mostrar. En extremada síntesis, el
judaísmo —como religión redentora— inauguró la hostilidad hacia
la magia, el cristianismo se adhirió a dicha hostilidad y erigió, a su
vez, una ética ascética extramundana que luego sería racionalizada
por el protestantismo a través de la idea de la salvación no sacramen-
tal: una ascesis intramundana maximizadora de utilidades para la
gloria de Dios es, pues, el origen ético del espíritu a través del cual
la moderna economía capitalista mejor pudo canalizarse. Hoy, no
obstante, al decir del propio Weber, «la raíz religiosa del hombre económico moderno ha muerto. [...] La ética económica nació del ideal
ascético, pero ahora ha sido despojada de su sentido religioso».[118]
Lo que queda en nuestros días en su lugar es la ciencia moderna y
la dominación técnica, como ya se ha visto. Sin embargo, tal como
el propio Weber reconoce, todo esto no es un buen reemplazo en
la medida en que la ciencia y la técnica no pueden responder a las
preguntas de *cómo vivir* y *qué debemos hacer* en esta vida, lo que nos
transforma, a la postre, en «especialistas sin espíritu, gozadores sin
corazón».[119] La batalla cultural aparece precisamente cuando estas
preguntas quedan abiertas a la indeterminación de una lucha por
llenar el vacío dejado, lo cual implica, en cierta forma, *reencantar* el
mundo, pero *por otros medios*.

En la sociedad moderna, las actividades cotidianas se encuentran
organizadas por mercados y burocracias,[120] dentro de los cuales se

---

118. Weber, *Historia económica general*, p. 369.
119. Max Weber, *La ética protestante y el espíritu del capitalismo* (México: FCE, 2011),
p. 248. Aquí, Weber parafrasea a Nietzsche.
120. El sistema capitalista, propio de la modernidad económica, se articula esencialmente mediante dos formas contractuales: redes de mercado y jerarquías buro-
cráticas. Las sociedades de mercado, operando con separación entre producción
y consumo, dan forma a burocracias empresariales subordinadas (en situaciones
normales) a propietarios privados *sin* poder político y obligados a servir al mercado. A la inversa, las burocracias que conforman un poder político republicano-li-
beral vigilan el cumplimiento del derecho comercial y frecuentemente regulan los

satisfacen necesidades y deseos, a través de relaciones de intercambio en las que se da y se recibe de acuerdo con señales (precios) que el mismo mercado genera en función de los comportamientos económicos de los demás. La economía potencialmente se coordina a sí misma y coordina, por tanto, las actividades productivas y mercantiles de los individuos. Estos, a su vez, dejan de guiarse en el plano de lo económico por consideraciones altruistas o comunitarias, y en su lugar aparece el interés individual como móvil principal de un sistema que procura satisfacer las necesidades y deseos ajenos, de quienes nada se conoce, a cambio de una contrapartida que maximice las utilidades del individuo en cuestión. En una palabra, la *ganancia* reemplaza el altruismo, cosa que Hayek ha explicado con mucha claridad de la siguiente forma:

> Tanto el altruismo como la solidaridad son instintos muy fuertes que guiaron al hombre en un pequeño grupo sirviendo a otras personas conocidas, cuando sus esfuerzos eran dirigidos a las necesidades de gente que eran sus familiares. Ahora hemos crecido y somos tan ricos porque hemos sustituido esto por un sistema en el que ya no se trabaja para las necesidades conocidas de otras personas conocidas, y ya no se utiliza la ayuda de otras personas conocidas, sino donde nuestro esfuerzo está completamente guiado por señales de precios que para el individuo significa que debe usar sus recursos para el máximo éxito del objeto por el que se sacrifican los recursos. [...] Por lo tanto lo que ocurre en lo referente a las actividades económicas es que vamos a beneficiar más a nuestros semejantes si nos guiamos exclusivamente por la búsqueda de la ganancia. Entonces luego estaremos en completa libertad de usar lo que hemos ganado, y allí puede aparecer un deseo altruista muy fuerte, pero no en el principio ordenador de la sociedad.[121]

---

mercados, *pero* sus funcionarios no poseen su cargo como un patrimonio privado ni tampoco (en situaciones normales) por su influencia mediante un partido político, con lo cual se encuentran sometidos a roles asignados por plebiscito o designación. *Cf.* Max Weber, *Economía y sociedad*, pp. 182-185, 330, 345 y 409.

121. Entrevista de Bernard Levin a Friedrich Hayek en la Universidad de Friburgo, 1980, https://www.youtube.com/watch?v=frRu8d0TUWk. Hay observaciones similares en *La fatal arrogancia*, p. 137.

En otro lugar, el mismo Hayek lo ha ejemplificado de la siguiente forma: «El productor no fabrica zapatos porque sabe que Pérez lo necesita. Los produce porque sabe que decenas de comerciantes comprarán ciertas cantidades a precios distintos, sabiendo a su vez (o mejor, lo saben los comerciantes al por menor a los que ellos proveen) que millares de Pérez, desconocidos para el productor, quieren comprar».[122] Tal es el carácter *impersonal* del sistema económico moderno que, con otros términos y otra filosofía, Durkheim señaló como el paso de la «solidaridad mecánica» a la «solidaridad orgánica» que ya ha sido aquí mencionada.

Así las cosas, la economía pasó a ser una cuestión de relaciones en el mercado, y la sociedad, a su vez, quedó organizada por estas relaciones. El centro de la cohesión social pasó de la solidaridad comunitaria a la dinámica del intercambio mercantil. Hayek ha remarcado la realidad de que «en una sociedad con las dimensiones y la complejidad de un país moderno, o del mundo moderno [...] es el despreciado "nexo económico" lo que mantiene unida a la Gran Sociedad», dependiendo «el elevado ideal de unidad del género humano» de «las relaciones entre las partes, relaciones gobernadas por la lucha por la mayor satisfacción de las propias necesidades materiales».[123] No obstante, es evidente que el mercado no opera por sí mismo en la sociedad moderna, sino que la otra gran institución característica de la modernidad, el Estado moderno, controla, ordena y subsume la compleja constelación de relaciones sociales, haciendo de la modernidad un contexto sociohistórico signado no simplemente por la mercantilización de las relaciones sociales, sino también por su estatización, tal como se verá en el próximo subcapítulo.

Pero, entretanto, hay que volver por ahora a la cuestión económica. Siguiendo también a Weber en este punto, podría decirse que el capitalismo racional es el sistema económico moderno por antonomasia, y este existe allí donde la unidad económica fundamental la constituye la *empresa* maximizadora de utilidades a través del cálculo contable de sus probabilidades de ganancia en el mercado

---

122. Friedrich Hayek, *Derecho, legislación y libertad* (Madrid: Unión Editorial, 2016), p. 319.
123. Ibíd., p. 315.

vía intercambio comercial. La empresa capitalista moderna se distingue, al mismo tiempo, por gozar de derechos de propiedad sobre medios de producción, por gozar de relativa libertad mercantil, por utilizar técnicas racionales de producción y cambio, por depender de un derecho racional, confiable y efectivo, y por contratar con libertad a personas que venden su trabajo a cambio de un salario. Esto es muy distinto de una economía premoderna donde el trabajo —ora por regulación gremial, ora por regulación familiar o estamental— no era libre luego de ser pautado, la contabilidad racional no regía la producción, los productores por lo general eran dueños de sus precarias herramientas y la libertad de comercio estaba limitada por la propia forma en que las relaciones sociales se articulaban.

Lo que está en la base de la economía moderna no es ya ninguna tradición, por definición extraeconómica, sino aquello que es *económicamente racional*: la ganancia. Es el sistema de señales económicas, bajo el mecanismo de mercado, el que ahora se coloca en el centro de la conducta económica de los individuos y va ajustando por sí mismo los esfuerzos económicos: la producción de aldea o de burgo ha dado lugar, pues, a un sistema donde se produce para desconocidos en sociedades de gran escala. Así, la lógica económica monopoliza lo económico y se puede, por añadidura, divisar su existencia como algo bien definido, de contornos claros, distinto de lo político y lo cultural (la exigencia liberal de no intervenir la economía tiene como fundamento, precisamente, la existencia de un orden económico autonomizado y autorregulado, de la misma manera que la exigencia socialista de dirigirla presupone naturalmente la misma condición). «Los campos de la acción racional y de la economía forman uno solo» dice Ludwig von Mises, y agrega que «sin cálculo económico no puede haber economía»[124] (moderna, agrego yo).[125] Weber ya había señalado al

---

124. Mises, *El socialismo*, pp. 119-126.
125. Desde luego que Mises es consciente de las diferencias entre una economía premoderna y una moderna, como deja constancia en la siguiente cita: «Pues en las relaciones sencillas de la economía doméstica cerrada se puede percibir en todo su conjunto el camino que va desde el comienzo del proceso de la producción hasta su final y siempre se puede juzgar si tal o cual procedimiento puede producir más o menos bienes listos para el uso o el consumo. Esto ya no es factible en nuestra economía infinitamente más complicada» (Ibíd., p. 125).

respecto que «toda la historia económica es la historia del racionalismo triunfante, basado en el cálculo».[126] En efecto, si la modernidad constituye una sociedad *postradicional* donde la certidumbre
del conocimiento racional caracteriza los esfuerzos por controlar el
presente y prever el futuro, no resulta fruto del azar que la ciencia
económica sea, *stricto sensu*, una ciencia moderna, nacida en el siglo XVIII. La expansión del mecanismo de mercado y la posterior
revolución industrial están en la base, pues, no solo de la ciencia
económica, sino también de la sociedad moderna como tal.

Para lo que en este libro interesa, estos análisis dicen mucho
sobre la batalla cultural, y algo de ello ya se ha adelantado. Y es que
al romper la ligazón que mantenía a lo económico dentro de una
constelación de relaciones sociales culturalmente determinadas, lo
económico debe ser ahora legitimado *ex nihilo*. Al autonomizarse,
se vuelve imperioso explicar no solo su funcionamiento, su especificidad y sus reglas, sino también dar buenas razones sobre su
justicia o injusticia, su conveniencia o inconveniencia, sus aciertos
y sus desaciertos, sus bondades y sus miserias. Tales razones no
merecen la pena, desde luego, en una sociedad donde el funcionamiento, la especificidad y las reglas económicas son indisociables
del resto de los subsistemas sociales (en todo caso, tales razones
serían razones no-económicas). En efecto, tal como ya se ha visto,
la posición económica de una persona en la premodernidad estaba
tradicionalmente fijada por la cultura de cada comunidad y constituía, por sí misma, el orden esperable de las cosas. Modificarlo de
manera conscientemente organizada y significativa no aparecía, en
principio ni de manera frecuente, dentro del radio de posibilidades. No se precisaba, asimismo, de batallas culturales para mantener ese orden; las razones de su mantenimiento iban de suyo. Pero
en una sociedad como la moderna, donde la economía ya no se
halla incrustada en la cultura, esta puede reaccionar contra aquella
—independientemente de sus posibilidades de éxito— para cri-
ticarla o reafirmarla (el frecuente choque de disciplinas como la
filosofía y la política con la economía da cuenta de esto). Es más,
allí donde la cultura ha cedido el lugar de la tradición a la ciencia
moderna y a las ideologías, lo que iba de suyo ahora está sujeto a

126. Weber, *Historia económica general*, pp. 37-38.

una batalla argumentativa de razones de diversa naturaleza que van y vienen, de un lado y de otro, en lo que toma la forma de una batalla cultural.

III. Estatización de la política

La sociedad moderna es una sociedad dominada por el Estado. Tal es el rasgo político más sobresaliente de la modernidad. Así, el Estado, que logra estabilizar, expandir e intensificar su dominio, regula la vida en sociedad como una instancia de poder ubicada por encima de ella misma, y de la cual dependen en gran medida las relaciones sociales. La inmensa mayoría de los súbditos llega a dar por descontada la existencia del Estado como una organización que siempre habría existido y por fuera de la cual ninguna existencia sería posible. El Estado constituye, en la modernidad, una *maquinaria impersonal*, que funciona bajo su propia lógica y que, tal como ocurre con la economía, ya no está incrustada en lo cultural, sino que ha logrado su autonomía funcional. Así, cuando la política se emancipa de lo cultural, aquella puede usar los instrumentos del Estado y tomar la cultura como arcilla para darle forma según su más arbitraria imaginación o los más sórdidos intereses del poder, haciendo de la batalla cultural un fenómeno materialmente factible.

Las sociedades premodernas son muy diferentes. No solo por la ausencia de Estado (moderno), sino también porque lo político no puede desembarazarse de las fuerzas culturales —determinadas por la religión— que todavía lo retienen en muchos sentidos. Piénsese por ejemplo en una organización política de aldea primitiva, donde un conjunto de familias se hallan asociadas en torno a una precaria estructura regida por uno o más ancianos, cuyo poder está en función del conocimiento mágico o religioso que solo la edad es capaz de conferir (conocimiento, por otra parte, que se vuelve indispensable a los fines de realizar material y espiritualmente al grupo social). En un «mundo encantado», un mundo donde todos los acontecimientos son obra de fuerzas incomprensibles, oscuras, de carácter espiritual, la magia aparece como el instrumento capaz de «negociar» con esas fuerzas, y quien posea los conocimientos mágicos poseerá los títulos para gobernar al grupo en cuestión. Tal es la forma primitiva del poder en lo que la sociología política ha llamado «gerontocracias».

Hete aquí, rápidamente, algunos ejemplos al azar que ofrece al respecto la antropología. James George Frazer cita en sus estudios el testimonio del rey de Etain, en la Nigeria meridional:

> Toda la aldea me forzó a convertirme en jefe supremo. Suspendieron a mi cuello nuestro gran juu [fetiche con cuernos de búfalo]. Una antigua tradición de aquí dice que el jefe supremo no debe salir nunca de su recinto. Yo soy el hombre más viejo de la aldea y me guardan aquí para que pueda velar sobre los jujus y para que celebre los ritos de los recién nacidos y otras ceremonias parecidas; gracias a la realización atenta de estas ceremonias, yo procuro la caza al cazador, hago que la cosecha del iñame prospere, aseguro el pescado al pescador y hago que caiga la lluvia. Me traen carne, iñame, pescado, etc. Para que llueva, bebo agua, la escupo y ruego a nuestros grandes dioses. Si saliera del recinto, caería muerto a mi vuelta a la cabaña.[127]

Alfred Métraux, en su estudio sobre la isla de Pascua, comenta a su vez sobre un antiguo canto que «atribuye a la virtud real el crecimiento y la multiplicación de las patatas, de los helechos, las langostas, etc. Mientras que, en invierno, la pesca en alta mar está sometida a un estricto tabú, cuando se capturan los primeros atunes, tienen que ser ofrecidos al rey. Solo cuando este los ha probado puede el pueblo alimentarse con ellos sin peligro».[128] El rey es rey en función de la experiencia que los años le han concedido. John Beattie, por su parte, dio cuenta de la organización política en virtud de grupos de edad en tribus como la de los masái y los nandi de África Oriental, donde el estatus y el rol social se establecen de acuerdo con el criterio etario y, así:

> los guerreros combaten y defienden de cualquier ataque a la tribu, y los hombres maduros zanjan disputas, toman importantes decisiones e interceden ante los espíritus de los antepasados. [...] se cree que sólo

---

127. James George Frazer, *Les origines magiques de la royauté* (Ed. Francesa), p. 127. Citado en Bertrand de Jouvenel, *Sobre el poder. Historia natural de su crecimiento* (Madrid: Unión Editorial, 2011), p. 129.

128. De Jouvenel, *Sobre el poder,* p. 129

ellos pueden interceder efectivamente en nombre de la comunidad ante los espíritus de los antepasados, de cuya buena voluntad puede suponerse que depende el bienestar de todo el grupo.[129]

En civilizaciones arcaicas que anteriormente se han mencionado, puede hallarse un panorama similar. Para los sumerios, por ejemplo, sobre el mundo terrenal se levantaba todo un mundo sobrenatural regido políticamente. El Universo tenía un gobierno constituido por una Asamblea cósmica en la que deliberaban todos los dioses. El dios *Anu* presidía, mientras *Enlil* ejecutaba las decisiones tomadas. El rey de los hombres debía rendir cuentas a esta estructura política divina: las épocas de penurias, crisis y catástrofes se interpretaban como el producto de errores políticos de las autoridades mundanas frente a las sobrenaturales. La suerte de las ciudades dependía, en última instancia, de los dioses y su política celestial. En el caso de los egipcios, la simbiosis entre política y religión era todavía mayor: el propio faraón era un dios, llamado *Horus* en vida y *Osiris* tras morir. Su función política era de índole divina: «hacer triunfar a *Maat* (la verdad, el orden, la justicia) sobre las fuerzas del caos».[130] El faraón era hijo de *Ra*, el dios Sol, y por ello tenía, entre otros títulos, el de *Sa Ra*. También se han mencionado con anterioridad a los mayas, de quienes se pueden decir cosas muy similares. En ciertas ceremonias, por ejemplo, el rey maya (*ajaw*) encarna al dios Sol frente a la comunidad, y esto sirve a su legitimación política.

En efecto, política y religión están ensambladas a tal punto en estas sociedades que lo más parecido a lo que hoy llamaríamos «revolución» a veces no es más que el cambio de un dios por otro, o bien el triunfo de uno de ellos y la derrota de otro. Es el caso de *Akhenatón* en Egipto, que se enfrenta al sacerdocio de *Amón*, desplazando a la postre la capital de Tebas a Tell-el-Amarna, y cambiando el mismo nombre del faraón, de Amen-hotep IV a Akh-en-Aton: el dios *Atón* triunfa sobre *Amón*. Las cosas luego serán restablecidas por Tutankh-Atón, que será posteriormente Tutankh-Amón, devolviéndole la hegemonía a *Amón*. En la antigua Mesopotamia, las guerras entre ciudades eran guerras entre los dioses que correspondían

129. Beattie, *Otras culturas*, pp. 194-195.
130. Mosterín, *El pensamiento arcaico*, p. 191.

a cada ciudad. Es el caso de una célebre guerra entre Lagash y Umma, las dos ciudades sumerias más poderosas, representada en la «Estela de los buitres» que hoy se puede visitar en el Louvre, donde se contempla a *Ningirsu*, dios de Lagash, luchando contra los derrotados invasores de Umma. Un siglo más tarde será Umma la vencedora, y el rey de Lagash cargará tintas en una tablilla contra *Nidaba*, la diosa de la ciudad invasora, a quien se responsabilizaba de los desmanes.[131]

Es evidente en estos casos que la política está completamente incrustada en lo cultural, y que lo cultural es, esencialmente, *religión*. Pero es posible encontrar un cuadro bastante similar si se miran sociedades premodernas más avanzadas, como por ejemplo la Roma antigua. En ella muchos pretenden ver un Estado, similar al moderno, cuando la verdad es que no hubo otra cosa que una *res publica*, que no es lo mismo. En efecto, aquí nadie podría encontrar un cuerpo estable de funcionarios dedicados de forma profesional a la administración de la cosa pública, ni fuerzas armadas permanentemente operativas, ni un sistema fiscal estable y racional ni nada que, en definitiva, se parezca a una moderna burocracia. Lo que se veía, en todo caso, son ciudadanos poniendo en común sus asuntos, utilizando sus propios medios como medios administrativos, determinando las decisiones y la ejecución por el concurso de las voluntades que, en el llamativo caso de la democracia ateniense, llegará a implicar el paso por sorteo de la ciudadanía en las funciones públicas.[132] El peso de la magia y la tradición, sin embargo, siguen determinando en gran medida lo político. La asamblea romana resulta ilustrativa: las sesiones eran propiciadas en determinadas fechas y lugares por motivos religiosos, donde a menudo se colocaba en el centro la piedra del sacrificio y a su alrededor se ubicaban los experimentados ancianos que procuraban comprender aquello que los dioses querían para el pueblo. En la antigua Atenas, por su lado, el arconte rey, el arconte epónimo y el polemarco organizaban ceremonias religiosas, con frecuencia vinculadas al ciclo agrario, y la consulta del oráculo tenía a menudo importantes implicancias políticas.

---

131. *Cf.* Mosterín, *El pensamiento arcaico*, p. 119.
132. *Cf.* Bernard Manin, *Los principios del gobierno representativo* (Madrid: Alianza, 1998).

Bertrand de Jouvenel se pregunta con buen tino cómo puede entonces funcionar una sociedad de este tipo, como la romana, donde el Estado tal como hoy se lo conoce no existía. Su respuesta es precisa: «Por la extrema cohesión moral y por la casi fungibilidad de los individuos. La disciplina familiar y la educación pública hacían que el comportamiento de los miembros de la sociedad fuera tan natural, y la opinión contribuía de tal modo a mantener este comportamiento, que los individuos eran casi intercambiables». Por ello, agrega el filósofo francés, «se ha podido decir que el gobierno de estas sociedades era un gobierno de las costumbres».[133] El gobierno de las costumbres supone una efectiva imbricación entre política y cultura.

Pero piénsese ahora en el orden feudal medieval, al que vino a reemplazar la sociedad moderna.[134] Aquí, similarmente, la tradición y la religión están en el centro de gravedad del sistema político y no hay nada como un Estado moderno. La política carece, pues, de su propio marco de referencia, de su sitial institucional exclusivo y excluyente, y es más bien parte de un todo cuyo fin es la salvación extramundana: política y teología resultan indisociables. Esto es muy claro en Tomás de Aquino, por ejemplo, para quien el desarrollo de la comunidad política debe apuntar al desarrollo de una vida capaz de alcanzar a Dios. Siglos atrás ya había dicho san Agustín que la Ciudad de Dios debe ser esta, nuestra ciudad. Quizás por ello, en los príncipes malos, al decir de Bloch, «las almas piadosas creían ver la garra del Anticristo, cuyo atroz imperio precederá el advenimiento del Reino de Dios».[135] Los textos de la época conciben la política de esta manera, tal como anotaba por entonces Otón de Freysing en sus crónicas históricas: «A partir del momento en que no solo todos los hombres, sino también hasta los emperadores, con alguna excepción, fueron católicos, me parece que escribí la historia no de

---

133. De Jouvenel, *Sobre el poder*, p. 152.
134. Ejemplos de culturas primitivas, sin embargo, abundan por todas partes. Al listado podría sumarse muchos otros casos, como el de los lugbara de Uganda, sobre quienes Middleton ha mostrado cómo el poder político de la tribu estaba subordinado a la capacidad de invocar fantasmas de antepasados y controlar así los santuarios. Sin embargo, a los fines de lograr claridad expositiva, prefiero no abundar más en ellos.
135. Bloch, *La sociedad feudal*, p. 106.

dos ciudades sino, por así decirlo, de una sola ciudad, que yo llamo La Iglesia».[136]

Lo cierto es que el monarca feudal, principal terrateniente del reino es, al unísono, un político y un vicario de Dios, y por ello le está encomendado hacer justicia en su comunidad. Pero no se trata de un monarca absoluto, ni mucho menos: el poder, fragmentado y disperso[137] como aquí se ve, se le escurre de entre las manos. El monarca feudal es, en cambio, parte de un cuerpo político precario, integrado además por una corte, que depende de un tejido de relaciones feudales de vasallaje y señorío donde lo público y lo privado se confunden; dicho de otra forma, donde la sociedad política y la sociedad civil aún no han sido claramente diferenciadas.

En efecto, tal tejido no mantiene su consistencia sino a través de vínculos tradicionales que los hombres se van dando entre ellos. En líneas generales, se trata de una sociedad que se va ordenando piramidalmente, pero en una forma horizontal, donde un señor tiene vasallos, pero, a su vez, suele ser vasallo de otro señor, y así sucesivamente de manera escalonada, funcionando cada escalón como un «tapón» al poder.[138] Desde campesinos a simples nobles y caballeros, pasando por barones, señores castellanos, vizcondes, condes, marqueses, duques, hasta llegar al rey, el orden feudal se establece a través de contratos recíprocos consumados en promesas.[139] El vasallo entrega la fidelidad de su persona al señor (que a su vez habrá prestado su fidelidad a otro señor y así sucesivamente) a cambio de protección, y ello se efectiviza y se mantiene, debe insistirse, gracias

---

136. Citado en Le Goff, *Los intelectuales en la Edad Media*, p. 33.
137. Hans-Hermann Hoppe ilustra esta dispersión reparando en la situación alemana en las puertas mismas de la modernidad: «Durante la segunda mitad del siglo XVII Alemania estuvo integrada por 234 principados, 51 ciudades libres y más de 1.500 señoríos independientes. Pero a principios del siglo XIX el número cayó por debajo de 50, proceso culminado con la unificación de 1871» (*Monarquía, democracia y orden natural*, Madrid: Ediciones Gondo, 2004, p. 162).
138. Jérôme Baschet, *La civilización feudal. Europa del año mil a la colonización de América* (México: FCE, 2009), pp. 579-584.
139. Se trataba de un ritual que solía componerse de tres partes: *homenaje, juramento* e *investidura*. Sáenz es preciso cuando dice que «la Edad Media es una época en la que triunfó el rito, el signo, el símbolo, sin lo cual la realidad permanecía imperfecta, inacabada, desfalleciente» (*La cristiandad y su cosmovisión*, p. 104). Es dable remarcar que el rey medieval y todos los señores-vasallos intermedios, a diferencia de lo que se vio en las cortes de las monarquías absolutas, prestaban efectivamente funciones de defensa.

a la fuerza tradicional que hace que la promesa sea, al decir de Pernoud, un «*sacramentum*», esto es, «un acto sagrado» que «tenía valor religioso».[140] Alfredo Sáenz sostiene lo mismo: «para el hombre medieval el juramento era algo trascendente», y tan así era, que «se juraba generalmente sobre los Santos Evangelios, cumpliéndose así un acto estrictamente religioso, que comprometía no solamente el honor sino la fe, la persona entera».[141]

Orden social, orden político y orden religioso estaban imbricados en la sociedad medieval, de una manera que en nada se asemeja a la sociedad moderna. Las limitaciones políticas eran un producto de tal imbricación. Así, los reyes disponían de un poder insignificante si se lo comparara con el de nuestros modernos jefes de Estado (en cuyos juramentos nadie cree sinceramente): y la insignificancia de su poder era, al mismo tiempo, causa y efecto de la ausencia de Estado.[142] Los distintos estamentos, la Iglesia y la tradición constituían, principalmente, la razón de sus limitaciones. Un gran jurista feudal como Bracton decía: «Pero el rey tiene un superior, a saber, Dios. También la ley, por la cual fue hecho el rey. Y de igual modo su corte, es decir, los condes y barones, pues se dice que los condes son como asociados del rey, y quien tiene un asociado tiene un señor. Y así, si el rey estuviera sin freno, es decir, sin la ley, deben ponérselo».[143] De Jouvenel también ha llamado la atención sobre la fragmentación del poder medieval, sus contrapesos y limitaciones de distinta índole: «Recordemos, sin insistir sobre ello, que el Poder medieval era compartido (con la *Curia Regis*), limitado (por otros poderes, autónomos en su ámbito) y que, sobre todo, no era soberano».[144] Y no pudo ser

---

140. Régine Pernoud, *¿Qué es la Edad Media?* (Madrid: Magisterio Español, 1979), p. 106.

141. Sáenz, *La cristiandad y su cosmovisión*, p. 103.

142. «El rey feudal no poseía ninguna de las atribuciones que hoy parecen normales en la autoridad política. No podía promulgar leyes generales ni imponer impuestos para la totalidad de su reino. Ni siquiera estaba en su poder movilizar un ejército nacional» (Ibíd., p. 118).

143. Citado en George Sabine, *Historia de la teoría política* (México: FCE, 2015), p. 186.

144. De Jouvenel, *Sobre el poder*, p. 77. La doctrina del origen divino del poder fue en sus orígenes una manera de limitar al poder, haciendo del príncipe un mandatario. De Jouvenel ofrece ejemplos dignos de ser aquí citados: «Ivo de Chartres, al escribir a Enrique I de Inglaterra tras su acceso al poder: "Príncipe, no olvidéis que sois servidor de los servidores de Dios y no dueño; sois protector y no propietario de vuestro pueblo"». En el siglo XIII, le advertía el arzobispo al rey de Francia al ponerle la

soberano por mucho tiempo, mientras se halló por debajo de los preceptos de la tradición, los estamentos y, fundamentalmente, por la soberanía divina a la cual necesariamente debía ajustar sus leyes y su proceder. ¿No habría que recordar al respecto, acaso, la metáfora de las *dos espadas* de san Bernardo, según la cual «la [espada] temporal debe esgrimirse para la Iglesia y la espiritual por la Iglesia»? ¿O bien la imagen del *sol y la luna* que utilizó Inocencio III para comunicar la misma idea, según la cual «así como la luna deriva su luz del sol, al que es inferior tanto en calidad como en cantidad, en posición y en efecto, el poder real deriva el esplendor de su dignidad del poder del Papa»?

El sistema de dominio feudal supone, en lenguaje weberiano, una forma de dominación «tradicional». En efecto, el sistema de reglas que hace probable el dominio ha sido recibido conforme a la tradición y es reproducido conforme a la costumbre. La organización política de este peculiar orden estamental de guerreros está basada en relaciones personales entre el señor y sus vasallos, sean estos nobles también o campesinos de un manor. Ningún aparato impersonal tiene ni puede tener aquí lugar; y cuando, en vez de lazos de lealtad mutua, existen estructuras administrativas, en nada se parecen a las modernas burocracias estatales: no hay en aquellas separación respecto de los medios de administración, sino que estos son aportados por el propio señor y a él pertenecen (patrimonialismo);[145] no existen funcionarios de carrera sino apenas «servidores» personales del señor (miembros del mismo linaje, esclavos o *serfs* heredados de la Antigüedad, los mal llamados «siervos de la gleba» que propiamente eran vasallos de la tierra o «sujetos de la gleba», así como nobles guerreros

---

corona: «Por ella os hacéis partícipe de nuestro ministerio; lo mismo que nosotros somos en lo espiritual pastores de almas, debéis vos ser en lo temporal verdadero servidor de Dios». Varios siglos antes, san Agustín escribía en su *Comentario a la epístola a los Romanos*: «porque creemos en Dios, y estamos llamados a su reino, no tenemos por qué estar sometidos a ningún hombre que trate de destruir el don de la vida eterna que Dios nos ha dado». La sujeción de los reyes al poder espiritual se ve claramente en la imagen del emperador Enrique IV arrodillándose ante Gregorio VII.

145. «De esta suerte, por ejemplo, tenía la plena propiedad de los medios administrativos el caballero feudal que se equipaba a sí mismo, el conde enfeudado que cobraba para sí arbitrios judiciales y de otras clases y cargas y que costeaba sus deberes para con el soberano feudal con sus propios medios (entre ellos los apropiados) y el jagirdar de la India, que mantenía el contingente de su ejército de sus prebendas tributarias» (Weber, *Economía y sociedad*, p. 356).

que eran señores y también «hombres de otros señores» en la cadena vasallática, antiguos siervos domésticos, clientes, colonos, «libertos» o liberados por manumisión y luego contratados, etc.);[146] la obediencia no se debe a reglamentaciones formalmente racionalizadas, sino a la persona del señor y a las disposiciones que la tradición ha fijado;[147] la jurisdicción, tan fundamental en el Estado moderno, se halla privatizada al punto de no existir de corriente ni siquiera una noción diferenciadora entre el derecho privado y el derecho público. La política, una vez más, está incrustada en lo cultural, y así lo expone Max Weber: «*De hecho* el ejercicio de la dominación se orienta por lo que, *de acuerdo con la costumbre*, está permitido al señor (y a su cuadro administrativo) frente a la obediencia tradicional de sus súbditos, de modo que no provoque su resistencia». Y el cambio social por medios políticos es tan poco probable que, si llegara a formarse una resistencia, ella se dirigiría necesariamente «contra la *persona* del señor (o del servidor) que desatendió los límites tradicionales del poder, pero no contra el sistema como tal».[148] La política, diluida en lo cultural, difícilmente puede tomar las riendas de la sociedad a los fines de reordenarla *ex nihilo*.

Ahora bien, en la formación del Estado moderno interviene un proceso de racionalización de la autoridad y diferenciación de las estructuras gubernamentales que en Europa ya eran tendencia en el siglo XVII, pero cuyos orígenes más evidentes pueden encontrarse en las ciudades-estado de la Italia septentrional, en el Renacimiento.[149] Para ello, se hizo imprescindible la centralización del poder en desmedro de las descentralizadas y complejas estructuras feudales, teniendo como agente histórico de este proceso a las monarquías absolutas. En este sentido, fue decisiva la formación de un ejército permanente que apuntalara el dominio unitario y permanente del

---

146. *Cf.* Marc Bloch, *Reyes y siervos y otros escritos sobre la servidumbre* (Valencia: Universidad de Granada y Universitat de València, 2006), pp. 37-38, 63-64 y 339-366.

147. Pernoud da cuenta de que, durante la mayor parte de la Edad Media en Francia, el rey por ejemplo dispone de menores recursos económicos y militares que sus grandes vasallos, no obstante lo cual, precisamente en virtud de la tradición, no se cuestiona su poder. *Cf.* Régine Pernoud, *Los orígenes de la burguesía* (Buenos Aires: Miraflor, 1962), pp. 16-17.

148. Weber, *Economía y sociedad*, p. 350.

149. Christopher Dawson, *La religión y el origen de la cultura occidental* (Madrid: Encuentro, 1995), p. 182.

Estado, desplazando a la aristocracia en su función militar, y a su vez generando la necesidad de una nueva administración racional de las finanzas para recaudar y costear aquello que era preciso para mantener una estructura bélica y estar a la vanguardia de los adelantos en la tecnología militar. Al decir de Hermann Heller en su clásico estudio:

> la permanencia del Estado moderno reclama, justamente por esa causa [su permanencia], un sistema impositivo bien reglamentado a fin de disponer de ingresos suficientes para el sostenimiento del ejército y la burocracia. La Administración medieval no conoció los presupuestos. El Estado estamental tampoco conoció la distinción entre los gastos e ingresos públicos y los privados del señor.[150]

Las precarias finanzas y el carácter *ad hoc* de las milicias medievales dependían, para su conformación y ordenamiento, de las lealtades tradicionalmente establecidas por el sistema feudal: sistema que será sepultado por las nuevas condiciones políticas y sociales que supone el Estado moderno.

Así las cosas, el poder fue concentrado en las ciudades, tras ser arrebatado a los cuerpos intermedios —sobre todo a una decadente y asediada nobleza feudal— y tras ser socavado el sistema de representación estamental. Múltiples instancias legales y múltiples autoridades pintaban el paisaje del orden medieval como ya se ha indicado, donde se debía obediencia al rey, al señor, al estamento, a la Iglesia, a la tradición, etcétera. Ley divina, ley natural, ley común y ley consuetudinaria ilustraban a su vez esa misma difusión del poder. Pero la idea de «soberanía», que ya en el siglo XVI definió Bodin como «poder supremo, no limitado por la ley», del monarca sobre sus súbditos, se constituyó en el atributo característico del naciente Estado moderno tras concentrar en él las diversificadas instancias de poder. El *Leviathan* de Hobbes, que vio la luz en 1651, vino también a hacer del Estado una suerte de monstruo potencialmente todopoderoso, separado del individuo y la sociedad, necesario sin embargo para garantizar la seguridad en medio de la anarquía. Los individuos, ahora atomizados por la falta de lazos políticos comunitarios,

---

150. Hermann Heller, *Teoría del Estado* (México: FCE, 2017), p. 174.

le debían absoluta obediencia a ese monstruo. Además, a partir de estas doctrinas surgió una diferencia tal vez más importante: el Estado ya no *descubre* leyes al modo tradicional, sino que las *crea* (positivismo jurídico) y, con ello, el mismo Estado se convierte en una *moderna* maquinaria que el hombre y su razón podrán utilizar para formar para sí sus propias condiciones de existencia. El Estado puede «crear de la nada», como Dios. Lo político se ha emancipado, pues, de la tradición que lo limitaba: lo político puede ahora arrogarse el derecho de reordenar conforme a su razón a la sociedad y disponer para ello de una maquinaria especializada de coerción organizada, aunque vaya lentamente descubriendo sus límites en las necesidades de funcionamiento de la propia sociedad civil.

Cuando el 11 de noviembre de 1630, en el «Día de los Tontos», Luis XIII dijo «tengo más obligaciones con el Estado» al rechazar peticiones de su madre en favor de la familia real, presenciamos, al decir de Carl Friedrich, el «nacimiento del Estado moderno».[151] Algo similar entiende Régis Debray cuando señala que el nacimiento del Estado francés puede fecharse «cuando a fines del siglo XV, bajo los Valois, las flores de lis dejan de representar a una persona o una familia para pasar a representar una entidad abstracta, Francia».[152] Bob Jessop equilibra aquello de «el Estado soy yo» de Luis XIV con otra frase que se le atribuye en su lecho de muerte, en la que la impersonalidad estatal se remarca: «Me marcho, pero el Estado permanecerá siempre».[153] Esta separación entre la persona y el Estado también se ve con claridad en Federico II, el emperador prusiano, quien se definió en el siglo XVIII como «el primer servidor del Estado».[154] Lo que en todos estos casos aparece es un Estado que reviste una existencia propia al margen de sus transitorios ocupantes; un Estado que tiene intereses propios, que tiene una *razón* propia. «Razón de Estado»: un concepto que habría de ser esgrimido muy pronto por todos aquellos que divisaban en el Estado la instancia política por

---

151. Carl Friedrich, *The Age of the Baroque: 1610-1660* (Nueva York: Harper, 1952), pp. 215-216. Citado en Samuel Huntington, *El orden político en las sociedades en cambio* (Buenos Aires: Paidós, 1972), p. 94.
152. Régis Debray, *El Estado seductor. Las revoluciones mediológicas del poder* (Buenos Aires: Manantial, 1995), p. 65.
153. Bob Jessop, *El Estado. Pasado, presente, futuro* (Buenos Aires: Universidad Nacional de Quilmes / Prometeo Libros, 2019), p. 61.
154. Ibíd, p. 62.

definición. El concepto fue, según Huntington, popularizado por Botero en *Della Ragion di Stato* en 1589. Otro italiano lo definió de la siguiente manera en 1614: «La razón de Estado es una necesaria violación de la jurisprudencia en bien de la utilidad pública».[155] Dice Michel Foucault al respecto, varios siglos más tarde, que «gobernar, según el principio de la razón de Estado, es actuar de tal modo que el Estado pueda llegar a ser sólido y permanente, pueda llegar a ser rico, pueda llegar a ser fuerte frente a todo lo que amenaza con destruirlo».[156] La «razón de Estado» es, en definitiva, la toma de consciencia de ese Estado en cuanto a su existencia política autónoma, en cuanto a su voluntad soberana, en cuanto a su realidad, sus capacidades y sus necesidades, desligado por fin de las ataduras tradicionales de otrora, donde su razón ya no es la de la teología ni la de la costumbre, sino la de la política.

Es evidente que, en el proceso de formación del Estado, la balanza entre el poder temporal y el espiritual se inclinó en favor del primero. El clero, tras el impacto de la Reforma, fue desligado de un orden político ahora secularizado y, como señala Sabine, «el *sacerdotium* se desvaneció como potestad independiente y la Iglesia pasó a ser —lo que no había sido nunca hasta entonces para el pensamiento cristiano— una asociación voluntaria o un socio del gobierno nacional».[157] El poder político había sido concentrado por fin en el Estado: las disputas entre el poder terrenal y el espiritual se desvanecían. La racionalización de la autoridad política tuvo el efecto de hacer de la política un subsistema funcional autonomizado por derecho propio. Así, si la *ganancia* se convierte en lo económicamente racional tras la escisión de la economía como orden autónomo, el *poder político* y su ejercicio eficiente será lo políticamente racional tras la autonomización de lo político. Y si anteriormente dije que no podía sorprender la emergencia de la ciencia económica en un contexto de autoconsciencia de la economía, lo mismo vale para la política: una figura como la de Maquiavelo, preocupado por la dispersión del poder en Italia, se dispone a pensar y escribir sobre los medios por los cuales, *al margen de toda consideración moral*, un político puede

155. Citado en Huntington, *El orden político en las sociedades en cambio*, pp. 99-100.
156. Michel Foucault, *Nacimiento de la biopolítica* (México: FCE, 2007), p. 19.
157. Sabine, *Historia de la teoría política*, p. 267.

adquirir, conservar e incrementar lo único que debiera importar: su poder político. El florentino se convierte, con ello, en el embrión de la ciencia política, al hacer de la política y su poder un fin en sí mismo para el Estado.

Ahora bien, con la escisión de lo político surge, necesariamente, lo civil como su reverso. Marx subrayó la moderna diferenciación entre sociedad civil y sociedad política de un modo que puede aportar comprensión a lo que se está aquí tratando. Para él, la revolución política que abolió los vínculos feudales disolvió, en el mismo movimiento, lo social a sus partes integrantes, dando por resultado el individuo desligado moderno, que vive bajo la tensión de dos órdenes que han sido separados: el de lo político y el de lo social. Bajo el feudalismo, argumenta Marx:

> la vieja sociedad civil tenía directamente un carácter político, es decir, los elementos de la vida civil, como por ejemplo la propiedad, o la familia, o el tipo y el modo del trabajo, se habían elevado al plano de elementos de la vida estatal bajo la forma de la propiedad territorial, la clase o la corporación. Determinaban bajo esta forma las relaciones entre el individuo y el conjunto del Estado, es decir sus relaciones políticas.[158]

Sin embargo, las revoluciones a las que Marx se refiere, que hacen surgir al Estado moderno, desarman esta unidad cultural de la sociedad entre lo económico y lo político, dando lugar a dos esferas bien diferenciadas: la sociedad civil y la sociedad política, suprimiendo lo que de político tenía la existencia de aquella, y concentrando la política bajo los dominios del gobierno, donde rol económico y político coinciden cabalmente.[159]

Lo que las revoluciones modernas hacen, a nivel estatal, es fundamentalmente «emancipar» la política de la religión, relegando esta última a la esfera de lo privado, la esfera constitutiva de la sociedad civil, y dejando en pie un Estado político, es decir, un Estado que se ha sacudido todo vestigio religioso de otrora en su forma concreta de proceder. El «Estado real», dice Marx, el «Estado democrático»

---

158. Karl Marx, *Sobre la cuestión judía* (Buenos Aires: Prometeo Libros, 2004), p. 36.
159. Karl Marx, *Crítica de la filosofía del Estado de Hegel* (Madrid: Biblioteca Nueva, 2002), pp. 159-160.

(republicano) que es, desde luego, el Estado moderno, es aquel Estado que ya no gobierna en función de criterios religiosos, sino completamente seculares: la política, y no la teología, es la base del comportamiento de cualquier Estado que merezca llamarse así por haberse emancipado de la religión. Aunque para Marx esta no es la emancipación del hombre como tal, y no lo será mientras la religión perviva (aunque privatizada y reemplazada por el culto público a la política) porque sus condiciones sociales de existencia continúan en pie.[160]

Si en la sociedad premoderna la religión impregnaba la vida social, es característico de la modernidad, siguiendo con Marx, el hecho de que «la religión ha sido relegada al número de los intereses privados y expulsada como elemento común de lo que constituye la vida de la comunidad».[161] La política y la religión se sueltan definitivamente la mano, y operan en dos mundos diferentes que generan, por añadidura, dos «posiciones de sujeto» diferentes: el cristiano y el ciudadano, el judío y el ciudadano, el protestante y el ciudadano y, en una palabra, el *homme* (hombre) y el *citoyen* (ciudadano). La *Declaración de Derechos del Hombre y del Ciudadano* ilustra con precisión la susodicha escisión, que es reflejo de la separación de la sociedad civil y la sociedad política: hombre como instancia privada, ciudadano como instancia política. Los derechos del hombre no son los mismos y quedan confrontados a los derechos del ciudadano, algo que en otros términos ya había destacado Constant cuando distinguió entre la «libertad de los modernos» (individual, privada y basada en el espacio de independencia económica de la propiedad) y la «libertad de los antiguos» (colectiva, pública y basada en el acceso al poder político de establecer las reglas de la vida social).

La escisión referida es la que hace aparecer, frente a la política, el dominio cultural como algo separado, como algo que puede ser intervenido, moldeado, formateado desde fuera. La sociedad moderna

---

160. El supuesto de Marx, discutible, es que son estas condiciones las que requieren de un interés general separado y abstracto en la política, disociado de los intereses concretos económicos de los individuos, por estar los últimos vinculados a través de la confrontación entre propietarios privados, así como entre diferentes clases sociales basadas en la propiedad, en forma restringida en las comunidades estamentales y cabal en las sociedades de mercado con propietarios totalmente independientes o burgueses.

161. Karl Marx, *Sobre la cuestión judía*, p. 21.

es una sociedad controlada por el Estado tras haber sido escindida en lo social. Los mecanismos de control, orden y cohesión social que la tradición ofrecía quedan desmantelados por un Estado que debe religar (*religare*) a una sociedad descompuesta en sus partes más ínfimas (y en eso consiste, precisamente, el contrato social hobbesiano). En una sociedad secularizada, la carencia de un «metaobservador» como Dios, que todo lo ve, que todo lo sabe y que finalmente todo lo juzgará en un tribunal celestial donde sus criaturas deberán rendir cuentas, hace preciso un mecanismo que racionalice al máximo su control y que ofrezca un orden alternativo, no por ello menos vigilante, no por ello menos controlador y minucioso.[162] La burocracia es ese mecanismo que, para Weber, tan característico resulta del mundo moderno y sus organizaciones, disputado especialmente por los partidos y sus miembros.

Si, en un plano económico, las empresas privadas del mercado constituyen el dato primordial de la modernidad, en política lo es la burocracia pública: en ella el Estado se efectiviza como una organización racionalmente organizada. Al separar al funcionario de los fondos y el equipamiento del sistema público y configurar al mismo tiempo un sistema de tributación estable, el Estado se separa de la persona, se vuelve *impersonal* y, por tanto, *permanente* en el tiempo, virtualmente *inmortal*, a la vez que reduce a la persona a una pieza de engranaje fácilmente recambiable. Al racionalizar la administración

---

162. Sobre el particular, la pluma de Weber señala: «Un proceso ininterrumpido nos conduce de los cambios de los feudos hereditarios, sacerdotales o mediante el arbitrio, a la actual consideración del policía como el "representante de Dios en el mundo"» (Max Weber, *¿Qué es la burocracia?* Buenos Aires: Leviatán, 1991, p. 44). Marx ha hecho observaciones similares y además muy cercanas a las reflexiones de Tocqueville respecto del carácter pernicioso del Estado moderno y su potencial radicalización, por la cual los partidos oprimieran a una sociedad civil todavía poco desarrollada: «Este poder ejecutivo, con su inmensa organización burocrática militar, con su compleja y artificiosa maquinaria de Estado, un ejército de funcionarios que suma medio millón de hombres, junto a un ejército de otro medio millón de hombres, este espantoso organismo parasitario que se ciñe como una red al cuerpo de la sociedad francesa y le tapona todos los poros, surgió en la época de la monarquía absoluta, de la decadencia del régimen feudal, que dicho organismo contribuyó a acelerar. Los privilegios señoriales de los terratenientes y de las ciudades se convirtieron en otros tantos atributos del poder del Estado, los dignatarios feudales en funcionarios retribuidos y el abigarrado mapa muestrario de las soberanías medievales en pugna en el plan reglamentado de un poder estatal cuya labor está dividida y centralizada como en una fábrica» (Karl Marx, *El 18 Brumario de Luis Bonaparte,* Buenos Aires: Prometeo, 2009, p. 116).

a través de *normas* y procedimientos precisos y calculados, más o menos fijos, el Estado pone la *eficacia* en su norte y se asegura de funcionar como una *maquinaria* bien aceitada. Al profesionalizar la burocracia, el Estado da por tierra con los cuerpos administrativos patrimoniales, hereditarios y prebendarios, haciendo del trabajo en el sistema público una *carrera*. Al establecer una fuerza militar propia, organizada y unificada, cuya lealtad última no se le debe a nadie más que a él mismo, el Estado adquiere la capacidad de reclamar para sí el *monopolio de la fuerza* sobre su territorio. Al ordenar racionalmente el derecho, recostado sobre la necesidad *técnica* de expertos racionalmente instruidos, el Estado hace de lo jurídico un campo científico abierto a la ingeniería leguleya.[163] Al controlar los institutos de formación de sus ciudadanos,[164] el Estado se asegura de proveerse no solo de nuevos administradores para su burocracia, sino, sobre todo, de lealtad cívica, *legitimación* y cohesión social. Y, algo que para los propósitos de este libro resulta fundamental: al diferenciar su propia estructura en virtud de un abanico de nuevas tareas y necesidades expansivas, el Estado reconoce distintas áreas

---

163. El campo del derecho es, evidentemente, sometido también a un proceso de racionalización que aquí he decidido no tratar más que tangencialmente. Para reconocer los profundos cambios a los cuales el derecho se somete, vale hacerse la idea de que, en el mundo feudal, por ejemplo, la tradición oral del derecho por lo general era más importante que la escrita. Y lo que estaba escrito, con la excepción de la Gran Bretaña anglosajona, era en latín, una lengua que las masas no interpretaban. La formación en derecho era a menudo en Derecho canónico, quedando el Derecho profano frecuentemente relegado: «Todo en el derecho civil tiene un carácter laico. Dedicarse a un arte tan grosero es salirse de la Iglesia», decía Roger Bacon (citado en Le Goff, *Los intelectuales en la Edad Media*, p. 103). Todavía más, Bloch pinta el estado de situación de la siguiente forma: «el procedimiento no comportaba la intervención de abogados, y todo jefe era juez. Es decir, que la mayor parte de los jueces no sabían leer: mala condición, sin duda, para el mantenimiento de un Derecho escrito». Asimismo, durante ciertas etapas, de suyo extensas, de la Edad Media, los individuos, independientemente de su lugar de residencia, eran juzgados conforme las costumbres de sus antepasados. Al respecto, el mismo Bloch comenta que «según una frase célebre de un arzobispo de Lyon, cuando en la Galia franca se reunían cinco personajes no había lugar a sorprenderse si —romano, franco salio, franco ripuario, visigodo y burgundio— cada uno obedecía a una ley diferente». En Italia, estas condiciones se mantuvieron hasta el siglo XII. Un tal *Tratado de las leyes inglesas*, redactado en la corte de Enrique II, se lamentaba: «poner por escrito, en su universalidad, las leyes y derechos del reino sería en la actualidad completamente imposible... tan confuso es su número» (*La sociedad feudal*, pp. 131-133).
164. Las universidades, de las cuales algo ya hemos hablado, empiezan a ser tomadas para sí por el Estado. Una de las primeras universidades medievales, la de París, a la cual nos referimos con anterioridad, por ejemplo, quedó en manos del rey en 1499.

de acción a las que aborda de manera especializada: militar, económica, legal, cultural, etcétera. Weber resume todo esto de una manera magistral que recuerda a Tönnies: «La burocracia es el medio de transformar la "acción comunitaria" en una "acción societal" organizada racionalmente».[165]

¿Cómo caracterizar, en definitiva, la modernidad? Como un contexto sociohistórico cuyas notas distintivas, íntimamente interrelacionadas entre sí, están dadas por un proceso de racionalización creciente que llevó en la cultura a la *secularización* pluralista, en la economía al *mercado* y en la política al *Estado burocrático*. Lo que interesa particularmente de este contexto sociohistórico es la posibilidad que en él se despliega de concebir estos órdenes bajo sus propias lógicas de funcionamiento; lo que interesa es la diferenciación de los subsistemas funcionales que los vuelve penetrables desde fuera. Porque solo a partir de esta circunstancia histórica quedará la cultura, objeto de máximo interés para este libro, como orden autoconsciente, identificable como campo de acción y transformación deliberada, como realidad instrumental, disponible para ser explorada, explotada, conducida, reconducida, manipulada, atacada, defendida, diseñada y, en definitiva, conscientemente transformada o conservada en batallas culturales en las que empezará a disputarse gran parte del cambio social.

---

165. Weber, *¿Qué es la burocracia?*, p. 79.

CAPÍTULO 3

EXPERIENCIAS MODERNAS

I. Destrucción creativa

La forma en que el hombre moderno experimenta el mundo se abre a la batalla cultural. Ello es así porque únicamente bajo la experiencia de la cultura como un campo de acción diferenciado, consciente de sí, que es abierto, a su vez, al dominio de un hombre capaz de ponerse al frente de todas las cosas para otorgarle él mismo su forma, tiene realmente sentido hablar de una batalla por la cultura.

Esta forma de experimentar el mundo sobreviene cuando la tradición —ese medio que sirve para fijar y transmitir en el tiempo de manera inconsciente y casi indiscutida caracteres sociales e individuales— ha sido destruida, no solo en sus contenidos concretos, sino en sus funciones generales consistentes en mantener una sólida cohesión en los sistemas sociales de sentido. Y la tradición pierde su peso en directa proporción al aumento del peso de la racionalización del mundo, lo cual significa que la transmisión de caracteres sociales e individuales deviene consciente y abierta a la discusión sistemática cuando una nueva mentalidad se reconoce capaz de *destruir* el mundo para volver a levantarlo conforme los dictados de la voluntad y la Razón, con mayúscula, como Hayek la escribía, denunciando sus excesos. Cuando Nietzsche anticipaba en 1888, en *La voluntad de poder*, lo que vendría al mundo de manera indefectible, esto es, «el advenimiento del nihilismo», probablemente estaba reconociendo el fin de la tradición como mecanismo de articulación social. ¿Qué es el nihilismo, acaso, sino la negación absoluta y radical de cualquier valor, creencia o costumbre que la tradición haya procurado alguna vez transmitir y fijar?

La tradición es *tiempo inconscientemente acumulado*. La revolución es *tiempo conscientemente destruido*. La destrucción del tiempo simboliza un corte radical con la historia; el hombre moderno se reconoce amargamente como un producto de ella y busca su emancipación: no se quiere *criatura*, sino *creador*. Cree ponerse, pues, al margen del tiempo que lo subyuga; cree poder hacerse a sí mismo, aunque de ello no derive, a la postre, más que una farsa constructivista a menudo peligrosa. Por eso las sociedades tradicionales nunca se preocuparon demasiado por el tiempo. Marc Bloch ha narrado una anécdota medieval sobre un duelo judicial en Mons, en el que

> un solo contendiente se presenta al alba; una vez llegada la hora nueve, que marca el término de la espera prescrita por la costumbre, pide que sea atestiguada la ausencia de su adversario. Sobre el punto de Derecho no existía duda. ¿Pero, era verdad la hora prescrita? Los jueces del condado deliberan, miran al Sol, interrogan a los clérigos, a los que la práctica de la liturgia ha dado un mayor conocimiento del ritmo horario y cuyas campanas lo dividen, de manera aproximada, en provecho de la generalidad de los hombres. Al fin, el tribunal se pronuncia en el sentido de que la hora *nonna* ha pasado.

Exclama al respecto el propio Bloch: «¡Hasta qué punto no parece lejana, a nuestros ojos de hombres modernos, habituados a vivir pendientes del reloj, esta sociedad en la que un tribunal tenía que discutir e investigar para saber la hora del día!».[166] Y ese «vivir pendientes del reloj» supone más bien una *dependencia* estructural de la que Georg Simmel dio cuenta al analizar la ciudad moderna: «si todos los relojes de Berlín comenzaran repentinamente a marchar mal en distintas direcciones, se produciría un auténtico caos».[167] El tiempo se vuelve parte estructural del sistema, ya que la coordinación interna de las unidades industriales y la llegada a tiempo de sus componentes humanos requieren su sincronización por cuestiones de minutos, cuando no de segundos.[168]

---

166. Marc Bloch, *La sociedad feudal* (Madrid: Akal, 2002), p. 96.
167. Georg Simmel, *El individuo y la libertad. Ensayos de crítica de la cultura* (Barcelona: Península), p. 250.
168. No es coincidencia que la revolución de los relojes mecánicos en el siglo XIV haya sido el corolario de su demanda para el funcionamiento de una incipiente producción mecánicamente organizada, aunque aún el trabajo fuera manufacturero,

El hombre moderno es una criatura que se ve creada *en* y *por* el tiempo, al que necesita conocer para controlar si no quiere ser controlado por él.[169] Descartes protagoniza una revolución filosófica que da inicio al pensamiento moderno porque corta con todo lo recibido por el tiempo: borrón y cuenta nueva; antes de mí, *nadie*. El control del tiempo se convierte en control de sí, pero también de los demás: la organización de la actividad productiva se vuelve organización del tiempo en tanto que coordinación cuidadosamente cronometrada del cuerpo y sus movimientos; la política mide el tiempo de los procesos públicos, de su administración de las cosas y de los hombres. La consciencia del tiempo vuelve contingente la tradición; la deshace en la arbitrariedad histórica. Por eso, hay que insistir, el blanco abstracto de una revolución es el tiempo mismo. Por eso, tal como Walter Benjamin ha destacado, en la revolución de 1830 en Francia:

> en varios sitios de París, al mismo tiempo y sin previo acuerdo, se disparó contra los relojes de las torres. Un testigo ocular, que acaso daba su acierto a la rima, escribió entonces: ¡Quién lo creyera! Se dice que indignados contra la hora estos nuevos Josué, al pie de cada torre, disparaban contra relojes, para detener el tiempo.[170]

No se trata en rigor tanto de detener el tiempo como de inaugurar un *nuevo* tiempo, donde el hombre mantenga el control sobre todas las cosas (incluido el tiempo, claro), donde el corte con todo tiempo pasado se postula como la condición necesaria de un verdadero porvenir. *Robinson Crusoe*, de Daniel Defoe, es de este mismo siglo: su tema, como es sabido, es el de un inicio que parte de la nada. El marqués de Chastellux aseveraba por aquellos años: «los hombres, para ser felices, tienen todavía más necesidad de olvidar

---

realizado directamente por hombres. El segundo momento histórico de esta «revolución en el tiempo» acontece en el siglo XVIII, al comienzo del capitalismo como sistema enteramente establecido y la generalización del paso a la producción industrial de gran escala basada en la operación de máquinas con una alimentación externa de energía. *Cf.* David S. Landes, *Revolución en el tiempo. El reloj y la formación del mundo moderno* (Barcelona: Crítica, 2007).

169. El reloj se introdujo con el Renacimiento. Bolonia, Milán y Venecia tuvieron sus relojes públicos a mediados del siglo XV, por ejemplo.

170. Walter Benjamin, *Tesis sobre el concepto de Historia* (Rosario: Prohistoria Ediciones, 2009), Tesis XV.

que de aprender».[171] Descartes, otra vez, se propuso *olvidar para aprender*. Para el escritor y político francés Marie-Joseph Chénier, la revolución que se ha consumado en su patria se trata de «crear y no compilar, inventar y no recordar».[172] El corte radical con el tiempo pasado es, entonces, el corte radical con la tradición; de eso se trata, en cierta medida, el «advenimiento del nihilismo» que Nietzsche más tarde señalaría.[173] Tal es una de las experiencias modernas más características: el desligamiento del hombre respecto de los mecanismos que inconsciente e incontestablemente reproducían caracteres homogéneos. O, lo que es lo mismo: la consciencia de que esos caracteres pueden *fabricarse* a través de la Razón, en forma de ideologías, y que pueden imponerse a través de una *ingeniería cultural* que se abre paso conforme avanza la tecnología de masas. ¿Y no es semejante experiencia la experiencia fundante de toda batalla cultural?

La experiencia moderna se despliega como aquella que se niega a ser fijada, pues toda fijación implica sucumbir al marchitar del tiempo. La modernidad es movimiento, es cambio y actualización en marcha. Los procesos intelectuales y materiales que tienen su punto de partida en el Renacimiento tienen un punto de llegada en la más imponente serie de transformaciones que damos en llamar Revolución Industrial, que se inició después de la segunda mitad del siglo XVIII y que tuvo su auge en el XIX. Los vestigios premodernos que podían todavía sobrevivir terminan siendo destruidos por la propia dinámica de una sociedad que depende estructuralmente del movimiento para ser lo que es. No por nada una de sus figuras más características es la del ferrocarril. Desarrollo del transporte, de las comunicaciones, de las tecnologías productivas, de la vida urbana, del mercado internacional... si la quietud era el rasgo distintivo de

---

171. François-Jean de Chastellux, *De la Félicité publique ou Considérations sur le sort des hommes dans les différentes époques de l'historie* [1772], Bouillon, Société typographique, 1776, t. II, p. 313. Citado en Rémi Brague, *El reino del hombre. Génesis y fracaso del proyecto moderno* (Madrid: Ediciones Encuentro, 2016), p. 176.
172. Marie-Joseph Chénier, «Discours á la Convention nationale le 15 brumarie an II», *Moniteur*, t. XVIII, pp. 351-352. Citado en Brague, *El reino del hombre*, p. 177.
173. Nietzsche, en otro lugar, parece adelantarse cuando escribe: «Cuanto menos atados están los hombres a la tradición, tanto mayor es el movimiento de los motivos, tanto mayor es, correspondientemente, la inquietud externa, el entrecruzamiento de los hombres, la polifonía de los afanes». El movimiento pone en circulación cosmovisiones distintas que terminan contactando y que pueden colisionar. Friedrich Nietzsche, *Humano, demasiado humano* (Madrid: Akal, 2001), p. 56.

la premodernidad, el movimiento se coronará como la experiencia moderna por antonomasia. En un célebre pasaje de su *Manifiesto comunista*, Marx usó una metáfora poderosa para describir la modernidad inaugurada por la burguesía:

> La continua transformación de la producción, la incesante sacudida de todos los estados sociales, la eterna inseguridad y movimiento, esto es lo que caracteriza la época burguesa respecto de todas las demás. Quedan disueltas todas las relaciones fijas, oxidadas, con su cortejo de representaciones y visiones veneradas desde antiguo, mientras todas las recién formadas envejecen antes de poder osificar. Todo lo estamental y establecido se esfuma; todo lo sagrado es profanado, mientras los hombres se ven, al fin, obligados a considerar sobriamente su situación y sus relaciones recíprocas.[174]

«Todo lo estamental y estancado se esfuma» también ha sido traducido como «todo lo sólido se desvanece en el aire», que es sin dudas una hermosa metáfora para describir ese incesante torbellino que impide que la sociedad se asiente antes de volver a ponerse a andar. En el otro extremo del abanico ideológico, Joseph Schumpeter usó un juego de palabras también memorable para describir el mismo estado de cosas: la «destrucción creativa», tal como él la definió, constituye ese moderno proceso «que revoluciona incesantemente la estructura económica *desde dentro*, destruyendo ininterrumpidamente lo antiguo y creando continuamente elementos nuevos».[175] La modernidad, en otras palabras, construye un mundo donde la constante desintegración y la consiguiente renovación se suceden una a otra, sin descanso, en una vorágine imparable.

En el centro del paisaje experiencial moderno hallamos las potencias humanas para crear *ex nihilo* un nuevo mundo, donde todo lo anterior debe sucumbir. De ello se trata en alguna medida «la muerte de Dios» de Nietzsche o «el desencantamiento del mundo» de Weber: un mundo donde las ligaduras tradicionales ya no ligan nada, y, bajo la realidad de un mundo desligado, la Razón se

---

174. Karl Marx, *Escritos sobre materialismo histórico* [Antología] (Madrid: Alianza, 2012), p. 109.
175. Joseph Schumpeter, *Capitalismo, socialismo y democracia*. Tomo I (Barcelona: Folio, 1996), p. 121.

levanta para la Ilustración —la filosofía arquetípica de la modernidad— como candidata para religar el orden social (aunque de eso se
hablará en detalle luego). Así, todo pasado es sospechoso de refrenar
nuestro progreso, y su destrucción no habría de entristecer a nadie.
Nada más ilustrativo al respecto que ese movimiento modernista
que fue el futurismo, en cuyo *Manifiesto* proclamaba: «¡Levantad
vuestras piquetas, vuestras hachas y martillos, y destruid, destruid
sin piedad las ciudades venerables! ¡Adelante! ¡Quemad los estantes
de las bibliotecas! ¡Desviad el curso de los canales para que inunden
los museos!».[176]

Destruir para crear, pues nada verdaderamente nuevo puede
crearse sobre cimientos viejos. Tal es la experiencia moderna primaria; tal es la condición de desarrollo del modernismo. Y los sujetos
que reproducen el orden social ya no son aquellos que lo conservan,
sino quienes lo mantienen en movimiento: aquellos que destruyen
para crear, y que crean para destruir. Emprendedores y artistas, sobre todo, actúan sobre la economía y la cultura, respectivamente,
manteniendo en incesante movimiento a la sociedad. Los primeros
destruyen viejas tecnologías para innovar con otras generalmente
más eficientes; los segundos destruyen cultura para crear una nueva
en eso que Harold Rosenberg llamó la «tradición de lo nuevo». Pero,
mientras que la tecnología tiene límites materiales bien concretos, y
la industria pesada ha sido un ejemplo de ello, la cultura inmaterial
no tiene más límite que el de la propia fantasía, y el modernismo con
sus «vanguardias» ha sido precisamente un ejemplo de esto último.
El artista ya no se limita a representar o «imitar» (tal como decía
Platón al final de la *República*)[177] la naturaleza, sino a *crear*: lo suyo
es, ante todo, obra de *creación ilimitada*.[178] El *genio crea*. De ahí

---

176. Citado en Marshall Berman, *Todo lo sólido se desvanece en el aire. La experiencia
de la modernidad* (México: Siglo XXI, 2011), p. 12.

177. «¿Y no acostumbramos también a decir que el artesano dirige la mirada hacia
la Idea cuando hace las camas o las mesas de las cuales nos servimos, y rodas las
demás cosas de la misma manera? Pues ningún artesano podría fabricar la Idea en sí»
(Platón, *República*, Libro X, 596b, Madrid: Editorial Gredos, 2011, p. 312).

178. Estas capacidades del artista ya se manifiestan en el Renacimiento. Así, Leonardo
da Vinci afirmaba que «el carácter divino que posee el saber del pintor hace que
su espíritu se transmute en un análogo del espíritu divino, pues procede, con una
potencia soberana, a la creación de diversas esencias» (citado en Brague, *El reino del
hombre*, p. 62; compárese con la cita anterior de Platón).

que finalmente no se haya considerado como la «vanguardia» de la modernidad al industrial o al empresario, sino al artista, ensalzado más tarde por Lenin como «ingeniero del alma». Más tarde, Stalin se referiría a los escritores de esa misma forma.[179] Así pues, bajo esta flamante ideología que corona lo nuevo en virtud de su novedad, el mundo material todavía tiene muchas limitaciones, mas no así el mundo de la cultura, y por ello les espera toda la gloria a aquellos que actúan para perpetuar el movimiento que mantiene, en este ámbito, a la modernidad como modernidad.[180] Incluso el propio Henri de Saint-Simon, que imaginó su sociedad ideal como una suerte de taller industrial gigante, concedió finalmente al artista las más divinas capacidades: «¡Qué bello destino el de las artes, el de ejercer sobre la sociedad un poder positivo, una verdadera función sacerdotal, y de marchar enérgicamente en la avanzada de todas las facultades intelectuales, en la época de mayor desarrollo!».[181]

«Marcha», «avanzada»: vanguardia, pues. Pero «vanguardia» es un término originado en el ámbito militar medieval, apropiado posteriormente por el ámbito de la cultura moderna y sus movimientos estéticos. Analizando el dadaísmo, Walter Benjamin decía que «la obra de arte, de atraer la mirada y seducir el oído, pasó a ser un proyectil».[182] Este desplazamiento, de lo militar a lo cultural, no es casual. Lo cultural, en efecto, toma como referencia la lógica del combate y la batalla: la vanguardia está constituida por aquellos que

---

179. «Nuestros tanques no sirven de nada si las almas que deben conducirlos están hechas de barro. Por ello, digo que la producción de almas es más importante que la de tanques. [...] La vida va rehaciendo al hombre, y los aquí presentes deben ayudar a rehacerle el alma. Eso es lo que de verdad importa: la producción de almas humanas. Y por ello alzo mi copa en vuestro nombre, escritores: por los ingenieros del alma» (Frank Westerman, *Ingenieros del alma,* Madrid: Siruela, 2002, p. 58).

180. En el *Manifiesto de los Primeros Futuristas* (1910) que redactó Umberto Boccioni, se encuentra una ilustrativa referencia al respecto: si los antiguos encontraban la inspiración en consideraciones religiosas, «nosotros debemos buscarla en los prodigios tangibles de la vida moderna, en la férrea red de velocidad que cubra la tierra, en los trasatlánticos, en los "Dread-nought" [acorazados], en los maravillosos aeroplanos que surcan los cielos, en la tremenda audacia de los navegantes subacuáticos, en la lucha espasmódica por la conquista de lo desconocido» (citado en José Jiménez, *Crítica del mundo imagen,* Madrid: Tecnos, 2019, p. 43).

181. En *Opinions, littéraires, philosophiques, et industrielles.* Citado en Daniel Bell, *Las contradicciones culturales del capitalismo* (Madrid: Alianza, 1977), p. 47.

182. Walter Benjamin, *La obra de arte en la época de su reproducción mecánica* (Madrid: Casimiro, 2019), p. 51.

encabezan las filas, que ponen primero el cuerpo, que abren el paso de lo que debe ser una victoria sobre «lo viejo». Calinescu encuentra en el término en cuestión «un claro sentido de militancia, o del inconformismo, exploración precursora valiente, y en un sentido general, confianza en la victoria final del tiempo y la inmanencia sobre las tradiciones».[183]

En el Renacimiento ya puede hallarse alguna referencia a la «vanguardia» como posiciones de avanzada dentro de una batalla simbólica (cultural) que bebe de la lógica militar, como en el humanista Étienne Pasquier en su *Recherches de la France*.[184] Ya durante la Revolución Francesa, una revista jacobina titulada *L'Avant-Garde de l'armée des Pyrenées orientales* [*La vanguardia del ejército de los Pirineos Orientales*] se dedicó a la propaganda revolucionaria. Algunas décadas más tarde, el término será vinculado a la filosofía política de Saint-Simon, para quien en la «avanzada» que promete el paso a una sociedad mejor se encuentran los artistas: «en esta gran empresa el artista, el hombre de imaginación, abrirá la marcha».[185] Pero la marcha hacia el socialismo sansimoniano levanta una sociedad nueva tras destruir la vieja. Olinde Rodrigues, discípulo de Saint-Simon, escribía en 1825 algo que vale la pena citar *in extenso*:

> Somos nosotros, los artistas, quienes os serviremos como vanguardia; el poder del arte es desde luego el más inmediato y rápido. Tenemos todo tipo de armas: cuando queremos divulgar nuestras ideas entre la gente, las tallamos en mármol o las pintamos sobre el lienzo; las popularizamos por medio de la poesía y la música; recurrimos, por turnos, a la lira o a la flauta, la oda o la canción, la historia o la novela; el escenario del teatro está abierto para nosotros, y es sobre todo desde ahí desde donde ejercemos nuestra influencia de forma eléctrica y victoriosa. Nos dirigimos a la imaginación y los sentimientos de la gente: por tanto, se supone que alcanzamos

---

183. Matei Calinescu, *Cinco caras de la modernidad. Modernismo, vanguardia, decadencia, kitsch, posmodernismo* (Madrid: Tecnos, 1991), p. 99.
184. «Se sostenía entonces una gloriosa batalla contra la ignorancia, una guerra en la que yo diría que Scève, Bèze y Pelletier constituían la vanguardia, o, si se prefiere, eran los precursores de otros poetas» (citado en ibíd., p. 101).
185. *Oeuvres de Claude-Henri de Sain-Simon* (París: Éditions Anthropos, 1966), VI, 422. Citado en Calinescu, *Cinco caras de la modernidad*, p. 106.

el tipo de acción más vívida y decisiva; y si hoy en día parece que no juguemos ningún papel o, en el mejor de los casos, uno muy secundario, ha sido como resultado de la carencia en el arte de una tendencia común y una idea general, que son esenciales para su energía y éxito.[186]

«Poder», «armas», «victoria», «éxito», «acción», «marcha». La cultura se pinta como un escenario de batallas, y los artistas son concebidos como los protagonistas que despiertan después de un largo sueño para incorporarse decisivamente al combate. Ese despertar, que los vuelve «vanguardia», es el despertar de la autoconciencia de los artistas: de la consciencia de sí mismos como poseedores de un «papel» decisivo para la «victoria», concebida como destrucción de lo anterior y construcción de lo nuevo. El tono es casi amenazante; casi como si se dijera «cuidado, ahora sabemos que podemos hacer todo esto». En efecto: la cultura se reconoce como *poder*, y el arte como *poderoso*. Así pues, el arte no es mera «contemplación», sino, sobre todo, «acción»: es acción concebida como batalla cultural, donde se destruye y se crea. Una curiosidad: un siglo más tarde, no solo el socialismo, sino también el nacionalsocialismo, concebirían al artista de una manera muy similar en el sentido apuntado. Es el caso del propio Goebbels.[187]

Otro lugar donde es posible aprehender el elemento de «destrucción creativa» que parece inherente a la modernidad es en la literatura moderna. La destrucción ha sido un tópico recurrente en esta. Tal es el caso del *Fausto* de Goethe, el indiscutido héroe de la modernidad, escrito aproximadamente entre 1770 y 1831, es decir, en pleno auge modernizador. El trabajo de Goethe se inicia en un contexto de condiciones espirituales ya modernas, y concluye

---

186. *Opinions littéraires, philosophiques et industrielles* (París: Galérie de Bossange Pére, 1825). «L'Artiste, le Savant et l'Industriel. Dialoge». Citado en Calinescu, *Cinco caras de la modernidad*, p. 107.

187. Puede leerse en una novela de Joseph Goebbels de 1929, titulada *Michael: Un destino alemán en hojas de diario*, cosas como la que sigue: «El arte es la expresión del sentimiento. El artista se distingue del no artista por el hecho de que puede también *expresar* lo que siente. Puede hacerlo de varias formas. Algunos a través de imágenes, otros de sonido; otros a través del mármol —o también a través de formas históricas. El hombre-estado es también un artista. La gente es para él lo que la piedra es al escultor» (citado en Jiménez, *Crítica del mundo imagen*, p. 72).

nada menos que en tiempos de la Revolución Industrial, es decir, bajo la emergencia de condiciones materiales *decisivamente* modernas. Marshall Berman ha analizado la modernidad, entre otras cosas, a través del *Fausto*, de una forma que resulta interesante recuperar.

Fausto es un intelectual desligado, producto de las condiciones que, a partir del Renacimiento y la Reforma, generaron un grupo social más o menos independiente cuyo lugar en el sistema productivo se daba bajo el dominio de lo intangible: producción de ideas y producción de cultura se volvieron, en suma, formas (laicas) de producción. En otras palabras, Fausto es un producto de la creciente división social del trabajo —corazón de la modernidad— que logra separar con claridad el trabajo sobre la materia del trabajo sobre la cultura. Así pues, dispuesto a liberar gigantescas energías humanas que, no obstante, producirán al mismo tiempo grandes costes para los hombres mismos, se desarrolla esta historia que configura la tragedia arquetípica del desarrollo moderno: la creación destructiva schumpeteriana.

La paradoja a la que se enfrenta Fausto, presentada por Mefisto, a quien aquel le ha ofrecido su alma a cambio de juventud, amor y conocimiento, es resumida por Berman de la siguiente forma:

> No podrá crear nada a menos que esté dispuesto a permitirlo todo, a aceptar el hecho de que todo lo que ha creado hasta ahora —y desde luego todo lo que él podría crear en el futuro— debe ser destruido para empedrar el camino de otras creaciones. Esta es la dialéctica que el hombre moderno debe asumir para avanzar y vivir; y es la dialéctica que pronto envolverá y moverá a la economía, el Estado y la sociedad modernos como un todo.[188]

En forma de historia de amor, la tragedia del desarrollo se verá en la relación de Fausto con Margarita, una joven estancada en una población todavía premoderna. Su contacto con Fausto hace añicos ese pequeño mundo en el cual había vivido toda su vida; sobreviene el cambio, que significa destrucción de lo anterior. Pero ella, naturalmente, no es la misma de antes, y Fausto la abandona

---

188. Berman, *Todo lo sólido se disuelve en el aire*, p. 40.

para perderse junto a Mefisto rumbo a otros lares. Ella, no obstante, debe ahora pagar el precio de haberse desligado del mundo en
el que habitaba y, finalmente, es condenada a muerte por los suyos.
La destrucción física de Margarita simboliza la destrucción de un
viejo mundo destinado a sucumbir como condición para que uno
nuevo pueda ver la luz.

Fausto representa la energía moderna que ha de transformar
el mundo. La misión que le ha sido concedida es la de imponerse a la naturaleza, dominarla, y construir un mundo a la medida
del hombre, en virtud de su conocimiento. Sus proyectos ingenieriles llevan la marca de las ideas de Saint-Simon. Una de las
lecturas favoritas del propio Goethe, en efecto, era el periódico
parisino sansimoniano *Le Globe*, en el que precisamente fue acuñada la palabra «socialismo». Fausto fue, en algún sentido, el primer héroe socialista: la desmesurada confianza en la razón humana
como elemento suficiente (e incluso omnipotente) para crear un
nuevo mundo, destruyendo todo lo anterior, está en la base no
solo de la modernidad, sino también de esa ideología moderna
llamada socialismo. Pero la pretensión de modernizar el espacio
con la que Fausto se encandila vuelve a presentarse como tragedia en la figura de dos ancianos, Filemón y Baucis, que manifiestan su intención de continuar viviendo como siempre. Ellos
viven en la costa, y la transformación de Fausto todavía no logró
llegar allí. Rápidamente los ancianos se convierten en un estorbo para Fausto, y este ordena a sus subordinados que los retiren
por la fuerza. Los encargados de cumplimentar la orden terminan incendiando la casa y asesinando a Filemón y Baucis. Fausto
se entristece, pero por otra parte sabe bien que ese es el precio
de ver su proyecto finalmente concretado. La economía de guerra
de Lenin o los desplazamientos y la industrialización forzada de
Stalin fueron medidas que podrían bien recordarnos estos pasajes
de Goethe: es el precio de edificar «un nuevo mundo» que se ajuste
a las ideas de los hacedores de mundos ideales.

La modernidad es la liberación ilimitada de las fuerzas humanas en el mundo. Una explosión así no solo debe barrer con todo
lo anterior, sino también con todo lo actual que rápidamente deviene obsoleto: tal es la característica cultural de la modernidad.
La desacralización de la vida la han señalado no solo Nietzsche y

Weber, sino también Marx y Baudelaire,[189] en la conocida figura de una aureola que ha sido perdida para siempre y, con ella, todo rastro de reverencia: no porque haya dejado de existir la reverencia, sino porque ahora lo reverenciable es el producto de luchas culturales conscientes. La cultura se vuelve mundana; la cultura es artificio. El problema de la *revelación* asumido por la religión dejó su lugar al problema de la *revolución* asumido por las ideologías. El poeta de Baudelaire que de repente pierde su aureola descubre, sin embargo, que para que su arte tenga impacto en el nuevo mundo precisa que sea consumido por las grandes masas, a las cuales él ahora se parece. En Marx, como ha señalado Berman, la cuestión no se presenta muy distinta: la burguesía ha despojado a los sabios de su aureola, y ahora sus ideas ya no pueden aceptarse de manera automática y acrítica. Ya no hay nada sagrado que aceptar. Lo que ambos representan metafóricamente es la disociación entre la tradición y el grupo social dedicado a producir ideas en la modernidad. El paso del *sacerdote* al *productor de cultura* está mediado por el triunfo de lo mundano, donde las aureolas ya no tienen lugar, donde lo sagrado sucumbe ante la soberanía humana, donde la cultura se vuelve mera arcilla, mero instrumento.

La consciencia del movimiento que surge de una sociedad que permanentemente se reinventa (y revienta) a sí misma hace posible la idea de la cultura como pura *contingencia humana*. Los tiempos en que la cultura se confundía con la naturaleza, formando una compacta unidad, indisociable y automática, han quedado atrás. Ya no hay «bloque histórico», podría decirse, tomando prestada una expresión de Gramsci (tomada, a su vez, de Sorel). El hombre moderno sabe que una cultura se puede destruir y se puede crear; y que, muchas veces, para crear primero hay que destruir. No existe batalla cultural sin esta consciencia. Dicho en forma positiva: hay batalla cultural donde hay voluntad de destrucción seguida, muchas veces, aunque no siempre, por una opuesta voluntad de resistencia.

---

189. Analizados a este respecto por Berman en la obra citada.

II. Religando (y construyendo) el orden social

Una sensación de desamparo y malestar recubre la existencia moderna. Palabras como «anomia» o «alienación» han intentado significar esta experiencia. Desde una sociología del sentido, como la propuesta por Berger y Luckmann, puede señalarse como una de las más importantes causas la pérdida de unidad de sentido en las sociedades modernas y el fin de lo «dado por supuesto». En lugar de esto, lo que sobreviene en el mundo moderno es una pluralidad de sistemas de sentido entre los que (en principio) habría que elegir. Describiendo esta circunstancia, Berger y Luckmann anotan:

> El individuo crece en un mundo en el que no existen valores comunes que determinen la acción en las distintas esferas de la vida, y en el que tampoco existe una realidad única idéntica para todos. Aunque el individuo crece en una comunidad de vida que lo incorpora en un sistema de sentido supraordinal, no cabe suponer que éste sea el sistema de sentido de sus contemporáneos.[190]

Una condición de posibilidad de la batalla cultural es el pluralismo cultural, entendido como fragmentación cultural de la sociedad. Este es el resultado de fenómenos modernos como la industrialización, la urbanización, el crecimiento demográfico, la evolución técnica de los medios de comunicación, etcétera. En un nivel menos tangible, el pluralismo moderno es el retoño de la secularización cultural, descrita anteriormente. La pérdida del anclaje religioso de la cultura es lo que la vuelve vaporosa, y lo que, en cierta medida, la diferencia de otros subsistemas funcionales, como la economía y la política.

La batalla cultural tiene sentido allí donde todo va perdiendo su sentido. Allí donde los lazos tradicionales pierden la fuerza para ligar lo que durante mucho tiempo mantuvieron ligado, se necesitan otros mecanismos para garantizar algún grado de sentido compartido del mundo. El desafío primario de la modernidad será, en este sentido, encontrar un nuevo principio, un nuevo fundamento, no sobrenatural sino «humano, demasiado humano», capaz de *religar* el orden

---

190. Peter Berger; Thomas Luckmann, *Modernidad, pluralismo y crisis de sentido. La orientación del hombre moderno* (Barcelona: Paidós, 1997), p. 61.

social. Y la respuesta será el propio hombre. Más concretamente, las propias capacidades inherentes al progreso del saber humano y la Razón, que dará curso al movimiento filosófico probablemente más característico de la modernidad: la Ilustración.

La Ilustración representa la sistematización ideológica de las experiencias que condujeron a la modernidad y que la caracterizan como tal. El hombre, finalmente, se pone conscientemente en el centro de todo. Confiando en que su conocimiento es el motor que necesita la sociedad para engendrar un orden superador y en permanente progreso, el hombre declara su definitiva emancipación frente a «los prejuicios de la tradición» y «los dogmas religiosos». Decía Condorcet: «La única fuente de felicidad pública es conocer la verdad y conformar con ella el orden de la sociedad».[191] Pero esta verdad no es una verdad respecto de Dios, sino respecto de la naturaleza de las cosas abiertas a la dominación del hombre. Ilustrarse es «iluminarse»; iluminarse sería algo así como salir de la caverna de Platón y, a la luz del conocimiento, por fin dejar de ver sombras para ver la verdad. Pero se trata de una verdad que no realiza al hombre en el ejercicio de la *contemplación*, sino en la posibilidad técnica que le ofrece para *rehacer* este mundo. Saber para poder: *saber-poder*.

La Ilustración ha sido definida por Kant como «la salida del hombre de la minoría de edad, de la cual él mismo es culpable».[192] El hombre siempre fue un niño porque siempre dependió de tutores. Pero al comprender que su conocimiento puede reemplazar a esos tutores deja, en el desafío de conducirse con arreglo a sus propias capacidades, de ser un menor de edad. Semejante ilusión (la del conocimiento independiente y el juicio crítico que orienta por sí mismo a los hombres) encubre la batalla cultural que ha surgido de las entrañas de la modernidad; la vuelve opaca a los ojos de quienes desean sentirse dueños originales de su particular forma de ver las cosas. En efecto, continúa Kant: «¡Es tan cómodo ser menor de edad! Si tengo un libro que piensa por mí, un pastor que reemplaza mi consciencia moral, un médico que juzga acerca de mi dieta, y así sucesivamente,

---

191. Condorcet, «Vie de Turgot» (1786), *Aeuvres*, vol. V, 1849, p. 203. Citado en Tzvetan Todorov, *El espíritu de la Ilustración* (Barcelona: Galaxia Gutenberg, 2014), p. 77.
192. Immanuel Kant, *¿Qué es la ilustración?* (Buenos Aires: Prometeo, 2010), p. 21.

no necesitaré del propio esfuerzo». ¿Pero ha ingresado realmente el hombre en su edad adulta o acaso está en vías de hacerlo, como Kant supone? Más aún: ¿puede el hombre ingresar realmente a la edad adulta sin pararse siempre sobre la tradición heredada? E incluso en una adultez no tan pretenciosa (neokantiana y socrática, como la del racionalismo crítico), moderada por la consciencia de sus propios límites, ¿puede ser alcanzada con la sola voluntad engendrada por el espíritu racionalista de una época, como se da a entender? La descripción de Kant pretende representar una consciencia tenue que gracias a la Ilustración está quedando en el pasado, pero tal escenario constituye una caricatura demasiado actual del hombre y su presente. ¿O acaso alguien piensa que los hombres piensan por sí mismos, más hoy que ayer? ¿Que no están fuertemente inducidos por los medios de comunicación que conviven día y noche con ellos? ¿Que, no un libro tal vez, pero sí una pantalla, le ahorra en todo momento el esfuerzo de razonar conforme sus propios criterios y capacidades? ¿Que los intelectuales e ideólogos no han sido venerados, como otrora los pastores o sacerdotes, y que sus palabras no se han convertido para muchos en una suerte de doctrina infalible? Las esperanzas de Kant, vistas con el pasar del tiempo, no pueden más que generar amargas desilusiones: «es posible que el público se ilustre a sí mismo, siempre que se lo deje en libertad: incluso, casi es inevitable».[193] ¿No es esta una forma de encubrir, consciente o inconscientemente (poca importancia tiene) que el conocimiento mismo será precisamente un campo de batalla para la lucha cultural que se ha desatado?

Los «hombres ilustrados» tienen la misión ineludible de llevar ilustración a ese «gran público» que procurará, tarde o temprano, también ilustrarse. De tal suerte que, prosigue Kant, «el uso público de la razón siempre debe ser libre, y es el único que puede instaurar la ilustración entre los hombres»; y de inmediato aclara: «Entiendo por uso público de la propia razón, el que alguien hace de ella, en cuanto docto, ante la totalidad del público de lectores».[194] Se encuentra aquí el reconocimiento de un estado de cosas en el que el público se convierte en blanco de un proceso que se despliega sobre

---

193. Kant, ¿Qué es la ilustración?, p. 22.
194. Ibíd., p. 23.

la arena pública, y en el cual las mejores razones son ofrecidas por personas doctas, que hablan precisamente en nombre de la Razón, con el objeto de influir sobre ese público necesitado de madurez. Súmese a ello la dimensión agonística que envuelve estas razones a menudo contrapuestas («la Ilustración fue más un período de debate que de consenso»,[195] sostiene Todorov) y se tendrá un cabal reconocimiento de la batalla cultural tal como aquí, en este libro, se la ha concebido.

Una de las formas políticas de la Ilustración fue el llamado «despotismo ilustrado». Por esto hay que entender un tipo de absolutismo que puso la flamante maquinaria estatal —con sus funciones en permanente e ininterrumpida expansión— prácticamente sin frenos al servicio de la nueva cultura ilustrada. En efecto, se necesitaba un poder enorme para terminar de barrer con viejas costumbres, lealtades, tradiciones y lo que todavía mantenían de poder las iglesias. Era preciso un enorme poder, al mismo tiempo y por la misma razón, para mantener unida y ordenada a la sociedad tras la muerte del control comunitario que ellos mismos debían terminar de sepultar. Luis XVI en Francia, Catalina II en Rusia, Gustavo III en Suecia, Federico II en Prusia o Carlos III en España, son tan solo algunos ejemplos de monarcas que aceptaron el ideario ilustrado entendiendo que el Estado debía hacerse cargo de reformar la sociedad entera conforme a sus dictados. El siglo XVIII, siglo ilustrado por antonomasia, fue, al decir de Zygmunt Bauman, «un siglo de administración, organización, gestión; un siglo en que las costumbres pasaron a ser objetos de la legislación, y un modo de vida se problematizó como cultura».[196] Fue, en los términos aquí propuestos, el siglo en el que la batalla cultural terminó de madurar y volverse una realidad palpable y consciente de sí.

La Ilustración en su versión racionalista-constructivista postula a la Razón como la fuente de un nuevo orden social en permanente progreso. La fe en el conocimiento refleja la fe en algo que es, de hecho, cognoscible. En mayor o menor medida, pues, lo cierto es que

---

195. Todorov, *El espíritu de la Ilustración*, p. 10.
196. Zygmunt Bauman, *Legisladores e intérpretes. Sobre la modernidad, la posmodernidad y los intelectuales* (Buenos Aires: Universidad Nacional de Quilmes, 1997), pp. 41-42.

el mundo se abre como una realidad que, para la mente moderna, podemos (y debemos) conocer no para *contemplar* (tal el ideal antiguo), sino para *dominar*. Dominar ese mundo depende del grado de conocimiento que sobre él se alcance. Es factible controlar la naturaleza, someterla, transformarla, incluso *crear* en virtud de ella (la disputa con la figura del Creador será entonces inevitable)[197] porque hay un orden cognoscible que el hombre proyecta dominar. Se vuelve factible diseñar, a su vez, la sociedad, porque hay leyes sociales igualmente cognoscibles. Hay allí afuera un mundo bastante sólido que conocer, y de ello depende el progreso. Saber-poder-progreso: trípode sobre el que la modernidad se sostiene. Si antes era la tradición, con todos sus mitos y prejuicios la que mantenía unida a la sociedad con el apoyo de la Iglesia, ahora el conocimiento, razonado y pretendidamente libre, se postulará para hacerse cargo de esa tarea y traernos un «mundo mejor». Para ello, se contará con el apoyo de una maquinaria estatal que pasará a concebirse como el más poderoso ingeniero social. Claro que semejante coloso necesitará homogeneidad cultural para hacer de sí mismo un Estado nación.

Para los padres del pensamiento moderno, el conocimiento es fundamental en la medida en que hay algo fundamental que conocer. En este sentido, lejos están aquellos de los pensadores antifundacionalistas o antiesencialistas contemporáneos vinculados a lo que a menudo se suele llamar «posmodernismo». El pensamiento moderno es «sólido»,[198] por así decirlo, en virtud de que necesita soldar, *desde fuera*, una sociedad descompuesta en sus partes, desarraigada, y, para ello, se necesitan fundamentos de peso: se necesita de una metafísica que, prescindiendo paulatinamente de Dios, ofrezca sin embargo bases estables para reordenar el mundo con el hombre en su centro. De ahí por ejemplo la importancia de filosofías políticas que buscarán justificar un cierto orden a partir del estudio de un «estado de naturaleza» previo al Estado o previo a la sociedad, según sea el caso.[199] Tal vez la naturaleza del hombre no sea, después de

---

197. «Una vez que el hombre se comprende a sí mismo como debiendo dominar, le resulta necesario disputar el lugar de dominador a Dios» (Brague, *El reino del hombre*, p. 171).
198. Leo Strauss decía que los modernos, en su peculiar sociedad civil, «construyen sobre el terreno bajo pero sólido» del egoísmo del hombre ordinario.
199. En los autores contractualistas (Hobbes, Locke, Spinoza, Rousseau, Kant, etc.),

todo, mucho más que su capacidad para dominar la Naturaleza; pero en virtud de ese dominio, que se vuelve *proyecto antropológico, social y político*, al mismo tiempo, será posible *crear* un orden tan concreto como consciente. La Naturaleza, con la que antes se guardaba un vínculo de pertenencia (siendo el hombre parte de la inmensa realidad natural), en la modernidad aparece como realidad instrumental en los siguientes términos: el hombre puede con su razón conocer la Naturaleza; conocer la Naturaleza es el modo de dominarla; dominar la Naturaleza es el modo de progresar. El uso de la Razón, al decir de Descartes, hará al hombre «dueño y poseedor de la Naturaleza»; y la Naturaleza, *dominada por la técnica*, se vuelve instrumento hasta el punto de ofrecer un sólido fundamento para la existencia política y social moderna.

Rousseau, uno de los más influyentes pensadores de esos tiempos, ejemplifica todo esto de manera bastante clara. Aunque cabe aclarar que el ginebrino fue el precursor, paradójicamente, de la reacción romántica a la modernidad, fue, a la vez, el representante de cierta variante protototalitaria de la modernidad constructivista, en la cual «forzar a ser libres» no implicaba tanto imponer las condiciones sociales del Estado nación y la sociedad mercantil como, más bien, internalizar el interés público como si fuera la voluntad de cada individuo (destruyendo así la propia finalidad de dicho «interés público», que es asegurar la protección de todos los intereses privados, y convertirlo en «interés general»).[200] En un pasaje del capítulo sobre el legislador que ofrece en *El contrato social*, Rousseau entiende que el legislador debe «cambiar, por decirlo así, la naturaleza humana,

en general, y aún más en sus respectivos neocontractualistas (Gauthier, Nozick, Buchanan, Raz, Rawls, etc.) dicho concepto es una hipótesis heurística que describe una instancia lógica «previa» del orden social o del orden político, y no una realidad dada en el inicio de la cronología histórica.

200. *Cf.* Isaiah Berlin, *La traición de la libertad* (México D. F.: FCE, 2004), pp. 49-75. Rousseau representaba, así, una versión radical con intenciones utópicas que, para muchos autores, preludiaron elementos de las dictaduras totalitarias del siglo XX (elementos muy particulares del bolchevismo y otros más aún muy particulares del fascismo), pero, en cualquier caso, esta particular visión tiránica de la «liberación moderna» ejemplifica las paradojas a las que llevó el extremismo del racionalismo político y su intento, incluso, de resolver con fórmulas estatistas problemas politológicos y culturales de la Antigüedad mal extrapolados al presente. *Cf.* Michael Oakeshott, «El discurso político», *El racionalismo en la política y otros ensayos* (México D. F.: FCE, 2001), p. 90.

transformar a cada individuo, que en sí mismo es un todo perfecto y solitario, en una parte de un todo más grande, del que este individuo recibe en cierto modo su vida y su ser; alterar la constitución del hombre para mejorarla; sustituir por una existencia parcial y moral la existencia física e independiente que todos hemos recibido de la Naturaleza».[201] El legislador debe, entonces, «ilustrar» a los ciudadanos. No es, en este sentido, un legislador como cualquier otro, sino un verdadero *ingeniero cultural* que fijará hasta el calendario de fiestas populares (¿y no cambiaron, en efecto, los revolucionarios franceses, inspirados en Rousseau, no simplemente las fiestas, sino el mismísimo nombre de los meses, de los días y el sentido de los años?), levantará una *religión civil* y se ataviará con una bandera de tal religión. La Ilustración no fue un simple proyecto filosófico, sino uno político, en la medida en que procuraba educar a los gobernantes[202] y, tanto por medio de ellos como de forma directa,[203] a la población en su conjunto, colisionando con los defensores del orden tradicional: fue, probablemente, la primera gran batalla cultural que la modernidad ha ofrecido.

Resulta sintomático que la propia palabra «cultura» haya sido una innovación del siglo XVIII. Como ya se ha visto, esta palabra encuentra su raíz en la relación laboriosa del hombre con la tierra, que en la modernidad se concibe más bien como dominación técnica. El hombre, al cultivar la tierra, transforma su entorno y garantiza su supervivencia. Cultivar supone una acción deliberada, consciente, estudiada, planificada y, a no dudar, vital. De ahí que «cultura» fuese una metáfora tan clara de lo que quería decirse: cuando se hablaba

---

201. Jean-Jacques Rousseau, *Del contrato social* (Madrid: Alianza, 2000), p. 64.
202. El saber se reconoce poder, trayéndonos de nuevo a Platón. Kant se dirigía directamente al poder político cuando escribía que: «Un príncipe que no encuentra indigno de sí declarar que sostiene como obligación no prescribir nada a los hombres en cuestiones de religión, sino que los deja en plena libertad y que, por tanto, rechaza el altivo nombre de tolerancia, es un príncipe ilustrado, y merece que el mundo y la posteridad lo ensalcen con agradecimiento como aquel que, al menos desde el gobierno, fue el primero en sacar al género humano de la minoría de edad...» (Kant, *¿Qué es la ilustración?*, p. 27).
203. Destaca Allan Bloom: «Los hombres de la Ilustración propiamente dicha fueron los primeros en dirigir sus enseñanzas no sólo a otros filósofos o potenciales filósofos del mismo rango, sino inclusive a los que no comprendían, en un intento por cambiar las opiniones de la Humanidad en general» (Allan Bloom, *El cierre de la mente moderna*, Barcelona: Plaza & Janes Ediciones, 1989, pp. 272-273).

del hombre «cultivado» se entendía a aquel que había sido moldeado por las ideas correctas y el buen gusto. Además, el hombre es cultivado de una forma muy similar a como cultivamos la tierra: con trabajo arduo y fuerza. Recuérdese que, para Kant, «las bellas artes y las ciencias» preparan «al hombre para un dominio en el que sólo la razón debe tener el poder»:[204] la cultura plantea una lucha contra la naturaleza en la que el hombre, por fin, puede realizarse moralmente. Para Fichte, otro de los gigantes del idealismo alemán, la cultura supondrá «la total independencia de todo lo que no es nosotros mismos, nuestro puro Yo».[205] En efecto, a diferencia de los animales, «la plasticidad como tal es el carácter del hombre».[206] Por ello las mayores esperanzas de la Ilustración fueron puestas en los sistemas educativos llamados a lograr cosechas humanas excepcionales. Para Kant, el hombre «no es nada más que aquello que la educación hace de él».[207] Fichte propondrá un proyecto de «educación nacional» en Alemania, indicando que el objetivo de la educación era «a lo sumo formar algo en el hombre; en lo sucesivo se trata de formar al hombre mismo».[208] En Francia, para Helvetius y para d'Holbach, «la educación lo puede todo», pues «se hace con el hombre todo lo que se quiera».[209] El lugar del Creador pasa así de Dios al pedagogo, Frankenstein de los nuevos tiempos. Bauman ha descrito el cambio de la premodernidad a la modernidad, en lo que a la visión del hombre y su cultura concierne, con una bella metáfora. En las sociedades premodernas, dice el sociólogo polaco, se tienen «culturas silvestres» que crecen por sí mismas, tan solo vigiladas por «guardabosques» que no imprimen en ella una dirección predeterminada, sino que, a lo sumo, acompañan y protegen su desarrollo. En cambio, lo que emergen en la modernidad son «culturas de jardín», detalladamente moldeadas por «jardineros» que

---

204. Kant, *Der Streit der Fakultäten* [1789], 1. Abschnitt, Anhang: Von einer reinen Mystik in der Religion, W, t. VI, p. 341. Citado en Brague, *El reino del hombre*, p. 140.

205. Fichte, Berichtigung, I, 1, p. 69. Citado en Brague, *El reino del hombre,* p. 141.

206. Citado en Brague, *El reino del hombre*, p. 142.

207. Kant, *Über Pädagogik*, W, t. IV, p. 693-762. Citado en Brague, *El reino del hombre,* p. 211.

208. Fichte, *Reden an die deutsche Nation*, 2, AW, t. V, p. 387, 393. Citado en Brague, *El reino del hombre,* p. 211.

209. Helvétius, *De l'homme* [1772], X, 1, *Oeuvres complétes*, París, Lepetit, 1818, t. II, p. 566; d'Holbach, *Système social* [1773], primera parte, cap. 1, París, Fayard, 1994, p. 28. Citado en Brague, *El reino del hombre*, p. 221.

intervienen en el paisaje humano para realizarlo a imagen y semejanza de un modelo previo que está en sus mentes.[210]

Los ilustrados constructivistas, probablemente los primeros «jardineros» de la modernidad, dan una batalla de manera consciente. Tienen, sobre todo en Francia, un enemigo claro: la Iglesia y la tradición, representada esta última a menudo en la aristocracia. Cuentan con un proyecto cultural: recambiar los viejos mecanismos culturalmente evolutivos de ordenación tradicional por mecanismos artificiales, políticos sobre la cultura, de ordenación racional. Se hacen de aliados: al principio, al menos, son apoyados por déspotas que ofrecen los mecanismos estatales para reformar la cultura. Tienen un objetivo: la mente del público que «vive todavía en tinieblas». Por eso las obras ilustradas no están en latín; por eso no escriben simplemente para otros filósofos, sino que se esfuerzan para que sus pensamientos penetren en el público en general. Las «Enciclopedias», tan características de la Ilustración, con las que se procuraba compilar todo el conocimiento disponible (con la a menudo deliberada excepción del conocimiento teológico), son un ejemplo cabal. El movimiento ilustrado, en su batalla cultural, es doble: por un lado, procura terminar de vaciar el sentido de la vida tradicional, mientras que por el otro necesitará brindarle un nuevo contenido. En otras palabras, hacer del hombre una *tabula rasa* es la precondición para reescribir en él con la facilidad que el terreno allanado otorga a un ingeniero que procura concretar su obra.

El *Estado docente* es el producto más llamativo de la Ilustración constructivista. Habiendo diagnosticado que los peligros para la libertad tenían como origen a la Iglesia y la tradición, muchos ilustrados plantearon una alianza con una maquinaria de poder que no simplemente terminaría aplastando estos arcaicos estorbos, sino que pronto tomaría su lugar. El Estado docente se llena entonces de sacerdotes laicos, listos para impartir la nueva doctrina que emana de la Razón, y que da vida a lo que Condorcet denominó, por primera vez, «religión política», cuando reparaba en la Revolución Francesa. «Robespierre es un cura, y nunca dejará de serlo»,[211] acusó Condorcet. ¿Hay aca-

---

210. *Cf.* Zygmunt Bauman, *Legisladores e intérpretes*, pp. 77-80.
211. Condorcet. *Cinq Mémoires...*, *opus cit.*, pp. 85, 86, 93. Citado en Todorov, *El espíritu de la Ilustración*, p. 61.

so revolución más iluminista que la francesa? Es como si el vacío que dejara una religión y una tradición pulverizadas simplemente se abriera a la ocupación de una maquinaria todavía más poderosa, no para aniquilar la dimensión cultural y espiritual en sí, sino para vaciarla y volverla a llenar, pero con sus propios contenidos. Es como si el delicado y tambaleante equilibrio de la antigua divisoria entre el poder espiritual y el poder temporal, hecho añicos en la modernidad, no supusiera la desaparición de aquel, sino su control por parte de este. Los hombres pueden pensar que piensan por sí mismos, según la esperanza de Kant, pero no harán más que repetir los nuevos dogmas impartidos por los mismos que en sus manos tienen los controles de la política. El Estado ha allanado el camino para avanzar sobre el espíritu de los hombres, y nadie se atreve verdaderamente a disputarle semejante poder. Después de todo, tal como dice Allan Bloom, «la *secularización* es el maravilloso mecanismo por el que la religión se convierte en no religión».[212]

El propio Rousseau entendía que una «religión civil» que santificara el contrato social, proveyera una concepción rigurosa de la justicia y estableciera virtudes cívicas era imprescindible para religar el nuevo ordenamiento social. Todo ello debía ser apoyado por una pedagogía muy particular, propuesta en su *Emilio*. De esta forma, el niño «sólo debe hacer lo que quiere; pero no debe querer sino lo que queráis que haga; no debe dar un paso que no hayáis previsto; no debe abrir la boca sin que sepáis lo que va a decir».[213] La educación (o más bien, el adoctrinamiento) es la llave maestra para poner en marcha lo que hoy llamamos «ingeniería social». La Revolución Francesa, en este sentido, fue hija de la Ilustración y partera de una nueva religión estatizada. Interesa ver esto con algo de detenimiento, puesto que sirve para comprender el problema de la exógena religación moderna como el escenario en el que emerge la batalla cultural.

La Revolución Francesa constituye el ejemplo arquetípico de esta modalidad de la mentalidad moderna. Alexis de Tocqueville lo ha mostrado con insuperable claridad en su *El Antiguo Régimen y la Revolución*:

---

212. Bloom, *El cierre de la mente moderna*, p. 219.
213. Rousseau, *Émile*, II, *OC*, t. IV, p. 362-363. Citado en Brague, *El reino del hombre*, p. 214.

Puesto que el objeto de la Revolución Francesa no fue únicamente cambiar un gobierno antiguo, sino abolir la forma antigua de la sociedad, hubo de atacar a la vez a todos los poderes establecidos, cancelar todas las influencias reconocidas, borrar las tradiciones, renovar las costumbres y los usos, y vaciar de alguna manera el espíritu humano de todas las ideas sobre las que hasta ese momento se habían fundado el respeto y la obediencia.[214]

Tocqueville reconocerá en la filosofía del siglo XVIII una de las más importantes causas de la Revolución. Rousseau y Voltaire, después de todo, serán venerados en el Panteón casi como semidioses, y a ellos se les dedicarán ceremonias que parecían verdaderas liturgias. El carácter religioso que va tomando la revolución inquieta a Tocqueville: «La Revolución Francesa es pues una revolución política que ha procedido a la manera, y tomado el aspecto en cierto modo, de una revolución religiosa». Así, «no sólo se expande, como ellas, a lo lejos, sino que, como ellas, penetra mediante la predicación y la propaganda».[215] A ello hay que sumar sus pretensiones de universalidad, sus visos de salvación, sus dimensiones mesiánicas y su apelación al «hombre» en abstracto, muy característico del pensamiento religioso.

Lo que a Tocqueville sorprende, traducido a la terminología que aquí propongo, es la gran batalla cultural que ha visto Francia. La «predicación y la propaganda» no parecían ser actividades políticas hasta entonces, sino religiosas. Pero ahora que la religión ha sido desplazada, es la política la que asume las funciones culturales que se vehiculizan a través de la predicación y la propaganda, adquiriendo a menudo, paradójicamente, estilos religiosos. Eric Voegelin las denominará más tarde «religiones intramundanas».[216] Así, prosigue

---

214. Alexis de Tocqueville, *El antiguo régimen y la revolución* (Madrid: Istmo, 2004), p. 62. Un periódico científico de la época decía: «La Revolución lo ha echado todo por tierra. Gobierno, moral, costumbres, todo debe ser reconstruido. ¡Qué ocasión extraordinaria para los arquitectos! ¡Qué magnífica oportunidad para emplear todas las agudas y excelentes ideas que hasta ahora han permanecido en el reino de la especulación abstracta, para emplear tantos materiales que antes no se pudieron emplear, para rechazar otros muchos que han sido obstáculo durante siglos y que había que emplear por fuerza!» (*Décade philosophique*, 1794, vol. 1. Citado en Friedrich Hayek, *La contrarrevolución de la ciencia*. Madrid: Unión Editorial, 2014, p. 172).
215. Ibíd, p. 64.
216. Ver Eric Voegelin, *Las religiones políticas* (Madrid: Editorial Trotta, 2014), p. 32.

Tocqueville denunciando que la Revolución «se ha convertido en una especie de religión nueva; religión imperfecta, cierto, sin Dios, sin culto y sin una vida en el más allá, pero que, par al islamismo, ha inundado la tierra toda con sus soldados, sus apóstoles y sus mártires».[217] Aquí no hay un ápice de exageración. Un escritor jacobino se preguntaba por entonces: «¿Cómo se instauró la religión cristiana? A través de la predicación del Evangelio por los apóstoles. ¿Cómo podemos instaurar nosotros firmemente la Constitución? A través de los apóstoles de la libertad y la igualdad».[218] La cultura, desligada de lo religioso, se volvía así un campo diferenciado de intervención signada por el conflicto, en lo que sería una disputa por imponer significados que voltean una mirada mimética hacia las formas de la religión y beben de ellas.

El antiilustrado Joseph De Maistre anotaba en un ensayo escrito en 1795: «La generación presente es testigo de uno de los espectáculos más grandiosos que hayan ocupado alguna vez los ojos humanos: la lucha sin cuartel entre el cristianismo y el filosofismo. La liza está abierta, los dos enemigos frente a frente, y el universo los mira».[219] La cita sin dudas resulta impactante. La consciencia de estar presenciando el espectáculo de una batalla cultural es inédita: frente a De Maistre y toda su generación se presenta un *acontecimiento* en sentido estricto, una novedad radical sin precedentes. Hay una lucha que ya no es meramente religiosa (como la de la Reforma); se trata, en un sentido más amplio, de una lucha cultural, porque la religión ha sido desligada de lo cultural y en esta dimensión ahora cabe el «filosofismo», es decir, la Ilustración, que coloca al hombre como hacedor de la cultura y dominador de la Naturaleza, disputando la soberanía por la mente y el espíritu humanos. Lo que colisiona con tanta claridad que impacta a De Maistre no es, como otrora, dos religiones antitéticas que disputan un dios o una doctrina sobre este, como en el caso de las luchas religiosas. La Revolución Francesa es la batalla que enfrenta al antiguo régimen, en el que se conjugaba un Estado

217. Tocqueville, *El antiguo régimen y la revolución*, p. 65.
218. Michel Vovelle, *The Revolution against the Church. From Reason to the Supreme Being* (Columbus: (Ohio), 1991), p. 80. Citado en Michael Burleigh, *Poder terrenal. Religión y política en Europa* (España: Taurus, 2005), p. 87.
219. Joseph De Maistre, *Consideraciones sobre Francia* (Buenos Aires: Ediciones Dictio, 1980), p. 64.

ya moderno con una sociedad todavía fundamentada en los esquemas del cristianismo feudal, contra esa moderna visión de las cosas
que encarna la Ilustración. Lo paradójico es que los revolucionarios,
a pesar de su desprecio por la religión, no van a poder prescindir de
sus formas, tal como el propio De Maistre también había observado:
el filosofismo «es una fuerza esencialmente desorganizadora», dice
aquel, pero ha de saberse que «todas las instituciones imaginables
reposan sobre una idea religiosa, o son cosa pasajera. Son fuertes y
durables en la medida en que son *divinizadas*».[220] ¿Acaso la batalla
cultural mantiene las formas religiosas mientras se desentiende de
sus contenidos?

El punto es que la modernidad precisa de fundamentos sólidos
para religar el orden social y es por ello por lo que con frecuencia
termina ofreciendo una religión política de reemplazo, a veces de
forma más explícita, otras de manera menos transparente. En el
caso francés, la intentona fue evidente. El escritor revolucionario
Mirabeau anotaba en 1792: «La Declaración de los Derechos del
Hombre se ha convertido en Evangelio político y la Constitución
francesa en religión por la que el pueblo está dispuesto a morir».[221]
¡Y vaya si quedaron muertos en el camino! Una sociedad que ha
perdido toda referencia común necesita nuevos elementos sobre los
que sujetarse, un nuevo «sistema de sentido».[222] En el caso de la Revolución Francesa, la Razón destacará entre esos nuevos elementos
que irán adquiriendo caracteres divinos. «Juro que nunca tendré
otro templo fuera del de la razón, otros altares que los de la Patria,
otros sacerdotes que nuestros legisladores, otro culto que el de la
libertad, la igualdad, y la fraternidad»:[223] así se comprometían los
miembros del Club de Moulins, por ejemplo. Aquello del «templo
de la razón» no era una alegre metáfora: las iglesias fueron convertidas, efectivamente, en «templos de la Razón». Allí las figuras de los santos católicos fueron reemplazadas por las de héroes

---

220. De Maistre, *Consideraciones sobre Francia*, pp. 59-60. Poco después De Maistre
    agregará que la alternativa al cristianismo no es la no religión, sino una «nueva reli-
    gión», refiriéndose con ello a una religión política.
221. Citado en Burleigh, *Poder terrenal*, p. 104.
222. Uso esta expresión en el sentido de Berger y Luckmann. *Cf.* Berger; Luckmann,
    Modernidad, pluralismo y crisis de sentido.
223. Citado en Alfredo Sáenz, *La nave y las tempestades. La Revolución Francesa*. Se-
    gunda Parte (Buenos Aires: Gladius, 2011), p. 358.

revolucionarios como Marat, Lepelletier y Chalier, en una suerte de santísima trinidad revolucionaria. Se cuenta que, en una ceremonia en honor a este último, un busto suyo fue colocado sobre el altar mientras los comisarios de la Convención, de rodillas frente a la imagen, decían: «Dios salvador [o sea, Chalier], mira a tus pies la nación prosternada que te pide perdón. ¡Manes de Chalier, seréis vengados! ¡Lo juramos por la República!».[224] Seguidamente, se procedió a quemar un Evangelio y un crucifijo.

La Razón, pues, fue sacralizada. La iglesia de Notre-Dame fue convertida en un «templo de la Razón». Los miembros de la Comuna de París se dirigían a la Convención, solicitando tales modificaciones, de la siguiente manera: «la sola Razón ahora tiene altares; así lo quiere la opinión pública. Se ha acordado que la antigua iglesia metropolitana esté en adelante consagrada a la Razón».[225] El librero y filósofo Momoro ha descrito que, al ingresar al renovado templo, se consagraba el lugar «A la Filosofía», y que «la entrada de este templo estaba adornada con los bustos de los filósofos que por su ilustración habían contribuido más a que llegara la actual Revolución».[226] Como nunca antes, el cambio social, en este caso de tipo revolucionario, era adjudicado en gran parte a los efectos concretos de las ideas y doctrinas de ciertos hombres. Los héroes revolucionarios son *santificados* como próceres y sus adversarios son, o bien *demonizados*, o bien *borrados* directamente de la historia, como ocurrió con pinturas trucadas en las que se suprimió de la escena a diputados guillotinados.[227] El poder de la imagen y el poder de la historia ya se advertían con claridad por los (proto) ingenieros culturales, que jugaban a una suerte de *photoshop* primitivo. Muchas otras iglesias fueron convertidas desde entonces en «templos de la Razón», como la de Saint-André de las Artes, donde un cartel rezaba: «Templo de la Revolución, la Razón ha recuperado su imperio sobre el error, y el hombre se ha despertado tras una larga pesadilla».[228]

---

224. Citado en Sáenz, *La nave y las tempestades*, p. 380.
225. Citado en ibíd, p. 385.
226. Citado en ibíd, p. 383.
227. *Cf.* Brague, *El reino del hombre*, p. 128.
228. Sáenz, *La nave y las tempestades*, p. 387.

La Razón era un fundamento ciertamente fuerte para religar a la sociedad; y más fuerte todavía si entendemos que el poder de la Razón estriba en descubrir los misterios de la Naturaleza con fines instrumentales y transformadores. Esta se convirtió, así, en un principio ordenador moderno racionalmente aprehensible. Además, en tanto que origen de la democracia moderna, la Revolución Francesa postuló al Pueblo, a su vez, como fundamento del orden político naciente. Chaumette, por ejemplo, muy próximo a Fouché, sostenía: «El pueblo ha dicho basta de sacerdotes, basta de otros dioses que no sean los de la Naturaleza».[229] El ya citado Momoro añadía: «Que la Naturaleza reciba aquí nuestro homenaje. Ella lo es todo para nosotros. [...] Ofrezcamos sacrificios a la Naturaleza, a la Libertad, este es nuestro culto».[230] Al año siguiente de la toma de la Bastilla, se levantó en la Plaza de la Bastilla una estatua de la diosa egipcia Isis, mientras Hérault de Séchelles oraba: «¡Oh Naturaleza, señora de los salvajes y de los pueblos ilustrados!, este inmenso pueblo congregado delante tuyo a los primeros rayos del sol matinal, es digno de ti, es libre. En tu seno, en tu sagrado manantial ha hallado de nuevo sus derechos y su renacimiento».[231]

Lo mismo sucede con otros términos, algunos ya mencionados. Desnaturalizados, por ejemplo, los términos tradicionales de «nación» y «pueblo», terminan siendo secuestrados: dejan de referirse a los conceptos originales, pero evocan los sentimientos que pertenecían a aquellos, y el fenómeno es dirigido *ab initio*. En su acepción originaria, una nación era una comunidad etno-cultural cuyos miembros se veían unidos desde su nacimiento por lazos familiares, por una historia común y una misma lengua. No se trataba de regiones enormes administradas por los Estados nación, que solo ofrecen a un público anónimo y mudable (su «pueblo nacional») unas ciertas instituciones públicas y ordenamientos legales. Los pueblos originarios (valga el correcto uso del término), todavía más refieren a un concepto geográfico-histórico local en el sentido por el cual el mismo término de pueblo surgió. Contrastan, así, con su actual uso meramente instrumental, que es promovido por los mismos Estados

---

229. Sáenz, *La nave y las tempestades*, p. 357.
230. Citado en ibíd, p. 357.
231. Citado en ibíd, p. 376.

nación para generar una cohesión *a posteriori* y una ilusión de cohesión cultural significativa: una ilusión basada precisamente en la imagen de la realidad perdida de una cohesión orgánica de entramados familiares y comunitarios basados en vínculos personales. Incluso el término Estado ya nada tiene de relación con su uso original espontáneo, pero conserva una sensación de pertenencia y seguridad que no le es propia. Estado significaba el estamento al que se pertenecía, un orden social, o las reglas del dominio de un rey sobre un territorio. Cuando se desplaza hacia una definición realista de Estado, se siente que la palabra «Estado» transmite algo muy distinto que no está en la definición. En el caso de «Estado» (usado además con mayúsculas) la relación entre el término actual y su progenitor, directamente se desvanece. Por desgracia, cuando esto sucede, las palabras pasan a ser material de estudio para una etimología que no debería quedarse en la arqueología del lenguaje, sino que analizara las consecuencias de la transvaloración conceptual en la trampa de la resignificación: en este caso, la funcionalidad política que la Ilustración ha dado a ciertos términos convertidos a la fuerza en hipóstasis parásitas de sus homónimos precedentes.[232]

Razón, Naturaleza, Pueblo. Las batallas culturales de la modernidad han girado generalmente en derredor de estos fundamentos; han disputado, en suma, sus contenidos específicos y sus atribuciones.

III. Hacia el surgimiento de la ideología

El origen de los primeros abusos de la Razón lleva, en cierta medida, el nombre de Ilustración. Es de su *ethos* de donde se derivó el racionalismo constructivista, como una de sus expresiones más significativas. Así, el profundo desprecio por las formaciones sociales no intencionadas, sumado a la voluntad de (re)construir por medio de la razón humana las instituciones sociales, marcará el devenir de las ciencias sociales. Por otro lado, pero directamente ligado a este, el asombroso desarrollo de las ciencias naturales, dispuestas

---

232. *Cf.* Sebastián Javier Fernández, «Las revoluciones hispánicas. Conceptos, metáforas y mitos», en Roger Chartier *et al.*, *La Revolución francesa: ¿matriz de las revoluciones?* (México D. F.: Universidad Iberoamericana, 2010), pp. 136-147.

precisamente a conocer para controlar y dominar la naturaleza, serán tomadas por los científicos sociales como matriz de lo que la ciencia debe ser, en lo que se dio en llamar positivismo.[233] De estas entrañas surgiría el socialismo.

El hombre había tomado, pues, consciencia de la estrecha correlación entre conocimiento y poder. La presunción de que la buena sociedad es aquella que se construye y organiza de manera planificada a partir del conocimiento, va acompañada de una carrera ideológica para establecer, en concreto, cuál es entonces el buen conocimiento a partir del cual el poder obrará su reconstrucción y reproducción. La apelación al carácter ideológico de esta carrera está lejos de ser arbitraria: la misma noción de «ideología» aparece (como no podía ser de otra manera) en este mismo contexto histórico y geográfico. En efecto, la Ilustración francesa llamó por primera vez «ideología» al estudio sistemático de las ideas, sus causas y sus desarrollos. Era tal la fascinación por las ideas que una ciencia debía ocuparse de ellas. Según las esperanzas ilustradas, con arreglo a las mejores ideas se podrían crear las mejores sociedades y, por añadidura, los mejores hombres; y nadie más apropiado para decidir cuáles son las mejores ideas que aquellos que las estudian. La ideología, como estudio, buscó socavar el poder del antiguo régimen, por un lado, pero procuró, al mismo tiempo, ocupar el espacio que quedaba vacante.

La ideología encarna todo un proyecto político. Pero hay algo más. No se trata de política a secas; no se aprecia simplemente un proyecto vinculado a la adquisición o conservación del poder. Lo que se ve es ciertamente más complejo: el poder proyectando y construyendo un hombre en su concepción ideal y una sociedad diagramada conforme a la razón. Es política, por supuesto, pero política comprometida en una reforma integral de la cultura. Terry Eagleton, al reparar en esta original acepción de ideología, reflexiona: «La ideología atañe a un programa cabal de ingeniería social, que remodelará nuestro entorno social, modificará nuestras sensaciones

---

233. Decía Saint-Simon: «Es preciso que los fisiólogos echen de su compañía a los filósofos, moralistas y metafísicos, del mismo modo que los astrónomos han echado a los astrólogos y los químicos a los alquimistas» (*OSSE*, vol. 15, p. 39). Citado en Hayek, *La contrarrevolución de la ciencia*, p. 190. Hayek comenta que incluso el «fisicismo» fue considerado una suerte de religión, como tercera fase de una evolución que iba del politeísmo al monoteísmo, y de este al «fisicismo».

y cambiará nuestras ideas».[234] Esta fue la fantasía, agrega Eagleton, de filósofos como Holbach, Condillac, Helvetius, Joseph Priestley, William Godwin y Samuel Coleridge. El objeto de una batalla cultural es la visión del mundo que los hombres mantienen, y esta es a su vez un producto de las sensaciones y las ideas que circulan. La ideología, procurando consciente y deliberadamente modificar esos patrones, se convierte en un instrumento indispensable de toda batalla cultural.

Destutt de Tracy fue, según se dice, el primero en emplear el término «ideología». El positivismo, que surgiría formalmente algunos años más tarde, ya asomaba de alguna manera cuando De Tracy indicaba que era imperioso un «Newton de la ciencia del pensamiento» (¿y cuántos se esforzaron, en efecto, por ser los «Newton» de lo social?). Como miembro del *Institut Nationale*, «la élite de científicos y filósofos que formaron el ala teórica de la reconstrucción social de Francia»,[235] De Tracy tuvo inicialmente una cordial relación con Napoleón. Pero cuando el idealismo del *Institut* colmó la paciencia de aquel, la relación dio un vuelco. Exasperado por la «ideología», Napoleón imprimió en ella una valoración peyorativa:

> Todas las desgracias que nuestra bella Francia ha experimentado hay que atribuirlas a la «ideología», esa nebulosa metafísica que busca ingeniosamente las primeras causas y pretende fundamentar la legislación de los pueblos en ellas, en lugar de adaptar las leyes a lo que sabemos sobre el corazón humano y las lecciones de la historia. Tales errores sólo pueden llevar, como de hecho han llevado, a un régimen de hombres sanguinarios.[236]

La ideología aparecía ya no como una ciencia de las ideas, sino como un conjunto de ideas abstractas, ilusorias en cierta medida, sin correspondencia efectiva con la realidad del hombre y su historia, que son utilizadas empero como matriz a partir de la cual forzar una nueva manera de existir apoyada en una nueva legislación establecida a esos efectos. La valoración peyorativa del término «ideología» fue luego profundizada (aunque en otros términos) por

---

234. Terry Eagleton, *Ideología. Una introducción* (Barcelona: Paidós, 1997), p. 96.
235. Ibíd, p. 97.
236. Citado en Hayek, *La contrarrevolución de la ciencia*, p. 183.

Marx y Engels en *La ideología alemana* y, más adelante, por Karl Mannheim. En estos casos, la ideología resulta negativa en tanto que supone una suerte de «falsa consciencia» o un encubrimiento de los verdaderos intereses del pensamiento:

> El concepto «ideología» refleja uno de los descubrimientos que han surgido del conflicto político, a saber, que los grupos dominantes pueden estar tan ligados en su pensamiento a los intereses de una situación que, sencillamente, son incapaces de percibir ciertos hechos que vendrían a destruir su sentido de dominación.[237]

Esta, sin embargo, no es la noción de ideología que tomo en este subcapítulo. La que aquí tendré en consideración es más próxima a la desarrollada por el filósofo Kenneth Minogue, que entiende por ideología «cualquier doctrina que presente la verdad escondida y salvadora sobre los males del mundo bajo la forma del análisis social».[238] Entiendo que esta versión,[239] tan peyorativa como la de la «falsa consciencia», tiene sin embargo mayor parentesco con lo que denunciaba Napoleón en un principio. A saber: que se estaba intentando generar un «nuevo mundo» a partir de lo que ocurría en la cabeza de los ideólogos, y que las ideas que estos proponían no eran a menudo más que especulaciones simplistas y maniqueas desconectadas de la realidad concreta de los hombres a quienes pretendían gobernar.

Menos de medio siglo más tarde de esta declaración de Bonaparte, Auguste Comte, discípulo del precursor del socialismo Saint-Simon, sostendrá que el gobierno debería construir un código moral enteramente nuevo y determinar, a la postre, «todo el sistema de ideas y hábitos necesarios para iniciar a los individuos en el orden social en el que tienen que vivir».[240] Comte, como De Tracy, se había dedicado a estudiar el desarrollo de las ideas y concluía, como este

---

237. Karl Mannheim, *Ideología y utopía* (Ciudad de México: FCE, 2012), p. 73.
238. Kenneth Minogue, *La teoría pura de la ideología*, Buenos Aires: Grupo Editor Latinoamericano, 1988, p. 13.
239. En rigor, la propuesta de Minogue es más concreta de lo que aquí tomo. Su teoría pura de la ideología, además de basarse en la reconstrucción del mundo actual signado por la opresión, designa al grupo humano que debe llevar adelante la transformación: obreros, negros, mujeres, etcétera.
240. *Early Essays*, p. 301. Citado en Hayek, *La contrarrevolución de la ciencia*, p. 221.

también, que el orden social había que construirlo a partir de la ciencia que él bautizó como «física social» y que hoy llamamos sociología. La revista sansimoniana *Producteur* declaraba en 1825 que su objetivo era «desarrollar y difundir los principios de una filosofía de la naturaleza humana basada en el reconocimiento de que el destino del género humano es explotar y modificar la naturaleza para obtener el máximo beneficio».[241] Conocer para poder transformar y construir deliberadamente, conforme una concepción ideal, es la lógica que todo lo comienza a inundar.

Cabe mencionar que cuando se hizo necesario difundir la doctrina sansimoniana, la religión apareció nuevamente como modelo efectivo. Eduard Gans relataba por entonces: «Benjamin Constant me ha contado que cuando, hace un año, los sansimonianos le pidieron un consejo sobre la forma mejor para difundir sus principios, él les respondió: convertidlo en una religión».[242] Los sansimonianos, un grupo de cuarenta intelectuales dirigidos por Enfantin, empezaron profesando una fe en la solidaridad humana, y terminaron viviendo el celibato en comunidad, en una casa de Ménilmontant, y hasta confesando sus pecados a través de ritos específicos. Valga recordar que el propio Saint-Simon ya había elevado la ciencia social a la condición de una moderna religión capaz de religar el ordenamiento social. El filósofo moriría en 1825 tras la publicación de su último libro, *El nuevo cristianismo*. Por su parte, Comte terminó proponiéndose integrar su positivismo a la ortodoxia rusa, a la Iglesia Católica o al islam, razón por la cual intentó entrar en correspondencia, respectivamente, con el zar Nicolás I, con el General de los jesuitas y con el Gran Visir.[243] Su proyecto tomó la forma de una nueva religión de la «Humanidad»,[244] en la que esta ocupa el lugar de la divinidad, concretada en la «justa adoración de la Tierra, erigida en Gran Fetiche, sede y lugar del Gran

---

241. *Producteur* (1825), vol. 1, Introducción. Citado en Hayek, *La contrarrevolución de la ciencia*, p. 227.
242. «Paris in Jahre 1830», en *Rückblicke auf Personen und Zustände*. (Berlín, 1836), p. 92. Citado en Hayek, *La contrarrevolución de la ciencia*, p. 240.
243. *Cf.* Voegelin, *Las religiones políticas*, p. 126.
244. Al respecto, resulta interesante lo que dice Brague: «El final del culto a Dios no lleva tanto a un progreso cuanto a una regresión hacia una religiosidad primitiva, la idolatría, que recae en lo sucesivo sobre el hombre mismo» (*El reino del hombre*, p. 266).

Ser».[245] Explicaba el propio Comte: «Mientras que los protestantes y los deístas siempre han atacado la religión en nombre de Dios, nosotros debemos, por el contrario, apartar definitivamente a Dios en nombre de la religión».[246]

Pero hay que volver un momento al problema de la ideología y la Revolución Francesa. Este punto resulta, en efecto, de suma relevancia para comprender la batalla cultural como fenómeno. Y es que lo verdaderamente inédito del asunto es que se advierte, por primera vez probablemente en Francia, que una batalla tiene en los intelectuales y sus ideas a los sujetos determinantes para el devenir de la contienda. A diferencia del mago, el escriba o el clérigo, si por algo se caracteriza el intelectual moderno es por pretender dominar y transformar deliberadamente lo cultural. Ya no es un sujeto pasivo, sino activo; y si la ideología es el armamento pesado de la batalla cultural, el intelectual será el soldado encargado de calibrar, apuntar y disparar. Ha nacido lo que Gramsci más tarde denominará «intelectual orgánico». Tocqueville vio en ellos un elemento explicativo clave de la Revolución Francesa. No los llamó «intelectuales» porque este término aparecería (también en Francia, como más adelante se verá) recién a fines del siglo XIX. Los llamó «escritores» y «hombres de letras». Tocqueville se sorprendía al respecto: «los hombres de letras jamás habían revelado un espíritu como el que mostraron hacia mediados del siglo XVIII, ni ocupado una posición como la alcanzada entonces».[247] ¿Cuál era, en concreto, esa posición alcanzada? Responde Tocqueville: «la vida política fue violentamente retrotraída a la literatura, y los escritores, arrogándose la dirección de la opinión pública, se vieron en cierto momento ocupar el lugar de ordinario ocupado por los jefes de partido en los países libres».[248] Desde Inglaterra, Edmund Burke ya había notado exactamente lo mismo en 1790:

> Oigo decir por todos lados que una camarilla, que se llama a sí misma filosófica, recibe la gloria de muchos de los recientes

---

245. Cf. Brague, *El reino del hombre*, p. 165.
246. Comte, carta DLXXXVII a P. Laffitte, jueves 11 Descartes 61 [18.10.1849], *Correspondance*, t. V, p. 98. Citado en Brague, *El reino del hombre*, p. 181.
247. Tocqueville, *El antiguo régimen y la revolución*, p. 191.
248. Ibíd., p. 195.

acontecimientos, y que sus opiniones y sistemas son el verdadero espíritu animador de todos ellos. No he oído hablar de ningún partido en Inglaterra, literario o político, en ninguna época, que responda a semejante descripción.[249]

Los ideólogos aparecen, pues, conduciendo el destino de la Revolución; son los protagonistas indiscutidos. Y prosigue Tocqueville con una descripción de lo que luego se podrá llamar «ideología»:[250]

Por encima de la sociedad real [...] se iba así poco a poco edificando una sociedad imaginaria, en la que todo parecía simple y coordinado, uniforme, equitativo y conforme a la razón. La imaginación de la muchedumbre fue desertando gradualmente de la primera para trasladarse a la segunda. Se desinteresó de lo que era para pensar en lo que podía ser, y vivió finalmente con el espíritu en esa ciudad ideal construida por los escritores.[251]

Otro gran historiador de la Revolución Francesa como lo fue Augustin Cochin denominó a esto la «sociedad de ideas». No solo había ideólogos, sino también instituciones a partir de las cuales era posible divulgar y retroalimentar ideologías de manera articulada: academias, salones, clubes, logias, círculos literarios, etcétera, se desparramaban a lo largo y ancho de la sociedad civil francesa. Las ideas recubrían, por así decirlo, toda la estructura social. En un célebre análisis que François Furet ha ofrecido sobre la obra de Cochin, aquel explica que «la sociedad de ideas está caracterizada por el hecho de que cada uno de sus miembros tiene solamente una relación con las ideas»,[252] esto es, no ya con sus condiciones concretas y reales de vida, sino con un lugar abstracto consagrado por los hacedores de ideas. Ahora bien, hacer real lo ideológico precisa

---

249. Edmund Burke, *Reflexiones sobre la Revolución Francesa* (Buenos Aires: Ediciones Dictio, 1980), p. 156.
250. Así por ejemplo en Minogue, *La teoría pura de la ideología*, p. 61. Aquí, el filósofo político se refiere al contexto del mundo de las letras y los cafés como espacio para la emergencia de los «ideólogos».
251. Tocqueville, *El antiguo régimen y la revolución*, p. 198.
252. François Furet, *Pensar la revolución francesa* (Barcelona: Ediciones Petrel, 1980), p. 220.

de una fuerza sin precedentes, que en este caso llevó el nombre de Terror y se valió de la idealización delirante de la democracia.[253]

Al inicio de este libro sostuve que una batalla cultural depende, entre otras cosas, de la existencia de una dirección ideológica consciente. La Revolución Francesa inaugura, en este sentido, la posibilidad de conducir de manera consciente el destino de lo político desde lo cultural. Tocqueville está ciertamente sorprendido y no ahorra oportunidad de subrayar el carácter inédito de lo que está analizando:

> Esta circunstancia, tan nueva en la historia, de la entera educación política de un gran pueblo debida por completo a los hombres de letras, fue quizá lo más decisivo a la hora de dar a la Revolución Francesa su genio propio, y a hacer surgir de ella lo que vemos. Los escritores no sólo proporcionaron sus ideas al pueblo que la hizo, sino también su temperamento y su carácter.

Seguidamente, el mismo autor agrega un pasaje que ilustra los efectos de una batalla cultural: «la nación toda, al leerles, terminó por contraer sus instintos, el sesgo de su espíritu, los gustos y aun las naturales manías de quienes escriben; de tal suerte que, al pasar finalmente a la acción, trasladó a la política todos los hábitos de la literatura».[254] Que la más característica de las revoluciones políticas modernas (o, al menos, la más prototípica) haya estado en tan gran medida atada a la labor desempeñada en el campo cultural, no es un dato menor para la tesis que aquí intento proponer sobre el origen moderno de la batalla cultural.

En suma: si la premodernidad ponía sus ideales en el *más allá* en virtud de la preeminencia de la religión, el mundo moderno construirá sus «ciudades ideales» en el *más acá* a partir del reemplazo que se ha encontrado para aquella: la *ideología*. Fruto del repensar las posibilidades de organización social y del lugar del hombre en el mundo, las ideologías, en la específica acepción que aquí estoy manejando al menos, son un producto de la mentalidad moderna que

---

253. Un análisis interesante sobre los fundamentos totalitarios del ideal democrático de la Revolución Francesa puede leerse en Guy Hermet, *Totalitarismos* (México D. F.: FCE, 1991), pp. 97-102.
254. Tocqueville, *El antiguo régimen y la revolución*, pp. 198-199.

ofrece creencias y esperanzas a un mundo que ya no cree ni espera. Las ideologías aparecerán como respuesta a ese problema endémico de la modernidad que es la religación de la sociedad que, desde entonces, estará en el centro de gravedad de lo que aquí llamo *batalla cultural*.

IV. La figura y la función del intelectual

La modernidad es también el tiempo del intelectual. En efecto, la palabra «intelectual» es fundamentalmente moderna. Ella empezará a emplearse de modo masivo a partir de 1898, en el marco del «caso Dreyfus», un acalorado debate que a la sazón tuvo lugar en Francia. Este episodio provocó revueltas políticas y sociales de gran magnitud en suelo francés y adquirió también resonancia internacional. Resultó que el capitán del ejército francés Alfred Dreyfus, de origen judío, había sido arrestado en 1894 bajo la acusación de haber entregado documentos secretos a los alemanes. Pronto fue condenado a cadena perpetua, pero la familia de Dreyfus, con ayuda de parte del periodismo, presentó pruebas que mostrarían como verdadero responsable al comandante Walsin Esterhazy. El Estado Mayor protegió a este último, pero el mundo de la ciencia y la literatura francesa ingresaron de lleno en el debate, fijando posición y buscando influir con la pluma. Fue entonces, en 1898, cuando el diario *L'Aurore* publicó un petitorio bajo el título «Una protesta», firmado por decenas de nombres reconocidos que respaldaban a Dreyfus en detrimento de Esterhazy. Pocos días más tarde, el 23 de enero, el mismo diario sacará una nota de Georges Clemenceau que, en referencia al petitorio y sus firmantes, dirá: «esos intelectuales que se agrupan en torno de una idea y se mantienen inquebrantables».[255] Una semana después, Maurice Barrès contraatacaba en *Le Journal*: «Estos supuestos intelectuales son un desecho inevitable del esfuerzo que lleva a cabo la sociedad para crear una élite».[256] Se estaba asistiendo en estos términos al bautismo del intelectual.

---

255. Citado en Carlos Altamirano, *Intelectuales. Notas de investigación sobre una tribu inquieta* (Buenos Aires: Siglo XXI, 2013), pp. 19.
256. Citado en Ibíd., p. 21.

¿A qué llamaba «intelectuales» Clemenceau, que recibió a su vez la réplica de Barrès? En la medida en que arremetía contra esa parte del mundo de la ciencia, las humanidades y las letras que reaccionó con petitorios públicos, desde luego se estaba refiriendo a hombres cultivados. Quizás podría decirse: a aquellos que destacan en la sociedad no por lo que hacen con sus manos, sino por lo que hacen con sus cabezas. Pero en la medida en que su texto refería a «Una protesta», iba dirigido a aquellos que no simplemente acumulan conocimiento, sino que toman acciones públicas a partir de los títulos de sapiencia que ese conocimiento confiere. La noción de «agruparse en torno a una idea» significa en este contexto tomar parte en el debate social con el objeto de guiar, influir y conducir culturalmente a la sociedad. Estas acciones también subyacen a la noción de élite, que Barrès evoca para sugerir que los así llamados «intelectuales» son, sin embargo, sus «desechos». Comoquiera que sea, el intelectual, con independencia de su efectividad, parece ser alguien que tiene algo para decir respecto de su sociedad, respaldando su discurso en el hecho de que su trabajo en la sociedad es precisamente un trabajo del intelecto.

El intelectual, en tanto que sujeto moderno, no lleva tanto una *vita contemplativa*, sino más bien una *vita activa*. Concibe el pensar como un hacer. El intelectual conoce para hacer algo con lo que conoce; al intelectual, además, se le conoce por lo que hace con lo que conoce. Pero ese *hacer* no es un hacer técnico, sino cultural. El intelectual tiene una función cultural que lo distingue de otros detentadores de saberes. Caracterizar al intelectual por su función es lo que procuró hacer Antonio Gramsci cuando anotó aquello de que «todos los hombres son intelectuales, podríamos decir, pero no todos los hombres tienen en la sociedad la función de intelectuales».[257] En efecto, para Gramsci es absurdo pensar que hay tareas que no involucran en ninguna medida el uso del intelecto: «No existe ninguna actividad humana de la que pueda excluirse toda intervención intelectual: no se puede separar al *homo faber* del *homo sapiens*».[258]

---

257. Antonio Gramsci, *Los intelectuales y la organización de la cultura* (México D. F.: Juan Pablo, 1975), p. 14.
258. Antonio Gramsci, *Antología*. Volumen II (Buenos Aires: Siglo XXI, 2014), p. 392.

Esto es correcto, y por ello carece de relevancia buscar al intelectual simplemente en la oposición trabajo manual/trabajo mental que algunos sociólogos han propuesto. Al trabajo manual no le es extraño el trabajo intelectual, pero el trabajo intelectual en tanto que *función* es algo bien específico, irreductible a una profesión en particular.

La función del intelectual ya asoma en Clemenceau con bastante claridad. Aquello de agruparse en torno a una idea y mantenerse inquebrantables reviste elocuencia. Esta noción transpira lucha; revela una dimensión agonal constitutiva de lo que es el intelectual. Las ideas con las que trabaja el intelectual son a menudo motivo de conflictos y disputas. Agruparse y atacar; defenderse y procurar no quebrarse. Utilizando lenguaje gramsciano, podría decirse que la función de que se trata tiene que ver con la conducción de procesos hegemónicos o contrahegemónicos. Es decir, tiene que ver con distintos esfuerzos (simbólicos, expresivos, reflexivos, creativos, etc.) destinados a reforzar los componentes culturales que mantienen unida a la sociedad o bien que procuren subvertirlos para impulsar otra visión del mundo, otro tipo de sociedad. Por ello el intelectual es un agente indispensable de la batalla cultural: su función es, precisamente, involucrarse de forma activa en estas batallas.

Para cumplir su función, el intelectual precisa *capital cultural*. Este involucra el control de saberes, habilidades comunicativas, acceso a mecanismos de difusión y reconocimiento del propio campo social intelectual (en términos de Bourdieu). Un intelectual que domina un conjunto de saberes, pero que carece de habilidades comunicativas o acceso a difusión, será ineficaz para cumplir su función cultural. «Comunicar bien» no es sinónimo de «simplificar el mensaje», como a menudo se cree. La buena comunicación es relativa a la particular audiencia que cada intelectual tenga o sobre la que pretenda influir. Si un intelectual que procura llevar su mensaje a ámbitos académicos, por ejemplo, simplifica o vulgariza demasiado un mensaje, es muy posible que fracase en su intento de impactar, de la misma forma que lo hará un intelectual que, pretendiendo llegar a grandes masas no intelectuales, complejice su discurso más de lo que la audiencia puede digerir. Pero, por otro lado, un intelectual que tenga gran control sobre determinados saberes, y un discurso bien articulado en términos comunicativos, tampoco gozará de éxito cultural si no logra el acceso a los mecanismos de difusión más o menos institucionalizados que son propios del campo intelectual: editoriales, revistas, periódicos, televisión, radio, Internet, salones de conferencias, cátedras, ateneos, congresos, bibliotecas, fundaciones, *think tanks*, etcétera.

El intelectual es un *líder cultural*. Pero en la sociedad moderna existen liderazgos culturales de diversos tipos. Músicos, actores, estrellas, humoristas, modelos, deportistas, pertenecen a una categoría que podría sencillamente denominarse «líderes culturales no intelectuales». La noción de capital cultural es la que divide las aguas. El tipo de saber que controla el intelectual suele ser abstracto. Este elemento ha sido identificado por importantes científicos sociales y humanistas que se han dedicado al problema del intelectual. Edwards Shils dice que los intelectuales «están animados por un espíritu de indagación y anhelan entrar en frecuente comunión con símbolos más genéricos que las inmediatas situaciones concretas de la vida cotidiana y más remotos en su referencia tanto al tiempo como al espacio».[259] Algo similar ha querido decir Alvin Gouldner cuando sostuvo que la pertenencia a una «comunidad lingüística»[260] particular es un elemento definitorio del intelectual. Enzo Traverso es más directo: «El intelectual lucha por principios abstractos».[261]

La índole agonal del campo intelectual lleva en sus entrañas compromiso moral y político. Esto distingue a su vez al intelectual de otro sujeto que también trabaja con su intelecto, pero que no cumple una función intelectual: el *técnico*. En efecto, este posee saberes específicos de carácter práctico para operar sobre aspectos de la realidad dada. El técnico no es un líder cultural, sino un *experto* generalmente vinculado con el mundo de la producción material. La diferencia entre el técnico y el intelectual se registra también al nivel del discurso: uno descriptivo, otro normativo. Así, el intelectual tiene la

---

259. Edward Shils, *Los intelectuales y el poder* (Buenos Aires: Ediciones Tres Tiempos, 1976), p. 20.

260. El intelectual «es distinguible por el hecho de que constituye también una comunidad lingüística. Hablan una variante lingüística especial, una variante lingüística elaborada. Su variante de lenguaje se caracteriza por una orientación hacia una cultura de lenguaje cualitativamente especial: a la cultura del discurso cuidadoso y crítico» (Alvin Gouldner, *El futuro de los intelectuales y el ascenso de la nueva clase*, Madrid: Alianza Editorial, 1980, p. 48).

261. Enzo Traverso, *¿Qué fue de los intelectuales?* (Buenos Aires: Editorial Siglo XXI, 2014), p. 19.

intención expresa de conducir a la sociedad en virtud de máximas morales y políticas. El *deber ser* del intelectual y el carácter público de su discurso le resultan extraños al técnico. Cuestiones como la justicia, la verdad, la libertad, la igualdad, están en el centro del interés intelectual. Es por ello por lo que del intelectual se esperan juicios de valor, discusiones acaloradas y principios irrenunciables (una «ética de la convicción», diría Max Weber). Pero nada de esto se espera de un técnico: su campo no está estructurado por esta noción de confrontación y batalla cultural. El discurso técnico, por el contrario, se ocupa de aquello que, de hecho, ya existe. Versa sobre las cosas «tal cual son», siempre como mera descripción para establecer acto seguido una intervención práctica. Una técnica, después de todo, no es otra cosa que un conjunto de procedimientos para operar sobre determinados aspectos de la realidad. Como dice Weber, «a esos técnicos suele venirles ya dado de antemano lo principal, que es el fin».[262] El *deber ser* no se inmiscuye en los discursos estrictamente técnicos. Tanto es así que las discusiones morales sobre cuestiones técnicas (como la energía nuclear, por ejemplo) se le presentan al mundo científico como discursos a menudo extraños, pronunciados en lenguajes «profanos» por quienes, por lo general, ni siquiera conocen las minucias más concretas de la técnica cuyos resultados o peligros critican.

Sartre decía que lo que hizo de Robert Oppenheimer un intelectual fue no la creación de la bomba atómica, sino su posición pública contra la carrera armamentista. Esto ilustra muy bien la diferencia entre los marcos discursivos del técnico y del intelectual. Traverso argumenta, en idéntica dirección, que «un físico se vuelve un intelectual cuando toma posición en el espacio público respecto de una cuestión social. El pacifismo de Albert Einstein durante la década de 1920 no se derivaba de sus conocimientos científicos».[263] Aquí se ilustra bien, a su vez, la publicidad como condición necesaria del discurso intelectual, que en el caso del técnico constituye un elemento inesencial. Este último traspasa la frontera que lo separa del intelectual para confundirse con él cuando asume una función de liderazgo cultural respaldado por su capital cognitivo. Oppenheimer

---

262. Max Weber, *El político y el científico* (Madrid: Alianza, 2012), p. 218.
263. Traverso, *¿Qué fue de los intelectuales?*, p. 92.

y Einstein detentaban reconocidos niveles de conocimientos científicos y trabajaban con ellos, pero no fueron simplemente sus conocimientos los que hicieron de ellos verdaderos intelectuales, sino su posterior compromiso con el campo cultural de sus sociedades en problemáticas morales y políticas.

Todo esto no significa que el intelectual sea un político, en el sentido profesional del término. Que su discurso se desenvuelva en la esfera política no lo convierte en tal cosa. Sin embargo, el campo intelectual y el campo político a menudo se confunden. De hecho, el bautismo del intelectual fue un conflicto político (el *affaire Dreyfus*). Lo que esto expresa, empero, es la mutua implicación: el intelectual quiere ver sus ideales cumplidos y para eso debe impactar en el campo político, y el político necesita la legitimidad ideológica que el campo intelectual condiciona en alguna medida. Podría decirse, un poco esquemáticamente, que el intelectual es un *image maker*, un creador de sentido, un productor de bienes simbólicos cuya labor no está sujeta a mecanismos electorales. El político, al contrario, es un *cazador de votos* que (en el marco de un sistema democrático) debe ajustarse a las opiniones dominantes si pretende llegar al poder o conservarlo. Pero, dado que para «cazar votos» se debe prestar atención a las imágenes dominantes, la interrelación entre ambos es manifiesta.

La excepción a todo esto la constituye el «intelectual político», que se caracteriza por haber desempeñado funciones claramente intelectuales en un primer momento, y haberse lanzado después a la arena política con el objeto de llevar por sí mismo tales ideas al poder. Pero en los tiempos que corren esto prácticamente ya no existe. Aquel tipo de político que primero pensaba con rigurosidad y luego buscaba el ingreso a la arena política es más propio del siglo XVIII y XIX que del siglo XX y XXI. Allí donde hasta hace no mucho tiempo los políticos bebían del modelo del intelectual, hoy beben del modelo de las estrellas y la farándula. El proceso de ampliación del sufragio que se dio desde mediados del siglo XIX, hasta hacerlo universal en varias naciones a mediados del siglo XX, es probablemente una de las causas más importantes que explican este desplazamiento. En la política de masas, un político, si quiere maximizar el número de votos, debe reducir la complejidad y abstracción de su discurso hasta garantizarse la comprensión del menos educado de la sociedad. Max Weber ya decía que «desde la aparición del Estado constitucional y más completamente desde la instauración de la democracia, el "demagogo" es la figura típica del jefe político de Occidente».[264]

Pero esto no significa que el político ya no necesite de intelectuales. En efecto, el mundo moderno reemplazó al sacerdote-teólogo por el intelectual-ideólogo, al nivel de la producción cultural; y a la Iglesia por la escuela pública y los medios masivos, al nivel de la difusión cultural. El poder, en tanto que resulta irreductible a la mera coacción, precisa de razones que deben ser producidas y diseminadas. De este modo, las posibilidades del intelectual respecto del poder político son esencialmente dos: legitimación o deslegitimación; apoyo u oposición; refuerzo o desgaste. Esto vale tanto a un nivel metapolítico (nivel de los fundamentos del orden político y social) como a un nivel político (nivel de la lucha política concreta y sus fuerzas particulares). A menudo, sin embargo, se comete el error de encasillar al intelectual necesariamente como un crítico del orden establecido o de ciertas políticas.[265] Pero el problema salta a la vista cuando se advierte la importancia de los intelectuales en la legitimación del poder y sus ocupantes circunstanciales. En efecto, la legitimación depende de la imagen que los súbditos del poder asumen respecto de él. Los intelectuales, como *image makers*, contribuyen a crear activamente estas imágenes compartidas, mediante la elaboración de los argumentos, la discusión de los valores y la difusión de los fundamentos según los cuales cierto esquema de poder aparece como *legítimo* y *justo*. Ayudan a instituir o mantener, por así decirlo, los pilares simbólicos sobre los que se asienta el poder, en un nivel metapolítico, y a apoyar o sostener por medio de la legitimidad que brinda el capital cultural a algún político o fuerza concreta, en un nivel político.

La historia tiene infinidad de casos para mostrar sobre el rol activo del intelectual —aun en sus formas premodernas— en relación con el poder político: desde la experiencia de Platón con Dionisio en

---

264. Weber, *El político y el científico*, p. 115.
265. Es el caso de Traverso, que sostiene que «el intelectual cuestiona el poder, objeta el discurso dominante, provoca la discordia, introduce un punto de vista crítico» (Traverso, *¿Qué fue de los intelectuales?*, p. 18).

Siracusa hasta el servicio que Lord Keynes prestó a la alta Administración británica; desde las relaciones de Aristóteles con Alejandro Magno hasta el rol de Milton Friedman en los gobiernos chileno, norteamericano y británico; desde la experiencia de Séneca como mentor de Nerón hasta el «*trust* de cerebros»[266] que dirigió las políticas de Roosevelt; desde el vínculo de Maquiavelo con los Médici hasta las relaciones de Ernesto Laclau con los Kirchner y otros mandatarios del llamado «Socialismo del Siglo XXI». A un nivel metapolítico se puede pensar algo similar: desde la relación de los Padres Fundadores de los Estados Unidos con los fundamentos de esta nación hasta la relación entre los escritos de Lenin con los distintos esfuerzos por legitimar el orden comunista en la Unión Soviética. Más acá en el tiempo, piénsese en los intelectuales que actualmente prestan sus servicios a los distintos organismos internacionales procurando, paulatinamente, legitimar el ideal de la «gobernanza mundial». Así pues, suponer que la función del intelectual se reduce a la crítica y la deslegitimación carece de sustento y parece ser más bien la imagen idealizada que ciertos intelectuales (poco críticos, por cierto) construyen sobre sí mismos.

Ahora bien, el intelectual no solo es una pieza central de toda batalla cultural, sino que es además una pieza *constitutiva*. Sin intelectuales, no hay batalla cultural. Pero esto no quiere decir que solo los intelectuales den batallas culturales. El ámbito de la cultura es mucho más extenso que el campo intelectual, reducido a un tipo particular de discurso. Lo que quiere decir la primera frase de este párrafo es, más bien, que el intelectual es el factor consciente de la batalla cultural, y la consciencia agonística constituye un elemento definitorio de toda batalla cultural. Dar una batalla es *saberse dándola*. Dado que es la cultura la dimensión propia del intelectual, y que sus funciones culturales son también metapolíticas y políticas tal como he mostrado, en el intelectual se mezcla lo cultural y lo agonal en un estado particular de la conciencia. Es él, en primer lugar, quien ve en la cultura un arma poderosa; es él, en primer lugar,

---

266. Me refiero a Rexford Tugwell, Adolf Berle, Raymond Moley, entre otros, que integraron y destacaron en aquello que se denominó el *brain trust* de Roosevelt. Al respecto, ver el capítulo IV de James Smith, *Intermediarios de ideas. Los «grupos expertos» (Think Tanks) y el surgimiento de la nueva elite política* (Buenos Aires: Grupo Editor Latinoamericano, 1994).

quien concibe la cultura como terreno de lucha. Al intelectual, antes que nadie, se le presenta la cultura al mismo tiempo como *fin* y como *medio*, como botín y como armamento, y es precisamente esta la circunstancia en la que una batalla cultural tiene lugar.

Pero la función del intelectual en una cultura y, más aún, en una batalla cultural, no es uniforme. La función general se desagrega en distintos roles y posiciones. Conviene establecer, pues, una tipología del intelectual que permita visualizar distintos roles y subfunciones y las distintas posiciones que estos ocupan en las batallas culturales. Podría establecerse una tentativa de tipología en virtud del grado de innovación y por el alcance en términos de cantidad de audiencia directa. Imagínese una pirámide: en la cúspide se ubica el máximo grado de innovación, pero, por la abstracción que suele ser connatural a las innovaciones, la menor cantidad de audiencia directa; en la base sucede lo contrario, se halla muy bajo el nivel de innovación/abstracción, pero altos los niveles de audiencia directa.

Sobre este esquema se podría llamar «intelectuales de primer grado» a aquellos intelectuales cuyo pensamiento y cuyas obras innovan y, por lo general, generan un punto de inflexión en sus respectivos campos. Ocupan la cúspide de la imaginaria pirámide, y por ello son *rara avis*. Se trata fundamentalmente de filósofos o científicos que dejan en su sociedad, e incluso en el mundo y en la historia, las huellas creativas de su intelecto: «el filósofo es en más de un sentido una especie de príncipe entre los intelectuales»,[267] dice Hayek. En el centro de la pirámide se encuentran —siguiendo esta terminología— los «intelectuales de segundo grado». Ellos trabajan con los productos de los intelectuales de primer grado, optimizándolos o simplificándolos dentro de campos generalmente académicos. El tipo ideal es, por un lado, el catedrático universitario que tiene a su cargo alumnos que deben aprender, con su ayuda, el pensamiento y las ideas de otros. Por otro lado, aparece aquí también el investigador, que sigue un paradigma establecido de investigación o que refina líneas investigativas establecidas. Finalmente, en la base de la pirámide se ubican los «intelectuales de tercer grado», cumpliendo primordialmente una función de difusión especializada del trabajo

---

267. Friedrich Hayek, «Los intelectuales y el socialismo». En *Democracia, justicia y socialismo* (Madrid: Unión Editorial, 2005), p. 82.

de los otros dos tipos al público *lego* o a lo que Bourdieu denominaba «auditorio profano». Este tercer tipo puede ser un periodista especializado en difusión académica o científica, un escritor, un conferencista, un analista, y su trabajo suele vincularse al campo del arte de masas, la literatura y los medios de comunicación.

La tipología propuesta permite iluminar —de forma bastante simple, hay que admitirlo— los distintos roles que se entrelazan en la dirección cultural de la sociedad. El interés de configurar esta tipología está dado por representar, de alguna manera, la dinámica que es propia de la batalla cultural. Tal dinámica hay que imaginarla sobre una estructura de carácter piramidal, en cuya cúspide se encuentran los grandes laboratorios (generalmente colectivos, aunque bien pueden ser individuales) de ideas, fundamentalmente las instituciones académicas y de investigación.[268] Ellas son verdaderas *fábricas culturales*. En el mundo contemporáneo constituyen el lugar casi «natural» de los intelectuales de primer y segundo grado. Las ideas, a partir de aquí, empiezan a derramarse desde el vértice hasta las bases de la sociedad. Parten de unas pocas mentes y comienzan su descenso a través de procesos de simplificación, efectuados por los catedráticos en su influjo hacia quienes se forman con ellos. A menudo, estos a su vez podrán cumplir funciones de intelectuales de tercer grado, simplificando aún más lo aprehendido, comunicándolo así al público no especializado.

El descenso de la pirámide que representa la dinámica de la batalla cultural está caracterizado por una mayor simplificación discursiva y conceptual que comprende el influjo hacia una mayor cantidad de personas, pero también se caracteriza por una menor autonomía y originalidad de quienes allí se van ubicando. Piénsese por ejemplo en el caso del periodismo que, dependiendo de su temática específica, podría considerarse una profesión dadora de intelectuales de tercer grado. Al cumplir la función de transmitir ideas al gran público, muchas veces se supone que allí acontece lo verdaderamente importante de la batalla cultural. Pero esto solo sería cierto si el periodista (o, generalizando, el intelectual de tercer grado) gozara de plena autonomía intelectual; en otras palabras, si sus ideas fueran *realmente*

---

268. «La universidad está en el corazón del contexto institucional que produce las élites intelectuales en la sociedad contemporánea» (Altamirano, *Intelectuales,* p. 132).

suyas. Sin embargo, como es obvio, esto no es así. El periodista está altamente condicionado por el influjo ideológico del cual fue y es blanco durante sus procesos de formación. Dicho de otra forma, para el periodista (o el escritor, o el conferencista, o el artista de masas, o cualquier intelectual de tercer grado) solo suele ser pensable aquello que el intelectual de primer grado ya pensó y que el de segundo grado digirió y le transmitió. Un descenso en la pirámide implica entonces una paradoja: aquellos que tienen la capacidad de diseminar ideas a mayor cantidad de personas tienen, al mismo tiempo, por lo general, menor capacidad para formar sus *propias* ideas.

La dinámica planteada se deja ver con claridad en unas reflexiones de Pierre Bourdieu, que podría ser calificado como intelectual de primer grado:

> A veces me digo que, al lado del equipo de investigadores, sería indispensable tener un equipo que trabajara con otra lógica para hacer conocer extensivamente los logros de la investigación, al precio de un trabajo especial, que no incumbe de modo necesario a aquellos que lo han producido. No se trata de un rechazo altivo de la vulgarización. Es realmente otro trabajo: los que hacen la investigación no siempre tienen el tiempo de volver a escribir con la intención de llegar a un público más vasto y, por otro lado, no siempre poseen la competencia para hacerlo. [...] Le confieso que no estoy seguro de ser capaz de arreglármelas para hablar en la televisión.[269]

Sería errado pensar que la forma de la pirámide propuesta —desigual en cuanto a innovación/abstracción y masividad— indica un carácter jerárquico en términos de la importancia de cada tipo de intelectual en una batalla cultural. Gramsci advertía que «crear una nueva cultura no significa solo hacer individualmente descubrimientos "originales", significa también y de manera especial difundir críticamente verdades ya descubiertas, "socializarlas" por así decir y hacer que se conviertan, por tanto, en base de acciones vitales, elemento de coordinación y de orden intelectual y moral».[270] Lo

---

269. Pierre Bourdieu, *Capital cultural, escuela y espacio social* (Ciudad de México: Siglo XXI, 2011), p. 84.

270. Antonio Gramsci, *Para la reforma moral e intelectual* (Madrid: Libros de la Catarata, 1998), p. 116.

que representa la desigualdad de la pirámide no es la importancia relativa de cada nivel, sino el nivel de abstracción, la autonomía, la originalidad y la llegada al público del que gozan quienes se encuentran en sus escalones. Si de importancia se tratara, el esquema no podría ser piramidal, sino completamente horizontal, representado gráficamente con la imagen de una cadena, pues cada tipo de intelectual cumple una subfunción esencial para la dirección cultural: solo su *concatenación* podría provocar un cambio «de orden intelectual y moral». Un filósofo de pensamiento original, pero totalmente desconocido, no deja ninguna huella al no ser recibido su sistema por intelectuales de segundo y tercer grado; un profesor o un difusor no tendrían, a su vez, nada que enseñar o difundir si no tuvieran la materia prima brindada por intelectuales de primer grado.

Finalmente, también sería un error asumir que la pirámide general de la batalla cultural finaliza su descenso con el intelectual de tercer grado. En efecto, este nunca puede abarcar a toda la sociedad. Más aún, su influjo continúa siendo bastante limitado, pues llega solamente a quienes están interesados en sus temáticas particulares, que continúan manteniendo algún nivel de abstracción y complejidad. Pero, dado que la batalla cultural comprende en sus efectos a la sociedad toda, el descenso de la pirámide debe continuar, y desbordará por entero al campo intelectual. El protagonismo pasará entonces a aquellos que tienen una posición social cuya voz alcanza al resto de la sociedad, y no ya con arreglo a una *simplificación* de ideas, sino mediante *banalización* y asunción casi inconsciente de la hegemonía. Aquí se encontrarán los ídolos populares, la farándula y sus estrellas, los entretenedores mediáticos y otros similares. Especialmente a partir de la irrupción de la sociedad de masas —que en breve se abordará—, este nivel de la batalla cultural adquirirá una importancia gigantesca.[271]

---

271. Interesa agregar aquí un comentario adicional. Previo a la «sociedad mediática» que actualmente vivimos, los intelectuales más renombrados y que por lo general ocupaban lugares destacados en el mundo académico formaban un pensamiento y un estilo respecto de los cuales ellos eran los «jueces finales». En tal sentido, la adecuación siempre fluía de abajo hacia arriba: comunicadores y estrellas de cine y de la música debían adaptarse en última instancia a las sutilezas de la intelectualidad. Hoy mucho de esto ha cambiado: aunque el intelectual sigue dando forma a la pirámide de la batalla cultural tal como la he descrito en tanto que continúa siendo el

V. Democratización política y opinión pública

La idea de soberanía acompañó el establecimiento del Estado moderno.[272] Bodin la describió célebremente como el poder supremo, no limitado por la ley, que existe por sobre los ciudadanos y los súbditos; esto es, el derecho último a mandar; quien decide en última instancia, según Carl Schmitt, en estado de excepción. La concentración del poder, que empezaba a desarticular el complejo entramado de relaciones feudales constituyente de un orden pluralista precisaba, en efecto, de un concepto fuerte de autoridad capaz de legitimar el nuevo orden centralizado que se había puesto en marcha. ¿Qué hacía que una organización o una persona dispusiera de semejante poder? Su condición de «soberana», se respondía.

En muchos casos, al principio, se argumentó que la soberanía había sido concedida por Dios directamente a los reyes, lo que les permitía a estos, a partir de una justificación tradicional y religiosa, acentuar el dominio de una organización moderna como lo era el Estado naciente.[273] Tal situación es la que se observa en una parte importante de Europa a partir de fines del siglo XVI: la dislocación del orden social feudal genera una serie de problemas sociales que, en permanente agudización, comienzan a ser asumidos por un Estado cada vez más centralizado, cada vez más expandido, cada vez más ordenador de una vida social que ha perdido sus bases comunitarias. Pero por el efecto de la propia lógica con la que se despliega la modernización, centrada en procesos de racionalización y diferenciación de los sistemas funcionales, el rol de Dios como fuente del poder político soberano fue rápidamente reemplazado por una

---

encargado de establecer el espectro de aquello que es pensable y decible, debe ahora negociar estilos y códigos comunicacionales con el mundo mediático.

272. *Cf.* Bertrand de Jouvenel, *La soberanía* (Madrid: Rialp, 1957), pp. 371-377.

273. La soberanía divina constituyó, en gran medida, un límite al poder durante la Edad Media. Ya hemos visto que si la Iglesia mantenía que el poder venía dado por Dios, ello no era para liberar el accionar de las autoridades seculares, sino precisamente para sujetarlas a los límites que el poder espiritual suponía. La realidad difusa del poder medieval lleva a muchos, como Bertrand de Jouvenel, a concluir que, en rigor, no puede hablarse de poder soberano (en su moderna acepción) en la Edad Media. Lo que en el amanecer de la modernidad hacen los monarcas absolutos es algo muy distinto: con una Iglesia fragmentada, mantienen la doctrina del origen divino del poder, pero evaden al poder eclesiástico arguyendo que Dios se lo concede de forma directa.

entidad de carácter terrenal que hasta el día de hoy nos acompaña: el Pueblo.

Las llamadas «revoluciones burguesas» consagran esta nueva forma de legitimidad. En la Inglaterra de 1688, el absolutismo perdió la partida y el Parlamento pasó a ser el centro del poder soberano. Hobbes ya había negado el origen divino de los reyes en favor de la idea de un contrato a partir del cual el Pueblo, como fuente del poder, lo cede sin condicionamientos a una autoridad absoluta. Poco más tarde, Locke teorizaría un contrato en el que el Pueblo, siendo también fuente del poder, lo cede, pero de manera limitada. En Estados Unidos, tras la llamada «Revolución Americana» que enfrentó a las trece colonias contra la metrópoli, la Corona inglesa fue suprimida como fuente de legitimidad y el Pueblo fue considerado constituyente en la Declaración de Independencia de 1776. Allí se reconocía, al buen estilo lockeano, que los gobiernos «derivan sus poderes legítimos del consentimiento de los gobernados». *El Federalista*, poco después, procuraría que «la ambición contrarreste la ambición», y postularía la división de poderes y los límites para prevenir la «tiranía de la mayoría». La Revolución Francesa, por su parte, es probablemente el caso más claro al respecto: siendo imposible una democracia directa, sin representación, al estilo de Rousseau, Sieyés primero y luego los jacobinos, elaboraron una doctrina con la que simularon la presencia ciudadana en las asambleas de los representantes del Pueblo en la medida en que ellos ahora representarían a la «Nación» como concepto abstracto que suponía la sucesión histórica del Pueblo. La instrumentalización de la población real de los habitantes se hacía considerando su valor solo en cuanto militantes forzados, contribuyentes esquilmados, o carne de cañón de una mayor participación electoral. Su participación se daba bajo las condiciones del Comité de Salvación Pública, que fue el partido único totalitario *avant la lettre*.[274] La voluntad general de la Nación se consagrará como principio de autoridad inquebrantable en el tercer artículo de la Declaración de los Derechos del Hombre y del Ciudadano.

---

274. *Cf.* Peter McPhee, *La revolución francesa, 1789-1799* (Barcelona: Crítica, 2009), pp. 157-182. Para una profundización de la relación paradójica entre plebiscito ampliado y la dictadura del Terror: Patrice Gueniffey, *La revolución francesa y las elecciones* (Ciudad de México: FCE, 2001).

El principio de soberanía popular pone en marcha el desarrollo de un nuevo *ethos* político a partir del cual la política concierne tendencialmente a todos. Samuel Huntington entiende que la modernización política tiene dos aspectos: la centralización del poder en el Estado y la progresiva ampliación de la participación de las masas en la política. Tarde o temprano, a partir de los desarrollos inherentes del mundo moderno, tales como la urbanización, la industrialización, la internacionalización del comercio o la expansión de la comunicación social y del transporte, terminan surgiendo condiciones en las que emerge una presión popular por tomar parte en los asuntos gubernamentales. Así, «las sociedades políticas modernas se distinguen de sus antecesoras por una autoridad racionalizada, una estructura diferenciada y la participación de las masas».[275] Ahora bien, lo relevante aquí es que una participación en aumento supone necesidades cognitivas inéditas. Las masas ahora necesitan ser educadas en lo político por un sistema generador de ciudadanos, y el contacto con la política naturalmente aumentará en aquellos que precisan, como nunca, contrastar ideologías, plataformas, partidos, coaliciones, candidatos, etc., para que su participación sea efectiva. Las discusiones políticas no estarán reservadas a los miembros de una clase en particular, y los libros, revistas, folletos, y los más variados tipos de publicaciones que se dediquen a hablar sobre estos particulares ya no tendrán el reducido público de otrora. A partir de ahora verán levantarse sobre sí a masas demandantes de una nueva industria político-cultural.

La democracia, como ideología, puede resumirse como *el gobierno del pueblo por el pueblo*. Su origen etimológico se ha vuelto casi un lugar común en estas discusiones: *demokratia*, decían los antiguos griegos, es decir, una conjunción de *demos* (pueblo) y *kratos* (poder): el pueblo como *sujeto* y como *objeto* del poder. Esto es, el pueblo que tiene poder sobre sí mismo, el pueblo como gobernante y gobernado al unísono. El problema, naturalmente, es determinar qué se quiere decir en concreto con «pueblo». La discusión es tan vieja como el propio concepto. Los griegos lo interpretaban a veces como *plethos*, el pleno de los ciudadanos (todos), a veces como *hoi polloi*,

---

275. Samuel Huntington, *El orden político en las sociedades en cambio* (Buenos Aires: Paidós, 1972), p. 42.

«los muchos» (¿pero cuántos en concreto constituyen «muchos»?), y otras veces como *hoi pleiones*, «los más», es decir, la mayoría. Aristóteles entendió por *demos* a los pobres, una noción que se repetirá en la voz latina *plebs*, los de abajo, distinta de *populus*, la totalidad del cuerpo de ciudadanos. El problema, como se aprecia, no es menor. ¿Quiénes constituyen el pueblo? Muchos responderían hoy que en una verdadera democracia la respuesta sería: «todos». ¿Pero acaso el «todos» puede ser directamente interpelado por la política, sin que «nadie» quede afuera? ¿O en toda interpelación política existen, por razones inherentes a la lógica de todo discurso político, exclusiones necesarias? ¿Es capaz ese pueblo constituido por «todos» de formar un cuerpo lo suficientemente homogéneo y coherente como para incluir de verdad a *todos*? Los problemas aumentan todavía más si se considera que el fundamento de la soberanía popular reside en la igualdad política de los ciudadanos, cuando esta pasa a menudo a concebirse como algo más que la mera igualdad ante la ley y el acceso universal al voto.[276] Pero no es necesario meterse aquí en semejante escollo. Robert Dahl ha entendido que, si bien la democracia es un ideal probablemente inalcanzable, que de hecho jamás ha existido en la práctica, sirve sin embargo como punto de referencia para contrastar los sistemas actuales. Entre estos, el más parecido a la democracia fue bautizado por Dahl como *poliarquía*, que es el que mayor cantidad de requisitos democráticos cumpliría.

No hay que ingresar, empero, en los dominios de la democracia como *realidad*, sin antes reparar un poco más en aquello que del «pueblo» interesa para este estudio sobre la batalla cultural. Si se está de acuerdo en que el pueblo no es una entidad transparente, predefinida, compacta y precisa, entonces este se convierte en un significante sujeto a luchas culturales por la definición de sus contornos, sus fronteras, y sus contenidos particulares. Tiene en tal sentido buenas razones Ernesto Laclau cuando define al pueblo como «algo menos que la totalidad de los miembros de la comunidad:

---

276. Robert Dahl, por ejemplo, entiende que esta igualdad depende de una serie de condiciones prácticamente imposibles de alcanzar en la realidad, tales como las mismas oportunidades para hacer escuchar los puntos de vista de cada uno, las mismas oportunidades para ilustrarse sobre las alternativas políticas y sus consecuencias, un control igualitario de la agenda pública, entre otros. Ver Robert Dahl, *La democracia. Una guía para los ciudadanos* (Buenos Aires: Taurus, 1999), pp. 47-48.

es un componente parcial que aspira, sin embargo, a ser concebido como la única totalidad legítima».[277] Quien se dice «pueblo» se dice «todo»; pero si, en términos reales, no se trata verdaderamente de todo, entonces hay una aspiración a la totalidad que no se corresponde con su real constitución. Un «pueblo» realmente compuesto por todos sería un pueblo no de hombres, sino acaso de ángeles. Los hombres de carne y hueso están divididos, y el partido político, institución característica de las democracias modernas, da cuenta de ello en su propia palabra: *partido*, esto es, apenas una parte. La religación de lo social a partir de la ilusión de un pueblo uniforme y compacto gobernándose a sí mismo no es otra cosa que el efecto de la superioridad política de una parte de la población que logra hacerse del lugar del pueblo y volverse, por tanto, totalidad teatralizada (hegemonía, en otras palabras). «¿Qué es el Tercer Estado?», se preguntaba el abate Siéyes en las vísperas de la Revolución Francesa: «Todo», se respondía a sí mismo. Al separar las cabezas de los cuerpos mediante la guillotina, lo que realmente hacía Robespierre era separar al pueblo de aquellos componentes que impedían su legítima consolidación como tal. ¿No es la guerra civil la forma más extrema en que esta disputa por el contenido del pueblo procura definirse?

La democracia, en efecto, puede ser peligrosa. Es así como para evitar la aporía de la dictadura democrática (en general de un gobierno electo por una mayoría electoral violenta, pero también de primeras minorías violentas, con el fin de perseguir u oprimir al resto de la población), los modernos sistemas democráticos limitan a las mayorías de distintas maneras (así como a las minorías sedicentes con capacidad de *movilizar* masas pasivas). Así pues, dividen el poder, generan pesos y contrapesos, establecen mecanismos representativos para procurar la expresión de todos los sectores de la opinión pública, y otras medidas similares. Todo ello se realiza en virtud de la presunción de que la mayoría de hoy puede ser la minoría de mañana, y viceversa.[278] Pero estas limitaciones no son democráticas en

---

277. Ernesto Laclau, *La razón populista* (Buenos Aires: FCE, 2013), pp. 107-108.
278. Es interesante reparar en que el problema original de la democracia moderna era que las mayorías, tomando el poder del Estado, podían oprimir a las minorías y sus derechos de propiedad. De ahí el cuidado con el que el sufragio se fue extendiendo a los sectores no propietarios, y los distintos mecanismos para limitar al gobierno a los que ya nos hemos referido. La idea de que la mayoría de hoy puede ser la minoría de

un sentido puro, sino todo lo contrario: son condiciones no democráticas —imposibles de ser elegidas a su vez— para la democracia,
que impiden que ese «pueblo» sea plenamente soberano porque, en
el fondo, sabe bien que ese cuerpo que gobierna no está ni puede estar formado realmente por todos de manera unánime. Es esto, junto
a una protección más o menos efectiva de cierta esfera de autonomía
llamada «sociedad civil», lo que hoy se llama *democracia liberal*.

Vuélvase otra vez, así, al problema del pueblo. La democracia
como ideal abre por sí misma una batalla por la delimitación de los
contenidos concretos de esa ficción de la que la entera política moderna depende: el pueblo. Se trata de una batalla tanto política como
cultural. Política, porque aquellos que pretenden hacerse de las instituciones políticas del Estado necesitan legitimarse a partir de la representación popular en luchas electorales. Cultural, porque definir
al pueblo implica establecer cuáles son sus valores, sus historias, sus
palabras, sus símbolos, sus formas de vida, sus caracteres esenciales.
Podría decirse, en un sentido general, que una batalla cultural configura el marco en el que las disputas políticas, electoralmente hablando, tienen lugar: la batalla cultural es, así, la Política, con mayúscula
(o bien la metapolítica). Y dentro de ese marco deberán moverse los
políticos que mantengan pretensiones de éxito en sus intentos por
ganarse al electorado. *La batalla política, con minúscula, es una lucha
de representación; la batalla cultural es una lucha de definición de los
elementos a representar.* Los protagonistas indiscutidos de la batalla
política son los políticos; en la batalla cultural el protagonismo no
está definido ni centralizado en tal grado que sea sencillo divisarlo.
La batalla política tiene principio y final: el inicio y el cierre de las
campañas, los procesos electorales y las gestiones gubernamentales.
La batalla cultural es temporalmente indefinida: es permanente.

Se aprecia en ello que la democracia como ideología basal de la
modernidad política está directamente ligada a batallas culturales
reales. El elemento «pueblo», en su abstracción ideal, desencadena colisiones demasiado reales en los movimientos que procuran

---

mañana sirve para que todos, mayorías y minorías, puedan acordar racionalmente
sujetarse a límites efectivos. Hoy el panorama parece tender a una lógica inversa:
bajo la hegemonía de la ideología de la «inclusión», son las minorías las que empiezan a mostrar sus potencias opresivas por sobre las mayorías (verbigracia: LGBT,
«piqueteros», indigenismos, inmigrantes, etcétera).

tornarlo concreto, lleno de sentido. Pero esta relación necesaria entre democracia y batalla cultural se profundiza todavía más cuando
consideramos a aquella ya no por sus ideales, sino por lo que en la
realidad es. Uno de los más grandes desmitificadores de la democracia, en este sentido, fue Joseph Schumpeter. El austríaco no tuvo
más que dejar que la observación empírica hiciera pedazos la idea de
que el pueblo tiene un «bien común» que fuera por todos discernible
y, con ello, desestimó la noción de una «voluntad del pueblo», pues
esta depende de aquella. El grueso de la ciudadanía, guiada más que
por otra cosa por intereses contrapuestos e imposibles de canalizar o
encarnarse en el Estado (como ya habían descrito Marx y Simmel)
e impulsos irracionales (como luego describirían Freud y Pareto), ni
siquiera mantiene a decir verdad un mínimo de pensamiento crítico
y autónomo para que sea digna de ser así considerada como volitiva
en materia política. ¿Qué es entonces la «voluntad general» sino un
«artefacto», es decir, un producto artificial? Enterrada la democracia
como ideología, Schumpeter procura brindar una visión casi inversa,
quizá hasta exagerada en su pragmatismo, pero mucho más ajustada
a lo que realmente aquella es en la práctica. Y la define como «aquel
sistema institucional, para llegar a las decisiones políticas, en el que
los individuos adquieren el poder de decidir por medio de una lucha
de competencia por el voto del pueblo».[279] Nada como «voluntad del
pueblo» aparece aquí, sino sencillamente «voto del pueblo». ¿Quién
es el pueblo? Los que votan a sus gobernantes. Nada más que eso. ¿Y
quiénes sus gobernantes? Aquellos que ganaron la elección, porque
pudieron y supieron hacer y decir («ofrecer», dice Schumpeter) lo
que se esperaba de ellos en circunstancias determinadas. Los gobernantes son los victoriosos en la competencia por el favor del voto
popular.

En efecto, para Schumpeter «la democracia es el gobierno del
político».[280] El desencantamiento es radical, y ahora alcanza incluso
a la nueva sacralidad moderna en su único refugio: lo político. El
papel del pueblo, es decir, de quienes votan, lejos de ser el de gober-
narse a sí mismos, es el de escoger entre ofertas predefinidas a quienes los gobernarán. Tal imagen tiene, sin dudas, mucho más que ver

---

279. Schumpeter, *Capitalismo, socialismo y democracia*, p. 343.
280. Ibíd., p. 362.

con la realidad de nuestros sistemas democráticos que con cualquier otra noción más romántica e idealista. El problema inmediato, no obstante, sobre el que Schumpeter no da una respuesta clara, es el de cómo se construyen esas ofertas discursivas que compiten entre sí. Pero ese vacío puede llenarse con la noción de batalla cultural que propongo, en la medida en que los elementos inherentes a dichas ofertas no son en gran parte el resultado del proceso político formal, sino de las fuerzas culturales en pugna. Es evidente que no hay nada en el sistema político que le diga al político qué decir y cómo actuar para ganar el favor electoral, sino que este debe aprehender estas normas invisibles en el contacto empírico con el campo social. Dicho de otra manera, el político que compite por el voto popular en un sistema democrático no construye sus ofertas político-ideológicas en un espacio social neutro, incontaminado, sin historia ni principios. Al contrario, un buen político es aquel que construye sus ofertas leyendo el contexto donde —para continuar con la jerga económica tan apreciada por Schumpeter— las demandas se expresan. Ese contexto es lo que habitualmente se denomina «opinión pública».

La opinión pública es la guía de todo político cuyo éxito dependa del voto del público. Un buen político es un buen intérprete, un buen hermeneuta de los quereres de conjunto. Porque, en rigor, la opinión pública es una abstracción no muy distinta a la de «voluntad del pueblo», que ha de ser interpretada. Cuando aquí se dice «opinión pública» se quiere decir «opinión mayoritaria». Opinión pública es lo que la mayoría del público cree o piensa sobre un determinado asunto público: el público es sujeto y objeto de la opinión. Y un buen político, otra vez, es quien sabe interpretar lo que la mayoría del público opina sobre asuntos públicos, porque esa es la materia prima perfecta para sus ofertas político-ideológicas. En contraste, un mal político es quien yerra en sus interpretaciones sobre la opinión pública y termina diciendo y haciendo cosas que desagradan a la mayoría; y un político que quiere hacer prevalecer su propia opinión, a sabiendas de que esta colisiona frontalmente con la de la mayoría de su potencial electorado o base de apoyo político, no es un político (democrático) en absoluto. Aquí reside el verdadero poder de la ciudadanía en una democracia: en su derecho a votar a quienes gobernarán; en su derecho a, por así decirlo, «marcar la cancha». El voto es su moneda de cambio con la que se garantiza que los políticos compitan por ofrecer aquello que más puede acercarse a las aspiraciones, demandas, valores, estilos, ideas, nociones, gustos o simplemente prejuicios de las mayorías. La «opinión pública» es precisamente la condensación abstracta de estos elementos. ¿Qué hacía la primera ministra del Reino Unido, la conservadora Theresa May, el 4 de octubre de 2017, luciendo un brazalete del ícono feminista (aunque en realidad, más que feminista, lisa y llanamente comunista) Frida Kahlo, en el Congreso anual del Partido Conservador en Mánchester, sino ponerse al día con una simbología que hoy es virtualmente obligatoria para cualquier político que deba evidenciar su «compromiso» con «la lucha de las mujeres»? ¿Qué pasó por la cabeza de los expertos de *marketing* del expresidente argentino Mauricio Macri cuando diseñaron camisetas que ilustraban la cara de este último ataviada con la boina del Che Guevara y el eslogan «Macri es revolución», sino un desesperado esfuerzo por adornar de rebeldía a un frío tecnócrata artificialmente desacartonado con el objetivo de atraer la opinión pública juvenil?

Claro que a menudo existen condiciones políticas a partir de las cuales el político no puede, sin más, sumarse al tren de lo que la opinión pública establece en un momento determinado. Las situaciones que podrían imaginarse al respecto son de lo más variadas: compromisos con fuerzas internacionales que mantienen intereses distintos de los nacionales, pactos con grupos políticos que levantan banderas desagradables para las mayorías, condiciones macroeconómicas que cierran alternativas, acuerdos con grupos económicos que financiarán la campaña a cambio de favores posteriores, intereses sectoriales inconfesables, negociados personales, tráfico de influencias y corrupción, etcétera. La opinión pública representa, pues, una fuerza de suma importancia en el juego de la democracia, pero no la única. Como variable, no resulta del todo independiente respecto del poder político, y es en este tipo de circunstancias en las que el político, al no poder acoplarse sin conflictos a los dictados de la opinión pública existente, es probable que busque modificarla a su propia conveniencia. Para eso dispondrá de intelectuales asociados, medios de comunicación adictos, periodistas comprados, académicos sedientos de becas, expertos en *marketing* político y asesores de toda naturaleza. Cuando ello ocurre, el político no procura sencillamente representar, sino más bien *reconstruir y diseñar* por sí mismo los elementos que requieren representación en la sociedad. En esta circunstancia, el político se convierte en un agente fundamental de la batalla cultural.

Las posibilidades de manipular desde la política la opinión del público aumentan de manera proporcional al poder político que se detenta. Cuando el político ha llegado a hacerse con el poder del Estado es frecuente que utilice sus aparatos ideológicos para dar a la opinión pública la forma que él desea que esta tenga. En esto consisten, después de todo, los programas educativos del Estado, los medios audiovisuales estatales, la propaganda oficial, los órganos de censura ideológica (instituciones «contra la discriminación», por ejemplo), y así sucesivamente. El Estado es, en el mundo moderno, el agente cultural más poderoso de todos, porque a todos obliga y porque sus gastos se sufragan con recursos obtenidos en forma *impositiva*, cuyo costo de obtención es con mucho un riesgo político-electoral y no un problema económico directo para el erario. La ventaja, frente a otras instituciones, de la que goza el poder estatal para influenciar ideológicamente, reside en que este último no está subordinado a un mercado que satisfacer, económico y también cultural, donde existe la necesidad de que sus costes sean una inversión productiva y de reproducir o «vender» algo de lo que el público busca realmente. ¿No es lo que se vio hace no mucho en Alemania, cuando el 31 de diciembre de 2015 hordas de inmigrantes (alrededor de mil árabes y magrebíes) llevaron a cabo violaciones masivas en la ciudad de Colonia, y la alcaldesa Henriette Reker solicitó a la prensa que no informara sobre el origen étnico de los violadores, para no perjudicar las políticas migratorias de Angela Merkel («Welcome Refugees»)? ¿No es esto lo que vemos en el complejo de medios estatales que montaron los llamados «socialismos del siglo XXI» en distintos países latinoamericanos, como la Argentina de los Kirchner, la Bolivia de Morales, la Nicaragua de Ortega o la Venezuela de Chávez y Maduro, con los que de manera explícita asumieron sus intenciones de emprender «batallas culturales» para apuntalar la «revolución» que decían encarnar? ¿No es lo que padecen hoy también los mexicanos en las insufribles transmisiones diarias de TV del presidente López Obrador?

La opinión pública, después de todo, no es mucho más que eso: opinión; y, como tal, es altamente contingente y manipulable. Es *doxa* y no *episteme*. No precisa de grandes demostraciones ni de cuidadosos métodos que garanticen la rigurosidad del conocimiento. Y a menudo, la imagen que se tiene del mundo, constituida y constituyente, al mismo tiempo, de nuestra opinión, no se corresponde con su realidad. Walter Lippmann, en un estudio clásico sobre la materia, empieza comentando sobre una isla en la que, en 1914, vivían ingleses, franceses y alemanes que, sin haberse enterado todavía de la Gran Guerra, a seis semanas de su inicio, «seguían fabricando mercaderías que ya no podrían exportar, compraban otras que les sería imposible importar, proyectaban estudios, consideraban negocios, vivían esperanzados y a la expectativa, siempre en la creencia de que el mundo que conocían era el mundo real».[281] El relato ilustra muy bien que la realidad es demasiado amplia y fugaz como para tener sobre ella, en todo momento, un conocimiento preciso y directo. Así, echamos mano de fuentes externas que nos brindan recursos necesarios para formar nuestra opinión y, a menudo, ponen sobre nosotros directamente la opinión ya formada.

Lippmann ha reparado en la pobreza estructural de la opinión pública, en tanto que conocimiento sobre la realidad, por razones varias: las noticias no pueden, aunque quisieran los periodistas, representar todos los aspectos de la realidad; la información siempre debe resumirse; los estereotipos, preconceptos e intereses particulares condicionan la conformación de imágenes de la realidad; el tiempo para formar las opiniones propias es escaso porque los asuntos privados parecen demandar en mayor medida nuestro interés; las palabras no representan en su entera complejidad aquello que quisieran describir y con frecuencia su sentido es demasiado relativo. En efecto, la opinión pública se expresa a menudo sobre un espacio más extenso del que los individuos pueden recorrer, sobre cierta gente a la que la mayoría no conoce en persona, sobre períodos de tiempo y épocas que muchos ni siquiera han vivido, y sobre sucesos de los que se tienen, apenas, versiones de segunda o tercera mano, con suerte. Platón no entendía cómo se suponía que una *polis* fuera gobernada a partir de este tipo de conocimiento, y de ahí su desprecio por la democracia. Inestable y fluctuante por naturaleza, la opinión pública

---

281. Walter Lippmann, *La opinión pública* (Buenos Aires: Compañía General Fabril Editora, 1964), pp. 13-14.

constituye una de las más características arenas de combate de una batalla cultural.

La democracia moderna y la formación de la opinión pública como fenómeno sociológico van de la mano. La Revolución Francesa puso al pueblo como soberano absoluto sobre la república, en una suerte de «absolutismo democrático» sin particulares reconocibles (por ejemplo, sin la población real en sus vidas particulares y concretas, sino solo como ciudadana). Pero un pueblo que pretende gobernar necesita expresarse: «un soberano vacío, un soberano que no sabe y no dice, es un soberano de nada, un rey de copas»,[282] razona Giovanni Sartori. La «voluntad general» es energía activadora, pero el contenido de lo que se activa debe buscarse en ese estado mental colectivo que se comenzó a llamar «opinión pública», cuya formación inicial se dio en los salones, los clubes, las logias, los libros y los periódicos que veían al público irrumpir en la escena histórica. Así pues, las instituciones que generan opinión, desconocidas para el Antiguo Régimen, se tornan centrales no solo para la revolución en sí, sino también para un nuevo sistema que postula al pueblo y su voluntad, inteligible en su opinión, como fuente de legitimidad política. La democracia, desde un punto de vista elitista como el schumpeteriano, es sin dudas el gobierno de los políticos; pero, desde una perspectiva más bien pluralista, es el gobierno de la opinión; y ambas cosas resultan ciertas al mismo tiempo. En la democracia real, es una élite política la que gobierna, pero lo hace atendiendo —a veces más a veces menos, a veces con mayor intervención política a veces con menos— a lo que la opinión pública va expresando. De ahí la posterior carrera por los sondeos de opinión, cuestionarios, entrevistas, grupos focales, que los asesores de los políticos utilizarán como herramientas hoy día indispensables para construir sus discursos, posiciones, programas políticos, estilos, poses y demás.

Pero creer que la opinión pública es la opinión de todo el público equivale a creer que la democracia es el gobierno de todo el pueblo. Sencillamente no es cierto que la opinión pública sea la opinión del público, a secas, sino que es, en todo caso, la opinión de la mayoría del público. La manera en que esa mayoría llega a adoptar una

---

282. Giovanni Sartori, *Elementos de teoría política* (Buenos Aires: Alianza, 1992), p. 151.

determinada opinión respecto de un asunto público específico es el producto, en la mayor parte de los casos, no de su autónoma volición y su descubrimiento personal, sino de complejísimos intercambios de información, ideas fuerza, eslóganes, repeticiones, argumentaciones racionales, recursos emocionales, casos testigo, experiencias personales, creencias previas, sesgos cognitivos, modas ideológicas, y un innumerable etcétera, que se cruzan y entrecruzan, que convergen y colisionan, que se diseñan y se programan, en las instituciones generadoras de opinión y sus respectivos liderazgos, nacionales e internacionales. Así, de los clubes y salones franceses se pasará rápidamente a un mundo mediado por, valga la redundancia, medios de comunicación masiva; y la discusión se tornará rápidamente en pasiva recepción, de un lado, e hiperactiva estimulación del otro. En el próximo subcapítulo se hablará con más detalle de esto, pero valga por ahora decir que, en la medida en que para la democracia moderna es necesaria una opinión pública, se hacen necesarios medios de comunicación masivos, relativamente libres y plurales, al menos como parodia, para su efectivo funcionamiento, es decir, para poder creer que el pueblo tiene realmente algo que opinar. Tanto es así que los más destacados teóricos de la moderna democracia representativa coinciden siempre en este punto: la libertad de opinión es un principio democrático medular del gobierno representativo que describe Bernard Manin;[283] la construcción del voto en el ciudadano racional de Anthony Downs es una función, entre otras cosas, de algún grado de información libremente adquirida;[284] la poliarquía de Robert Dahl depende en una medida significativa de «liberalización del debate público»,[285] etcétera. La cuestión es que un pueblo que no opina nada nada puede decidir. Por ello, precisa opinar, aunque esa opinión no sea más que un artefacto cuidadosamente construido. De ello depende la legitimidad del sistema.

Si la democracia es, en algún sentido válido, el gobierno de la opinión, el poder que detentan los medios de comunicación es, por añadidura, incalculable (¿no sería entonces más preciso decir «el

---

283. *Cf.* Bernard Manin, *Los principios del gobierno representativo* (Madrid: Alianza, 1998), pp. 206-215. Para este autor, la libertad de opinión es un principio democrático que hace contrapeso al principio no democrático de la representación.
284. *Cf.* Anthony Downs, *Teoría económica de la democracia* (Madrid: Aguilar, 1973).
285. *Cf.* Robert Dahl, *La poliarquía* (Buenos Aires: Editorial Rei, 1972).

gobierno de los que forman la opinión»?). De ahí que muchas veces se hable de ellos como un «cuarto poder». Las batallas culturales, pues, son también batallas por formar la opinión del público y, como tales, encuentran un escenario connatural en los medios de comunicación. Por su alcance masivo, los *mass media* permitirán de manera paulatina llegar a prácticamente a todo el «pueblo soberano», aunque los que controlen las palancas de este poder sean a menudo minorías y élites detentadoras de un poder cultural privilegiado, articulado con el poder financiero y político.

Si el pueblo se expresa ante los políticos que luchan por su representación a través de esa coagulación abstracta llamada opinión pública, es claro que democracia y opinión pública resultan mediadas por batallas culturales en las que se combate por instituir el sentido de esta última, a partir de la cual la democracia moderna puede todavía seguir fingiendo ser un verdadero gobierno del pueblo.

VI. Comunicación y masificación

La noción de «opinión pública» y democracia moderna no tienen demasiado sentido por fuera de un contexto en el que las masas están irrumpiendo o irrumpen definitivamente en la escena política, por un lado, y en el que la comunicación social se desarrolla técnicamente, por el otro. En efecto, los arreglos institucionales de las democracias modernas están elaborados sobre la base de poblaciones extensas, y la «opinión pública» que orienta (en principio) las definiciones políticas coyunturales son constructos mediados por tecnologías comunicativas.

Lo mismo ha de decirse sobre la batalla cultural, que tan bien se articula con las nociones de «opinión pública» y con las formas de la democracia moderna, como ya se ha visto. Así pues, las batallas culturales son batallas que se producen en grupos humanos relativamente extensos. No tiene demasiado sentido hablar de batallas culturales dentro de familias, grupos de amigos o empresas. Las batallas culturales surgen sobre todo en la sociedad extensa, y la masificación provee un terreno fértil para ella. Asimismo, es evidente que, si una batalla cultural tiene por objeto dominar elementos y conjuntos culturales, la existencia de medios tecnológicos capaces de hacer llegar esas significaciones a la mayor cantidad de gente posible se transformará en un requisito necesario para su efectivo despliegue.

El proceso comunicativo está determinado por diversos factores, entre los que sobresale la tecnología de la que depende el *alcance* de la comunicación. Hay que diferenciar a este respecto la *comunicación interpersonal*, en la que el proceso se resuelve entre emisores y receptores que interactivamente se constituyen en los sujetos comunicativos, de la *comunicación social* o, mejor, *comunicación de masas*, en la que el mensaje es capaz de difundirse más allá de las relaciones interpersonales, de una forma fundamentalmente unidireccional, sobre un extenso público impersonal (una «masa»). El imparable despliegue técnico moderno puso, pues, la condición que hizo posible la potenciación del primer tipo de comunicación, por un lado, y el surgimiento del segundo tipo por el otro, de los que en definitiva resultó la conexión de territorios y almas dispersas que caracteriza a la *sociedad industrial de masas*, en la que la vida se volverá *masivamente configurable* gracias a la conjunción de tecnología, comunicación y política.

El ferrocarril, por caso, tecnología arquetípica de la era industrial que con sus vías llevaba modernidad a los destinos por los que pasaba, conectó zonas desconocidas para la generalidad de la gente y posibilitó la presencia del Estado aquí y allá, cerrando la brecha existente entre los precarios medios de comunicación y las amplias extensiones nacionales con las que se lidiaba. «Mientras más pequeño es el mundo mayor es el hombre»,[286] decía Max María von Weber, ingeniero ferroviario. En Inglaterra, por ejemplo, desde la década de 1820 se habían empezado a montar redes de ferrocarriles que no simplemente servirían para transportar bienes, sino también importantes cantidades de personas que se movilizaban, en poco tiempo, a lo largo del territorio nacional, incluso con fines lúdicos. Kaspar Maase documenta al respecto que:

---

286. M. M. von Weber, *Die Entlastung der Kulturarbeit durch den Dienst der physikalischen Kräfte*, Berlín, Simion, 1880, p. 4. Citado en Brague, *El reino del hombre*, p. 155.

Se emprendían viajes de un día para asistir a las ferias anuales, al Derby de Epson o a un combate de boxeo. Para presenciar este tipo de acontecimientos confluían ya masas considerables: 20.000 espectadores presenciaron un partido de cricket celebrado en Nottingham en 1835; y unos 100.000 acudían a las regatas de Tyneside en la década de 1840.[287]

Lo mismo cabe decir sobre los sistemas nacionales de correo que, apoyados precisamente por la velocidad del ferrocarril, agilizaron las comunicaciones entre los connacionales, y entre estos y el Estado. En 1836, en Estados Unidos, la comunicación a distancia vio vehiculizarse a una velocidad incomparablemente superior gracias a la electricidad que, rompiendo la conexión histórica entre transporte y comunicación, ponía en funcionamiento al telégrafo, tecnología pionera en comunicación eléctrica. Tiempo y espacio fueron subvertidos, y la comunicación conoció la instantaneidad.[288] En 1844, el gobierno norteamericano apoyó a Samuel Morse construyendo una línea entre Washington y Baltimore. Hacia 1860 ya existía una línea que, de punta a punta, conectaba a Nueva York con San Francisco. El aparato se difundió en adelante para el uso relativamente masivo, y las líneas llegaron a unir a los continentes: en 1866, un mensaje cruzó el océano Atlántico a través de un cable submarino. No obstante, en 1854 este medio ya había sido tecnológicamente superado por el teléfono (recién patentado en 1871), capaz de transmitir señales acústicas a través de señales eléctricas. La Bell Telephone Company, de Estados Unidos, contaba para 1886 con 150.000 clientes que poseían teléfono propio.[289] Pero el

---

287. H. Cunningham, «Leisure and Culture». Citado en Kaspar Maase, *Diversión ilimitada. El auge de la cultura de masas (1850-1970)* (Madrid: Siglo XXI, 2016), p. 80.
288. El 24 de mayo de 1844 se inauguró la primera línea telegráfica pública. Tres días más tarde, el *New York Tribune* describía así el suceso: «El milagro de la aniquilación del espacio se ha alcanzado finalmente». Pensemos que sucesos de importancia mundial que habían ocurrido menos de cien años antes tardaban semanas en llegar a sitios relativamente próximos, e incluso a poblaciones del mismo Estado. La toma de la Bastilla, por ejemplo, demoró trece días en llegar a Madrid y catorce en llegar a una ciudad que se encuentra a unos 130 kilómetros de París, llamada Péronne.
289. *Cf.* «¿Quién inventó el teléfono?», en *El Periódico*, 7 marzo 2016, Catalunya. Consultado en: https://www.elperiodico.com/es/extra/20160307/quien-invento -el-telefono-4956802.

nuevo aparato empezaría verdaderamente a difundirse en el siglo XX (38 mil millones de llamadas telefónicas se registraron para 1914 en Estados Unidos), coronando así la moderna comunicación interpersonal a distancia.

Ferrocarril, correo, telégrafo, teléfono, son medios de *comunicación interpersonal*. Están claramente en la base de la sociedad de masas, en la medida en que trascienden las distancias y los tiempos, aglutinando con ello a las personas en conjuntos humanos de dimensiones enormes. No obstante, estas tecnologías comunicacionales deben ser diferenciadas de los medios de *comunicación social* o *masiva* que llevan consigo la posibilidad técnica de difundir un mensaje más allá de un destinatario individualizado. Son estos los que le interesan principalmente a una teoría de la batalla cultural.

Al respecto ya se ha mencionado anteriormente que la primera tecnología de la comunicación social que hizo posible las primeras batallas culturales fue la imprenta. Libros, revistas y folletos de distinta índole fueron producidos en masa gracias a la máquina de Gutenberg, que reemplazaba al escriba (su *manu-scripti*) y automatizaba la producción de textos, haciendo de ellos bienes de consumo masivo en lugar de lujos reservados a ciertas élites. Renacimiento, Reforma e Ilustración supusieron cambios culturales efectivos gracias, entre otras cosas, a la imprenta, que abarataba los costos e incrementaba significativamente la oferta.[290] Se ha calculado que, medio siglo después de la invención de Gutenberg, la producción de libros en ese breve lapso de cincuenta años igualó la cantidad de libros producidos en Europa por escribas en los anteriores mil años.[291] Para la difusión de las ideas revolucionarias del siglo XVII y XVIII esta tecnología resultó vital. Piénsese por ejemplo en la *Encyclopédie* de Denis Diderot, cuyo objetivo explícito, además de generar un enorme cuerpo de conocimientos, era «*pour*

---

290. El lugar que ocupaba la recuperación de la cultura clásica para el Renacimiento; la centralidad de la Biblia accesible a todos para el protestantismo; y el rol de la educación masiva para la Ilustración, tienen como denominador común la relación de estos cambios culturales con la posibilidad de acceder masivamente a libros.

291. Michael Clapham, «Printing», en *A History of Technology*, vol. 3, *From the Renaissance to the Industrial Revolution*, c. 1500-c. 1750, ed. Charles Singer *et al.* (Londres: Oxford University Press, 1957), p. 37. Citado en Nicholas Carr, *Superficiales* (México D. F.: Taurus, 2015), p. 91.

changer la façon commune de penser[292] ["cambiar la forma común de pensar"]. Un total de 8.000 copias del prospecto de la obra, que constaba de veintiocho volúmenes y más de 71.000 artículos, se imprimieron en 1750. Para 1789, el número total de ejemplares impresos ascendía a 24.000.[293] La gente podía adquirirlo con relativa facilidad, a través de suscripciones. No por nada un teórico de la revolución cultural de la talla de Antonio Gramsci supo anotar: «Las bayonetas del ejército de Napoleón encontraron el camino ya allanado por un ejército invisible de libros, de opúsculos, derramados desde París a partir de la primera mitad del siglo XVIII y que habían preparado a los hombres y las instituciones para la necesaria renovación».[294]

Algo similar cabe decir de Estados Unidos. Cuando se escribió la Declaración de la Independencia tras la «Revolución Americana», existían 35 periódicos en las trece colonias.[295] Benjamin Franklin, de hecho, oficiaba de periodista y fue dueño de *The Pennsylvania Gazette*. Asimismo, se imprimían libros, opúsculos y folletos en inmensas cantidades. Por ejemplo, la obra *Common Sense* de Thomas Paine, publicada el 10 de enero de 1776, para marzo de ese mismo año ya había vendido 100.000 ejemplares: «en la actualidad se tendrían que haber vendido (en dos meses) ocho millones de ejemplares para equiparar la proporción de población que atrajo el libro de Paine».[296] En Inglaterra, por su parte, los periódicos aumentaban sus tiradas muy rápidamente. El editor de *The Spectator* informaba que, a la sazón, se distribuían 3.000 ejemplares diarios, lo que según sus cálculos significaba que, si cada uno de ellos pasaba por al menos veinte manos, «tenemos unos sesenta mil discípulos en Londres y Westminster».[297] En la segunda mitad del siglo, el número

---

292. Watson Peter, *Ideas. Historia intelectual de la humanidad* (Colombia: Planeta, 2017), p. 838.
293. *Cf.* Giovanni Sartori, *Homo videns* (Ciudad de México: Penguin Random House, 2017), p. 36.
294. Antonio Gramsci, «Socialismo y cultura», en *Para la reforma moral e intelectual*, p. 26.
295. *Cf.* Melvin De Fleur; Sandra Ball-Rokeach, *Teorías de la comunicación de masas* (Buenos Aires: Paidós, 1993), p. 79.
296. Neil Postman, *Divertirse hasta morir* (Barcelona: Ediciones La Tempestad, 2012), p. 33.
297. Citado en Watson, *Ideas*, p. 842.

aumentó a entre 20.000 y 30.000 ejemplares diarios, lo que daba una influencia sobre medio millón de personas todos los días.

Ahora bien, en la moderna sociedad industrial de masas, cuyos contornos ya se aprecian definidos hacia fines del siglo XIX, el texto impreso abarcaría dimensiones otrora inimaginables. Por empezar, la tecnología se fue perfeccionando y, si en el siglo XV una imprenta podía llegar a producir 3.000 páginas iguales en un día, en 1840 la prensa rotativa permitía producir 8.000 ejemplares por hora.[298] Adicionalmente, la creciente alfabetización y la reducción de las horas laborales, acompañada por un incremento del salario real, generaron un extenso público que, incluyendo a la clase obrera, ahora podía acceder a actividades recreativas y de ocio. El mercado cultural se había formado por fin de manera definitiva. Así, el primer periódico de masas norteamericano, por ejemplo, apareció en Nueva York en 1833, al alcance de pocos centavos. *New York Sun*, con el lema «Brilla para TODOS», arrancó con una circulación diaria de 2.000 ejemplares, que en tan solo seis meses se convirtieron en 8.000 y, cuatro años después, en 30.000.[299] Para 1872, tres periódicos neoyorquinos ya «tenían una difusión de 90.000 a 100.000 ejemplares»[300] que se vendían a menos de cuatro centavos. En París y Londres se alcanzaron números similares. A fin de siglo, el periódico en Estados Unidos había alcanzado un punto cercano a la saturación, con una tasa de circulación de 0.94 ejemplares por cada hogar.[301]

Sobrevino además el *boom* de las revistas y las novelas de masas. En Alemania, los *Kolporteure*, algo así como vendedores ambulantes de libros, repartían un tipo especial de novelas por entrega llamadas *Hintertreppenromance*, cuyo primer número iba gratis en tiradas de hasta 1.000.000 de ejemplares.[302] La idea era seducir al lector para que quedara atrapado con la historia y terminara suscribiéndose, con una técnica no muy diferente a la que usan actualmente las series televisivas. En Inglaterra, las novelas por entrega se contaban por varios cientos de miles de ejemplares semanales, calculándose que

---

298. *Cf.* Leonor Cremayer Mejía, *Los medios de comunicación y sus transformaciones* (México D. F.: Editorial Parmenia, 2017).
299. *Cf.* De Fleur; Ball-Rokeach, *Teorías de la comunicación de masas*, p. 81.
300. Jiménez, *Crítica del mundo imagen*, p. 57.
301. *Cf.* De Fleur; Ball-Rokeach, *Teorías de la comunicación de masas*, p. 89.
302. *Cf.* Maase, *Diversión ilimitada*, pp. 57-58.

cada uno de ellos era leído hasta por diez personas distintas.[303] El público de este tipo de literatura era sobre todo femenino aunque, a partir de 1870, aparecieron también revistas para adolescentes, como *The Boys of England*, que vendía 250.000 ejemplares semanalmente con 9 lectores promedio por ejemplar.[304] En 1890, la revista familiar *Pearsons's Weekly*, que ofrecía distintos artículos de interés general, llegó a tener una tirada de 1.250.000 ejemplares, mientras su competencia, *Tit-Bits*, alcanzaba los 700.000. En Francia, mientras tanto, *Le Petit Parisien* llegaría a vender 1.000.000 de ejemplares en 1902.[305] Tres décadas más tarde, el periódico *Paris-Soir* haría tiradas de 1.800.000 ejemplares.[306] Si se posa la atención en la URSS, en 1921 la tirada del periódico soviético *Pravda* era de 600.000 ejemplares; para 1940 ya existían 8.806 periódicos con una tirada de 38.000.000 de ejemplares.[307] Por otro lado, a partir de 1955 el número de libros impresos anualmente en el mundo llegaba a 8.000 millones, con más de medio millón de títulos totalmente nuevos.[308] Los efectos sociales —entre los que se encontraba la nueva capacidad de persuasión masiva— de semejante bombardeo de letras era visible apenas comenzando el siglo XX para cualquier sociólogo más o menos atento.[309]

---

303. *Cf.* Maase, *Diversión ilimitada*, p. 21.

304. *Penny Dreadfuls and Comics. English Periodicals for Children from Victorian Times to the Present Day. A Loan Exhibition from the Library of Oldenburg University, West Germany*, en Bethnal Green Museum of Childhood, 1983, pp. 6, 11 y ss. Citado en Maase, *Diversión ilimitada*, p. 88.

305. *Cf.* Maase, *Diversión ilimitada*, p. 91.

306. Marcel Prelot, *Sociología política* (Buenos Aires: La Ley, 1985), p. 381.

307. Es interesante agregar que la propia Revolución Rusa se gestó al calor de una gran cantidad de publicaciones, muchas de ellas clandestinas, pero la mayoría de una tirada nada despreciable. *Iskra, Proletaris, Zwiedza, Mysl, Pravda,* son algunos ejemplos. Este último tenía en 1912 ediciones de hasta 60.000 ejemplares. El periódico *Nach Pout* imprimía 20.000 ejemplares por tirada. Ver Mond, «Las comunicaciones de masas en la U.R.S.S. 1917-1953», en *Revista española de la opinión pública*, No. 11 (En. - Mar., 1968), pp. 118-128.

308. Sean MacBridem, *et al.*, *Un solo mundo, voces múltiples. Comunicación e información en nuestro tiempo* (México D. F.: FCE, 1993), p. 77.

309. El sociólogo norteamericano Charles Cooley escribía en 1909 al respecto: «El carácter general de este cambio queda bien expresado por las palabras *ampliación* y *animación*. [...] El individuo queda ampliado al entrar en relación con una vida más grande y más variada, y se le mantiene excitado, a veces hasta el exceso, por la multitud de sugerencias para el cambio que esa vida le aporta». Seguidamente, reconocía que el periódico se había vuelto «indispensable para la organización de la mentalidad pública» (Charles Horton Cooley, *Social Organization,* Nueva York: Charles Scribner's Sons, 1910, pp. 81-83).

Pero el texto impreso no es, hablando con propiedad, una tecnología que haya salido de las entrañas de la sociedad de masas. Lo que en esta acontece es, en todo caso, la exponencial multiplicación y difusión del material impreso: la sociedad de masas no crea la imprenta, sino que la usa para impulsar la masificación. Hacia fines del siglo XIX, no obstante, la sociedad de masas verá nacer, esta vez sí desde sus propias entrañas, un nuevo medio de comunicación visual, moderno hasta la médula, que, proyectando fotogramas sucesivos a gran velocidad, generaba la sensación de movimiento: el cine veía la luz.

El primer establecimiento se instaló en París, en 1895, y se llamó «Cinematographe». Tal fue el éxito del lugar que tuvieron que retirarse pronto las butacas, para que entrara más gente de pie. Rápidamente, el cine se convirtió en uno de los principales entretenimientos de las masas aquí y en otras latitudes. En 1914 ya había en Francia «un cine por cada 30.000 habitantes; en Alemania eran 18.000 por cine; en Italia 10.000; en Inglaterra 8.000; y en Bélgica 7.000».[310] Muchas salas superaban con creces las mil butacas, y el precio era generalmente muy bajo, abriéndose a la concurrencia masiva de los sectores obreros. Los números sirven para ilustrar el alcance: «En Mannheim se contaban en 1912 50.000 espectadores semanales, con una población de unos 200.000 habitantes, y parece ser que en Inglaterra hubo 20.000.000 de espectadores en 1916».[311] Los números crecían sin parar: en 1922 se vendían más de 40.000.000 de entradas semanales en Estados Unidos, que pasaron a ser 90.000.000 en 1930; en 1924, los cines alemanes estimaban más de 2.000.000 de espectadores por día; en Francia, el año 1938 registró 250.000.000 de espectadores, mientras en 1939 el cine británico recibía a 23.000.000 de espectadores por semana.[312] En 1943, en plena guerra, las salas alemanas se abarrotaron con un total aproximado de 1.100.000.000 asistencias,

---

310. H. Traub, *Die UFA* (Berlín, 1943), p. 11. Citado en Maase, *Diversión ilimitada*, p. 108.
311. Maase, *Diversión ilimitada*, p. 109. Los datos fueron tomados de: E. Altenloh, *Zur Soziologie des Kino* (Jena: 1914), p. 67. J.C. Robertson, *The Hidden Cinema. British Film Censorship in Action* (Londres: 1989), p. 1.
312. Datos tomados de Maase, *Diversión ilimitada*, p. 128. Y de De Fleur, Ball-Rokeach, *Teorías de la comunicación de masas*, pp. 114-116.

mientras que en Inglaterra, cinco años más tarde, se registraban 1.500.000.000.[313]

El cine funciona como industria: pero como *industria cultural* (Adorno). La producción se ordena casi de manera fordista: división minuciosa del trabajo, cálculos precisos de tiempos, control creciente de detalles estandarizados con criterios industriales que, no obstante, irán sucumbiendo con el tiempo a la lógica de la obsolescencia acelerada propia de la moda. La masividad del cine es producto de que, entre otras cosas, constituyó un entretenimiento realmente económico. La sala Cinematographe, por ejemplo, cobraba en Francia apenas un franco para ver una película. En Estados Unidos se llamó a los rudimentarios cines de principios de siglo «nickelodeon», porque el costo era una moneda de cinco centavos, es decir, un «nickel». El nivel cultural de las películas era generalmente muy bajo: tramas simples, humor trillado, temáticas banales. No era tanto el contenido, sino más bien la forma, lo que la gente en realidad consumía: la fascinación de aquellas imágenes en movimiento hacía inicialmente innecesario demasiado esmero argumental; y tal vez, viceversa, cuanto más simple, más gente podría apreciarlo. En Estados Unidos el cine se transformó en fuente inagotable de entretenimiento para los recién llegados del campo a la ciudad, generalmente analfabetos, y para las oleadas de inmigrantes que todavía no sabían leer inglés y que podían, no obstante, pasar el rato mirando figuras proyectadas. Cuando la novedad pasó a ser cosa cotidiana, el cine tuvo que sofisticar sus películas y mejorar sus salas de proyección, aunque continuó siendo siempre accesible para los sectores de menores ingresos (con bajas de consumo durante la Gran Depresión).

Es importante para el tema central de este libro considerar que el cine fue utilizado, desde sus orígenes, como instrumento de penetración cultural que deliberadamente se puso al servicio de las necesidades nacionales e ideológicas. El cine poseía la flamante capacidad de poner en la visión de mucha gente, durante una cantidad considerable de tiempo, ciertas imágenes que deslumbraban a las masas por su movimiento a la vez que transmitían un determinado contenido. Esto constituía un hallazgo que la política no podía desatender. Así, por ejemplo, las guerras mundiales del siglo XX

---

313. *Cf.* Maase, *Diversión ilimitada*, pp. 223 y 256.

—en especial la segunda[314]— tuvieron al cine por protagonista, como eficaz maquinaria de difusión capaz de llegar a millones de personas de ambos sexos, de las edades más dispares y de todas las clases sociales. Involucrar a toda una nación en los esfuerzos militares (y, por añadidura, en los esfuerzos industriales y financieros de los cuales se alimentaban los militares), en una medida desconocida en el pasado, suponía generar y mantener el compromiso de las masas, levantar constantemente su moral, persistir en las líneas divisorias entre el «nosotros» y el «ellos» y persuadir a menudo con propaganda falaz.[315] Los medios de masas prestaron este servicio con gran eficiencia. En lo que se refiere al cine en concreto, la Primera Guerra Mundial permitió a Estados Unidos una ventaja comparativa con Europa porque en el «viejo continente» la producción de películas se había suspendido desde 1914. Dado que una parte importante de la ciudadanía norteamericana no apoyaba la intervención de su país en el año 1917, George Creel, director del Comité para la Información Pública, encontró que el cine podía ser un instrumento eficaz a la hora de cambiar las percepciones del público sobre la guerra y el rol de su nación. Hollywood emprendió gustosamente el desafío.

Ya para la Segunda Guerra Mundial, el cine sería utilizado por todas las partes del conflicto.[316] En Estados Unidos, por ejemplo,

---

314. En la Primera Guerra Mundial lo que destacó, más que el cine, fue la utilización de la fotografía en el campo de combate. Los ejércitos dispusieron unidades especiales para captar y congelar las imágenes de lo que estaba sucediendo, muchas veces con objetivos propagandísticos.

315. Es conocido el caso del brigadier general inglés J. V. Charteris, que adulteró el epígrafe de una foto de cadáveres alemanes que eran arrastrados hacia fosas, intercambiándolo con el epígrafe de una fotografía de caballos siendo llevados hacia una fábrica en la cual se extraía la grasa y se hacía jabón. Así pues, para el público ahora eran los cuerpos de los soldados alemanes los que estaban siendo usados, por sus propios hermanos, para hacer jabón. Se ha dicho que esta propaganda influyó en la toma de partido de China contra Alemania en la Primera Guerra Mundial, por la veneración que los chinos tienen por los muertos. Ver George Sylvester Viereck, *Spreading Germs of Hate* (Nueva York: Horace Liveright, 1930), pp. 153-154.

316. El mundo de la música, que también había sido masificado gracias al fonógrafo y el gramófono, fue asimismo instrumentalizado con fines propagandísticos: la popular canción de fines del siglo XIX, *Le fils de l'Allemand*, que contaba la historia de una mujer francesa que por patriotismo se negaba a amamantar al bebé de un soldado alemán, fue especialmente disfrutada por Francia en la Primera Guerra Mundial, mientras que en tiempos de Segunda Guerra Mundial la canción alemana *Lili Marleen*, editada al poco tiempo en lengua inglesa como *My Lili of the Lamplight*, causó furor entre los soldados.

se estrenaba en 1939 *Confessions of* a *Nazi Spy*, en la que un agente del FBI atrapa a un espía nazi; al año siguiente, aparece en las salas *Foreign correspondences*, dirigida por Alfred Hitchcock, en la que se suceden una serie de conspiraciones en los momentos previos al estallido de la Segunda Guerra Mundial. También se proyecta por primera vez, en el mismo año, *The Great Dictator* de Charles Chaplin, en la que este protagonizaba, al unísono, a un dictador nazi y a un barbero de origen judío.

La Unión Soviética, por su parte, centralizaba el dirigismo cultural desde el Departamento de Propaganda y Agitación del Comité Central del PC. El cine aquí resultó especialmente importante, dado que el material escrito era poco efectivo en virtud de los altísimos niveles de analfabetismo; es probable que esto fuera lo que el propio Lenin consideraba cuando sostuvo que, de todas las artes, el cine era para ellos la más importante. Desde el triunfo de la Revolución, los soviéticos habían canalizado gran parte de la propaganda a través de sus películas. Títulos como *La Huelga* (1924) del cineasta Serguéi Eisenstein, que abre precisamente con una cita de Lenin,[317] trata de una huelga bolchevique en la Rusia prerrevolucionaria que termina con los obreros fusilados por el régimen en complicidad con los capitalistas. Al año siguiente, el mismo director lanzaba *El acorazado Potemkin*, un hito en el cine del siglo pasado que, introducida originalmente por León Trotsky, procuró conmemorar la fallida revolución de 1905, previa a la exitosa de 1917.[318] Durante la Segunda Guerra Mundial destacó la película *Un día de guerra en la URSS* (1942) de Mikhail Sloutski.

Por otra parte, en Alemania, el gobierno nacionalsocialista produjo más de 1.200 películas a través de su Ministerio de Propaganda, de las cuales al menos 300 fueron prohibidas por el bando de los Aliados después de su triunfo. Entre ellas se encontraba *El judío Süss* (1940), probablemente la película antisemita más exitosa, basada en una novela histórica de 1925 que fue readaptada por el

---

317. «La fuerza de la clase obrera es la organización. Sin organización de masas, el proletario es nada. Organizado lo es todo. Estar organizado significa unidad de acción, unidad de actividades prácticas».

318. Tal es el poder del cine que Finlandia decidió prohibir esta película a fin de evitar revueltas o, peor, revoluciones, comunistas.

propio Joseph Goebbels.[319] También puede pensarse en *El triunfo de la voluntad* (1935) de Leni Riefenstahl, uno de los filmes mejor rodados (y de los más premiados), encargado por el propio Hitler para documentar el VI Congreso del Partido Nacional Socialista. Todo empieza con el Führer descendiendo del cielo, como un mesías, en un avión cuya sombra se proyecta sobre Núremberg en una escena de connotaciones casi religiosas.[320] Hoy día hay unas cuarenta y cuatro películas que siguen prohibidas por el Estado alemán, que solo permite su visualización con la presencia de un «experto» que «contextualice» al espectador.[321] Todo un indicio sobre la magnitud del poder cultural de estos rodajes.

El cine ofreció imágenes en movimiento, primero mudas y luego con sonido. Más tarde, el color se incorporaría a la pantalla. Pero la sociedad de masas vio surgir en el siglo XX una nueva tecnología comunicacional que tenía la virtud de poder acompañarnos dentro del propio hogar, y sobre la cual podía disponerse a conveniencia: la radiofonía. La primera transmisión radiofónica con fines no militares que se dio en Buenos Aires fue en 1920. El 11 de noviembre del mismo año, en Estados Unidos, entre 500 y 1.000 personas escuchaban en su «caja musical» que Warren G. Harding era el nuevo presidente del país.[322] A diferencia del telégrafo, el sonido ya no viajaba a través de cables, sino a través de ondas de radio: este era el secreto de la cuestión.

El uso de la nueva tecnología en Europa creció rápidamente desde las primeras transmisiones, ilustrando la dinámica de la masificación moderna. En 1924 por ejemplo, había en Gran Bretaña unos 595.000 aparatos de radio; en 1925 el número casi se duplicó a 1.130.000; en 1927 subió a 2.178.000; en 1938 a 8.856.000, y en 1946 a 10.770.000. En Francia la cosa no fue distinta: hacia 1930 se registraron aproximadamente 500.000 aparatos, que incrementaron a 4.164.000 en 1938, y llegaron a 5.577.000 en 1946. En Alemania

---

319. *Cf.* http://www.holocaustresearchproject.org/holoprelude/judsuss.html.
320. Un interesante análisis sobre esta película puede verse en Antonio Pineda, Jorge David Fernández Gómez, Adrián Huici, *Ideologías políticas en la cultura de masas* (Madrid: 2018) capítulo 9.
321. El documental *Forbidden Films* de Felix Moeller trata precisamente sobre estas cintas y la polémica de la prohibición.
322. *Cf.* De Fleur; Ball-Rokeach, *Teorías de la comunicación de masas*, p. 139.

los números se mostraron así: en 1925 se estimaron 549.000 radios, que fueron 2.010.000 en 1928, 4.310.000 en 1933 y 9.087.000 en 1938.[323] En los años treinta, en Inglaterra, las encuestas registraban que el tiempo promedio de escucha era de cuatro horas diarias.[324] En Italia, para 1939 se contabilizaban aproximadamente 1.000.000 de aparatos de radio, en los que se transmitían noticias, música y deporte, además de discursos de Mussolini.[325] En la década de 1940, Robert Merton y Paul Lazarsfeld daban cuenta de que en Estados Unidos no menos de 34.000.000 de hogares estaban equipados con una o más radios, y que el norteamericano promedio la escuchaba a la sazón durante tres horas diarias.[326] Para 1950, la radio había alcanzado el punto de saturación en los hogares norteamericanos (2,1 receptores por hogar),[327] y ya podía escucharse incluso desde el automóvil.[328]

La radio constituía un concepto enteramente nuevo sobre la relación del hombre y los medios masivos. Ahora era posible hablarle al hombre de manera directa, sin concursar su esfuerzo cognitivo tan necesario para, por ejemplo, leer un libro, un periódico o una revista. El hombre debía, sencillamente, sentarse y escuchar; y, como bien se sabe, pocas cosas hay más fáciles que escuchar. «Cuando escucho la radio, vivo dentro de ella. Me resulta más fácil zambullirme en la radio que en un libro»,[329] dijo un radioescucha por entonces en una encuesta. No es casualidad que en 1920 se diera en Estados Unidos el punto de inflexión a partir del cual la tasa de circulación de periódicos comenzara a decrecer sin solución de

---

323. Datos provenientes de P. Dahl. *Radio*. Reinbek, 1983, p. 52; H. Schröder. *Tanz- und Unterhaltungsmusik in Deutschland 1918-1933*. Bonn, 1990, p. 318; Y. Lequin. *Histoire des Francais XIX-XX siècles: Les citoyens et la democratie*. París, 1984, p. 219; A. Briggs, *The Birth of Bradcasting* (Londres: 1961), p. 18; A. Briggs, *The War of Words* (Londres: 1970), apéndices B, C. Citado en Maase, *Diversión ilimitada*, p. 125.

324. *Cf.* Maase, *Diversión ilimitada*, pp. 126-127.

325. *Cf.* Ibíd., p. 191.

326. *Cf.* Paul Lazarsfeld; Robert Merton, «Comunicación de masas, gusto popular y acción social organizada». En Heriberto Muraro (Comp.), *La comunicación de masas* (Buenos Aires: Centro Editor de América Latina, 1977), p. 28.

327. *Cf.* De Fleur; Ball-Rokeach, *Teorías de la comunicación de masas*, p. 148.

328. *Cf.* Ibíd., p. 48.

329. Citado en Marshall McLuhan, *Comprender los medios de comunicación. Las extensiones del ser humano* (Barcelona: Paidós, 1996), p. 306.

continuidad, justo después de alcanzar su punto máximo.[330] A diferencia del cine, por otra parte, el tiempo del que la radio disponía cada día para impactar directamente sobre ese hombre era incalculablemente mayor respecto a un filme cualquiera, no solo porque para concurrir al cine el hombre debe salir de su hogar con ese plan deliberado, sino porque encender la flamante tecnología radiofónica no genera virtualmente ningún gasto extra después de adquirido el aparato. Apagar y encender con sensación de libertad, sin sacar ninguna entrada, sin pagarle nada a nadie, sin siquiera pedir permiso, en la cocina, en la habitación, en el baño, o donde se nos antoje, en simultaneidad con otras actividades cotidianas o no haciendo absolutamente nada, tan solo sintonizando la frecuencia deseada y, en actitud pasiva, disponiéndonos a escuchar lo que otros tienen para decirnos sin que ellos escuchen lo que nosotros quisiéramos (¿quisiéramos?) decirles: el receptor es receptor y nada más que eso. Y el receptor es inicialmente colectivo: la radio se escucha originalmente en grupo, cosa que recién cambiará con el advenimiento de la televisión.

La gente se vuelve importante por el alcance de su comunicación; su voz queda autorizada por el hecho de alcanzar de manera masiva y, al mismo tiempo, distante. Si, como decía Marshall McLuhan, los medios son las extensiones del ser humano,[331] aquellos que más extiendan su voz y su imagen más extenderán el conocimiento y la reverencia que de ellos se haga. Entre el cine y la radio, así, nació la *farándula*, ese colectivo moderno de personas célebres por su fama.[332] En efecto, no solo el cine narraba historias a través de interpretaciones actorales; la radio tenía también sus radionovelas, con las que los radioescuchas se deleitaban durante horas. Es conocido el caso de tiendas comerciales que debían poner, con buen volumen, el radioteatro, para no perder a la clientela en horarios específicos. De tal suerte que diarios y revistas empezaron a hablar sobre el cine

---

330. En 1910, la tasa de ejemplares por hogar era de 1,36; en 1920 baja por primera vez desde 1850 a 1,34, e inicia un descenso constante que, por ejemplo, en 1986 llega a 0,70.
331. *Cf.* McLuhan, *Comprender los medios de comunicación*.
332. Estoy parafraseando a Daniel J. Boorstin, citado reiteradamente en los trabajos de Bauman. *Cf.* Zygmunt Bauman, *Modernidad líquida* (Ciudad de México: FCE, 2017), p. 73. También lo repite en *La cultura en el mundo de la modernidad líquida* (Ciudad de México: FCE, 2015).

y las radionovelas, pero también sobre sus protagonistas; actores de radionovela saltaban al cine y viceversa: la retroalimentación entre los medios había nacido. Los medios que hablan de los medios terminan magnificando la imagen de quienes en ellos sobresalen (la extensión se automultiplica), y la farándula deviene, por añadidura, una referencia «todoterreno» para la sociedad: una nueva forma de idolatría que confiere a determinados sujetos *autoridad cultural* y los vuelve, por lo mismo, actores crecientemente indispensables en las batallas culturales.

Pero además de entretenimiento, la radio también ofrecía información, y esto a una velocidad mucho mayor de la que el periódico podía lograr. El tiempo entre un suceso y su conocimiento público se estrechaba significativamente: la sociedad se va aproximando, pues, a la instantaneidad, apoyada por el telégrafo y el teléfono, como ya se mencionó. Música, novelas, noticias, humor, curiosidades: todo cabía en la radio; y, como bien puede ya suponerse, semejante maquinaria no podía no ser instrumentalizada por la política, el Estado y su dirigismo cultural.

Franklin D. Roosevelt, desde la Casa Blanca, se metía en los hogares norteamericanos a través de la radio durante la crisis de los años treinta, en sus célebres «charlas junto a la chimenea». La familia norteamericana entera se reunía a escucharlo, como si se dirigiera a ellos en particular, como si allí, junto a ellos, dentro del propio hogar, de hecho, el presidente estuviera acompañándolos. Escucharlo se volvía un suceso nacional: la misma voz irrumpía al unísono en todos los hogares, conectando a la nación con su líder que llevaba a ella confianza en el futuro en tiempos de dificultad. Mientras tanto, con la llegada de Hitler al poder en Alemania, uno de los primeros movimientos del Führer consistió en colocar a Joseph Goebbels frente al Ministerio para la Ilustración Pública y Propaganda, desde donde le prestaron especial importancia a la comunicación radiofónica, y la centralizaron en el Estado. Si, como hacía tiempo había escrito Hitler en *Mein Kampf,* «la propaganda trata de imponer una doctrina a todo el pueblo»,[333] la radio era el aparato que podía vehiculizar su propaganda a todos los alemanes: «Que Hitler llegara a

---

333. Adolf Hitler, *Mi lucha* (Medellín: Sigfrido Casa Editora, 2013), p. 362.

existir políticamente se debe directamente a la radio y a los sistemas de megafonía»,[334] supo concluir McLuhan.

Durante la Segunda Guerra Mundial, la radio fue un armamento clave. Desde la emisora de Stuttgart los alemanes difundían en 1940 programación en lengua francesa, mientras que años atrás desde la emisora francesa de Estrasburgo se difundían mensajes en alemán. Al mismo tiempo, los ingleses tenían en territorio alemán a Sefton Delmer, un periodista que desde una emisora de radio pondría en marcha una estrategia de «propaganda negra», con el objeto de socavar el poder de Hitler no oponiéndose a él, sino fingiendo apoyarlo, mientras los propios alemanes emitían para Inglaterra la «New British Broadcasting Station», que transmitía noticias falsas o exageradas procurando que la BBC las replicara, desacreditándose. La guerra, pues, contemplaba como nunca el dominio de la batalla psicológica[335] y, en este sentido, *cultural*, en la medida en que se procuraba alterar externamente la opinión y la moral del enemigo con arreglo a las nuevas tecnologías de comunicación de masas. En otras palabras: la Segunda Guerra Mundial fue esencialmente un conflicto de orden armado, pero las nuevas tecnologías culturales eran utilizadas para desencadenar, *como apoyo a los esfuerzos armados,* batallas culturales. Con la Guerra Fría, de la que no se hablará ahora, la relación se invirtió: el conflicto fue en esencia cultural y se desarrolló sostenidamente conforme a tecnologías de batalla cultural, pero fue apoyado por la constante amenaza del uso de tecnología armamentística (el poder simétrico de destrucción sin precedentes era precisamente la causa del inmovilismo bélico y la hiperactividad cultural) y por conflictos armados periféricos.

No es posible ilustrar la centralidad política de la radio entre 1920 y 1950 sin hacer alguna mención a la Unión Soviética. Esta también utilizó la radio con fines similares durante la guerra,

---

334. McLuhan, *Comprender los medios de comunicación*, p. 307.
335. Naturalmente, no todo era ataque psicológico contra el enemigo. También se utilizaban los medios para reforzar la propia psicología social. Los ingleses, por ejemplo, lanzaron el *Forces Program*, que se emitió desde el 7 de enero de 1940 hasta el 26 de febrero de 1944, con el objeto de mantener alta la moral de los soldados que se encontraban en el campo de batalla.

teniendo en su haber para 1940 más de 11.000 emisoras de radio,[336] aunque la radiofonía siempre fue, más allá de la cuestión bélica, una herramienta de poder ideológico para la construcción del socialismo. Estando bajo el control del Departamento de la Agitación y la Propaganda del CC y del PCUS, la comunicación social era cuidadosamente planificada. Como en el Congreso del Sindicato de los Periodistas Soviéticos del 13 de noviembre de 1918 se dijo con orgullo: «La prensa soviética es enteramente sumisa a la tarea esencial del momento, que consiste en poner en vigor la dictadura del proletariado».[337] Y la radio servía a estos fines, en mayor medida que los medios impresos. En la radio se escuchaba la *Internacional* e incluso se leía frecuentemente pasajes de *El Capital*, además de difundirse información cuidadosamente filtrada por los dispositivos censores, y lanzarse e instalarse las célebres «voces de orden» leninistas, que a modo de eslogan movilizaban los espíritus con frases cortas e impactantes. Para los niños se leía en las ondas «literatura infantil»,[338] entre la que destacaban los libros de Arkadi Gaidar y, de entre ellos, sobre todo su *Timur y su pandilla*, que dio lugar a movimientos de juventudes soviéticas. En este marco se exaltaba la industrialización estalinista, el colectivismo más absoluto, la bondad del Ejército Rojo y se les enseñaba a los niños que Dios era un cuento burgués.[339] Por medio de un decreto, a la sazón, «las autoridades dieron la orden de que las obras dedicadas a los niños debían despertar el odio hacia los enemigos de la clase obrera y el amor hacia la Revolución».[340] Todo ello no se agotaba en material impreso,

---

336. George Mond, «Las comunicaciones de masas en la U.R.S.S. 1917-1953», en *Revista española de la opinión pública*, nº 11, 1968, p. 131.

337. Citado en ibíd., p. 122.

338. «En los primeros quince años de la existencia de la Unión Soviética se publicaron casi 11.000 títulos de libros infantiles y juveniles, muchos de ellos con una tirada verdaderamente extraordinaria. Posteriormente a esos años, sólo la editorial Gosdetizdat editaba entre 200 y 350 libros de este tipo al año, con una tirada conjunta de casi 30 millones de ejemplares» (Pineda, Fernández Gómez, Huici, *Ideologías políticas en la cultura de masas*, p. 149).

339. Una de las protagonistas, por ejemplo, pregunta a su hermana en un pasaje sobre la existencia de Dios, a lo que esta última responde categóricamente: «No existe». La novela, como ha analizado Marta Policinska Malocco, está repleta de estas «cuñas» ideológicas, estas «bajadas de línea» que saltan a la vista rápidamente. *Cf.* Pineda, Fernández Gómez, Huici, *Ideologías políticas en la cultura de masas*, capítulo 5.

340. Pineda, Fernández Gómez, Huici, *Ideologías políticas en la cultura de masas*, p. 149.

sino que se reproducía a su vez por radio. «Se nos acusa de crear la opinión de las masas. El reproche es inexacto; solo intentamos formularla»,[341] había dicho Trotsky tiempo antes. Recordemos que él mismo supo utilizar la radio para llegar directamente a esas mismas masas, con gran eficiencia, por cierto. Para 1977, la URSS tenía el 13,3 % del total de los aparatos de radio en el mundo, apenas tres puntos por debajo de toda Europa.[342]

La comunicación de masas experimentará un punto de inflexión con la aparición de la televisión que, por estar más ligada a lo que suele llamarse «posmodernidad», se abordará más adelante.

VII. La sociedad de masas y el poder de los modernos medios de comunicación

La sociedad moderna es una sociedad de masas. Por esto entiendo lo que queda después de un proceso de atomización social, que destruye todos los lazos tradicionales y devuelve por resultado individuos-átomos, en conjunción con tecnologías que permiten *reunirlos* a todos ellos en un mismo tiempo y espacio, en lo que se muestra como una *masa humana* que espera que exógenamente le otorguen su forma, esto es: que la *informen*.

El carácter masificante de la modernidad ha estado en el centro de numerosas reflexiones filosóficas y sociológicas. Entre ellas, destacan las de José Ortega y Gasset. Sus tesis son de especial interés para mis consideraciones sobre la batalla cultural, especialmente porque sus reflexiones surgen en el momento de apogeo de este tipo de sociedad.

¿Qué está viendo Ortega, pues, cuando publica en 1930 *La rebelión de las masas*? Fundamentalmente que Europa, entre el siglo IV y el XVIII, nunca ha superado la cantidad de 180 millones de habitantes, pero que entre 1800 y 1914 la población experimentó un ascenso que llegó a los 460 millones. Y, sobre todo, que

---

341. Citado en Jean Marie Domenach, *La propaganda política* (Buenos Aires: Eudeba, 1962), p. 27.
342. UNESCO, Statistical Yearbook, 1977. Citado en Sean MacBride, *et al.*, *Un solo mundo, voces múltiples*, p. 97.

semejante cambio no es solo cuantitativo, sino también cualitativo. El *hombre-masa* es un tipo histórico bien particular, que se caracteriza por acceder a todos los beneficios de la civilización sin reparar en los esfuerzos que fueron necesarios para que esta viera la luz. Sobrepasado por los beneficios materiales que la modernidad le confiere, como frutos que caerían de un árbol por sí mismos, el hombre en cuestión pierde de vista la excepcionalidad de su entorno: su egocentrismo es producto de su incapacidad para mirar hacia el pasado y descubrir los procesos históricos de los cuales él es producto; su vulgaridad es coronada por el igualitarismo reinante que pone en su pequeña mente la idea de que sus gustos y opiniones tienen algún valor, y que nadie hay por encima de él; su total ignorancia es la base a partir de la cual su manipulación, combinada con los medios tecnológicos para manipularlo, jamás ha sido tan sencilla. El hombre-masa es, en una palabra, el hombre *mediocre* que, sintiéndose un producto de sí, no es otra cosa que arcilla humana a la que es dable conferirle cualquier forma: como la masa misma, pues.

Ortega y Gasset se escandaliza con este hombre, al que describe así: «El hombre-medio se encuentra con "ideas" dentro de sí, pero carece de la función de idear. Ni sospecha siquiera cuál es el elemento sutilísimo en que las ideas viven».[343] No puede sospechar sobre sus ideas porque está incapacitado para identificar la procedencia de aquello que por arte de magia parece súbitamente surgir en su cabeza. Probablemente piense que se trata de ideas eternas y evidentes en sí mismas. ¿No piensan acaso todos más o menos lo mismo? El hombre-masa queda abierto a la manipulación en la medida en que, por definición, carece de la capacidad intelectual de saberse manipulado. Por ello Ortega arremete: «Es la época de las "corrientes" y del "dejarse arrastrar". Casi nadie presenta resistencia a los superficiales torbellinos que se forman en arte o en ideas, o en política, o en los usos sociales. Por lo mismo, más que nunca triunfa la retórica».[344] Se tiene aquí una interesante descripción de la base social de una batalla cultural, siendo «el triunfo de la retórica» su más elocuente desenlace. Pero es necesario ahora responder a la pregunta de qué

---

343. José Ortega y Gasset, *La rebelión de las masas* (Barcelona: Ediciones Orbis, 1983), p. 86.
344. Ibíd., p. 109.

significa, más en concreto, ese «dejarse arrastrar» y cuál es la fuerza específica de la «corriente» referida. Puesto de otra forma: ¿cuál es el poder efectivo que los medios masivos ejercen sobre el hombre de la sociedad de masas?

Responder esta pregunta implica responder otra no menos importante: ¿qué se quiere decir con *poder*? Desde luego que este no es el espacio para discutir la enorme cantidad de teorías sobre el poder que las ciencias sociales y la filosofía han ofrecido hasta el momento. Pero es, sin perjuicio de ello, ineludible para lo que sigue brindar al menos una definición convincente de poder. Porque, ¿qué es la batalla cultural sino una *lucha por el poder simbólico*? ¿Y qué es, en ese sentido, el poder en abstracto? Max Weber es un buen punto de apoyo al respecto: «*Poder* significa la probabilidad de imponer la propia voluntad, dentro de una relación social, aun contra toda resistencia y cualquiera que sea el fundamento de esa probabilidad».[345] La definición weberiana es clara en cuanto a la caracterización de una relación esencialmente asimétrica, en la que el hecho de que la voluntad de A se imponga a la de B es la consecuencia, precisamente, del *poder* que en *esa relación* beneficia a A por sobre B, cualquiera que sea su fuente. El poder, entonces, no es un atributo personal, sino una relación, pues solo es posible ver sus efectos en el marco de una relación social concreta. Sin B, A no tiene poder alguno.

El poder sirve para imponer una *voluntad*. El contenido de la voluntad que impone el poder ha de entenderse en un sentido amplio: desde un curso de acción determinado hasta una forma concreta de pensar. A puede querer que B *haga* C; A puede querer que B *piense* D; A puede querer que B *perciba* E, etcétera. Así, A tiene poder sobre B no solamente si en virtud del ejercicio del poder logra que B *haga* determinada cosa, sino también que *piense*, que *perciba*, que *pondere*, que *crea*, que se *emocione* de determinada manera, esto es, que adopte determinados valores, creencias, costumbres, principios, preferencias, normas. De todas maneras, la eventual acción de B podrá quedar así atravesada por ese pensar, percibir, etcétera. Si esto es así, se advierte entonces que el poder no puede ser reducido a la mera coacción o amenaza de coacción. Que el poder sea

345. Max Weber, *Economía y sociedad* (México: FCE, 2016), p. 183

irreductible a sus funciones *negativas* quiere decir que el poder no solo sabe decir «no», sino también «sí». El poder reviste, además, y por ello mismo, una dimensión *positiva*; una dimensión en la que no necesariamente reprime, sino más bien *produce*: produce realidades y subjetividades. Esto fue estudiado especialmente por Michel Foucault, sobre todo en su etapa genealógica:

> Hay que dejar de describir siempre los efectos del poder en términos negativos: «excluye», «reprime», «rechaza», «censura», «abstrae», «disimula», «oculta». De hecho, el poder produce; produce realidad; produce ámbitos de objetos y rituales de verdad. El individuo y el conocimiento que de él se puede obtener corresponden a esta producción.[346]

El poder no se manifiesta, pues, simplemente en la coacción o la amenaza de coacción. Al decir de Byung-Chul Han: «poco poder tiene quien únicamente sea capaz de imponer su voluntad en virtud de una sanción negativa».[347] El poder mejor ejercido es el poder menos notado. Ciertos discursos, por ejemplo, se ordenan por y hacia el poder.[348] Así, ponen en marcha procesos de poder que *producen discretamente* subjetividades: el poder, en efecto, no está exclusivamente en las armas, sino también en las palabras. Y es que las armas sirven para *doblegar* voluntades, aunque difícilmente para *ganarlas*. Son las palabras las que ganan una voluntad; son ellas, en su apariencia aséptica, las que convencen y, al convencer, automatizan la voluntad, cristalizan en B la voluntad de A. Un poder que solo doblega, que solo tiene la fuerza de *forzar* al cuerpo, es ciertamente un poder débil e inestable. Un poder eficiente, en contraste, es aquel que *fuerza la mente*. La estabilidad del poder depende de su aceptación, y su aceptación se construye con palabras, no con armas. Producir sujetos conformes con el poder es la aspiración de todo poder que pretenda permanencia (Gramsci agregaría, además, que a mayor hegemonía, menor necesidad de usar la fuerza), porque él mismo no puede nunca ser pura coerción, mero uso de la fuerza; el poder necesita adhesión y disciplina, y para ello dispone de

---

346. Michel Foucault, *Vigilar y castigar* (México D. F.: Siglo XXI, 2016), p. 225.
347. Byung-Chul Han, *Sobre el poder* (Barcelona: Herder, 2016), p. 31.
348. *Cf.* Michel Foucault, *El orden del discurso* (Barcelona: Austral, 2019).

distintas instituciones, dispositivos y tecnologías de entre las cuales los medios masivos de comunicación, por su capacidad de llegar con un mensaje determinado a una cantidad indeterminada de sujetos, sobresalen con claridad.

Con el poder podría construirse toda una tipología que dé cuenta de diferentes modos de ejercicio, diferentes objetos, diferentes sujetos, y así sucesivamente. Tal vez un poco esquemáticamente, aquí podría llamarse «poder político» a la probabilidad de establecer las normas, según los propios criterios e intereses, que rijan sobre un grupo humano específico;[349] «poder económico», a la probabilidad de controlar y dirigir los mecanismos de producción y distribución de bienes y servicios; y «poder cultural», finalmente, a la probabilidad de volver hegemónicos los propios discursos culturales, esto es, las propias ideas, valores, simbologías, mitos, ritos, creencias, costumbres, etc.[350] Los distintos tipos de poder, naturalmente, están interrelacionados, y esta división tiene un sentido más bien analítico. En efecto, aquellos que ejercen poder político imponiendo, por ejemplo, una determinada legislación, ¿no han debido ejercer o no deberán ejercer en algún momento poder cultural para producir conformidad con la nueva normativa? ¿No pueden afectar, con su poder político, los esquemas corrientes de producción y distribución económica? Por otro lado, aquellos que detentan poder económico, ¿no suelen impactar sobre el político a través de financiación de campañas, *lobbies* y otros tipos de presión organizada? ¿No suelen asimismo disponer de medios de comunicación, fundaciones, ONG y hasta universidades a partir de los cuales producen y distribuyen ya no bienes materiales, sino cultura? Y, finalmente, aquellos que disponen de poder cultural, ¿no tienen por objeto último institucionalizar sus discursos culturales en esas significaciones sedimentadas que llamamos leyes, establecidas en última

---

349. Encuentro muy útil la definición de un ensayista político argentino que hace un destilado del concepto de política a partir de las formas más reconocidas de concebirla: «El poder específicamente político sería aquel que decide, dentro de un grupo humano, las reglas validadas en las cuales se establecen sus relaciones sociales» (Pablo Martín Pozzoni, «No class? One party!», http://pablopozzoni.blogspot .com/2017/05/no-class-one-party.html).

350. James Lull mantiene una concepción similar del poder cultural cuando sostiene que «la capacidad de definir culturalmente una situación es la proposición esencial del poder cultural» (James Lull, *Medios, comunicación, cultura. Aproximación global*, Buenos Aires: Amorrortu, 2009, p. 107).

instancia por el poder político? Es más: ¿no tienen fijados de antemano sus propios límites por el sistema de *dominación*[351] en el contexto en el cual actúan? ¿Y no pueden a menudo condicionar la imagen que del poder económico se ha formado toda una sociedad?

Evidentemente, la interrelación entre las diversas formas de poder aquí identificadas es significativa. No obstante, la diferencia analítica sigue resultando interesante toda vez que sirve para distinguir actores según el tipo de poder que predomina en sus relaciones. Un medio masivo no dicta leyes, sino ideas, palabras, informaciones, guías de conducta, modelos a imitar, estereotipos a rechazar, esquemas morales, estéticas determinadas, etcétera. En efecto, los medios masivos no prohíben ni permiten: producen y difunden, pero no automóviles o electrodomésticos, como lo haría el poder económico, sino cultura en forma de mensajes masificados que procuran, en virtud de la lógica inherente a la comunicación de masas, alcanzar al mayor número posible de personas. Con ello, es factible entonces determinar, por fin, el tipo concreto de poder al que me refería cuando hablaba del poder de los medios comunicacionales de masas: *el poder de producir y difundir determinados contenidos culturales a una audiencia conformada virtualmente por la sociedad toda*, pues prácticamente no queda ya rincón de la sociedad en la que no se haga patente la omnipresencia mediática.

Para Giovanni Sartori, este poder es abrumador, pues es el producto de una de las más cruciales revoluciones: la revolución de la comunicación de masas. Con ella, la tecnología de los *mass media* ha traído definitivamente la «victoria del cañón». Vale la pena citar a Sartori *in extenso*:

En todo el transcurso de la historia existió la pugna entre el arma y la armadura, entre el proyectil y la coraza, entre el carro de asalto y la Línea Maginot. Durante milenios el resultado fue variable: a veces predominó el instrumento ofensivo, a veces el defensivo. En la actualidad es claro que ha vencido el cañón, ya sea en la guerra

---

351. Cuando hablamos de *dominación* estamos hablando de la institucionalización formal del poder. Dice Weber que «por dominación debe entenderse la probabilidad de encontrar obediencia a un mandato de determinado contenido entre personas dadas», unido a la existencia «de un cuadro administrativo» o «de una asociación», o de ambas (Weber, *Economía y sociedad*, p. 183).

(la bomba, el germen), ya en la paz; la ofensiva del mensaje supera nuestras posibilidades de defensa. El hombre en cuanto animal mental no ha estado nunca tan expuesto ni ha sido tan vulnerable como hoy. Es tal el poder de la tecnología de las comunicaciones de masas, que puede llegar a alterar —si se lo emplea realmente a fondo— nuestros mecanismos de defensa mental.[352]

¿Pero cuál es la capacidad concreta que los medios de comunicación tienen a la hora de ejercer poder cultural? ¿De qué manera se expresa este poder psicosocial al que Sartori se refiere? ¿Cómo dominan, pues, los medios de comunicación masiva distintos procesos psicológicos y sociológicos? Intentaré ensayar una respuesta nada exhaustiva, sino meramente ilustrativa.

La Primera Guerra Mundial, como ya se ha dicho, hizo ver al mundo la importancia y la magnitud de los nuevos medios de comunicación. Esa cosa también novedosa llamada «propaganda» se transmitía por doquier a través de tales medios. Tan impresionados estaban los científicos sociales con lo que advertían que las primeras teorizaciones sobre los medios masivos concedían a estos un poder decididamente aplastante. Como Pavlov, que a través de ciertos estímulos de campana lograba que los perros sometidos a sus experimentaciones respondieran con salivación, los medios lograban también en el ser humano respuestas bien concretas a partir de una serie de estímulos cuidadosamente diseñados, entendiendo en este caso por «respuestas» no salivación, sino el cambio de valores, ideas, sentimientos, conductas, y por «estímulo» no el sonido de un campanazo, sino el mensaje enviado por el medio masivo.

El 30 de octubre de 1938 tuvo lugar en Estados Unidos un episodio radiofónico que pasó a la historia, y que bien podría ser considerado con arreglo a este modelo «estímulo-respuesta» simple que, retrospectivamente, fue denominado teoría de la «bala mágica» o «aguja hipodérmica». En efecto, aquel día el locutor Orson Welles, desde la Columbia Broadcasting System en Nueva York, interpretó junto a otros la novela británica *La guerra de los mundos*, informando a la población que extraterrestres provenientes de Marte habían

---

352. Giovanni Sartori, *La política. Lógica y método en las ciencias sociales* (Ciudad de México: FCE, 2015), p. 323.

invadido New Jersey. Unos doce millones de personas escucharon la transmisión a través de la CBS y estaciones asociadas. Muchos entraron en pánico, y las carreteras se colapsaron a causa de aquellos que buscaban huir de los marcianos.[353] No obstante, no todas las personas se echaron a escapar de la supuesta invasión ovni. Este tipo de constataciones permitió, paradójicamente, mesurar un poco la noción que se tenía sobre el poder de los medios en las personas. Si había determinadas personas en las que el estímulo no generaba necesariamente la respuesta esperada, entonces debía de haber algo más entre el estímulo y la respuesta de lo cual los teóricos necesitaban dar cuenta. Por eso la teoría de la «bala mágica» o «aguja hipodérmica» se fue descartando en favor de consideraciones más complejas.

El hecho es que había algo importante entre el individuo al que impacta como estímulo un mensaje y su correspondiente respuesta. Ese «algo» pronto fue divisado: para la psicología, se trataba de elementos como la personalidad, las percepciones y las actitudes, que hacían que no todos los individuos recibieran de forma idéntica un mensaje, y que ni siquiera le prestaran la misma atención o lo recordaran de la misma manera.[354] Para la sociología, ese «algo» estaba compuesto por elementos como las estructuras y categorías de diferenciación social (clase, edad, religión, nación, localidad, etnia, sexo, etc.), y relaciones sociales involucradas (familiares, de amistad, laborales, etc.), responsables de formar realidades concretas que no podían dejar de considerarse a la hora de evaluar el impacto de un mensaje de un medio masivo y la respuesta suscitada en cada caso.[355] La idea de que no todos los individuos son iguales, sea por su estructura psicológica, sea por su adscripción a grupos sociales y relaciones específicos, interponía entre el estímulo y la respuesta una serie de factores que debían ser considerados a la hora de explicar, pero

---

353. *Cf.* «El día que Orson Welles sembró pánico con "La guerra de los mundos"». En diario *ABC*, España, 30 octubre 2013. Consultado en https://www.abc.es/cultura /20131030/abci-aniversario-orson-welles-guerra-201310300614.html.

354. Por ejemplo, la «teoría de la inoculación» subrayó el hecho de que los individuos más educados presentaban mayor resistencia a la propaganda.

355. Se encontró, por ejemplo, que muchas personas no se veían directamente influidas por los medios masivos, sino por sus otros significativos que, influidos sí ellos por los medios, influían a quienes no lo estaban. *Cf.* Paul Lazarsfeld, Bernard Berelson, Hazle Gaudet, *El pueblo elige. Estudio del proceso de formación del voto durante una campaña presidencial* (Buenos Aires: Ediciones 3, 1962).

también de promover, el poder de los medios sobre las personas. Por ello mismo en este contexto aparecen, por ejemplo, las segmentaciones de mercado y la publicidad hecha a medida tras complejos estudios de audiencia. Si los individuos no eran todos iguales, había que elaborar mensajes *ad hoc* para aumentar la probabilidad de que el estímulo genere la respuesta esperada. «Teorías de la influencia selectiva» fue el nombre que recibieron estas formas de concebir el poder de los medios.

Ahora bien, la sociología ha aportado importantes conceptos que permiten advertir las influencias en el largo plazo y no en la mera inmediatez, a partir de la cual lo más importante de la influencia del medio tal vez ni llegue a manifestarse. Uno de ellos es el de *socialización*, en virtud del cual se comprende la serie de procesos comunicativos y de aprendizaje que insertan a un individuo en una sociedad determinada, brindándole el conocimiento que necesita para normalizar su conducta respecto de los demás. Lo que se aprende en la socialización no es otra cosa que la cultura, en sentido amplio, y si bien la socialización constituye un proceso que va desde el nacimiento hasta la muerte, puesto que nunca se deja de aprender cultura, resulta más evidente su importancia en aquellos que son «nuevos» en la sociedad: niños e inmigrantes. Los agentes socializadores, en el mundo moderno, son fundamentalmente la familia nuclear, las instituciones educativas y, desde luego, los medios de comunicación masiva. El enorme poder de estos últimos puede contemplarse en que niños y jóvenes pasan a menudo tanto o más tiempo con ellos que con sus familias o que en sus escuelas. En los años noventa, por ejemplo, en Italia ya el 95 % de los niños miraban televisión «casi todos los días»,[356] y en España se supo que para 1999 los niños de cuatro a doce años estaban en frente de ella más de dos horas y media diarias.[357] A comienzos del nuevo milenio, un estudio reveló que en Estados Unidos los niños de entre seis meses y seis años se pasaban más de dos horas por día viendo televisión.[358] Por eso un

---

356. *Cf.* Sartori, *Homo videns*, p. 42.
357. *Cf.* Pedro Reinares Lara, «Jóvenes y Televisión generalista en España: ¿es Internet responsable de una audiencia perdida?», en *Revista Estudios de Juventud*, marzo 10, nº 88, consultado en http://www.injuve.es/sites/default/files/RJ88-06.pdf.
358. *Cf.* «El exceso de televisión entorpece el aprendizaje de la lectura», en diario *ABC*, España, 30 octubre 2003. Consultado en https://www.abc.es/hemeroteca/historico

famoso politólogo que se dedica a diseñar campañas presidenciales ha reconocido hace no mucho que en el caso del niño «la televisión permanece con él más tiempo que sus propios padres».[359]

La socialización premoderna suele tener por agentes naturales a la familia extensa y, dependiendo de la sociedad, a la iglesia. En la modernidad, en cambio, la familia extensa fue reemplazada por la nuclear, con un padre y una madre que en la sociedad industrial tuvieron que evolucionar a una división sexual del trabajo entre tareas domésticas y tareas productivas (en general fuera del hogar), y que desde los albores de la sociedad posindustrial y «liberalizada», pasan la mayor parte del día fuera del hogar trabajando ambos a la vez, lo que implica una presión contra la reproducción. La Iglesia, a su vez, fue reemplazada por el Estado y su centralización educativa en instituciones de enseñanza controladas de una u otra manera. Para cubrir el vacío que, como es natural, se fue formando, aparecieron los medios de comunicación masiva, con sus innegables atractivos, listos para orientar culturalmente a individuos desarraigados, carentes de lazos comunitarios.

Estos medios actúan en la socialización por lo menos de dos maneras. En primer lugar, diseñando y ofreciendo modelos de acción a imitar o a rechazar, con sus respectivos mecanismos de refuerzo (modas, gratificaciones, inclusión) o de sanciones (ridiculización, marginación, ostracismo). En síntesis, el llamado «proceso de modelaje» funciona así: el sujeto recibe durante tiempo sostenido distintos modelos de acción a los que se les asocian recompensas o castigos; el sujeto puede poner en práctica el modelo sugerido; en tal caso, si en el marco de su propia experiencia los premios o los castigos tienen lugar, el modelo se percibirá correcto y será naturalizado. ¿No es lo que pasa, acaso, con la imitación que los corrientes mortales hacen de los famosos y sus extravagancias que devienen modas? Piénsese en un ejemplo opuesto, pero más político: un adolescente escucha diariamente en los medios que el feminismo constituye una lucha justa que ha de apoyarse sin cortapisas y que los detractores son poco

---

-30-10-2003/abc/Comunicacion/el-exceso-de-television-entorpece-el-aprendizaje-de-la-lectura_217332.html.
359. Jaime Durán Barba, Santiago Nieto, *Mujer, sexualidad, internet y política. Los nuevos electores latinoamericanos* (México: FCE, 2006), p. 93.

menos que fascistas que «odian a las mujeres». Pero recientemente el mismo joven ha pasado frente a una marcha feminista en la cual presenció cómo un grupo de militantes se dedicaba a atacar personas y bienes ajenos. Después, comentó en su clase que él ya no se adhiere a estas formas del feminismo, lo que le valió pasar un mal rato de agresividad verbal por parte de compañeros y docentes. Luego, es probable que haya comprendido que el medio de comunicación le había ofrecido un buen modelo a seguir, y que si él lo hubiera implementado (esto es: si no hubiera contradicho la opinión dominante impuesta por el medio) no hubiera pasado tan mal trago.

En segundo lugar, los medios de comunicación masiva configuran expectativas sociales respecto de los distintos grupos que existen en la sociedad y sus miembros. En otras palabras, comunican aquello que uno debe esperar del comportamiento de otro, en virtud de las características que este otro reviste y que han sido ya internalizadas por uno a partir de la información otorgada por el medio. Así llegamos a conocer de segunda mano distintos aspectos del orden social, y con arreglo a ello es posible adoptar guías de acción bien concretas. Por ejemplo, ¿cómo tratar con un policía? Es probable que el medio masivo ya haya mostrado reiteradamente situaciones a partir de las cuales elaboramos expectativas respecto de cómo es un policía, qué debemos esperar de un intercambio con él y, por tanto, cómo deberíamos proceder. De tal suerte que, si la definición adquirida sobre el policía lo muestra como un sujeto sobornable, es posible que al cometerse una infracción de tránsito se procure comprar su silencio, a pesar de nunca haber pasado antes por semejante situación. Así, los medios generan modelos, configuran expectativas y terminan orientando en muchos casos la acción.

Pero eso no es todo. Los medios masivos, por otra parte, cumplen un rol esencial en cuanto al uso de las palabras, instalando y difundiendo significantes, y desconsiderando y censurando otros. Es sabido, en este sentido, que las palabras son tecnologías que median entre nosotros y la realidad; que el mundo es representado y aprehendido por el hombre con palabras, y que esas palabras no están adheridas a su referente más que por relaciones de arbitrariedad y convencionalidad. Ya Ferdinand de Saussure comprendió a fines del siglo XIX que el signo lingüístico es esencialmente arbitrario, es decir, que entre significante y significado no existe una relación natural.[360] Siendo así, es posible alterar las palabras en distintas direcciones, intentando modificar las representaciones que con ellas se construyen. Al decir de Sartori, «*las palabras, con su fuerza alusiva semántica, estampan su sello en el pensar*».[361] En otros términos, el lenguaje es un conjunto de símbolos, verbales o no, que utilizamos para significar determinadas cosas; según de la cosa que se trate, es posible cambiar las percepciones que sobre ella se tengan modificando aquellos símbolos del lenguaje que la refieren. Y los medios, que esencialmente comunican a través de símbolos, controlan en gran medida lo que podríamos llamar la «industria del símbolo», manejando a antojo la producción y distribución simbológica en la sociedad.

Entiéndase esto último con dos ejemplos ilustrativos. Desde hace pocos años se ha empezado a ver (sobre todo en Europa, Canadá y Estados Unidos) una militancia pedófila que llega cada vez más a los medios de comunicación de diferentes maneras.[362] Una de ellas ha sido empezar a utilizar el concepto de «sexo intergeneracional» para no hablar, lisa y llanamente, de «pedofilia». Al descartar así el significante «pedofilia», al cual asociamos un legítimo desagrado y repudio, estas sensaciones empiezan por añadidura a diluirse y un nuevo significante, el de «sexo intergeneracional», puede reclamar una nueva serie de asociaciones (significados) en el público: compasión, diversidad, tolerancia, y otras similares.[363] Cualquiera sabe que acusar a alguien de pedófilo engendra una conmoción

---

360. *Cf.* Ferdinand de Saussure, *Curso de lingüística general* (México D. F.: Fontanamara, 2011).

361. Sartori, *La política*, p. 32 (énfasis del autor).

362. Aquí algunos ejemplos de importantes medios de comunicación: «Soy pedófilo, busco ayuda», en diario *El País*, España, 17 noviembre 2014, consultado en https://elpais.com/politica/2014/11/14/actualidad/1415983421_145150.html. «Pedophilia: A Disorder, Not a Crime» por Margo Kaplan, diario *The New York Times*, Estados Unidos, 5 octubre 2014, consultado en https://www.nytimes.com/2014/10/06/opinion/pedophilia-a-disorder-not-a-crime.html. «TEDx speaker: "Pedophilia is an unchangeable sexual orientation", "anyone" could be born that way», en *Life Site News*, consultado en https://www.lifesitenews.com/news/ted-speaker-pedophilia-is-an-unchangeable-sexual-orientation-anyone-could-b.

363. Recientemente, por ejemplo, Allyn Walker, profesor de la Universidad Old Dominion de Virginia, llamó a «desestigmatizar» la pedofilia. *Cf.* «Suspenden a profesor universitario tras decir que pedófilos deberían desestigmatizarse», *Independent*, 19 noviembre 2021, https://www.independentespanol.com/noticias/virginia-allyn-walker-universidad-pedofilia-b1961126.html.

inmediata en el público, pero no es descabellado imaginar cómo se irían modificando las reacciones si la acusación fuera por «tener una orientación sexual de tipo intergeneracional». La denotación podrá ser al final la misma, pero en la *diferencia connotativa* se encuentra la clave.

Piénsese, por otra parte, en el significante «homofobia», que bien debería ser estudiado bajo la teoría sociológica del *etiquetaje*. Deliberadamente adoptado y difundido hasta el hartazgo por los medios, hoy es parte del lenguaje cotidiano para etiquetar a aquel que se oponga a cualquier demanda de la agenda LGBT. «Homofobia», sin embargo, denota precisamente una «fobia», esto es, un trastorno mental, que en rigor no existe como tal en los actuales manuales de psiquiatría. La jugada aquí es, a todas luces, política, y consiste en desacreditar a través de un mecanismo discursivo de *patologización* a quien pronuncie opiniones desfavorables a la ideología de género y el *lobby* LGBT. Solo un trastornado mental podría, pues, estar en contra de la referida agenda.[364] Esta situación ha llegado, en países europeos, a límites absurdos. Tanto en Italia como en Francia se han repartido (en el caso del primero con fondos públicos)[365] «pastillas para curar la homofobia». «Deomofobina» se llama la versión italiana; «Homophobiol» la francesa, la cual, como dicen sus promotores, «ayuda para luchar contra los síntomas de latente homofobia que pueden surgir a diario».[366] Va de suyo que no se trata de pastillas reales, sino de folletos propagandísticos presentados en cajas que simulan medicamentos y que son repartidos en las farmacias.

Hay un fenómeno psicológico, propio de la psicología cognitiva, que bien puede tomarse en consideración a la hora de pensar el poder de los medios de comunicación y el uso de las palabras. Se ha dado en llamar *priming* («primado»), y se presenta como un efecto inconsciente en la respuesta a un estímulo que se halla condicionado

---

364. Medios de relevancia global como la BBC han publicado notas que sugieren esto. *Cf.* Uchoa, Pablo. «¿Es la homofobia una enfermedad?», *BBC*, 21 septiembre 2018, consultado en https://www.bbc.com/mundo/noticias-45601522.

365. *Cf.* Walter Sánchez Silva, «Critican uso de fondos públicos en «remedio» para la homofobia», en diario *AciPrensa*, 26 mayo 2018. Consultado en https://www.aciprensa.com/noticias/critican-uso-de-fondos-publicos-en-remedio-para-la-homofobia-10816.

366. Fue lanzada por la asociación AIDES. En su sitio oficial puede verse la campaña: https://www.aides.org/campagne/homophobiol.

por la exposición del sujeto a determinados estímulos previos. Hay un ejemplo básico pero típico para explicar esto: si el sujeto observa el color o la palabra «rojo», y seguidamente se le pide que diga el nombre de una fruta, existen altas probabilidades de que la respuesta sea «manzana», «fresa», o alguna otra fruta de ese color. De la misma forma, si se le habla del hogar o se le muestran imágenes de casas, y posteriormente se le pide que complete la palabra C_ _A, es muy probable que se diga «CASA», y no por ejemplo «CARA», «COMA» o «CAMA». Así, este proceso se desencadena en la memoria implícita del sujeto, recuperando una experiencia previa sin experimentar el recuerdo de manera consciente, pero afectando, de todas maneras, las percepciones y comportamientos posteriores. Las neurociencias explican, en sencillo, que las neuronas activadas por el primer estímulo expanden su influencia hacia el segundo.[367] Esto se puede utilizar para evocar inconscientemente significaciones y sensaciones particulares asociadas a diversos estímulos posteriores. Es habitual que los medios masivos realicen eso inadvertidamente.

Grandes cantidades de experimentos se llevaron adelante en cuanto al *priming* para mostrar cómo la exposición a determinadas palabras estaba vinculada a la posterior elección de palabras que el sujeto llevaba adelante e incluso a determinados comportamientos puestos en marcha. Destaca el caso de John Bargh, que para su experimento formó dos grupos con estudiantes de la Universidad de Nueva York, a los que se colocó frente a dos cartulinas diferentes que mostraban palabras. Seguidamente, se le solicitó a cada grupo que formara frases con las palabras correspondientes a cada cual. Uno de los grupos tuvo palabras vinculadas con la vejez y, por tanto, sus integrantes pasaron una determinada cantidad de tiempo formando frases sobre la vejez. Al terminar el experimento, Bargh y sus colaboradores midieron la velocidad con que las personas se retiraban por el pasillo del lugar, encontrando que los miembros de este grupo caminaron más lentamente que los demás,[368] «primados» por la idea de vejez.

---

367. *Cf.* Manuel Castells, *Comunicación y poder* (México: Siglo XXI, 2012), p. 217.
368. *Cf.* John Bargh, Mark Chen, Lara Burrows, «Automaticity of Social Behavior: Direct Effects of Trait Construct and Stereotype Activation», *Journal of Personality and Social Psychology* 71 (1996), pp. 230-244.

Pero, naturalmente, no solo las palabras, sino también las imágenes y otro tipo de estímulos pueden desencadenar el efecto *priming*. No abundaré en ejemplos experimentales. Lo relevante por ahora es comprender que, si lo que caracteriza a los medios de comunicación masiva es su capacidad técnica para ofrecer mensajes de distinta naturaleza (estímulos) a una enorme cantidad de audiencia, aquellos pueden instalar en esta determinadas palabras, conceptos, sonidos, imágenes, que afecten la percepción o el comportamiento que sucede a estímulos posteriores. Las emociones más estrechamente vinculadas al comportamiento político, por ejemplo, son el *entusiasmo* y el *miedo*.[369] Los medios bien pueden activar con determinadas palabras e imágenes para mucha gente alguna de estas emociones, que a la postre puede terminar siendo asociada a determinado político, partido o ideología, con arreglo a estímulos políticos posteriores de manera inconsciente. Así, es importante reconocer que los medios de comunicación no actúan en el sujeto simplemente en un nivel consciente y superficial, sino que su información penetra mucho más hondo y, por medio de la memoria implícita, sus contenidos vuelven a la superficie para condicionar en muchos casos lo que se piensa, se dice y se hace, sin que, además, uno se percate de ello.

Además del *priming*, los teóricos de medios de comunicación masiva destacan también el *framing* («enmarcado») como una forma de poder cultural. Los medios —ya se ha visto— no devuelven la realidad, sino apenas un recorte: una representación necesariamente defectuosa. Dentro de la gama de defectos imaginables, se encuentra la inevitable selección de imágenes, palabras, gestos, sonidos, colores para configurar un determinado mensaje a comunicar. La selección en cuestión generalmente no es inocente; a ella subyacen intereses, preferencias y posicionamientos conscientes e inconscientes que «enmarcan» el mensaje que luego recibe el receptor-masa. Este último, por lo tanto, no recibe mera información de los medios, sino sobre todo la manera concreta de interpretar esa información: los marcos a través de los cuales la información adquiere un sentido particular. Sin embargo, tal vez más importante que esto es el hecho de que el *framing* termina revistiendo efectos obvios no simplemente a nivel individual, sino también a un nivel agregado, es decir, en el conjunto

---

369. *Cf.* Castells, *Comunicación y poder*, p. 203.

de la opinión pública, que Manuel Castells resume así: «Dado que los medios son la principal fuente de la comunicación socializada, que es una comunicación con el potencial de alcanzar a la sociedad en su conjunto, *el enmarcado de la opinión pública se realiza mediante procesos que se producen principalmente en los medios de comunicación*».[370] Por eso cuando la mayor parte de los medios, o mejor dicho, de los más poderosos en términos de su alcance masivo, enmarcan de la misma manera la realidad, la opinión pública termina articulándose a partir de la información, las palabras, los conceptos, las impresiones y valoraciones transmitidas por ese conjunto de medios hegemónicos.

Los investigadores de medios masivos tienden a coincidir en que, aun considerando que estos efectos puedan no recaer sobre todo el mundo y que distintas categorías de individuos, por razones psicológicas o sociológicas, son capaces de esquivar la penetración cultural de los medios o que estos los impacten de manera variable, existe todavía un efecto mucho más difícil de neutralizar: el poder del que los medios disponen para ordenar las prioridades de la agenda que la opinión pública discute. Este poder fue denominado *agenda-setting*, y quedó inicialmente descrito por Maxwell McCombs y Donald Shaw en un célebre experimento[371] que tuvo lugar con motivo de la campaña presidencial norteamericana de 1968. Los investigadores cruzaron datos sobre la prioridad que los medios masivos otorgaban a los distintos temas y la prioridad que la opinión pública, a su vez, le confería a los mismos. El resultado, en pocas palabras, fue que la gente otorgaba mayor importancia a los temas que más aparecían en los medios; por tanto, el medio tiene un enorme poder a la hora de seleccionar de qué temas se hablará en una sociedad determinada, mientras descarta otros. Al margen del grado de éxito en la orientación concreta de las opiniones, lo cierto es que, cuando menos, los medios tienen la capacidad de hacer que determinados *temas* aparezcan en esas opiniones. Así las cosas, en el caso en que no nos digan *qué* pensar, de todas formas nos dicen *en qué* pensar. La selección

---

370. Castells, *Comunicación y poder*, p. 216. El subrayado es de Castells.
371. Maxwell McCombs, Donald Shaw, «The Agenda-Setting Function of the Mass Media». En *Public Opinion Quaterly*, 1972, pp. 176-187. Lippmann, sin embargo, ya había adelantado estas nociones mucho antes. *Cf.* Lippmann, *La opinión pública*.

de temas a tratar implica, al mismo tiempo, *jerarquización*: algunos temas reciben más espacio que otros, y terminan ocupando un lugar relevante en la prioridad que la opinión pública les dispensa.

Además de jerarquizar los temas, los medios de comunicación masivos jerarquizan la importancia de las voces que por ellos se difunden. Es evidente que no todas las voces valen lo mismo en los medios. Piénsese en un ciudadano que, en el marco de su quehacer cotidiano, se cruza con un periodista que está solicitando la opinión del «hombre común» sobre un determinado tema. Diga lo que tenga para decir, la de este hombre nunca será más que eso: la opinión de un anónimo, de un «común». A nadie le llama realmente la atención: su poder cultural es minúsculo, porque tiene muy pocas probabilidades de constituirse en la referencia activa de un proceso de cambio o refuerzo de opinión. Pero una entrevista ya no casual, sino pactada y pautada de antemano, no ya al hombre corriente, sino a un «hombre del medio», a un «hombre de la farándula» o a quienquiera que sea presentado como «experto en...», se garantiza la casi automática bendición del medio como voz autorizada y la consiguiente atención del receptor. Los medios, entonces, no simplemente ofrecen informaciones y opiniones, sino que definen distintos grados de autoridad a distintos agentes culturales a la hora de discurrir sobre determinados temas. Así, los llamados «líderes de opinión», que no son otra cosa que *autoridades culturales mediáticas*, lideran la opinión precisamente porque aparecen en los medios de comunicación masiva. Hay aquí un círculo vicioso manifiesto.

Por último, existe otro efecto característico del poder de los medios de comunicación masiva que quiero, por lo menos, dejar mencionado. El hombre teme el aislamiento, y los medios pueden jugar de alguna manera con esa sensación. La psicología social ha demostrado con célebres experimentos sociales la inclinación que tiene el ser humano a adherirse a las opiniones y percepciones mayoritarias, incluso cuando estas van contra toda evidencia o experiencia personal. Es conocido por ejemplo el experimento de Solomon Asch realizado más de cincuenta veces en la década de 1950 en Estados Unidos, en el que a los sujetos se les presentaban tres líneas bajo la consigna de que debían señalar cuál de ellas era más parecida a una cuarta línea en cuanto a su longitud. La respuesta era a todas luces evidente: de las tres líneas, había una que era virtualmente idéntica a la cuarta línea, y otras dos que eran *notablemente* diferentes. Pero el experimento se realizaba en grupos, de siete a nueve personas, de las cuales todas menos una eran cómplices de Asch y brindaban adrede una respuesta evidentemente errónea. El último en dar su respuesta, en cada ronda, era el sujeto cuya conducta se estaba estudiando y que desconocía que los demás eran asistentes del experimento. Lo que se pretendía medir, entonces, era la incidencia de la opinión del grupo sobre el sujeto no avisado, y los resultados fueron contundentes: solo un 25 % de las personas se aferraba en todos los casos a su propia percepción sobre la longitud de las líneas, mientras que la mayor parte terminaba uniéndose al punto de vista mayoritario, aunque fuera a todas luces equivocado.[372]

Si la opinión mayoritaria tiene semejante fuerza sobre el individuo, entonces aquellos medios que producen y reproducen esas opiniones son los depositarios en última instancia de semejante poder. En otras palabras, la *opinión publicada*, como opinión no ya del público general sino de aquellos que tienen el poder para publicar *su* opinión, dispone en la sociedad moderna de las condiciones técnicas para tomar las riendas de la opinión pública y en muchos casos sustituirla sin que se note. Cuando eso ocurre, pueden escenificarse mayorías que no son tales, invisibilizarse grupos que de repente desaparecen, celebrarse ciertas expresiones y ridiculizarse otras tantas. Los medios de masas no son muy distintos a los cómplices de Asch, en cuanto a la fuerza que su opinión conscientemente direccionada produce en los sujetos que no están avisados sobre la verdadera naturaleza del juego en cuestión. Y en virtud del miedo al aislamiento social existen situaciones en las que los hombres entienden que sus opiniones particulares, cuando van contra lo que perciben como opinión mayoritaria, pueden generarles una serie de costos sociales que prefieren evitar. Entonces deciden callar (cuando no directamente cambiar su opinión), contribuyendo con su silencio a la sensación general de una opinión prácticamente aplastante en un sentido determinado *a priori*. Tal efecto fue bautizado como «espiral del silencio», por constituir un proceso en el que las voces que no se

---

372. *Cf.* Asch, Solomon E., *Studies of Independence and Conformity: I. A Minority of One against a Unanimous Majority. Psychological Monographs: General and Applied*, (Washington: American Psychological Ass, 1956), 70(9), pp. 1–70.

perciben como mayoritarias se van progresivamente autocensurando, y fue estudiado en particular por Elisabeth Noelle-Neumann en los años setenta con resultados sorprendentes.

Decía Noelle-Neumann al respecto que «el orden vigente es mantenido, por una parte, por el miedo individual al aislamiento y la necesidad de aceptación; por la otra, por la exigencia pública, que tiene el peso de la sentencia de un tribunal, de que nos amoldemos a las opiniones y a los comportamientos establecidos».[373] El hecho es que ese tribunal muchas veces está comprado de antemano por los medios de comunicación masiva (y estos, ¿comprados por quién?), y que las opiniones establecidas a las que el sujeto debe ajustarse para no ser condenado no son muchas veces tan espontáneas como apetecería pensar, sino más bien manufacturadas por tecnologías comunicacionales que llevan el sello del magnífico poder cultural de las sociedades modernas.

---

373. Elisabeth Noelle-Neumann, *La espiral del silencio. Opinión pública: nuestra piel social* (Madrid: Paidós, 2010), p. 89.

CAPÍTULO 4

LA DESDIFERENCIACIÓN «POSMODERNA»

A partir de los años setenta del siglo pasado, y con especial fuerza en los ochenta, la modernidad empezó a ser considerada por muchos no como algo «actual» (y eso significa precisamente en latín *modernus*), sino como algo que estaba más bien concluyendo: el hoy se convertía así en ayer; el ahora súbitamente aparecía, *ahora*, como pasado. No porque se estuviera regresando a los esquemas propios de una sociedad tradicional, claro, sino todo lo contrario: porque ahora debía buscarse lo que estaba *más allá* de la modernidad misma que —se dijo con insistencia a la sazón— había agotado ya sus fuerzas transformadoras. Desde entonces, filósofos y sociólogos emprendieron una carrera para bautizar rasgos sobresalientes de la sociedad que estaba emergiendo. Se dispuso toda una pasarela para el desfile de diversos candidatos: «hipermodernidad» (Lipovetsky), «modernidad líquida» (Bauman), «modernidad tardía» (Giddens), «segunda modernidad» (Beck), «sobremodernidad» (Augé), «sociedad post-industrial» (Bell, Touraine), «era informacional» (Castells), fueron tan solo algunas de las propuestas en danza. En este marco caracterizado por la sensación de conclusión de una época y el consiguiente inicio de algo nuevo, apareció aquello de «posmodernidad» como forma de designar un nuevo período histórico, cuyo proyecto cultural fue denominado «posmodernismo».

Los problemas que estas nociones traen consigo no son ni pocos ni sencillos de resolver. Porque, en primer término, ese «post» que obra de prefijo no está diciendo mucho más que «después de»; es decir, la conclusión de la modernidad no parece tan evidente si todo lo que podemos ofrecer en su lugar es una denominación que sencillamente significa «después de la modernidad». Habría en principio algo superado, y por ello mismo nos permitimos hablar de lo que sigue a la modernidad. Pero en lo que sigue no hay nada tan claro aún y por eso todavía nos aferramos a «modernidad» como significante que conserva gran parte de su sentido. «Modernidad tardía» o «tardomodernidad» tal vez fuera, pues, más preciso. Dicho de otra manera, entre la antigüedad y la modernidad hay diferencias sustanciales, impresas en la propia etimología de cada palabra: la voz latina *antiquitas* significa «cualidad de viejo», y ya se ha visto que *modernus* significa «actual». ¿Pero cuál es la diferencia sustancial entre *modernus* y *post-modernus*? ¿Qué se supone que diferencia concretamente a lo *actual* de lo *después de lo actual*? ¿Qué queda de lo *actual* cuando hay un *después* de sí mismo? ¿No se convierte en este caso lo actual en *antiquitas* y lo después de lo actual en *modernus*?

No obstante, podría todavía defenderse la legitimidad del uso de la palabra «posmodernidad» aplicando un análisis muy similar, aunque inverso. Así, no habría que preguntarse por la diferencia entre «lo actual» y lo que está «después de lo actual», sino más bien qué sentido tiene seguir hablando de «lo actual» allí donde todo el mundo ha sido sumergido en la actualidad más absoluta. Dicho de otra forma, acaso más clara: hay que preguntarse qué sentido tiene seguir hablando de «modernidad», para designar el tiempo actual, si los procesos de modernización ya han llegado a modernizar virtualmente la totalidad del globo. Referirse a algo como «moderno» encontraba un sentido fuerte allí donde se lo podía contrastar con lo que no había llegado todavía a ese estadio del desarrollo. Ahora que la globalización ha terminado de modernizar el globo, no quedan prácticamente residuos que mantengan en pie el proyecto modernizador. Por lo tanto, la «posmodernidad» podría designar la fase histórica en la que la modernización ha agotado sus fuerzas (que se haya agotado «de éxito» o «de fracaso», es irrelevante para el argumento).

Ahora bien, desde otro punto de vista, muchos entienden que aquellos aspectos determinantes de la modernidad siguen tan vigentes como siempre (precisamente por el éxito del proceso modernizador), y cuando mucho cabe hablar de algunos desplazamientos y modificaciones dentro del mismo marco general. Fredric Jameson, por ejemplo, sostiene desde un abordaje marxista que el posmodernismo es sencillamente el reflejo cultural de variaciones del modo de producción del mismo sistema capitalista que, tomando prestado un concepto de la Escuela de Frankfurt y de Ernest Mandel, ahora queda bautizado como «capitalismo avanzado» o «capitalismo tardío». Si la economía mercantil, como hemos visto, es un rasgo sustancial de la modernidad, ¿cabe considerar una «posmodernidad» allí donde el capitalismo habría sencillamente *avanzado*? Lo mismo cabría preguntarse respecto del Estado nación como unidad política comprometida con la modernidad que, como se verá, está actualmente sumido en un proceso de reorganización que parece conducirlo a una reducción de su marco nacional en favor de una articulación internacional que lo va disminuyendo en su otrora condición de centro del poder político. ¿Abandonamos el marco característico de la modernidad allí donde el Estado se ve muchas veces comprometido por organizaciones internacionales que socavan progresivamente lo más precioso de sí: su soberanía? ¿Puede haber modernidad sin el Estado como centro del poder político? Y, desde el lado de la cultura, si la secularización, la racionalización y el creciente pluralismo han sido los signos de la modernidad y hoy se puede decir junto a Jean-François Lyotard que la posmodernidad se caracteriza por el «fin de los grandes relatos»[374] con los que el mundo moderno procuró establecer sistemas de sentido relativamente sólidos, ¿no podemos acaso sospechar que, en rigor, ha nacido un nuevo «gran relato» sobre el «fin de los grandes relatos» que paradójicamente denominamos «posmodernismo»? ¿No han venido nuevos «grandes relatos» en la era posmoderna, como el de la inteligencia artificial y el de la informática? ¿Y, además, no es el posmodernismo el toque de llegada del proceso de fragmentación del pluralismo individualista moderno, devenido en un relativismo pseudocosmopolita de colectivos, razas, clases, sexos y orientaciones sexuales?

Estas son, al menos para mí, preguntas abiertas y no pretendo aquí ofrecer respuestas para ellas. Lo que busco, más bien, es ilustrar las dificultades que atraviesan la articulación entre una sensación de vivir en otro tipo de sociedad, otro momento histórico, de rasgos más o menos novedosos, ubicado *después de la modernidad*, y la concomitante sensación de que el *después* tal vez ya estaba contenido

---

374. *Cf.* Jean-François Lyotard, *La condición postmoderna* (Madrid: Cátedra, 2019); Jean-François Lyotard, *La posmodernidad (explicada a los niños)* (Barcelona: Gedisa, 1992).

en los mismos procesos y lógicas desencadenados por el *antes*, y que en consecuencia tal vez lo que está más allá de la modernidad sea simplemente su mera aceleración: «modernidad tardía», tal vez, cabe insistir, podría ser un término más preciso.

No obstante, y a pesar de todos estos reparos y otros que pueden surgir respecto del concepto de «posmodernidad» y «posmodernismo», como dice Jameson, «no podemos "no" usarlo[s]».[375] Dichas nociones, en efecto, se han popularizado a tal punto que las discusiones sobre «lo posmoderno» han excedido hace tiempo el estricto marco de la academia o el de disciplinas específicas. Más todavía: es curioso que justo cuando la academia quiere deshacerse del término y muchos lo declaran «superado»,[376] la cultura popular lo recepta, lo acoge y lo hace desbordar de los límites de su nicho original (síntoma, por otra parte, de la frecuente disociación academia/sociedad). Pero tal vez los problemas inherentes al concepto en cuestión puedan constituirse en la fuente de su riqueza. Porque la referida tensión entre aquello que *no es más pero continúa siendo* y aquello que *empieza a ser pero se resiste a ser bautizado de manera autónoma* está contenida en lo que viene *después de lo actual*: la posmodernidad. Así, el significante no rehúye sus propias contradicciones internas, sino que las manifiesta en su propia enunciación, y se populariza como ningún otro candidato a (re)significar la actual sociedad y sus tensiones constitutivas. Por estas razones, fundamentalmente, y siendo consciente de sus limitaciones y problemas, quisiera aquí emplearlo, alternándolo con «modernidad tardía» cuando su uso me parezca, en ciertos contextos, significativamente más preciso y necesario.[377]

Ahora bien, dejando a un lado provisoriamente el concepto sociológico diferenciador de posmodernidad, ¿qué es entonces el

---

375. Fredric Jameson, *Posmodernismo: la lógica cultural del capitalismo avanzado* (Buenos Aires: La marca editora, 2012), p. 27.

376. Por ejemplo, véase José Jiménez, *Crítica del mundo imagen* (Madrid: Tecnos, 2019), p. 13.

377. Hago mías unas palabras de Jameson: «De vez en cuando, me canso como cualquier otro del eslogan "posmodernismo", pero cuando siento la tentación de lamentar mi complicidad con él, deplorar sus malos usos y su notoriedad y llegar con alguna renuencia a la conclusión de que plantea más problemas de los que resuelve, hago una pausa para preguntarme si hay algún otro concepto que pueda dramatizar la cuestión de una manera tan eficaz y económica» (Frederic Jameson, *El giro cultural. Escritos seleccionados sobre el posmodernismo 1983-1998,* Buenos Aires: Ediciones Manantial, 1999, pp. 73-74).

posmodernismo, entendido como un fenómeno tanto artístico como intelectual? ¿Se trata de un estilo cultural más entre tantos otros? ¿Acaso representa, en cambio, el tono cultural dominante de una época? ¿O tal vez es posible, como apenas he sugerido, hablar de la posmodernidad como una nueva época en sí misma signada por el posmodernismo? Probablemente haya un poco de cada cosa. El *posmodernismo* es un estilo cultural que se ha diferenciado del *modernismo* a raíz de una serie de elementos novedosos, tales como la disolución de las fronteras que dividen la alta cultura de la baja cultura, una actitud irreverente pero que no trasciende la mera pose y que se consume ávidamente, la primacía del pastiche que mezcla discursos sin cesar, la desestabilización del sujeto centrado y autónomo, un relativismo extremo que desconfía de cualquier criterio de belleza, verdad, objetividad o moralidad, el rechazo a las vanguardias, la deconstrucción de todo lo que pueda oler a sustancial, el ataque a la Razón ilustrada, la celebración automática de la «heterogeneidad» y la «diferencia», el desprecio hacia el *telos* del progreso y las periodizaciones totalizantes, etcétera. Pero por otra parte estos elementos se han vuelto de alguna manera hegemónicos, han empezado a constituir toda una «forma de ver el mundo» compartida, de modo que también hay algo de cierto en aquellos que consideran que el posmodernismo no es un estilo cultural más, sino *el* estilo cultural que empieza a dominar en el mundo contemporáneo. Y cuando se procura estudiar las especificidades de ese mundo, es dable encontrar que muchos aspectos estructurales también novedosos, en este sentido, facilitan y se articulan bien con la dominación cultural de este estilo, y que esos aspectos podrían estar constituyendo un mundo que bien podría denominarse «posmoderno».

A lo largo de este capítulo, por mi parte, trataré de argumentar que la «posmodernidad» es el resultado de un proceso de *desdiferenciación* de las esferas económica, política y cultural, que se plantea como una lógica inversa al proceso modernizador de diferenciación relativa (Weber). Esto tendrá un impacto determinante en las actuales batallas culturales. Así, en lo que al tema de este libro respecta, si en la modernidad la cultura emerge como esfera diferenciada que puede ser formateada exógenamente, en la posmodernidad dará un paso más allá: procurará invadirlo todo, mezclándose significativa y *funcionalmente* con otras esferas funcionales del sistema social. Todo se volverá, pues, «cultural», lo cual equivale a decir que todo se saturará de significaciones culturales. Lo político y lo económico se relacionarán con lo cultural de una nueva manera, y los límites entre las esferas se volverán imprecisos. En consecuencia, las batallas culturales ya no revestirán una importancia subordinada, sino decisiva en el juego del poder. La batalla cultural terminará mostrándose, legítimamente, como la «madre de todas las batallas».

I. Economía posindustrial: el imperio de lo intangible

La sociedad «posmoderna» o «tardomoderna» difícilmente puede seguir describiéndose al nivel de sus fuerzas productivas como una «sociedad industrial». La máquina de vapor, que estuvo en el centro de las transformaciones que trajo la Revolución Industrial, realizó ciertamente muchos de los sueños modernos. Hoy, sin embargo, no representaría en absoluto las fuerzas productivas que determinan el funcionamiento de las economías contemporáneas. La energía eléctrica y la combustión, por su parte, que apoyaron seguidamente a la máquina de vapor, tampoco parecen ser suficientes para dar cuenta de la especificidad de los actuales sistemas productivos. La sociedad posmoderna, pues, no es primordialmente la sociedad de la máquina de vapor, ni siquiera la sociedad de la energía eléctrica; la sociedad posmoderna es, más bien, la sociedad de la electrónica y la información. Tales son sus fuerzas productivas características.

Podría decirse de este modo que, si a la modernidad le correspondía la forma de producción industrial, a la «posmodernidad» le corresponde la forma de producción «posindustrial». Con esta noción precisamente inicia sus investigaciones al respecto Lyotard.[378] En principio, parece que esto no diría demasiado, cuando mucho reflejaría la inflación contemporánea del prefijo «post» (que refleja, a su vez, la ambivalencia histórica contemporánea). Pero el neologismo en

---

378. «Nuestra hipótesis es que el saber cambia de estatuto al mismo tiempo que las sociedades entran en la edad llamada postindustrial y las culturas en la edad llamada postmoderna» (Lyotard, *La condición postmoderna*, p. 13).

cuestión tiene su valor, y sirvió (y sirve hasta hoy)[379] para dar cuenta de las transformaciones que se estaban dando al nivel de la estructura tecnoeconómica hacia la década de 1960 del siglo pasado en los países avanzados. Daniel Bell desde la derecha y Alain Touraine desde la izquierda fueron sin lugar a duda pioneros al identificar (y anticipar en alguna medida) con bastante precisión tales transformaciones y bautizar estas novedades como «sociedad posindustrial». La idea general, que es posible apreciar en ambos sociólogos (no sin algunas diferencias), es que la nueva estructura económica queda definida por «un cambio en los tipos de trabajo que realiza la gente, un cambio de la fabricación a los servicios (especialmente, servicios humanos y profesionales), y un nuevo objeto del conocimiento teórico en la innovación económica y el orden político».[380] En suma: los cambios profundos se dan en el orden del trabajo, la producción y las fuerzas productivas. Hay que detallar un poco más todo esto para ver cómo se articula la forma de esta estructura con una dimensión cultural que se sumergirá, por así decirlo, a través de ella, en la dimensión económica.

Primero, *cambios al nivel de la producción*: las sociedades económicamente más avanzadas van desplazándose de la producción industrial de bienes materiales en masa hacia el desarrollo progresivo del llamado «sector terciario», esto es, el sector donde lo que se producen son *servicios* (no menos masivos). Sobreviene rápidamente el reino de lo *intangible*: educación, salud, seguros, comunicaciones, asistencia, cuidados, seguridad, administración, transportes, *software*, mercadeo, consultoría, publicidad, diseño, arte, turismo, entretenimiento, y un amplio etcétera, experimentan crecimientos inéditos, sostenidos, desmedidos, imparables. Lo cultural, entendido como dominio de la simbología expresiva y los significados compartidos, se liga de modo natural con la intangibilidad de este tipo de prestaciones económicas fundamentalmente inmateriales, cuya existencia está saturada de

---

379. Trabajos de los últimos años continúan analizando el mundo contemporáneo con esta categoría. *Cf.* Armen Avanessian, Mauro Reis (comps.), *Aceleracionismo. Estrategias para una transición hacia el postcapitalismo* (Buenos Aires: Caja Negra, 2019). Especialmente, el ensayo de Nick Srnicek titulado «El postcapitalismo será postindustrial».

380. Daniel Bell, *Las contradicciones culturales del capitalismo* (Madrid: Alianza, 1977), p. 27.

símbolos: colegios y universidades, películas y videojuegos, modas y tendencias, estrategias publicitarias y diseños personalizados. Ya no se toca el producto; y si se lo toca, lo importante es, empero, lo intocable: su significación. Tampoco se lo posee, como a una cosa: su adquisición se confunde con su consumo.

Así pues, un sistema posindustrial expande el dominio económico de los servicios, haciendo de ellos el pilar más vigoroso de su estructura. Al revés de los sistemas industriales, donde los servicios son auxiliares de la producción industrial (verbigracia: transporte, servicios financieros, etc.), lo posindustrial hace de los bienes el soporte material de sus propias prestaciones intangibles (televisor/serie televisiva; edificio universitario/prestación educacional; computadora/software; teléfono celular/comunicación). En este mismo movimiento, asimismo, la esfera cultural y sus contenidos concretos son considerados como nunca por el sistema productivo, distributivo y de consumo. El contenido del servicio es su significación: el valor de uso del servicio se confunde con una suerte de «valor de signo»,[381] de tal suerte que sería un error entender por esto que los bienes *estrictamente* materiales dejen de producirse, o que los servicios no precisen de bienes materiales para producirse y distribuirse. Lo que hay que entender, en cambio, es sencillamente que la forma de lo posindustrial está determinada en gran medida por el *auge* de la producción y comercialización de lo intangible: auge que se torna *primacía* sobre los demás sectores productivos. En efecto, los países del llamado «capitalismo avanzado» o «tardío» (Jameson) han *avanzado* precisamente en el sentido de una enorme participación de los servicios en la conformación de su producto. El PBI de los Estados Unidos de 1969, por ejemplo, cuando Bell estudió el asunto, estuvo compuesto en un 60 % por el sector servicios.[382] Ya para 2017, la participación del sector servicios en el PBI de los Estados Unidos se registró en un 80 %, y en otros países avanzados los números no fueron muy diferentes: en el Reino Unido 79,2 %, en España 74,2 %, y así en general.[383]

---

381. *Cf.* Jean Baudrillard, *Crítica de la economía política del signo* (México: Siglo XXI, 1974), pp. 138-147.
382. Daniel Bell, *El advenimiento de la sociedad post-industrial* (Madrid: Alianza, 1989), p. 32.
383. Información tomada de la base de datos The World Factbook. Consultado en

Segundo, *cambios al nivel de las fuerzas de producción*: el conocimiento, la información y la innovación pasan a ser la fuerza de producción más importante. Touraine ya lo nota a mediados de los años sesenta: el crecimiento económico ya no es una simple función de la acumulación de capital, sino que «depende mucho más directamente que antes del conocimiento, y, por consiguiente, de la capacidad de la sociedad para crear creatividad».[384] Esto mismo resulta caracterísíco del análisis de Bell, que no solo repara en aspectos cuantitativos del conocimiento sino, sobre todo, cualitativos: «Lo que caracteriza a la sociedad post-industrial es el cambio en el carácter del conocimiento mismo».[385] En concreto, lo que define lo posindustrial no es solo una mayor necesidad de conocimiento, sino también un mayor acento en el *conocimiento teórico*: la computadora y sus desarrollos no son sino conocimiento teórico hecho tecnología. En consecuencia, las instituciones educativas se integran al nuevo sistema, constituyéndose en la condición de posibilidad de su reproducción y desarrollo. Escuelas, colegios y, sobre todo, universidades, dejan de cumplir funciones meramente socializadoras y culturales, y se integran de una manera mucho más directa que antaño en la esfera económica (cosa que, desde el marxismo, ya notaba en los años setenta el francés Louis Althusser).[386] Las aulas y claustros se transforman más bien en una unidad de producción primaria o, dicho de otra forma, en un lugar donde se produce y se transmite lo más preciado para la producción: el conocimiento, la innovación, la creatividad. La cantidad de alumnos desde entonces crece sin parar: la universidad se constituye en el paso obligatorio para la construcción de una «profesión» y, en muchos casos, también para el desarrollo de una «carrera». Las universidades se masifican. Las ofertas de grado y posgrado se multiplican. Aparecen por doquier centros de estudios, sistemas de almacenamiento y monitoreo de información, departamentos de investigación y desarrollo («I. & D.»), departamentos de tecnología, tanto en universidades como en el sector público y en las empresas privadas. El poder de las naciones,

---

https://www.cia.gov/the-world-factbook/.

384. Alain Touraine, *La sociedad post-industrial* (España: Ariel, 1969), p. 7.

385. Bell, *El advenimiento de la sociedad post-industrial*, p. 34.

386. *Cf.* Louis Althusser, «Ideología y aparatos ideológicos del Estado». En *La filosofía como arma de la revolución* (México D. F.: Siglo XXI, 2011).

que en el siglo XIX y principios del XX se medía en función de la producción de acero, pasará a medirse en la segunda mitad del siglo XX por sus capacidades científicas, determinantes para el desarrollo posindustrial.[387]

Conocimiento, información e innovación encontrarán su soporte en las tecnologías informáticas. Los *algoritmos* son la forma del conocimiento posindustrial: conocimiento teórico, como advierte Bell,[388] pero que se vuelve operativo en códigos de cálculo complejos y tomas de decisiones racionales que, en consecuencia, la máquina puede resolver. La sociedad posindustrial es en un primer momento la sociedad de la computadora que permite almacenar, relacionar y operar enormes cantidades de información. El permanente mejoramiento tecnológico a través del conocimiento constituye el imperativo tecnoproductivo que mantiene al sistema en un desarrollo que parece no tener techo. Por ello, en muy pocos años, la sociedad posindustrial será, además, la sociedad de las comunicaciones digitales masificadas y de la «inteligencia artificial» (como se verá más adelante). El sistema promete la creciente emancipación respecto del trabajo: el sueño de la máquina que trabaja *para* el hombre contrasta con la imagen industrial del hombre trabajando *con* la máquina (y contrasta también con la imagen premoderna del hombre trabajando con *sus* herramientas). Estas nuevas tecnologías productivas funcionan como *supercerebros*: si se han vuelto indispensables para la producción posindustrial (en rigor, es imposible hoy pensar la producción casi en cualquier nivel sin el concurso de tecnologías informáticas), ello es porque el propio sistema productivo depende globalmente del conocimiento y la información para producir y desarrollarse.

La cultura, por todo ello, llegará a ser una dimensión central del sistema posindustrial al menos en estos dos sentidos interrelacionados: por un lado, sus contenidos se ligarán a la productividad, siendo el conocimiento, la innovación y la información, en tanto que fuerzas esencialmente culturales, sus fuerzas productivas más

---

387. *Cf.* Bell, *El advenimiento de la sociedad post-industrial*, p. 143.
388. «Los adelantos en cualquier campo dependen cada vez más de la prioridad del trabajo teórico, que codifica lo que conoce y señala el camino para una confirmación empírica» (Ibíd., p. 44).

características. Por el otro lado, las instituciones culturales (educativas, creativas, artísticas, mediáticas) quedarán incorporadas en la dinámica productiva, amplificando su alcance social, sus partidas presupuestarias y sus reglamentaciones políticas. Téngase en cuenta, por ejemplo, la importancia creciente de los ministerios de Educación en los Estados contemporáneos; importancia que —racionalizada como «derecho a la educación»— no se puede explicar sin considerar la centralidad del conocimiento en el actual sistema posindustrial. La educación, más aún, se presenta y legitima a sí misma como «inversión» económica: «no hay inversión más rentable que la del conocimiento», es una frase típica de los tiempos posindustriales. O considérense los órganos estatales destinados al subsidio de la investigación y la ciencia, que también se han vuelto recurrentes en los Estados contemporáneos.

Lo posindustrial se conjuga con una hipertrofia de la dimensión cultural, que se va mezclando de una manera muy particular con el sistema productivo y de consumo, sobrecargándolo de significaciones (marcas, imágenes, tendencias, diseños, estilos, publicidades, *spots*, *slogans*, sonidos, *jingles*) y que se constituye en el punto de apoyo para el desarrollo constante de la producción (conocimiento, innovación, creatividad, información). Lo posindustrial conjuga economía y cultura; da la sensación de que las pusiera a jugar a un punto que pudiera en algunos casos confundirlas. La (relativa) disolución de las fronteras entre economía y cultura, que tan claras parecían ser en la modernidad tras el proceso de diferenciación y racionalización que he descrito, es un rasgo fundamental de la sociedad «posmoderna». Esta última encontrará en el sistema posindustrial su estructura tecnoeconómica característica ya desde la segunda mitad del siglo XX.

Tercero, *cambios al nivel del trabajo*: las relaciones laborales y los tipos de trabajo se modifican de manera sustancial en un sistema posindustrial. El trabajo posindustrial no es un trabajo principalmente de fuerza: ni de los músculos, ni de las máquinas. Así se diferencia del trabajo artesanal y del trabajo industrial, respectivamente. El trabajo posindustrial es sobre todas las cosas un trabajo de la inteligencia, sea esta humana o «artificial».[389] Si es cierto que el

389. Entiendo que atribuir «inteligencia» a una máquina implica, de alguna manera,

hombre vivió compensando la debilidad de su cuerpo con la creación de herramientas, también es cierto lo contrario: vivió siempre compensando con la fuerza de su propio cuerpo las insuficiencias de sus herramientas. Pero lo posindustrial constituye una fase en la que ya no hay nada que compensar: la máquina, perfeccionada y siempre perfeccionable (incluso a sí misma), no depende ya de nuestra fuerza, sino de una inteligencia que puede ser la nuestra, pero también «la suya». Por eso, el obrero y el capataz van cediendo terreno al empleado, al técnico y al científico. Así, los empleos industriales empiezan a caer de manera acelerada mientras ascienden sin cesar empleos propios del sector servicios.

Esto se ha comprobado empíricamente con el correr de los años. Cuando Bell estudió estas transformaciones, le impactaba ver que, en 1970, el 65 % de la mano de obra estadounidense estuviera ya dedicada al sector servicios:[390] para 2018 el guarismo creció al 80 %. Simultáneamente, el empleo industrial decrecía del 33,2 % al 19 % en ese país.[391] España, por su parte, en 1973 tenía el 39 % de sus empleos en el sector servicios, mientras que en 2018 la proporción creció al 77 %. A su vez, los empleados industriales se redujeron del 36,7 % al 19 %. En el Reino Unido, teniendo a Inglaterra como cuna de la Revolución Industrial y donde probablemente se desarrolló de manera más contundente la clase obrera (en los años de entreguerras un 70 % de la población activa era obrera),[392] para 1991 tenía apenas un 33 % de sus empleos dedicados a la industria, que pasarían a ser un 18 % en 2018. Mientras tanto, el sector servicios crecía entre esos mismos años de un 66 % a un 81 %. Mirando el panorama desde un nivel mundial hay que decir que en 1991 el 33,67 % de los empleos mundiales ya correspondían al sector

---

«antropomorfizarla». No obstante, no entraré aquí en esta discusión, pero mantengo el uso de las comillas esta vez para señalar el problema.

390. *Cf.* Bell, *Las contradicciones culturales del capitalismo*, p. 190.

391. La contracción del empleo industrial, en todos los ejemplos ofrecidos, surge de contrastar los datos de 1973, citados en David Harvey, *La condición de la posmodernidad. Investigación sobre los orígenes del cambio cultural* (Buenos Aires: Amorrortu, 2017), p. 180, y los actuales datos disponibles en la base de datos The World Factbook, consultada en https://www.cia.gov/the-world-factbook/. El aumento del empleo de servicios surge de contrastar la información que para 1973 cita Harvey con la mencionada base de datos.

392. *Cf.* Scott Lash, *Sociología del posmodernismo* (Buenos Aires: Amorrortu, 2007), p. 48.

servicios, mientras que en 2018 el número creció hasta el 51,71 %.[393] Bell quedó, pues, ampliamente confirmado.

En el sistema posindustrial, la lucha de clases queda, por todo esto, entre paréntesis; al menos, la lucha de clases en clave marxista. En efecto, si la clase obrera estaba investida de un papel histórico casi mesiánico, eso era en gran medida porque constituía en las sociedades capitalistas industriales una mayoría aplastante; y el número, en la lógica revolucionaria, no era un asunto nada despreciable. Pero en el sistema posindustrial la clase obrera no «hereda» el mundo, sino que lo va abandonando. Más que «sujeto histórico revolucionario», se convierte paulatinamente en pieza de museo, o en fetiche de comunistas trasnochados. Esta angustia es visible sobre todo en Touraine, que llega a conceder el abandono de la noción de «explotación» y postula su reemplazo por la más general de «alienación»[394] en un retorno sin escalas al joven Marx. En un sistema posindustrial, más que antagonismos económicos en términos de clase, lo que se genera y destaca (y mejor: lo que se puede generar y destacar) son antagonismos culturales. Explica Touraine: «la dominación social adopta la forma de la manipulación cultural, pues, como se ha señalado, las condiciones del crecimiento no se sitúan solamente en el interior del terreno de la producción propiamente dicho».[395] Como ya se dijo, en efecto, la cultura se articula íntimamente con el sistema económico y, por ello, se hipertrofia: circula a través de él, al mismo tiempo que le presta sus servicios (conocimiento, información, innovación, creatividad, significación). La diferenciación moderna se trastoca en *desdiferenciación* posmoderna: economía y cultura no constituyen ni pretenden constituir esferas autónomas. El papel creciente de la cultura hace de ella, en consecuencia, una dimensión en la cual se puede emprender la búsqueda de voluntad de lucha, resistencia, rebelión.[396] Esto último entusias-

---

393. Información tomada de las bases de datos del Banco Mundial. Consultado en https://datos.bancomundial.org/indicador/SL.SRV.EMPL.ZS?view=chart.
394. «Hoy resulta más útil hablar de alienación que de explotación, pues el primer término define una relación social, mientras que el segundo define una relación económica» (Touraine, *La sociedad post-industrial*, p. 10).
395. Ibíd, p. 9.
396. «Se trata de una acción política y cultural más que económica; he aquí la esencial, la diferencia con el movimiento obrero formado en oposición al capitalismo liberal» (Ibíd., p. 78).

mará muy pronto a filósofos posmodernos como Félix Guattari, con su «revolución molecular».[397]

La Universidad, bajo el imperio de lo posindustrial, se convierte, decisivamente, en un terreno de batalla cultural. Reemplaza a la fábrica, en muchos casos, en tanto que terreno primario de batalla económica-política. Touraine lo anticipa tres años antes del 68: «la política ha entrado en la Universidad porque el conocimiento es una fuerza productiva».[398] Se plantea en las aulas, por tanto, una dialéctica integración/contestación. Y es que, continúa Touraine, «el conflicto social ya no se define en el interior de un mecanismo económico fundamental, y [...] el conjunto de las actividades sociales y culturales se halla comprometido más o menos directamente —y nunca de una manera simple— en este conflicto».[399]

Los sociólogos del sistema posindustrial incluso empiezan a ver en el conocimiento y la cultura un nuevo punto de referencia para la formación de nuevos tipos de «clases». Así, Bell habla de una «clase cultural»,[400] mientras Touraine postula la existencia de nuevas clases tecnocráticas definidas «ante todo por los conocimientos».[401] Alvin Gouldner, a su vez, hablará de los intelectuales en términos del «ascenso de una nueva clase»[402] que se volverá dominante por la nueva dinámica productiva de la sociedad. También John Kenneth Galbraith, poco antes, describiría el surgimiento de la «Nueva Clase» en torno al sector de los servicios, estableciendo que «el requisito más importante que se exige, sin lugar a duda, es la educación» y «sus efectos finales sobre las exigencias intelectuales, literarias, culturales y artísticas».[403] Si el conocimiento se convierte en una fuerza productiva central, las clases no podrán definirse simplemente con arreglo a la propiedad (o no) de los medios industriales de producción: el conocimiento mismo, en tanto que fuerza productiva y administrativa, entraría por derecho propio en la ecuación. Considérese

---

397. Félix Guattari, *La revolución molecular* (Madrid: Errata Naturae, 2017).
398. Touraine, *La sociedad post-industrial*, p. 14.
399. Ibíd., p. 27.
400. Bell, *Las contradicciones culturales del capitalismo*, p. 51.
401. Touraine, *La sociedad post-industrial*, p. 55.
402. *Cf.* Alvin Gouldner, *El futuro de los intelectuales y el ascenso de la nueva clase* (Madrid: Alianza, 1980).
403. John Kenneth Galbraith, *La sociedad opulenta* (Barcelona: Ariel, 1960), pp. 321-323.

o no acertada esta lógica de clases, lo importante aquí es notar hasta qué punto se vuelve central el conocimiento y la cultura para el sistema posindustrial que termina trastocando la sociología de clases, empujada a redefinir sus categorías tradicionales.

No es en este sentido obra del azar que el primer gran conflicto de la sociedad posindustrial haya tenido lugar precisamente en el campo estudiantil, si se repara en que las rebeliones del 68, que el mundo vio surgir en las universidades, tuvo como uno de sus motivos materiales fundamentales el desequilibrio entre la cantidad de estudiantes y las expectativas laborales. Tampoco es obra del azar que esa rebelión tuviera a la cultura como terreno primario del conflicto, en la medida en que lo que estaba en juego era más una «visión del mundo» que un programa político o económico concreto. «Seamos realistas, demandemos lo imposible» o «La imaginación al poder» no pueden constituir más que meras consignas culturales. Es difícil imaginar 1968 al margen de una estructura tecnoeconómica que previamente haya puesto en un lugar central a la institución universitaria, el conocimiento y, en una palabra, a la cultura.

II. Sociedad de masas y sociedad de consumo

La modernidad, con su industrialización, su urbanización, sus transportes y comunicaciones, forma rápidamente una sociedad de masas, como ya se ha dicho. La masividad está dada fundamentalmente por las cantidades: producciones de escala, distribuciones colosales incesantes, gigantescos almacenes, amontonamientos mobiliarios, aglomeraciones humanas, desplazamientos a velocidades siempre crecientes, información y entretenimiento al por mayor. La *uniformidad* propia de la masa es consecuencia de este acento en la mera cantidad, que se traduce originalmente en formas de producción serial homogéneas, pobres por ello en sus diferencias relativas y, por tanto, en sus significaciones culturales y estéticas. Los bienes producidos se sujetan entonces a la lógica económica de la eficiencia y a la lógica técnica de la funcionalidad, pero poco y nada se comprometen con una lógica cultural de la significación y la expresividad. En la formación moderna de la sociedad de masas, el dominio de lo cultural todavía no se ha conjugado íntimamente con el dominio económico de la producción y consumo de bienes masivos.

La sociedad de masas homogéneas que, como ya se vio, empieza a formarse a fines del siglo XIX y se revela con plenitud a principios del XX, disuelve al individuo en la indistinción de sus productos. Estos últimos, precisamente por estar indiferenciados, no responden en esta instancia a ningún imperativo de *personalización*: los objetos de masas no se levantan todavía como puntos de referencia *identitarios*, como marcos para la realización de la propia «personalidad», sino que existen sobre todo al nivel de su *funcionalidad técnica*. En la jerga de Jean Baudrillard, cabría decir que lo «esencial» de los objetos, que remite a su existencia en el dominio tecnológico, sobresale con determinación por encima de lo «inesencial», que remite a lo que ocurre con ellos en el dominio psicológico y sociológico.[404] Lo esencial de un automóvil es el motor y todo aquello que lo pone en marcha y le permite cumplir con su función de desplazamiento; lo inesencial es su forma, su color, su tamaño, sus accesorios, etcétera. En la formación original de la sociedad de masas hay poco margen de elección sobre lo inesencial: los automóviles son todos del mismo color (negro), las formas y texturas de la vestimenta de masas prácticamente no varía, los diseños de los incipientes electrodomésticos y aparatos del hogar se ven todos iguales (verbigracia: todos los teléfonos, todas las máquinas de escribir, todos los refrigeradores, son iguales entre sí). El acceso masivo a la riqueza esencial de los objetos paga inicialmente el precio de un empobrecimiento de lo inesencial. Es la época en que ese dominio privilegiado de la cultura que es el arte reacciona en gran medida contra el sistema industrial, reprochándole afear el mundo; reproche que descansa en la autonomía relativa de las esferas cultural y económica, cuyas lógicas todavía no se entrecruzan íntimamente ni se sirven de forma recíproca.

La producción artesanal que caracterizó a la premodernidad no conocía la serie. Lo artesanal, en la medida en que, por definición, no puede producir en serie, no puede dar lugar a una sociedad de masas. Sus objetos, ciertamente ricos en muchos casos en sus diferencias inesenciales, se articulan con las diferencias estatutarias que estratifican a este tipo de sociedades. El acceso a los objetos

---

404. *Cf.* Jean Baudrillard, *El sistema de los objetos* (México: Siglo XXI, 2019), p. 3.

está predeterminado por la tradición. Todo lo contrario ocurre con el sistema de producción industrial que, como indica Baudrillard, «está dominado por la oposición modelo-serie».[405] Aquí el acceso es mercantil, y por ello habrá que producir objetos en grandes cantidades de manera que cualquiera que pueda pagarlos acceda a ellos. En consecuencia, un objeto determinado se constituye en *modelo* a partir del cual toda una *serie* de objetos buscará lograr una igualdad respecto del ideal. La imitación repetida masivamente es la forma de la relación modelo-serie. El imperativo ideológico igualitario (igualdad formal de acceso mercantil que con el socialismo se convierte en igualdad material de acceso por vía estatal) se realiza en la igualdad de los objetos entre sí, que reflejaría a su vez la igualdad entre los hombres. Pero en la sociedad de masas homogéneas, los modelos están definidos sobre todo por aquello que es técnicamente funcional y económicamente eficiente. El modelo es, en esta instancia, *modelo tecnoeconómico*; su correspondencia con una «estética funcionalista» es significativa («La forma obedece a la función», sentenciaba en 1896 Louis H. Suvillan; «Todo lo que no tenga relación con la función y la utilidad debe prohibirse», esgrimía Henry Van de Velde en 1897).[406]

Podría decirse que la modernidad industrial es, en este sentido, predominantemente *fordista*. El *fordismo* es el tipo de régimen de producción industrial que mejor se emparenta con la sociedad de masas homogéneas por su capacidad de producir de forma masiva en virtud del juego modelo-serie. Originalmente analizado por Gramsci, el fordismo consistió en esencia en la racionalización y dirección pautada del proceso productivo fragmentado y mecanizado a través de la línea de ensamble con la que Henry Ford revolucionó la manera de ordenar el trabajo, que reducía costos y masificaba la producción. La disposición y el control sobre los más minúsculos movimientos orientaban así una producción repetitiva hasta el infinito: movimientos siempre iguales a sí mismos, prediseñados para

---

405. Baudrillard, *El sistema de los objetos*, p. 155.
406. Explica al respecto Lipovetsky que «El funcionalismo rechaza todas las formas de narración simbólica y de ornamentación, todas las deformaciones engañosas que impiden a los objetos cumplir su función de uso» (Gilles Lipovetsky; Jean Serroy, *La estetización del mundo. Vivir en la época del capitalismo artístico*, Barcelona: Anagrama, 2015, p. 137).

permanecer siempre así, regidos por imperativos de tiempo y espacio, daban lugar a productos que se inscribían en una serie masiva de objetos inspirados en un modelo ideal. No había espacio aquí para ninguna creatividad; el modelo había sido, hablando con propiedad, la única *creación*, dada por única vez, y de ahí en adelante todo lo que seguía era imitación mecánica y serial.[407] Adicionalmente, a una mayor oferta que resultó de semejante sistema productivista, se añadió una estrategia de expansión de la demanda de esos mismos productos colocando más dinero en el bolsillo de los individuos. Lo fundamental de Ford estriba en haber comprendido que a una producción masiva debe corresponder un consumo masivo. De ahí la célebre subida del salario que él mismo llevó adelante en tiempos de crisis («quiero producir coches que mis obreros puedan comprar»), estrategia que poco más tarde sería asumida —en otro nivel— por las políticas económicas keynesianas que pretendieron reactivar la economía estimulando el consumo a través del Estado.

La sociedad de masas es una sociedad impersonal, que empieza a experimentar, además, la *abundancia* (para mediados del siglo XX ya hay plena conciencia de la «opulencia»[408] de la sociedad de masas). Las tecnologías y las técnicas de producción abaratan los costos y multiplican la oferta, desde luego, pero la demanda también es estimulada por un Estado cada vez más intervencionista que va tomando la forma de «Estado providente». Así, el fordismo se articula muy bien con el keynesianismo, como bien advirtió David Harvey.[409] Capitalismo industrial y Estado se conjugan en el control no solo del aparato de producción del sistema, sino también en la salida de sus productos: en la demanda, constituida en una variable con la que se puede jugar y experimentar ampliamente. Para ello, habrá que «poner dinero en el bolsillo de la gente», en primer lugar.[410] Pero, además, habrá que prever otros mecanismos (mu-

---

407. El famoso Ford T, en 1908, año en que fue lanzado, costaba 850 dólares y vendió 5.986 unidades. En 1916, tan solo ocho años más tarde, costaba 360 dólares y vendió 557.036 unidades. *Cf.* Lipovetsky; Serroy, *La estetización del mundo*, p. 132.

408. John Kenneth Galbraith ya escribía hacia fines de la década de 1950 su obra *La sociedad opulenta*, que se transformó en un clásico sobre la *abundancia* que las sociedades avanzadas estaban experimentando.

409. *Cf.* Harvey, *La condición de la posmodernidad*, p. 152.

410. Baudrillard, en su estudio sobre la «sociedad de consumo», encuentra que el gasto público del Estado se orienta con determinación para fomentar el consumo. Así,

chos de ellos de inequívoca índole cultural): diseño de escaparates, centralidad de la publicidad, aceleración del sistema de la moda, exacerbación de la influencia de las celebridades, facilidades de pagos a plazo y créditos, promociones de diversa naturaleza, obsolescencia programada de los productos, y un amplio etcétera. La *sociedad de consumo* está naciendo, y pondrá a jugar variables culturales en el sistema económico (y viceversa) para multiplicar deseos y demandas, lo que poco a poco provocará una *desdiferenciación* típicamente posmoderna de las esferas cultural y económica que irá a contrapelo del proceso diferenciador moderno que anteriormente he descrito.

La sociedad de consumo emerge a partir de un giro axial que va de la producción al consumo. Su formación es contemporánea con el keynesianismo, y con respecto a la doctrina de Keynes no es accidental sino esencial. De una ética basada en la producción se va pasando rápidamente a una ética basada en el consumo. El capitalismo que supo analizar Max Weber es cosa de otro tiempo. Consumir: modo de obrar a través del cual se promete la *salvación* de las masas. El *goce* deviene derecho y deber al mismo tiempo: el Estado de bienestar es precisamente eso, un Estado menos paternal que maternal, menos represivo que seductor. Así, la ética protestante que acompañó en gran medida el desarrollo capitalista irá siendo socavada hasta desaparecer en la práctica. Trabajo duro, ahorro, vocación, serán reemplazados por autorrealización, consumo y diversión. El *crédito inmediato* aumentará todavía más las posibilidades del consumo y sus plazos, y será, según Daniel Bell, un factor crucial para minar la ética al calor de la cual se formó el capitalismo. En consecuencia, «el hedonismo, la idea del placer como modo de vida, se ha convertido en la justificación cultural, si no moral, del capitalismo».[411] Que el capitalismo socavaría sus propias bases morales fue algo que ya había anticipado el economista austríaco Joseph

---

por ejemplo, en 1965, en Francia «la proporción de las necesidades cubiertas por terceros era de: - Un 1% para alimentación e indumentaria («subsistencia»); - Un 13% para gastos de vivienda, redes de equipamiento de transportes y comunicación («marcos de vida»); - Un 67% en los sectores de enseñanza, cultura, deportes y salud («protección y desarrollo de la persona»)» (Jean Baudrillard, *La sociedad de consumo. Sus mitos, sus estructuras,* Madrid: Siglo XXI, 2018), p. 19).

411. Bell, *Las contradicciones culturales del capitalismo,* p. 33.

Schumpeter tiempo atrás.[412] Baudrillard parece coincidir en esto, al menos parcialmente, con Bell: «Las incitaciones a gastar, a gozar, a no hacer cálculos ("Llévelo ahora, pague después") reemplazaron las incitaciones "puritanas" a ahorrar, a trabajar, a crear el propio patrimonio».[413] En una línea similar, Byung-Chul Han sostiene que en el actual sistema la racionalidad ha cedido y «en su lugar entra en escena la *emocionalidad*» en lo que es un «capitalismo de la emoción»[414] que invita al consumo no calculado.

Con el crédito, pero también con el subsidio y la dádiva estatal, la adquisición se separa del trabajo, el esfuerzo y el ahorro. El modelo causal esfuerzo-recompensa (que redundaba en ahorro, o bien que tenía a este como condición intermedia) es sustituido, en el mejor de los casos, por su inversión lógica: recompensa-esfuerzo (que redunda en endeudamiento); y en el peor de los casos, por una recompensa sin causa alguna (que redunda en parasitismo). Este es el punto de llegada del hedonismo: el *goce incausado* (goce como derecho y como deber, al mismo tiempo).

La ética posmoderna que masifica el hedonismo y el relativismo moral es hija de la sociedad de consumo. El giro que va de la producción al consumo supone un giro culturalista que empapa a la ética de expresivismo («autorrealización», «personalización», «liberación», «emocionalidad») en detrimento de la vieja primacía de valores económico-productivistas (trabajo, responsabilidad, ahorro, vocación, racionalidad). El hedonismo, pues, no santifica el trabajo, sino el goce; el relativismo moral, a su vez, levanta toda barrera moral que pudiera poner en peligro el goce, *cualquier* goce (que se traduce en consumo, *cualquier* consumo). El hedonismo, no como rebelión contra la moral establecida como se daba en el modernismo, sino

---

412. Schumpeter ya destacaba en 1942 cómo el racionalismo que el capitalismo ayudó a coronar como lógica de todas las actividades e instituciones humanas socavaría los elementos extrarracionales de los que el propio capitalismo depende, entre ellos, por ejemplo, la familia burguesa, que significaba un freno al hedonismo y un motivo para proyectar a largo plazo. *Cf.* Joseph Schumpeter, *Capitalismo, socialismo y democracia,* Tomo I (Barcelona: Folio, 1996). Especialmente los capítulos XI, XII y XIV.
413. Baudrillard, *La sociedad de consumo*, p. 85. En otro trabajo, Baudrillard va por el mismo camino: «el crédito es mucho más que una institución económica: es una dimensión fundamental de nuestra sociedad, una ética nueva» (*El sistema de los objetos*, p. 111).
414. Byung-Chul Han, *Psicopolítica* (Barcelona: Herder, 2019), p. 71.

precisamente como *la nueva moral establecida*, y el relativismo, no tanto como escepticismo frente a determinados dogmas, sino como *nuevo dogma incuestionable*, se convertirán en notas distintivas de la cultura dominante. En palabras de Zygmunt Bauman, «la sociedad posmoderna considera a sus miembros primordialmente en calidad de consumidores, no de productores»,[415] propiciando de tal suerte no una ética del trabajo, sino una *estética* del consumo. Gilles Lipovetsky se adhiere a esta visión, según la cual la estética se sobrepone a la ética: «el sistema de justificación moral ha sido sustituido por una legitimación de tipo estético, dado que valora las sensaciones, los goces del presente, el cuerpo del placer, la ligereza de la vida consumista».[416] De esto precisamente ya se había quejado Bell tiempo atrás, al hallar en nuestra cultura posmoderna el resultado del quiebre estructural con la ética trascendental del capitalismo original; quiebre que dio lugar a ese «bazar psicodélico»[417] en el que la bohemia se vende al por mayor, todo vale lo mismo y la vida se trata, finalmente, de consumir hasta morir.[418]

Ahora bien, si la sociedad de masas era una función, ante todo, de la *cantidad*, la sociedad de consumo se definirá, sobre todo, en torno a la *cualidad*. No basta, en tal sentido, con derivar la sociedad de consumo de una sociedad más rica, más dilapidadora, más entregada a la dinámica creciente de los deseos mercantilizados y estatizados. Por supuesto, todo esto es característico de este tipo de sociedad, pero en forma alguna es lo más importante. Lo central se da en el orden cualitativo: la sociedad de consumo, si opera al calor de deseos ilimitados, es porque ha conjugado el orden limitado de lo tecnoeconómico con el orden ilimitado de la cultura. En otras palabras: la variedad casi infinita de los productos masivos que una economía avanzada puede ofrecer es posible únicamente cuando lo

---

415. Zygmunt Bauman, *Modernidad líquida* (México: FCE, 2017), p. 82.
416. Lipovetsky; Serroy, *La estetización del mundo*, p. 104.
417. Bell, *Las contradicciones culturales del capitalismo*, p. 63.
418. Bauman suena como Bell cuando dice: «Ya casi nunca se considera que el trabajo "ennoblezca" o que "haga mejores seres humanos" a sus ejecutores, y rara vez se lo admira o elogia por esa razón. Por el contrario, se lo mide y evalúa por su valor de diversión y entretenimiento, que satisface no tanto la vocación ética, prometeica, de un productor o creador, como las necesidades y deseos estéticos de un consumidor, un buscador de sensaciones y un coleccionista de experiencias» (*Modernidad líquida*, p. 149).

inesencial de los objetos pasa al primer plano en el sistema de producción y de consumo. Pero lo inesencial es lo propiamente *cultural* (distinto de lo *técnico*-esencial) del objeto. Por lo tanto, la variedad de consumo que es propia no tanto de la sociedad de masas homogéneas, sino de la sociedad de consumo (que es una sociedad de *masificación heterogénea*), surge del cruce economía/cultura, que es el cruce de otros pares asociados: limitado/ilimitado, material/ideal, eficiencia/expresividad, valor de cambio/valor de signo, producción/creación, presentación/representación.

La perspectiva de Baudrillard va en un sentido similar. La sociedad de consumo, según este, es aquella que se *diferencia* a partir de los objetos a consumir, que funcionan como un sistema de signos. Lo importante en la sociedad de consumo no es tanto la utilidad de los objetos (limitada por definición) cuanto las representaciones de las que estos se rodean (ilimitadas por definición). Hay un juego constante, pues, al nivel del significado de los objetos-signo, que es lo que en realidad se consume. Así, por ejemplo, un automóvil en la sociedad de consumo ya no significa predominantemente tecnología de desplazamiento (su utilidad objetiva), sino todo aquello que se lo pueda hacer significar: éxito, seducción, juventud, madurez, masculinidad, feminidad, popularidad, refinamiento, velocidad, seguridad, etcétera. La sociedad de consumo es la que consume, ante todo, esto último; es donde la connotación domina por sobre la denotación. Dice Baudrillard: «La "verdad" del objeto contemporáneo ya no es servir para algo, sino significar; es ser manipulado ya no como instrumento, sino como signo».[419] Por lo tanto, el consumo viene a ser el «*proceso de absorción de signos y de absorción por obra de los signos*».[420] Una sociedad de consumo, en definitiva, no sería entonces otra cosa que una sociedad que consume, en mis propios términos, la *dimensión cultural del objeto*.

Es preciso notar, a esta altura, la articulación que existe entre una sociedad de consumo y un sistema posindustrial. Si se recuerda, este último se caracterizaba ante todo por la creciente centralidad del conocimiento, la innovación y la creatividad en el proceso productivo. La sociedad de consumo, por su parte, necesita innovar

---

419. Baudrillard, *La sociedad de consumo*, p. 139.
420. Ibíd., p. 245.

perpetuamente las significaciones y connotaciones de sus productos. Pero, además, se ha visto que en el sistema posindustrial los servicios toman la delantera entre los distintos sectores de la producción. Ahora vemos, con Baudrillard, que «la sociedad de consumo no se caracteriza solamente por la profusión de bienes y servicios, sino por el hecho, más importante, de que en ella *todo es servicio*».[421] Y esto es así en la medida en que incluso los bienes materiales se presentan y se venden ahora como servicio: sonrisas reglamentarias, halagos personales, pruebas gratis, ofertas imperdibles, descuentos en la segunda compra, membresías exclusivas, garantías certificadas, envíos a domicilio, facilidades futuras. Más todavía: los bienes se disponen de forma que nosotros no nos servimos de ellos, sino que *ellos nos sirven a nosotros*. En la actual era *smart* esto es más evidente que nunca: los mismos bienes anticipan nuestras necesidades, registran nuestros gustos, hacen suyos nuestros horarios, consideran nuestras dietas e incluso, si lo permitimos, nuestra salud. El robot es la síntesis final de esta inversión, en la que el bien se transforma por entero en servicio.

La sociedad de consumo es una sociedad de masas sumergida en un «proceso de personalización»,[422] como lo llama Lipovetsky. Las masas se *personalizan* a través de sus objetos que, por consiguiente, ya no pueden ser homogéneos entre sí. Pero no por ello las masas dejan de ser masas. La personalización es *masiva*, en la medida en que es producto de un sistema que sigue rigiéndose por la lógica modelo-serie, aunque más disimulada. El cambio fundamental no es la *desmasificación* de la sociedad, sino la *culturización de la economía* que opera en el sentido de producir masiva e indefinidamente diferencias inesenciales. En virtud de estas últimas, pues, las masas *consuman* sus apetitos de subjetividad, singularidad y personalidad o, lo que es lo mismo, *consumen* los objetos como signos diferenciales (estrategia reservada, otrora, a pequeñas élites).[423] El modelo a partir del cual se multiplicará la serie ya no será, por lo tanto, un modelo

421. Baudrillard, *La sociedad de consumo*, p. 199. Gilles Lipovestky dirá más adelante que todo es, en verdad, «autoservicio» (televisión a la carta, música a la carta, educación autogestionada, etcétera) (Gilles Lipovetsky, *La era del vacío*, Barcelona: Anagrama, 2020, p. 17).
422. Lipovetsky, *La era del vacío*, pp. 5-7.
423. *Cf.* Lash, *Sociología del posmodernismo*, pp. 65.

tecnoeconómico, sino más bien *cultural-expresivo*. «La cultura es la mercancía que vende todas las demás»,[424] decían los situacionistas en los años sesenta. Colores, formas, texturas, diseños, tamaños, estilos, imágenes, sonidos: variables a combinar incesantemente para producir diferencias que empiezan a valorarse aún más que la propia funcionalidad del objeto de consumo y que ya no son parte de la cosa, sino agregados aleatorios, nimiedades intercambiables, que no reflejan ni una belleza estética externa al producto ni una belleza interna que procure manifestar con elegancia la funcionalidad (verbigracia: espantosos automóviles con aletas o motocicletas con luces de neón). El valor de signo sobrepasa en muchos casos el valor de uso: la cultura posmoderna «estimula el consumo de bienes entendidos más como "valores de signo" que como valores de uso»,[425] dice Scott Lash, a lo que yo agrego que, por eso mismo, se articula bien con una sociedad de consumo tal como aquí ha sido definida.

El modelo fordista va quedando rezagado; se vuelve cada vez más incompatible con las aspiraciones de «diversidad» y el imperativo de la personalización. Por eso la estandarización en masa fordista se combinará, a los fines de reducir esta tensión, con otro tipo de lógica productiva enfocada en diversificar la oferta con arreglo a variaciones estilísticas.[426] Este es el punto de formación de la sociedad de consumo de masas, hacia mediados del siglo XX, cuyo desarrollo tendrá lugar en las décadas subsiguientes. En su centro de gravedad se halla la exacerbación de la producción y consumo de características inesenciales o «culturales» de los productos masivos. Es la época del diseño industrial: en 1957 se funda en Londres el «Consejo Internacional de Sociedades de Diseñadores Industriales». Es la época de la adopción del sistema de la moda, basado en el recambio acelerado de sus modelos, por industrias distintas de la indumentaria: «Todas las industrias se esfuerzan por copiar los métodos de los grandes modistos»,[427] decía en Estados Unidos a principios de los

---

424. Martha Rosler, *Clase cultural. Arte y gentrificación* (Buenos Aires: Caja Negra, 2017), p. 107.
425. Lash, *Sociología del posmodernismo*, pp. 64-65.
426. En este sentido, si Ford fue una suerte de punto de llegada de la sociedad de masas, la General Motors bajo la dirección de Alfred Loan supone una anticipación al tipo de producción que reemplazará al fordismo en la sociedad de consumo. En 1938, la GM ya disponía de servicios de «Arte y color».
427. Citado en Lipovetsky, Serroy, *La estetización del mundo*, p. 147.

sesenta Louis Cheskin, reconocido investigador de *marketing*. Es la época de la imagen, de la seducción publicitaria, de la lógica espectacular, de la profusión y centralidad de las marcas, de la estetización de lo cotidiano, coagulados espacialmente en el «centro comercial»: Sothdale Center, el primero de ellos con edificio propio, abrirá sus puertas por primera vez en 1956 en Mineápolis; en Francia deberán esperar a 1962 para que Parly 2 vea la luz.

La sociedad de consumo se perfila hacia una situación límite en la que todo objeto deviene estético: lo comercial se vuelve artístico, y lo cultural se vuelve comercial. La *desdiferenciación* se expresa con claridad en este hecho evidente. La imagen diseñada absorbe al propio producto, en su *marca*, en su *packaging*, en las estrellas que dicen consumirlo y lo recomiendan a través de los *mass media*, en las representaciones de éxito, felicidad, divertimento, placer, realización, o lo que fuera que connote al objeto en cuestión. La publicidad se convierte, precisamente, en el dominio de la connotación por excelencia, en el reino de las características inesenciales del objeto, en la estrategia más valorada de creación de significados diferenciales. Para Baudrillard, «es ella la que mejor nos dirá qué es lo que consumimos *a través* de los objetos».[428] La sociedad de consumo depende estructuralmente de la publicidad. Esta última es, más aún, un objeto de consumo en sí mismo, que ofrece un discurso sobre los objetos de consumo, cuya efectividad no descansa tanto en el convencimiento retórico e informativo cuanto en la sensación que genera en el consumidor en el sentido de que se ocupan de él: «El objeto lo tiene a uno presente, lo *quiere*. Y porque lo quieren, uno se siente que existe: queda uno "personalizado"».[429]

La vida como tal queda estetizada, y por eso se expresará como pura cultura. Ya nada existe por fuera del campo estético, de la misma forma que prácticamente nada queda sustraído de la lógica mercantil. Por eso mismo suele decirse que lo mercantil lo ha colonizado todo,[430] incluyendo lo estético, pero lo contrario también es cierto: lo estético lo ha colonizado todo, incluyendo las mismas

---

428. Baudrillard, *El sistema de los objetos*, p. 187.
429. Ibíd., p. 193.
430. *Cf.* Michael Sandel, *Lo que el dinero no puede comprar. Los límites morales del mercado* (Bogotá: Debate, 2013).

relaciones mercantiles. Si esto es así, no se está asistiendo al triunfo de la esfera económica por sobre todas las demás, sino a su mezcla, su hibridación, su inevitable confusión. Vale la pena citar en este punto a Baudrillard *in extenso*:

> Se dice que la gran tarea de Occidente ha sido la mercantilización del mundo, haberlo entregado todo al destino de la mercancía. Convendría decir más bien que ha sido la estetización del mundo, su puesta en escena cosmopolita, su puesta en imágenes, su organización semiológica. Lo que estamos presenciando más allá del materialismo mercantil es una semiurgia de todas las cosas a través de la publicidad, los media, las imágenes. Hasta lo más marginal y lo más banal, incluso lo más obsceno, se estetiza, se culturaliza, se museifica.[431]

Lo cierto es que la cultura fluye a tal punto por el circuito económico que se convierte en su mejor metáfora. Comprar se vuelve un momento de «ocio», aunque nada tenga que ver con el *otium* como fundamento de la cultura y sus realizaciones.[432] Vender se transforma en un «arte» (y eso es el *marketing*) en la medida en que el consumo es, por definición, consumo de la dimensión cultural que se ha inyectado a grandes dosis en los productos. De hecho, la expresión característica de la sociedad de consumo en el mundo del arte será el *pop-art*, surgido entre las décadas de 1950 y 1960. Andy Warhol, no por azar dedicado originalmente a la publicidad, representa al artista que liquida las fronteras entre arte y comercio, encontrando en los más corrientes productos de consumo la fuente de su inspiración. *Big Campbell's Soup Can with Torn Label (Vegetable Beef)* batió récords en 1970 cuando se vendió por 60.000 dólares; en 2006, *Small Torn Campbell's Soup Can (Pepper Pot)* fue vendido por 11.776.000 dólares.[433] El objeto que el arte pop representa no es sagrado ni trascendente, sino mundano y cotidiano, «popular», como una lata de salsa de tomate. La frontera entre alta

---

431. Jean Baudrillard, *La transparencia del mal* (Barcelona: Anagrama, 1991), p. 22.
432. *Cf.* Josef Pieper, *El ocio: fundamento de la cultura* (Buenos Aires: Librería Córdoba, 2010).
433. *Cf.* https://www.christies.com/lotfinder/Lot/andy-warhol-1928-1987-small-torn -campbells-4705676-details.aspx.

y baja cultura también cae. A menudo, la misma imagen se repite, se multiplica, deviene serie, como en el mundo del consumo (*3 Coke Bottles* o *Coca-Cola 210 Bottles*). La marca del producto ya no es una mera *garantía* de calidad, sino su propia *esencia* (más aún, el sueño de la marca es reemplazar al producto) y, como tal, se posiciona como protagonista de un arte que parece en muchos casos publicidad, en un mundo en el que la publicidad parece en muchos casos arte. Un mundo, por lo tanto, en el que el consumo está culturalizado, y en el que la cultura está mercantilizada: latas de tomate cuidadosamente diseñadas y lienzos que representan esas mismas latas de tomate vendidos a muchos millones de dólares. Un mundo, por fin, crecientemente invadido por imágenes en el que nuestra *realidad percibida* se va configurando en virtud de la imagen, y en el que, por eso mismo, la frontera que separa al referente real de su imagen representacional también se va desintegrando, en el seno del proceso posmoderno de *desdiferenciación*.[434]

En suma: «sociedad posindustrial» y «sociedad de consumo» son dos términos distintos, pero íntimamente ligados, que recogen en sus respectivas caracterizaciones elementos importantes de la modernidad tardía o «posmodernidad». Esa ligazón está dada, a mi juicio, por el entrecruzamiento íntimo y funcional de *economía* y *cultura* que esos términos implican, tal como he intentado argumentar hasta aquí. Entrecruzamiento que es más bien una suerte de *desdiferenciación*. Por ello podría decirse que la estructura económica de la posmodernidad es aquella que ha incorporado a la cultura —relativamente autonomizada en el mundo moderno— a su sistema de producción y de consumo (las pretensiones modernistas de una esfera cultural autónoma quedan así enterradas de forma definitiva). Incluso la ética dominante en la sociedad posmoderna, en lo que se refiere a la acción económica, no parece ser tanto una ética cuanto una estética, como ya se dijo. Lo «posmoderno» vendría dado, en efecto, por una «hinchazón» de lo cultural en tanto que dominio expresivo-significativo. Más aún, vendría dado por una relativa disolución de las fronteras que separaban con pretensiones de autonomía las esferas cultural, económica y

---

434. Para Perry Anderson, con la obra de Warhol «había llegado sin duda la plena posmodernidad» (*Los orígenes de la posmodernidad,* Madrid: Akal, 2016, p. 101).

política, que se expresa a la postre en un nuevo tipo de hibridación en el que lo cultural se «derrama», como un líquido, sobre los dominios económicos y políticos, condicionándolos hasta un cierto punto, tal como se seguirá viendo a continuación.

III. Posfordismo e «industrias culturales y creativas»

En la segunda mitad del siglo XX, el fordismo fue mostrando contradicciones importantes respecto de un sistema de consumo que demandaba personalización, exclusividad y singularidad. La sociedad de consumo *estetizó* por ello los productos de masas, los inyectó de significaciones, de ornamentos culturales y características inesenciales, procurando de tal suerte satisfacer los requisitos de diferenciación social a través del sistema de signos que se tejía a partir del consumo. Todo esto no dejaba de darse, sin embargo, en el marco de un régimen de producción de todas maneras fordista, acompañado por un Estado interventor, keynesiano en lo económico, que ya a partir de la segunda mitad de la década de 1960 empezó a experimentar problemas serios. No es este el lugar para abundar en detalles que pertenecen al campo de la historia económica, pero la crisis que sobrevino tomó la forma de «estanflación» (esto es, estancamiento de la producción combinada con inflación), devaluaciones del dólar, fin del sistema de Bretton Woods, recesión, aumento del precio del petróleo y embargo de las exportaciones de petróleo a Occidente.

Para un marxista como David Harvey, en la crisis económica de 1973 es posible hallar la formación de un nuevo régimen de producción posfordista, que él denomina «acumulación flexible». El problema del fordismo-keynesianismo se encontraba en su *rigidez*, y es esto precisamente lo que viene a solucionar el nuevo régimen que Harvey describe así:

Apela a la flexibilidad con relación a los procesos laborales, a los mercados de mano de obra, los productos y las pautas del consumo. Se caracteriza por la emergencia de sectores totalmente nuevos de producción, nuevas formas de proporcionar servicios financieros, nuevos mercados y, sobre todo, niveles sumamente intensos de innovación comercial, tecnológica y organizativa.[435]

Así pues, en lo que a la producción concierne, en los países avanzados el sistema se vuelca con fuerza a los servicios («posindustrialismo») como ya se ha visto, impulsa la constante innovación y flexibiliza el subsistema de trabajo (subcontrataciones, contratos temporales, *homeworking*, etcétera), mientras terceriza y relocaliza sus operaciones y procesos productivos en distintas latitudes más ventajosas, ayudado por las nacientes tecnologías de la información y comunicación. Pero acaso lo más importante, al menos para el tema aquí planteado, es que las economías cuidadosamente direccionadas a grupos específicos muestran su potencial frente a las enormes economías de escala. Así se podrá satisfacer mejor el imperativo de personalización y, sobre todo, un ritmo de cambios incesantes y más veloces que nunca en las pautas de consumo. En efecto, la aceleración de la rotación en la producción y en el consumo no tendrá precedente alguno: «la vida promedio de un típico producto fordista era de cinco a siete años, pero la acumulación flexible ha reducido en más de la mitad esa cifra en ciertos sectores», notaba Harvey en 1990, considerando industrias como la textil. En el caso de las industrias informáticas y de servicios, «la vida promedio es de menos de dieciocho meses».[436] En 2013, Lipovetsky analizó casos tan distintos como el de los teléfonos celulares, que «no se mantienen más de ocho meses en el mercado», el de los perfumes, de los que más de la mitad «desaparecen en el curso de su primer año de vida», y los libros, cuya duración media en las librerías «es de poco más de tres meses en la actualidad, cuando hace una generación era de seis».[437] Es posible sumar otros ejemplos: allí donde los viejos televisores en forma de caja duraban alrededor de 20 años, los nuevos modelos hoy se reemplazan cada 6 años aproximadamente;[438] los fri-

---

435. Harvey, *La condición de la posmodernidad*, pp. 170-171.
436. Ibíd., pp. 179-180.
437. Lipovetsky, Serroy, *La estetización del mundo*, p. 65.
438. «¿Cuánto tiempo te va a durar ese aparato electrónico que acabas de comprar?», *BBC* (3 abril 2015), en https://www.bbc.com/mundo/noticias/2015/04/150325 _tecnologia_obsoleta_sem_yv#:~:text=Los%20expertos%20coinciden%20en%20 que,de%203%20a%205%20a%C3%B1os.

goríficos hoy duran ente 9 y 12 años, allí donde décadas atrás duraban 60;[439] las consolas de videojuegos usualmente no llegan a los 7 años tras ser reemplazadas por versiones mejoradas, que por lo general no aceptan los juegos de las versiones anteriores.[440] Los ciclos de vida se van acortando sin cesar.

El posfordismo logra adaptarse a demandas muy cambiantes y, ayudado por tecnologías de la producción revolucionarias y nuevas maneras de organizar el trabajo que permiten producir cantidades menores e incluso «a pedido» sin aumentar significativamente los costos, lleva al límite la lógica cultural de la sociedad de consumo. La relación de (pocos)modelos-(grandes)series se cambia por una relación inversa: (muchos)modelos-(pequeñas)series. Las cantidades masivas de producción son reemplazadas, pues, por una producción *masivamente diferenciada*, y para lograrlo es preciso echar mano sobre las variaciones ilimitadas que el sistema cultural puede ofrecer. La aceleración ya no se refiere a la relación velocidad/tiempo de producción de series respecto a modelos, sino a la relación velocidad/tiempo de la actualización y recambio de los propios modelos. Series cortas, incluso «a pedido» o «producción por encargo» (Amazon constituye hoy un ejemplo muy claro al respecto), se conjugan así con modelos efímeros que se vuelven caducos cada vez más rápido, dictadas corrientemente por el sistema de la moda y por la obsolescencia planificada. Esta última es una estrategia técnica; el sistema de la moda es una estrategia netamente cultural. Ambas aceleran al límite la experiencia de consumo, que es una experiencia estructural de la sociedad contemporánea. Y con ella dan lugar a una nueva experiencia del tiempo y el espacio.

«Algo vital le ha sucedido a nuestra experiencia del espacio y del tiempo desde 1970, que ha dado lugar al giro hacia el

---

439. «¿Pensando en comprar un electrodoméstico? Estas son las marcas más fiables» (9 enero 2020) en https://www.eleconomista.es/empresas-finanzas /noticias/10289608/01/20/Pensando-en-comprar-un-electrodomestico-Estas -son-las-marcas-mas-fiables-.html. Además, *cf.* «Un electrodoméstico dura 8 años en vez de 60 por la obsolescencia programada» (6 abril 2018) en https://www .adelantosdigital.com/web/frigorifico-una-lavadora-podrian-durar-60-anos-no -pasan-12-la-obsolescencia-programada/.
440. Sergio González, «El año de la nueva generación de consolas», *El País* (4 enero 2020), en https://elpais.com/tecnologia/2020/01/03/actualidad/1578057267_390316.html.

posmodernismo»,[441] entiende Harvey. La cultura posmoderna, que celebra lo efímero y desarraigado, el relativismo y el hedonismo, y que desconfía tanto del pasado como del futuro, sería inseparable de una forma nueva de vivir el tiempo y el espacio. Sin duda, las nuevas tecnologías de la información y la comunicación, extendidas de forma masiva y convertidas en artefactos de uso cotidiano, prácticamente *vitales*,[442] han traído consigo la concepción del tiempo como *instante* (medida inefable que destruye, en la imperceptibilidad que implica, la propia noción de tiempo) y la concepción del espacio como *virtualmente* aniquilable (Internet no forma un nuevo espacio, sino que acaba con él). Jameson, en sintonía con esto, entiende que la posmodernidad tiene una forma similar a la esquizofrenia, precisamente por la ruptura de la cadena significante que conecta temporalmente pasado-presente-futuro. En efecto, «el esquizofrénico se ve reducido a la experiencia de puros significantes materiales, o, en otras palabras, de una serie de presentes temporales puros y sin relación entre sí».[443] *Mutatis mutandis*, el torbellino posmoderno nos ha arrojado a un mundo que se agota en la experiencia presente, vacía, efímera, insignificante, que antes de que podamos darnos cuenta ya se ha evaporado (y en esto los *mass media* juegan un rol central).[444] Por ello mismo la cultura posmoderna, a diferencia de la tradicional, desprecia el pasado y, a diferencia de la moderna, demuestra indiferencia por el futuro. Lo suyo es el puro presente, *carpe diem*, una cultura de lo «rápido» («comida rápida», café *take away*, hablar inglés en treinta días, libros cortos con letras enormes, videos virales cuyo éxito estriba en no durar más de un minuto, mensajes de 280 caracteres, etcétera).

---

441. Harvey, *La condición de la posmodernidad*, p. 252.
442. La psicología ya habla, por ejemplo, del «vicio del teléfono celular» y de la «nomofobia», definida como el miedo irracional de salir del hogar sin el teléfono. La dependencia de la tecnología ha creado toda una nueva oferta de tratamientos psicológicos.
443. Jameson, *Posmodernismo*, p. 67.
444. «Uno siente la tentación de decir que la función misma de los medios noticiosos es relegar lo más rápidamente posible en el pasado esas experiencias históricas recientes. La función informativa de los medios sería entonces ayudarnos a olvidar y actuar como los agentes y mecanismos mismos de nuestra amnesia histórica» (Jameson, *El giro cultural*, p. 37).

En este orden de cosas, el régimen posfordista, gracias a las nuevas tecnologías, puede superar los límites del espacio con bastante facilidad, y puede jugar con el tiempo reemplazando la masividad de la serie por la masividad-diversidad del modelo. El sistema posindustrial, por su parte, se conjuga muy bien con aquel, ofreciendo de corriente servicios que por definición son inmateriales (y que por consiguiente no tienen *lugar* en el espacio al modo del bien de consumo), cuya velocidad de rotación por lo tanto no está limitada, y que dependen en la mayoría de los casos de la instantaneidad de los medios electrónicos. De hecho, si en la sociedad de consumo fordista, como decía Baudrillard, *todo es servicio*, en la sociedad de consumo posfordista podríamos decir, con Lipovetsky, que todo empieza a ser «*autoservicio*».[445] Películas y series «a la carta», música disponible para armar «listas de reproducción» a medida, compras virtuales desde el hogar, paquetes de turismo íntegramente diseñados por el cliente, autoadministración de cuentas bancarias y de inversiones, autogestión de paneles de control de instituciones educativas, de trámites burocráticos, de servicios informáticos, etcétera. La lógica «auto» es una lógica cultural (que también se expresa como «autoayuda», «autoconocimiento», «autodidactismo», «autodominio», «autopercepción», etc.) que solo se sostiene en la profusión siempre creciente de ofertas culturalmente diferenciadas. Donde no hay pluralidad de colores, formas y texturas, variabilidad de destinos, hoteles y pasajes aéreos, diversidad de títulos, sonidos e imágenes, no hay ningún «auto». La lógica cultural del posfordismo, que implica el triunfo de la lógica cultural que ya había echado raíces en el fordismo de la sociedad de consumo y que supera las rigideces de la lógica tecnoeconómica estandarizante, se da la mano con la lógica cultural del posindustrialismo, sus servicios, conocimiento, información e innovación, y se confunde con ella.

La cultura, en un mundo posfordista y posindustrial, se ha confundido hasta lo íntimo con la esfera económica o, dicho de otra manera, una porción muy importante de la economía constituye, en verdad, una economía desmaterializada y, por lo tanto, *hipercultural*: en ella se ofrecen y demandan masivamente, pues, valores de signo (estilos, identidades, relatos, estatus, sueños, sentimientos,

---

445. Lipovestky, *La era del vacío*, p. 17.

significados). Esto vale tanto para los bienes materiales como para los servicios, tal como ya se ha mostrado sobradamente. En el mundo posmoderno, en efecto, *todo* es cultura («la naturaleza ha sido finalmente abolida»);[446] pero no cultura en un sentido fuerte, transmitida intergeneracional, nacional, tradicional o religiosamente, vivida como arraigo o punto de apoyo sólido y estable para el desarrollo tanto social como individual, sino en un sentido absolutamente débil: cultura lúdica, experimental, divertida, como la arcilla con la cual se puede jugar, armando y desarmando (construyendo y *deconstruyendo*) formas que no soportan el paso del tiempo, que resultan indiferentes al criterio espacial, que vuelven a hacerse *masa disponible* —*siempre* potencialmente disponible por su constitución *hiperflexible*— para adoptar una nueva forma que promete, precisamente, *novedad*. En una palabra: *lobotomía cultural* que resulta de la saturación de cultura.

Este proceso de culturización de la totalidad del sistema social se acompaña, además, con un desarrollo impresionante de las llamadas «industrias culturales y creativas» (museos, galerías de arte, películas, música, espectáculos, etc.). Como dice Jameson, «en la cultura posmoderna, la "cultura" ha devenido en un producto por derecho propio».[447] En rigor, este tipo de industria especializada en la producción cultural anticipa ya desde la primera mitad del siglo XX la forma posindustrial y posfordista. Lo suyo se presenta, en tanto que entretenimiento, recreación, autorrealización o educación, siempre con la forma del servicio y con la fuerza del conocimiento, la innovación o la creatividad. Asimismo, la producción y reproducción absolutamente estandarizada que criticaba con ferocidad Adorno en 1944 irá abandonándose en favor de la flexibilidad de los contenidos mucho antes que en el resto de las industrias. En efecto, la producción cultural goza de una velocidad de rotación mucho mayor que la de cualquier otro tipo de producción, y eso permitió adecuaciones más veloces a los gustos y las pautas de consumo. Ahora bien, en la puerta del mundo posmoderno, las «industrias culturales y creativas» dejan de ser un actor secundario del sistema económico para ser cada vez más el protagonista.

---

446. Jameson, *Posmodernismo*, p. 186
447. Ibíd., p. 12.

Algunos datos dispersos y más o menos al azar sobre fines del siglo XX y la actualidad pueden ayudar a ilustrar la referida expansión de la esfera cultural.

En Estados Unidos había para 1920 alrededor de 1.200 museos, que pasaron a ser 8.000 en los años ochenta. A principios del siglo XXI se contabilizaron 16.000 museos, de los cuales más del 70 % habían sido fundados en el último cuarto del siglo XX.[448] En el mundo, los museos han venido aumentando 10 % cada cinco años.[449] Su papel en la economía no es nada despreciable: en Estados Unidos dan trabajo a más de 726.000 personas y contribuyen a la economía con 50.000 millones de dólares anuales.[450] En Francia, los museos incluso se exportan: el Louvre y el Pompidou crean sucursales en países tan distantes como China o Emiratos Árabes Unidos. En Abu Dabi, el nombre del Louvre fue cedido por 400 millones de euros, a lo que se agregaron 400 millones más por préstamos de obras y exposiciones.[451] En París, el Louvre fue durante mucho tiempo el museo más visitado del mundo (8,6 millones de visitas en 2015, 10,2 millones en 2018), aunque ya ha sido superado por el Museo del Palacio en la Ciudad Prohibida de Beijing en China (15 millones de visitas).[452] En 2018, por primera vez en la historia, la cantidad de visitantes de museos ha superado los 500 millones.[453]

En cuanto a las galerías de arte, en la década de 1980 se multiplicaron por dos. Hoy el negocio se despliega en gran medida por Internet. El arte pasó a funcionar cada vez más como «valor refugio» para proteger de la inflación los patrimonios personales (sobre todo desde los años setenta, a raíz de la crisis keynesiana), e incluso como inversión de mediano y largo plazo: actualmente para obras superiores a 200.000 dólares se ofrecen rendimientos de más del

---

448. Geoffrey Lewis, «Museum», en *Encyclopædia Britannica* (7 febrero 2019), https://www.britannica.com/topic/museum-cultural-institution.

449. *Cf.* Lipovetsky; Serroy, *La estetización del mundo*, p. 45.

450. American Alliance of Museums. «Museum Facts & Data», https://www.aam-us.org/programs/about-museums/museum-facts-data/.

451. «¿Qué busca Francia al exportar sus museos?», *El País* (15 diciembre 2019), https://elpais.com/elpais/2019/12/13/ideas/1576241625_837560.html.

452. Instituto Nacional de Estadísticas de Finlandia, «Popularity of museums rising all over the world» (13 diciembre 2016), https://www.tilastokeskus.fi/uutinen/popularity-of-museums-rising-all-over-the-world.

453. «Ranking mundial de visitantes a museos en 2018», en https://evemuseografia.com/2019/07/31/ranking-mundial-de-visitantes-a-museos-en-2018/.

8 % anual.[454] El mercado mundial del arte pasa de 27.700 millones de euros en 2002 a 43.000 millones en 2010.[455] En 2019 se llega a facturar globalmente 64.100 millones de dólares.[456] La subasta se ha convertido probablemente en la forma más importante de comercialización del arte: en 2019, las casas de subastas registraron ingresos asombrosos, como Christie's con cerca de 3.650 millones de dólares, o Sotheby's con casi 3.590 millones.[457] Más aún, las subastas baten récords prácticamente todos los años: en 2019, una escultura de un conejo de Jeff Koons se vendió en 91,1 millones de dólares, logrando el récord de la obra más cara de un artista vivo.[458] En 2017 se vendió *Salvator Mundi*, de Leonardo da Vinci, por 450 millones de dólares. En 2015, un récord para el arte contemporáneo: *Interchange*, de Willem De Kooning, vendido a 300 millones. El arte contemporáneo, por cierto, ha pasado de facturar en subastas un total de 103 millones en el año 2000, a 1.900 millones en el 2018 (representando apenas el 12 % del mercado artístico).[459]

En lo que al cine respecta, en la década de 1960 las productoras distribuían hasta 300 copias de sus películas para Estados Unidos, mientras que hoy se hacen 4.000 para el mercado nacional, y entre 5.000 y 6.000 para el internacional.[460] En los años sesenta, las películas agotaban su proyección al público en salas en dos o tres años, mientras que hoy, según un reciente estudio de CNBC, el promedio en cartelera de una película de gran difusión es de apenas un mes.[461]

---

454. Reporte «The Art Market in 2018», https://es.artprice.com/artprice-reports/the -art-market-in-2018/investing-in-art/.

455. Según un estudio de The European Fine Art Foundation citado en Lipovetsky; Serroy, *La estetización del mundo*, p. 47.

456. UBS Global Art Market Report 2020, https://www.artbasel.com/about/initiatives /the-art-market.

457. Reporte «The Art Market in 2019», sección «Global assessment: strong and flexible demand», https://es.artprice.com/artprice-reports/the-art-market-in-2019 /global-assessment-strong-and-flexible-demand/.

458. «Investing In Art: An Introduction For The Skeptic», *Forbes* (10 junio 2020), https://www.forbes.com/sites/theyec/2020/01/10/investing-in-art-an-introduction -for-the-skeptic.

459. «The Contemporary Art Market Report 2018», en https://www.artprice.com /artprice-reports/the-contemporary-art-market-report-2018/general-synopsis -contemporary-arts-market-performance.

460. *Cf.* Lipovetsky; Serroy, *La estetización del mundo*, p. 89.

461. *Cf.* Mark Fahey, «Why Movies Are Sometimes Here and Gone in Theaters» (17 noviembre 2015), en https://www.cnbc.com/2015/11/17/why-movies-are -sometimes-here-and-gone-in-theaters.html.

En Francia, por ejemplo, el 80 % de los beneficios se logran solo en los primeros quince días de proyección.[462] Las superproducciones de Hollywood no dejan de batir récords de inversión: en 1997 *Titanic* costó 247 millones de dólares, y apenas diez años más tarde *Piratas del Caribe* costaría casi 342 millones. Lo mismo ha ocurrido con las recaudaciones: hacia fines del siglo XX, los cines norteamericanos vendían boletos por 7.950 millones de dólares en un año, mientras que en 2019 se vendieron 13.800 millones de dólares en entradas.[463] En Europa, ese año, se rompió un récord al recibir los cines más de 1.340 millones de espectadores con una facturación de alrededor de 8.500 millones de euros.[464] A nivel mundial, la taquilla que en 2005 era de 23.100 millones de dólares, creció sin interrupciones hasta llegar a 42.200 millones en 2019.[465] Por su parte, la evolución del negocio del cine en *streaming* es sorprendente: la plataforma Netflix, cuyos ingresos en el 2002 eran de poco más de 150 millones de dólares, en 2019 se convirtieron en más de 20.156 millones, y al año siguiente, pandemia de por medio, en 24.996 millones.[466, 467]

En lo que concierne a industria musical, también se han sucedido diversos soportes tecnológicos. Del tradicional disco de vinilo al casete de los años ochenta y noventa, y del casete al CD de las décadas de 1990 y 2000, la producción y distribución musical vino en pronunciados ascensos interrumpidos posteriormente por los desafíos que plantearon las nuevas tecnologías *online*. Así, el vinilo facturaba hacia 1978 más de 15.000 millones de dólares; el casete facturaría hacia 1993 alrededor de 19.000 millones, número que igualaría el CD en 1998. Ahora bien, ese mismo año, entre casetes

---

462. *Cf.* Lipovetsky; Serroy, *La estetización del mundo*, p. 44.

463. «Consumer expenditure on admissions to motion picture theaters in the United States from 1999 to 2019», *Statista*, https://www.statista.com/statistics/192868/consumer-expenditures-on-motion-picture-theaters-in-the-us-since-1999/.

464. «UNIC Reports Record 1.34 Billion Visits to European Cinemas in 2019», https://www.boxofficepro.com/unic-reports-record-1-34-billion-visits-to-european-cinemas-in-2019/.

465. «Evolución anual de la recaudación de taquilla a nivel mundial desde 2005 hasta 2019», *Statista*, https://es.statista.com/estadisticas/600690/ingresos-de-taquilla-a-nivel-mundial/.

466. «Evolución de los ingresos anuales de Netflix a nivel mundial de 2002 a 2019», *Statista*, https://es.statista.com/estadisticas/639161/ingresos-anuales-de-netflix/.

467. «Netflix Gama un 48% más en 2020 y supera los 200 millones de abonados», *El País*, 20 enero 2021, https://elpais.com/economia/2021-01-20/netflix-gana-un-48-mas-en-2020-y-supera-los-200-millones-de-abonados.html.

y CD, se facturaría cerca de 40.500 millones.[468] Pero el nuevo milenio fue complicado para esta industria, aunque hacia el año 2015
se vivió una recuperación significativa. En la era de la música digital, hoy Spotify (cuya valorización de capitalización de mercado
es de casi 45.000 millones de dólares)[469] cuenta con un catálogo
de más de 70 millones de canciones, añade más de 20.000 piezas
cada día y 365 millones de usuarios activos utilizan el sistema.[470]
Apple Music, su competidor, invita a probar gratis el servicio con
el eslogan «Sumérgete en el sonido de una oferta de más de 75
millones de canciones, y cuenta con más de 68 millones de suscriptores de pago.[471] La crisis de la venta física ha sido compensada,
además, con un aumento de hasta un 60 % de los espectáculos en
directo.[472] La envergadura de la industria del espectáculo se aprecia
por ejemplo con Live Nation Entertainment, que en 2019 reportó
ganancias por 11.547 millones de dólares y cerca de 38.000 espectáculos a los que concurrieron unos 100 millones de personas.[473]
La pandemia que vive el mundo está redefiniendo esta industria
ahora mismo.

Sirvan estos datos tan solo para ilustrar el punto, a saber: que
la cultura y la economía ya no pueden ser consideradas como dos
esferas significativamente separadas, y que ello se manifiesta tanto
por la *culturización* de bienes y servicios cuanto por el impresionante
desarrollo económico de las «industrias culturales y creativas». Esto
último es tan notable que, por ejemplo «en Francia, el sector creativo

---

468. «Visualizing 40 Years of Music Industry Sales», https://www.visualcapitalist
.com/music-industry-sales/.

469. Datos del 23 de junio de 2020. *Cf.* «Spotify en camino a una valoración de $50
mil millones», en https://industriamusical.es/spotify-en-camino-a-una-valoracion
-de-50-mil-millones/.

470. Datos disponibles en https://newsroom.spotify.com/company-info/, consultado
el 12 de agosto de 2021.

471. https://www.apple.com/es/apple-music, consultado el 12 de agosto de 2021.
La cantidad de suscriptores corresponde a diciembre del 2020 según *Statista*:
https://es.statista.com/estadisticas/1126386/numero-de-suscriptores-den-apple
-music-a-nivel-mundial/.

472. «Evolución de la industria musical por Mark Mulligan», https://industriamusical
.es/evolucion-de-la-industria-musical-por-mark-mulligan/.

473. *Cf.* «Live Nation Entertainment Inc, Income Statement» en https://es.investing
.com/equities/live-nation-entertainment-inc-income-statement; «Live Nation obtiene récord de ingresos con $3.2 mil millones» en https://industriamusical.es/live
-nation-obtiene-record-de-ingresos-con-3-2-mil-millones/.

ocupa a 546.000 personas, frente a las 225.000 que trabajan en el automóvil; en Alemania, 719.000, frente a los 444.000 empleados en el sector químico; y en Estados Unidos la industria del entretenimiento da trabajo a ocho veces más personas que la industria automovilística».[474] Según la UNESCO, las industrias culturales ya superan en empleos a la industria automovilística de Europa, Japón y Estados Unidos en su conjunto (29,5 millones de empleos frente a 25 millones). Además, aquellas generan cada año 2.250 millones de dólares.[475]

El sistema posindustrial y posfordista revela así su ligazón íntima con la esfera cultural.

IV. Economía digital: el imperio del dato y la vigilancia

La «desmaterialización económica» y la «centralidad económica del conocimiento» propias del posindustrialismo se completa en lo que podría llamarse «economía digital de los datos», que instituye la tecnología digital y el mundo conectado a Internet desde la primera década del siglo XXI. También se acentúa la personalización o «customización» de la producción distintiva del posfordismo y la «deslocalización productiva» que lo caracteriza. En efecto, la economía digital (también llamada recientemente «capitalismo de la vigilancia») podría considerarse la forma más avanzada del sistema posindustrial y del régimen posfordista tal como los he descrito.

Lo primero que se debe entender es que Internet y el mundo digital no son meramente una suerte de «superestructura cultural». Constituyen más bien —siguiendo con esta terminología— una unidad «infraestructural» para el sistema social contemporáneo. Esto es así en la medida en que las tecnologías digitales y conectivas se han articulado funcionalmente con los procesos productivos, distributivos y financieros. De este modo, Internet no solo configura

---

474. Lipovetsky; Serroy, *La estetización del mundo*, p. 91.
475. «Cultural Times. The First Global Map of Cultural and Creative Industries» (diciembre 2015) en http://www.unesco.org/new/fileadmin/MULTIMEDIA/HQ/ERI /pdf/EY-Cultural-Times2015_Low-res.pdf.

un hiperespacio para lo estético y expresivo, sino también para lo económico y financiero. En este hiperespacio, las esferas económica, cultural y política se mezclan definitivamente; sus fronteras se borran por completo. Si existe algún sentido legítimo en el que la noción de «posmodernidad» puede aplicarse para designar un momento histórico, ese sentido se encuentra con plenitud en el mundo que se construye definitivamente a partir de Internet y las tecnologías digitales. Ese mundo desconoce, pues, la diferenciación que fue propia de la era moderna.

Las bases de la economía digital se colocaron hacia la década de 1990. El sector financiero miró con gusto el negocio de las telecomunicaciones después de que el sector manufacturero norteamericano se estancara tras el Acuerdo Plaza. El Estado acompañó este proceso. Ya en 1993, Al Gore, vicepresidente de Clinton, decía:

Ahí donde, en otros tiempos, nuestro poder económico estaba determinado por la profundidad de nuestros puertos o el estado de nuestras carreteras, hoy está determinado también por nuestra capacidad de transmitir grandes cantidades de información rápidamente y en forma segura, y por nuestra capacidad para utilizar dichas informaciones y comprenderlas. Del mismo modo que la red de carreteras federales marcó un giro histórico para nuestro comercio, las autopistas de la información de hoy en día —capaces de transportar ideas, datos e imágenes a través del país y a través del mundo— son esenciales para la competitividad y el poder económico de los Estados Unidos.[476]

Bastante tiempo antes que Al Gore y Clinton, a finales de los años setenta, Lyotard ya entreveía con bastante precisión la centralidad del control de la información para la «condición posmoderna»:

Igual que los Estados-naciones se han peleado para dominar territorios, después para dominar la disposición y explotación de materias primas y de mano de obra barata, es pensable que se peleen en el porvenir para dominar las informaciones. Así se abre un nuevo

---

476. Bill Clinton y Al Gore, «Technology for America's Economic Growth. A New Direction of Build Economic Strenght» (22 febrero 1993). Citado en Éric Sandin, *La siliconización del mundo. La irresistible expansión del liberalismo digital* (Buenos Aires: Caja Negra, 2018), pp. 70-71.

campo para las estrategias industriales y comerciales y para las estrategias militares y políticas.[477]

El clímax de este proceso se dio entre 1997 y el año 2000, cuando «las acciones de las empresas de tecnología subieron un 300 % y se hicieron con una capitalización de mercado de 5 trillones de dólares».[478] No se ha repetido el nivel de inversión que a la sazón tuvo lugar. Los datos son elocuentes: «En 1980 el nivel de inversión anual en computadoras y equipamiento periférico fue de 50.100 millones de dólares; para 1990 había alcanzado los 154.600 millones; y en el punto más alto de la burbuja, en 2000, llegó a un pico de 412.800 millones, que todavía no ha sido superado».[479]

El Estado montó la infraestructura tecnológica necesaria: millones de kilómetros de fibra óptica, cables submarinos, etcétera. Las artificialmente bajas tasas de interés tras la crisis de 2008 dejaron a su vez un exceso de efectivo en busca de inversiones rentables que se volcaron hacia las llamadas *start-up*. Así se fue conformando económicamente el sector digital que pronto se haría hegemónico en el sistema social en general (como mostraré sobre todo en el capítulo próximo). En política, además, las tecnologías de la vigilancia fueron legitimadas por los Estados tras el atentado del 11 de septiembre del 2001. Los dispositivos de vigilancia y registro en los espacios públicos se multiplican desde entonces, y son legitimados por el discurso oficial.[480] En efecto, la economía digital se desarrolló en una sociedad de la vigilancia ya establecida a nivel estatal. Además, los gobiernos y sus sistemas de inteligencia empezaron rápidamente a trabajar codo con codo con las empresas digitales, como Google.[481] Hay que decir, en este sentido,

---

477. Lyotard, *La condición postmoderna*, p. 17.
478. Nick Srineck, *Capitalismo de plataformas* (Buenos Aires: Caja Negra, 2019), p. 25.
479. Srineck, *Capitalismo de plataformas*, p. 26.
480. *Cf.* David Lyon, *Surveillance after September 11* (Massachusetts: Polity, 2003). También puede consultarse Shoshana Zuboff, *La era del capitalismo de la vigilancia* (Barcelona: Paidós, 2020), pp. 158-169.
481. En 2003, «Google consiguió un contrato de 2,07 millones de dólares para equipar a la Agencia [de Seguridad Nacional de los Estados Unidos] con su propia tecnología de búsquedas Google». El mismo año también hubo un contrato con la CIA para trabajar en el motor de búsqueda de esta última. Zuboff, *La era del capitalismo de la vigilancia*, p. 164. Además, muchas de las revelaciones de Edward Snowden han mostrado hasta qué punto el gobierno y las empresas tecnológicas estaban articulados.

que una visión naíf —pero muy extendida— del mundo digital consiste en creerlo independiente de los gobiernos; una suerte de logro absolutamente privado de «héroes randianos» salidos de *La rebelión de Atlas*.[482] Una caricatura que ya ha quedado ampliamente desmentida.[483]

La economía digital está basada en el registro y el procesamiento masivo de datos. Este modelo de negocios, sin embargo, no será descubierto de inmediato. Shoshana Zuboff —probablemente la autora más reconocida en este tema— ha ofrecido una genealogía de este sistema, a partir del estudio de Google, que remonta a la década de 1990. Lo cierto es que, en sus primeros años, la empresa veía los flujos continuos de datos de navegación de sus visitantes como desechos sin valor. A lo sumo, este material era utilizado para mejorar la experiencia del buscador. Pero, con rendimientos económicos poco sustentables y buscando alternativas comerciales, los directivos de Google pronto encontraron que el negocio de la «publicidad dirigida» podía vivir una revolución si se utilizaban esas enormes masas de datos que dormían en las memorias y que se generaban constantemente al por mayor. Esto terminó de descubrirse en el año 2002: año en el que, según Zuboff, nace el «capitalismo de la vigilancia».[484] De aquí en adelante, los datos se transformarían en el *input* del sistema económico naciente, y serían utilizados de las más diversas maneras.

Gracias a la extracción y procesamiento masivo de datos, las publicidades que ofrecía Google fueron dirigidas a individuos bien identificados. El proceso de personalización e individualización propios del sistema posindustrial y del posfordismo se conjugaron aquí con tecnologías de la *identificación*, que llevaron a la sociedad

---

482. *Cf.* Ayn Rand, *La rebelión de Atlas* (Grito Sagrado: Buenos Aires, 2006).

483. Son numerosas las investigaciones en este sentido. Pero considérese, simplemente como botón de muestra, el siguiente dato: «hasta abril de 2016, 197 personas habían migrado del Gobierno hacia la Googlesfera, y 61 lo habían hecho en el sentido contrario. De ellas, 22 cargos de la Casa Blanca acabaron trabajando en Google y 31 ejecutivos de la Googlesfera entraron a trabajar en la Casa Blanca o en alguno de los consejos asesores federales que tenían algún tipo de relevancia directa para el ámbito de negocio de Google» (Zuboff, *La era del capitalismo de la vigilancia*, p. 173). El *lobby* gubernamental de Google y de Facebook son de los más poderosos del mundo. Más abajo doy otros ejemplos, como el trabajo conjunto de Google con las agencias de inteligencia gubernamental de Estados Unidos.

484. *Cf.* Zuboff, *La era del capitalismo de la vigilancia*, p. 108.

de consumo a un nuevo nivel. Así pues, de los individuos ahora se podía conocer —mediante sus búsquedas y comportamientos en Internet, y a través de algoritmos deductivos, inductivos y predictivos— los gustos, deseos, aspiraciones, relaciones, actitudes, expectativas, comportamientos y mucho más. Esta información fue bautizada como «información de perfil de usuario». Apareció entonces una «física de los clics»; una carrera por mejorar la manera en que, a partir de esos datos, se podían identificar y anticipar demandas e incluso inducir comportamientos específicos. En efecto, empezaba a ser posible predecir qué publicidad generaría interés a determinados usuarios y, por lo tanto, podía hallarse la mejor manera para venderles distintos productos y servicios según fuera el caso. Este fue el diferencial de Google, del que proviene la inmensa mayoría de sus ingresos hasta el día de hoy,[485] y que rápidamente fue tomado como modelo por las corporaciones digitales que vinieron tras ella.

Pero la economía digital no puede reducirse a las corporaciones digitales. El dato se va convirtiendo en la materia prima del sistema económico en general. Así, cada vez más empresas, más negocios, más procesos productivos y distributivos, y más procedimientos laborales necesitan de datos masivos, debidamente computados por las tecnologías digitales. Con ellos, es posible optimizar la producción, adaptarse rápidamente a los cambios de la demanda, sentar las bases para la innovación, controlar a los empleados, notificar a los clientes, ampliar la base de clientes, dirigir con precisión la publicidad, coordinar con distribuidores, articular a trabajadores deslocalizados, anticipar riesgos, automatizar controles de rutina, automatizar controles de seguridad, respaldar operaciones de recursos humanos tales como la selección, la promoción o el despido, etcétera.[486]

La revolución de los datos, que converge con las tecnologías de inteligencia artificial, nanotecnología y robotización, es tan

---

485. «En 2016, un 89% de los ingresos de su compañía matriz, Alphabet, procedían de los programas de publicidad dirigida de Google» (Zuboff, *La era del capitalismo de la vigilancia*, p. 132).

486. Se puede pensar, por ejemplo, en la empresa hiQ, que comercializa servicios para predecir la estabilidad laboral de los propios empleados. Esta herramienta, que analiza las redes sociales y distintos datos públicos de los empleados, calcula a la postre la probabilidad de que este abandone su trabajo.

significativa que ya se están montando «industrias 4.0». En estas, todas las cosas conectadas entre sí por medio de Internet se ocupan de la producción por sí mismas. Un mundo en el que las máquinas hagan todo el trabajo constituye la utopía de tecnófilos actuales y pasados. Pero para hacer tal cosa, los datos de las personas siguen siendo el insumo más preciado. La customización absoluta, bajo este modelo, es técnicamente posible. La psicología y la cultura se ubican, pues, en el centro mismo del sistema económico digital. Semejante customización sería el final del recorrido de la «economía del conocimiento» de la que tanto hablaron los teóricos de la sociedad posindustrial, que desembocaría en el triunfo definitivo de la «economía del dato» o del «capitalismo de la vigilancia»:[487] máquinas creadas para conocer al hombre y para operar sobre ese conocimiento produciendo y distribuyendo, por sí mismas, bienes y servicios. Tales son las expectativas del mencionado modelo de «industrias 4.0». El Estado alemán ya ha invertido para desarrollar estas industrias en su territorio. Estados Unidos, por su parte, se asoció con empresas como Intel, Cisco, GE e IBM para que se comprometan con este proceso también.[488]

La pandemia del COVID-19 viene a acelerarlo todo. Lo que algunos han llamado «gran reseteo» (que debería llamarse más bien «gran reformateo») no es otra cosa que el intento por parir una nueva infraestructura social, basada en nuevas formas de trabajo, una nueva articulación económica, un nuevo dominio político y una nueva hegemonía cultural. Que el mundo *online* no es simplemente una «superestructura cultural» resulta muy obvio si se advierte que, ahora mismo (febrero de 2021), por ejemplo, el 43 % de los usuarios de Internet (de 16 a 64 años) a nivel mundial utilizan las redes sociales para trabajar.[489] El inmediato desplazamiento del trabajo presencial

---

487. Pero ¿de dónde sacarán su renta los seres humanos, en un mundo donde el trabajo pertenece a la robótica y a la inteligencia artificial? Más que «capitalismo», esta condición podría desembocar en una suerte de socialismo de la vigilancia. Los hombres, en efecto, deberán recibir su sustento del Estado. La insistencia de un «ingreso universal» que tiene lugar últimamente en el Foro Económico Mundial puede estar relacionado con este modelo.
488. *Cf.* Srineck, *Capitalismo de plataformas*, pp. 64-65.
489. Brian Dean, «Social Network Usage & Growth Statistics: How Many People Use Social Media in 2021?», *Backlinko* (1 febrero 2021). https://backlinko.com /social-media-users.

al «teletrabajo», con la llegada del virus, evidencia también en qué medida puede depender la producción de las tecnologías digitales y la conexión a Internet. En España, por mencionar tan solo un ejemplo, de 2019 a 2020 el teletrabajo creció 216,8 %.[490]

Así las cosas, el sistema económico demanda más datos que nunca, y toda una industria del dato es causa y consecuencia, al mismo tiempo, de esto. Nick Srnicek ha denominado a la industria del dato como modelo de «plataformas»:

> Las plataformas, en resumidas cuentas, son un nuevo tipo de empresa; se caracterizan por proporcionar la infraestructura para intermediar entre diferentes grupos usuarios, por desplegar tendencias monopólicas impulsadas por efectos de red, por hacer uso de subvenciones cruzadas para captar diferentes grupos usuarios y por tener una arquitectura central establecida que controla las posibilidades de interacción.[491]

En pocas palabras, las plataformas son los sistemas de interconexión que brindan distintos servicios digitales a los usuarios mientras explotan sus datos (por ejemplo: Facebook, Amazon, Google, Uber, etc.). Ahora bien, si el dato es la materia prima, entonces el usuario es la *fuente* (no el producto, como habitualmente se dice). En esto debe encontrarse una de las razones de la creciente absorción de la vida por las tecnologías digitales. La totalidad de la vida es en potencia proveedora de datos. Pero hay que pasar de la potencia al acto. Para ello, se actualizan constantemente los medios tecnológicos con arreglo a los cuales la vida entera se va registrando en el *Big Data* gracias a sensores cada vez más minuciosos, y procesando a su vez a través de algoritmos cada vez más sofisticados, que se «entrenan» y, por lo tanto, mejoran, al ritmo de los datos que reciben. La economía del dato se retroalimenta en ciclos virtuosos que parecen no tener límite alguno. Así, la *extracción* de datos para la *previsión* y

---

490. «El número de teletrabajadores aumenta más de un 200 % en España en 2020», *RRHH Press* (17 septiembre 2021), https://www.rrhhpress.com/tendencias/50399-el-numero-de-teletrabajadores-aumenta-mas-de-un-200-en-espana-en-2020. Ver también «La incidencia del teletrabajo en España pasa del 5% al 34% durante la pandemia», *El País* (5 mayo 2020), https://cincodias.elpais.com/cincodias/2020/05/05/economia/1588694657_002760.html.
491. Srineck, *Capitalismo de plataformas,* p. 49.

la *orientación* o incluso *generación* y *control* de conductas,[492] se vuelve imperativo para el sistema económico y su desarrollo.

Hace tiempo ya que este imperativo se ha desplazado desde la vida *online* a la vida *offline*. O quizás sea más preciso decir que hace tiempo que las tecnologías digitales han puesto *online* lo que antes era vida *offline*. Si en un principio el imperativo extractor operaba reducidamente sobre la actividad que se desarrollaba en una computadora o en un buscador como Google, rápidamente ese imperativo reclamará la extracción ubicua de datos, sobre una cantidad de actividades y situaciones cotidianas que se extienden por doquier. De hecho, el propio Eric Schmidt (ex director ejecutivo de Google), en su exposición en el Foro Económico Mundial del 2015, vaticinó que pronto habrá «tantos dispositivos, tantos sensores, tantas cosas que llevaremos puestas, tantas cosas con las que interactuaremos, que ni las percibiremos. Formarán parte de nuestra presencia en todo momento».[493] Así, la mediación técnica del mundo se va volviendo *transparente*; la habituación tecnológica conduce al olvido de la mediación, y el mundo se vuelve un mundo-siempre-mediado.

Esta borradura de las fronteras entre lo que al principio podía distinguirse claramente como lo *online* y lo *offline* conlleva un efecto *desdiferenciador* de los sistemas económico y cultural. Ello es así en la medida en que la vida como tal, incluidas sus dimensiones psicológicas y culturales, es traducida a datos, que corren a toda velocidad por los circuitos económicos de las tecnologías digitales. «La vida es el valor», dice el eslogan de la empresa EmoShape, que vende tecnología capaz de lograr «un reconocimiento automático de emociones de muy alto rendimiento».[494] «Le ofrecemos una visión de 360 grados sobre sus clientes», es a su vez el eslogan de Acxiom,

---

492. Se han publicado numerosas investigaciones al respecto. *Cf.* Elizabeth Lyons; *et al.*, «Behavior Change Techniques Implemented in Electronic Lifestyle Activity Monitors: A Systematic Content Analysis», *Journal of Medical Internet Research* (16 agosto 2014), e192, https://www.jmir.org/2014/8/e192/. *Cf.* Robert Bond et al., «A 61-Millon-Person Experiment in Social Influence and Political Mobilization», *Nature*, 489, 7415, 2012, https://www.nature.com/articles/nature11421. Muchas otras investigaciones al respecto han sido compiladas en Zuboff, *La era del capitalismo de la vigilancia*.

493. Citado en Christina Medici Scolaro, «Why Google's Eric Schmidt says the "Internet will disappear"», *CNBC* (23 enero 2015), https://www.cnbc.com/2015/01/23/why-googles-eric-schmidt-says-the-internet-will-disappear.html.

494. Sitio web oficial de EmoShape, https://emoshape.com/.

que maneja datos de más de 300 millones de norteamericanos.[495]
¿En qué sentido, pues, la cultura podría reclamar sus contornos propios, otrora pretendidamente claros, y la autonomía que alguna vez
demandó el modernismo?

El «Internet de todas las cosas» es un buen ejemplo sobre la progresiva digitalización y *datificación* de la vida. Nuevos sensores, nuevas cámaras, nuevas grabadoras de sonido, nuevos sistemas táctiles
se van incorporando en todo: automóviles, refrigeradores, «asistentes», billeteras, relojes, ropa, zapatos, hornos, cubos de basura. Así,
por ejemplo, las zapatillas Gemini 2 miden la distancia y el tiempo recorrido, contabilizan calorías quemadas, y almacenan esta y
otra información en una aplicación sincronizada. El cesto de basura
Qube calcula los kilos de basura que generamos y cuantifica nuestro
reciclaje. La cama Sleep Number monitorea el sueño, el ritmo cardíaco, la respiración. Juguetes de Genesis Toys, conectados a Internet,
incorporan sensores para registrar, procesar e interpretar casi cualquier cosa que diga el niño. La «billetera electrónica» registra toda
nuestra actividad comercial. El «refrigerador inteligente», como el
Smart-InstaView Door-in-Door de Samsung, vigila con una cámara
de 2.0 megapíxeles el interior de la heladera, el nivel de existencias
y el estado de los alimentos. Puede, además, comunicarse con Amazon para reponer los faltantes. Los televisores *smart* también incorporan cámaras, y registran y comunican datos de sus espectadores,
lo cual preocupa al propio FBI.[496] En lo que a indumentaria se refiere, las zapatillas Nike Adapt BB se conectan al teléfono vía *bluetooth*
y se vinculan a diversas aplicaciones. La chaqueta Commuter de
Levi's y Google conecta con GoogleMaps y otras aplicaciones como
el reproductor de música. Las camisetas Twitter Dress emiten luces
según las menciones recibidas en esa red social. La Hug Shirt envía
«abrazos» a cualquier contacto almacenado en nuestra agenda. El
Owlet Smart Sock es un calcetín que calcula el ritmo cardíaco y la
respiración de un bebé, al tiempo que envía al teléfono de los padres
información sobre su patrón de sueño.[497]

---

495. Tomo este ejemplo de Han, *Psicopolítica*, pp. 86 y 99.
496. *Cf.* «Tech Tuesday: Internet of Things (IoT)» (3 diciembre 19), *FBI*, https://
www.fbi.gov/contact-us/field-offices/portland/news/press-releases/tech-tuesday
-internet-of-things-iot.
497. *Cf.* Carla Martínez, «La integración del Internet de las cosas en la ropa y

Los ejemplos son en verdad muy numerosos, y las cosas conectadas a la red hace tiempo que ya superaron en cantidad a las personas. Para el año 2018 se contaron unos 4.100 millones de personas conectadas a Internet; al mismo tiempo, más de 23.000 millones de cosas ya estaban también conectadas a Internet tomando los datos de esas personas (o sea, más del triple de la actual población mundial).[498] Existen proyecciones que afirman que para el año 2030 serán más de 50.000 millones las cosas conectadas a la red global.[499] Un hogar promedio de Estados Unidos en 2020 tenía más de 10 dispositivos conectados a Internet.[500] En Reino Unido, el promedio exacto es 10,3 dispositivos conectados por hogar.[501] En Australia, el promedio se dispara a 17.[502] La diferencia entre estar *online* y *offline* se ha vuelto cada vez más borrosa. La economía digital va poniendo *online* el entorno en el que se desarrolla la vida misma, tornándola por tanto *vida online*, vida compulsivamente dadora de datos. Así, el orden digital se expande a través de los cuerpos y de las cosas sin cesar.

El imperativo extractor genera en los individuos, a su vez, un imperativo expositor; el sistema demanda niveles de exposición prácticamente totales a partir de los cuales genera los datos que se extraen, registran y procesan. Más tecnologías para capturar datos en las más diversas circunstancias van de la mano con la habituación extendida a exponer la vida como dato en las más diversas circunstancias. El imperativo extractor que está en el corazón de la empresa digital sería impotente sin un imperativo expositor que ha de hacerse nacer en el corazón del usuario. El imperativo expositor torna la vida en

---

sus nuevas funcionalidades», https://www.telcel.com/empresas/tendencias/notas/internet-de-las-cosas-en-ropa.

498. *Cf.* Ángel Gómez de Ágreda, *Mundo Orwell* (Bogotá: Ariel, 2019), p. 81.

499. «Number of Internet of Things (IoT) Connected Devices Worldwide in 2018, 2025 and 2030», *Statista*, https://www.statista.com/statistics/802690/worldwide-connected-devices-by-access-technology/.

500. «Average Number of Connected Devices Residents Have Access to in U.s. Households in 2020, by Device», *Statista*, https://www.statista.com/statistics/1107206/average-number-of-connected-devices-us-house/.

501. «Tech Nation: Number of Internet-Connected Devices Grows to 10 per Home», *Aviva* (15 enero 2020), https://www.aviva.com/newsroom/news-releases/2020/01/tech-nation-number-of-internet-connected-devices-grows-to-10-per-home/.

502. Cole Latimer, «The Average Aussie Home Has 17 Connected Devices, Here's Why That's Growing», *The Sidney Morning Herald* (15 octubre 18), https://www.smh.com.au/business/consumer-affairs/the-average-aussie-home-has-27-connected-devices-here-s-why-that-s-growing-20181012-p509bw.html.

un espectáculo, y precisamente por ello termina de saturarla de cultura. Esto será estudiado con detenimiento en el próximo capítulo, pero valga por ahora identificar que el imperativo económico de la extracción ubicua genera un imperativo de la exposición continua y desmesurada, y que esa exposición hace de la vida un producto cultural más. Así pues, si la sociedad de consumo saturaba de cultura sus bienes de consumo, la sociedad digital saturará de cultura la vida misma, que pasará a ser diseñada y expuesta como una suerte de obra de arte. En la sociedad de consumo la producción económica se confundió con la producción cultural; en la sociedad digital la producción cultural se termina confundiendo con la producción de la vida. En la sociedad digital no quedará nada que no sea considerado «cultural».

En efecto, la economía digital demanda la exposición y la extracción de todo lo que hace a la vida y trabaja a partir de ello. Su *input*, el dato, revela en el caso de la persona, a nivel individual, una psicología particular. Pero, a nivel agregado, revela el estado de una cultura. ¿Qué gusta? ¿Qué se desea? ¿Qué interesa? ¿Qué se necesita? ¿Con quién se comunica? ¿Qué se dice? ¿Cómo se dice? ¿Qué estado de ánimo se tiene? ¿Qué tipo de contenido se consume? ¿Qué lugares se frecuenta? ¿Qué música se escucha? ¿Qué películas se mira? ¿Qué libros se lee? ¿Qué fotografías se toman? ¿Cómo y por qué se editan? ¿Qué proyectos se tiene? ¿Qué se piensa? ¿En qué se cree? ¿Cómo se reacciona a determinados estímulos? ¿Qué normas se siguen? ¿Qué normas no se siguen? ¿Qué se desea conservar? ¿Qué se desea cambiar? Cuando respuestas a preguntas como estas —y muchas otras más— se vinculan a un individuo, se puede saber mucho sobre la personalidad y el carácter de ese individuo en particular. Pero cuando se ponen en juego masas de individuos, con sus personalidades traducidas en cantidades incalculables de datos, de lo que se puede saber mucho es de la cultura de una sociedad.

Además, resulta que saber, en este contexto, es la otra cara de la moneda del poder. La voluntad de saber es una voluntad de hacer algo con lo que se sabe; de ejercer el poder sobre aquello sobre lo que se sabe. La personalidad y la cultura traducidas en datos, como *input* de la economía digital, da como *output* mayores ventajas de mercado que proceden de predicciones y manipulaciones conductuales. El éxito de la economía digital obedece a la posibilidad de estas predicciones y manipulaciones. Pero semejante *input* puede utilizarse para muchos otros fines, mucho más importantes para el tema de este libro. Por ejemplo, para mapear una cultura con precisión milimétrica, para intervenirla a la postre y orientarla según los propósitos de quienes manejan las corporaciones tecnológicas. Así, manipulaciones conductuales agregadas se convierten fácilmente en operaciones de ingeniería cultural. En esta fase del desarrollo, la cultura ni siquiera es líquida, como sugería Bauman: la cultura pierde toda materialidad, deviene dato digitalizado, abierto a sucesivas intervenciones, ediciones, supresiones y hackeos.

V. El influjo cultural sobre la economía: relación *win-win*

Autores como Harvey o como Jameson, en tanto que marxistas, explican la posmodernidad apoyándose en un esquema infraestructura-superestructura en el que la cultura es (con mayor o menor intensidad o claridad) epifenoménica respecto de la economía. Los términos «posfordismo» para Harvey, «capitalismo avanzado» o «mundializado» para Jameson, describen así las novedades de la base económica sobre la que una cultura totalmente mercantilizada y engullida por el sistema ha sido por ello mismo esterilizada.

Ahora bien, que las transformaciones económicas no son ajenas al cambio de época que trae consigo lo «posmoderno» es algo que va de suyo; eso mismo es lo que de hecho he intentado mostrar hasta acá. Pero mi énfasis está puesto esencialmente en el proceso de *desdiferenciación* que invierte la lógica moderna de diferenciación de la economía, la cultura y la política (Weber), a partir del cual es posible advertir que la posmodernidad puede estar dando lugar a una situación en la que no solamente la cultura se mercantiliza, sino que también la economía se *culturaliza*. Jameson encuentra, por ejemplo, que «en la actualidad la producción estética se ha integrado a la producción de mercancías en general», y concluye que la economía «asigna hoy una posición y una función estructural cada vez más relevante a la innovación y la experimentación estética».[503]

---

503. Jameson, *Posmodernismo*, p. 35.

La cultura —parte de la superestructura en clave marxista— cumple ahora funciones estructurales de producción (no solo de reproducción, como en Althusser), y esto es característico del momento posmoderno. Pero por alguna razón, para este tipo de autores la cultura se concibe totalmente impotente frente a la economía. La economía, en rigor, lo ha engullido todo y la cultura no ofrece ni siquiera un último resguardo, como en el modernismo y sus facultades negativas.

En claro contraste, mi enfoque es muy otro: la economía ciertamente puso a su servicio a la cultura, pero la misma *desdiferenciación* que hizo esto posible puede, asimismo, dejar a la economía en posición de ser afectada (en alguna magnitud que habrá que discutir) por la cultura. Dicho de otra forma: si la economía hizo entrar a la cultura a su dominio, ¿quién dice que la cultura será un huésped necesariamente amable? ¿No puede, en cierta forma, afectar el funcionamiento y la lógica económica?

Esta cuestión resulta de máxima importancia para el propósito de este libro en cuanto es necesario explicar la vigencia y relevancia de las batallas culturales. Porque si la cultura se ha «volcado» —digámoslo de este modo— como un «líquido» en los circuitos económicos, como una especie de «combustible» que recorre las mangueras del sistema y contribuye especialmente a su alimentación y aceleración, a través de ella entonces también podrían condicionarse (hasta cierto punto) los procesos y la racionalidad económicos. ¿Qué pasaría si ese sistema tan maleable que es el cultural, sobre todo en los tiempos «posmodernos», como se ha visto, fuera cargado con contenidos disfuncionales para el propio sistema económico? ¿Qué pasaría si ese «combustible» fuera intervenido y cuidadosamente modificado, con el objeto de dañar al mismo sistema que lo instrumentaliza, o al menos a algunas de sus «instancias»? ¿Es semejante cosa posible?

Hay que cuidarse de exagerar. Considérese el proceso de *desdiferenciación* desde el lado de la moneda de la *culturización* de la economía. La esfera cultural *penetra* la esfera económica (que se deja penetrar, que necesita ser penetrada, que, más aún, se hace penetrar y penetra ella misma como quien no quiere la cosa), pero no la domina, en el sentido de que su lógica (expresividad y significación) no podría, en principio, de una vez para siempre, aniquilar si quisiera la lógica económica (cálculo y ganancia). Esto suele mostrarse con bastante claridad en un sentido inverso: es la lógica económica la que termina en muchos casos superponiéndose a la lógica cultural, como sucedió por ejemplo con la figura del guerrillero Ernesto «Che» Guevara, devenido en camiseta estampada a pedido, en calcomanía de automóvil, en película de Hollywood (*Che, el argentino* costó 58 millones de dólares y Soderbergh, su director, esperó una ganancia de 100 millones), en isotipo de una marca de jabón en polvo cuyo slogan es «El Che lava más blanco»,[504] y en un sinfín de productos de *merchandising* que hoy se pueden comprar a medida haciendo algunos clics en www.thechestore.com, portal en el cual todas las «necesidades revolucionarias» pueden satisfacerse con el debido auspicio de VISA, MasterCard, American Express y PayPal. Cultura guerrillera que se vuelve objeto de consumo masivo, producido a la carta, enviado a domicilio, adquirido desde cualquier punto del mundo, listo para personalizar el vacío de existencias efímeras. La cultura quiere penetrar la economía, y la economía abre sus piernas, pero emprende, al mismo tiempo, un juego de cálculos y ganancias prostibularios con las significaciones que recibe, incluyendo sus héroes anticapitalistas y sus gestas épicas. La revolución comunista no se consuma en las mercancías revolucionarias, pero sí que —por medio de su consumo— se masifica un estado de ánimo que posa de contestatario, un conjunto de valores que se quieren subversivos, una forma de ver el mundo que ha sido entregada al sistema económico por aquellos que dominan el sistema cultural.

Podría decirse de tal manera que, en la relación cultura-economía, mientras la segunda gana en diversificación, personalización y volatilidad de sus productos gracias a los servicios de la cultura, la primera gana en masividad gracias al mecanismo de mercado. Ahora bien, masividad significa, en el mercado, ganancias masivas. En consecuencia, es difícil que la cultura que fluye por los mecanismos económicos del mercado pueda acabar con ellos (verbigracia: las mismas camisetas del Che). Pero la otra cara de la moneda debiera hacer ver que masividad cultural es *hegemonía* entendida como

---

504. *Cf.* Mario Vargas Llosa, «El Che, cada vez más mito y menos realidad», diario *La Nación*, Argentina (1 agosto 2005). Consultado en https://www.lanacion.com.ar/el-mundo/el-che-cada-vez-mas-mito-y-menos-realidad-nid726318.

dominación cultural, y esta es la paga, precisamente, que recibe la esfera cultural cuando sus signos triunfan en el mercado. La camiseta del Che no hace la revolución, pero todos, igualmente, amamos al Che (como *causa* y *efecto* de su consumo) y nos identificamos, aunque sea superficialmente, con las representaciones ideológicas que acompañan a su figura. El deterioro cualitativo tiene su envés en el éxito cuantitativo, en la incorporación del signo en el sistema de la moda y la difusión masiva que lo multiplica hasta el hastío.

Algo muy similar —por no decir idéntico— ocurre con el feminismo, y no precisamente desde hace poco tiempo. Edward Bernays, publicista y sobrino de Freud, fue contratado hacia fines de la década de 1920 por la *American Tobacco Company* para elaborar una estrategia publicitaria capaz de incorporar a la mujer decisivamente al mundo del consumo de cigarrillos. Por entonces, y en virtud de los códigos morales de la época, las mujeres no fumaban en espacios públicos y en consecuencia las empresas del rubro se perdían un inmenso mercado. Bernays junto a otros expertos tuvieron la idea de direccionar las publicidades (de Lucky Strike, por ejemplo) en comunión con las aspiraciones feministas del momento. Así fue como el 31 de marzo de 1929, un Domingo de Pascua, grupos de mujeres jóvenes desfilaron por Nueva York fumando, en lo que se percibió como una suerte de *happening* liberador. «¡Mujeres! Enceded otra antorcha de la libertad. Luchad contra otro tabú de género», arengaba la feminista Ruth Hale.[505] Las tabacaleras ciertamente se frotaron las manos, pero no menos cierto es que el feminismo lo vivió como acontecimiento y también recibió su paga en la forma de mediatización de sus consignas en la prensa. La libertad de las mujeres tenía la consistencia del humo: ellas (o sus pulmones) fueron, en todo caso, las únicas que perdieron.

Hoy ya son innumerables los ejemplos de articulación entre negocios y feminismo que pueden encontrarse. De hecho, en inglés ya se ha acuñado el neologismo *femvertising* para referir a la fusión de feminismo y *advertising* (publicidad) en vistas de la marea de avisos comerciales que venden sus productos usando la ideología feminista. Una buena jugada sin lugar a dudas: según el Banco Mundial, las

---

505. Alan Brandt, *The Cigarette Century* (Nueva York: Basic Books, 2007), pp.84-85. Citado en Daniel Bernabé, *La trampa de la diversidad* (Madrid: Akal, 2018), p. 14.

mujeres representan aproximadamente el 70 % de las decisiones de compra a nivel mundial.[506] Así, se han visto numerosos engendros publicitarios en los últimos años: Audi vendiendo automóviles de alta gama apelando al «empoderamiento» de las mujeres al volante y recordándonos su compromiso con «terminar» con las «brechas de género»;[507] Dove diciéndonos que todos los cuerpos femeninos pueden lucir y hacer lo que deseen, siempre que compren sus productos;[508] Always mostrándonos de qué manera la autoestima de las mujeres está condicionada por estereotipos negativos que afortunadamente pueden combatirse gracias a sus productos de higiene menstrual que ahora se publicitan con el «desafiante» eslogan «Rewrite the Rules»;[509] Barbie comunicándoles a los padres de familia que sus niñas pueden ser todo lo que ellas imaginen, y que para imaginar lo que quieren ser deberían jugar con las famosas muñecas;[510] GoldieBlox replicando que los buenos padres compran a sus hijas juguetes tradicionalmente considerados para niños (¡a duplicar el mercado!), bajo el eslogan «Disrupting the Pink Aisle with Toys for Future Engineers»;[511] Pantene incitando a las mujeres a que por favor dejen de disculparse tan seguido por todo («sorry») y que, en lugar de ello, sean «stronge and shine», fuertes y brillosas, precisamente de la manera en que los productos de la marca en cuestión dejan el cabello femenino.[512] El Día de la Mujer de 2019 ninguna marca quiso perder la oportunidad de imbuir su imagen de ideología feminista: Santander, Apple Tree, Decathlon, Nike, Gap, Old Navy, Vans, Mercedez Benz, Fiat, Volkswagen, Seat, United Airlines, Netflix, HBO, Budweiser, PepsiCo, PayPal, American Express, Visa, Walmart, Sony PlayStation, Vodafone, Movistar y tantas otras más produjeron comerciales especiales para la ocasión. Movistar, por

---

506. *Cf.* «Las nuevas compradoras reciclan, ahorran y cuidan el medio ambiente». Banco Mundial (13 abril de 2015), https://www.bancomundial.org/es/news/feature /2015/04/13/consumo-responsable-mujeres-brasil-america-latina.

507. Disponible en https://www.youtube.com/watch?v=1iksaFG6wqM.

508. Disponible en https://www.youtube.com/watch?v=_XOa7zVqxA4.

509. En español: «Reescribir las reglas». Disponible en https://www.youtube.com /watch?v=wA3_ziP3n-U, consultado el 12 de agosto de 2021.

510. Disponible en https://www.youtube.com/watch?v=l1vnsqbnAkk.

511. En español: «Interrumpiendo el pasillo rosa con juguetes para futuras ingenieras». Disponible en https://www.youtube.com/watch?v=GBQwTaZ8Wf0, consultado el 12 de agosto de 2021.

512. Disponible en https://www.youtube.com/watch?v=TcGKxLJ4ZGI.

ejemplo, «concientizó» sobre lo «terrible» que es ser mujer en el mundo de los «videojuegos» (al parecer el patriarcado se ensaña en una suerte de «violencia de género virtual»), y lanzó toda una cruzada contra el «machismo *gamer*» bajo el hashtag #MyGameMyName.[513] Todo esto se repitió religiosamente en el 2020 y el 2021, y es probable que siga repitiéndose algunos años más, hasta que deje de vender.

Sin embargo, a veces no se busca simplemente identificar a la marca con la ideología feminista, sino a los mismos objetos de consumo de una manera mucho más directa y, por lo tanto, más grotesca también (si cabe). Por ejemplo, fue noticia en España la apertura de una tienda de juguetes eróticos que se vende como «una eroteca vegana, feminista, transgénero y respetuosa con la diversidad relacional y corporal», que ofrece al público «tangas» feministas (?), «así como ligas y arneses hechos con cámaras de bici recicladas».[514] O considérese el caso de la casa de diseño Kaimin, que en la Semana de la Moda de Nueva York del 2018 ofreció al público... pelucas para vaginas. Así pues, la firma explicó que con ello se buscó «representar que la aceptación de la individualidad es la vagina humana», y que de tal manera se anima «el deseo individual de transformarse y convertirse en la mejor versión de uno mismo»[515] (¿cómo podría acaso uno mismo ser su «mejor versión» sin una peluca vaginal?).

Al igual que como ocurre con el Che, el feminismo también tiene su comercio especializado por Internet: www.cosasfeministas.com que, como explican en la portada, se trata del «sitio adecuado para ataviarte como toda una guerrera de la igualdad». Allí se pueden comprar desde calcetines hasta consoladores; desde llaveros hasta banderas; desde bolígrafos hasta alfombrillas para el *mouse*; desde disfraces de Frida Kahlo hasta tapetes de baño; desde fundas para el teléfono hasta copas menstruales. Todos estos productos, por supuesto, están debidamente diseñados con el reglamentario puño feminista. Un análisis unidireccional de todo lo visto encontraría que,

---

513. Disponible en https://youtu.be/x6xnt7CrAcY.

514. «Una eroteca vegana, feminista, transgénero y respetuosa con la diversidad relacional y corporal», en ElDiario.es (22 marzo 2016), https://www.eldiario.es/caballodenietzsche/feminista-transgenero-respetuosa-diversidad-relacional_132_4091392.html.

515. «Pelucas vaginales, la inquietante moda que llega a la pasarela de Nueva York», *El Español* (19 febrero 2018), https://www.elespanol.com/social/20180219/pelucas-vaginales-inquietante-llega-pasarela-nueva-york/286222345_0.html.

simplemente, el feminismo es un buen negocio. Yo encuentro, además de eso que, siendo un buen negocio, y precisamente por volverse mercancía, la ideología en cuestión multiplica su alcance hegemónico. El éxito de la mercancía es causa y consecuencia de la hegemonía cultural, en un círculo de retroalimentación permanente.

Tal es, entonces, *una* forma de relación cultura-economía. Una suerte de *win-win*: el sistema económico sirve a la masificación de un determinado elemento cultural, y el sistema cultural sirve a la ganancia en el mercado. Se puede despolitizar el ejemplo, si así se desea. Piénsese esta vez en un nuevo estilo de indumentaria. Este ingresa, en tanto que innovación cultural, en los circuitos del mercado. Si las masas consumidoras lo adoptan, no solo es el negocio en sí el que triunfa, sino el estilo en sí mismo, cuya multiplicación serial, imitación por diversas marcas y adaptación a nuevos tipos de productos consolidan su hegemonía estética. Así, el estilo en cuestión ha servido a la economía, y la economía ha servido al estilo en su vitalidad, en su difusión y reproducción cultural.

Mutatis mutandis, considérese el mismo proceso ahora con el caso de un grupo musical «de protesta»: mientras este dé la espalda al mercado (o el mercado le dé la espalda a aquel), sus composiciones «contestatarias» serán entonadas por un microclima muy reducido. Pero una vez que las mismas canciones que se «rebelan» contra la sociedad de consumo son ellas mismas consumidas; una vez que las letras que lanzan furiosos epítetos contra el capital terminan engordando cuentas bancarias, y que los espectáculos que parodian mítines políticos requieren entradas que se compran por Internet, la fuerza negativa del discurso cede en cierto grado a la neutralización e instrumentalización del sistema, pero gana culturalmente en extensión: el discurso en cuestión se multiplica de una manera que, por otros medios, no hubiera logrado. Cultura *consumida*, cultura *consumada*. Un ejemplo bastante claro: Ska-P.[516] No solo triun-

---

516. A la pregunta de qué hace Ska-P trabajando para multinacionales, el grupo responde en una entrevista: «Estuvimos con una independiente y ya sabemos lo que es eso −1000 copias, mala distribución...−. En RCA nos ofrecieron libertad absoluta, ni se pasaron por el estudio cuando estábamos grabando. Estar en una multinacional tiene sus ventajas». En Albert Alexandre, «Ska-p: la historia española de las últimas décadas a través de una banda de Vallecas», http://www.zgrados.com /ska-p-la-historia-espanola-las-ultimas-decadas-traves-una-banda-vallecas/.

fa el grupo de *ska punk* (con contratos con RCA Records,[517] BMG Entertainment y Warner Music) sino su estilo, su pose «revolucionaria», que impregna la conciencia de una masa creciente de seguidores y simpatizantes, y que se posiciona como punto de referencia para otros grupos que se mimetizan y reproducen ideologías casi idénticas (The Locos, No-Relax, Boikot, Doctor Krápula, etc.). El espectáculo termina, las luces se apagan, todo vuelve a ser como siempre, con excepción de miles de conciencias que, consumiendo la revolución, consuman disposiciones pseudorrevolucionarias.

Otro ejemplo de suma actualidad, pero del mundo del cine: la aclamada película *El hoyo* de Netflix, ofrecida al inicio de la pandemia del 2020 (una mala copia del tipo de películas que inauguraría *El cubo* en 1997, que consistía en una crítica a la burocracia militar, bastante más inteligente, estilizada y compleja que el actual filme español). Presentada como «crítica» al capitalismo («El capitalismo no funciona, lo que nos está pasando ahora no es ficción» aseveraba su actor principal en los *mass media*),[518] el argumento de *El hoyo* presenta sin embargo un sistema que opera con una lógica muy distinta a la del mercado (en el «hoyo» hay planificación centralizada, movilidad social desconectada del capital, ausencia de intercambios, ausencia de producción, y lo más importante: la típica inserción que los «socialismos reales» hacen de los bienes de consumo, que equivalen exactamente al mínimo necesario para la subsistencia, pero en el caso del filme las raciones son entregadas a todos en masa y no uno a uno, lo cual le sirve para criminalizar la propiedad privada como apropiación de un bien colectivo «gratuito», que surge del techo en cantidades exactas para la reproducción de la mera subsistencia biológica). Pero importa un bledo: lo crucial es que el discurso ficcional —celebrado por el discurso no menos ficcional de los grandes medios— dice que todo esto se trata de que «el capitalismo no funciona». Las masas entonces, por medio del mismo capitalismo «que

517. Que su disco «El vals del obrero» lleve el sello de RCA, a menos que la multinacional en cuestión esté en manos proletarias y no nos hayamos enterado, no deja de ser cuando menos llamativo.

518. Iván Massagué: «El capitalismo no funciona, lo que nos está pasando ahora no es ficción», en *El Español* (22 marzo 2020), https://www.elespanol.com /cultura/cine/20200322/ivan-massague-capitalismo-no-funciona-pasando -ficcion/476203707_0.html.

no funciona», consumen su disfuncionalidad espectacular y auto-rreferencial por medio de la cual aquel funciona mejor que nunca (astucias de un sistema que puede reproducirse incluso a través de su autodenigración). Después de todo, *El hoyo*, que ha costado tan solo un millón de euros, se convirtió en marzo de 2020 en la película más vista de Netflix,[519] compañía que registró en 2019 ingresos por 20.160 millones de dólares,[520] y que precisamente en el primer trimestre de 2020 experimentó los mayores beneficios de su historia.[521] Y otra vez: el filme concluye, el televisor se apaga (o mejor: sintoniza otra cosa), todo vuelve a ser como siempre, con excepción de miles de conciencias que, consumiendo la revolución, consuman disposiciones pseudorrevolucionarias (aunque eventualmente, si así se requiere, puedan ser funcionales a disposiciones revolucionarias reales, en caso de que fueran reclutadas para ello).

Las batallas culturales son, en efecto, batallas por las *disposiciones* que se logran por medio de contenidos culturales. Una canción, un video, una imagen, una pintura, un libro, un discurso filosófico, un panfleto, un *happening*, un meme: la forma del elemento cultural es variable, pero sus pretensiones en una batalla cultural siempre estriban en *disponer* una forma de *ver* el mundo y de *estar* en él. Lo que define a un elemento cultural como *munición* es precisamente esta intención deliberada de disponer culturalmente. En una batalla armada, el armamento dispone sobre la vida y la muerte; en una batalla cultural, las municiones culturales disponen sobre la *imagen* de la vida y la muerte. Ahora bien, como las batallas culturales procuran disponer no aisladamente sino *hegemónicamente*, y como la hegemonía demanda por definición una extensión cuantitativa del dominio (lo hegemónico es lo que se impone a y se acepta por las masas), las batallas culturales difícilmente pueden esquivar las prestaciones masivas de los mecanismos económicos. (Sin forzar

519. «El Hoyo es la película de Netflix más vista en Estados Unidos y España», *El Nacional* (27 marzo 2020), https://www.elnacional.com/entretenimiento/el-hoyo -es-la-pelicula-de-netflix-mas-vista-en-estados-unidos-y-espana/.

520. «Evolución de los ingresos anuales de Netflix a nivel mundial de 2002 a 2019», https://es.statista.com/estadisticas/639161/ingresos-anuales-de-netflix/.

521. «Netflix duplicó sus ganancias y sumó 15 millones de suscriptores por la cuarentena del coronavirus», https://www.infobae.com/america/tecno/2020/04/22/netflix -duplico-sus-ganancias-y-sumo-15-millones-de-suscriptores-por-la-cuarentena -del-coronavirus/.

demasiado la analogía podría decirse que las municiones culturales pretenden siempre magnitudes nucleares; no son municiones *uno a uno*, sino *uno a demasiados*). En efecto, la hegemonía es irreductible a la coerción estatal, como bien advirtió Gramsci. En los sistemas no totalitarios el mercado aparece, pues, como mecanismo para la circulación masiva de los elementos de una batalla cultural. Más aún: un requisito para la pretensión hegemónica («nuclear») de un elemento cultural parece ser su incorporación exitosa a los productos mercantiles. Pero, otra vez, ¿pueden tales productos volverse contra los circuitos sólidos por los que fluyen?

VI. El influjo cultural sobre la economía: *relación de afectación*

La relación *win-win* no afecta directamente al sistema económico. La rentabilidad, al contrario, es reforzada por el elemento cultural (que es reforzado, a su vez, por la misma rentabilidad). Pero hay otro tipo de relación que podemos llamar de *afectación por la cultura*, que se plantea en términos distintos. En este caso, las disposiciones culturales hegemónicas logran interferencias parciales en la esfera económica con la que se han mezclado a niveles estructurales. Va de suyo que no se trata de la revolución que moviliza la nostalgia de pensadores marxistas críticos con la posmodernidad como Harvey, Jameson, Anderson o Eagleton, pero tampoco se trata de un juego estéril sin consecuencias visibles como el propio pesimismo marxista suele considerar o sugerir.

Las interferencias referidas no ocurren, claramente, en el espacio de la coordinación y la circulación económica como proceso, el cual es, desde el surgimiento de las sociedades de mercado, y por el hecho mismo de ser mercados masivos sin precios interpersonalmente pautados, autónomo respecto de la cultura y espontáneamente coordinados por el sistema de precios (o bien anulados por una intervención estatal, elemento exógeno que no cambia en nada el funcionamiento del mercado como tal, sino meramente sus reacciones). Sin embargo, sí pueden ser afectados los espacios con relaciones interpersonales directas, donde sí operan las que Ronald Coase llamaba con los términos de Robertson «islas de poder consciente en ese océano de poder inconsciente»; sean dichas «islas» aquellas donde se da el consumo humano y producción de capital humano (como las familias, grupos de amigos, clubes o espacios meramente individuales, etc.), o de consumo de recursos materiales y eventualmente producción racionalizada de bienes de capital y consumo humano (como son las empresas o las fundaciones): las primeras sobrevivieron en forma limitada con el surgimiento del capitalismo, y las segundas surgieron gracias al capitalismo, pero ambas operan con criterios de coordinación *ex ante* y pueden, en cierto grado, y bajo situaciones de presión sincrónica cultural, retraerse de su subordinación a los mercados y por ende al criterio de maximización de ganancias. Esto implica que la cultura tiene un cierto efecto que puede ir en contra de aquello que es útil al consumidor/productor o al funcionamiento más efectivo de las empresas.

Existe una relación de afección por la cultura sobre la economía cuando la forma de ver y estar en el mundo que resulta de una formación cultural que se vuelve dominante pone en cuestión la racionalidad económica o distorsiona su funcionamiento maximizador. Esta afección puede darse de manera *directa*, en una reacción económicamente irracional que se suscita en la esfera económica por causa inmediata de disposiciones hegemónicas de la esfera cultural, o bien puede darse de manera *indirecta*, por intermediación de la esfera política que condiciona coercitivamente la economía y su racionalidad para cumplir con las disposiciones hegemónicas de la esfera cultural.

Se pueden dar muchos ejemplos actuales. En términos de afección indirecta, piénsese por ejemplo en algunas de las demandas feministas en boga. La expansión imparable de este movimiento ha traído consigo el *lobby* de las «cuotas» (ingeniería social de paridad sexual en posiciones laborales), que primero suelen imponerse en el sector público (Estado), pero que a continuación tienden a recaer también sobre el sector privado (empresas). En estos casos, la batalla cultural es asumida políticamente por el Estado o incluso por las organizaciones supranacionales cuando dicha batalla supera un nivel de relación de fuerzas dado (cuando hay que acorazar con coerción la hegemonía). Así por caso, la Comisión Europea se encuentra impulsando una propuesta de cuotas para que el 40 % de los puestos directivos en las cúpulas empresariales sean ocupados por mujeres.[522] En España, el gobierno socialista ha intentado cuotas de paridad en las empresas por vía de urgencia, ante la preocupación del 80 % de los empresarios españoles que deberían reestructurar integralmente sus organigramas para cumplimentar las exigencias feministas.[523] En Italia, desde 2011, la llamada «cuota rosa» ha impuesto a base de amenazas de multas y disolución de los consejos la mentada «paridad de género» en las empresas de su país. En Alemania se elaboró un índice público que monitorea escrupulosamente el cumplimiento (o no) de las empresas en materia de cuotas femeninas y demandas de género. Se dispuso aquí, entre otras cosas, que la renovación de los asientos en los órganos de decisión de las empresas —hasta que la aclamada igualdad se consume por completo— solo considerará mujeres o los asientos quedarán vacíos.[524] En Argentina, la Inspección General de Justicia exige a partir del 2020 que todas las sociedades en vías de constitución o que se constituyan de aquí en adelante presenten en sus órganos administrativos mitad hombres y mitad mujeres.[525] Y si de «géneros» se trata, el gobierno argentino ya está pidiendo a empresas importadoras que declaren en formularios públicos si emplean a «personas trans o no binarias», como una forma de extorsión estatal.[526]

En estos casos puede apreciarse con claridad de qué manera un cambio dirigido en la esfera cultural, como lo es la creciente dominación ideológica del feminismo y sus imperativos igualitarios a través de la ingeniería social, puede afectar en alguna medida al sistema

522. «Bruselas recupera las cuotas para exigir a las grandes empresas un 40% de mujeres en puestos directivos», *Europa Press* (5 marzo 2020), https://www.europapress.es/internacional/noticia-bruselas-recupera-cuotas-exigir-grandes-empresas-40-mujeres-puestos-directivos-20200305115014.html.

523. «El Gobierno impondrá cuotas obligatorias de paridad en las empresas por vía de urgencia», *TeleMadrid* (2 octubre 2018), http://www.telemadrid.es/programas/telenoticias-2/Gobierno-impondra-obligatorias-empresas-urgencia-2-2054514597--20181002091650.html.

524. «La "cuota rosa" moderniza las empresas europeas», *El País* (29 mayo 2016), https://elpais.com/economia/2016/05/29/actualidad/1464546827_832623.html.

525. «La paridad de género llega a los directorios de las empresas», *Página/12* (6 agosto 2020), https://www.pagina12.com.ar/283149-la-paridad-de-genero-llega-a-los-directorios-de-las-empresas.

526. «Piden a importadores que declaren si emplean personas "trans o no binarias"», *Clarín*, 16 noviembre 2021, https://www.clarin.com/economia/piden-importadores-declaren-poseen-empleadas-trans-binarias-_0_v-3b0129n.html.

económico y su racionalidad si logra, para ello, ganarse el favor de la esfera política y su instrumento privilegiado: la coerción estatal. Así, lo que acontece en una esfera cultural absorbida por la economía no siempre redunda en recíproco fortalecimiento (*win-win*). El mercado se encantó con el feminismo porque podía venderlo y, vendiéndolo, posibilitó o reforzó su hegemonía cultural. Esta a su vez se volvió tan determinante en términos políticos que la política reaccionó contra el mercado usando los armamentos que este mismo ayudó a cargar. La afección indirecta de la cultura sobre la economía se da con la intermediación coercitiva del Estado, pero, en muchos casos, la consumación hegemónica pasa por los mismos circuitos que posteriormente procurará corroer.

Hay ocasiones en que la esfera cultural no se apoya en la política para condicionar o afectar la economía, sino que logra hacerlo por sí misma. Esto es lo que llamo, pues, *afección directa*. Tómese a fines ilustrativos el conflicto racial en Estados Unidos (que se ha expandido recientemente a otras latitudes). En este caso, una batalla cultural muy bien financiada inicialmente por ciertas instituciones neurálgicas del poder económico, como Ford Foundation[527] y Open Society Foundations,[528] consigue volver hegemónico el discurso racialista negro. La sociedad se ve sumergida por completo en esta formación ideológica, que la atraviesa en su totalidad. La esfera económica empieza a reaccionar entonces ante las presiones directas de la cultura, que se manifiestan en forma de ataques mediáticos, campañas de desprestigio, movilizaciones dirigidas, acusaciones virales y chantajes de la más diversa naturaleza.

Considérense los siguientes ejemplos. La multinacional PepsiCo lanzó en 2017 una publicidad con Kendall Jenner como protagonista,

---

527. *Cf.* «Why Black Lives Matter to Philanthropy», *Ford Foundation* (19 julio 2016), https://www.fordfoundation.org/ideas/equals-change-blog/posts/why-black-lives-matter-to-philanthropy/.

528. Esta fundación financia a Black Lives Matters a través de donaciones a otras organizaciones que disponen de fondos especiales para el movimiento negro. Así, se encubre en alguna medida la procedencia del dinero. Un ejemplo es Borealis Philanthropy, ampliamente financiada por Open Society, que gestiona el colosal Black-Led Movement Fund. *Cf.* reportes financieros de Open Society, https://www.opensocietyfoundations.org/grants/past?filter_keyword=borealis. Sobre el fondo de Borealis: https://borealisphilanthropy.org/grantmaking/black-led-movement-fund/.

en la cual la modelo atraviesa una manifestación en la que sobresalen negros, recoge una lata de Pepsi y se dirige hacia un policía blanco solo para obsequiársela. Cuando este último acepta el refresco y lo bebe, los manifestantes celebran porque (sin otro motivo aparente más que el poder de Pepsi) su revuelta ha triunfado. Es fácil advertir que en este caso quiso configurarse una relación *win-win*, en la que la marca se apropia de las manifestaciones raciales cada vez más frecuentes en Estados Unidos, y en la que estas últimas fluyen como mercancía ideológica a través del mercado de consumo extendiendo algo de su mensaje a las masas consumistas (justicia para los negros, rebelión contra la autoridad, etcétera). No obstante, la jugada de *marketing* salió mal porque se supo de inmediato que la publicidad estaba inspirada en una famosa fotografía en la que la activista negra Ieshia Evans estaba siendo arrestada por policías (pero, para su pesar, ella no tenía ninguna lata de Pepsi a mano para hacer triunfar la revolución).[529] La marca fue blanco entonces de ataques culturales masivos por el propio Black Lives Matter, y terminó ofreciendo disculpas públicas y retirando la campaña en cuestión. En 2020, tras el caso George Floyd, PepsiCo entendió que no podía seguir bajo este tipo de ataques que pudieran terminar perjudicando su imagen por considerarse «racista». Por lo tanto, la multinacional no demoró en sacar un nuevo comercial en el que promete donar nada menos que 400 millones de dólares en los próximos años al movimiento Black Lives Matter para «amplificar las voces de los negros» (las mismas que recientemente habían acusado a la marca de odiar a la gente de color).[530]

Muchas otras firmas multinacionales han transitado caminos similares. Y es que hay pocas catástrofes más peligrosas, en el marco de la hegemonía del discurso racialista negro, que ser señalado como «racista». Podría ser el fin de una empresa. Por ello hay que cubrir el negocio; hay que poner en pie los sistemas preventivos, y eso significa, por supuesto, bastante dinero. Así, Starbucks y McDonald's invierten muchos millones de dólares en entrenar a su personal contra

529. *Cf.* https://www.youtube.com/watch?v=bTivpgMkGKA.
530. Disponible en https://www.youtube.com/watch?v=xXKNH6xJPsM, consultado el 21 de agosto de 2020. Además, véase https://www.pepsico.com/about/diversity-equity-and-inclusion/racial-equality-journey-black-initiative.

el supuesto «sesgo implícito».[531] Siguiendo a PepsiCo, Coca-Cola Company donó en 2020 a través de Coca Cola Foundation 2,5 millones de dólares a la causa negra,[532] y a través de su marca Sprite otorgó una suma de 500.000 dólares a Black Lives Matter.[533] En el anuncio de estas donaciones, la multinacional prometió al mundo que ya había «cambiado», y que su compromiso por la «igualdad» es ahora totalmente genuino, después de que en el año 2000 tuviera que pagar 192,5 millones de dólares a los más de 2.000 empleados negros de la empresa que un año antes habían interpuesto una demanda por discriminación racial (se trató de la mayor indemnización de la historia por «racismo»).[534] Su compromiso con la «igualdad» hoy se hace efectivo, por ejemplo, en seminarios donde les enseñan a sus empleados a «ser menos blancos».[535]

Fuera del mundo de los refrescos, otros gigantes multinacionales han tenido que lidiar con lo mismo. Por ejemplo, la cadena de almacenes Walmart, el empleador corporativo más grande de la fuerza laboral negra de Estados Unidos. Señalada en ocasiones por líderes negros como una empresa que tendría a sus empleados con seguros médicos inadecuados y salarios muy bajos, además de tener «más blancos que negros» en puestos gerenciales,[536] la firma ha anunciado en 2020 una contribución de 100 millones de dólares para crear un «centro de igualdad racial».[537] Y así, los ejemplos, en rigor, son

---

531. *Cf.* Axel Kaiser, *La neoinquisición. Persecución, censura y decadencia cultural en el siglo XXI* (Madrid: Planeta, 2020), pp. 66-67.

532. «Where We Stand on Social Justice», en la web de *The Coca-Cola Company* (6 abril 2020), https://www.coca-colacompany.com/news/where-we-stand-on-social-justice.

533. «Sprite Partners with Influential Hip-Hop Voices to Give Back to the Black Community», en la web de *The Coca-Cola Company* (24 junio 2020), https://www.coca-colacompany.com/news/sprite-partners-with-influential-hip-hop-voices-to-give-back-to-the-black-community.

534. «Coca-Cola paga 38.000 millones para evitar una demanda por racismo», *El País* (17 noviembre 2000), https://elpais.com/diario/2000/11/17/sociedad/974415608_850215.html.

535. «Coca-Cola enfrenta reclamos por seminario en que pide al personal que "sea menos blanco"», *Independent*, 26 febrero 2021, https://www.independentespanol.com/noticias/eeuu/coca-cola-reclamos-seminario-blanco-b1806290.html.

536. *Cf.* «Walmart exploits Black lives while paying lip service to Black Lives Matter», *NBC News* (18 junio 2020), https://www.nbcnews.com/think/opinion/walmart-exploits-black-lives-while-paying-lip-service-black-lives-ncna1231493.

537. «Advancing Our Work on Racial Equity», sitio web de *Walmart* (12 junio 2020), https://corporate.walmart.com/newsroom/2020/06/12/advancing-our-work-on-racial-equity.

inagotables: firmas tecnológicas como Google (12 millones), Amazon (10 millones), Facebook (10 millones), Apple (100 millones); tiendas como Target (10 millones) o Home Depot (1 millón); compañías de videojuegos como EA Games (1 millón), Square Enix (250.000), Ubisoft (100.000); marcas de indumentaria como Nike (40 millones), Etsy (1 millón), H&M (500.000), Spanx (200.000), Levi's (200.000), Gap (250.000), Warby Parker (1 millón); cadenas de comida chatarra como McDonalds (1 millón), Wendy's (500.000); marcas de maquillaje como Anastasia Beauty (1 millón), Honest Beauty (100.000), Glossier (500.000); compañías de servicios de salud como UnitedHealth Group (10 millones), Whoop (20.000), Peloton (500.000).[538] Valga esto simplemente como botón de muestra.

El pánico comercial que ha despertado el asunto racial es de tal magnitud que, en varias ocasiones, las grandes marcas han tenido que retirar productos del mercado (y no por falta de demanda) o modificar la imagen con que los caracterizaban. Nike canceló la distribución de sus zapatillas conmemorativas del 4 de Julio, conocidas como «Betsy Ross Flag» (llevaba la primera bandera de Estados Unidos), tras la queja de un jugador negro de la NFL.[539] PepsiCo anunció que retirará del mercado la imagen comercial de su célebre sirope Aunt Jemima (Tía Jemima), un clásico desde 1889, cuyo logotipo lleva la fotografía de una mujer negra (Nancy Green) de fines del siglo XIX.[540] El fabricante mundial de alimentos Mars Inc. se encuentra lidiando con Uncle Ben's rice, su marca de arroz, cuya imagen característica es la de un hombre mayor de color, ahora sometida a modificaciones urgentes.[541] ConAgra Foods, cuyo sirope Mrs. Butterworth's viene en un envase con la forma de una mujer que, como es transparente, toma el color marrón del producto en

---

538. *Cf.* «These Are the Major Brands Donating to the Black Lives Matter Movement», *Cnet* (16 junio 2020), https://www.cnet.com/news/the-best-espresso-machine-for-2020-from-cuisinart-breville-mr-coffee-and-more/.

539. *Cf.* «Nike: la polémica en EE.UU. por la bandera de Betsy Ross...», *BBC*, https://www.bbc.com/mundo/noticias-48849435.

540. «Why Is Aunt Jemima Removing Image from Packaging and Changing Its Name?», en la web de *PepsiCo*, https://contact.pepsico.com/auntjemima/article/why-is-aunt-jemima-removing-image-from-packaging-and-changing-it.

541. «Uncle Ben's Rice to Change Brand as Part Of Parent Company's Stance against Racism», *NBC News* (17 junio 2020), https://www.nbcnews.com/news/nbcblk/uncle-ben-s-change-its-branding-part-parent-company-s-n1231329.

cuestión, está causando también problemas. Por tal motivo, los directivos anunciaron que, con el fin de «eliminar el sesgo racial», «hemos comenzado una revisión completa de la marca y el envase de Mrs. Butterworth's». Y por si dudas quedaran: «Nos solidarizamos con las comunidades de negros y "browns" (latinos y mestizos) y vemos que nuestra imagen puede ser interpretada de una manera totalmente contradictoria con nuestros valores».[542] Algo similar probablemente ocurrió con la empresa de productos lácteos Land O'Lakes, que decidió modificar la ilustración de una mujer indígena de su centenario logotipo.[543] La famosa marca de dentífricos Colgate anunció que modificará la imagen de su producto «Darlie», vendido en Asia, cuyo envase lleva la ilustración de un hombre negro con sombrero y esmoquin.[544] Por su parte, Nestlé retirará del mercado la marca «Beso de Negra», bombones de chocolate comercializados en Colombia.[545] Y no fuera a ser que los esquimales también se ofendieran, por si acaso la misma multinacional decidió cambiar a toda prisa el nombre a su tradicional helado «EskimoPie».[546]

La hoy llamada «cultura de la cancelación» quita productos del mercado no porque no sean demandados, sino porque exponen a la empresa al desprestigio cultural promovido activamente por movimientos culturales radicalizados. Lo que está en el centro, pues, no es en primer término una alteración de variables económicas, sino sobre todo político-culturales; y tal alteración no es espontánea, sino activa, querida, militada.

---

542. «Conagra Brands Announces Mrs. Butterworth's Brand Review», sitio web de *Conagra* (17 junio 2020), https://www.conagrabrands.com/news-room/news-conagra-brands-announces-mrs-butterworths-brand-review-prn-122733.

543. «Land O' Lakes Replaces Native American Woman Logo, Touts Farmer-Owned Credentials Instead», *CNN* (18 abril 2020), https://edition.cnn.com/2020/04/17/us/landolakes-logo-change-trnd/index.html.

544. «Colgate is still selling "Black Person Toothpaste" in China. Now That's under Review», *CNN* (19 junio 2020), https://edition.cnn.com/2020/06/19/business/colgate-darlie-toothpaste-intl-hnk/index.html.

545. «Nestlé cambiará imagen y nombre de Beso de Negra por considerarse racista», *Forbes Colombia* (19 junio 2020), https://forbes.co/2020/06/19/negocios/nestle-cambiara-imagen-y-nombre-de-beso-de-negra-por-considerarse-racista/.

546. «Un helado con casi 100 años de historia cambia su nombre para no ofender a los esquimales», Diario *ABC* (25 junio 2020), https://www.abc.es/recreo/abci-helado-casi-100-anos-historia-cambia-nombre-para-no-ofender-esquimales-202006251226_noticia.html.

Las batallas culturales que se dan en la esfera cultural pueden entonces condicionar lo que se supone propio de la esfera económica, y no solo con la intermediación del Estado, sino de manera directa generando condiciones ideológicas que pongan en riesgo ciertos negocios de las más diversas maneras. En un contexto así, la empresa no triunfa simplemente cuidando variables técnicas y económicas de calidad, costos, precios, etcétera. Allí donde la esfera cultural y la económica se han *desdiferenciado* crecientemente, y donde, por lo tanto, la cultura fluye como por medio de los circuitos económicos, la empresa debe atender más que nunca a variables que, no siendo económicas sino político-culturales, pueden afectar significativamente sus negocios. Muchas veces, el precio a pagar para seguir en el mercado es fortalecer culturalmente el mismo discurso hegemónico que en primer lugar puso en peligro (real o potencialmente) la posición de la empresa.

CAPÍTULO 5

CONTEXTO TECNOMEDIÁTICO Y POLÍTICO DE LA BATALLA CULTURAL EN LA «POSMODERNIDAD»

I. La constitución del mundo de la imagen

El paso de la premodernidad a la modernidad es el paso del mundo rural al mundo urbano. El paso de lo moderno a lo posmoderno conlleva, a su vez, el paso del mundo de la ciudad al *mundo de la imagen* (no es casual que Las Vegas, cuyas enormes pantallas llegan a verse desde el espacio, haya suscitado la primera teorización sobre la posmodernidad).[547] En el centro de este proceso se halla la paulatina constitución de toda una nueva dimensión de la existencia a través de la imagen que no pretende simplemente *representar*, y ni siquiera *crear*, sino más bien *superar* y *sustituir* a sus referentes. En este sentido, la imagen que constituye este nuevo registro de la vida no es tanto arte como técnica.

Es difícil imaginar una cultura carente de imágenes.[548] Los hombres del paleolítico ya pintaban en sus cavernas con propósitos mágicos. Culturas antiguas, como la sumeria o la egipcia, entre tantas

---

547. *Cf.* Denise Scott Brown; Robert Venturi; Steven Izenour, *Learning from Las Vegas* (Estados Unidos: MIT Press, 1972).
548. Sigo la concepción de imágenes que tiene el filósofo José Jiménez: «*formas simbólicas de conocimiento e identidad* que se forjan en las distintas culturas humanas para estructurar espacios de sentido, y que circulan a través de distintas vías expresivas o "lenguajes"» (*Crítica del mundo imagen,* Madrid: Tecnos, 2019, p. 149). En esta parte me inspiro en su concepto de «mundo imagen».

otras, han legado numerosos ejemplos al respecto que hoy se exhiben en los grandes museos. Los griegos hablarán de *mímesis* y los romanos lo traducirán como *imitatio*; de aquí, *imago*. En la *Poética*, Aristóteles dice que «el imitar, en efecto, es connatural al hombre desde la niñez, y se diferencia de los demás animales en que es muy inclinado a la imitación». Los hombres, dice el Estagirita, «disfrutan viendo las imágenes».[549] Historias, rituales, guías para la acción, representaciones estéticas: las imágenes revisten funciones sociales y constituyen, en definitiva, un elemento crucial en cualquier cultura, en cualquier momento y lugar. Pero no en cualquier cultura la imagen configura un registro que se confunde con lo real y que aspira a colonizarlo; que se despliega como superficie en la que inscribir progresivamente la vida. En este sentido, el mundo de la imagen es exclusivo —y, en algún sentido, constitutivo— de la sociedad posmoderna.

La hipertrofia cultural posmoderna es, sobre todo, hipertrofia visual. Mirar imágenes es la actividad cotidiana actual más recurrente. Por ello, lo que no existe como imagen es casi como si no existiera (la llamada «hiperrealidad» es «hipervisual»). Como la imagen es, por definición, un elemento cultural (en tanto que relativa desmaterialización de un referente reconstituido como información o código visual), toda realidad que no sea culturalmente traspasada al terreno de la imagen queda ontológicamente degradada (la fotografía es más «real» que el texto y menos real que el fotograma en movimiento; o sea, que la multiplicación secuencial de imágenes). De ahí la pretensión de sustitución referida (todo es cultura, o *no es*). Y de ahí, también, que en la práctica todo deba ser *religiosamente* captado por cámaras. La cámara, en el mundo de la imagen, es un mesías tecnológico que garantiza la salvación ontológica de lo que se apropia como imagen; la imagen es la consagración de la cosa.

La imagen es *apariencia*. Así, la imagen de un hombre se *parece* a un hombre, pero no es un hombre: es una imagen. La imagen de una casa se *parece* a una casa... y así sucesivamente. Los hombres de la alegoría de la caverna de Platón miraban sombras, como quien mira imágenes, y las confundían con la realidad. Pero bastaba con salir de la caverna para constatar que aquella era una vida de engaños. El

---

549. Aristóteles. *Poética*, 1448b-5a10 (Editorial Gredos: Madrid, 1999).

contraste entre las cosas reales y sus sombras era evidente cuando se daba con lo real, que «encandila» la mirada. La diferencia resultaba tan impactante que se manifestaba fisiológicamente: a quien diera con semejante luz «le dolerían los ojos».[550] Pero en el mundo de la imagen tal contraste se va progresivamente diluyendo gracias a las tecnologías propias de ese mundo. Si la imagen configura un mundo que reclama soberanía, es precisamente porque borra las fronteras que la separan de su referente real. Su mundo encandila por sí mismo y puede, incluso, reivindicar mayor perfección (aparente) que la propia realidad. En efecto, hoy la imagen no solo se apropia de su referente, sino que lo interviene, lo edita, recorta sus imperfecciones, administra sus virtudes, compensa sus faltas y se convierte ella misma en referente para la realidad. En tal sentido, más que apariencia, hoy la imagen es *simulacro*.[551] Por ello, la huida del mundo de la imagen no es tan simple como la huida de la caverna de Platón. Escapar de las apariencias de las sombras no es lo mismo que escapar al simulacro del imperio de la imagen.

Más aún, podría decirse acaso que, en el mundo de la imagen, las imágenes *preceden* a sus referentes: son causa y no efecto. En tal circunstancia, pues, las imágenes se vuelven referentes respecto de lo real; no representan lo real y ni siquiera producen realidades alternativas, sino que, más bien, se erigen como punto de referencia en virtud del cual lo real ha de asimilarse. La realidad se adecúa a las imágenes, y no al revés. Y si ello es así, el mundo de la imagen instaura el gobierno *de y por* las imágenes que cabe denominar *imagocracia*. Ese elemento cultural que es la imagen nunca fue tan importante para el poder y para la política como en la posmodernidad, donde política y cultura se confunden crecientemente y donde, por lo mismo, la batalla cultural se vuelve permanente.

Paul Valéry anticipó en cierta forma la llegada de este mundo al que me refiero: «Al igual que el agua, el gas o la corriente eléctrica llegan desde lejos a nuestras casas para satisfacer nuestras necesidades con el mínimo esfuerzo, llegaremos a ser alimentados

---

550. Platón, *República*, Libro VII, 515e. Traducción de Conrado Eggers Lan (Madrid: Editorial Gredos, 2011), p. 223.
551. En el sentido de Jean Baudrillard. *Cf. Cultura y simulacro* (Barcelona: Editorial Kairós, 2016).

con imágenes y sonidos, que surgirán y desaparecerán al mínimo gesto, con una simple señal».[552] El mundo de la imagen es aquel en el que las imágenes alimentan casi la totalidad de la experiencia cotidiana, apareciendo y desapareciendo por doquier, produciéndose y reproduciéndose gracias a tecnologías de la imagen cada vez más sofisticadas. La imagocracia se juega en el dominio de esas mismas tecnologías de producción y distribución de imágenes. En este sentido, la constitución de este mundo y su forma de gobernar es inseparable de la reproducción técnica y mediática de las imágenes, que permiten que estas lleguen en cantidades siempre crecientes a las vidas de los individuos, y que se incorporen a las más diversas actividades rutinarias. Imagocracia: gobierno *de*, *en* y *por* la imagen; gobierno de, en y por la *cultura*.

El embrión tecnológico del mundo de la imagen fue la fotografía. Ella inaugura la posibilidad de apropiarse tecnológicamente de una realidad traspasada a la imagen, reproducible hasta el infinito desde que William Henry Fox Talbot inventó la técnica de los negativos. La fotografía, a diferencia de la pintura, reivindica fidelidad absoluta respecto de lo que muestra: una *copia* precisa, virtualmente capaz de capturar *lo que es tal cual es*. Principio de «clonación». El cine, por su parte, dará un paso más allá, comprometiéndose con el movimiento, que es por definición inaprensible para la fotografía: lo que aquel muestra no es un instante, sino una *sucesión* (de fotogramas). El cine ofrece algo muy parecido a la realidad que, sin embargo, no es más que la recomposición técnica de fragmentos cuidadosamente preparados. Al decir de Walter Benjamin, «la realidad resultante es lo más artificial que cabe imaginar».[553] No obstante, la representación que logra el cine es «incomparablemente más significativa para el hombre actual, porque, despojada de los aparatos que la rodean, proporciona ese aspecto puro de la realidad que el hombre espera de la obra de arte, y lo hace penetrando la realidad de manera mucho más intensa».[554]

---

552. Paul Valéry, «La conquête de l'ubiquité», en *Pièces sur l'art*, París, 1934. Citado en Walter Benjamin, *La obra de arte en la época de su reproducción mecánica* (Madrid: Casimiro, 2019), p. 13.
553. Benjamin, *La obra de arte en la época de su reproducción mecánica*, p. 40.
554. Ibíd., p. 42.

El mundo de la imagen, sin embargo, verá por primera vez la luz con la llegada de la televisión. Ahí dará, por fin, sus primeros pasos; este es, verdaderamente, el *punto de inflexión* a considerar. La fotografía y el cine constituyen condiciones técnicas de posibilidad que, sin embargo, no crean desde su aparición y difusión un mundo paralelo que se posiciona como referente para el nuestro. Tampoco colonizan la vida. En cambio, con la televisión y, sobre todo, con su rápida difusión, imágenes y pantallas generan una suerte de quiebre ontológico. La realidad se duplica; su copia es *demasiado real* y se produce industrialmente. Con ello, empieza a borrarse paulatinamente la frontera que separa el *ser en la pantalla* del *ser en la vida*. Y, a no menor velocidad, el *ser en la pantalla* dominará cada vez más las condiciones de existencia del *ser en la vida*. Por ello, el quiebre ontológico deviene *integración* a cargo de la pantalla y, como explicaré, la televisión, a través del juego de la *apariencia* y el *simulacro,* da vida, aunque en estado infantil todavía, al mundo de la imagen.

En Estados Unidos, las primeras transmisiones televisivas se realizaron en 1939 (en Francia y Reino Unido un par de años antes), pero el desarrollo y difusión del nuevo medio demoró algunos años debido a la Segunda Guerra Mundial. En 1941, por ejemplo, existían apenas 5.000 televisores en todo Estados Unidos.[555] Con el regreso de la paz, junto con el fin definitivo del período de depresión económica, los televisores empezarían a invadir todos los hogares. Para 1950, 3.900.000 hogares norteamericanos ya tenían su propio televisor; apenas cinco años más tarde, el número se había incrementado a 37.400.000 y, para 1960, el 87 % de las familias, esto es, 45.800.000 hogares, ya se encontraban mirando la pantalla.[556] El nuevo milenio encontró a Estados Unidos con más de 102.000.000 de televisores y, en estos momentos, en el año 2020, se calcula que existen en este país más de 120.600.000 televisores[557] en los 83.000.000 de hogares norteamericanos (esto es, 1,45 televisores por hogar).[558]

---

555. *Cf.* Melvin De Fleur; Sandra Ball-Rokeach, *Teorías de la comunicación de masas* (Buenos Aires: Paidós, 1993), p. 152.
556. *Cf.* ibíd., p. 154. El punto de saturación llega en 1980, con un 98 % de hogares con TV.
557. «Número de televisores en hogares Estados Unidos 2000-2020», *Statista*, https://es.statista.com/estadisticas/598472/numero-de-tv-en-hogares-estados-unidos/.
558. «Número de hogares en Estados Unidos en 2018», *Statista*, https://es.statista.com/estadisticas/634990/numero-de-hogares-en-ee-uu--por-tipo/.

En Europa, los números seguían un ritmo similar, aunque con mayor lentitud. Así, en Inglaterra el 80 % de los hogares ya tenía televisor para 1965, mientras que en Alemania Occidental eso ocurrió hacia 1970 y, en Francia, hacia 1975.[559] Por su parte, a fines de los años setenta la Unión Soviética ya contaba 70.000.000 de televisores, lo que equivalía a cerca del 20 % del total de estos aparatos en el mundo,[560] cubriendo con señal televisiva el 80 % de su territorio, con más de 2.500 horas diarias de programación.[561] Si se consideran las cifras actuales, se encuentra que para el año 2019, de los 27,8 millones de hogares en el Reino Unido,[562] 26,8 millones tenían al menos un televisor, o sea, más del 96 %.[563] Francia, a su vez, ya en 2017 registraba prácticamente al menos un televisor por cada hogar.[564] Si se toma a la Unión Europea en su conjunto, para ese mismo año se registraba que alrededor del 96 % de los hogares disponían de al menos un televisor para mirar.[565]

En lo que respecta a la cantidad de horas frente al aparato, la curva también se mostró ascendente en todas partes: en 1954 el promedio de uso del televisor en los hogares norteamericanos era de 3 horas diarias, que aumentaron a 7 para 1994,[566] y que se transformaron en más de 8 en 2006.[567] Contando las horas ya no por hogar, sino por individuo, en 2015 se registró para Estados Unidos una media

---

559. *Cf.* Kaspar Maase, *Diversión ilimitada. El auge de la cultura de masas (1850-1970)* (Madrid: Siglo XXI, 2016), pp. 252-253.

560. *Cf.* Sean MacBride *et al. Un solo mundo, voces múltiples. Comunicación e información en nuestro tiempo* (México D. F.: FCE, 1993), p. 83.

561. *Cf.* José Ramón Pérez Ornia, «La televisión en la URSS». Diario *El País*, España (22 mayo 1979).

562. «Families and Households in the UK: 2019», *Office for National Statistics*, https://www.ons.gov.uk/peoplepopulationandcommunity/birthsdeathsandmarriages/families/bulletins/familiesandhouseholds/2019.

563. «Total Number of TV Households in the United Kingdom from 2004 to 2019», *Statista*, https://www.statista.com/statistics/269969/number-of-tv-households-in-the-uk/.

564. «France Country Factfile», *Euromonitor International*, https://www.euromonitor.com/france/country-factfile; «Number of TV households in France from 2008 to 2017», *Statista*, https://www.statista.com/statistics/372232/households-with-a-televison-in-france/.

565. «Porcentaje de hogares con televisor en la Unión Europea (UE-28) en 2017, según tamaño del hogar», *Statista*, https://es.statista.com/estadisticas/590743/hogares-con-television-por-tamano-del-hogar-en-la-ue/.

566. *Cf.* Giovanni Sartori, *Homo videns* (Ciudad de México: Penguin Random House, 2017), p. 57.

567. *Cf.* Manuel Castells, *Comunicación y poder* (México: Siglo XXI, 2012), p. 94.

de 4 horas y 42 minutos diarios de televisión, para Australia 4 horas y 24 minutos, para Italia 4 horas y 22 minutos, para España y Rusia 3 horas y 59 minutos, y para el Reino Unido 3 horas y 40 minutos, todo esto sin contar los programas, series y películas a través de la computadora y otros dispositivos similares.[568] Podría decirse que ver televisión se lleva actualmente el equivalente aproximado de ¡media jornada laboral!

El impacto de la televisión, como se aprecia en estos números, ha sido enorme. De una cultura basada en la palabra se pasó rápidamente a una cultura basada en la imagen. Esto motivó interesantes críticas, como las de Neil Postman[569] o la de Giovanni Sartori. Y es que, a diferencia del texto impreso, en la actividad de mirar la pantalla no se produce ningún esfuerzo cognitivo de abstracción. El *homo sapiens*, hombre que piensa a través de símbolos y abstracciones, está siendo reemplazado por una versión degradada de sí, el *homo videns* que, según Sartori, reduce su espectro de realidad sencillamente a aquello que puede ser representado en una imagen (se reduce al mundo de la imagen, pues). La capacidad de *pensar conceptualmente*, que se desarrolla sobre todo con el acto de leer, se va perdiendo; el dominio cultural de la pantalla requiere del individuo su capacidad de mirar y no tanto de razonar.

Por otro lado, hay que señalar que el tiempo es imprescindible para pensar, como bien enseñaba Platón al contrastar el tiempo del filósofo con la prisa del ágora. El pensamiento crítico es lento; necesita detenerse, avanzar poco a poco, retroceder y volver a avanzar, dando círculos una y otra vez. Pero en la televisión el tiempo es sometido a planificaciones de programación y pautas que lo trituran, que lo fragmentan a un nivel en el cual las intervenciones del discurso argumental no pueden extenderse más que un puñado de segundos, con lo que imposibilita todo registro verdaderamente argumental del discurso. Mucho menos se admiten «círculos»: la tiranía de la linealidad asegura que no haya ningún paso hacia atrás que pueda aburrir a nadie. Lo más que puede aceptar la lógica televisiva es lo que Bourdieu llamó «*fast thinkers*», que se las ingenian para

---

568. Ofcom, «International Communications Market Report» (2015). Consultado en https://www.ofcom.org.uk/__data/assets/pdf_file/0027/38961/icmr_2013_final.pdf.
569. Neil Postman, *Divertirse hasta morir* (Barcelona: Ediciones La Tempestad, 2012).

arrojar frases prefabricadas, «proponen *fast food* cultural, alimento cultural predigerido, prepensado».[570] Es evidente que la televisión no está hecha tanto para el pensamiento como para el entretenimiento.

Experimentos muy recientes parecen dar cuenta de que la crítica de Sartori no sería tan descabellada: Marco Ennemoser y Wolfgang Schneider, de la Universidad de Würzburg, encontraron que a mayor exposición de televisión en niños, menor desarrollo del vocabulario; al revés, a mayor lectura, un vocabulario más rico y variado.[571] Por su parte, el Laboratorio de Cognición Dinámica de la Universidad de Washington, usando escáneres cerebrales, destacó cómo se estimula el cerebro con la lectura: «los lectores simulan mentalmente cada nueva situación que se encuentran en una narración».[572] En los años setenta y sobre todo en los ochenta, frente al *boom* televisivo, surgieron muchos experimentos que pusieron de manifiesto en qué medida la elaboración cognitiva de la televisión resultaba bastante pobre: Jacoby *et al.*, por ejemplo, hallaron que solo un 3,5 % de una muestra de espectadores podía responder correctamente a un cuestionario del tipo «verdadero o falso» sobre comerciales televisados de treinta segundos; Stauffer *et al.* encontraron que las personas de su muestra respondían con más precisión a noticias que se les presentaban escritas que a noticias televisadas; Stern, a su vez, dio con que el 51 % de su muestra de espectadores no podía recordar ninguna noticia vista en pantalla después de algunos minutos.[573]

Pero compártase o no la posición de Sartori y otros que argumentan en esa línea, es innegable que en tiempos de televisión la lectura ha venido cayendo sin parar. Aquí algunos datos: entre 1970

---

570. Pierre Bourdieu, *Sobre la televisión* (Barcelona: Anagrama, 2000), p. 40.

571. Marco Ennemoser, Wolfgang Schneider, (2007). «Relations of Television Viewing and Reading: Findings from a 4-Year Longitudinal Study». En *Journal of Educational Psychology*. 99. 349-368. 10.1037/0022-0663.99.2.349.

572. Speer, N. K., Reynolds, J. R., Swallow, K. M., & Zacks, J. M. (2009). «Reading Stories Activates Neural Representations of Visual and Motor Experiences». *Psychological Science, 20*(8), 989–999, https://journals.sagepub.com/doi/abs/10.1111/j.1467-9280.2009.02397.x

573. J. Jacoby, W. D. Hoyer y D. A. Sheluga, *Miscomprehension of Televised Communications* (Nueva York, The Educational Foundation of the American Association of Advertising Agencies, 1980). J. Stauffer, R. Frost y W. Rybolt, «Recall and Learning from Broadcast News: Is Prini Better?», *Journal of Broadcasting* (verano, 1981), pp. 253-262. A. Stern, «A Study of the National Association for Broadcasting», en M. Barret (ed.), *The Politics of Broadcasting* (Nueva York, Thomas Y. Crowell, 1973). Estudios citados en Postman, *Divertirse hasta morir*, p. 127.

y 1993, los diarios norteamericanos perdieron una cuarta parte de sus lectores, y un estudio revelaba que 106 millones de personas tenían problemas de comprensión lectora. En 1982, la National Endowment for the Arts encontró que solo un 57 % de la población estadounidense había leído al menos un libro aquel año. En 2015 ese porcentaje cayó al 43 %.[574] Encuestas del Pew Research Center y Gallup mostraron que la proporción de adultos que no lee ningún libro a lo largo de un año entero se triplicó entre 1978 y 2014. En 2017, la American Time Use Survey from the Bureau of Labor Statistics halló que solo un 19 % de personas en Estados Unidos leen por placer.[575] Si se lo ve generacionalmente, solo el 9,4 % de los jóvenes de entre 15 y 24 años leen por interés personal.[576] Mientras tanto, en España e Italia se constataba, a mediados de los años noventa, que una de cada dos personas adultas no leía ni siquiera un libro al año. Ya para 1998, el 65 % de los italianos dijo no leer «nunca» un libro, mientras el 62 % admitía no leer «nunca nada», es decir, ni siquiera periódicos.[577] Por entonces, en Francia, Pierre Bourdieu consignaba (¡a través de la televisión!) que esta «puede hacer que una noche, ante el telediario de las ocho, se reúna más gente que la que compra todos los diarios franceses de la mañana y la tarde juntos».[578] En Inglaterra ha sucedido lo mismo. Actualmente el 46 % de los jóvenes de 16 a 24 años no lee en su tiempo libre, y estudios de 2014 indican que uno de cada cinco niños de 11 años no puede leer bien.[579] Y todo esto no fue ajeno al resto de Europa, por supuesto. En 2009, en los 27 países de la Unión Europea, 1 de cada 5 jóvenes de 15 años obtuvo un puntaje muy bajo en lectura en las pruebas PISA.[580]

---

574. «The Long, Steady Decline of Literary Reading», *The Washington Post* (7 septiembre 2016), https://www.washingtonpost.com/news/wonk/wp/2016/09/07/the-long-steady-decline-of-literary-reading/.
575. «Leisure Reading in the U.S. Is at an All-Time Low», *The Washington Post* (29 junio 2018), https://www.washingtonpost.com/news/wonk/wp/2018/06/29/leisure-reading-in-the-u-s-is-at-an-all-time-low/.
576. https://www.bls.gov/opub/ted/2018/people-age-65-and-older-more-likely-than-younger-people-to-read-for-personal-interest.htm, US Bureau of Labor Statistics.
577. *Cf.* Sartori, *Homo videns*, pp. 57-188.
578. Bourdieu, *Sobre la televisión*, p. 64.
579. https://readingagency.org.uk/about/impact/002-reading-facts-1/, The Reading Agency.
580. Mary Shea; María Ceprano, «Reading with Understanding: A Global Expectation», en *Journal of Inquiry & Action in Education*, 9(1), 2017, https://files.eric.ed.gov/fulltext/EJ1158259.pdf.

La televisión derrotó a las letras, pero también a la radio. Ni aquellas ni esta son capaces de crear un mundo aparte en virtud del cual discurra el nuestro. La razón es que ambos medios apelan indefectiblemente a la imaginación, y la imaginación involucra de forma activa al receptor. No solo en el texto, sino también en el mero sonido, el hombre debe «completar», por así decirlo, una realidad significativamente incompleta, imaginando o abstrayendo. Ni el texto ni la radio colonizan lo real: no tienen los medios técnicos para hacerlo. Se demanda siempre al hombre un esfuerzo extra; el medio acompaña, crea las condiciones simbólicas a partir de las cuales el individuo concluye activamente la representación que se le sugiere. Dicho de otra forma, la representación a través de la palabra hablada (y también escrita, claro) involucra al hombre en el proceso de reconstrucción del mensaje y su realidad, que no queda resuelto sin más en el sonido que emerge de la radio (o en las letras del texto), sino que precisa de una participación significativa ulterior.

La televisión, en contraste, pone a nuestro alcance imagen y sonido simultáneamente, coordinadamente, y de manera ininterrumpida, por lo general todo el día todos los días del año: incesante *representación* de la realidad que *pasa por realidad*. No necesitamos hacer mucho frente a ella porque está *ahí*, directamente proyectada en la pantalla, lista para sumergirnos en un mundo de fragmentos, contextos precarios y ángulos en verdad limitados, que aparentan contener todo lo que puede ser visto y dicho sobre aquello que representan (lo que hace de la mentira un instrumento de uso ilimitado).[581] Desde luego que distintas subjetividades ponen en marcha distintos mecanismos de recepción, pero los márgenes hermenéuticos son limitados. «Salió en la televisión» es una forma de afirmar una «verdad» que se supone evidente en sí misma, irrefutable: ello es así porque el medio televisivo vuelve autoevidente aquello que mediatiza, pues brinda *una realidad que parece no estar mediada*.

---

581. Sartori brinda un ejemplo interesante: «Quien recuerde la guerra del Vietnam recordará haber visto un coronel sudvietnamita disparar en la sien de un prisionero del vietcong. El ver cómo lo hacía dejó a todo el mundo, en América y Europa, horrorizado. Pero aquella imagen no dejaba ver los cuerpos alrededor, horriblemente mutilados, de marines, mujeres y niños exterminados poco antes por el vietcong» (Giovanni Sartori, *Elementos de teoría política*, Buenos Aires: Alianza, 1992, p. 309). «La imagen de la ejecución por un disparo en la sien era verdadera, pero el mensaje que contenía era engañoso» (Sartori, *Homo videns*, p. 100).

Dicho de otra forma, lo que vemos en pantalla parece demasiado real como para estar mediado; se nos antoja, por ello, *inmediato*. Tal es el efecto más poderoso de la televisión: disimular sus propios efectos de mediación.

La segunda mitad del siglo XX es la era de la hegemonía de la televisión y, por ende, la era de la emergencia del mundo de la imagen en un estadio todavía infantil. La televisión puso en riesgo a la radio ya a partir de fines de los años cincuenta, y esta última tuvo que conformarse con ser el medio de comunicación que tiene algo que decirnos cuando no podemos entregarnos por completo a aquello que se nos quiere comunicar: en el automóvil, la oficina o la cocina, por ejemplo; de tal suerte que las radionovelas fueron reemplazadas por telenovelas, los informativos televisivos se prefirieron a los radiofónicos, y escuchar el deporte favorito ya no tuvo mucho que hacer frente a la posibilidad de verlo directo desde la pantalla.

El cine, a pesar de involucrar también imágenes proyectadas en una pantalla, sintió asimismo el impacto de la televisión. Una de las diferencias más cruciales entre un medio y otro es que la televisión, a diferencia del cine, es capaz de subsumir todo tipo y forma de discurso, convirtiéndose en una suerte de metamedio. Todo lo que cabe en la realidad es demandado por aquella. La pantalla chica brindó una experiencia nueva, pues, en la medida en que una pluralidad cada vez mayor de canales, con una programación variada de distintos tipos de contenido listos para ser consumidos (noticias, musicales, divulgación científica, documentales, películas, novelas, series, *talk shows*, *reality shows*, concursos, deportes) estaba ahora disponible en distintos rincones del hogar. La televisión puede apropiarse de los discursos que caben en la radio y en el cine, pero no a la inversa. Las horas de atención semanales que rápidamente recibió la televisión desde su difusión masiva en los años cincuenta jamás fueron comparables a las que recibía el cine en sus momentos dorados.

A partir del televisor, el cine pasó a un segundo plano y la frecuencia con la que se asistía a sus salas se vio afectada en gran parte por la nueva tecnología que llevaba el encanto de la imagen directamente al hogar. El crítico y teórico cinematográfico francés André Bazin publicaba en 1953 un artículo titulado «Will cinemascope save the film industry?», donde ya señalaba a la televisión como un factor importante para explicar la crisis que vivía Hollywood al concluir la Segunda Guerra Mundial.[582] Los números resultaron ser bastante claros al respecto. Si en 1920 Hollywood producía más de 700 largometrajes, en la década de 1950 producirá entre 300 y 400, y en 1960 apenas 156.[583] Reino Unido, que había tenido en 1946 un total de 1.636 millones de espectadores de cine, en 1964 tendrá apenas 343 millones, y entre esos mismos años la cantidad de televisores aumentará de 330.000 a 13.155.000. De la misma manera, en los años sesenta la venta de entradas de cine se redujo un 20 % en Alemania, un 33 % en Francia y un 25 % en los Países Bajos. Muchos cines, asimismo, empezaron a cerrar sus puertas. En España, por ejemplo, había 8.163 salas en 1964, que se redujeron a 6.963 en apenas cuatro años.[584]

Pero la hegemonía de la televisión no supone un mero dominio sobre los demás medios de masas, sino también sobre la propia vida de las masas a un nivel desconocido hasta entonces. Así, todo es reconducido a la pantalla; todo cabe en ella. Todo puede volverse *espectáculo televisivo*: la guerra, la política, la economía, la historia, las noticias del día, la sexualidad, el turismo, la vida de las estrellas, la vida de las no-estrellas que quieren ser estrellas, la salud, la enfermedad, los vicios, las virtudes, el crimen, la religión, la ciencia, la fiesta, la exploración del océano, la exploración de la luna, la exploración de la selva y también del cuerpo humano, la cocina, la música, la moda, el deporte, y un interminable etcétera. No existe registro de la vida que no quepa actual o potencialmente en la televisión; no existe ámbito de la existencia que ella no pueda trastocar en simulacro cultural. Su potencia para apropiarse de lo real es ilimitada: las cámaras ya no son cosas de actores y presentadores, sino también de policías, criminales, médicos, drogadictos, políticos, militares... Y lo más importante en la consolidación de su hegemonía es que hayamos perdido *de vista* esto mismo: su capacidad de hacernos *verlo todo*. Al decir de Postman, en cuanto a la televisión, «ya no nos fascina ni nos deja perplejos su

---

582. André Bazin (1953), «Will the cinemascope save the film industry?», en *Film filosophy*, vol. 6, nº2, enero 2002.

583. *Cf.* Gilles Lipovetsky, Jean Serroy, *La estetización del mundo. Vivir en la época del capitalismo artístico* (Barcelona: Anagrama, 2019), pp. 163-164.

584. *Cf.* Fátima Gil Gascón, «Televisión versus cine: La influencia de los largometrajes emitidos por TVE en la exhibición cinematográfica española (1962-1969)», en *Estudios sobre el Mensaje Periodístico*, Vol. 20, Núm. especial, pp. 177-191 (Madrid: Servicio de Publicaciones de la Universidad Complutense, 2014).

maquinaria. Ya no relatamos sus maravillas. No confinamos nuestro televisor a nuestras habitaciones especiales. No dudamos de la realidad de lo que vemos en la televisión, y en buena parte no somos conscientes del ángulo especial de visión que proporciona».[585]

En este sentido, la televisión podría hacer las veces de los cartógrafos de aquel Imperio del cuento de Borges[586] que, procurando la representación rigurosamente exacta de la realidad en sus mapas, terminaron produciendo un mapa que tenía el tamaño mismo del Imperio. Lo suyo fue una copia tan perfecta que resultó totalmente inútil, y por ello terminó siendo arrojada al desierto, donde sus ruinas se pudren bajo «las Inclemencias del Sol y los Inviernos».

La televisión aspira a proyectar sobre la pantalla una copia perfecta, aspira a ser el mapa de los cartógrafos del Imperio, y aquí se produce esa suerte de quiebre ontológico que caracteriza al mundo de la imagen, en virtud del cual emerge un *ser en la pantalla* (así como surgió un *ser en el mapa* cuando este último tomó las proporciones de su referente real: la vastedad del territorio). Existe una declaración de Andy Warhol, ya en 1975, que deja ver bastante bien lo que quiero decir: «Antes de que me pegaran un tiro pensaba que estaba aquí más a medias que por entero: siempre creí estar viendo la tele y no la vida real. [...] Las películas hacen que las emociones sean tan fuertes y reales que las cosas que te ocurren en la realidad son como si las vieras en la tele: no sientes nada».[587] El mundo de la imagen se constituye a medida que el contenido de las pantallas —apariencia de lo real— quiebra la existencia para luego confundir los respectivos dominios. La inmersión de la televisión en la vida pasa a ser ahogamiento de la vida en la televisión. «Estaba aquí a medias» pues «no sientes nada» por fuera de lo que ocurre en la pantalla: fragmentación y colonización de la vida por la imagen, que suscita emociones y afectividades más fuertes que la propia realidad.

Si la televisión no corre la misma suerte que el mapa de Borges, es precisamente porque aquella de alguna manera quiere ofrecer una *realidad más real que lo real* que nos toca; quiere ofrecer la posibilidad de penetrar lo real, trastocado en imagen, subvirtiendo tiempo y espacio:

---

585. Postman, *Divertirse hasta morir*, p. 69.
586. El cuento se titula *Del rigor en la ciencia*.
587. Andy Warhol, *Mi filosofía de A a B y de B a A* (Barcelona: Tusquets, 1993), p. 99.

esto es, trasladando lo real hecho imagen a un tiempo y a un espacio que no son los suyos. Aquí reside, asimismo, aquello de *apariencia* que tiene la televisión, y aquello de *más real que lo real* que *encanta* realidades minimizadas. Así, no es real que ahora me encuentro en una playa paradisíaca, pero *viendo* una playa paradisíaca por televisión, enfocada desde distintos ángulos terrestres, aéreos y hasta subacuáticos, doy con una realidad más real que la realidad que me toca (no estar allí; estar, por el contrario, aquí, aburrido en una oscura habitación haciendo *zapping*). No es real que estoy frente al atentado contra las Torres Gemelas, pero, viéndolo retroactivamente por televisión accedo a una realidad compuesta de diversas tomas, diversos planos, que van y vienen, enriquecidos por testimonios presenciales, que recomponen una situación y una perspectiva que se vuelve más real que mi realidad de estar aquí viendo aquello que ya ha ocurrido muy lejos de mí, y que vuelve a ocurrir *aquí y ahora*, por medio de la pantalla, pero no como medio para el terror, sino para el entretenimiento o el morbo (que es una forma de entretenimiento al fin). Y algo parecido podría decirse de la pornografía, que muestra con la cámara más de lo que el ojo humano podría por sí solo ver en el acto sexual; que penetra los cuerpos penetrados en diferido, pero también en tiempo real, en una voluntad de verlo todo que contrasta con la realidad visual disminuida de los cuerpos reales que habitualmente, en el acto sexual real, prefieren disminuir o apagar las luces para ver poco o, en algunos casos, nada. El «estar a medias» de Warhol es producto de tener un pie en cada dimensión; y el «no sentir nada» en esta realidad que toca es sentir más que nada en la apariencia de la pantalla.

Pero la imagen televisiva no es sencillamente una apariencia que se quiere más real que lo real. Es, además, *simulacro*. Por ello hay que entender una producción de signos de lo real allí donde no hay realidad alguna que significar. En otros términos, la televisión no solo copia lo real en imágenes, sino que también produce imágenes sin referencia alguna a lo real; imágenes que *simulan* que hay algo allí donde solo podría darse con una realidad vaciada. Al decir de Baudrillard: «La simulación no corresponde a un territorio, a una referencia, a una sustancia, sino que es la generación de los modelos de algo real sin origen ni realidad: lo hiperreal».[588] En este sentido,

---

588. Baudrillard, *Cultura y simulacro*, p. 9.

la televisión ya no se parece a los cartógrafos de Borges que, para construir un mapa del tamaño del Imperio necesitaban, ante todo, el territorio del Imperio como referencia. La televisión puede ofrecer el mapa de ningún territorio en absoluto.

No me refiero a la *ficción*. La ficción no es necesariamente un simulacro. Me refiero más bien a la implosión posmoderna de las fronteras entre lo real y lo ficcional, y la consiguiente confusión de los distintos dominios. Un *reality show*, por ejemplo, ¿es realidad o ficción? ¿*Reality* o *show*? Ni lo uno ni lo otro: es simulacro. Tras esas imágenes no hay nada (ni siquiera, en principio, guion; pero tampoco espontaneidad). La televisión se popularizó en los años sesenta, y ya en 1971 se filmó el primer *reality show* de la historia: *An American Family*, que mostraba la vida de la familia Loud en lo que fueron siete meses de filmación ininterrumpida. Un hijo homosexual y un padre de familia infiel mantenían a más de 20 millones de espectadores sintonizando cada semana el programa. Años más tarde se lanzaría *Death in an American Family*, donde podía seguirse de cerca la historia de Lance, el hijo homosexual, muriéndose de SIDA. El morbo es entretenido.

El *reality show* hace gala del simulacro y no necesita ocultarlo. El propio nombre del género, en cuanto deshace la frontera de la realidad y el espectáculo, así lo sugiere. Aquí, por tanto, el mundo de la imagen no tiene pudor en mostrarse tal como es. Pero la misma lógica se oculta en otros géneros televisivos que no están menos exentos de simulaciones. Así, puestas en escena que se presentan como noticias reales, sondeos manipulados que terminan funcionando como profecías autocumplidas, gestos impostados y calculados que orientan la recepción de un mensaje, minorías sobrerrepresentadas y mayorías infrarrepresentadas, vidas perfectas que habría que imitar para conseguir el éxito y la felicidad, ángulos especialmente escogidos para agigantar o minimizar percepciones, efectos sonoros para estimular sensaciones determinadas, etcétera. Incluso el sistema de estrellas constituye un simulacro en sí mismo. Acá también hay *show* aunque pretenda ser realidad: hay simulacro. La televisión que quiere confundirse con lo real es siempre y en todo lugar *reality (show)*.

Posmodernidad, mundo de la imagen y televisión forman una misma ecuación. Existe una disolución progresiva de las fronteras que separan la imagen de su referente, la realidad de la apariencia, la naturaleza de la cultura, la persona del personaje, lo serio de lo lúdico. Dicha disolución crea una condición histórica en virtud de la cual la batalla cultural se vuelve permanente y omnipresente. En un mundo levantado a base de signos e imágenes, la lucha por el dominio de los signos y las imágenes se transforma en la lucha por el dominio del mundo.

II. La pantalla televisiva absorbe lo político

Abraham Lincoln y Stephen A. Douglas mantuvieron en el siglo XIX varios debates públicos. El primero de la serie más conocida de ellos tuvo lugar el 21 de agosto de 1858. La distribución de los tiempos hoy causaría desconcierto: Douglas contaba con una hora para su primera intervención; Lincoln seguía, con una hora y media de réplica; finalmente, Douglas cerraba con media hora para su última respuesta. Contrariamente a lo que pudiera pensarse, estos turnos no eran desmesurados. Cuatro años antes, en otro debate que ambos personajes habían mantenido en Illinois, Douglas inició con una exposición de tres horas, que Lincoln respondió, a su vez, en cuatro horas más, con un receso para cenar.[589]

El 26 de septiembre de 1960 tuvo lugar, también en Estados Unidos, el primer debate televisado de la historia. Se enfrentaron Richard Nixon y John F. Kennedy. Duración: una hora. Una hora, en total, para presentaciones de rigor, turnos de exposición, preguntas de un panel de periodistas y conclusiones. La política no transforma la televisión: es la televisión la que transforma la política. El mundo de la imagen funciona con sus propias reglas, que son ciertamente distintas a las de la cultura de la palabra y la imprenta. Tanto es así que el debate arrojó resultados distintos en la opinión pública según se hubiera escuchado por radio o visto por televisión. Kennedy era el ganador indiscutido para los televidentes; Nixon había ganado según la percepción de los radioescuchas.

---

589. *Cf.* Edwin Erle Sparks (Ed.), *The Lincoln-Douglas Debates of 1858.* Vol I. Springfield, III: Illinois State Historical Library, 1908. Citado en Postman, *Divertirse hasta morir*, pp. 41-42.

Pero la política ahora la decidía la televisión, no la radio: la imagen, no la palabra. Con un traje negro que contrastaba bien en una pantalla que todavía no ofrecía color, Kennedy supo aventajar a un desteñido Nixon que, ataviado con un traje gris que se veía mal en los televisores de la época, había decidido no usar maquillaje para la ocasión. Recientemente lo habían operado de una rodilla; se mostraba fatigado y un poco sudado al andar. Kennedy, al revés, se mostraba juvenil y vital, y se le notaba diestro en el manejo de las cámaras. Nixon, que perdió las elecciones, dijo posteriormente:

> Confíen plenamente en su productor de televisión; déjenlos que les pongan maquillaje incluso si lo odian, que les diga cómo sentarse, cuáles son sus mejores ángulos o qué piensa hacer con sus cabellos. A mí me desanima, detesto hacerlo, pero habiendo sido derrotado una vez por no hacerlo, nunca volví a cometer el mismo error.[590]

La tecnología comunicacional se articula con la forma de la cultura, que a su vez va instituyendo unas reglas precisas del juego político. Cuando el hombre imprime palabras, vive en una cultura de libros y discursos argumentativos, que define cómo se obtiene conocimiento del político y qué variables intervienen en la valoración que de él se hace. Se trata de los ya viejos tiempos ilustrados que estuvieron en el corazón de la modernidad. «Es edificante recordar que no existen fotografías de Abraham Lincoln sonriendo, que su esposa era seguramente una psicópata, y que él padecía largos ataques de depresión».[591] Esto tiene poca importancia en una cultura de la palabra. Pero cuando la técnica pasa de la palabra a la imagen, del libro a la pantalla, sonreír a las cámaras y mostrar una mujer cuerda al lado resultan imperativos políticos que, indudablemente, valen más que la publicación de un libro o una argumentación sostenida sin fallas lógicas. Las campañas se reducen, a la postre, a un sinnúmero de imágenes y a frases efectistas cada vez más cortas.[592]

---

590. Citado en «El debate Nixon-Kennedy», en diario *El Litoral*, Santa Fe (Argentina), 6 octubre 2015, https://www.ellitoral.com/index.php/diarios/2015/10/06/opinion/OPIN-03.html.

591. Postman, *Divertirse hasta morir*, pp. 113-114.

592. «En Estados Unidos, la frase efectista media de los candidatos se redujo de 40

El mundo de la imagen de los tiempos posmodernos se articula con una cultura de la pantalla que hace de la política algo así como *videopolítica*. Hegemonía del ser-imagen, en un nivel ontológico; hegemonía del ojo, en un nivel biológico; hegemonía del ser-para-la-imagen o del ser-para-el-ojo, en un nivel político. Los grandes principios y las grandes declaraciones, que se movían necesariamente en terrenos abstractos, ceden a aquello que puede ser capturado por la imagen y visto por el ojo. De los debates de Lincoln al maquillaje de Kennedy nos separa una revolución mediática que desplazó el centro de lo político: de la palabra a la imagen, del *logos* al *pathos*, del contenido a la forma, de las ideologías sistemáticas (o «grandes relatos») al *pensamiento débil*. La política nunca estuvo tan dominada por la cultura de bajas calorías.

El ser-para-la-imagen es la persona que deviene personaje. Por ello mismo, el político deviene estrella del espectáculo, y la estrella del espectáculo deviene fácilmente político. El guion viene mezclado, y ya no hay papeles definidos con precisión. Kennedy dio un puntapié inicial en el marco de su candidatura presidencial, cuando invitó a que las cámaras de un programa de televisión de Ed Murrow ingresaran a su casa.[593] Fue un embrión de *reality show* político. Desde entonces, las anécdotas son sencillamente incontables. Y es que la política de la era «posmoderna» se mueve en una cultura que ha disuelto las fronteras entre la realidad y la apariencia, y por ese motivo los gobiernos se parecen cada vez más a las industrias cinematográficas y televisivas, y viceversa. Los políticos actúan en las películas y los actores de películas actúan en los gobiernos; a menudo, incluso, las películas gobiernan y los gobiernos entretienen. En efecto, la televisión *personalizó* y *estetizó* a extremos insospechados la política, y dotó al unísono de enormes cantidades de poder político a la comunicación mediática. El cabello de un político jamás había tenido tanto valor político, del mismo modo que la cámara que lo captura. Lo mismo ha de decirse respecto de las demás cosas y atributos inesenciales (inesenciales en términos de sus funciones objetivas) que, como ocurre con los objetos de consumo, se vuelven

---

segundos en 1968 a 10 segundos en los años ochenta, a 7,8 segundos en 2000 y a 7,7 en 2004» (Castells, *Comunicación y poder*, p. 310).

593. *Cf.* Postman, *Divertirse hasta morir*, p. 111.

sin embargo centrales. No sería exagerado sostener que en el mundo de la imagen el político es un objeto de consumo más, no muy distinto de otros.

En este contexto, el partido de masas es cosa de otros tiempos.[594] Los procesos de individuación modernos, acelerados y desquiciados en la posmodernidad, colonizan incluso la dimensión política, cuya constitución es social por definición. El individuo-político ha superado al partido-político; las lealtades partidarias están a la baja, y las características inesenciales de la personalidad de individuos particulares suelen ser más valoradas que los programas de gobierno, la historia partidaria o los principios ideológicos. Atrás quedaron los mítines, los congresos de partido, la formación política de la militancia y la llamada enardecida a las masas. Allí donde todo esto sigue dándose, se da como una rareza y, más aún, como un simulacro que esconde que detrás del mitin, el congreso o la manifestación no hay realmente nada: son cáscaras vacías que simulan contener algo. Si las masas se reúnen, es solo para ser capturadas por la imagen, y luego se disuelven, para verse a sí mismas proyectadas en la pantalla algunos minutos más tarde. Sin pantalla, no hay acontecimiento. Un grupo de cincuenta personas que protestan y son favorecidas por las cámaras tienen mucha más dignidad ontológica y, por tanto, impacto político, que cincuenta mil personas que no son capturadas por las cámaras. No importa la masividad real, porque ya no importa la realidad.

¿Dónde queda, entonces, la revolución? Pues en el domicilio de los grandes estudios de televisión. Habría que recordar, por ejemplo, el levantamiento rumano de 1989, cuando los manifestantes tomaron los canales de TV. No fue un acto azaroso, sino estratégico. O habría que recordar que la «revolución bolivariana» tuvo su verdadero punto de arranque no en el golpe fallido de Hugo Chávez de 1992, sino en su posterior aparición por televisión, que negoció tras su rendición militar.[595] Así, lo que fue un fracaso político-militar, se convirtió en victoria político-cultural gracias a la pantalla chica.

---

594. *Cf.* Bernard Manin, *Los principios del gobierno representativo* (Madrid: Alianza, 1998).
595. *Cf.* Nicolás Márquez, *Chávez: de Bolívar al narcoterrorismo* (Buenos Aires: Edivérn, 2010).

Las revoluciones serán mediadas o no serán; las revoluciones, por lo mismo, serán en gran medida culturales o no serán.[596] «Haced vuestra revolución en tiempo real, no en la calle, sino en el estudio de grabación»,[597] escribía Baudrillard en los años noventa.

Sin embargo, hay que decir que en la generalidad de los casos la saturación de contenidos televisados es *desmovilizante*. En la televisión todo se enmarca como entretenimiento, y es muy difícil escapar a esta lógica. Incluso para la política resulta casi imposible. Por ello, se demandan programas políticos, «pero divertidos». Con risas de fondo, con sonidos incrustados, con bromas, gritos y posturas previamente ensayadas. Los famosos siempre están invitados a dar sus «opiniones», como si tuviesen algún valor real. La indignación política que podría brotar de la «información» recibida es convertida en distracción. Estar políticamente «informado» no se distingue sustancialmente de estar informado sobre los últimos sucesos del espectáculo y sus chismes. Ello es así en la medida en que esa «información», en la casi totalidad de las veces, no produce ninguna acción o reacción real. No sirve a ninguna movilización, sino al entretenimiento. Es información que simplemente se *consume* como diversión enmascarada por un compromiso incapaz de levantarse del sillón.

La revolución deviene espectáculo, la persona deviene personaje, el político deviene celebridad, la masa y el partido devienen simulacro, la política deviene género televisivo y, por tanto, ve caer su autonomía relativa respecto de la esfera cultural. El poder político siempre precisó del poder cultural (esto es: siempre necesitó *legitimar* el uso de la fuerza con algo distinto de ella misma), pero allí donde la modernidad quiso distinguir ambas esferas, hoy ellas se mezclan sin cesar. De una cultura religiosa, basada en la transmisión *tradicional*, se pasó a una cultura secular, basada en la transmisión *escolar*. La política, antes sostenida por el visto bueno de las instituciones religiosas, pasó a sostenerse a sí misma a través de las escuelas y otros medios culturales relativamente precarios que, sin embargo,

---

596. Líderes de movimientos revolucionarios no violentos, como Popović, instruyen sobre la importancia de la televisión para las revoluciones políticas contemporáneas. *Cf.* Srdja Popović, *Cómo hacer la revolución. Instrucciones para cambiar el mundo* (Barcelona: Malpaso, 2016).
597. Jean Baudrillard, *El crimen perfecto* (Barcelona: Anagrama, 2016), p. 42.

definieron la era de las naciones y las repúblicas modernas. Ahora todo se revuelve y, en una cultura de la imagen que se reproduce con arreglo a la transmisión *televisiva*, la política experimenta cómo sus reglas de otrora se subordinan a requerimientos propios de la cultura de la pantalla, tales como los índices de audiencia, el semblante perfecto, la combinación conveniente de colores, la sonrisa de rigor y la aparición obligada.

Que la televisión pueda existir sin hacer aparecer en la pantalla contenido político, pero que la política a estas alturas no pueda seguir existiendo sin aparecer en la televisión, evidencia el tipo de relación que se da entre ambas. Porque allí donde lo primero resulta concebible, lo segundo se ha vuelto hace tiempo sencillamente inimaginable. «Quien concentra las miradas concentra los sufragios»,[598] resume Régis Debray. En la sociedad contemporánea «la política es fundamentalmente una política mediática»,[599] sostiene Manuel Castells. Y es que, en una cultura basada en la reproducción técnica de la imagen, como la actual, un político sin cámaras no es realmente un político, sino, tal vez, un sacerdote. Desde la popularización de la televisión y hasta nuestros días, todavía, las probabilidades electorales de un político sin pantalla son virtualmente nulas.[600] No es una posibilidad real porque no es un político real; y no es un político real porque no ha sido convertido en real por la pantalla (en el simulacro, el mapa hace al territorio y no al revés). Su falta de realidad política es, en el mundo de la imagen, falta de consistencia ontológica; y esto vale tanto para políticos democráticos cuanto dictatoriales.

El poder político, aunque es cierto que nunca pudo mantener la fuerza sin el concurso del poder cultural, hoy se encuentra sin embargo abrumado por un estado de cosas en el que lo cultural, proyectado en la pantalla y multiplicado por ella hasta el infinito, crea una realidad a la que la política se debe subordinar. La política

---

598. Régis Debray, *Vida y muerte de la imagen* (Barcelona: Paidós, 1994), p. 53.
599. Manuel Castells, *Comunicación y poder*, p. 261.
600. Escribía Thompson hacia fines del siglo pasado: «En las condiciones sociales y políticas de finales del siglo XX, los políticos de las sociedades liberal-demócratas no tienen otra alternativa que la de someterse a la ley de la visibilidad compulsiva. Renunciar a la gestión de la visibilidad a través de los *media* sería tanto un acto de suicidio político como expresión de mala fe...» (John Thompson, *Los media y la modernidad*, Barcelona: Paidós, 2017, p. 184).

ha sido completamente estetizada.[601] La batalla cultural —ya se ha dicho— tiene sentido allí donde los mecanismos tradicionales de reproducción social ceden a los mecanismos modernos de secularización, mercantilización y democratización. ¿Pero qué ocurre cuando lo cultural se termina colando en todas las esferas, incluida la política? ¿Qué pasa cuando la gente está más interesada en votar por un personaje de *reality show* (aun pagando por ello desde su móvil) que por sus representantes políticos? ¿Qué ocurre cuando nuestras tecnologías mediáticas levantan un mundo enteramente cultural? Pues la batalla cultural ya no solo tiene sentido, sino que se vuelve central, inevitable, omnipresente, y se confunde con toda lucha por el poder: no habrá lucha por el poder (político, económico, militar, etc.) que no desarrolle su propia batalla cultural. El poder político creó para sí escudos, sellos, retratos, banderas, himnos, escuelas, instituciones, y dio representantes y leyes a sus pueblos, posicionándose por encima del poder cultural con arreglo al cual se aseguraba, sin embargo, su propia legitimidad. Pero ese poder político hoy no puede sino colocarse por debajo, sometiéndose a imperativos y reglas de funcionamiento tecnomediáticos que él no ha dictado ni podría elegir. Solo volviéndose totalitario puede pretender, aunque con probabilidades discutibles de éxito, hacerse con el control cultural completo.[602]

Así las cosas, a demandas culturales les siguen ofertas culturales. ¿Qué representa hoy un político si no lo que sus eslóganes a la carta han prometido, lo que sus *jingles* pegajosos han entonado, lo que su fotografía familiar ha evocado, lo que su video con el ídolo o la estrella del momento ha insinuado, lo que su perro de pelaje perfecto ha ladrado, lo que sus innumerables anécdotas, bromas y declaraciones insustanciales —pero simpáticas— en innumerables horas de televisión han arrojado sobre millones de personas durante «horarios pico»? ¿Qué representa hoy un político, pues, si no un simulacro cultural que esconde la nada más patética sobre la que descansa hoy lo político? La filósofa Ana Marta González apunta

---

601. Dice con angustia Boris Groys: «Cuando el arte se politiza, se lo fuerza a hacer el desagradable descubrimiento de que la política ya se ha vuelto arte, de que la política ya se ha situado en la esfera estética» (Boris Groys, *Volverse público. Las transformaciones del arte en el ágora contemporánea*, Buenos Aires: Caja Negra, 2020, p. 38).
602. Ver a este respecto los elementos constitutivos del totalitarismo en Raymond Aron, *Democracia y totalitarismo* (Barcelona: Seix Barral, 1967), pp. 236-238.

con razón: «la representación política se convierte en representación mediática, y la representación mediática es objeto de manipulación en diversas instancias».[603] La manipulación de un mundo construido en su totalidad por cultura, enteramente ficcional y sobreactuado por televisión, y las disputas en torno a su propia constitución, involucran sin cesar batallas culturales que se superponen a las electorales (y que, de hecho, establecen sus propias condiciones de desarrollo).

A la *videopolítica* le corresponde la *videodemocracia*. Si el político se convierte en celebridad, el pueblo se convierte en espectador. El modelo del militante cede ante la emergencia del *fan*. La videodemocracia es un oxímoron. El *demos* no cabe en el video; es demasiado abstracto para ser capturado por la cámara. Ningún pueblo se constituye alrededor del televisor. La pantalla ha revelado, en todo caso, que el pueblo no existe más que como una ficción que ahora, cuando no podemos siquiera recrearla en la pantalla, cede su lugar a su opuesto: la «diversidad». Ella representa la médula de lo televisable: *la diversidad es divertida*. Ambas palabras provienen del mismo verbo en latín: *divertere*, que significa girar en una dirección opuesta. Así, los extravagantes y desviados —que van en direcciones opuestas— son los favoritos de la televisión, son los *divertidos*: salirse de la «norma» siempre es noticiable. Pero la diversidad, al contrario de lo que el discurso de la corrección política habitualmente sostiene, no tendría por qué ser el elemento central de lo democrático. Lo relevante del *demos* estriba más en una identidad compartida que en sus diferencias; estriba en una normalidad en torno a la cual se reproduce el propio *demos*, no en los anormales con los que nadie se identifica (más que los cazadores de *rating*). Es curioso: todo tipo de ficciones han tenido lugar en la pantalla, con excepción de aquella que nutre la legitimidad de nuestros gobiernos. ¿Quién ha visto al pueblo por televisión? El pueblo está en la palabra, pero la palabra no es el elemento que define al medio televisivo.

La era de la *razón*, típicamente moderna e ilustrada, fue sucedida por la era de la *opinión*, típicamente posmoderna. Aquella es «sólida», esta es «líquida». La primera es *episteme*, la segunda es pura

---

603. Ana Marta González, *Ficción e identidad. Ensayos de cultura postmoderna* (Madrid: Rialp, 2009), p. 153.

doxa: una «corazonada» que no necesita realmente de ningún argumento. No es casualidad que hoy el verbo «sentir» sea más usado que el verbo «pensar» («yo siento que...»: así se introducen hoy incluso los «argumentos»). Allí donde los padres de la democracia moderna se esforzaron por ver una razón articulada con una «voluntad general», hoy solo quedan encuestas de opinión, medición de gustos y corazonadas traspasadas a figuras en la pantalla. Los gráficos de barra, puntos y pastel sí pueden ser televisados. Se quiere la fotografía del instante: no del pueblo, sino de la suma de los individuos anónimos de una muestra. No obstante, estas figuras resultan un poco aburridas. Como el informe del clima, para el que ahora se necesitan mujeres hermosas, hechas a base de gimnasio y silicona. De la misma forma que ellas importan más que el clima, las celebridades hoy importan más que los insulsos sondeos que con tantos cuidados metodológicos —en principio— proponen las ciencias sociales. Otra vez: la *videocracia* se basa en la diferencia, no en la repetición. Por ello mismo no es democrática. El enteramente diferente es la celebridad que aparece en televisión (y justo por ser enteramente diferente aparece en televisión), y su opinión, requerida siempre en tanto que voz autorizada (autorizada por su celebridad que, en un claro círculo vicioso, es resultado de aparecer en televisión), vale a menudo más que el sondeo más completo. Como las chicas del clima, que no saben mucho de climatología, pero que han pasado muchas horas haciendo glúteos, las celebridades no suelen saber mucho de nada, pero han aparecido muchas horas en la pantalla. Y en televisión hay que *gustar*, no convencer.

La repetición genera mayorías; la diferencia, minorías. Pero en la pantalla lo repetitivo hastía: invita a cambiar el canal. Mujeres que son mujeres y hombres que son hombres, como cualquier otro, cansan. La cultura posmoderna es una cultura de la diferencia: exalta la anormalidad, el desvío, la extravagancia. Podría decirse que los que se salen de la norma se volvieron, paradójicamente, la norma. Que eso ocurra en televisión es comprensible. Nadie quiere ver al hombre común en la pantalla, y este solo aparece, en todo caso, cuando le ha sucedido algo fuera de la norma (ha ganado la lotería, se ha convertido en un asesino en serie o ha violado a un menor). Pero que lo mismo ocurra en la política hace volar por los aires las categorías con las cuales entendíamos nuestros sistemas y sus principios de legitimidad. La televisión transforma la política, y no al revés, se dijo más arriba. Esto no es una excepción. La pantalla es tan poderosa que ha pasado a determinar la realidad o, visto de otra manera, ha logrado ocultar que detrás de ella no hay nada. De eso va el simulacro. Si en ella queremos diferencia, minorías y sujetos que se aferran a la norma de salirse de la norma, ¿por qué en política habríamos de solicitar algo distinto?

III. El mundo *online* como estadio maduro del mundo de la imagen

La televisión constituyó la juventud del mundo de la imagen; Internet constituirá su madurez. Una revolución mediológica separa ambas instancias. Se trata de la capacidad técnica de conectar potencialmente a todo el mundo —y todas las cosas del mundo— en una red de redes; una red global digital que todo lo envuelve, que todo lo comunica, que todo lo torna accesible, visible, registrable, extraíble y predecible.

El mundo de la imagen llega a su estadio de madurez cuando permite el ingreso activo de quienes antes eran meros espectadores pasivos. La tecnología digital, conjugada con *hardware* cada vez más potente, *software* cada vez más eficiente y conexiones cada vez más rápidas y accesibles a las masas,[604] transforma al *televidente* en un *internauta*. El internauta es por definición *interactivo*. Lo que, fundamentalmente, separa a uno de otro es la posibilidad de *actuar* en el mundo de la imagen: esto es, pasar del estadio infantil del mundo de la imagen a su estadio maduro. En efecto, al internauta se le exige coproducir ese mundo en tanto que *mundo online*. Estar «en línea» significa abrir un canal en el que los datos fluyen en todas las direcciones. Del internauta se espera comunicación y no solo expectación: mensajes, respuestas, cargas, descargas, *feedback* permanente. Al contrario, el televidente no es coproductor de los espectáculos

---

604. La primera computadora Mac de Apple, en 1984, costaba 2.500 dólares (equivalente a unos 6.000 dólares hoy). Actualmente, una «Netbook» básica (mucho más avanzada, sin embargo, que aquella primera Mac) puede conseguirse por cerca de 200 dólares.

que consume: por regla general, él jamás es emisor. Está siempre «muteado».

Cuando el mundo que transcurre en las pantallas se «pone en línea», habilita nuestra intervención. El ícono del «estar en línea» suele representarse por dos flechas que van en sentidos opuestos. Una va, otra viene. A veces se representa con dos monitores que parpadean intermitentemente. Ellos le revelan al usuario que la rígida frontera que en los medios de comunicación de masas separaban al emisor del receptor ha caído: la energía comunicativa fluye en ambas direcciones. Ya no existe el emisor que no recibe, ni el receptor que no emite. Por eso las flechas se cruzan, se contradicen y sintetizan el mundo *online* en el que uno se desplaza a través de pantallas carentes de «controladores de acceso». Por eso, también, en los dispositivos *online* no es posible diferenciar entre los que graban y los que reproducen: todos graban, reproducen y distribuyen al mismo tiempo. Verbigracia: el *smartphone*. Desde el año 2018, el mundo cuenta con más líneas de telefonía móvil que personas.[605] En rigor, aquí ya no hay «comunicación de masas», sino, en todo caso, «autocomunicación de masas» a un nivel global, como dice Manuel Castells.[606]

El mundo *online* es el punto de llegada del mundo de la imagen no solo porque nos involucra activamente, sino también porque quiere digitalizarlo todo, codificarlo todo y mostrarlo todo, finalmente, y en la mayoría de los casos, como imagen. La arquitectura de este mundo, sin embargo, es numérica. Líneas de código que la máquina procesa como combinaciones de unos y ceros. Instrucciones ocultas e ininteligibles para la práctica totalidad de los usuarios, que solo ven imágenes en la pantalla y las naturalizan. Pero las imágenes esconden códigos extraños convenientemente decodificados en cientos y millares de píxeles que forman unidades de sentido visual que van de suyo. A través de ellas navegamos en el mundo *online* y lo coproducimos, a su vez, procurando hacer de todo una imagen digital.

---

605. *Cf.* Ramón Muñoz, «El número de líneas móviles supera por primera vez a la población mundial», *El País* (27 febrero 2018), https://elpais.com/tecnologia /2018/02/27/actualidad/1519725291_071783.html.

606. *Cf.* Castells, *Comunicación y poder*, p. 88.

La madurez del mundo de la imagen como mundo *online* se expresa en la voluntad de *digitalizarlo todo*.[607] En la era de la televisión había que *verlo* todo; en la era de Internet, además de verlo todo, hay que *publicarlo* todo. Al imperativo de ver se suma el imperativo de mostrar. Los cambios en la relación que se detenta con la fotografía brindan testimonio de ello. Bien indica Juan Martín Prada que «antes no todo era digno de ser fotografiado». La fotografía registraba momentos o hechos importantes. Bourdieu explicaba hace no mucho que la fotografía «proporciona el medio de eternizar y solemnizar esos momentos culminantes de la vida social donde el grupo reafirma su unidad».[608] No obstante, la proliferación de las cámaras digitales, incorporadas en teléfonos conectados a Internet, condujeron, al decir de Prada, a «esta radical mundanización con la que la práctica fotográfica se ve de modo irreversible dominada por lo *ordinario*».[609] Esta «radical mundanización» es, más bien, una *radical digitalización*: la voluntad de digitalizarlo todo es vivificante, tiene por objeto lo mundano en tanto que víctima de una incompletitud que hay que redimir, pues carece de una suerte de «alma digital». Las cámaras ya no disparan, sino que *ametrallan*;[610] y lo hacen no tanto para guardar el presente como recuerdo, sino sobre todo para hacer posible ese presente *como presente*. ¿En qué sentido la fotografía de un plato de comida es almacenada como recuerdo? ¿Qué se recuerda exactamente en una *selfie* en el espejo del baño? ¿Puede funcionar como recuerdo un álbum que contiene millares de fotografías en memorias de 256 *gigabytes*?

Las imágenes, paradójicamente, se van desentendiendo del pasado (al que siempre estuvieron ligadas) porque ahora quieren constituir el presente. El *feed* de las redes sociales nunca muestra otra

---

607. «En 1986, solo estaba digitalizado un 1% de la información mundial, y en 2000, ya lo estaba el 25%. En 2013, el progreso de la digitalización y la ratificación (la aplicación de programas informáticos que permiten que los ordenadores y los algoritmos procesen y analicen datos en bruto), en conjunción con unas tecnologías de almacenaje nuevas y más baratas, habían logrado ya trasladar un 98% de la información mundial a algún formato digital» (Shoshana Zuboff, *La era del capitalismo de la vigilancia*, Barcelona: Paidós, 2020, pp. 257-258).

608. Pierre Bourdieu, *El sentido social del gusto. Elementos para una sociología de la cultura* (Buenos Aires: Siglo XXI, 2014), p. 52.

609. Juan Martín Prada, *El ver y las imágenes en el tiempo de Internet* (Madrid: Akal, 2018), p. 11.

610. *Cf.* Ibíd., p. 85.

cosa que el *ahora*. Veinticuatro horas para Internet es demasiado. De hecho, veinticuatro horas es la «vida útil» de las *stories*: un segundo después, son condenadas a desaparecer (negándose a sí mismas, no existirán ni como *historia*). Como el efemeróptero, insecto alado que vive tan solo un día y entrega sus escasas horas a tratar de copular: justo como las *stories*, cuya «fertilidad» se mide en *likes* y *reactions*. Por eso en las redes no se publican tanto recuerdos como «estados», que por definición son siempre actuales (¿Qué estoy pensando *ahora*? ¿Cómo me siento *ahora*? ¿Qué estoy haciendo *ahora*?). Esto no significa que las redes no reactualicen viejas imágenes; significa que estas, cuando vuelven, siempre vuelven como presente.[611] Cuando el 15 de abril de 2019 se incendió la catedral de Notre Dame, millones de internautas se apresuraron a publicar alguna vieja fotografía que alguna vez se tomaron junto al edificio que ahora se caía a pedazos. La imagen debía ser publicada en ese exacto momento; uno o dos días después ya no habría tenido sentido alguno. Ello es así porque con ella no se evocaba ningún pasado, sino un acontecimiento presente. El *yo* que se muestra junto a algo que *ya no está*; lo central no es lo que estaba, sino lo que *ahora* no está. El narcisismo no tiene más tiempo que el *ahora*.

Este escape del tiempo está inscrito en el propio soporte técnico de la fotografía digital, que desconoce el significado de lo perecedero. La imagen digital es siempre de la misma manera: ayer, hoy y mañana. El tiempo no corre para ella. Mantiene el presente siempre intacto, con el mismo «brillo» de la primera vez. Esto está vedado, desde luego, a la fotografía analógica. Roland Barthes llamaba la atención sobre la mortalidad de esta última: «La foto corre comúnmente la suerte del papel [...], incluso si ha sido fijada sobre soportes más duros, no por ello es menos mortal».[612] La imagen digital, en virtud de su inmaterialidad, no tiene fecha de vencimiento, no muere ni se degrada, porque vive en un eterno presente y conserva en sí las cosas que captura como si fueran ellas también inmortales. Las personas, en este sentido, cada vez quieren parecerse más a sus

---

611. «Aunque sean de acontecimientos pasados, lo son siempre en clave de actualidad» (Prada, *El ver y las imágenes en el tiempo de Internet*, p. 37).
612. Roland Barthes, *La cámara lúcida* (Barcelona: Paidós, 1990), p. 143.

fotografías: imperecederas, «inmarchitables».[613] Aquellas están en plena comunión con una cultura posmoderna sin profundidad temporal, en la que el presente absoluto triunfa definitivamente sobre el pasado y el futuro como superficialidad absoluta. (¿La actual obsesión por las fotos digitales, por un lado, y el horror posmoderno y hedonista al paso del tiempo[614] que está en la base de una «cultura de la eterna juventud», no tendrán en todo esto alguna ligazón?).

El principio de la sociedad del espectáculo según el cual lo que no existe en la pantalla queda degradado en su existir llega a su madurez con Internet. Madurez significa, en este contexto, que se aplica a todos y a todo; que ha triunfado como principio. Cuando las cámaras y las pantallas están por doquier, habitualmente incorporadas en los mismos dispositivos, no digitalizarse como imagen y no digitalizar las cosas como imágenes significa privarlas de un mundo que nos y las requiere. Las cámaras y las pantallas están incorporadas en los mismos dispositivos, y los dispositivos están habitualmente incorporados en los cuerpos y a las cosas. Al teléfono móvil se le suman las GoPro, cuya conveniencia estriba en fijarse como prótesis en alguna parte del cuerpo, generalmente la cabeza. Así, toda nuestra actividad puede ser capturada desde nuestro propio punto de vista por esta suerte de «tercer ojo». Los cuerpos especiales de las fuerzas del orden llevan cámaras similares en sus cascos, generando escenas propias de videojuegos que a veces acaban siendo virales en Internet. Los videojuegos, a su vez, se van desplazando del televisor a los cascos de realidad virtual, que son cada vez más utilizados también en el mundo de la arquitectura y del diseño aeronáutico. Los automóviles, triciclos, motos de nieve y carritos de Google Street View avanzan por todo el territorio del globo, superando todo obstáculo mientras captan con cámaras en 360 grados todo lo que tienen a su paso. Mientras tanto, con las cámaras de Cartographer se mapean los ambientes cerrados, como comercios, centros comerciales o

---

613. He tomado esta idea general de Han. «La imagen digital no florece o resplandece, porque el florecer lleva inscrito el marchitarse, y el resplandecer lleva inherente la negatividad del ensombrecer» (Byung-Chul Han, *En el enjambre,* Barcelona: Herder, 2019, p. 53).

614. Hay que recordar que, para Jameson, el «presente continuo» es uno de los rasgos más salientes de la cultura posmoderna. *Cf.* Frederic Jameson, *Posmodernismo: la lógica cultural del capitalismo avanzado* (Buenos Aires: La marca editora, 2012), p. 67.

aeropuertos. Desde satélites, a su vez, Google Earth captura la Tierra en su totalidad. O bien piénsese en los prototipos de Google Glass, esos anteojos que ven lo que vemos, que toman fotografías, filman y ofrecen variedad de aplicaciones, como GPS o *e-mail*, a milímetros de los ojos. El anteojo abandona en ellos su función tradicional de corregir la visión para adecuarla a la realidad, y la reemplaza por el aumento de las aplicaciones de nuestra visión para operar en dimensiones virtuales. ¿Podrían eventualmente incluso *editar* en tiempo real lo que se visualiza, orientando en formas preconcebidas las propias percepciones del usuario? Si esta tecnología pudiera alguna vez incorporarse de manera definitiva detrás de las retinas (si incluso pudieran incrustarse desde el nacimiento en los seres humanos que llegan al mundo) la convergencia del mundo *online* y del mundo *offline* sería total. O quizás sería más cierto decir que ya no existiría para nadie un mundo *offline* posible; que ya no habría nada por fuera de las imágenes digitalizadas, la red de redes y el *Big Data*.

Pero las cámaras no simplemente se han incorporado a nuestros variados dispositivos móviles, sino que también se fijan en distintos espacios públicos y privados. Las calles se van abarrotando de cámaras. Cámaras que miden la velocidad, cámaras que miden la temperatura, y hasta cámaras que quisieran medir los estados de ánimo mediante el análisis de los gestos y el andar. Los pequeños negocios y hasta los hogares instalan sus propias cámaras por razones de seguridad. Hay lugares que no deberían tener ningún «punto ciego», como un aeropuerto, un banco o un centro comercial. Las cámaras están allí para duplicar y almacenar la duplicación de lo que sucede en tiempo real. Hasta las propias máquinas se dotan de cámaras: automóviles, maquinarias de construcción, cajeros automáticos, etcétera. Los drones sobrevuelan los cielos filmando todo a su paso. Muchos de ellos enfocan, apuntan y disparan. Incluso a los misiles se les ha incorporado cámaras que permiten seguir la trayectoria y determinar el éxito de un ataque. Con cierta gracia, Harun Farocki las ha denominado «cámaras suicidas».[615] Lo que no se suicida, sin embargo, es la imagen que resulta capturada y enviada a una base de datos hasta que de repente todo se vuelve oscuro.

---

615. Harun Farocki, *Desconfiar de las imágenes* (Buenos Aires: Caja Negra, 2020), p. 166.

Es ya un lugar común repetir que, para Benjamin, lo que pierde la imagen tras su reproducción técnica es su «aura». En esta línea, José Luis Brea caracteriza los tiempos previos a la fotografía como aquellos en los que la imagen es siempre «singularísima». Por ello, «al productor de imágenes le será rápidamente reconocido un estatuto de sujeto singularísimo, separado, como artista, del resto de la ciudadanía ordinaria».[616] Pero la era de la imagen digital se caracteriza exactamente por lo contrario: cualquier ciudadano ordinario produce imágenes de manera cotidiana y en cantidad. «Hoy, casi todos somos artistas»,[617] asevera Hito Steyerl. «Lo cotidiano se vuelve una obra de arte; no hay más mera vida o mejor aún mera vida exhibida como artefacto»,[618] dice Boris Groys, para quien actualmente se ha vuelto imposible diferenciar un «posteo» de una imagen cualquiera de una obra de arte conceptualista o posconceptualista. En el año 2011 ya indicaba Johnny Winston que «cada dos minutos hoy tomamos tantas fotos como las realizadas por la humanidad entera en el siglo XIX».[619] La economía de la imagen digital, en efecto, es exactamente inversa a la de la imagen-materia, no solamente porque todos devienen productores de imágenes, sino también por la lógica del valor de la imagen. La imagen-materia (una pintura, una escultura, etc.) es irrepetible, irreproducible, «singularísima», y en eso consiste precisamente su valor. La imagen digital no solo es reproducible hasta el infinito y al instante con arreglo al automatismo del copiar y pegar, sino que su valor es una función de su *viralidad*.[620] El éxito de la imagen digital es su multiplicación descontrolada, no su singularidad ni su aura (de la que carece por completo).

---

616. José Luis Brea, *Las tres eras de la imagen. Imagen-materia, film, e-image* (Madrid: Akal, 2016), p. 17.

617. Hito Steyerl, *Arte Duty Free. El arte en la era de la guerra civil planetaria* (Buenos Aires: Caja Negra, 2018), p. 205.

618. Groys, *Volverse público*, p. 117.

619. Johnny Winston, «Photography in the Age of Facebook», *Intersect* 6, 2 (2013). Citado en Prada, *El ver y las imágenes en el tiempo de Internet*, p. 7.

620. En esto también es distinta a la fotografía analizada por Benjamin. En efecto, lo viral es desconocido para ella. Si la fotografía tradicional es reproducible, su reproducibilidad masiva está restringida a la voluntad de los medios de masas. Al contrario, lo «viral» tiene sentido allí donde cualquiera puede «contagiar»; esto es, bajo condiciones técnicas en las que cualquiera es capaz de reproducir y transmitir la imagen masivamente, sin orden y sin control.

Si se atiende al campo de la inteligencia artificial y su convergencia con las tecnologías informáticas, hay que mirar de cerca también la dimensión productiva de la imagen. En efecto, la imagen producida por seres humanos *con ayuda de la técnica* (por ejemplo, una fotografía) pasa a un nivel totalmente distinto cuando es producida por algoritmos sin concurso humano más que al nivel de la programación. En junio de 2015, Google lanzó una red neuronal artificial que crea extrañas imágenes por sí misma, con pretensiones artísticas, revisando otras imágenes que el usuario tiene almacenadas en su dispositivo. Dos años más tarde, los ingenieros de la rama Machine Perception de Google lanzaron otro sistema que, a través de Street View, tomaba fotografías de paisajes con ángulos y edición propios de un fotógrafo profesional. En materia de diseño gráfico, el *branding* se ha automatizado y se confía crecientemente en la «creatividad» del algoritmo para hacerse cargo de la imagen de cualquier tipo de organización. Hoy hasta la poesía puede ser simulada por aplicaciones, tales como XiaoBing, que emulando una adolescente china de dieciséis años elabora poesías sobre las imágenes que sus usuarios le proporcionan, por lo general para levantar su autoestima.[621] Otros programas apoyados en inteligencia artificial directamente «pintan» sus propios cuadros; el neologismo «algorista» designa en la actualidad al «algoritmo artista». Los museos exhiben estas piezas cada vez con más frecuencia, y las galerías de arte los venden en cientos de miles de euros.[622] Ya hay incluso un Rembrandt «pintado» por un *software* que ha sido certificado por los guardianes de Rembrandt. Así, las nuevas tecnologías permiten no solo que los humanos saturen de imágenes el mundo, sino que ellas mismas ya están listas para hacerlo solas, incluso en el nombre de los muertos.

El mundo digital puesto *online* multiplica imágenes, pero también pantallas. La televisión tenía sus límites no solo por su estricta separación emisor/receptor, sino también por su inmovilidad. En

---

621. *Cf.* Ángel Gómez de Ágreda, *Mundo Orwell* (Bogotá: Ariel, 2019), p. 58.
622. *Cf.* Felip Vivanco, «La Inteligencia Artificial reinventa la pintura», *La Vanguardia* (31 marzo 2019), https://www.lavanguardia.com/tecnologia /20190331/461320546132/inteligencia-artificial-arte-algoritmos-subastas -galerias-redes-neuronales-rembrandt-obvious-aican-rutgers-christies-massive -attack-ia.html.

la era de la televisión, la pantalla está fija en un lugar; penetrar el mundo de la imagen —en su estadio infantil— es hacerlo desde un lugar específico, localizado, inmóvil. *Uno se sujeta a la pantalla.* En cambio, con Internet las pantallas se multiplican, desparramándose por doquier, en distintos tamaños y formas, tanto inmóviles como móviles. Los teléfonos devienen pantallas desde que incorporan servicios de Internet. Los relojes se convierten en pantallas colmadas de funciones desde que se conectan a Internet. Distintos electrodomésticos incorporan pantallas, paulatinamente, en eso que se ha bautizado como el «Internet de todas las cosas». Los automóviles se fabrican con pantallas conectadas al sistema de GPS, Bluetooth y distintas aplicaciones para el conductor. A menudo incluyen también pantallas en las que se puede ver una película o jugar videojuegos mientras se viaja. Dispositivos totalmente novedosos, como *tablets* o *e-readers*, ligan también su funcionamiento a Internet, y reemplazan una serie de objetos que van quedando caducos. Así, uno ya no se sujeta a la pantalla; hoy *las pantallas se sujetan a uno*. De repente, la televisión es tan solo una pantalla más, entre tantas otras, que también se ha vuelto *smart*, lo que equivale a decir que también se conecta a Internet.

La ubicuidad de las pantallas es la realización técnica de nuestra permanente incorporación a ellas. Las cosas importantes para nuestras vidas no son meramente filmadas por el dispositivo de registro audiovisual, sino más bien *vistas* a través de la pantalla del aparato en cuestión, en tiempo real. Las personas que pagaron su entrada para estar a pocos metros del escenario acaban viendo los espectáculos musicales a través del teléfono móvil. Rara vez esos videos vuelven a mirarse, puesto que a menudo resultan muy oscuros y el sonido suele estar saturado. Lo patético de este fenómeno se percibe sobre todo en conciertos de rock, en los que la gente está inmovilizada con su teléfono en lo alto, mirando a la banda tocar a través del registro en tiempo real de su pantalla digital. En rigor, pareciera que el lugar estuviera vacío. Algo parecido ocurre en los museos, aunque el efecto de vacío se invierte (un *show* de rock termina pareciendo un museo, y un museo termina pareciendo un *show* de rock). El salón donde se expone La Gioconda, en el Louvre, está siempre abarrotado de turistas que ven el cuadro a través de sus cámaras y se empujan entre sí para lograr un mejor ángulo en el que verse a sí mismos junto al cuadro (*selfie*), como si hicieran *pogo*. No contemplan ni permiten la contemplación.[623]

Los visitantes de París, en general, experimentan la ciudad a través de la cámara. Byung-Chul Han, en uno de sus ensayos, aborda el curioso «síndrome París», que afecta sobre todo a turistas japoneses:

> Los afectados sufren de alucinaciones, desrealización, despersonalización, angustia y síntomas psicosomáticos como mareo, sudor o sobresalto cardíaco. Lo que dispara todo esto es la fuerte diferencia entre la imagen ideal de París, que los japoneses tienen antes del viaje, y la realidad de la ciudad, que se desvía completamente de la imagen ideal. Se puede suponer que la inclinación coactiva, casi histérica, de los turistas japoneses a hacer fotos, representa una reacción inconsciente de protección que tiende a desterrar la terrible realidad mediante imágenes.[624]

Así como muchos eventos prefieren verse como imágenes en la pantalla, también es cierto que muchos eventos se generan especialmente para acabar registrados como imágenes en las pantallas. Esto, que se hace visible ya en la era de la televisión, se generaliza a todo el mundo en la era digital. El éxito de *Jackass* consistía en romper con la idea de que los eventos no guionados capaces de captar la atención deben ocurrir por sí mismos y justo entonces ser capturados.[625] Al contrario, *los eventos deben ocurrir para ser capturados*. Pero *Jackass* pertenece a otra era, en la que esto podía ser novedoso y se encontraba restringido a la élite televisada. Hoy no es novedoso, sino cotidiano y accesible a cualquiera. Los «Harlem Shake», por ejemplo, curiosas *performances* colectivas histéricas, inundaron las redes sociales en el 2013. Los desafíos, colectivos e individuales, se renuevan constantemente. El «Ice Bucket Challenge» superó en 2014 al «Harlem Shake». Básicamente, había que arrojarse sobre la cabeza un balde de agua helada y subir el video a la red, con el supuesto objeto de «solidarizarse» con los

---

623. Ya escribía Debray hace algunas décadas que «cuanto más ametrallamos paisajes y monumentos, menos los contemplamos» (Debray, *Vida y muerte de la imagen*, p. 278).
624. Han, *En el enjambre*, p. 50.
625. Tomo el ejemplo de *Jackass* de Prada, *El ver y las imágenes en el tiempo de Internet*, p. 89.

enfermos de esclerosis lateral amiotrófica. El *establishment* de las *celebrities* se sumó a la «causa» con entusiasmo y en masa, lo que multiplicaba la euforia colectiva.[626] Ellos siempre son «solidarios». En 2016 apareció el «Mannequin Challenge», en el que la persona debía permanecer inmóvil —como un maniquí— delante de una cámara que se desplazaba frente a ella en sentido horizontal. De fondo sonaba la canción «Black Beattles» de Rae Sremmurd, que gracias a este «reto» logró ubicarse en el primer puesto del *Billboard Hot 100* en noviembre de ese año.

Hay «desafíos» menos inocuos que se han viralizado, como el «Tide Pod Challenge», que consiste en ingerir una cápsula de detergente, cuyos químicos suelen generar quemaduras en la boca, el esófago o el tracto respiratorio. O bien el «Benadryl Challenge», popularizado en TikTok, en el que se ingiere una cantidad elevada (más de una docena de pastillas) de este antihistamínico, produciendo alucinaciones que luego son filmadas y publicadas. El reto de la «Ballena Azul» fue de los más nocivos. Establecía cincuenta «tareas» para realizar en cincuenta días, de peligrosidad creciente. La última era el suicidio. La historia del desafío lleva al último *selfie* de la joven rusa Rina Palenkova, en la que se despide de sus seguidores inmediatamente antes de quitarse la vida. Todos estos eventos se conciben sobre todo para ser convertidos en imágenes digitales publicadas en Internet, con la esperanza de que lleguen a hacerse virales en algún momento. La frontera entre lo practicable y lo impracticable, lo sano y lo patológico, lo normal y lo anormal, se derrumba.[627] Así, la realidad funciona como súbdita de la imagen, y no al revés. La imagen no representa lo real, sino que lo real se configura especialmente para caber en el molde de la

---

626. Entre otros, Ben Affleck, David Beckham, Justin Bieber, Chris Brown, Kobe Bryant, Russell Crowe, Tom Cruise, Vin Diesel, Robert Downey Jr., Drake, Hilary Duff, Kevin Durant, Eminem, Jimmy Fallon, James Franco, Lady Gaga, Bill Gates, Selena Gómez, Calvin Harris, Hugh Jackman, Stephen King, Jennifer López, Demi Lovato, Lionel Messi, Elon Musk, Neymar, Katy Perry, Shakira, Charlie Sheen, Britney Spears, Taylor Swift, Justin Timberlake, Oprah Winfrey, Tiger Woods, Mark Zuckerberg, etcétera.

627. Todo un síntoma al respecto es la gran ofuscación que le genera a la cultura posmoderna distinguir lo «normal» de lo «anormal» o lo «sano» de lo «patológico». Para la cultura posmoderna, estas divisiones carecen de todo sentido y, todavía más, son profundamente autoritarias (y estas sí que son «patologizadas» y «anormalizadas» en tanto que presuntas «fobias»).

imagen viralizable. Se invierte, pues, el sentido de la adecuación: es la realidad la que se adecúa a las exigencias de la imagen. En la era de la televisión, solo una pequeña élite televisada producía el simulacro, pero este se ha democratizado definitivamente en los tiempos del *smartphone*.

Pero quizás todos estos desafíos, todas estas autoagresiones, todos estos riesgos y peligros al servicio de la nada (en concreto: al servicio de la cámara), revelen un profundo deseo de realidad que resulta imposible de consumar. Quizás algo del desfalleciente principio de realidad todavía quiere hacerse presente, como dolor autoinfligido, como intoxicación, incluso como suicidio.[628] Más aún, quizás sea su venganza. Pero de inmediato el mismo principio queda absorbido por la lógica del espectáculo, que frustra el *baño* de realidad pretendido. La pantalla inhibe sin cesar lo real. Por eso estos videos y publicaciones, que muestran a personas reales, sufriendo realmente, no se perciben más que como divertimento: las neuronas espejo —responsables de la «empatía»— permanecen dormidas. Y una realidad no guionada convertida en espectáculo es infinitamente más atractiva que la ficción. De ahí el *reality show*. De ahí, también, esas imágenes y videos *gore*, increíblemente virales, de accidentes, mutilaciones, fusilamientos, violaciones, decapitaciones, donde seres humanos reales sufriendo indescriptibles horrores reales y suplicios se convierten en algo demasiado real que se vuelve divertido; en algo que, más concretamente, al ubicarse entre la realidad, la cámara y la pantalla, llega al espectador también como *reality show*.[629] Cuan-

---

628. Los casos de suicidios transmitidos por Internet son incontables. *Cf.* «Transmitir en vivo suicidios, violaciones y bullying: el peligroso fenómeno que se multiplica por Facebook Live», *Infobae* (25 enero 2017), https://www.infobae.com/america /mundo/2017/01/25/trasnmitir-en-vivo-suicidios-violaciones-y-bulliyng-el -peligroso-fenomeno-que-se-multiplica-por-facebook-live/.

629. Inspirada en la temática de una novela del autor de ciencia ficción Philip K. Dick, la película *The Truman Show* (1998) es ilustrativa y profética al respecto: en la historia, la industria del espectáculo es capaz de arruinar una vida humana real engañada en una «ciudad-montaje», con tal de entretener más y mejor a la audiencia, sedienta de realidad. Siete años después de su estreno, la cadena alemana de televisión RTL anunció un nuevo *reality show* en un pueblo artificial de 15.000 metros cuadrados, en el que los participantes pasarán ya no algunos meses, sino toda su vida, filmados las veinticuatro horas, sin límite alguno. Precisamente como en *The Truman Show*. Lo más curioso es que, a pocas semanas del anuncio, ya había 26.000 candidatos dispuestos a pasar su vida allí. *Cf.* Sergio Correa, «Gran Hermano de por vida», *BBC*, http://news.bbc.co.uk/hi/spanish/misc/newsid_4243000/4243979.stm.

to más *reality*, más *show*. Tal es la sed de realidad de un mundo *hiperreal*, condenada a no ser saciada jamás.

Ahora bien, todo esto no se limita al mero divertimento. En la era digital, los procesos tanto de subjetivación como de socialización pasan necesariamente por las pantallas conectadas a Internet. De este modo, dominar el contenido de esas pantallas implica, en gran medida, dominar la formación de las subjetividades y de la interacción y el aprendizaje social. El sujeto aprende y reproduce las normas estéticas, morales y políticas en los procesos comunicativos que se desarrollan en la pantalla. Esos procesos se fundamentan, además, en imágenes. Prada sostiene que las imágenes funcionan, actual y principalmente, como artificios para la comunicación: «la fotografía compartida en las redes sociales no sería tanto producción de representación como un medio para permanecer en contacto, elemento de relación, de socialización».[630] En la misma línea, José van Dijck anota que «las fotografías se convierten en la nueva moneda para la interacción social».[631] En favor de estas afirmaciones, hay que decir que cuantas más imágenes uno publica y más interacciones recibe, mejor es considerado por el algoritmo en el *feed* de los demás, y más visualizaciones y «me gusta» se reciben en consecuencia, y así sucesivamente. Las imágenes suscitan, además, comentarios y reacciones que muchas veces son, a su vez, otras imágenes que se retroalimentan entre sí. Los *emojis*, *stickers* y *gifs* comunican sin palabras. El *emoji* que representa una cara que llora de la risa («😂») fue la «palabra del año» del *Diccionario Oxford* del año 2015. Los *emojis*, en general, se convierten en «la palabra del año 2019», elegida por la Fundéu BBVA, a pesar de que no son palabras en absoluto, sino imágenes. Todo un indicador del actual papel de las imágenes en las relaciones sociales, empezando por la propia comunicación, que es la condición de posibilidad de toda relación significativa.

Lo especialmente interesante de la socialización y la interacción a través de imágenes es que estas saltan cualquier barrera lingüística, y se convierten así en la forma más eficiente de socialización e

---

630. Prada, *El ver y las imágenes en el tiempo de Internet*, p. 103.
631. José van Dijck, *Meditated Memories in the Digital Age* (Sanford: Stanford University Press, 2007), p. 115. Citado en Prada, *El ver y las imágenes en el tiempo de Internet*, p. 103.

interacción del orden global. Las diferencias culturales que se dan en torno a las lenguas quedan anuladas en la homogénea recepción de imágenes que saltan por doquier las fronteras nacionales. La lengua global ya existe, y no es el inglés, sino la imagen (*emojis, stickers*, etc.). A decir verdad, las imágenes siempre han sido utilizadas en los procesos de socialización y aprendizaje social. Anteriormente ofrecí el ejemplo de las catedrales y las iglesias medievales. También podría ejemplificarse el caso con el uso de imágenes en la evangelización en América.[632] ¿Cuál es entonces la novedad del momento actual? Una pista la arroja Franco «Bifo» Berardi: «Cuanto más pueda traducirse a imágenes un contenido cultural, más ampliamente podrá diseminarse, ya que las imágenes son menos dependientes que las palabras de la territorialidad del idioma nacional».[633] La novedad actual estriba en que nunca fue posible llevar adelante semejante cantidad y calidad de «traducciones» y, por añadidura, «diseminaciones» de elementos culturales condensados en imágenes de diversa índole, que viajan a la velocidad del instante a lo largo y ancho del globo.

Lo mismo ha de decirse respecto de la subjetivación. El *yo* se conforma, hoy más que nunca, en virtud de imágenes. Por eso se vuelve superficial y efímero.[634] En el mundo de la imagen es esta la que hace al sujeto, y no al revés. De este modo, las imágenes se disponen como puntos de referencia para la construcción de identidades líquidas[635] que se parecen cada vez más a meras mercancías.[636] Pero ya no es simplemente la imagen del televisor —la *celebrity*— la que influye en los procesos de subjetivación. En la era digital, el *yo* está bombardeado por infinitas imágenes de *celebrities*, desde luego,

---

632. *Cf.* Serge Gruzinski, *La guerra de las imágenes. De Cristóbal Colón a «Blade Runner» (1492-2016)* (México: FCE, 2019).

633. Franco «Bifo» Berardi, *Fenomenología del fin. Sensibilidad y mutación conectiva* (Buenos Aires: Caja Negra, 2020), p. 154.

634. En efecto, las imágenes son superficies que logran «abstraerse de la circunstancia y su profundidad» (Vilém Flusser, *El universo de las imágenes técnicas. Elogio de la superficialidad,* Buenos Aires: Caja Negra, 2017, p. 37).

635. *Cf.* Zygmunt Bauman, *Vida líquida* (Barcelona: Paidós, 2006).

636. Un ejemplo extremo pero sintomático: Nicael Holt, un estudiante australiano y surfista, subastó «su vida» en *eBay*. «El paquete incluía nombre y apellido, historia personal, amigos, trabajo, ex novias y futuras candidatas a ocupar esa posición, además de un teléfono, su dirección, todas sus pertenencias, la tabla de surf y el derecho a "ser Nicael Holt" formalmente firmado y garantizado por el (ex) propietario». Después de varias ofertas, terminó aceptando 5.800 dólares a cambio de su «identidad» (Paula Sibilia, *La intimidad como espectáculo,* Buenos Aires: FCE, 2017, p. 289).

pero también —y sobre todo— de *otros-cualquiera* y de *sí mismo*. El «sí mismo», que no se veía nunca en la televisión, de repente aparece reflejado en pantallas interconectadas, en las que se ve y, a su vez, ve a otros reflejarse captados también por ellos mismos. El *yo* se escenifica, se configura como imagen en escenarios digitales; compite por atención. En tal sentido, la cámara frontal es uno de los más importantes dispositivos de subjetivación posmoderna, en cuanto permite la autoimagen: el *selfie*. Pero ella no opera como un mero espejo (no es «reflejo» sin más), sino que sus funciones aumentadas «perfeccionan» la realidad del rostro: devuelven un rostro «mejorado», «optimizado», editable y comúnmente editado, automáticamente, por las bondades de la inteligencia artificial. El resultado es un rostro repleto de «cirugías plásticas digitales», a menudo irreconocible.

En efecto, el *yo-real* muchas veces se confunde con su *yo-digital*, y eso desquicia la percepción de uno mismo, de modo que sobreviene la angustia y la inseguridad sobre lo real. El Trastorno Dismórfico Corporal, en el que defectos físicos menores atormentan terriblemente a la persona, es cada vez más común. La inteligencia artificial, con sus «correcciones inteligentes», hace muchas veces que el sujeto se percate de sus «imperfecciones», antes imperceptibles para él. En Estados Unidos, según la Asociación de Ansiedad y Depresión de ese país, semejante trastorno afecta a una persona de cada cincuenta. Un caso extremo es el de la «Dismorfia de Snapchat»,[637] en la que la angustia por no tener el rostro que muestra el teléfono móvil después de la aplicación de sus «filtros» lleva a los usuarios directo al quirófano. Desean desesperadamente su rostro digital; se avergüenzan del real. La Sociedad Estadounidense de Cirujanos Plásticos ha revelado a la prensa que es cada vez más frecuente que sus pacientes soliciten cirugías para parecerse a las imágenes de sí mismos que sus celulares generan tras el uso de algoritmos «embellecedores».[638] Han sido subjetivados a tal punto por las tecnologías de la imagen digital

---

637. He tomado el ejemplo de Talís Romero, *La identidad en la postmodernidad: ¿sustancia o auto-invención?* (sin publicar a la fecha).

638. *Cf.* Samantha Murphy Kelly, «La cirugía plástica inspirada en filtros y aplicaciones de edición de fotos no va a desaparecer», *CNN* (10 febrero 2020), https://cnnespanol.cnn.com/2020/02/10/la-cirugia-plastica-inspirada-en-filtros-y-aplicaciones-de-edicion-de-fotos-no-va-a-desaparecer/.

y sus «filtros» que se niegan a seguir reconociéndose fuera de ellas en el mundo *offline*.

Los «viajes en el tiempo», tanto hacia adelante como hacia atrás, también se consuman como imagen gracias a la inteligencia artificial de novedosas aplicaciones que se hacen rápidamente virales. Con ellas, uno puede ver cómo sería supuestamente su rostro de anciano, o bien transformar su rostro actual en el de un niño. También están aquellas aplicaciones que «cambian el sexo». Las mujeres pueden ver «cómo serían si fueran hombres», y los hombres «cómo serían si fueran mujeres». El *output* es una imagen digital cuidadosamente trabajada por algoritmos. La mayoría de las veces todo esto tiene propósitos lúdicos (y comerciales), y carece todavía del suficiente mapeo de los datos faciales y genéticos, pero refleja el estado de la identidad y sus determinantes en el mundo digital. En concreto, lo que refleja es que la identidad no está determinada por nada que pertenezca a ningún «principio de realidad» en el mundo digital; y como este último interactúa con el mundo real y lo parasita, lo que se refleja en última instancia es un *ethos* posmoderno que llama a «autoconstruir» al *yo*.[639] Pero esa «autoconstrucción» jamás es autónoma, pues la constante exposición del «sí mismo» se sujeta a la permanente exposición de los otros y, concretamente, a la de quienes instituyen las formas válidas de la anhelada «autoconstrucción» (famosos, *influencers*, periodistas, etcétera). Entre bambalinas se abre un inmenso frente de batalla cultural por la conquista de la subjetividad que se pretende «hecha a sí misma».[640]

---

639. Por ejemplo, el modelo rizomático de Deleuze y Guattari inspira esta búsqueda permanente de «líneas de fuga» en virtud de las cuales poder «desterritorializar» las determinaciones de la propia identidad. Así, «... el rizoma está relacionado con un mapa que debe ser producido, construido, siempre desmontable, conectable, alterable, modificable, con múltiples entradas y salidas, con sus líneas de fuga» (Gilles Deleuze, Félix Guattari, *Rizoma. Introducción,* Valencia: Pre-Textos, 2005, p. 49).

640. El imparable auge de los libros de «autoayuda» y otros por el estilo, que son libros que enseñan a vivir, a sentir y a actuar respecto de uno mismo y de los otros, que enseñan a configurar la propia vida, en formato «hágalo usted mismo», es indicativo del *ethos* hegemónico de la *autoconstrucción*. También es indicativo de la farsa de estas mismas pretensiones de autonomía que se ahogan en la dirección de gurúes de baja calidad. Es divertido advertir que, a principios de la década de 1980, Foucault viera que «la literatura sobre las artes de vivir, el arte de conducirse, persistió durante mucho tiempo y ahora ha desaparecido. En la actualidad ya nadie se atrevería a escribir un libro sobre el arte de ser feliz, el arte de no dejase llevar por la ira, la manera de tener una vida tranquila o alcanzar la felicidad, etc.» (Michel Foucault,

El posmodernismo, al vaciar la ética y sobrecargar la estética, coloca sus imperativos sobre todo en el diseño de uno mismo. «Autoconstruir» al *yo* significa, más que nada, diseñar su imagen. Los imperativos estéticos barren a los imperativos morales: lo importante no es el alma, ni siquiera la personalidad, sino el diseño del cuerpo, el diseño de lo que puede ser registrado y difundido en una imagen.[641] El *yo* se torna literalmente *superficial*; se inscribe en la superficie epidérmica. Boris Groys ha estudiado estos rasgos de la sociedad contemporánea, encontrando, de hecho, que el diseño ha reemplazado en varios sentidos incluso a la religión: «En una sociedad en la que el diseño ha ocupado el lugar de la religión, el diseño de sí se vuelve un credo. Al diseñarse a sí mismo y al entorno, uno declara de alguna manera su fe en ciertos valores, actitudes, programas e ideologías».[642] Así pues, tras la «muerte de Dios» no cabe diseñar el alma; de lo que se trata es del diseño del cuerpo. Las cirugías estéticas se han vuelto salvíficas en alguna medida; los tatuajes, forzados a revelar algún sentido profundo allí donde en ocasiones no hay mucho más que vacío, procuran la comunión con el «sí mismo», y a veces incluso la consagración a algún supuesto valor o experiencia personal. La fe en el diseño de uno mismo como diseño de lo visible es la fe en la centralidad de las imágenes para la vida social. Pero como el diseño es siempre una apariencia, una contingencia, acaso un encubrimiento,[643] la fe en la centralidad de las imágenes para la vida social devuelve una sociedad de la sospecha y la desconfianza sobre la verdad del «otro-diseñado». Sobreviene, a la postre, una sociedad *fake*; las aspiraciones modernas de un «verdadero *yo*» aquí no tienen lugar.

Esto es tan así que el diseño de uno mismo puede incluso desbordar por entero a la persona real. En efecto, en el mundo digital uno puede ser él mismo, pero también *otro*. La identidad es maleable a

---

Subjetividad y verdad, Buenos Aires: FCE, 2020, p. 43). Evidentemente, Foucault no previó el aluvión venidero.

641. Nota una socióloga que «de forma creciente, las señales emanadas por la exterioridad del cuerpo y por su desempeño visible asumen la potencia de indicar quién se es» (Sibilia, *La intimidad como espectáculo*, p. 128).

642. Groys, *Volverse público*, pp. 32-33.

643. «Aunque el diseño hace que el objeto luzca mejor también genera sospechas acerca de que ese objeto sería especialmente desagradable y repelente si su superficie de diseño se retirara», ibíd., p. 41).

tal punto que sencillamente desaparece. El *yo* puede ser totalmente reemplazado por un *fake* o incluso un *deepfake*.[644] Así, no hay lugar simplemente para ediciones sofisticadas o incluso para el anonimato, sino también para el reemplazo de identidades o bien para la construcción de identidades de ficción. Una suerte de «trastorno de identidad disociativo digital» inunda el mundo *online*. Personas que no quieren ser ellas mismas, que no desean una correspondencia entre su *yo-real* y su *yo-digital*, llegan a extremos a menudo absurdos: nombres de ficción, rostros que no son en ningún sentido los suyos, cuerpos alterados, imágenes robadas, momentos inventados, vidas de mentira. El travestismo digital causa terror en las plataformas de citas, donde las estafas son una constante. Allí, dice Steyerl analizando el caso de nigerianos que engañan a norteamericanos con fotos de mujeres rusas, «los débiles abusan de los feos usando palabras».[645] Pero, más importante que las palabras, lo que usan los timadores son imágenes: imágenes de mujeres hermosas, perfectas pero *fakes*, sin las cuales los «feos» no se entusiasmarían tanto como para hacer transferencias bancarias, comprar billetes de avión para terceros o reservar hoteles de lujo antes de caer en la cuenta de que han sido estafados por un conjunto de píxeles sexis bien ordenados por Photoshop.

Hay videojuegos que ofrecen también un escape de la vida a través de la imagen, funcionando como una suerte de «segunda existencia» para sus usuarios. El embrión de esto quizás pueda hallarse en el célebre *The Sims*, pero su desarrollo gracias a Internet llega a plataformas como *Second Life* o *Habbo Hotel*. Aquí no hay objetivos, misiones ni niveles que superar; simplemente se trata de llevar una vida paralela, en clave digital (trabajar, comer, higienizarse, tener sexo, salir de compras, arreglarse). Linden Labs, compañía dueña de *Second Life*, informó que 57 millones de personas han creado su cuenta en este sistema[646] (aunque la novedad en alguna medida

---

644. Por *deepfake* se entiende el resultado de utilizar tecnologías algorítmicas que crean imágenes falsas que involucran a determinadas personas de manera tan realista que es casi imposible advertir la falsedad del contenido expuesto.
645. Steyerl, *Arte Duty Free*, p. 176.
646. «Second Life sigue vivo, ha cumplido 15 años y aún tiene miles de usuarios», *El Español*, https://vandal.elespanol.com/noticia/1350710807/second-life-sigue-vivo-ha-cumplido-15-anos-y-aun-tiene-miles-de-usuarios.

ya ha pasado). En este marco, los avatares que llevan su vida en la pantalla digital reproducen psicológica y sociológicamente las características de la vida real: formación de parejas e incluso familias; violencia e incluso violaciones;[647] manifestaciones políticas[648] y movimientos culturales; divertimentos, fiestas y espectáculos de todo tipo; intercambios mercantiles con monedas virtuales y reales. Hace algunos años, se contaban 153 universidades que ya habían instalado campus virtuales en Second Life.[649] Todo esto puede interpretarse como un rechazo a *esta* realidad;[650] el *yo* quiere vivir como *alter ego*. Más aún: todo esto podría leerse como un deseo de liviandad absoluta, un deseo de deshacerse finalmente del cuerpo y convertirse tan solo en conjuntos de códigos, datos y comunicación.[651] El «líquido» de Bauman quizás haya quedado en la instancia actual demasiado sólido como metáfora de los tiempos que corren.

¿Pero no tendremos acaso todos un pie en *Second Life*? ¿Dónde está la frontera que nos separa de un *avatar*? Imágenes de perfil, imágenes de portada, imágenes de estado, imágenes *story*, imágenes en tuits, imágenes *reels*, imágenes de video, imágenes *selfie*, imágenes almacenadas, imágenes volátiles, imágenes *bomba* que se destruyen en segundos: el sujeto va haciendo de sí un inmenso álbum fotográfico digital que recubre la vida (con todos los recortes y las poses del caso). Cuando Facebook lanzó su «Timeline»,

---

647. *Cf.* «Denuncian violaciones virtuales en Second Life», *El Mercurio Online* (7 mayo 2007), https://www.emol.com/noticias/tecnologia/2007/05/07/255048/denuncian-violaciones-virtuales-en-second-life.html.

648. El partido Izquierda Unida, de España, llegó a brindar mítines políticos en Second Life. *Cf.* «Llamazares da el primer mitin virtual en "Second Life"», *El País* (13 mayo 2007), https://elpais.com/elpais/2007/05/13/actualidad/1179044223_850215.html.

649. Jacqueline H Fewkes, «Fieldtrips and Classrooms in Second Life: A Few Realities of Teaching in a Virtual Environment», en Christopher J. Young *et al.* (eds.) *Quick Hits for Teaching with Digital Humanities: Successful Strategies from Award-Winning Teachers* (Indiana: Indiana University Press, 2020), p. 142.

650. Los videojuegos en general se presentan cada vez más como un sustituto a la vida real. Así, en el 2019 uno de cada cuatro usuarios de videojuegos dijo en la encuesta global de GlobalWebIndex que esta actividad los hacía sentir más cerca de la gente que cualquier otra actividad dada en la vida real.

651. «Nuestras identidades no tienen cuerpo», escribía John Perry Barlow en 1996 en su *Declaración de Independencia del Ciberespacio*. *Cf.* John Perry Barlow, «Declaración de independencia del ciberespacio», *Periférica Internacional. Revista para el análisis de la cultura y el territorio*, v. 1, n. 10, 2011, pp. 241-42. Consultado en https://revistas.uca.es/index.php/periferica/article/view/943.

Mark Zuckerberg lo describió así: «Es la historia de sus vidas; Timeline es una nueva manera de expresar quiénes son ustedes».[652] Fue tan solo otra manera de decir que el sujeto *es* su foto publicada (aunque quizás ni siquiera sea *suya*). Pero la índole de las fotografías digitales, otra vez, es bastante distinta al soporte de una *biografía* en sentido estricto: no son imágenes-recuerdo, sino imágenes que permiten al sujeto seguir siendo un *sujeto-digital*. Al dejar de publicar, la subjetividad digital se va apagando, como producto de una sanción algorítmica que va dejando sus publicaciones con escasa o nula visualización. Y, sin la constante atención de los *otros-cualquiera*, el *yo-digital* perece, arrastrando muchas veces con él al *yo-real*. Al contrario, la publicación exitosa es premiada por un sistema «bola de nieve», que retroalimenta la atención.[653] La publicación es al mundo digital lo que el alimento es al mundo real: fuente de supervivencia.

(Mientras realizo la última edición del libro, en noviembre del 2021, Zuckerberg acaba de anunciar su «metaverso»: un universo virtual en el que la inmersión en el mundo de la imagen se vuelve completa, y donde el avatar termina colonizando la vida).

Así las cosas, nuestras existencias se ubican cada vez más entre lo real y lo digital, entre lo *offline* y lo *online*, entre el mundo y las imágenes que lo envuelven como mundo alterno. Es más, para Byung-Chul Han, «en el curso del giro digital abandonamos definitivamente la tierra, el orden terreno».[654] Es probable que, al menos por ahora, la visión de Éric Sadin al respecto sea más precisa, cuando llama la atención sobre la génesis de una «ontología dual» que «devela una Tierra a partir de ahora poblada de criaturas artificiales que viven paralelamente a nosotros y contra nosotros».[655] Las distintas formas de imágenes digitales pueden contarse entre esas criaturas artificiales con las que conectamos y desconectamos, pasando de un plano a otro, cotidianamente. Entre ellas, están los

---

652. Citado en Éric Sadin, *La humanidad aumentada. La administración digital del mundo* (Buenos Aires: Caja Negra Editora, 2018), p. 95.

653. «La causa de las dinámicas expresivas en la web es que, para ampliar su espacio relacional, los internautas deben también ampliar la superficie identitaria que ellos exponen» (Dominique Cardon, *La democracia Internet. Promesas y límites,* Buenos Aires: Prometeo Libros, 2016, pp. 62-63).

654. Han, *En el enjambre*, p. 77.

655. Sadin, *La humanidad aumentada*, p. 60.

vivos, los muertos y hasta los personajes de ficción; todos caben por igual en el actual mundo de la imagen. Así, por ejemplo, estrellas del mundo de la música han sido reemplazadas en los escenarios por sus hologramas, que se mueven como ellas, hablan como ellas y cantan como ellas, en una suerte de milagro de bilocación. El «Indio» Solari, que padece de Parkinson, es tan solo un caso a mencionar. Los muertos también han vuelto a presentarse en vivo, como Whitney Houston, Roy Orbison, Buddy Holly o Michael Jackson. Hacen giras que llenan estadios; y una de las máximas revelaciones del «pop asiático», Miku Hatsune, ni siquiera existe: es un animé que se presenta como holograma de larga cabellera azul, seguido por millones de personas, y que ha llegado a «telonear» a Lady Gaga.

Esta tendencia empieza a verse también en el mundo del deporte, donde se llenan inmensos estadios para ver partidas, pero de videojuegos. Los llaman *eSports*. Recientemente, el canal de deportes Fox Sports se hizo con los derechos para transmitir los partidos de fútbol oficiales que se disputan en el juego Fifa.[656] Los juegos más populares al momento, sin embargo, son otros: League of Legends, Dota 2, Fortnite, Counter-Strike. «The International» es probablemente el evento más importante de *eSports*. Ha llegado a entregar 34 millones de dólares en premios. La Copa del Mundo de Fortnite, por su parte, llegó a dar 30 millones en premios.[657] Estrellas de la NBA, como Fabricio Oberto, contratan su propio equipo de *gamers* para disputar torneos y hacer dinero. Estos juegos no solo se siguen vía *streaming*, por varios millones de usuarios, sino también presencialmente, en estadios que congregan varias decenas de miles de espectadores que miran, absortos, pantallas gigantes. Incluso las universidades, interesadas a menudo por el deporte, han seguido este fenómeno y se han involucrado de lleno. En Estados Unidos ya existe la Asociación Nacional de Deportes Electrónicos Universitarios, y más de una docena de universidades ofrecen becas para *gamers* expertos en

---

656. *Cf.* «Importante canal deportivo transmitirá las competencias internacionales de FIFA 19», *RPP*, https://rpp.pe/videojuegos/esports/importante-canal-deportivo-transmitira-las-competencias-internacionales-de-fifa-19-noticia-1191360.
657. Ashitha Nagesh, «The International 2019: ¿qué se necesita para llegar a ser millonario jugando videojuegos?», *BBC*, https://www.bbc.com/mundo/noticias-49410388.

eSports.[658] En España existe una liga oficial universitaria de *eSports* que congrega a 60 universidades.[659]

El recurso al simulacro aumentado que posibilita la imagen digital también constituye una tendencia en boga en las atracciones de los parques de diversiones, donde enormes simuladores de realidad aumentada desplazan a las ya viejas montañas rusas. «Avatar Flight of Passage», un simulador de vuelo inspirado en la película Avatar, se convirtió rápidamente en la atracción más demandada de los parques de Disney. La sensación de salir de una realidad para ingresar a otra es la clave del éxito, apoyada técnicamente con pantallas que envuelven por completo a los participantes. Lo que tanto excita es sumergirse por completo, con todo el cuerpo, en el mundo de la imagen *hiperreal*: abandonar por algunos minutos «el orden terreno», por tomar las palabras de Han. Algo similar puede decirse del enorme éxito de Pokémon Go, que constituye también un buen ejemplo de esta suerte de «ontología dual» en la que nos movemos. Las criaturas virtuales están por todos lados, en el espacio público y privado, como fantasmas perceptibles solo a través de las pantallas del teléfono que obligan a los jugadores a desplazarse en persona para atrapar virtualmente a su pokémon. En este caso, las fronteras de lo real y lo digital quedan diluidas en la práctica, y los mundos se confunden.[660] Le llaman «realidad aumentada». Aquí no se abandona «el orden terreno», sino que no se sabe siquiera en qué orden se está.

En definitiva, todo se va haciendo imagen, todo se va digitalizando, todo se va, además, poniendo *online,* y las consecuencias de todo esto para la batalla cultural son inconmensurables. Revelan nada menos que el escenario actual en el que la batalla cultural se desarrolla; revelan, si se quiere, la «consistencia ontológica» de ese escenario, o bien su «dualidad ontológica», para volver a Sadin. Reconocer el territorio es una necesidad estratégica por definición.

---

658. *Cf.* Sofía García-Bullé, «Los eSports y la ola de becas universitarias», Observatorio de Innovación Educativa, Tecnológico de Monterrey, https://observatorio.tec.mx/edu-news/becas-esports.

659. *Cf.* https://universityesports.es/universities.

660. Este efecto se da, sin embargo, en la mayoría de los videojuegos de esta era para una gran cantidad de usuarios. Así, por ejemplo, en la encuesta global del 2019 de GlobalWebIndex, el 34 % de los encuestados dijo que su motivación para jugar videojuegos era «sentirse inmerso en el juego».

Pues bien: el territorio de la batalla cultural del siglo XXI está, en una medida más que considerable, en un mundo digital hecho de datos que se procesan en muchos casos como imágenes, en el seno de las cuales socializamos y nos volvemos sujetos.

Manuel Castells, por otra vía, concluye algo muy importante para lo que se viene diciendo aquí. Él quiere entender el poder en un mundo conectado a la red global. Quiere entender también, y en consecuencia, cómo lograr cambios políticos y culturales en ese mundo, y dice:

> Para lograr el cambio social en la sociedad red, hay que reprogramar las redes de comunicación que constituyen el entorno simbólico para la manipulación de las imágenes y el procesamiento de la información en nuestras mentes, los determinantes definitivos de las prácticas individuales y colectivas.[661]

En efecto, la comunicación está directamente ligada a la forma en que vemos el mundo; la forma en que vemos el mundo está directamente ligada a la forma en que valoramos y sentimos el mundo; la forma en que valoramos y sentimos el mundo está directamente ligada a la forma en que tomamos las decisiones con arreglo a las cuales actuamos en el mundo; y las formas en que actuamos en el mundo, cuando adquieren regularidad individual y colectiva, cristalizan en instituciones que enmarcan cultural y políticamente al mundo. Pues bien, las imágenes parecen ser centrales, hoy más que nunca, en los procesos de comunicación de nuestra vida cotidiana. Ya no se separan de la realidad, sino que la invaden y la parasitan: las imágenes invaden nuestra vida diaria y, por tanto, nuestra realidad. En consecuencia, las imágenes habrán de ser municiones fundamentales en cualquier batalla cultural. La batalla cultural hoy se presenta, entre otras cosas, como una lucha por las imágenes, por el dominio de las tecnologías de la imagen, y por el dominio de las plataformas de visibilidad y distribución de las imágenes.

---

661. Castells, *Comunicación y poder*, p. 531.

IV. Más allá de la imagen

Pero las condiciones técnicas actuales no se reducen a ofrecer un mundo alternativo hecho de imágenes digitales. En un sentido más fundamental, ellas son simplemente *datos* decodificados, como ya se ha sugerido. Pero si la imagen es reductible al dato, el dato es irreductible a la imagen. El dato, más allá de la imagen, puede ser cualquier cosa capaz de registrarse y convertirse eventualmente en información. Las actuales condiciones técnicas del mundo no solo digitalizan como imagen-dato todo lo que tenga consistencia material para hacerse visible en estos términos, sino que digitalizan como dato, de manera progresiva, la totalidad de la existencia (material e inmaterial).

De este modo, el mundo de la imagen es tan solo una esfera dentro de un mundo digital más amplio que lo contiene. Ese mundo digital se hace de imágenes, pero también de una innumerable cantidad de datos que por su naturaleza no pueden tomar el formato de la imagen, o bien que parasitan la imagen para obtener algo más que la mera imagen (por ejemplo: la temperatura corporal de la persona registrada por cámaras térmicas). La voluntad de digitalizarlo todo pretende traducir toda la realidad a datos que resultan almacenados gracias a los inmensos avances de las memorias, y acaban convertidos en información gracias a los inmensos avances de los procesadores.[662] En esta ecuación no puede quedar excluida la creciente variedad de «sensores», diseñados precisamente para receptar como dato digital cada vez más dimensiones de la realidad.[663]

Pero la duplicación del mundo no significa tanto el perfecto solapamiento de lo *offline* y lo *online* cuanto la confusión de las fronteras que separan lo uno de lo otro. ¿En qué momento deja uno de estar conectado a la red, cuando el *smartphone* está constantemente *en*

---

662. Decía Eric Schmidt (ex director ejecutivo de Google) en un libro suyo escrito en 2013: «En el futuro, la tecnología de la información estará en todas partes, como la electricidad. Será algo que se dará por sentado» (Eric Schmidt; Jared Cohen, *The New Digital Age: Transforming Nations, Businesses, and Our Lives,* Nueva York: Vintage, 2014, p. 254).
663. La voluntad de digitalizarlo todo precisa de sensores incorporados en todo. Un ejemplo de este esfuerzo es el de DopperLab, que busca hacer de cualquier espacio un lugar totalmente digitalizado que resulte «navegable», gracias al cruce de incontables sensores y rastreadores.

uno?[664] ¿Quedan todavía actividades significativas que no estén conectadas, con mayor o menor dependencia, a la red? ¿Existe todavía algún trabajo que prescinda *totalmente* de Internet? ¿Existe algún tipo de administración de las cosas y las personas que prescinda de las tecnologías digitales? ¿Existe todavía alguna relación cuya comunicación no tenga lugar, *también*, en Internet? Esa duplicación del mundo, producida en primer término por la progresiva borradura de sus fronteras, no se da sencillamente por el desplazamiento de gran parte de la existencia humana a la red, sino sobre todo porque en ella todo puede *ser registrado*. La duplicación es un *copy and paste* que confunde la diferencia entre la copia y el original.[665] Se trata del triunfo definitivo de la *hiperrealidad*. El imparable proceso de digitalización va absorbiendo así ámbitos cada vez más extensos de la vida, y la característica medular del mundo digital y *online* es que todo lo que en él tiene lugar resulta registrable. Allí, tener lugar es, al mismo tiempo, quedar registrado.

El filósofo italiano Maurizio Ferraris presenta un argumento interesante cuando sostiene que «internet es una herramienta de registro antes que de comunicación».[666] En rigor, es una herramienta cuya materia prima es *la comunicación que registra*. «Tu vida entera se podrá buscar»,[667] decía en 2001 Larry Page, uno de los fundadores de Google. Pero para eso la vida ha de ser previamente registrada. De este modo, Internet requiere dosis crecientes de comunicación, alimentadas por algoritmos programados para retener la atención de los usuarios y estimular la interacción digital. Las redes sociales funcionan bajo esta lógica. Mirar y mostrar: ambas acciones generan datos. Cuanto más se mira y más se muestra, más datos se registran, y ocurre que cada vez se mira y se muestra más. Del 2012 al 2019, el

---

664. En la encuesta global «GlobalWebIndex 2014-2019», el 62 % de los encuestados en el año 2019 expresaron que su mayor preocupación respecto de Internet era que «Estoy constantemente conectado a Internet».

665. Groys sostiene lo contrario: «En Internet, la circulación de la información digital no produce copias sino nuevos originales» (Groys, *Volverse público*, p. 144). Sin embargo, en Internet, al borrarse las fronteras que separan el original de su copia, mal puede decirse que se produzcan «originales». En rigor, la noción de «copia» y «original» carece aquí de sentido.

666. Maurizio Ferraris, *Movilización total* (Barcelona: Herder, 2017), p. 38.

667. Douglas Edwards, *I'm Feeling Lucky* (Boston: Houghton Mifflin Harcourt, 2011), p. 291. Citado en Zuboff, *La era del capitalismo de la vigilancia*, p. 139.

tiempo del usuario promedio a nivel global en redes sociales aumentó 60 %. En Iberoamérica, el promedio es 212 minutos por día, o sea, más de 3 horas y media.[668] A nivel mundial, el promedio diario de navegación en redes sociales es de 2 horas y 24 minutos. De este modo, si alguien tuviera redes desde los 16 años y viviera, por ejemplo, hasta los 70, destinaría casi 6 años de su vida a interactuar en ellas. El éxito de una red social podría medirse por la cantidad de tiempo que logra mantener conectado al usuario, mirando y mostrando. Para eso, los algoritmos se perfeccionan constantemente con el objeto de producir efectos adictivos.

Las redes sociales generan y registran datos de miles de millones de personas de todas partes del mundo de modo permanente. Prácticamente la mitad del mundo, ahora mismo, tiene presencia en redes sociales, y la tasa de crecimiento anual es de aproximadamente 9 %. La persona media tiene un promedio de 8,6 cuentas, contando distintas redes. Más del 90 % de los usuarios de teléfonos móviles conectados a Internet utilizan en ellos redes sociales.[669] Al año 2021, Facebook contaba ya con 2.740 millones de usuarios. Esto representa casi un tercio de la población mundial. No existe en el mundo país alguno que detente una población siquiera aproximada. YouTube, a su vez, para ese momento ya era utilizado por 2.291 millones de usuarios. En esta plataforma se miran por día más de 1.000 millones de horas de video,[670] y por minuto se suben más de 500 horas.[671] En Instagram, para 2021 ya se contabilizaban 1.221 millones de usuarios que elegían esta red para compartir sus fotos. En el año 2020 los internautas subieron un promedio de casi 100 millones de imágenes diarias y dejaron 4.200 millones de *likes* todos los días. Desde que Instagram abrió en 2010, se han subido más de

---

668. *Cf.* Fernando Duarte, «Los países en los que la gente pasa más tiempo en las redes sociales (y los líderes en América Latina)», *BBC* (9 septiembre 2019), https://www.bbc.com/mundo/noticias-49634612.

669. La mayoría de los datos son tomados de Brian Dean, «Social Network Usage & Growth Statistics: How Many People Use Social Media in 2021?», *Backlinko* (1 febrero 2021). https://backlinko.com/social-media-users.

670. «YouTube for Press», *YouTube*, https://www.youtube.com/intl/en-GB/about/press/.

671. «More Than 500 Hours Of Content Are Now Being Uploaded To YouTube Every Minute», *TubeFilter*, (7 mayo 2019), https://www.tubefilter.com/2019/05/07/number-hours-video-uploaded-to-youtube-per-minute/.

40.000 millones de fotos.[672] En TikTok, para 2021, ya había a su vez 689 millones de usuarios subiendo videos cortos. En Twitter, por entonces, se contabilizaban 353 millones de usuarios que leían y escribían mensajes de 280 caracteres.[673] Ese año se publicaron en promedio más de 500 millones de tuits por día.[674] Hace ya varios años, Eric Schmidt, presidente ejecutivo de Google, adelantó que cada dos días se crean «tantos datos como entre el origen de la humanidad y el año 2003».[675]

A la luz de estos números, es evidente que el mundo digital se constituye hoy en un escenario fundamental de la batalla cultural. Las razones son tanto cuantitativas como cualitativas. Cuantitativas, porque nunca tantas personas tuvieron acceso a una dimensión en la que pudieran receptar y emitir cantidades ilimitadas de datos. Además, nunca hubo dispositivos con la capacidad de almacenar virtualmente la totalidad del mundo. Cualitativas, porque en esta dimensión, por definición, *todo es cultural*. Así, imágenes, álbumes, *estados*, tuits, memes, videos, *reels*, *blogs*, música, entradas, comentarios, respuestas, *e-books*, *podcasts*, *lives*, *chats*, foros, videojuegos, *streaming*, y un inacabable etcétera. «Todo es cultural» quiere decir, en concreto, que todo lo que consideramos propio de la esfera cultural tiene hoy no solo presencia, sino también *preeminencia*, en el mundo digital. La esfera estética y expresiva, es decir, *cultural*, nunca se había dilatado tanto y nunca se había vuelto tan consciente de sí.

En este contexto puede entenderse aquello de Hito Steyerl de que «la vida ha sido ocupada por el arte porque las incursiones del arte en la vida y en la práctica cotidiana se han vuelto paulatinamente rutinarias, y en última instancia en una ocupación constante».[676] En el mundo digital todos son fotógrafos, diseñadores, editores,

---

672. «Instagram Marketing Statistics», *99firms*, https://99firms.com/blog/instagram-marketing-statistics/.

673. «Redes sociales con mayor número de usuarios activos a nivel mundial en enero de 2021», *Statista*, https://es.statista.com/estadisticas/600712/ranking-mundial-de-redes-sociales-por-numero-de-usuarios.

674. David Sayce, «The Number of Tweets per Day in 2020», https://www.dsayce.com/social-media/tweets-day/.

675. Gilles Lipovetsky, *De la ligereza* (Barcelona: Anagrama, 2016), p. 141.

676. Hito Steyerl, *Los condenados de la pantalla* (Buenos Aires: Caja Negra, 2020), p. 115.

escritores, creadores, periodistas, actores, poetas circunstanciales y hasta compositores y mezcladores de sonidos. Por lo mismo, todos se convierten en receptores permanentes de esos productos culturales, de modo que devienen «obesos culturales», parafraseando a Alain Brossat, o «infobesos», citando a Lipovetsky.[677] Esta hinchazón de la dimensión estética —conjugada con la mercantil— tiene su punto de arranque decisivo en la sociedad de consumo, y tiene su punto de llegada en la sociedad digitalizada. De los productos a la vida misma; esa es la trayectoria. Del consumo estetizado a la producción democratizada de lo estético. Pero se trata de un «arte» —si acaso cabe la palabra— rutinario, cliché y banal, que carece de todo valor *cultual*, que carece de «aura» en la medida en que jamás es «único» y por lo tanto no conoce la «originalidad» (Benjamin). No hay ninguna «distancia» entre el arte y la vida, precisamente porque la vida quiere exponerse como si fuera arte (¿consumación práctica pero fallida del «último» Foucault?). Tampoco hay «autenticidad», porque el arte-vida digital tiene la forma del *copy and paste*, con arreglo al cual los códigos informáticos se duplican con tanta literalidad que las nociones de «original» y «copia» se esfuman sin dejar rastro. Ni siquiera hay «permanencia», puesto que todo debe ser siempre actualizado por las demandas de publicación a ritmos siempre acelerados, y por los frenéticos cambios de *hardware* y *software*.

En un mundo así, la cultura ya no se quiere entender como una «segunda naturaleza» (como sugería Pascal), sino una «primera» y «única». En la sociedad digitalizada esto es absolutamente cierto. No es así por fuera de ella, donde hay una realidad que impone aún sus propias condiciones. Pero en un dominio hecho completamente de datos, de unos y ceros, de memorias y procesadores todopoderosos y sensores que lo van recubriendo todo, de inteligencia artificial y algoritmos que trabajan sobre todos los ámbitos de la vida, insistir en la dialéctica naturaleza/cultura parece no tener sentido. Allí no hay ninguna naturaleza a la que apelar. No queda nada más que lo que el hombre ha hecho, y que ahora parece hacerse a sí mismo,

---

677. *Cf.* Alain Brossat, *El gran hartazgo cultural* (Madrid: Ediciones Dado, 2016), pp. 91-92. Lipovetsky, *De la ligereza*, p. 141. «Lo inmaterial, curiosamente, ha producido una nueva forma de hipertrofia: la "infobesidad"», dice este último.

sustrayéndose del control humano e invirtiendo el dominio. El *proyecto* moderno desfallece en una parodia de su propio triunfo: un mundo *hecho* por el hombre puede volverse un mundo absolutamente *inhumano*.

Byung-Chul Han sugiere que lo que tiene lugar en un mundo así debería denominarse «*hiperculturalidad*». La aniquilación del espacio y del tiempo en Internet se manifiesta, entre otras cosas, sustrayendo a las culturas de su lugar y de su tiempo histórico. «La cultura es desnaturalizada y liberada tanto de la "sangre" como del "suelo", es decir, de los códigos biológicos y de la tierra (*terran*). La desnaturalización intensifica la culturalización».[678] La cultura, pues, que ya no juega con Dios desde la modernidad, desde ahora nunca más jugará tampoco con la naturaleza, y ni siquiera estará afincada en un tiempo y un lugar específicos. La cultura fluye, desde ahora, como *dato* a la velocidad del instante, haciendo añicos cualquier obstáculo, cualquier anclaje. La cultura se encuentra curvada sobre sí misma; la exterioridad le está vedada. La naturaleza solo podrá regresar como lo *completamente-otro* y no como parte del *sí mismo*; regresa como sujeto de la explotación que el hombre posmoderno desea a menudo redimir.

Así, la cultura no tiene ningún suelo donde crecer; tampoco soporta el tiempo necesario para crecer. Sin embargo, y por su reducción ontológica al *dato*, fluye sin cesar, al ritmo del clic. La obesidad cultural que esto produce desjerarquiza la cultura, relativiza y confunde sus elementos y dominios, y termina de hacer añicos el modelo de la Ilustración. La noción de *cultivo* ya no tiene mucho valor. Por eso la idea ilustrada de cultura va cayendo en desuso. Más aún, es víctima de despiadados ataques: la corrección política disciplina rigurosamente a quienes osan sugerirla. Sus jerarquías demoran o bloquean la culturalización del mundo, la *hipercultura*. La cultura ya no es un «árbol» con raíces, sino un «rizoma» que vive en el más absoluto desorden, como les gustaba expresarlo a filósofos posmodernos como Deleuze y Guattari.[679] La cultura posmoderna

---

678. Byung-Chul Han, *Hiperculturalidad* (Barcelona: Herder, 2018), p. 22.
679. «Estamos cansados del árbol. No debemos seguir creyendo en los árboles, en las raíces o en las raicillas, nos han hecho sufrir demasiado. Toda la cultura arborescente está basada en ellos, desde la biología hasta la lingüística. No hay nada más bello, más amoroso, más político que los tallos subterráneos y las raíces aéreas, la

es rizomática hasta la médula (aunque carece de toda médula porque abomina de todo centro). El «todo es cultural» no es una noción ilustrada. El «todo es cultural» es una noción que adquiere pleno sentido en un mundo donde «todo es dato»[680] y, por tanto, donde el mundo se registra y se construye como dato. En las sociedades tradicionales, la cultura solo es un dato —que puede devenir información— para el antropólogo moderno que las estudia. Pero en las sociedades tardomodernas o «posmodernas», todos devienen pequeños antropólogos de manual, que sentencian casi como mantra la consistencia cultural-rizomática de todas las cosas (consistencia carente de fundamentos, centro y jerarquía y, por tanto, radicalmente inconsistente). Ahora bien, en tal escenario, y por lo mismo, la batalla cultural se vuelve más relevante que nunca. El «todo es cultural» invita, por un lado, al dominio cultural sobre todos, pero también a la resistencia cultural que cualquiera puede emprender. En efecto, la ausencia de fronteras espaciotemporales en Internet da paso, por primera vez, a batallas culturales realmente globales. La *hiperculturalidad* es también *hiperdominio* cultural. Sin embargo, y al mismo tiempo, también se va abriendo el paso a potenciales resistencias locales y globales. Tal es la tensión propia de esta época.

Esta *cacofonía* cultural resulta para Gianni Vattimo el hecho decisivo de la posmodernidad. Así lo piensa incluso antes del advenimiento masivo de Internet, y saluda ingenuamente la nueva era como un tiempo de «emancipación»: «se abre camino un ideal de emancipación a cuya base misma están, más bien, la oscilación, la pluralidad, y, en definitiva, la erosión del propio "principio de realidad"».[681] Lo que tanto gusta a Vattimo es, en verdad, que las culturas sean despojadas de cualquier referencia que las dote de alguna seguridad y estabilidad. Su entusiasmo por la «pluralidad» resulta absurdo si los elementos plurales terminan todos mezclados y confundidos; es decir, si terminan siendo no *multiculturales* sino *hiperculturales*. La cacofonía multimediática acaba relativizando la historia, nublando

---

adventicia y el rizoma». A lo que se llama es a «No hacer nunca raíz, ni plantarla, aunque sea muy difícil no caer en esos viejos procedimientos» (Deleuze, Guattari, *Rizoma*, pp. 25 y 52).

680. Los datos «constituyen la "naturaleza" para el hombre posmoderno» (Jean-François Lyotard, *La condición postmoderna*, Madrid: Cátedra, 2019, p. 93).

681. Gianni Vattimo, *La sociedad transparente* (Barcelona: Paidós, 1996), p. 82.

el futuro, absolutizando el presente, aniquilando la metafísica, dejando sin sentido valores trascendentales como la verdad, lo bueno o lo bello para las diversas culturas. Estos elementos, que enraízan toda cultura, que la sujetan al devenir histórico, son despojados de su «tierra» y quedan abiertos a batallas culturales en las que se disputarán sus fugaces contenidos. Son precisamente esas disputas las que filósofos posmodernos como Vattimo ofrecen como prueba de que, en rigor, no hay verdad, bien o belleza.[682] El relativismo redunda en culturas débiles, efímeras, vergonzosas de sí, fáciles de dominar, y por ese motivo debe ser visto no como emancipación, sino como voluntad embozada de dominio y poder sobre ellas.

En efecto, dichas culturas también quedan abiertas a procesos de ingeniería cultural. Nunca una sociedad estuvo tan abierta a la ingeniería cultural como la sociedad digitalizada. A Vattimo no se le ocurre pensar que la potencia de la comunicación y la pluralidad pueden ser recuperadas como datos por una política, una cultura y una economía alimentada precisamente a base de datos, y que la emergencia de un mundo sustraído del «principio de realidad» puede ser mejor dominado por quienes manejan su infraestructura tecnológica y financiera. Tampoco se da cuenta de que el primer paso para dominar una sociedad es despojarla de los valores trascendentales que la dotan de estabilidad moral y ontológica. En el mundo de Vattimo es como si todas las sociedades y todos los grupos y subgrupos que las integran estuvieran en una misma posición de poder, lo cual es absurdo.[683] Así, lo único que el filósofo italiano

---

682. Lyotard ve que esta ausencia es cubierta por la operatividad, que se convierte en el criterio de legitimación hegemónico: «¿Dónde puede residir la legitimación después de los metarrelatos? El criterio de operatividad es tecnológico, no es pertinente para juzgar lo verdadero y lo justo» (Lyotard, *La condición postmoderna*, p. 10).

683. Han comete un error similar cuando escribe la siguiente reflexión: «Los medios digitales encuentran una genuina relación comunicativa, es decir, una comunicación simétrica. El receptor de la información es a la vez el emisor. En este espacio simétrico de la comunicación es difícil instalar relaciones de poder» (Han, *En el enjambre*, p. 67). En realidad, no es difícil, sino realmente muy fácil instalar relaciones de poder, en la medida en que, para empezar, las plataformas en las que se despliega la comunicación tienen dueños con sus propios intereses económicos, políticos e ideológicos. Además, en el mundo de la comunicación digital, y sobre todo su expresión más relevante (las redes sociales), existe toda una estratificación hecha de *likes* y *followers*. Por si fuera poco, los medios tradicionales de masas también ingresan en esta arena, arrastrando una legitimación que viene de otro campo (el periodístico *offline*) que autoriza sus mensajes casi de forma automática.

ve en el advenimiento de la autocomunicación de masas es su polo «democrático», es decir, la posibilidad técnica de multiplicar las voces. No obstante, le queda oculto el polo «totalitario», en virtud del cual la realidad, convertida en *dato* y procesada como *información* y calculada como *decisión* por algoritmos, otorga un control creciente del mundo a quienes se sirven de la cacofonía «emancipadora».

La sociedad contemporánea se enfrenta a esta aparente contradicción. Más bien, se trata de una tensión entre dos principios que conviven en el mundo digital. Por un lado, la posibilidad de dominar la totalidad de la vida no solo a partir de la vigilancia extendida a los más diversos escenarios de la vida, sino también a través de la orientación de las decisiones y la delegación de soberanía a los algoritmos. Y como estos no son política ni culturalmente neutros, reproducirán los dictados de quienes los programaron y quienes financiaron a quienes los programaron (ampliaré esto un poco más adelante). Pero, por otro lado, sigue siendo cierto que las herramientas de producción y distribución cultural que estas tecnologías han masificado pueden utilizarse para resistir. A la ingeniería cultural se le puede responder, pues, con batalla cultural.

V. El espacio público digitalizado: nueva arena política

La televisión no tuvo la potencia necesaria para incorporar en sí la dinámica del espacio público. En efecto, el público estaba allí ausente. Los únicos que se hacían presentes continuamente en la pantalla chica eran los políticos, las *celebrities* y, en ciertos casos excepcionales, los «expertos». Pero el público solo miraba. Por ello, en la televisión el público es tan solo *espectador* y, por tanto, no es realmente capaz de comunicarse. Ahora bien, lo que define a un espacio público, en tanto que esfera en la que se discuten los asuntos públicos, es precisamente la posibilidad del público de intervenir a nivel comunicativo. Si la *opinión pública* es lo que resulta de las interacciones que se suscitan en el espacio público, en la televisión no hay opinión pública, sino más bien *opinión publicada por la élite de la pantalla*.

Así pues, la noción de espacio público que manejo aquí contiene en sí tres sentidos de «público». Básicamente, *lo* público como objeto y como lugar, y *el* público como sujeto. En un primer sentido, lo público está conformado por aquello que sucede y que interesa a la generalidad de una sociedad. Con otras palabras, podría decirse que trata de aquello que ha sido tematizado como «público» por el interés general que suscitaría su contenido o sus consecuencias. Por ejemplo, una política determinada, un descubrimiento científico, un proceso electoral, una crisis económica, un conflicto bélico. En un segundo sentido, lo público como lugar refiere a lo que resulta *accesible* para todos. Se dice que algo es «público» cuando cualquiera puede acceder a ello (lo que a menudo se extiende a determinados bienes y servicios). En tercer lugar, *el* público, por su parte, es una noción colectiva abstracta e impersonal en la que se cruza la idea de *publicidad* y de *pueblo*. Por ello, «público» viene de la voz latina *publicus* y esta, a su vez, de *populicus*, entendida como lo perteneciente al *populus*. A diferencia de *plebs* (de la que proviene la idea de pueblo como «gente de abajo» o «plebeya»), el *populus* designa simplemente a la pluralidad de hombres que habitan un mismo lugar. Por esa razón, se trata de una categoría mucho más amplia para referirse al pueblo, porque no contempla más que la localización de sus partes individuales.

Ahora bien, lo que se hace público es lo que se hace *visible* y *accesible*; y lo que *se hace visible y accesible* puede ser visto y accedido por esa entidad abstracta llamada *público*. Así se articulan estos tres sentidos de «público». Pero el público no se hace visible en la televisión y no comparte ningún espacio común cuando la mira. Al contrario, está fragmentado por entero en la intimidad de lo privado. Asimismo, el público no accede a la pantalla en ningún sentido activo del término. Por lo tanto, otra vez, más que público, la televisión tiene *espectadores*. En consecuencia, el mundo televisivo que anteriormente fuera analizado en términos políticos no puede constituir un «espacio público» *stricto sensu,* sino simplemente un espacio en el que se pueden tratar —y se tratan— temas públicos, pero que resulta impenetrable para sus espectadores, condenados a no intervenir, obligados a la más sumisa pasividad. La política de la representación tiene en la televisión su punto de llegada en la medida en que el político (o el periodista o la *celebrity*) siempre está presente, mientras que el público siempre está ausente. El poder del voto en la política contemporánea se asemeja al *zapping*, por la falta de presencia y *feedback* real.

Pero todo esto cambia en la era de Internet. Aquí el público por fin irrumpe activamente en las comunicaciones de masas. El público reclama *publicidad*. Quiere y, en principio, puede y debe, *publicar*. *Lo* público, por tanto, se abre *al* público: se vuelve *accesible* y por ello torna *visible* al propio público como sujeto comunicante. Si el «espacio público» es un lugar donde el público discute e interviene en asuntos de interés público, Internet quiere ser ese lugar. Pero, más que un «lugar», Internet es una «dimensión». En Internet no existe el espacio físico, sino el digital, y por ello la noción de «habitar un espacio» se vuelve en Internet algo inapropiada. Tanto es así que uno puede incluso «estar» en muchos «sitios» al mismo tiempo, lo que vuelve absurda la noción de «localización». Además, en Internet no se «habita», sino que se «navega». Quien navega no está fijo nunca en ningún lugar. La metáfora de la navegación tiene sentido en la medida en que evidencia la radical falta de lugar en el mundo *online*. Lo que comparte el público de Internet no es entonces la habitación en un mismo lugar, sino la navegación en una misma dimensión. Por ello, en virtud de esa desespacialización, Internet conforma una dimensión global. La ausencia de espacio físico amontona a todo el mundo en un mismo no-lugar. Ahora bien, esa dimensión puede entenderse también, y en todo caso, como un «espacio digitalizado» en la medida en que sus códigos carentes de espacio real precisan, sin embargo, de soportes tecnológicos (*hardware*) que sí que tienen lugar en el espacio físico.[684]

En concreto, Internet subsume el espacio público digitalizándolo y abriéndolo a la comunicación del público global. Con esto quiero decir fundamentalmente que *todos* los temas de relevancia pública (o más o menos relevantes) penetran, antes que en cualquier otro lugar, en el mundo *online*, donde el público a menudo los publica, analiza, viraliza, comenta, discute, «likea», concluye, revive u olvida. La tematización de lo público hoy es sobre todo un proceso digital que se desenvuelve en la red de redes. Es habitual observar en qué medida, cada vez mayor, los demás medios de comunicación (televisión,

---

684. *Cf.* Jussi Parikka, *Una geología de los medios* (Buenos Aires: Caja Negra, 2021).

diarios, radios) empiezan a producir sus contenidos en función de lo que ocurre en Internet. Más que «producción», se trata de «reproducción». Se trata de un esfuerzo por «representar» en los medios tradicionales lo que se «presenta» por sí mismo en los medios *online*. La televisión, que en un tiempo se curvó sobre sí misma hablando constantemente sobre lo que en ella misma sucedía, ahora no tiene más remedio que hablar sobre Internet. Así, no solo no quedan temas públicos por fuera de Internet, sino que en Internet se generan nuevos temas públicos que luego son trasladados a otros soportes mediáticos.

Byung-Chul Han piensa otra cosa: «De la red obtengo información, y para ello no tengo que dirigirme a ningún interlocutor personalmente. Para obtener información o productos no tengo que desplazarme al espacio público». Según esta forma de ver las cosas, Internet no produciría ningún espacio público, sino que acabaría con él: «La voluntad política de configurar un espacio público, una comunidad de la escucha, el conjunto político de oyentes, está menguando radicalmente».[685] Pero esto no es exacto. Más bien, a menudo, resulta al revés: nuevas comunidades políticas y nuevos movimientos sociales difícilmente podrían hoy explicarse sin Internet. Y es que la web 2.0 ha impulsado una *hipercomunicación* que, si bien es cierto que frecuentemente implica mero ruido autorreferencial, no menos cierto es que en muchos casos determina la agenda pública, ordena sus temas y establece corrientes de opinión, tanto espontáneas como organizadas. Este enorme poder ha sido aprovechado por las organizaciones terroristas de este siglo (en este sentido más radical, quizás un terrorista occidental de ISIS reclutado a través de la web para combatir en Mosul pudiera dar cuenta a Han de las capacidades movilizadoras de las tecnologías *online*). Además, por sus algoritmos de búsqueda y recomendación, el sistema tiende a crear burbujas en las que los parecidos se encuentran. De esta manera, se vuelve más fácil que nunca encontrar a otros que piensan como uno, con los que articular voluntades políticas digitales, que pueden materializarse a la postre de diversas formas.[686] Han entien-

---

685. Byung-Chul Han, *La expulsión de lo distinto* (Buenos Aires: Herder, 2020), pp. 119-120.

686. Pueden consultarse ejemplos de movimientos sociales y manifestaciones políticas exitosas organizadas desde las redes sociales en José Norte Sosa, *Big Data. Comunicación y política* (Buenos Aires: Tetraedro Ediciones, 2020). Otros casos, pero de la

de el espacio público como un lugar físico y al sujeto comunicativo como aquel que se encuentra *físicamente* con otros. Internet, sin
embargo, digitaliza ese espacio y, de ese modo, lo desmaterializa.
Las formas de encuentro de los sujetos que navegan son, por tanto,
también digitales. El espacio existe como dimensión digital y el encuentro del público se efectiviza, solo que no como encuentro «cara
a cara». Así como el comercio, por ejemplo, sigue dándose (y más
que nunca) en Internet, aunque sin mediaciones materiales como el
objeto-moneda, la comunicación que configura un espacio público
también se da, aunque sin la copresencia material de los sujetos de la
comunicación. La esfera pública no ha cesado de existir, sino que ha
redefinido su forma y su alcance.

Ahora bien, la constitución del espacio público digital no se da
por la mera absorción temática, por el mero desplazamiento de los
temas a otro tipo de escenario o tecnología comunicacional (de la
«plaza pública», por ejemplo, a la «plaza digital»). Además de esto,
que ciertamente es crucial, el espacio público digital se constituye en
virtud de una ampliación sin precedentes de las magnitudes de lo
público y del público mismo. Las voces y los temas se multiplican.
Acceder a ellos involucra, a su vez, operaciones muy sencillas de búsqueda en motores que ya conocen nuestra forma de navegar, nuestra
ubicación geográfica, nuestros hábitos de búsqueda, nuestros intereses y los intereses de todos aquellos que han buscado previamente
allí. Así funcionan, de hecho, tanto Google como los buscadores de
las redes sociales. El espacio público se dilata a tal punto que a menudo se confunde con lo privado y lo íntimo. Más aún, lo *parasita*.
El sujeto se desplaza en un espacio público en el que su privacidad
se encuentra *abierta*. La noción de intimidad se va borrando en un
mundo en el que los algoritmos premian, precisamente, el desnuda-
miento de la intimidad. El temor que algunos padecen por la falta
de privacidad en Internet evidencia este efecto perverso. El *hacker* es
por definición el sujeto que se inmiscuye en lo privado con el frecuente objeto de transportarlo maliciosamente al dominio público.
Pero no solo los *hackers* se dedican a esto, sino también las compañías de datos, las empresas, los gobiernos y hasta las «organizaciones
no gubernamentales». Ahora todos caben en el no-lugar del espacio

---

primera década de este siglo, en Castells, *Comunicación y poder*.

público digitalizado, incluidas sus intimidades. Y el sistema mismo ha tomado la forma del *hacker*.

Pensando en términos políticos, esto se correlaciona con la crisis de la política representativa. En efecto, el público se ha acostumbrado a estar *presente* y no a que se lo *re-presente*. El mero *zapping* se volvió aburrido, y votar también. La representación funciona bien cuando alguien es legitimado a hablar en nombre de muchos que se encuentran ausentes en ese momento y en ese lugar. Pero en el mundo *online* no tiene sentido la representación, porque la conexión está siempre disponible en múltiples dispositivos y porque el lugar carece de relevancia. En Internet, la gente se *presenta*, no se *representa*. O, en todo caso, se *representa a sí misma*, por medio de una imagen de perfil, por medio de un *nickname*, de un avatar o de algún otro distintivo digital. Para Brossat, «la cuestión clave de nuestras sociedades radica en la relación entre la crisis permanente y polimorfa del dominio político y la expansión de la esfera cultural».[687] Su diagnóstico es que la cultura de la conectividad ha destrozado lo político. No obstante, esto también es bastante inexacto. En realidad, lo que parece haber sucedido es más bien la absorción del dominio político por una esfera cultural que ha terminado recubriendo todo el espacio público, digitalizándolo. Pero esa absorción no implica la desaparición de la política, sino simplemente un cambio de forma.

Así, no es cierto que Internet ponga en crisis la política. Lo que se ha puesto en crisis, en todo caso, es un modelo de política, una forma de hacer política. En Internet hay política, y la hay en grandes magnitudes. Por más que en Facebook se coleccionen «amigos», la figura del «enemigo» también existe, aunque el sistema no la formalice. El concepto de lo político de Carl Schmitt se ve con claridad en todas las redes.[688] En ellas hay muchísima más política que en cualquier otro medio de comunicación. Pero estas magnitudes no solo se deben a la cantidad de personas que se encuentran o que colisionan políticamente en el mundo *online*, sino también a la cantidad de temas que se vuelven políticos a partir del amontonamiento de voluntades geográficamente dispersas que hace posible la red de redes. Trazar antagonismos nunca ha sido tan fácil; y el *feedback*, tampoco. Si la

---

687. Brossat, *El gran hartazgo cultural*, p. 54.
688. *Cf.* Carl Schmitt, *El concepto de lo político* (Madrid: Alianza Editorial, 2019).

«posmodernidad» como época de los «pequeños relatos» es también
—y por ello mismo— la época de la «política de los márgenes», eso
sin dudas es posible, en gran medida, gracias a Internet. Ya no son
las grandes causas y los grandes grupos que irrumpen en la Historia
los que hacen la política (clases, naciones, razas), sino las pequeñas
causas «culturales» (veganos, travestis, homosexuales, feministas,
antiespecistas, indígenas, razas minoritarias, etc.). Se atraviesa una
era «molecular» de lo político, por usar palabras de Guattari,[689] o
bien de los «pequeños relatos» políticos, pensando en Lyotard. Internet *molecularizó* definitivamente lo político. En el mundo de la red
cualquier problema, de cualquier índole, es potencialmente politi-
zable con arreglo a la creación de algunos memes, de la viralización
de algunos videos y de la conformación de foros y comunidades
digitales desde las que se organice una batalla cultural.

El éxito de la consigna «lo personal es político» obedece a esto
mismo. La política no ha sido aniquilada, sino *molecularizada*. Al
volverse molecular, se mezcla fácilmente con lo cultural. Las esferas
políticas y culturales se *desdiferencian*. Así como ya no se sabe bien
hasta dónde llega lo privado y hasta dónde llega lo público, tampoco se sabe bien dónde empieza lo cultural y dónde lo político, y
cómo demarcar sus contornos. Lo político necesita como nunca de
lo cultural, y lo cultural se vuelve como nunca político, al punto de
gritar que «lo personal es político» (o sea: hábitos, creencias, gustos,
relaciones filiales, usos del lenguaje, roles, etc.; o sea, «lo cultural es
político»). Una filósofa se pregunta desconcertada: «¿Cómo situar
una imagen artístico-política en medio de las imágenes-espectáculo
o de las imágenes de control? ¿Cómo diferenciar entre estas imágenes?».[690] No hay respuesta. Hoy todo está mezclado; la posmodernidad es un pastiche.

Internet se lleva bien por eso mismo con los «movimientos sociales». Como se sabe, ellos son fundamentalmente «rizomáticos»:
no tienen jerarquías ni liderazgos; carecen de normas internas y de
estructura funcional formal. La política hoy no vive tanto en el partido político cuanto en el movimiento social. Los partidos incluso

---

689. *Cf.* Félix Guattari, *La revolución molecular* (Madrid: Errata Naturae, 2017).
690. Alejandra Castillo, *Adicta imagen* (Buenos Aires: Ediciones La Cebra, 2020),
p. 24.

han dejado de ser *políticos* en un sentido fuerte: hablan sin cesar de «consenso» y evitan todo conflicto; eliminan de forma sistemática toda negatividad de su discurso. En consecuencia, devienen en aparatos para la mera gestión burocrática, el entretenimiento y la «buena onda». Los que incorporan la negatividad a su discurso son rápidamente tachados de «populistas». En contraste, son los movimientos sociales en primer lugar los que están marcando los antagonismos fundamentales de la política contemporánea: sexo, género, orientación sexual, identidad, edad, medio ambiente, inmigración, animales, etnias, colores, estética, peso corporal, estado mental, etcétera. Las grietas políticas que provocan son efectuadas sobre todo en el suelo de la cultura; pretenden generar «una nueva forma de ver el mundo». Funcionando al margen del sistema político formal, los movimientos sociales utilizan Internet como una de sus principales herramientas de articulación, producción y difusión.

Tanto en la izquierda como en la derecha se han conformado movimientos sociales que han utilizado con gran destreza las redes sociales para ampliar sus ámbitos de influencia e impulsar batallas culturales. De hecho, hay movimientos sociales que se conformaron precisamente al calor de exitosos *hashtags* que se volvieron tendencia y que luego se trasladaron a las calles. Entre el sector progresista puede pensarse en casos como #MeToo, #NiUnaMenos (versión hispana de aquel), o también #BlackLivesMatter. El sector conservador viralizó #ConMisHijosNoTeMetas y lo convirtió en una demanda que atravesó también a muchos países de Iberoamérica. En este caso se le solicitaba al Estado que no adoctrinara a los niños con ideología de género. Otros movimientos sociales no nacen *de* o *con* un *hashtag*, pero gracias a Internet se dan a conocer masivamente y organizan y difunden sus manifestaciones. Otra vez, desde el sector progresista puede pensarse en #AbortoLegal y desde el sector conservador en #SalvemosLasDosVidas. Así, los movimientos sociales se mueven en las redes como peces en el agua. Internet se ha convertido en su hábitat, tan importante como la calle misma, desde el que se emprenden notables batallas culturales. El hecho de que hoy sea difícil concebir un movimiento social sin presencia significativa en el mundo *online* habla sobre el nivel de absorción del espacio público por Internet.

Todo esto no quiere decir que los políticos y sus partidos no estén en Internet, por supuesto. Lo que quiere decir es que la política de la representación, que es una política de la distancia, cuidadosamente estructurada y ordenada, entra en crisis con Internet. Ello es así en la medida en que si algo no hay en Internet, son distancias. El representante, o el aspirante a representar políticamente, utiliza entonces Internet para acortar desesperadamente la separación. Mientras posa más como *influencer* que como político tradicional, monta campañas «participativas» en las que no suele haber ninguna idea más allá que la de la «participación de todos». Sus ideas están definitivamente agotadas. En esta instancia, el proceso de personalización de la política, que ya era marcado en la época de la televisión, se desquicia por completo. El político, que antes debía esperar su «turno» para aparecer en la pantalla chica y llegar a ser una «personalidad» semejante a las del mundo del espectáculo, ahora hace de su propia vida un *reality show* permanente en sus redes sociales. Abre su vida a la vista de todos; la vuelve accesible en todo momento y lugar; la hace enteramente *pública* y pretendidamente *transparente*.

Por eso hoy no quedan políticos sin redes sociales. Quizás un político hoy pueda prescindir de la televisión, pero cada vez le cuesta más ausentarse de Internet. Puede, incluso, tener la televisión (y otros medios tradicionales) totalmente en contra, como le pasó a Donald Trump, y aun así llegar igualmente a las masas, gracias a las redes.[691] En efecto, Trump ha sido tal vez el político que hasta el momento mejor ha sabido usar el poder de Internet, y por eso mismo terminó expulsado de todas las plataformas. Pero desde luego no fue el primero en advertir la potencia del mundo *online*. El primero quizás haya sido el Barack Obama de las elecciones del año 2008. Su sitio web mybarackobama.com se convirtió a la sazón en uno de los principales puntos de apoyo publicitario y movilizador de su equipo de campaña.[692] La interna demócrata que lo enfrentó a Hilary Clinton fue, en

---

691. «Mientras que a Hillary Clinton la respaldaron 229 diarios y 131 semanarios, Trump solo recibió el apoyo de 9 diarios y 4 semanarios. La proporción fue de 27 a 1». Sin embargo, en las redes sociales ocurría otra cosa: «en la mañana del viernes 4 de noviembre, un post sobre un acto de campaña subido a la página de Facebook de Trump 14 horas antes, acumulaba 92.000 "me gusta", 40.000 "me encanta", lo habían compartido 23.782 veces, y el video incluido lo habían visto 2.100.000 veces. En cambio, Clinton, también sobre un acto de campaña, tenía 14.000 "me gusta", 1300 "me encanta", lo habían compartido 1965 veces, y el video incluido en él lo habían visto 218.000 veces» (Norte Sosa, *Big Data*, pp. 86-88).
692. *Cf.* Cardon, *La democracia Internet*, p. 88.

ese momento, la elección primaria más cara de la historia de Estados Unidos, y una parte muy significativa de los fondos de Obama fueron obtenidos mediante su sitio de Internet.[693] Según datos presentados el 7 de noviembre de 2008 por los responsables del manejo de sus redes, durante los 21 meses de campaña se crearon «35.000 grupos locales y [se] organizaron más de 200.000 actos utilizando la infraestructura de la red social MyBarackObama.com».[694]

Pero como hoy los famosos representan más al público que los políticos, la campaña de Obama se aseguró también el apoyo de celebridades al por mayor, procurando con ello lograr contenidos que tuvieran la capacidad de volverse virales en el mundo *online*. Un ejemplo claro de ello fue el video de música *Yes We Can*, que tomaba esta frase y otras muchas de un discurso de Obama en New Hampshire, entonada por Will I Am y otros famosos del mundo de la música. Esto garantizó su inmediata viralización. El éxito del verano, a su vez, fue *I've Got a Crush on Obama*, protagonizado por la actriz y modelo Amber Lee Ettinger y el cantante Leah Kauffman. El video de la canción mostraba imágenes de Obama en traje de baño en Hawái y se hizo también rápidamente viral. Otra figura del hip-hop lanzó por entonces el *single Vote Obama*, y en el video aparecieron famosos como Kayne West, Jay Z, Chris Brown, Travis Barker y miembros de Black Eyed Peas.[695] Así, el éxito de las campañas políticas en el espacio público digital se puede medir por la magnitud de la viralización de sus contenidos. Pero para viralizar algo positivo no suelen bastar los políticos, y entonces hay que echar mano al *star system*. Esto es un claro ejemplo de cómo la cultura se convierte en un terreno decisivo para la política, incluido algo tan concreto como la política electoral.

En el caso de la campaña de Joe Biden del año 2020 aquello fue aún más notorio. Un video con Jennifer López; un video de Dwayne Johnson; tuits de George R. R. Martin; declaraciones de Jennifer Aniston y publicaciones en su Instagram; grafitis de Rihanna convertidos en fotos para su Instagram; innumerables publicaciones de Lady Gaga que incluyen fotos abrazada a Biden y videos llorando;

693. *Cf.* Castells, *Comunicación y poder*, p. 307.
694. Citado en ibíd., p. 526.
695. Ejemplos tomados de ibíd., p. 312.

entrevistas a Robert de Niro viralizadas en diversas plataformas; una canción de Demi Lovato que se hizo viral en todas las redes; videos de Lovato llorando; videos cortos en Instagram de Sharon Stone; videos en YouTube de Mark Ruffalo; publicaciones en Instagram de Selena Gómez; un *live* de Cardi B con Biden por YouTube; un *live* de Lizzo con Kamala Harris; fotografías en el Instagram de Tom Hanks «phothoshopeado» con Biden; imágenes en Instagram subidas por Leonardo DiCaprio; un documental de DiCaprio y John Legend para Netflix; videos de Madonna en su perfil de Instagram; jugadores de la NBA, como LeBron James, pidiendo votar por Biden en sus redes, y también en la cancha de básquet; recaudación de fondos impulsada por Legend en sus redes; recaudación de fondos a cargo de Whoopi Goldberg. La lista es sumamente extensa. El punto estriba en advertir que, si ya en la era de la televisión el sistema de las estrellas se convertía en la brújula de la política para el gran público, con Internet eso se ha acentuado de una manera impresionante. Más que los políticos, son las estrellas las que *representan* a los ciudadanos y les indican, en consecuencia, a qué político votar. Esto se hace posible desde que uno puede seguir a las celebridades a toda hora en sus propias redes sociales, en lugar de esperar a que les confieran minutos específicos en televisión.

La irrupción del público a un nuevo espacio digitalizado en el que está llamado por fin a hacerse presente; la emergencia y el éxito político de los nuevos «movimientos sociales»; el desplazamiento del político a Internet y la agudización del poder político de las estrellas y del sistema cultural constituyen diversos factores que van minando la política representativa. Al mismo tiempo, los medios de comunicación «representacionales» (donde el público está ausente) también sienten la crisis. Y es que la gente va aprendiendo a desconfiar de ellos (hoy ni siquiera la fotografía digital, como indica Han, quiere representar).[696] Aquellos medios han perdido, pues, el monopolio de la información y de la generación de opinión. Si los ciudadanos también pueden ser periodistas, y a menudo son mejores que estos, ¿para qué querría uno periodistas? Si los ciudadanos también

---

696. «La fotografía digital cuestiona radicalmente la verdad de la fotografía. Pone fin definitivamente al tiempo de la representación. Marca el final de lo real» (Han, *En el enjambre*, p. 92).

pueden ahora opinar y publicar sus opiniones, y a menudo suenan más sensatos que los opinólogos a sueldo, ¿para qué quisieran entonces un sujeto que les diga desde la televisión qué deben opinar? En Estados Unidos, por ejemplo, en el año 2016 (año de la victoria de Trump) se registró el mínimo histórico de confianza en los medios tradicionales de comunicación, con apenas el 32 % de confianza. En el 2021, y después del año electoral que llevó a Biden al poder, la confianza bajó al 29 %. Por comparar, en 1976, incluso después de Watergate, la confianza era del 72 %.[697] La caída resulta estrepitosa. En otros países se han registrado números más o menos similares. En España, por ejemplo, según datos del 2020, solo el 36 % confía en las noticias.[698] Ese número se repite en el caso de Reino Unido, y en Francia el porcentaje aún es menor: solo el 30 % de los franceses confían en los medios permanentemente. Mirando algunos países de Hispanoamérica, en México el 37 % confía en los medios, mientras que en Argentina y en Chile el 36 %.[699]

La crisis de la política representativa es el auge de la política de la presencia en los diversos ámbitos. El espacio público digitalizado engulle de modo sistemático todos los temas y solicita al público su impresión, su opinión, su difusión. Este es el polo «democrático», ciertamente, del mundo *online*. Pero, a contrapelo de las creencias de los tecnófilos vulgares, no todo es democratización en Internet. La política de la presencia habilita una serie de prácticas nocivas, donde la «presencia digital» facilita el *fake*. Cabe pensar, por ejemplo, en los ejércitos de troles que los partidos políticos pueden contratar para que batallen en las redes sociales a favor de ellos o en contra de un adversario, lo que en definitiva es lo mismo. Para esto se alquilan oficinas, se instalan equipos informáticos, se crean enormes cantidades de cuentas falsas en redes sociales y se

697. Mega Brenan, «Americans' Trust in Mass Media Edges Down to 41%», *Gallup* (29 septiembre 2019), https://news.gallup.com/poll/267047/americans-trust-mass-media-edges-down.aspx.

698. Alfonso Vara Miguel, «Se debilita la confianza en los medios, resisten las marcas periodísticas y emerge el periodismo local», *Digital News Report España*, 2020, https://www.digitalnewsreport.es/2020/se-debilita-la-confianza-en-los-medios-resisten-las-marcas-periodisticas-y-emerge-el-periodismo-local/.

699. «Share of Adults Who Trust News Media Most of the Time in Selected Countries Worldwide as of February 2021», *Statista*, https://www.statista.com/statistics/308468/importance-brand-journalist-creating-trust-news/.

emplean personas para que las utilicen de una determinada manera. Hoy existen consultoras y agencias publicitarias que brindan
estos servicios.[700] En rigor, los troles no solo funcionan durante
campañas, sino en todo momento; tampoco algunos días en particular o en ciertos horarios, sino todos los días a cualquier hora. Sin
embargo, la autonomía que detentan es poca: están dirigidos es-
tratégicamente por un equipo que decide qué tema debe instalarse,
con qué *hashtag*, a quién se debe atacar, a quién se debe defender
y cuál es el discurso en concreto a imponer. A su vez, suele existir
un equipo de diseño audiovisual que se encarga de confeccionar el
material que se utilizará (imágenes, memes, videos, recortes, etc.).
Los troles son los operarios últimos de esta flamante maquinaria
política fordista.

Podría pensarse que esto ya existía antes en el espacio público tradicional, aunque con una forma ligeramente distinta. Por caso, podría decirse que la figura del trol tendría su precursor en la del sujeto que es llevado a una manifestación —a cambio de dinero— para
simular algo frente a los medios de comunicación. Por ejemplo:
represión policial, apoyo popular, agresiones de otros grupos,
etcétera. El trol digital y esta suerte de *simulador presencial*, después de todo, están ahí para simular un apoyo o una detracción
que serán reproducidos por soportes mediáticos, para aportar,
como producto de esa simulación, al capital político de sus contra-
tantes. Ambos son, podría decirse, maestros del *simulacro* político.
No obstante, hay una diferencia crucial entre ambos sujetos, y es
que el trol, a diferencia del simulador presencial, se multiplica tanto como la cantidad de cuentas *fake* de las que dispone. El espacio
público digital permite lo que resultaría imposible en el espacio
público formado por la copresencia y los medios tradicionales de
masas: la multiplicación y desdoblamiento en distintas identidades
por parte de exactamente el mismo individuo. De este modo, un
puñado de troles puede hacerse presente como si de un ejército de
acólitos o de adversarios se tratara. En la política de la presencia

---

700. *Cf.* Brenda Struminger, «Mundo troll: el detrás de escena de las fábricas de insul-
tos en las redes sociales», *La Nación* (2 mayo 2019), https://www.lanacion.com.ar
/politica/mundo-troll-el-detras-de-escena-de-las-fabricas-de-insultos-en-las-redes
-sociales-nid2129427.

digital, los individuos pueden valer mucho más que uno, y en consecuencia la regla de oro de la democracia se desbanca. ¿Podrá un trol hacer al *demos*?

Más aún: cada vez es más simple incluso prescindir de troles y utilizar, en su lugar, bots. Los bots son criaturas digitales hechas a base de programación que simulan ser personas reales. Si el trol es una persona real que simula ser una o varias personas distintas con una determinada opinión en las redes, el bot es un *script* que puede simular exactamente lo mismo, pero lo primero que ha de simular es que, efectivamente, se trataría de una persona real. Así, el bot lleva adelante una doble simulación. Primera simulación: la de ser efectivamente un ser humano. Segunda simulación: la de tener una opinión política específica que compartir en las redes. De esta manera, los bots se disponen a utilizar ciertos *hashtags* o viralizar determinado material que se les proporcione como insumo, desde lo que se conoce como *granjas de bots*. También sirven para agregar ruido y *spam* en discusiones que empiezan a tomar relevancia y que es necesario desviar. De esa manera procuran complicar el seguimiento y su reproducción. Por ejemplo, un *hashtag* que perjudique a un determinado gobierno puede desviarse por completo de su contenido original si se lo llena de basura.

Hito Steyerl analiza un caso turco: «En Turquía, solo el partido gobernante, el Partido de la Justicia y el Desarrollo (APK), fue sospechado de controlar 18.000 cuentas falsas de Twitter que usaban fotos de Robbie Williams, de Megan Fox y de otras celebridades».[701] Estas cuentas tuiteaban desde *hashtags* favorables al APK hasta citas de Thomas Hobbes. El poder de las estrellas se hace notar con claridad en las elecciones que hacen los bots de sus identidades de ficción. Steyerl concluye que «la política posrepresentativa es una guerra de ejércitos de bots que luchan unos contra otros», y agrega:

> Esta podría ser la razón por la que los *pronstar bots* de AKP citan a Hobbes: ya están hartos de la guerra de Robbie Williams (IDF) contra Robbie Williams (Ejército Electrónico Sirio) contra Robbie Williams (PRI/AKP), están hartos de retuitear *spam* para autócratas, y esperan por una entidad que organice las guarderías,

---

701. Steyerl, *Arte duty free*, p. 58.

el control de armas y un sistema de salud accesible, se llame Leviatán o Moby Dick o incluso Flappy Tayyip.[702]

Desde el año 2016, los bots han superado en presencia a los humanos en Internet. La mayor cantidad de tráfico (51,8 %) la generan ellos, según un estudio de la consultora Incapsula. El número ha ido creciendo, y en 2017 ya fue el 56 %.[703] Así, el espacio público digital permite —a diferencia del espacio público tradicional— la existencia de entidades no humanas que tienen la capacidad, en muchos casos, de hacerse pasar por personas en las distintas interacciones *online*. Esto va tan rápido, y la inteligencia artificial se ha vuelto tan sofisticada, que ya se está trabajando en bots que chatearán como si fueran personas específicas; incluso como si fueran personas que ya han muerto. Así, sería posible «revivir digitalmente» a un ser querido.[704] A principios de 2021, Microsoft patentó esta curiosa idea. Solo habría que proveer al bot de acceso a las redes sociales de la persona, datos de su teléfono, correo electrónico, notas de voz, mensajes, imágenes... entonces el bot se apropiaría de la personalidad en cuestión y se podría dialogar con ella. La patente dice: «La persona específica (a la que representa el bot) puede corresponder a una entidad pasada o presente (o una versión de esta), como un amigo, un familiar, un conocido, una celebridad, un personaje de ficción, una figura histórica, una entidad, etc.».[705] La representación vuelve a escena, pero como *simulacro*; como presencia de algo allí donde en realidad no hay nada, en el sentido de Baudrillard. Este ejemplo ilustra hasta qué punto podría terminar haciéndose indistinguible, en el espacio público digital, al humano del *script*. Pero la representación supone una distinción entre representante y representado

---

702. Steyerl, *Arte duty free*, p. 60.

703. «Bot Traffic Report 2016», *Imperva* (24 enero 2017), https://www.imperva.com/blog/bot-traffic-report-2016/.

704. Kevin Ho, de Huawei, también ha planteado esta posibilidad, en la que «los niños podrían usar aplicaciones como WeChat para interactuar con sus padres muertos. Esto sería posible gracias a la capacidad de hacer un *upload* de la conciencia humana a ciertas computadoras dándole una vida digital mediante un avatar» (Sadin, *La siliconización del mundo*, p. 227).

705. Desirée Jaimovich, «La propuesta de Microsoft para «hablar» con seres queridos que ya están muertos», *Infobae* (5 enero 2021), https://www.infobae.com/america/tecno/2021/01/05/la-propuesta-de-microsoft-para-hablar-con-seres-queridos-que-ya-estan-muertos/.

que siempre es manifiesta. Por ello, esta «representación digital» de un bot que expropia la personalidad de uno es por definición una representación *fake*. ¿Y si la batalla cultural la terminaran dando robots programados especialmente para ello, que hablaran no solo en nombre de otras personas, sino simulando ser esas personas? ¿Y si las contiendas políticas y electorales terminaran siendo luchas entre programadores que inundaran las redes con algoritmos inteligentes cada vez más sofisticados?[706] ¿Terminarán *Siri*, *Alexa* o *Cortana* no solo respondiendo preguntas sobre el clima, sino también diciéndoles a sus usuarios-preguntones cómo pensar y cómo votar? La política de la presencia, en el mundo *online*, involucra en altísima medida la presencia de entidades no humanas y, por tanto, un *demos* construido al calor de códigos informáticos.

Esta es la política que viene. O más bien: esta es la política de hoy, aunque por ahora no resulta enteramente visible. La militancia y la acción política, tanto espontáneas como organizadas, se desplazan con velocidad a ese nuevo espacio público digital. Aquí luchan individuos humanos, luchan troles en representación de numerosos individuos *fakes*, y luchan bots en un simulacro doblemente *fake*. La pandemia del COVID-19 ha intensificado este proceso en el que la política se desliza decididamente a las pantallas digitales y los algoritmos. Los ciudadanos, obligados a hacer cuarentenas en todo el mundo, entendían que su descontento político tenía un solo lugar donde expresarse: Internet. De este modo, incluso se organizaron en muchos lugares «manifestaciones políticas digitales» que no hicieron ni cosquillas al poder. De hecho, muchas cuentas y perfiles que molestaban bastante fueron bloqueados, censurados y borrados definitivamente por cuestionar el relato oficial de la pandemia y las políticas globales implementadas.[707] Esto debiera llamar la atención sobre el hecho de que, si bien Internet ofrece grandes potencialidades políticas, también es capaz de desmovilizar lo político en un

---

706. En una encuesta realizada por el Centro para la Gobernanza del Cambio de la Universidad IE, se encontró que uno de cada cuatro europeos preferiría que algunas decisiones políticas estuvieran en manos de inteligencia artificial. *Cf.* «El 25% de los europeos preferiría ser gobernado por robots», *Infobae* (29 marzo 2019), https://www.infobae.com/america/tecno/2019/03/29/el-25-de-los-europeos -preferiria-ser-gobernado-por-robots/.

707. Por ejemplo, el canal de YouTube de César Vidal.

abrir y cerrar de ojos. La política, de abandonar por completo el espacio público tradicional, de quedar ausentada definitivamente de la calle, de solo existir como manifestación digital, será totalmente impotente frente al dominio tecnológico y sus dictados, en un contexto solo previsto por la ficción ciberpunk.

Ahora bien, hay un punto más a considerar sobre la forma que la política va tomando en el mundo digital. El proceso de *personalización* que abrió la televisión y que intensificó aún más Internet, en el que la persona del político pasa a ser lo más importante de la política, tiene su contracara en la *individualización* del ciudadano. Pero esto no ocurrió en la era de la televisión, sino en la era del *Big Data*. En efecto, si desde el «lado de la oferta» la política no se expresa tanto en un partido cuanto en un individuo-político, desde el «lado de la demanda» no hay ya masas a conquistar, sino individuos a *identificar* con altos grados de precisión a fines de elaborar la propuesta perfecta para ellos. Así, la política del mensaje general, que debe construirse con mucho cuidado, puesto que debe llegar a una enorme cantidad de gente al mismo tiempo y —en lo posible— debe *representar* a todos, podrá ir cediendo en su efectividad a mensajes dirigidos individualmente a personas en función de los datos que sobre ellas se disponen. De esta forma, la comunicación política deja de ser de uno (representante) a muchos (representados), y puede empezar a ser paulatinamente de uno a uno. El *Big Data* es cada vez más utilizado para estos propósitos.[708] Con esta tecnología se explotan los datos de los usuarios no solo comercialmente, sino también políticamente. Hoy el votante puede ser tratado también como un «cliente». Los políticos, al dirigirse a individuos sobre los que se pueden conocer muchas cosas gracias a la tecnología disponible, direccionan distintos mensajes según sea el caso, a menudo incluso contradictorios. Con Internet se hace posible decirle a cada uno lo que quiere escuchar y no pagar un precio alto por ello.

Otra vez, esto ya existe hace varios años. Concretamente, desde la campaña de Obama del 2008, asistida por Google y por su entonces

---

708. Por ejemplo, la consultora Cambridge Analytica habría obtenido de Facebook datos de 50 millones de usuarios, con los que elaboró perfiles psicológicos, y buscó predecir el voto a través de un programa informático con el objeto de influir posteriormente en ellos de diversas maneras. *Cf.* Norte Sosa, *Big Data*, pp. 28-29; Zuboff, *La era del capitalismo de la vigilancia*, p. 378.

director ejecutivo, Eric Schmidt. Investigaciones de los comunicó-logos Daniel Kreiss y Philip Howard han revelado que el equipo de campaña de Obama trabajaba a la sazón con datos personales de más de 250 millones de estadounidenses.[709] Uno de los asesores políticos de Obama alardeaba: «Sabemos a quién va a votar la gente antes incluso de que lo haya decidido».[710] En la campaña del 2012 (de la que Google fue uno de los principales financistas), un perio-dista que investigó la forma de trabajar del equipo de campaña de Obama consignaba que ellos conocían «por su nombre, su direc-ción, su raza, su sexo y su nivel de ingresos a todos y cada uno de los votantes indecisos del país a quienes necesitaba convencer de que votaran a Obama».[711] Con esto, se podían armar estrategias direc-cionadas puntualmente, de acuerdo con el perfil de cada quien. In-cluso se elaboró un índice llamado «puntuación en persuasión», que ofrecía una medida sobre la dificultad relativa de persuasión de cada indeciso que había que arrastrar hacia el Partido Demócrata.

Así las cosas, las democracias se encuentran a un paso del día en que todos los políticos terminen diciendo en nuestras redes sociales y en nuestras casillas de correo electrónico todo lo que querríamos escuchar de ellos. Conocerán tanto sobre nuestras vidas que podrán anticiparse incluso a nuestra voluntad política y, por lo tanto, des-viarla, acentuarla o corregirla. En una palabra: formatearla. En un futuro próximo, además, los políticos podrían llegar a un electorado completamente atomizado quizás a través de «asistentes digitales» como *Siri* o *Alexa* (o cualquier *bot* a la carta), que podrían con-vertirse en el militante perfecto. Tal vez incluso podrían diseñarse aplicaciones que señalen al usuario en qué sentido debiera ir su voto de acuerdo con lo que su vida registrada sugiere. Pueden, en rigor,

---

709. *Cf.* Daniel Kreiss, Philip Howard, «New Challenges to Political Privacy: Lessons from the First US Presidential Race in the Web 2.0 Era», *International Journal of Communication*, 4, 2010, pp. 1032-1050. Citado en Zuboff, *La era del capitalismo de la vigilancia*, p. 171.

710. Sasha Issenberg, *The Victory Lab: The Secret Science of Winning Campaigns* (Nueva York: Crown, 2012), p. 271. Citado en Zuboff, *La era del capitalismo de la vigilan-cia*, p. 174.

711. Jim Rutenberg, «Data You Can Believe in: The Obama Campaign's Digital Mas-terminds Cash In», *The New York Times*, (20 junio 2013). https://www.nytimes.com/2013/06/23/magazine/the-obama-campaigns-digital-masterminds-cash-in.html.

imaginarse muchas cosas. Lo que es seguro es que ese día sería el fin
de lo político y el fin definitivo de la democracia. En la política de la
presencia digital, pues, el individuo que se hace presente no solo alza
su voz digital, no solo ofrece su opinión, no solo toma partido, sino
que, al hacerlo, deja las huellas de sus adhesiones políticas e ideológicas. Ya se ha indicado que en Internet toda comunicación equivale a un registro. Y esos registros pueden volver como un bumerán
operado por los maestros del *Big Data*. Así, podría darse la paradoja
de que, a más política en Internet, más aniquilación potencial de lo
político. Esta es la constante contradicción, la insuperable bipolari-
dad del mundo digital, estructurado por un polo democrático y uno
totalitario. Esta dialéctica es la que marcará la política del mundo
actual y del mundo por venir. Tal vez llegue el día en el que políticos, troles y *bots* sean, en la práctica, casi lo mismo.

VI. Formas del poder: panóptico 2.0 y psicopolítica digital

Las discusiones anteriores conducen directamente al problema del
poder en el mundo digital. La visión según la cual la mera desestabilización de la diferencia entre receptores y emisores de mensajes
masivos llevaría a relaciones digitales «libres de poder», plenamente «horizontales», es una visión naíf que se remonta a los orígenes *poshippies* o *neohippies* de Internet.[712] Cuando mucho, semejante revolución comunicacional habilita y expande nuevas formas
de resistencia. Pero también habilita lo contrario: nuevas formas de
dominio.

Foucault continúa siendo una referencia importante a partir de
la cual pensar el poder (más que nada, el Foucault de la década de
1970; el Foucault «genealógico»). Sus análisis se dirigen sobre todo
a los mecanismos de poder de la modernidad industrial en lo que
estos tienen de novedosos respecto a un pasado premoderno, pero
es posible considerar que esos mismos mecanismos modernos identificados por Foucault son parte, ahora, de un pasado en virtud del

---

712. *Cf.* Cardon, *La democracia Internet*, pp. 22-25.

cual se puede aprehender qué es lo que caracteriza al poder en la posmodernidad. Dicho de otra forma, Foucault disecciona el poder de la sociedad industrial moderna, pero no ve venir otros mecanismos que ya se están formando y naciendo en ese mismo momento. Foucault ha quedado viejo, en el sentido de que hoy el poder se ejerce de una forma novedosa que en más de un aspecto contrasta llamativamente con los mecanismos que de forma minuciosa describe él en sus genealogías. Pero precisamente porque ha quedado viejo, Foucault resulta capaz de ofrecer un punto de referencia a partir del cual notar esos mismos contrastes que permiten entender mejor la forma del poder en los tiempos actuales.

La forma característica del poder moderno («poder disciplinario», en la terminología de Foucault) queda célebremente ilustrada en el *Panóptico* de Jeremy Bentham, un modelo carcelario imaginado por este último en 1787. En extrema síntesis, el «panóptico» constituye una arquitectura que establece un anillo periférico donde se disponen celdas mirando hacia un centro, donde a su vez se ubica una torre de vigilancia. Las celdas son individuales, están aisladas por la pared y cuentan con ventanas tanto hacia afuera como adentro del anillo. El objetivo es dejar pasar tanto la luz como la mirada. La torre, por su parte, se levanta imponente frente a la celda del preso, pero está diseñada de tal forma que este no pueda ver a quienes están (o no) en su interior. Desde la celda se es visto y no se puede ver; desde la torre se puede ver y no se es visto. De esto depende, dice Foucault, «el efecto mayor del Panóptico: inducir en el detenido un estado consciente y permanente de visibilidad que garantiza el funcionamiento automático del poder».[713] Bajo una vigilancia que se quiere omnipresente en la medida en que su presencia nunca puede ser realmente confirmada, ocurre la maravillosa interiorización del poder, que lo hace que sea automático, constante e impersonal.

La tecnología panóptica echa luz sobre las características del poder en la modernidad y permite contrastarlo con formas anteriores. Primero, el poder depende menos de la fuerza bruta que de una cuidadosa disposición espacial y reglamentaria: más aún, arquitectónica. De ahí que la continuidad esté garantizada y el sistema funcione, por así decirlo, en modo automático. Cosa ciertamente

---

713. Michel Foucault, *Vigilar y castigar* (México D. F.: Siglo XXI, 2016), p. 233.

distinta ocurría con el poder premoderno («poder soberano», le llama Foucault), que era el poder de la espada: poder que tenía a la fuerza como su expresión más adecuada.

Segundo, el poder moderno atomiza al sujeto, lo individualiza para controlarlo mejor, al tiempo que, desde las alturas de la torre, «cualquiera, tomado casi al azar, puede hacer funcionar la máquina».[714] Así, el poder se vuelve impersonal. Cosa distinta ocurría con el poder en la premodernidad, donde se anudaba a personas concretas más que a maquinarias abstractas.

Tercero, el poder moderno demanda saber sobre los individuos que domina. Dado que procura moldear al sujeto, la vigilancia, además de disuadir e intimidar, tiene la función de producir *saber*. El preso es sometido a registros, exámenes, seguimientos cuidadosos: «el efecto de esa relación de poder es, por ende, la constitución de un saber permanente del individuo».[715]

Cuarto, el panóptico es «isotópico» en los siguientes sentidos: por un lado, presenta una estructura de diseño jerárquico, coherente internamente hasta en su último detalle; por el otro, se postula como una tecnología que no se reduce a su aplicación carcelaria, sino que es más bien homologable por cualquier tipo de institución (escuelas, talleres, ejércitos, hospitales, psiquiátricos, etcétera). El panóptico, dice Foucault, es «una figura de tecnología política que se puede, y se debe, desprender de todo uso específico».[716] Pocos sobre muchos: tal es el principio económico del poder del panóptico. La *producción* de un tipo particular de sujeto más que el *castigo*: tal es su principio político.

Esta suerte de analítica del poder es propuesta por Foucault para identificar las características del poder en la modernidad industrial en contraste con contextos históricos anteriores. Si bien sus conclusiones más importantes surgen sobre todo de sus estudios sobre las cárceles y las instituciones asilares, dado que en estas el poder puede mostrarse tal cual es, Foucault entiende que las características identificadas son extrapolables a un sinfín de instituciones de la vida moderna. El poder en la modernidad, que tiene su soporte material

---

714. Foucault, *Vigilar y castigar*, p. 234.
715. Michel Foucault, *El poder psiquiátrico* (Buenos Aires: FCE, 2012), p. 101.
716. Foucault, *Vigilar y castigar*, pp. 237-238.

en las condiciones del sistema industrial, se ejerce fundamentalmente como *disciplina*. Es decir, ubica a los cuerpos en determinados espacios, reglamenta sus movimientos, corrige sus gestos, endereza sus posturas, establece y cronometra sus tiempos, controla sus rutinas, organiza sus comportamientos, los ajusta a unas determinadas normas. Ha quedado atrás otra forma del poder, que se ensañaba con los cuerpos mutilándolos, marcándolos, despedazándolos, para mostrarse a sí mismo como poder soberano en una lucha sin fin por su propia actualización.[717] Ahora el cuerpo no tiene por qué ser agredido, no ha de ser objeto de un ensañamiento público ni de un suplicio macabro, sino objeto de un proceso de disciplina que lo vuelva eficiente para las condiciones de la vida moderna.

¿Pero ha cambiado en algo esta tecnología general del poder con el advenimiento de un mundo digital? La hipótesis que presento es que, en cierta medida, la lógica panóptica se ha invertido. El modelo panóptico, eje de la sociedad disciplinaria, máquina de producción de saber y subjetividad, ha sufrido transformaciones que deben estudiarse. La nuestra es todavía, sin duda alguna, una sociedad panóptica, en cuanto demanda vigilancia y, por tanto, saber sobre los individuos que produce. No obstante, la forma panóptica de vigilancia se presenta y funciona hoy de una manera bastante diferente al panóptico de Bentham-Foucault. Más aún: las diferencias serían notables hasta tal punto que podría empezar a hablarse de «panóptico 2.0» para aludir a la maquinaria de vigilancia incesante que ha posibilitado la digitalización e interconexión del mundo. Así las cosas, si el panóptico describía el funcionamiento del poder en la modernidad, el panóptico 2.0 puede describir (en cierta medida) el poder en la posmodernidad.

Algunos señalamientos al respecto.

Primero, el panóptico dibujaba un reticulado riguroso a partir del cual se procuraba la separación de los cuerpos con el objeto de bloquear la comunicación y los efectos colectivos. La persona debía ser

---

717. El suplicio de un tal Damiens, con el que Foucault empieza su estudio en *Vigilar y castigar*, constituye un ejemplo preciso de las formas de ejercicio del poder premoderno o «soberano». Damiens había intentado un regicidio, y por eso fue condenado a un suplicio aterrador. Así el poder reivindica su soberanía, siempre frágil en rigor, que debe ser reactualizada permanentemente por medio de espectáculos de fuerza bruta.

individualizada, y el individuo, fruto del poder disciplinario, debía mantenerse casi como una mónada, visible siempre para la vigilancia, pero invisible e incomunicado respecto de las demás mónadas. Foucault subrayaba que el individuo del panóptico es «objeto de una información, jamás sujeto en una comunicación».[718] En el panóptico 2.0, cuyo soporte tecnológico no es la arquitectura carcelaria, sino Internet, los algoritmos y el *Big Data*, la situación es la inversa: el poder no necesita bloquear el contacto entre los individuos, sino hacerlos entrar en relaciones ininterrumpidas de comunicación y autoexposición. La comunicación que se plantea para ellos es la de la *hiperconectividad*: comunicación ubicua, registrable y registrada en su propio despliegue, en «tiempo real», en un único movimiento automático que no deja nada fuera, que no pierde ningún detalle y que soluciona el problema del tiempo y los errores de la imprecisión humana; comunicación almacenable en memorias casi infinitas —muy distintas de los ficheros y archivos físicos de otrora— que solucionan por fin el problema del espacio; comunicación capaz de conectar progresivamente a todo el mundo, que supera las limitaciones nacionales de los Estados modernos, y que crea un nuevo registro de la realidad para el que las fronteras no significan nada en absoluto.

Estas características del panóptico 2.0 deben ser puestas en relación con el sistema productivo y de consumo actual, dependiente de la extracción permanente de datos a partir de la comunicación y la demanda de exposición. Para este sistema, las instituciones de encierro estudiadas por Foucault no representarían sino trabas a sus propias dinámicas y necesidades. Esto lo observó Deleuze hacia 1990, cuando propuso abandonar la noción de «sociedad disciplinaria» y reemplazarla por la de «sociedad de control».[719] Byung-Chul Han dice con acierto que hoy «para incrementar la productividad, no se *superan* resistencias corporales, sino que se *optimizan* procesos psíquicos y mentales. El *disciplinamiento corporal* cede ante la *optimización mental*».[720] Flexibilidad, deslocalización, tercerización,

---

718. Foucault, *Vigilar y castigar*, p. 232.
719. *Cf.* Gilles Deleuze, «Post-scriptum sobre las sociedades de control», en *Conversaciones 1972-1990* (Valencia: Pretextos, 1999), p. 278.
720. Han, *Psicopolítica*, p. 42.

digitalización, innovación, *marketing* y desarrollo, son algunos de los valores centrales del sistema posindustrial, para el que las rígidas subjetividades del viejo taller y su esquema fordista han quedado desfasadas. Además, los imperativos de extracción y exposición de la economía digital no se conjugan bien con la disciplina y el encierro. Al revés, lo que requieren es cada vez más comunicación, cada vez más publicación, cada vez más autoexposición. Si el tránsito que va —otra vez, con terminología foucaultiana— del poder soberano (premoderno) al disciplinario (moderno) está vinculado a transformaciones económicas que desembocan en el sistema industrial, no debiera extrañar que un sistema posindustrial que funciona a partir de una economía digital precise de un poder con otro tipo de características.[721]

Segundo, allí donde en el panóptico «el poder externo puede aligerar su peso físico»[722] (si se lo compara con las formas de ejercer el poder en la premodernidad), aunque este peso en verdad nunca termina de desaparecer, en el panóptico 2.0 la coacción física cede su lugar a la *seducción*. La seducción es el canal a través del cual se realiza el imperativo expositor. El cuerpo, que ya no es un instrumento de trabajo, pasa de un régimen económico-productivo a uno estético-cultural. Se decora, se diseña, se interviene estéticamente de mil maneras distintas: procura recibir su codiciado *like*. «La ortopedia disciplinaria es reemplazada por la cirugía plástica y los centros de *fitness*»,[723] dice Han. La estetización no solo del cuerpo, sino de la vida en su totalidad, responde a las demandas sistémicas de seducción con las que funciona el poder digital. Este poder, que no violenta, sino que seduce, no fuerza a los individuos a someterse a la mirada panóptica. Más bien, los *invita* a llevar una existencia estilizada y desnuda bajo el imperio de los sensores, las memorias y los algoritmos; los invita, pues, a rellenar los propios registros, a revelar los propios comportamientos y a determinar los propios exámenes. En una palabra: a ser sus propios carceleros.

En efecto, ningún guardia, ningún patrón, ningún profesor, ningún psiquiatra cumple realmente estas funciones. La máquina

---

721. *Cf.* Deleuze, «Post-scriptum sobre las sociedades de control», p. 278.
722. *Cf.* Foucault, *Vigilar y castigar,* p. 235.
723. Han, *Psicopolítica,* p. 42.

digital funciona prácticamente sin soportes humanos. Así, abraza a sus invitados y los seduce para que ellos mismos se desnuden alegremente, para que ellos mismos revelen todo lo que son.[724] El individuo del panóptico 2.0 es, por consiguiente, sujeto y objeto, al unísono, de la vigilancia: vigilante de sí mismo, es él quien produce y registra la información, porque en la máquina digital el propio acto de producción es acto de registro. No cabe por ello reprimirlo; la fuerza física ha dejado por fin de ser una necesidad. La torre de vigilancia está vacía. La sensación de libertad que el panóptico 2.0 logra al hacer que sus vigilados sean sus propios vigilantes es la clave de su éxito. Se trata de la «autoexplotación» en la que tanto insiste Han.

Tercero, una torre de vigilancia vacía, que prescinde de soportes humanos, se diferencia significativamente de la torre descrita por Foucault. En esta, casi cualquier persona puede cumplir la función de vigilancia, pero siempre es necesaria una presencia humana, al menos de manera potencial. En el panóptico 2.0, si la torre está vacía y puede funcionar automáticamente sin el ojo y el registro humano, es debido a su implementación en *todas las cosas*. Claro que Foucault ya había llamado la atención sobre la aplicabilidad múltiple de la tecnología panóptica, pero siempre en tanto que «sistema arquitectónico y óptico».[725] El panóptico 2.0 es más algorítmico que arquitectónico, y es multisensitivo más que meramente óptico. Esto le permite introducirse de manera progresiva en todas las cosas, de diversas formas que ya fueron ejemplificadas, y captar lo que al panóptico foucaultiano se le ocultaba. Así, torres de vigilancia por doquier, en cámaras y sensores en todas las cosas

---

724. Hay que notar que el actual imperativo de la exposición y la transparencia, en virtud del cual funciona el sistema, tiene un sentido unidireccional. Groys sostiene una tesis interesante cuando escribe que «la transparencia se basa aquí en la radical falta de transparencia. La apertura universal se basa en la cerrazón más perfecta» (*Volverse público*, p. 145). Con esto puede entenderse que, mientras que el sujeto está llamado a volverse transparente frente al sistema, este funciona de forma totalmente opaca para el sujeto. El sistema de ninguna manera es transparente. Otro filósofo sugería lo mismo ya en 1985: «Al contrario del escriba, los imaginadores [*i.e.* usuarios] no tienen una visión profunda de aquello que hacen, y tampoco la precisan. Fueron emancipados de toda profundidad por los aparatos, y por lo tanto liberados para la superficialidad» (Vilém Flusser, *El universo de las imágenes técnicas. Elogio de la superficialidad*, Buenos Aires: Caja Negra, 2017, p. 64).

725. Foucault, *Vigilar y castigar*, p. 237.

que se van conectando paulatinamente a los individuos y a otras cosas. El panóptico 2.0 no es una arquitectura, sino un sistema inmaterial que se difunde cuantitativa y cualitativamente, que se moviliza con uno mismo, que acompaña la vida misma y construye a pasos agigantados una realidad de tipo digital en la cual todo se vuelve almacenable, procesable y manipulable.

Cuarto, el panóptico se separaba del *espectáculo*, que no era disciplinario, sino macabro y terrible (por ejemplo, un suplicio), o bien entretenido y mimético (por ejemplo, un *show* televisivo). «Nuestra sociedad no es la del espectáculo, sino de la vigilancia»,[726] escribe Foucault. Parecía responderle con esto a Guy Debord, un contemporáneo suyo, que sostenía algo exactamente inverso: «el espectáculo es la principal producción de la sociedad actual» y en tal sentido, un «autorretrato del poder».[727] Pero Debord advierte algo que Foucault no llega a ver: que «todo lo directamente experimentado se ha convertido en una representación».[728] Debord es un teórico del mundo de la imagen, y anticipa en gran medida su radicalización. Ahora bien, lo que este a su vez no llega a ver es que cualquier individuo se convertiría en la fuente emisora (y no solo en el destinatario) del espectáculo. La sociedad del espectáculo que disecciona Debord tiene un «sector que concentra toda la mirada y toda la conciencia».[729] Ese sector está separado del resto de la sociedad. Pero el panóptico 2.0, que no es una tecnología de la mera vigilancia, sino también del espectáculo (una tecnología de la *vigilancia espectacular*), incorpora al espectador como realizador, a su vez, de su propio espectáculo, que será objeto de una vigilancia. Quien sí vio esto fue Baudrillard, años más tarde: «La virtualidad no es como el espectáculo, que seguía dejando sitio a una conciencia crítica y al desengaño. [...] Ya no somos espectadores, sino actores de la *performance*, y cada vez más integrados en su desarrollo».[730]

En el panóptico 2.0 convergen la sociedad de la vigilancia foucaultiana y la sociedad del espectáculo debordiana. La negatividad

---

726. Foucault, *Vigilar y castigar*, p. 234., p. 350.
727. Guy Debord, *La sociedad del espectáculo* (Valencia: Pre-Textos, 2002), pp. 42-45.
728. Debord, *La sociedad del espectáculo*, p. 37.
729. Ibíd., p. 38.
730. Baudrillard, *El crimen perfecto*, pp. 43-44.

de la vigilancia se esconde bajo la positividad del espectáculo. Para Debord, la lógica del espectáculo establece que «lo que aparece es bueno, lo bueno es lo que aparece».[731] El imperativo extractor tiene la fuerza de un imperativo moral. Esto potencia la vigilancia, volviéndola espectacular. Los mejores en esta sociedad, por lo tanto, son quienes más aparecen. Pero ahora todos disponen de medios técnicos para aparecer. Todos pueden ser «buenos», en rigor, aunque no igualmente buenos. Esto es así en la medida en que la distribución de las apariciones y las apariencias está completamente estratificada. En la cúspide de las apariencias, las celebridades ejercen un enorme *poder mimético*. Nunca ha habido tantas celebridades como hoy, y nunca han tenido tanto poder cultural. El espectáculo invierte la lógica del poder del panóptico: los vistos ejercen poder sobre los que ven. La sociedad de la vigilancia espectacular es aquella en la que, por un lado, pocos vigilan a muchos para controlarlos, y por otro, muchos vigilan a pocos para imitarlos.[732] La vigilancia espectacular del panóptico 2.0 combina ambas lógicas.[733]

Quinto, allí donde el panóptico foucaultiano constituía una tecnología para la *normalización*, el panóptico 2.0 demanda *diversidad*. El poder moderno *normaliza*, según Foucault. Pero la uniformidad y la repetición de lo mismo nada tienen que ver con las exigencias de la economía digital y del sistema posindustrial. Las rigideces de lo normal ralentizan un sistema que demanda siempre mayor velocidad. La normalización tampoco se conjuga bien con la política de la personalización y el espectáculo, que ya no tiene nada que ver con la vieja sociedad de masas. El poder en la posmodernidad

---

731. Debord, *La sociedad del espectáculo*, p. 41.
732. El poder de las celebridades crece sin parar, y es instrumentalizado por instancias políticas e ideológicas permanentemente. Pueden encontrarse numerosos ejemplos en Jon Illescas, *La dictadura del videoclip. Industria musical y sueños prefabricados* (Barcelona: El Viejo Topo, 2015). Véase también Jon Illescas, *Educación tóxica. El imperio de las pantallas y la música dominante en niños y adolescentes* (Barcelona: El Viejo Topo, 2019).
733. Esto se aprecia en instituciones «disciplinarias» como la escuela, que viven una crisis que es producto de combinar ambas lógicas. El poder ya no puede funcionar como mera disciplina, pero la índole de la escuela es enteramente disciplinar. Por eso falla irremediablemente en sus objetivos. «Los profesores debemos ser facilitadores del entretenimiento y, al mismo tiempo, disciplinadores autoritarios» (Mark Fisher, *Realismo capitalista. ¿No hay alternativa?*, Buenos Aires: Caja Negra, 2018, p. 55). Exactamente lo mismo podría decirse de otras instituciones, como la familia.

no normaliza, sino que diversifica. Apuesta por la fragmentación radical; apuesta por la atomización absoluta disfrazada de «nuevas identidades», «inclusión» y «pluralismo». Tratar con la multiplicidad individualizada es ahora técnicamente posible y, además, conveniente. Las masas que se emancipan de una determinada sujeción representan un problema grave para el poder. Por el contrario, los individuos atomizados en «nuevas identidades» no representan ningún peligro en absoluto.

Foucault describió el poder moderno no como el que se ejercía contra los leprosos, sino como el que se manifestaba con plenitud en la peste, en el control político de las epidemias. En efecto, aquel excluye, expulsa al leproso de la comunidad. No quiere saber nada de él, solo quiere quitarlo de la vista. En cambio, con la peste epidémica pasa lo contrario: «En tanto que la lepra exige distancia, la peste, por su parte, implica una especie de aproximación cada vez más fina del poder en relación con los individuos, una observación cada vez más constante, cada vez más insistente».[734] En la epidemia se registran los individuos, se los vigila, se efectúa sobre ellos un seguimiento minucioso. Así, el poder no es excluyente, sino incluyente. No quita al individuo de su vista. Más bien lo incorpora en tanto que individuo bajo su rango de visión; demanda de él tanto un saber como un ajuste respecto de la norma. Ahora bien, hoy el poder es también inclusivo, aunque *autoinclusivo*; el sujeto se incluye a sí mismo y se pone por sí mismo bajo la insaciable voluntad de saber de la vigilancia digital. Sin embargo, el poder está dejando de ser *normalizador*. Las normas están resultando demasiado estrictas, demasiado fijas, para las necesidades de la producción y del dominio político actual. La norma era esencial cuando el poder debía vérselas con masas de individuos que había que conocer, pero se carecía de la tecnología necesaria para conocerlos en sus diferencias actuales y potenciales. Cuando el poder puede gestionar el conocimiento de las más finas diferencias, y mantenerlas todas bajo su estricta visión, incorpora la *diferencia*, incorpora la *diversidad*, en su entero favor, y las explota, las hace útiles a sus propósitos.

Sexto, el panóptico representaba la tecnología disciplinar más avanzada, cuyo poder de vigilancia era un poder sobre los individuos.

734. Michel Foucault, *Los anormales* (México: FCE, 2017), p. 54.

En el caso del panóptico 2.0, este goza de una mayor capacidad, en la medida en que no solo es capaz de conocer las minucias del individuo, o bien de un grupo relativamente reducido de individuos, sino que además es capaz de operar sobre la población. El registro individual, cruzado con bases de datos de infinidad de otros registros individuales, operados a través del poder del algoritmo, se convierte fácilmente en estadística en tiempo real al servicio del poder de regulación de las poblaciones: en consecuencia, en el panóptico 2.0 no simplemente se cocina información indispensable para una «microfísica del poder», sino también para una «biopolítica». Pero el sentido de la biopolítica en Foucault está unido a los cuerpos y sus procesos biológicos agregados dentro del territorio estatal: natalidad, fecundidad, morbilidad, mortalidad, higiene pública, etcétera, son ejemplos de fenómenos de las poblaciones que interesan al poder biopolítico. Sin embargo, las nuevas tecnologías de poder trascienden en mucho las limitaciones del territorio estatal. También trascienden el dominio del cuerpo y se ensañan ahora con la mente, con los procesos psicológicos conscientes e inconscientes.[735] Más que estadísticas demográficas, se producen *psicometrías*. En tal caso, el panóptico 2.0 nos dejaría en la era de la *psicopolítica digital global*.

El «poder disciplinario» y la «biopolítica» son dos aspectos de lo que Foucault llama, genéricamente, «biopoder». La modernidad es el tiempo del «biopoder», que se expresa tanto como disciplina —a nivel individual— cuanto como biopolítica —a nivel poblacional—. Operando en distintos niveles, ambas formas de poder tienen en común su ejercicio sobre los cuerpos. El cuerpo es el que se endereza, el que se controla en sus desempeños, el que se ajusta a movimientos y gestos predeterminados, a tiempos cronometrados y lugares preestablecidos. Por ello, el cuerpo es el que se disciplina.

Los cuerpos, por otro lado, a nivel biopolítico, son los que revelan en términos agregados el estado de las variables demográficas de los Estados, y por lo tanto es sobre ellos sobre los que la biopolítica ejerce su dominio último. Pero si la biopolítica se expresa como la capacidad de intervenir en las variables biológicas de las poblaciones, con el objeto de conducirlas según una determinada voluntad

---

735. *Cf.* Han, *Psicopolítica*.

política, la psicopolítica se expresa como la capacidad de intervenir y orientar variables psicológicas. El poder de las actuales tecnologías digitales para anticipar necesidades, deseos, eventuales reacciones o conductas ya existe desde hace varios años. Lo mismo debe decirse del poder para reorientar esas necesidades, deseos, reacciones o conductas. Hoy la *psique* está en la mira del poder. De ella se puede extraer lo que se halla al nivel consciente, pero también lo que está vedado para el propio sujeto: su inconsciente. También puede «reprogramarse», y el concepto de «neuroplasticidad» entusiasma en este sentido.[736] Se vive actualmente un auge en lo que se ha llamado «neurotecnología».[737] El cuerpo estaba demasiado atado a la modernidad industrial, que ya es parte del pasado. El aparato psíquico, desde el advenimiento de la sociedad posindustrial y hasta los días que corren, se ha puesto en la mira del poder. Y ese tipo de poder es el que cabe llamar *psicopoder*.

Aunque un poco esquemáticamente, el proceso podría concebirse así: del poder premoderno, que se encarnizaba con el cuerpo porque necesitaba reactualizarse permanentemente como poder soberano, se pasa al poder moderno como biopoder que ya no mutila el cuerpo, sino que lo quiere eficiente para responder a los desafíos y las exigencias de una sociedad basada en la economía industrial. Desde este biopoder, «disciplinario» y «biopolítico», operando en esos dos niveles, se conduce a su vez hacia un «psicopoder» que transfiere su interés del cuerpo a la *psique*. A nivel grupal, ese interés en la psique se traduce en interés en la *cultura*. Por eso, este proceso es concomitante con el proceso de desmaterialización del sistema económico (que demanda del sujeto conocimiento e información) y de la culturalización de los sistemas sociales (que redunda en *desdiferenciación* de las esferas funcionales). Desde un punto de vista antropológico, es concomitante con un proceso de *desinteriorización* de la persona: un proceso que desciende a la profundidad, pero

---

736. *Cf.* Berardi, *Fenomenología del fin*, p. 339 y ss.
737. «La neurotecnología, como compuesto postdigital de experiencia científica en computación y algoritmos con biología incorporada y arraigada, plantea cuestiones importantes sobre cómo el cerebro humano puede ser examinado, modelado, entendido y adaptado a la manipulación y modificación en años y décadas por venir» (Ben Williamson, «Brain Data: Scanning, Scraping and Sculpting the Plastic Learning Brain Through Neurotechnology», *Postdigital Science and Education*, 1 (1), 2019, pp. 65-86, https://doi.org/10.1007/s42438-018-0008-5).

para sacar a la *superficie* lo que había en la interioridad y que, protegido como estaba, resultaba hostil al proceso de comunicación y exposición *total* del sujeto. El proceso es concomitante con una antropología de la superficialidad. Las competencias que el humanismo moderno atribuía al hombre se deshacen en la superficialidad posmoderna.

El psicopoder, al igual que el biopoder, tiene un nivel individual y otro de grupo. La psicopolítica es al psicopoder lo que la disciplina es al biopoder: es decir, su forma de ejercicio sobre los individuos, su forma «molecular», como podrían decir Deleuze y Guattari. El psicopoder a nivel de grupo, a nivel «molar» (otra vez usando categorías de Deleuze y Guattari), podría ser llamado *psicopolítica cultural* para distinguirlo de la psicopolítica a secas.[738] En efecto, la psicopolítica cultural opera sobre lo que surge de la convivencia, el agrupamiento, el flujo y reflujo de las psiques individuales: la cultura, en otras palabras. La psicopolítica cultural es al psicopoder lo que la biopolítica es al biopoder. A la biopolítica le interesan variables biológicas de grupo tales como la fecundidad, la natalidad, la mortalidad, etcétera; a la psicopolítica cultural le interesan variables tales como la manera en que se distribuyen las creencias y las adhesiones religiosas, las adhesiones morales y políticas, el peso relativo de las distintas ideologías, las costumbres y normas sociales y sus respectivas aceptaciones y cumplimientos, los usos habituales del lenguaje y las disputas en torno a él, las distintas tradiciones, su mantenimiento en el tiempo y su cambio, etcétera. Por supuesto, el poder ha tenido todo esto presente al menos desde el advenimiento de la modernidad. Lo definitorio de la era del psicopoder, sin embargo, es que esto que siempre tuvo su importancia ahora resulta central. Más importante aún, ahora resulta técnicamente posible intervenir la psique y la cultura de una manera totalmente desconocida en tiempos pasados: sin coacciones

---

738. Esta distinción, que no se encuentra en autores que han trabajado el asunto, como por ejemplo Byung-Chul Han, creo que reviste mucha importancia. En efecto, la palabra «psicología» resulta escasa para referirse a fenómenos de grupos o comunidades. La palabra «cultura» es más apropiada para estos fines. Por ello, cuando el *psicopoder* pasa del individuo a la población, a falta de un mejor término, propongo hablar de «psicopolítica cultural».

violentas, sin fuerza física, sin horrorosas técnicas de privación de sueño, sin electrochoques ni cosas por el estilo.

Las investigaciones sobre el psicopoder de las tecnologías digitales abundan. Un estudio del año 2013 encontró, por ejemplo, que a partir de los «me gusta» de Facebook era posible «estimar de forma automática y precisa una amplia variedad de atributos personales que la gente normalmente supone privados».[739] Esos atributos, entre los que están la orientación sexual, las opiniones políticas, las creencias religiosas, las inclinaciones políticas, las pautas de consumo, la situación familiar y otros muchos, forman un cuadro bastante preciso de la personalidad del usuario individualizado y su contexto cultural. Otro estudio, del año 2015, encontró que analizando tan solo los «me gusta» era posible evaluar la personalidad de un usuario y predecir «consecuencias vitales» como la «satisfacción con la vida», el «consumo de sustancias» o la «depresión».[740] Ese mismo año, una empresa digital llamada Realeyes recibió 3,6 millones de euros de la Comisión Europea con el objeto de subsidiar el proyecto SEWA, cuyas siglas significan en español «Análisis Automático de Sentimientos en Estado Natural».[741] De lo que se trata es de desarrollar una tecnología capaz de aprehender con precisión milimétrica las emociones de los usuarios, en relación con determinados estímulos provistos. Esto ha ido tan rápido que SEWA tiene la capacidad de detectar reacciones y estados emocionales inconscientes, a través de la medición de gestos y reacciones que son imperceptibles para el ojo humano. A nivel grupal, Realeyes anticipa que «una vez automatizado, este proceso puede aumentarse en escala para rastrear simultáneamente las emociones de públicos enteros».[742] Similares expectativas tiene la tecnológica EmoShape, que ya he

---

739. Michal Kosinski, David Stillwell, Thore Graepel, «Private Traits and Attributes Are Predictable from Digital Records of Human Behavior», *Proceedings of the National Academy of Sciences of the United States of America*, 110, 15, 2013, pp. 5802-5805. Citado en Zuboff, *La era del capitalismo de la vigilancia*, p. 370.

740. Wu Youyou, Michal Kosinski, David Stillwell, «Computer-Based Personality Judgments Are More Accurate than Those Made by Humans», *Proceedings of the National Academy of Sciences*, 112, 4, 2015, pp. 1036-1040. Citado en Zuboff, *La era del capitalismo de la vigilancia*, p. 371.

741. Zuboff, *La era del capitalismo de la vigilancia*, p. 381.

742. Mihkel Jäätma, «Realeyes —Emotion Measurement», *Realeyes Data Services*, 2016, https://www.realeyesit.com/Media/Default/Whitepaper/Realeyes_Whitepaper.pdf, citado en Zuboff, *La era del capitalismo de la vigilancia*, p. 383.

mencionado anteriormente, y que también se dedica a monitorear y predecir estados emocionales.[743]

El psicopoder ya no es un secreto para nadie. Shoshana Zuboff ha estudiado un documento de Facebook que fue filtrado en 2018, en el que se utilizan los almacenes de datos «para predecir comportamientos futuros»[744] de los usuarios. Así, se miden distintos indicadores conductuales que resultan relevantes para la empresa y se actúa sobre ellos de distintas maneras. Por su parte, un ejecutivo de Microsoft ha descrito públicamente así a Cortana (el asistente virtual que ofrece la compañía): «Sé tanto de ti que puedo ayudarte de un modo que ni siquiera te esperas. Puedo ver pautas que tú no ves».[745] Satya Nadella, director ejecutivo de Microsoft, presentaba también a Cortana en 2016 de la siguiente manera: «Te conoce a fondo. Conoce tu contexto, a tu familia, tu trabajo. Conoce el mundo. No tiene límites».[746] Hal Varin, economista jefe de Google, ha dicho que la misión de Google Now apunta a «saber qué quieres y decírtelo antes de que hagas la pregunta». Para eso, hay que «saber mucho de ti y de tu entorno».[747] O sea, saber mucho de la psicología del usuario y su cultura. Un video promocional de Google Now vendía esta tecnología precisamente en esos términos: «Con la potencia predictiva de Now, usted recibe exactamente lo que necesita saber justo cuando lo necesita».[748]

La voluntad de saber tiene sus propios fines. El saber no está al servicio del *mero saber*. Se quieren saber todas estas cosas para hacer algo al respecto. «El objetivo en todo lo que hacemos es cambiar la conducta real de las personas, y cambiarla a gran escala»,[749] admite el principal científico de datos de una importante BigTech. Existen

---

743. En realidad, hay muchas otras empresas tecnológicas que están desarrollando tecnologías como estas. Otro ejemplo es el de BrainGaze (https://braingaze.com/), que trabaja con la capacidad predictiva que resulta de los pequeños movimientos oculares como marcadores del procesamiento visual cognitivo.

744. Citado en Zuboff, *La era del capitalismo de la vigilancia*, p. 376.

745. Citado en Dan Kedmey, «Here's What Really Makes Microsoft's Cortana So Amazing», *Time* (20 julio 2015), https://time.com/3960670/windows-10-cortana/.

746. «Satya Nadella: Microsoft Ignite 2016», *Microsoft News* (26 septiembre 2016), https://news.microsoft.com/speeches/satya-nadella-microsoft-ignite-2016/.

747. Hal Varian, «Beyond Big Data», *Business Economics*, 49, 1, 2014, pp. 28-29. Citado en Zuboff, *La era del capitalismo de la vigilancia*, p. 346.

748. «Introducing Google Now» (10 julio 2012), https://www.youtube.com /watch?v=xeAuc1Hp8yU.

749. Zuboff, *La era del capitalismo de la vigilancia*, p. 399.

también muchos estudios que han mostrado, de hecho, hasta qué punto es posible cambiar el comportamiento de los individuos a través de las tecnologías digitales.[750] Uno de ellos lo realizaron en 2012 investigadores de Facebook, y fue publicado en la revista *Nature*. Su título: «Un experimento con 61 millones de personas sobre influencia social y movilización política».[751] En pocas palabras, Facebook mostró en este estudio cómo fue capaz de manipular el comportamiento electoral en las elecciones legislativas estadounidenses del año 2010. Todo giró en torno a mensajes cuidadosamente dirigidos a distintos grupos de usuarios, donde se los animaba a votar y se les indicaba dónde debían hacerlo. Además, se utilizó un botón «Ya he votado», que mostraba cuántos usuarios de Facebook ya lo habían hecho y cuáles amigos del usuario se encontraban en ese listado. Ya en el comienzo mismo del estudio se anticipan así los resultados del experimento psicopolítico:

> Los resultados muestran que los mensajes influyeron directamente en la autoexpresión política, la búsqueda de información y el comportamiento de voto en el mundo real de millones de personas. Además, los mensajes no solo influyeron en los usuarios que los recibieron, sino también en los amigos de los usuarios y en los amigos de los amigos.

Otro estudio, realizado también por Facebook junto a la Universidad de Cornell, con una muestra de 689.003 usuarios. mostró hasta qué punto era posible manipular los estados de ánimo de las personas modificando el tipo de noticias que la BigTech mostraba en su sección de noticias.[752] En suma, estos cambios tan significativos que se dan al nivel del poder reflejan la importancia de la psique y de la cultura en los tiempos que corren. Esa importancia, que es económica y política, se expresa por ello mismo en la forma que toma el

---

750. *Cf.* Rafael Calvo, Dorian Peters, Sidney D'Mello (2015), «When Technologies Manipulate Our Emotions». *Communications of the ACM*. 58. 41-42. 10.1145/2746227, https://www.researchgate.net/publication/283562230_When _Technologies_Manipulate_Our_Emotions.

751. Robert Bond *et al.* «A 61-Million-Person Experiment in Social Influence and Political Mobilization», *Nature*, 489, 7415, 2012, pp. 295-298, https://www.nature .com/articles/nature11421.

752. *Cf.* A. Kramer, J. E. Guillory, J. T. Hancock. «Experimental evidence of massive -scale emotional contagion through social networks. *National Academy of Sciences* (2014): 201320040.

poder en la «posmodernidad». Ahora bien, dado que el poder no es una «cosa», sino una relación social, hay que preguntar por el *quién*. Es decir, *quién ejerce* realmente esta forma de poder.

Cuando se sigue la línea de Foucault, se nota que los procesos modernizadores hacen del poder algo cada vez más impersonal. A la misma conclusión se llega cuando se sigue el desarrollo del Estado moderno que ofrecen las más variadas teorías del Estado. El poder funciona más allá de quién mueva sus palancas, y esta es una condición esencial. Para ello se diferenció entre «Estado» y «Gobierno»; entre la máquina y sus eventuales ocupantes humanos. Pero la posmodernidad lleva este proceso al extremo, constituyendo otro tipo de máquina. El poder hoy es capaz de funcionar prácticamente sin soportes humanos, y la máquina puede manejarse a sí misma a partir de determinadas programaciones previas.[753] En este sentido, dice Berardi: «Cada vez nos resulta más difícil identificar al poder con actores humanos que toman decisiones e imponen su voluntad; cada vez nos resulta más fácil hacerlo con cadenas de automatización tecnosemiótica».[754]

¿*Quién*, entonces? La máquina digital no es un quién; es un *algo*; y ese algo ha sido puesto en funcionamiento, ha sido financiado y programado por *alguien*. Ese algo puede funcionar en automático, tomando sus propias decisiones incluso con base en sus propios aprendizajes, pero un *quién* ha definido los alcances y los retornos de estos procesos. La máquina ejerce el poder, pero la voluntad de poder sigue en manos de un *quién*. La voluntad de poder continúa siendo humana. En la máquina no existe ninguna consciencia del poder que ella misma ejerce: simplemente lo ejerce. Por eso la pregunta de *quién ejerce el poder* sigue vigente.

Estudiando lo que denominó «sociedad red», que es la sociedad interconectada globalmente por las nuevas tecnologías de la comunicación, Manuel Castells encontraba que:

---

753. Hace algunos años, por ejemplo, Facebook perdió el control de un sistema de inteligencia artificial que había empezado a crear su propio lenguaje. *Cf.* «Facebook apaga una inteligencia artificial que había inventado su propio idioma», *El Mundo*, 28 julio 2017, https://www.elmundo.es/tecnologia/2017/07/28/5979e60646163f5f688b4664.html.

754. Franco «Bifo» Berardi, *Futurabilidad. La era de la impotencia y el horizonte de la posibilidad* (Buenos Aires: Caja Negra, 2019), p. 111.

En un mundo de redes, la capacidad para ejercer el control sobre otros depende de *dos mecanismos básicos*: *1) la capacidad de constituir redes y de programar/reprogramar las redes según los objetivos que se les asignen; y 2) la capacidad para conectar diferentes redes y asegurar su cooperación compartiendo objetivos y combinando recursos, mientras que se evita la competencia de otras redes estableciendo una cooperación estratégica.*[755]

En la sociedad del panóptico 2.0, en la sociedad del psicopoder, el ejercicio del poder tiene lugar allí donde la máquina se financia, se programa y se conecta con otras máquinas psicopolíticas. El poder lo ejercen los individuos que intervienen en estos procesos. El poder lo ejercen quienes son capaces de dirigir voluntades a través de técnicas psicopolíticas que se esconden tras dispositivos y aplicaciones, como la que acabo de mencionar de Facebook. El poder lo ejercen quienes financian y programan, conectan y desconectan, enlazan y controlan el acceso de la competencia.

Otro ejemplo de esto fue el fin de la vida digital de Donald Trump. Ante el antecedente de su victoria del 2016, en la que las redes jugaron un papel fundamental, sus dueños decidieron *desconectar* progresivamente a Trump del mundo digital. Primero, con el agregado de carteles de advertencia y mensajes de la red incrustados en las propias publicaciones de Trump. Después, con reiteradas censuras, eliminaciones de publicaciones y bloqueos de diversa índole. Finalmente, con la eliminación *absoluta* de toda su presencia digital: todas sus cuentas desaparecieron, en todas las plataformas, al mismo tiempo. Adicionalmente, las redes sociales alternativas que no se plegaron a la desconexión fueron también desconectadas. El caso más relevante es el de Parler. Google la eliminó de su sistema de descarga de aplicaciones Google Play. Lo mismo hizo Apple con su AppStore. Desde los teléfonos Android y Apple ya no se podía descargar de forma normal la red social Parler. A las pocas horas, Amazon cerró el servidor que abastecía a Parler, y ese fue su fin definitivo.

Las redes no son tecnologías neutras desde el punto de vista político-ideológico. Por lo general se piensa en ellas en términos meramente económicos. Así, se pierde de vista que quienes ejercen

---

755. Castells, *Comunicación y poder*, p. 76.

este poder tienen también sus preferencias políticas e ideológicas, y pueden poner las tecnologías al servicio de su propio proyecto. En consecuencia, estas tecnologías son irreductibles a la mera maximización económica. Su uso no está limitado a la mera acumulación capitalista. Este es el error de Shoshana Zuboff, cuya noción de «poder instrumentario»[756] es demasiado economicista. El «capitalismo de la vigilancia» del cual ella habla no deja ver tras de sí los proyectos culturales y políticos que están en juego. Por eso se trata de una visión coja del poder. Cuando la censura definitiva contra Trump tuvo lugar, la caída de Twitter en la bolsa fue más que significativa. Sin embargo, su director de todas maneras redobló la apuesta, ordenándole a su equipo que la censura se extendiera e intensificara a lo largo y ancho de todo el sector conservador. ¿Es esto reductible a un mero cálculo capitalista, o entraña un compromiso político e ideológico que va más allá de la ganancia o la pérdida económica?

Que las redes no son un espacio neutro es obvio si se advierte cómo opera allí la censura, y cómo el propio sistema distribuye cuidadosamente la visibilidad de la información que circula. Puede recordarse cuando ya en tiempos de Obama la funcionaria Lois Lerner utilizó los servicios de inteligencia para perseguir digitalmente a los donantes del Tea Party y otros movimientos de derechas. El escándalo fue importante, pero Facebook protegió a Lerner bloqueando cualquier contenido que tuviera relación con esa noticia. Algo muy parecido sucedió años más tarde, cuando Twitter censuró al *New York Post* para proteger al hijo de Biden. Era literalmente imposible difundir esa noticia en esta red social. También puede recordarse la comparecencia de Zuckerberg ante el Congreso norteamericano, a causa de las incontables censuras: «Facebook está en Silicon Valley, el cual es un lugar que se inclina extremadamente hacia la izquierda en lo político». Esta fue su forma de defenderse de las acusaciones que evidenciaban un ensañamiento de la red social contra sus usuarios, grupos y páginas conservadoras. Fue una manera de decir: «es lógico que Facebook censure a conservadores, porque Facebook está hecho por progresistas». Tanto así es que, hacia fines del año 2020, se filtró una grabación donde el dueño de Facebook les dice a sus empleados que «la comunidad a la que servimos tiende a ser, en

---

756. *Cf.* Zuboff, *La era del capitalismo de la vigilancia.*

promedio, ideológicamente un poco más conservadora que nuestra base de empleados». Seguidamente agrega: «Tal vez "un poco" sea un eufemismo». [757]

De hecho, exempleados de la corporación han confesado públicamente que era una práctica habitual suprimir contenido conservador y eliminar «tendencias» que orgánicamente pudieran favorecer ideas conservadoras. A nivel interno, en Facebook los llaman «curadores de noticias».[758] Su tarea es vigilar permanentemente el contenido, apoyados por algoritmos programados para tales fines, en busca de opiniones que no deberían ser expresadas y posturas que no deberían exteriorizarse. Ni siquiera pagando por publicidad, en muchos casos, los sectores conservadores logran hacer visibles sus consignas en las redes sociales. Hace no mucho tiempo Twitter prohibió la publicidad de Live Action, una asociación provida. Facebook prohibió publicidad de Students for Life. El productor de cine Nick Loeb dijo que Facebook le impidió promocionar su película «Row vs. Wade». Mientras tanto, las mismas BigTech financian a la abortista Planned Parenthood, y Google entrega a su presidenta Cecile Richards un «Premio Campeón del Cambio». Toda esta mezcla de censura y adoctrinamiento se ha vuelto tan visible que, en Estados Unidos, una encuesta del año 2020 del Pew Research Center mostró que alrededor del 75 % de los adultos en ese país piensan que es «muy» o «algo» probable que las redes sociales censuren intencionalmente posiciones políticas que hallan objetables.[759]

Así, el psicopoder digital no solo se ejerce para ganar dinero, sino también para dar batalla cultural y condicionar procesos políticos. Su ejercicio conlleva la posibilidad de registrar personalidades completas, analizar relaciones sociales, anticipar deseos, orientar decisiones, emociones, comportamientos, hacer aparecer y desaparecer

757. Jennifer Graham, «Facebook, Bias and the Battle over Conservative and Liberal Content on Social Media», *Deseret* (15 octubre 2020), https://www.deseret.com/indepth/2020/10/15/21409131/conservatives-facebook-bias-section-230-mark-zuckerberg-tucker-carlson-media-trump-hunter-biden.

758. *Cf.* Michael Nunez, «Former Facebook Workers: We Routinely Suppressed Conservative News», *Gizmodo* (5 septiembre 2016), https://gizmodo.com/former-facebook-workers-we-routinely-suppressed-conser-1775461006.

759. *Cf.* «Most Americans Think Social Media Sites Censor Political Viewpoints», *Pew Research Center* (19 agosto 2020), https://www.pewresearch.org/internet/2020/08/19/most-americans-think-social-media-sites-censor-political-viewpoints/.

noticias e informaciones, hacer aparecer y desaparecer personas, borrar de un plumazo ideas que no se encuadran en el proyecto político-ideológico de quienes ejercen este tipo particular de poder, o bien posicionar de forma destacada otras en el *feed* de los usuarios, y así sucesivamente. El ejercicio de semejante poder conlleva un dominio cultural sin precedente alguno en la historia.

VII. ¿Hacia un Leviatán global?

¿Qué sucede con el Estado en un mundo como el descrito? ¿Qué sucede con esta unidad política de base territorial en un mundo sujeto a irrefrenables procesos de desespacialización? ¿Qué sucede con el «monopolio de la fuerza» delimitado a un territorio, según la célebre definición weberiana, allí donde las fronteras empiezan a diluirse y las distintas fuerzas geográficamente dispersas, por lo tanto, empiezan a solaparse y confundirse? ¿Qué ocurre con las lealtades nacionales que están en la base de la constitución del Estado nación, en un mundo marcado por la *hipercultura* conectiva?

Estas preguntas retóricas sirven simplemente para encuadrar la especificidad de la crisis que afrontan los Estados nacionales tras las revoluciones comunicativas y tecnológicas recientes. La causa general de la crisis podría concebirse como la de la subversión del espacio por la velocidad, que desintegra la superficie de ejercicio del poder en la modernidad: el espacio, tanto geográfico como corporal. En efecto, el Estado como centro del poder político en las sociedades modernas administraba los espacios, los tiempos y los cuerpos. Su poder era inescindible de la capacidad de control territorial, que se traducía en la soberanía sobre quienes se desplazaban en su territorio, obligados a respetar sus leyes. La condición de este ejercicio era la clara delimitación del espacio, condición que difícilmente se cumple en la era de la informatización de la sociedad y de la vida. Así, el Estado empieza a perder poco a poco la centralidad política de la que había gozado durante varios siglos.

En las últimas décadas, los cambios al nivel del Estado han sido realmente significativos. La desmaterialización de la vida que produjeron los actuales niveles de conectividad mundial y el creciente desplazamiento de la existencia hacia la dimensión *online* revolucionan las condiciones de existencia de la sociedad y, con ella, la configuración del poder político. Para empezar, en un marco en el que las interacciones globales se vuelven parte de la experiencia cotidiana, la propia dicotomía nacional/extranjero va perdiendo nitidez. Ello es así porque lo próximo y lo distante, juego de diferencias que estructura las culturas nacionales, es a su vez una dicotomía que va perdiendo sentido en un mundo en el que la interactividad del globo entero está mediada por un clic, satélites y fibra óptica. Así, el Estado empieza a experimentar un proceso no solo de aniquilación de la centralidad del espacio para la política, sino también de desarraigo de su componente cultural definitorio: la nación.

Nación y nacionalismo son categorías que surgen de los propios procesos modernizadores que ahora llegan a su fin. El Estado moderno se conjuga con una nación como órgano colectivo definido por profundas afinidades históricas, lingüísticas, simbólicas y proyectivas. El nacionalismo, por su parte, es el proyecto político y cultural que destaca la primacía de esas afinidades, y la necesidad de desplegarlas en un territorio dado en coincidencia con su soberano. La política moderna ha sido inseparable de estas categorías (aun en la experiencia del socialismo real). Pero todo esto parece cambiar en la «posmodernidad» o tardomodernidad. Los contornos de las naciones se van borrando por causas materiales como las migraciones masivas, pero también por causas ideológicas como el deliberado ataque contra los sentimientos nacionales. El talante posmoderno, sin embargo, no suele aplicar la misma vara para todos: la deconstrucción de lo nacional y de las particularidades culturales se vuelve un imperativo categórico cuando se trata de una nación occidental. Nadie que no desee arriesgar su reputación debería, empero, someter a deconstrucción los más profundos valores y creencias de los migrantes que llegan a los países occidentales en busca de prosperidad o seguridad. El mandato consiste en reconocer a la «Otredad» y celebrar sus particularidades y diferencias, no hacerlas añicos. Esta autodestrucción, pues, está reservada para nosotros mismos, como fruto de la autoculpabilización colectiva que el progresismo no ha cesado de impulsar, con la que permanentemente nos flagelamos. El objeto de la desconfianza e incluso del odio se ha desplazado del «ellos» al «nosotros»; el onanismo de lo «otro» tiene su contracara en el desprecio de lo «mismo». Esta hipocresía autodestructiva es la que está en la base de un cierto renacer, precisamente como reacción a ella, del sentimiento patriótico en algunas latitudes occidentales.

Además de la nación, el Estado está perdiendo actualmente dos elementos esenciales: su *autonomía* y su *soberanía*. Esta última se refiere al derecho reconocido del Estado a ejercer el control supremo sobre su territorio; y aquella, a las capacidades efectivas que el Estado tiene para poner en marcha de manera independiente ese control supremo. Esta pérdida no es una pérdida del poder político en tanto que disminución de una cuantía total sobre la sociedad, sino todo lo contrario: el Estado se está viendo sobrepasado por la emergencia de un poder superior al suyo, que empieza a regimentar a los Estados (y, por tanto, a las sociedades) a través de estructuras organizacionales de tipo internacional. Con otras palabras, el Estado, en permanente expansión, ha experimentado sin embargo una disminución de su poder en términos relativos, en la medida en que el poder político de las organizaciones internacionales ha venido creciendo en detrimento del Estado. Las burocracias internacionales y regionales se van imponiendo paulatinamente sobre las nacionales, y sus reglamentaciones, a menudo sustraídas de todo poder ciudadano efectivo, van arrollando los resquebrajados marcos del derecho interno.

El derecho internacional, en lo que a su desarrollo y expansión se refiere, refleja con precisión la actual crisis del Estado nación. Durante el siglo XIX, el derecho internacional se concibió como una articulación a partir de la cual fuera posible regular las relaciones entre los Estados. Pero en el siglo XX nacería la doctrina de los derechos humanos (apoyada en varios antecedentes, como *les droits* de *l'homme*), que incluyó como sujeto del derecho internacional a los propios individuos. El estatus de ciudadano nacional empezó a ceder ante la noción de una suerte de ciudadanía universal. Tal es el hecho ideológico más significativo, a nivel político, de nuestra época, en la medida en que desplaza al Estado como unidad política suprema que se da un marco jurídico propio y lo hace cumplir, para redirigir ese poder a la progresiva conformación de nuevas organizaciones supranacionales que procurarán brindar ellas tal marco, esta vez no particular sino universal, y que paulatinamente intentarán hacerlo cumplir.

Como el derecho natural, la nueva doctrina procura en principio proteger al individuo del Estado, pero, a diferencia del mencionado derecho, termina creando una burocracia potencialmente más poderosa. Como el cristianismo, apela a una concepción universalista donde la humanidad se reconcilia en el cumplimiento de una sola Ley, la ley verdadera. Pero, a diferencia de aquel, esa ley ya no tiene raíces en ninguna Revelación transmitida (y limitada) por la tradición, sino en la revelación de aquellos que tienen el poder político global para decidir qué es un Derecho Humano y qué no, hoy mismo, aquí y ahora, hoy de una forma, mañana de otra. Los derechos humanos tienen, en efecto, bastante de religión política; como Dios y como Estado, se suelen escribir con mayúscula. Alain de Benoist tiene razón cuando apunta que «hoy resulta inconveniente, blasfemo y escandaloso criticar la ideología de los derechos humanos tal y como antes lo era dudar de la existencia de Dios».[760] Régis Debray, otro francés, pero esta vez de izquierda, define los derechos humanos como «la última de nuestras religiones civiles en aparecer, el alma en un mundo sin alma».[761]

La doctrina de los derechos humanos no es posmoderna, sino esencialmente moderna e ilustrada. Podría considerársela incluso un *metarrelato*, como la ideología jurídica de legitimación con pretensiones universales del actual globalismo que, en su propio parto, evidenció sus dificultades inexorables. En 1947, alrededor de 150 intelectuales de distintos países fueron convocados para discutir las bases de la Declaración Universal de los Derechos Humanos que se promulgaría al año siguiente. El fracaso de la iniciativa fue tal que la Comisión de los Derechos Humanos de la ONU evitó publicar los resultados de la convocatoria: allí donde se procuraba encontrar universales que hicieran las veces de fundamentos sólidos, el particularismo afloraba en todas partes. Derechos universales carentes de fundamentos universales solo pueden evidenciar la contingencia, particularidad y fragilidad de lo que se pasa por universal. Si además se da la razón a Francis Fukuyama cuando dice que los

---

760. Alain De Benoist, *Derechos humanos. Deconstrucción de un mito moderno* (Tarragona: Edición Fides, 2016), p. 55.
761. Régis Debray, *Que vive la République* (Odile Jacob: 1989). Citado en De Benoist, *Derechos humanos*, pp. 54-55.

derechos humanos necesitan «fundarse en una concepción de la naturaleza humana»,[762] se tiene frente a los ojos un importante cortocircuito entre el relato jurídico dominante y la cultura posmodernista en boga, que desprecia los «grandes relatos», que considera falaz hablar en términos de una historia universal, que reivindica con efusión las diferencias, que desprecia la mentalidad ilustrada y que entiende, por supuesto, que no existe nada que pueda ser llamado «naturaleza humana». Lo llamativo es que este cortocircuito no se haya hecho notar en una medida apropiada. ¿Será porque la misma izquierda que abrazó al posmodernismo es la que al mismo tiempo y sin sonrojarse hegemoniza el derechohumanismo? ¿No es por lo menos curioso advertir que los mismos que repiten con Foucault aquello de «la muerte del sujeto» son quienes militan en nombre de derechos que tienen al ser humano precisamente como sujeto universal?

Los derechos humanos en la posmodernidad tal vez no sean mucho más que la cristalización jurídico-política universal de una batalla cultural global por la definición de sus contenidos. En Hispanoamérica se ha tenido un caso reciente de bastante significación. El 9 de enero del 2018, la Corte Interamericana de Derechos Humanos (CIDH) emitió su Opinión Consultiva No. OC-24/17 sobre una consulta de Costa Rica presentada el 18 de mayo de 2016 en referencia a los llamados «derechos LGBT». En resumen, la CIDH interpretó que la Convención Americana de Derechos Humanos protege derechos como los inherentes al matrimonio homosexual, la adopción homoparental y la identidad de género. Desde luego, estos derechos no existen en la citada Convención, con lo cual la Corte se excusa diciendo que «los tratados de derechos humanos son instrumentos vivos, cuya interpretación tiene que acompañar la evolución de los tiempos y las condiciones de vida actuales»,[763] lo cual significa, en puridad, que la interpretación está directamente condicionada por la ideología hegemónica del momento que se naturaliza como «evolución de los tiempos» y

---

762. Francis Fukuyama, «Natural Rights and Natural History», en *The National Interest*, Nueva York (otoño 2001), p. 19.

763. La opinión consultiva en cuestión se puede leer completa en http://www .corteidh.or.cr/docs/opiniones/seriea_24_esp.pdf.

como «las condiciones de vida actuales». En otras palabras, cuando se presiona un poco, las contingencias y particularidades de la batalla cultural se terminan asumiendo de manera más o menos embozada como verdadero fundamento de lo que luego se pone frente a nuestros ojos como dato universal y, por lo tanto, como absolutamente verdadero. Como agravante, esa batalla cultural ha sobrepasado los límites de las naciones y ahora tiene escala planetaria y, en consecuencia, efectos políticos y jurídicos globales. La Opinión Consultiva de la CIDH no solo impactó sobre Costa Rica, sino sobre los veintitrés Estados que ratificaron la Convención Americana en su momento y que ahora están sujetos a «la evolución de los tiempos».

El poder político está siendo depositado cada vez más en organizaciones internacionales que, en la multiplicación no solamente de sus siglas, sino también de sus funciones, componen un complejo tejido de poder que está desafiando la soberanía y la autonomía de los Estados nación. En el citado caso de la CIDH, por ejemplo, la Opinión Consultiva busca condicionar el derecho interno de los Estados miembro cuando indica que «se estima necesario que los diversos órganos del Estado realicen el correspondiente control de convencionalidad aplicando los estándares establecidos en esta Opinión Consultiva». Por ello, el Tribunal insta «a esos Estados a que impulsen realmente y de buena fe las reformas legislativas, administrativas y judiciales necesarias para adecuar sus ordenamientos, interpretaciones y prácticas internos» a cuestiones como la legalización del matrimonio homosexual, la adopción homoparental y la identidad de género como autopercepción que genera obligaciones jurídicas en el Estado y en la sociedad en su conjunto. Conviene recordar que la Corte está integrada por siete jueces, que tienen la facultad de indicarles a veintitrés Estados y varios cientos de millones de americanos qué deben hacer con su ordenamiento interno. Y este es apenas un ejemplo al azar.

Las organizaciones internacionales se distribuyen áreas y funciones diferentes, y sus alcances son muy variados. ONU, FMI, BM, OMS, OIT, UNESCO, UNICEF, OEA, BID, OMC, ONUDI, IFAD, FAO, CEPAL, CELAC, SAARC, EU, ECOWAS, PNUD, UNASUR, CARICOM, SADC y un largo etcétera son algunos ejemplos de siglas bastante conocidas por todos. No abordaré aquí sus particularidades. Lo que interesa es sencillamente poner de manifiesto en qué medida el poder en la sociedad posmoderna está, por parafrasear a Toni Negri, «descentrado».[764] La soberanía de los Estados nación se tambalea cada vez más. Las realidades nacionales son hoy un producto de la doble determinación de un poder interno y otro internacional, quedando el individuo aplastado entre dos leviatanes. En este caso, el poder no se divide: se multiplica. En virtud de su dimensión internacional se vuelve, además, ineludible: no deja siquiera abierta la posibilidad del exilio.

El poder del orden global no es, desde luego, un poder democrático. Si el ideal democrático, como ya he mostrado, puede definirse a partir de una forma de gobierno en la que el poder emana desde el pueblo para gobernar al pueblo, y que en la práctica se traduce en la determinación de la voluntad ciudadana con arreglo al uso de instrumentos electorales y su consiguiente representación, el actual orden internacional carece de todos estos componentes. Para empezar, ni siquiera existe tal cosa como un «pueblo global»;[765] la *hiperculturalidad* supone una superposición desespacializada de las culturas, no una homogeneidad como la que sustentaba la existencia de las naciones. Más aún, el orden global que se está conformando debilita el componente democrático de los Estados en la medida en que las decisiones de las organizaciones internacionales se imponen sobre los pueblos en un movimiento que va de arriba abajo, no de abajo arriba, y de los pocos a los muchos, en componendas usualmente tecnocráticas en las que el pueblo, tanto en el sentido de *populus* como de *plebs*, no tiene nada que ver ni que decir. El caso arriba expuesto de estas siete personas del *establishment* global ordenando sus leyes a cientos de millones debiera ser un ejemplo suficiente para ilustrar el argumento.

El poder globalista es tecnocrático y elitista. Es una suerte de «despotismo ilustrado»: la legitimidad de las organizaciones internacionales no descansa realmente en ningún mecanismo

---

764. Antonio Negri, Michael Hardt, *Imperio* (Buenos Aires: Paidós, 2012).
765. Nótese al respecto que la Agenda 2030 de la ONU, en su objetivo 4.7, llama a adoctrinar a los niños en «la ciudadanía mundial». A menos que exista algo así como un «gobierno mundial», hablar de «ciudadanía mundial» sería un sinsentido.

democrático, sino en la condición de «expertos» de sus ocupantes. Así, en estas estructuras hay «expertos» de todo y para todo: género, niñez, economía, medioambiente, derechos humanos, mujeres, razas, etnias, gobernanza, etcétera. Las ONG, por su parte, tampoco precisan de legitimación democrática alguna: su legitimidad es una función de cuánta propaganda gocen, de cuántos favores mediáticos logren, de cuántos famosos las ponderen, y todo esto suele resumirse a cuánto presupuesto anual manejen. Nadie elige, nadie debate alternativas, no existen opciones encontradas ni oposiciones, y no hay voluntad popular ni nada parecido, ni en las ONG ni en las organizaciones internacionales: lo que hay es, sencillamente, dinero y *lobby*. No hay pueblos, sino una nauseabunda mezcla de burócratas, «filántropos» millonarios y famosos figurones.

El poder en este contexto no se divide, sino que se multiplica. Los Estados, salvo excepciones, se van alineando con esta configuración global. Empiezan a tomar la forma de «virreinatos». Que la política pierda su centro no significa debilidad, sino todo lo contrario: significa imposibilidad de elusión. Cuando el poder se halla en el centro, los márgenes suelen ser un escape. En las dictaduras modernas, la última evasión que un individuo tenía a disposición era el exilio. Escapar al poder suponía escapar del *lugar* donde ese poder tenía su centro. Por fuera del radio de *ese* poder, el exiliado no se colocaba por lo general al margen *del* poder como tal, sino que ingresaba a un espacio determinado por *otro* poder político, distinto y, en principio, más benévolo y conveniente que el que se abandonaba. La actual desterritorialización del poder supone, no obstante, la virtual imposibilidad del exilio. Mientras el espacio se encoge en la aldea global, la vigilancia, sin embargo, se multiplica. No quedan márgenes ni puntos ciegos. El globalismo político borra todo límite territorial; el espacio se modifica, quedando progresivamente determinado por las condiciones globales de ese poder. Cuanto más avanza el orden político global, más se van estrechando las opciones de dónde exiliarse. En efecto, desligar al poder político de su territorio —y esto es precisamente lo que permitió la revolución comunicacional y tecnológica— significa hacer que ese mismo poder sea omnipresente, ineludible, incontrolable. Pierde su centro, porque está en todos lados. El poder político puede convertirse en un dios, en la medida en que carece de lugar. Además, quiere aproximarse a la omnisciencia, viéndolo todo, sabiéndolo todo, registrándolo todo, previéndolo todo. Evadir los tentáculos de las burocracias nacionales se lograba, fundamentalmente, escondiéndose de ellas. ¿Pero dónde se esconderán los individuos de la burocracia global?

Junto a la multiplicación de organizaciones internacionales se ha dado una multiplicación de las llamadas organizaciones no gubernamentales (ONG) dedicadas al *lobby* nacional e internacional. Ellas son las que desarrollan, sobre todo, la batalla cultural global que se articula con el poder político global. Las más importantes son, de hecho, aquellas que procuran impactar en las organizaciones internacionales, aprovechando la naturaleza generalmente antidemocrática de estas últimas. Porque si ellas están conformadas en la mayoría de los casos al margen de los mecanismos democráticos directos, no es al pueblo al que hay que convencer de votar de determinada manera. Lo que hay que hacer, más bien, es seducir de diversas formas e incluso infiltrar las burocracias que se van configurando al calor del poder político global, penetrándolas con una visión del mundo que las regirá en adelante. En 1909, las ONG de carácter internacional en el mundo eran 176. Para 1989, ese número ya estaba en 4.624 (muchas de las cuales se presentan como «organizaciones de derechos humanos»).[766] Y la cantidad no ha parado de crecer. Debería ser innecesario agregar que estas ONG tienen intereses concretos, con una ideología articulada, desde luego, pero también con una financiación determinada no por microdonantes, sino por los que ponen las grandes sumas de dinero para que sus estructuras funcionen, se expandan e impacten con eficacia. Daré algunos ejemplos al respecto en el próximo capítulo.

En política, la posmodernidad no es el tiempo ni del ciudadano nacional, ni del pueblo ni del Estado. La posmodernidad política es la irrupción del *lobby* de las ONG, y de las organizaciones internacionales sedientas de soberanía. Una batalla cultural sin precedentes está operando en esta transición.

---

766. *Cf.* David Held, *La democracia y el orden global. Del Estado moderno al gobierno cosmopolita* (España: Paidós, 1997), p. 139.

CAPÍTULO 6

IZQUIERDAS Y DERECHAS EN LA BATALLA CULTURAL

I. Sentido y vigencia de la díada izquierda/derecha

Izquierda y derecha, en su sentido más básico, constituyen puntos de referencia. Su función primaria es la de organizar de manera elemental el espacio y aquello que en él se ubica. Por su simplicidad, estos puntos aprehenden el espacio como un segmento, ni siquiera como un plano. De un lado, la izquierda; del otro lado, la derecha. A lo largo de ese segmento imaginario, que va de lado a lado, las cosas se distribuyen a izquierda y derecha, de manera relativa, las unas respecto de las otras.

Este sentido primario de la distinción es un sentido topológico. Como tal, carece de consecuencias axiológicas. Pero la distinción no se agota en lo meramente espacial, sino que trasciende, en el ámbito de la cultura, este sentido estrecho y se constituye en referencia moral, ritual, teológica y, en determinado momento, también política. Así, la distinción izquierda/derecha puede encontrarse por doquier, en culturas diversas y en distintos momentos históricos, muy anteriores al origen político moderno de la díada, que suele ubicarse en la Revolución Francesa.

La religión, por ejemplo, es un dominio saturado de referencias a la izquierda y la derecha. Por lo general, la derecha es el lado del bien, la salvación y el poder de Dios. La izquierda, lo contrario. En el Antiguo Testamento, Dios sienta al Hijo a su derecha (Sal 110:1). Benjamín es el hijo más querido de Jacob, y su nombre significa «hijo

369

de la derecha». Jacob bendice a los hijos de José utilizando su mano derecha para expresar predilección por uno de ellos (Gn 48:8-22). En Eclesiastés 10:2, se dice que «El corazón del sabio está a su mano derecha, mas el corazón del necio a su mano izquierda». La distinción es significativa en otros textos hebreos, como el Talmud y el Zohar, donde la derecha se vincula a la vida y al bien, y la izquierda a la muerte y al mal.

En el Nuevo Testamento también abundan las referencias. En Mateo 22:44, Jesús repite: «Dijo el Señor a mi Señor: siéntate a mi derecha». En Mateo 6:3, dice Jesús: «Mas cuando tú des limosna, no sepa tu izquierda lo que hace tu derecha». Jesús cura a un hombre que «tenía seca la mano derecha» (Lc 6:6). Según Mateo 27:38, dos ladrones fueron crucificados junto a Jesús: uno a su derecha y otro a su izquierda; según evangelios apócrifos, el bueno era el de la derecha. Cuando las mujeres entraron «en el sepulcro, vieron a un joven sentado al lado derecho» (Mr 16:5-6), y fue él quien anunció la Resurrección. Los apóstoles logran pescar una vez que hacen caso a Cristo, quien les indica desde la playa que tiren la red por el lado derecho (Jn 21:2-6). Incluso en el Juicio Final, Dios separará a los salvos a la derecha y a los condenados a la izquierda (Mt 25:31-46).

En el islam también se encuentra una distinción que corre la misma suerte. «Los de la derecha, ¿qué son los de la derecha? Estarán entre azufaifos sin espinas y liños de acacias, en una extensa sombra, cerca de agua corriente y abundante fruta, inagotable y permitida, en lechos elevados», dice el Corán (56:27-34). Pero, a continuación: «Los de la izquierda, ¿qué son los de la izquierda? Estarán expuestos a un viento abrasador, en agua muy caliente, a la sombra de un humo negro, ni fresca ni agradable» (56:41-44). También se hallan estas distinciones en la religión egipcia que, dominada por el culto solar, concibe al Sol como el ojo derecho del cielo y a la Luna como el ojo izquierdo. Esta misma direccionalidad de lo bueno y lo malo se repite en el hinduismo, donde el brahmán y los objetos sagrados se colocan a la derecha, y existen ritos como el *pradaksina*, en el que se gira hacia la derecha en sitios sagrados con el fin de absorber energía. Girar hacia la izquierda (*prasavya*) es un signo negativo. Lo mismo ocurre con el uso de otro antiguo símbolo dual, de origen arcano, que primeramente fue conocido a través de los hindúes: la cruz *svástika*, que significa «bienestar», y cuyos extremos apuntan a la derecha; en la *sauvástika*, que significa desdicha, los extremos van hacia la izquierda.

En la antigua Grecia, por su parte, el patrón se repite. La espiral de la destrucción (Poseidón) gira hacia la izquierda, mientras que la espiral de la creación (Palas Atenea) lo hace hacia la derecha. En el primitivo teatro griego, el «Theologeion», la plataforma elevada desde la que los dioses hablaban, se colocaba a la derecha.[767] En Roma se reza volviéndose hacia la derecha; la vuelta hacia la izquierda es propia de los ritos fúnebres. E incluso en indígenas americanos se ha encontrado cosa parecida: «Hazme el favor, Señor [...] sírvete de una humilde vela [...]. Recíbela con tu mano derecha, Padre», dice una oración tzotzil. Textos mayas dicen: «Tres saludos cuando cae mi palabra en la mano derecha del Gran Dios de la Lluvia [...] en la mano derecha del Señor Dios, cuya bendición se imparte sobre una mesa santa». Una oración mapuche dice: «Salve, Ñamcu (águila), ser poderoso. Mira a tus esclavos con el ojo derecho de la buena fortuna, no con el izquierdo de la desgracia».[768]

La distinción izquierda/derecha se expresa también en clave moral en torno a la *legalidad*, a lo que se corresponde al buen proceder. La derecha, *right*, *droite*, *recht* es rectitud y corrección. El *right way* es el camino correcto; *recht tun* en alemán es «hacer lo correcto». Lo contrario a la izquierda, que es carencia (*left*), que es lo que está «curvado»: *laevus*, «situado a la izquierda» en latín —que también significa «desgraciado» y «tonto»— tiene la raíz *lei-*, que significa «curvar». En francés, *gauche*, «izquierda», significa también «torcido», «torpe»: *à gauche* es «al revés». De la misma forma, la Real Academia Española establece que uno de los significados de «izquierdo» es «torcido». La acción se califica a menudo moralmente con estos términos: hacer algo «por izquierda», o bien «por derecha». En similar sentido, el adjetivo sánscrito *daksina*, que significa «que está a la derecha», también significa «moral» y «honesto». La voz latina *dexter*, que es «diestro» o «derecho», está en relación con *decus*, que significa «moralidad», «deber», «virtud», y con la voz griega *dexíos*,

---

767. *Cf*. Pedro Caba, *La izquierda y la derecha en el hombre y en la cultura* (Madrid: Marova, 1978), p. 148.

768. Estos ejemplos y otros tomados aquí están citados en Jorge Martínez Albaizeta, *Izquierdas y derechas. Su sentido y misterio* (Madrid: Speiro, 1974), pp. 73-75.

que además de «diestro» significa «afortunado». En efecto, la derecha es la diestra, alude a la destreza y la habilidad: *destro* es «derecho» en italiano, y *destreggiare* es «obrar con destreza». Al revés ocurre con el lado izquierdo, que es siniestro: a la diestra, pues, se le opone la siniestra (*sinister* en latín). Por motivos como estos, no es casualidad que haya que jurar con la mano derecha, o bien que según supersticiones populares haya que levantarse con el pie derecho y no con el izquierdo, o que haya que esperar buenas noticias al golpearse el codo derecho y malas si se trata del izquierdo, o que haya que sospechar lo bien o mal que hablan de uno según se ponga roja la oreja derecha o izquierda, respectivamente.

La distinción izquierda/derecha guarda una relación con las culturas que ciertamente va mucho más allá de su sentido topológico primario. Los puntos de referencia que propone tienen la potencia de referir más allá del espacio, y así lo han hecho. Pero estos puntos de referencia son demasiado simples: son «unidimensionales». Se desentienden incluso de un «arriba» y un «abajo», con arreglo a los cuales se podría formar un plano; por no hablar de la profundidad de un hipotético eje z. Así pues, mero eje de abscisas sin ordenadas y sin profundidad: eso es la díada izquierda/derecha, en virtud de la cual se distribuyen los objetos y sus atributos posicionales relativos, además de sus contenidos simbólico-culturales.

Pero así son las dicotomías. El bien y el mal, la verdad y el error, lo sagrado y lo profano, lo bello y lo feo, los amigos y los enemigos. La moral, la gnoseología, la teología, la estética, la política, respectivamente, juegan a menudo entre dos términos antitéticos. Así como a partir de esos términos se levantan dichas dimensiones, la derecha y la izquierda pasarán a constituir, desde la Revolución Francesa en adelante, la dimensión político-ideológica de las sociedades modernas. Derecha e izquierda, que desde antaño significan mucho más que posiciones relativas en el espacio, se convertirán en la metáfora preferida para representar el grado cero del conflicto ideológico moderno: su expresión más abstracta, su enunciación misma. En efecto, el eje horizontal izquierda/derecha servirá para distribuir dentro de sí distintas posiciones político-ideológicas relativas en una sociedad que ha sido pluralizada por el proceso modernizador. Para las sociedades premodernas, en cambio, donde la religión era la medida de lo político, el eje vertical predominaba. La política se acomodaba mejor en el eje de las ordenadas: Arriba y Abajo, el Cielo y la Tierra, Dios y el Hombre, el Rey y el Súbdito.

Pero la modernización trae consigo la primacía ideológica del eje horizontal. La ideología igualitaria, constitutiva del hecho democrático moderno, precisa de una distribución horizontal de las ideas políticas y sus correspondientes trayectorias. Así, izquierda/derecha procura reemplazar arriba/abajo: el Pueblo (o la Nación), que toma el lugar del Rey, y el Hombre, que termina desplazando a Dios del centro, legitiman su dominio en la ideología horizontal. El Pueblo, que no reviste jerarquías, sino que es «llano», constituido en su identidad como articulación de una cadena equivalencial de demandas políticas; el Hombre, abstraído jurídicamente como Ciudadano, celebra contratos sociales y políticos gozando de igualdad formal. Lo alto y lo bajo van volviéndose incompatibles con el espíritu democrático moderno que, como viera Tocqueville ya hace mucho tiempo, demanda cuotas crecientes de igualdad. A diferencia del eje vertical (que sin embargo no desaparece) la lógica izquierda/derecha se ajusta mejor a los nuevos tiempos, e irrumpe en la política moderna para distribuir las posiciones político-ideológicas en danza.

No es una casualidad que esta dicotomía horizontal haya surgido en la Francia revolucionaria de 1789. La historia es sobradamente conocida. El 27 de agosto de ese año se trataba en la Asamblea la vigencia del veto real en el nuevo régimen de monarquía constitucional. Quienes se sentaron a la derecha del recinto se manifestaron a favor; quienes se sentaron a la izquierda, en contra. La distancia espacial entre unos y otros era, también, una distancia ideológica. La distancia no era trascendental, sino inmanente. El sistema naciente así lo requería. El Antiguo Régimen había sucumbido. El Rey pronto terminaría de hacerlo también. Y ahora la política —incluidas las prerrogativas del Rey— se resolvía en un segmento horizontal que se visualizaba entonces como izquierda/derecha: como una disposición enfrentada de las partes en el espacio que reflejaba una disposición enfrentada de las ideas y las voluntades respectivas. Se produjo así un desplazamiento en la significación que fue de lo topográfico, y posteriormente de lo teológico y moral, a lo político-ideológico.

El eje vertical reflejaba la integración jerárquica de los órdenes premodernos, que es precisamente la que se agrietará por entero con el advenimiento de la modernidad. El eje horizontal, por su parte, refleja la fragmentación del sentido, el conflicto en torno de él, y la partición de las posiciones políticas en el marco de un sistema político moderno que acabó con los lazos sociales tradicionales. Ya no más órdenes ni estamentos, sino mayorías y minorías, izquierdas y derechas. Los partidos políticos modernos son el fruto de esta condición histórica, que tan bien se lleva con la democracia representativa. La sociedad, que se mira ahora a sí misma como un conjunto de fragmentos dispuestos de manera horizontal los unos respecto de los otros en virtud de su igualdad formal, distribuye relacionalmente distintas posiciones político-ideológicas a lo largo de ese segmento, que no puede ser vertical, sino horizontal. Es significativo que, el día de apertura de los Estados Generales (5 de mayo de 1789), mientras el clero se sentaba a la derecha del Rey y la nobleza a su izquierda, el tercer estado se sentó al fondo. La disposición del 27 de agosto —ya constituido el tercer estado como Asamblea Nacional— ya no tendrá esta forma, sino que será meramente horizontal (izquierda y derecha, sin un «abajo»).

Así pues, izquierda y derecha es la dicotomía que sintetiza toda una serie de oposiciones hacia el interior de la sociedad moderna. Esas oposiciones son históricas; es decir, contingentes. La dificultad que surge a la hora de definir qué es la izquierda y qué es la derecha obedece a esto mismo: el espíritu de cada época, sus tópicos centrales y las relaciones de fuerzas tematizan las oposiciones en danza. Estas se pueden manifestar en términos particulares, con significantes que denotan la particularidad de una oposición dada. Así, las oposiciones particulares toman nombres tales como República/Monarquía, Federalismo/Unitarismo, Aristocracia/Democracia, Burguesía/Proletariado, Iglesia/Estado, Gobierno/Sociedad, Privado/Público, Planificación/Mercado, Individualismo/Colectivismo, Globalismo/Patriotismo, etcétera. El sentido de la contradicción ya viene dado en los propios términos que se enfrentan y es relativamente fijo.

En cambio, las contradicciones pueden también manifestarse con significantes tendencialmente vacíos, que abren el campo de la significación política a la articulación de una mayor cantidad de elementos equivalenciales. En este registro del discurso, el lenguaje político moderno ha encontrado ventajosa la díada izquierda/derecha, dado que, en su sentido más elemental, esta solo significa distancia relacional y, por tanto, no nombra directamente la particularidad del conflicto en cuestión. De esta manera, los términos gozan de una suerte de relativa vacuidad que les permite incorporar constantemente al campo de su significación nuevos elementos, nuevos discursos y demandas, nuevos contextos que han ido mucho más allá de la disputa original entre republicanos franceses y partidarios del Antiguo Régimen que se sentaron a un lado u otro en la Asamblea Nacional.

La dicotomía izquierda/derecha, que, como he mostrado, es muy anterior a su sentido político, ha trascendido sin embargo toda particularidad contextual y se ha postulado como el reflejo de la fragmentación democrática moderna. Las fragmentaciones pueden tomar nombres particulares, pero el nombre más abstracto de la fragmentación es izquierda/derecha. Por eso la díada ha sobrevivido siglos de existencia, y permanece aún vigente, mientras que muchas de las oposiciones particulares que alguna vez estuvieron en el centro de la disputa histórica resultan hoy anacrónicas. Así, las oposiciones fundamentales de cada época van variando, pero la díada parece sobrevivir, aunque se aplique a contextos muy diversos y sus contenidos concretos vayan cambiando (¡y vaya si desde antaño habrán venido cambiando!). De las revoluciones nacionales y liberales a las revoluciones proletarias; de las revoluciones proletarias a un mundo posindustrial casi sin proletariado. De la «cuestión nacional» a la «cuestión social»; de la «cuestión social» a la «cuestión cultural» e «identitaria». La oposición izquierda/derecha trasciende las oposiciones particulares y sus ámbitos respectivos, refiriéndose a la postre no solo a la política, sino también a la economía, a la religión, la filosofía, el arte, la cultura e incluso, según algunos como Jacques Maritain, al temperamento mismo.[769]

Así, por ejemplo, la oposición entre «heterodoxia» y «ortodoxia» económica suele presentarse como una forma de oposición izquierda/derecha. En religión, corrientes como la «teología de la liberación» se califican a menudo como expresiones izquierdistas dentro de la Iglesia Católica, de la misma manera que las corrientes tomistas suelen vincularse a la derecha religiosa. En filosofía, se distinguió por ejemplo entre el hegelianismo de izquierda y el hegelianismo

---

769. *Cf.* Jacques Maritain, *Lettre sur l'independence* (París: Desclée, 1935). Citado en Pedro Caba, *La izquierda y la derecha*, p. 240.

de derecha, algunos hablan también de existencialismo de izquierda y existencialismo de derecha,[770] y actualmente se emparenta la metafísica con la derecha y la deconstrucción con la izquierda. Para Thomas Molnar, por ejemplo, la diferencia entre izquierda y derecha era ontológica: la derecha mantiene una «intuición del ser», mientras que la izquierda se caracteriza por la «negación del ser».[771] En arte, a su vez, las vanguardias fueron muchas veces calificadas como parte de la izquierda, aunque expresiones suyas se vincularon a la derecha política, como el futurismo de Marinetti o el surrealismo de Salvador Dalí.

Todo esto habla a las claras de la elasticidad casi infinita de la díada. Habla de su tendencial vacuidad y de su índole relacional, lo que suele provocar malestar en quienes precisan definirla de modo absoluto. Y es que la definición se va escapando, porque el campo de significación resulta históricamente tan variado, y tan multidimensional, que la unidimensionalidad de la díada parece no encajar con las exigencias empíricas de sus referentes. Como consecuencia de esto, muchos deciden que la díada ya no sirve, que ya no tiene utilidad alguna y que debiera ser sencillamente olvidada, mientras millones de personas en todas partes contradicen todos los días estas pretensiones. ¿Cómo? Permaneciendo en ella, utilizando la díada con todo propósito, todavía hoy, después de más de doscientos treinta años. Así, el siglo XXI continúa hablando de izquierdas y derechas, para el malestar de quienes sostienen que hablar así no sirve, simplemente porque no encuentran cómo definir con claridad los términos en la caótica variabilidad de sus referentes.

Otros, por su parte, no niegan la vigencia y utilidad de la díada, pero niegan que tenga contenido o sustancia alguna. Se quedan tan solo con su índole relacional y la privan de toda otra lógica. De esta manera, izquierda y derecha se vuelven términos completamente vacíos; significantes que pueden ser llenados literalmente con cualquier cosa, de cualquier forma, siempre que se encuentren en relación de oposición. Así, se supone una lógica azarosa y absolutamente arbitraria para la distribución del contenido que irá posicionándose a izquierda o a derecha. ¿Qué hace que algo esté de un lado o de

---

770. *Cf.* Martínez Albaizeta, *Izquierdas y derechas*, p. 21.
771. *Cf.* Thomas Molnar, *La izquierda vista de frente* (Madrid: Unión Editorial, 1973).

otro? No hay respuesta, porque se ha privado de toda sustancia a los términos, y todo lo que son, a la postre, es la negación del contrario: la derecha es lo que no es de izquierda, y la izquierda es lo que no es de derecha.

Esto podría pensarse como una función. La primera posición, que niega la díada, sostendrá algo así como $f(x) = \emptyset$. La función ha quedado actualmente vacía en la medida en que las condiciones políticas y sociales que le daban sentido ya habrían dejado de existir. Alvin Toffler ejemplificó esta posición cuando sostuvo que «los términos "derecha" e "izquierda" son reliquias del período industrial, que ahora han pasado ya a la historia».[772] La experiencia histórica de las sociedades posindustriales, donde los términos en cuestión no solo no son «reliquias», sino que se siguen utilizando sin cesar, ha desmentido este argumento. La segunda posición, que acepta la díada, pero que la presenta solo determinada por la postura del término antitético, podría visualizarse como $f(x) = -y$. Esta función carece de contenido más allá de la negación del otro término. Ejemplo de esto es un interesante comentario del filósofo e historiador Rubén Calderón Bouchet: «La revolución inventó ambos términos [izquierda y derecha] para designar, respectivamente, a los que estaban en sus líneas y a los que de un modo total o accidental se oponían a sus propósitos».[773] De interpretaciones como esta, algunos han deducido que, en rigor, todo lo que definiría a la derecha es su oposición a la izquierda.

Sin embargo, mi posición es que izquierdas y derechas no están atravesadas por la pura indeterminación o por la pura negación del otro término. Si bien es obvio que sus contenidos resultan relativos a contextos históricos específicos, y que su índole es relacional (oposicional), la ubicación de estos contenidos no es meramente arbitraria. Así, parece que, mientras que la dificultad de una definición sustancial estriba en la relatividad histórica de los contenidos, el error de una definición meramente relacional estriba en que la izquierda es algo más que aquello que no es de derecha, y la derecha es más que aquello que no es de izquierda. No es el mero azar y, a continuación, la mera oposición respecto de lo que el azar ha establecido, el que

772. Alvin Toffler, *Avances y premisas* (Barcelona: Plaza & Janés, 1983), p. 100.
773. Rubén Calderón Bouchet, *Una introducción al mundo del fascismo* (Buenos Aires: Editorial Nuevo Orden, 1969), p. 32.

estructura la contradicción izquierda/derecha. Hay algo que hace que las izquierdas sean de izquierda y las derechas sean de derecha. Pero ese algo es sumamente difícil de encontrar, y los filósofos políticos aún no se han puesto de acuerdo.

Este camino, que consiste en hallar una variable cuyo valor determine si la función dará por resultado «izquierda» o «derecha», lo ha seguido, por ejemplo, Norberto Bobbio en un clásico trabajo sobre la materia.[774] Bobbio dirá allí que esta variable es la posición que se asume respecto de la «igualdad», el valor que acompañó a «libertad» y «fraternidad» en la terna revolucionaria de la Francia del siglo XVIII. En efecto, aquello que abraza dosis crecientes de igualdad se va ubicando a la izquierda, y lo contrario a la derecha. Además, Bobbio introduce la noción de «extremo» y «moderado», que se definen por el uso de la violencia autoritaria. Habría así una «izquierda extrema» y una «izquierda moderada», y una «derecha extrema» y una «derecha moderada», que dependen para su definición tanto de su posición relativa respecto de la igualdad como de la metodología política utilizada.

La introducción de la variable «autoritarismo» no para definir los términos, sino para definir la relación con los extremos, tiene su importancia en cuanto desbarata la idea de que la izquierda es pacifista, democrática y pluralista por definición, mientras la derecha es bélica, dictatorial e intolerante. Semejantes definiciones resultan muy pobres. Esta fue, por ejemplo, la muy poco convincente propuesta del filósofo Roberto Gargarella:

> Una medida es «de izquierda» cuando contribuye a la democracia económica (aumentar la participación de los obreros en las ganancias de las empresas); cuando sirve a la democracia política (más participación y control del pueblo en los asuntos públicos); o cuando ayuda al fortalecimiento de derechos humanos básicos (terminar con la tortura en las cárceles). Diré entonces que una medida es «de derecha» cuando ella se orienta hacia fines contrarios a los citados (favorece a una minoría económicamente poderosa; ayuda a concentrar el poder político; violenta derechos humanos básicos).[775]

---

774. *Cf.* Norberto Bobbio, *Derecha e izquierda. Razones y significados de una distinción política* (Madrid: Taurus, 1995).
775. Roberto Gargarella, «De la izquierda posible a la derecha real», en diario *La*

La de Gargarella pretende ser una definición operativa. Reclama capacidad para ser aplicada a casos concretos que se dan en la realidad. El problema de Gargarella, sin embargo, es que su definición operativa se mezcla con lo que se denomina «definición persuasiva». El resultado es una caricatura maniquea pensada para trazar la identidad «izquierda = bueno», «derecha = malo». Es la típica situación en la que la izquierda obliga a elegir entre una caracterización que ella hace de sí misma y otra que, ella misma también, hace de la derecha. En consecuencia, la definición operativa de Gargarella no sirve ni siquiera para efectuar un análisis consistente de la realidad. En efecto, si se siguiera a pie juntillas su propuesta, se arribaría a conclusiones que colisionarían con el más elemental sentido común político. Por ejemplo, podría afirmarse que Fidel Castro y sus sucesores, además del régimen socialista que impera en Cuba, han sido derechistas, dadas las violaciones a los derechos humanos que allí se practicaron y se practican, y dada la ausencia de democracia política. Asimismo, aparecería también a la derecha el gobierno del difunto Hugo Chávez y de su sucesor, Nicolás Maduro, en virtud de la forma dictatorial del ejercicio del poder y las violaciones a los derechos humanos en Venezuela. O podría incluso considerarse la noción marxista-leninista de «dictadura del proletariado» como una noción de derechas. En consecuencia, prácticamente todos los socialismos reales podrían terminar en la derecha, y continuar reservando la izquierda solo para lo que tiene un final feliz, como la caída del Muro de Berlín, la derrota de Sendero Luminoso en Perú o la prosperidad económica de los «Tigres Asiáticos». Tal vez sería más honesto decir: «izquierda equivale en política al "bien" en ética, y derecha equivale al "mal"», lo cual sería un completo disparate, aunque sin dudas sería al menos más honesto.

La teoría de Bobbio sirve entonces para desconsiderar rápidamente ciertas teorías como la de Gargarella.[776] Pero esto no quiere decir que la de Bobbio no tenga también sus problemas, aunque ciertamente

---

Nación (19 agosto 2013), http://www.lanacion.com.ar/1611944-de-la-izquierda-posible-a-la-derecha-real.

776. «Definir la izquierda a través de la no-violencia conlleva necesariamente a identificar la derecha con el gobierno de la violencia, hecho que es propio, según la otra gran dicotomía que entrelazo con la de izquierda y derecha, de la extrema derecha, no de la derecha genéricamente entendida» (Bobbio, *Derecha e izquierda*, pp. 31-32).

menores si se los compara con los de la de Gargarella. Atribuir la calificación de «moderado» y «extremista» solo a una manera de proceder políticamente (con o sin autoritarismo), por ejemplo, parece empobrecedor. En efecto, se suele también hablar de *ideales* moderados o extremistas, sin perjuicio de la metodología pacífica o autoritaria que se emplee para impulsarlos. ¿Salvador Allende fue un «moderado» simplemente por haber llegado mediante elecciones al poder en Chile? ¿Son los sectores más violentos de la rebelión popular venezolana «extremistas» tan solo por querer derrocar una tiranía y restablecer un mínimo de democracia liberal donde todos los candidatos, periodistas y veedores opositores no estén presos? Es evidente que la noción de moderación y extremismo no constituyen atributos exclusivos de la forma, sino también del contenido. Por eso, lo moderado y lo extremo se aplican también al ideal mismo, refiriéndose con ello a la distancia entre lo que el ideal propone y el actual estado de cosas como parámetro de comparación. Y este sentido fundamental de la distinción no está recogido en la teoría de Bobbio.

No obstante, y más allá de esta consideración, esta propuesta de hacer girar la díada izquierda/derecha alrededor de la posición que se asume respecto del valor «igualdad» podría resultar atractiva y, en efecto, tiene sus ventajas, pero también adolece de problemas de difícil resolución. Por ejemplo, la diferencia que existe entre los ideales y los resultados reales complicaría esta explicación. Porque lo cierto es que distintas corrientes que habitualmente se consideran «de izquierdas», elaborando su discurso en términos de «igualdad sustantiva», han configurado desigualdades estructurales generadas al calor de las castas políticas que se impusieron, por ejemplo, en todas las revoluciones colectivistas. O también podría establecerse esta diferencia entre corrientes más bien conservadoras, como el distributismo, que por sus preocupaciones sobre la desigualdad económica caerían en la izquierda, mientras que el capitalismo liberal caería a su derecha. Lo mismo debería concluirse de distintos comunitarismos tradicionales habitualmente reconocidos como «de derechas», que de esta forma pasarían a ubicarse a la «izquierda». No obstante, todo esto colisiona con el uso corriente que se les da a los términos, donde habitualmente se ubica al conservadorismo a la derecha del capitalismo liberal y no al revés.

El filósofo español Gustavo Bueno es categórico respecto de Bobbio: «su definición de izquierda está hecha a la medida de la socialdemocracia».[777] Bueno desecha rápidamente esta teoría y propone la suya. Su distinción es más profunda y compleja. En pocas palabras, el filósofo español dirá que la división de aguas la genera lo que él llama «racionalización por holización». Las manifestaciones de izquierdas son aquellas que se comprometen con ciertos procesos racionalizadores que se componen de dos fases:

> La fase analítica es la transformación de un todo atributivo en un conjunto de partes formales a título de átomos homeométricos; y la fase sintética es la recomposición del todo del que hemos partido y de sus características globales, pero dadas en función de la composición de las partes formales átomas previamente estableci-das, según las relaciones o interacciones que puedan ser definidas entre ellas.[778]

Así pues, «la racionalización por holización implica [...] un lisado o trituración de las morfologías anatómicas según las cuales está organizado el campo material que se trata de organizar».[779] El campo político y social, numerosas veces representado como cuerpo, como organismo vivo, se «tritura» hasta lograr una descomposición total de su realidad, reducida a la postre a sus partes atómicas.

Bueno está trasladando al campo de la política procesos intelectuales que son propios de la ciencia moderna. Este modelo es propio, por ejemplo, de la química, la mecánica o la teoría cinética de los gases. Voy a traducir esta idea general a otros términos: la izquierda podría definirse como la voluntad de descomponer el campo social y sus relaciones dadas, para luego construir algo sobre la base de esa suerte de *tabula rasa* que ha quedado flotando. La derecha entonces sería lo contrario: la voluntad de armonía del todo social y sus partes, tal como este se va dando orgánicamente, en su particularidad, en sus roles diferenciales, al margen de las intervenciones deconstructivas y reconstructivas, atomizantes y seguidamente ingenieriles, que están en la base de los proyectos de izquierdas.

777. Gustavo Bueno, *El mito de la izquierda* (Barcelona: Ediciones B, 2003), p. 68.
778. Ibíd., p. 110.
779. Ibíd., p. 123.

Tras esta lectura política —y es en la superficie política en la que se expresa con mayor claridad la díada izquierda/derecha— se esconden posiciones metafísicas, antropológicas y éticas. La derecha suele entender que hay una realidad extramental dada con la que hay que lidiar, y sobre la que el hombre no es plenamente soberano. El «principio de realidad» freudiano espabila al hombre hacia la derecha (dicho sea de paso, Spaemann ha usado estas categorías de Freud para distinguir izquierda/derecha).[780] El hombre está sujeto a un orden que no lo tiene tanto como *creador* sino como *creatura*, y al que se integra armónicamente. La concepción de un «orden natural» va precisamente en esta línea, y la praxis debe conducirse, por ello mismo, de manera prudencial. La ética de quienes suelen ser catalogados más propiamente de derecha es una mezcla de prudencia conservadora y virtudes heroicas que tanto los más importantes representantes de la derecha liberal (verbigracia: Tocqueville) como de la derecha reaccionaria (verbigracia: Spengler) han solido elogiar y promover. La izquierda, al contrario, acentúa el carácter de «construcción» de la realidad, lo que le permite endilgar a la «sociedad» —y no al hombre— las limitaciones y las miserias de la vida (verbigracia: Rousseau). La vuelta al «principio de placer» freudiana marca muchas de sus expresiones, tales como la marcusiana,[781] y cultiva una ética de la autodeterminación más cabal que termina en relativismo moral. La suya es, al fin y al cabo, una antropología optimista: el hombre es infinitamente perfeccionable, y solo precisa de las condiciones sociales correctas que harán posible que sea uniformemente humano en vez de engendrar hombres que sean uniformemente inhumanos (verbigracia: Marx). La izquierda ofrece esas condiciones sociales que, por supuesto, solo serán realidad una vez que las actuales sean demolidas. Deconstrucción y reconstrucción: llegamos así, por otro camino, nuevamente a lo político.

Volvamos, entonces, a Bueno: la racionalización por holización define a las izquierdas. Pero tiendo a complementar esto con la noción de *armonía entre las partes*, armonía de las diferencias y de los roles orgánicos, que es propia de las derechas. Esta noción, por oposición,

---

780. *Cf.* Robert Spaemann, «Sobre la ontología de "derechas" e "izquierdas"», en *Anuario filosófico de la Universidad de Navarra*: XVII, 1984.
781. *Cf.* Herbert Marcuse, *Eros y civilización* (Barcelona: Ariel, 2015).

habla a las claras también de la izquierda, como bien ha explicado con profundidad el filósofo político Kenneth Minogue. En efecto, para la mentalidad de izquierdas, toda desigualdad es potencialmente una *desigualdad vertical*. Es decir, toda desigualdad engendra jerarquías que son releídas rápidamente en clave de «opresión». La fase de descomposición del orden recibido estriba en triturar todas estas diferencias «opresivas», en un alisamiento uniformizador del espacio social. La fase ingenieril que tiene lugar a continuación requiere que las propias izquierdas asuman el lugar de las élites: el de unas élites pretendidamente transitorias, el de unas «vanguardias» que llegan para estructurar correctamente un orden social justo, que bajen el Paraíso a la Tierra, y que prometen a continuación disolverse en su propio éxito (lo que jamás ha ocurrido). De ahí que, dicho sea de paso, la contradicción élites/masas no sirva —como creía Simone de Beauvoir[782]— para distinguir entre izquierdas y derechas (¿dónde quedaría en este esquema entonces el fascismo?), puesto que son las propias élites las que pueden justificarse a sí mismas con el discurso de la opresión.

Un ejemplo puede aclarar aún más el argumento. Tómese el caso del feminismo hegemónico de género, exitosa expresión contemporánea del izquierdismo cultural. Para este, el problema de lo masculino y lo femenino está en que establecen, por la misma índole de sus diferencias (biológicas, psicológicas, sociales), roles diferenciales. Esta vinculación se leerá como «opresión» y, mientras que cualquier desventaja relativa del sexo femenino se explicará necesariamente a partir de esta «opresión patriarcal», cualquier ventaja empíricamente constatable será debidamente silenciada o leída como una «astucia» del sistema.[783] En consecuencia, el problema de la existencia de lo

---

782. *Cf.* Simone de Beauvoir, *El pensamiento político de la derecha* (Buenos Aires: Ediciones Leviatán, 1956).

783. Por ejemplo, el rol masculino en la guerra, que es un rol no necesariamente amable, en las consideraciones feministas o bien se omite, o bien se presenta como una circunstancia favorable al varón, en tanto que reflejaría su plena inserción en el dominio de lo público. El rol doméstico de la mujer, aun en la guerra, puede ser visto entonces como una forma más de «opresión», e incluso como parte del origen mismo de la opresión, tal como propusiera Simone de Beauvoir. «La peor maldición que pesa sobre la mujer es hallarse excluida de esas expediciones guerreras; no es dando su vida, sino arriesgando la propia, como el hombre se eleva sobre el animal; por ello en la Humanidad se acuerda la superioridad, no al sexo que engendra, sino al que mata» (*El segundo sexo*, Buenos Aires: Debolsillo, 2015, p. 66).

masculino y lo femenino será el problema de la existencia de hombres y mujeres como naturalezas vinculantes y mutuamente necesitadas. De ahí que el izquierdista cultural termine reduciendo el complejo campo de la sexualidad a sus dimensiones meramente culturales: la célebre categoría del «género» cumplirá maravillosamente esta función. Porque si se privara al izquierdista de este reduccionismo culturalista, automáticamente esta desigualdad horizontal dejaría de ser mera diferencia inconexa y mutable, para tornarse esencial y polar: mostraría a la mujer y al varón imbricados en una naturaleza que reviste fuerzas determinantes. Horizontalmente, estos habrán encontrado que son parte de algo más que una simple «diferencia»: serán partes de un *vínculo*. El derechista reconocerá esta vinculación entre distintos pero complementarios, apostará por su armonía y eventualmente procurará protegerla. Pero, en el izquierdista, esa atadura atrae el temor de que este tipo particular de desigualdad horizontal también implique una forma de desigualdad vertical. En tal caso, podrá haber algo más que una «asimetría»: serán partes de una *jerarquía*. Mujeres y varones no solo serán inferiores y superiores en cuestiones que no han decidido: serán inferiores y superiores en características creadas para sus relaciones mutuas. El miedo al vínculo y el miedo al dominio descansan en la suposición de que no existe otra forma de relación diferencial y asimétrica más que la dominación y la opresión.[784] La cooperación y la complementariedad orgánica se ocultan al izquierdista. Por eso, el problema de la mentalidad de izquierdas no es el de la desigualdad y la diferencia entre personas: su problema es que las relaciones mismas *se basen* en la desigualdad y la diferencia (porque ambos opuestos están vinculados y son jerárquicos), y, peor aún, que esa diversidad de opuestos (en este caso sexuales) lleve a una unidad no solo beneficiosa sino necesaria para la relación plena de ambas partes. Lo que sigue es de suyo esperable: una narrativa racionalizadora que busque socavar todas estas diferencias, tanto sociales como biológicas, achacándolas

---

784. Esto es sencillamente una matriz política de izquierdas que puede ser llenada con cualquier cosa, incluso intercambiando los términos tal como habitualmente se disponen. Por ejemplo, bien podría considerarse que el tipo de relación que se construye entre varones y mujeres en realidad tiene al primero como oprimido y a la segunda como opresora. De hecho, esta ideología ha sido desarrollada por Esther Vilar, *El varón domado* (Barcelona: Grijalbo, 1973).

a un «sistema de opresión» (el patriarcado), que una vanguardia de iluminadas (la élite feminista) ha logrado divisar, trazando el camino de la «emancipación», que se anuncia como liberación tanto de las determinantes sociales como de las biológicas.

Es evidente que la modernización trae consigo crecientes demandas de igualdad. Pero el núcleo de la izquierda no se halla por completo aquí, como Bobbio creía, sino sobre todo en cómo se *asumen políticamente* esas demandas. La derecha también puede preocuparse por la igualdad, y muchas veces de maneras más eficientes que sus detractores, sin procurar la degradación de jerarquías y roles. Por eso la izquierda no está esencialmente en la igualdad, sino en la *forma de politizar* los factores que distinguen a los individuos en clasificaciones heterogéneas y roles diferenciales. En efecto, siempre existirán rasgos a partir de los cuales los individuos sean distinguidos unos respectos de otros, y rasgos que conlleven desigualdades (ingresos, oficios, profesiones, razas, etnias, sexos, gustos, educación, costumbres, nacionalidades, edades, apariencias, etcétera). Todo estriba en el tipo de discurso que se elabora en torno a esta realidad indefectible.

Siempre existirá, además, la voluntad de hacer existir esos factores incluso allí donde no existan o no tengan importancia real (por ejemplo: la creciente politización del peso corporal y la gordura). En esto consiste la *politización* de las diferencias. Allí donde la derecha busca *armonizar* estos factores, la izquierda los dota de significación política, los lee como «opresión» y procura convertirlos en el motor de su praxis política. Ernst Gellner maneja el concepto de «clasificación entropífuga» para referirse a estos rasgos diferenciadores, y reconoce algo importante: «los rasgos entropífugos constituyen un problema grave para la sociedad industrial. En la sociedad agraria ocurría casi lo contrario. Lejos de repudiar estos rasgos, ese tipo de sociedad solía inventarlos siempre que la naturaleza no le proveía suficientemente de ellos».[785] En nuestra sociedad moderna, la izquierda es el fruto ideológico de estos rasgos vueltos materia prima política, y la derecha, su contrapartida: la voluntad de armonizar el conflicto que surge de estas agitaciones, la voluntad de hallar organicidad en

---

785. Ernest Gellner, *Naciones y nacionalismo* (Buenos Aires: Alianza Editorial, 1991), p. 91.

las diferencias relativas.[786] De ello resulta que a menudo la derecha sea reactiva y despolitizante, mientras la izquierda es revolucionaria y politizante, aunque esto no es una necesidad en absoluto.

Sin embargo, la igualdad no es de ninguna manera el único valor moderno. Los valores modernos se pueden sintetizar en la terna revolucionaria «libertad, igualdad y fraternidad». En torno a esta terna se articulan tres ideologías modernas fundamentales: el liberalismo, el socialismo y el nacionalismo. Conforme a lo dicho anteriormente, sería un error suponer *a priori* que estas ideologías representarían con carácter absoluto algún punto de la díada izquierda/derecha. Esta es una suposición frecuente, pero que no resiste el contraste histórico. Lo que tanto abruma a quienes buscan definir de manera absoluta la díada izquierda/derecha, en tanto que identidad respecto de alguna ideología particular (por ejemplo: «el liberalismo *es* de derecha» o «el liberalismo *no es* de derecha»), es precisamente que estas ideologías se mueven a lo ancho del eje horizontal, de un lado a otro, según múltiples factores y según distintas coyunturas.

Así sucede, por ejemplo, con el liberalismo. Como fuerza revolucionaria que coadyuva a la pulverización del Antiguo Régimen, el liberalismo se mostró como una expresión de izquierdas. Al liberal no le repele el Estado resultante que declara la igualdad formal de los hombres, sino todo lo contrario. Bastiat, por ejemplo, se sentó a la izquierda. Ahora bien, esa igualdad es resultado de ese mismo Estado que tiene el poder necesario para volar por los aires la vieja estructura social: «el Estado soberano obligó y forzó a nuestros antepasados a adoptar las costumbres de la igualdad»,[787] dice con razón Pierre Manent. Sin embargo, el Estado va a ir haciéndose con el poder para muchas otras cosas, y dado que puede querer ir más

---

786. Al buscar el hilo conductor entre pensadores de derechas en principio tan diferentes como Schmitt, Oakeshott, Strauss y Hayek, Perry Anderson termina concluyendo: «Lo que todos buscaban atemperar eran los riesgos de la democracia, vista y temida a través del prisma de sus teorías de la ley como el abismo de la ausencia de ley: *to misterion tes anomias*, el misterio de la anarquía». Estos autores serían todos de derecha, pues, en virtud de su resistencia a la aplanadora democratizante (Perry Anderson, *Spectrum. De la derecha a la izquierda en el mundo de las ideas,* Madrid: Akal, 2008, p. 40).

787. Pierre Manent, *La razón de las naciones. Reflexiones sobre la democracia en Europa* (Madrid: Escolar y Mayo Editores, 2009), p. 35.

allá (por ejemplo, pretendiendo igualdad económica), y poner así en peligro las libertades individuales del orden liberal, el liberalismo se levanta a continuación como una filosofía que procura limitar al Leviatán. Es precisamente cuando el liberalismo muestra esta cara cuando puede convertirse en una expresión de derechas, porque se propone bloquear de distintas maneras los procesos revolucionarios o constructivistas que determinados Estados pudieran poner en marcha. Y esto es lo que en efecto ocurrió: la emergencia del socialismo corrió al liberalismo a la derecha, después de haber estado cómodamente sentado a la izquierda. Así, las ideas dispares de Smith, Stuart Mill y Stein —además del propio Bastiat— fueron recuperadas en el siglo XX por aquellos liberales, conservadores, socialcristianos y socialdemócratas que se enfrentaron al bolchevismo y al nacionalsocialismo.

En sus intentos por salvar la esfera privada, ciertas expresiones del liberalismo pueden —según el contexto— incluso tornarse conservadoras,[788] bebiendo a la postre no solo de David Hume, sino del mismo Edmund Burke, tal como haría, por ejemplo, Friedrich Hayek; o bien asesorando a monseñor Seipel (como hiciera Ludwig von Mises),[789] primer ministro austríaco durante la década de 1920, y por entonces uno de los más importantes políticos conservadores. O incluso el liberalismo podría servir al fascismo, tal como los filósofos de la Escuela de Frankfurt argumentaban que de hecho había ocurrido, llegando a citar en sus trabajos palabras de halago de Mises para con los gobiernos fascistas.[790] En réplica, se podría decir que el argumento de recurrir a un totalitarismo para protegerse de otro no es privativo de los liberales de derecha: el liberalismo de izquierda tiene un largo y triste historial de apoyos a dictaduras

788. Para un conservador como Oakeshott, por ejemplo, «Locke fue el apóstol de un liberalismo más conservador que el propio conservadurismo [...] el liberalismo que está seguro de sus límites» (Michael Oakeshott, «John Locke», *Cambridge Review*, 4 noviembre 1932, p. 73).

789. *Cf.* Anderson, *Spectrum*, p. 27.

790. Ludwig von Mises escribió: «Admitamos que los dictadores fascistas rebosan de buenas intenciones y que su acceso al poder ha salvado, de momento, la civilización europea. La historia no le regateará tales méritos». Y que, en la medida en que el fascismo habría salvado la propiedad privada, «el mérito del fascismo perdurará eternamente en la historia» (*Liberalismo*, Madrid: Unión Editorial, 1975, p. 72). Esto aparece citado, por ejemplo, en Herbert Marcuse, *Cultura y sociedad* (Buenos Aires: Sur, 1978), p. 20.

comunistas, incluso estalinistas, primero en nombre de «salvar» a Europa del fascismo y del nazismo (convirtiéndola en una penitenciaría continental de países satélites), y luego en nombre del derrocamiento de cualquier autocracia (o democracia) del Tercer Mundo que se opusiera a un expansionismo soviético-cubano.

La indeterminación del significante «libertad» está en la base de esta tensión entre izquierda y derecha propia del liberalismo. Cuál es la índole de la libertad, cuáles son sus condiciones de existencia, cuáles sus mecanismos, cuáles sus instituciones, cuáles sus principales amenazas: la «libertad» puede ser reclamada por derechas e izquierdas dependiendo de estos factores y muchos otros. Comoquiera que sea, cuando la «libertad» significa la emancipación respecto de lazos comunitarios, de formas tradicionales o estructuras sociales arraigadas (no solo una sociedad estamental, sino también de clases), esa «libertad» sirve al *ethos* de las izquierdas, y se presenta sobre todo como «liberación». Por ejemplo, la libertad que se vinculó a la «revolución sexual» de los años sesenta y setenta: la «liberación sexual». O bien la actual «revolución del género», que se presenta como una *liberación* respecto no solo de los roles sociales, sino de la propia biología. Pero cuando «libertad» significa el espontáneo despliegue de la voluntad por fuera del proyecto constructivista en boga, por fuera del camino de la «racionalización holizadora», por fuera del Estado y las fuerzas modernizadoras, es probable que sirva al *ethos* de las derechas. Por ejemplo, la libertad que asocian ciertos sectores liberales con la reducción sustantiva del presupuesto público y su carga impositiva. O bien la libertad del conservadorismo, que como sugiriera Michael Oakeshott es la libertad respecto de los planificadores sociales y el «racionalismo en política»,[791] en lo que es una coincidencia significativa con Hayek.[792]

Lo mismo ocurre con la igualdad. Cuando la dimensión igualitaria del liberalismo aflora, se tiene habitualmente un liberalismo

---

791. *Cf.* Michael Oakeshott, *El racionalismo en la política y otros ensayos* (México D. F.: FCE, 2001).

792. Claro que Oakeshott buscó separarse de Hayek, argumentando que la filosofía de este último requería, de todas maneras, algún grado de planificación. Sin embargo, ambos autores mantienen muchas coincidencias, y existen paralelismos significativos entre categorías centrales en sus respectivas filosofías («asociación civil» *versus* «asociación empresarial» en Oakeshott, se corresponde bien con «orden espontáneo» y «orden planificado» en Hayek).

de izquierdas. Por caso: John Rawls en su *Teoría de la justicia.*
Contrástese esta última, por ejemplo, con la teoría de un libertario
como Robert Nozick, que además de contemporáneo suyo fue su
detractor. En la filosofía de Rawls, un Estado interventor en la economía (y en muchas otras dimensiones de la vida) queda legitimado
—cuidando ciertos márgenes de libertad— por su búsqueda incesante de una mayor igualdad económica. El hombre real ha sido
triturado hasta dejar en su sitio una mera abstracción con los ojos
cubiertos por un «velo de la ignorancia», que ha de legislar en el vacío más absoluto. En Nozick, al contrario, no hay espacio para nada
que vaya más allá de un Estado mínimo, en una oposición frontal
a cualquier principio planificador.[793] El único criterio legítimo de
lo justo es de tipo conmutativo, y por ende la acción de la Justicia
debe ser retributiva, y está pensada para garantizar la libertad de
los intercambios y la seguridad de la vida y la propiedad frente a
los proyectos igualitarios del socialismo y la socialdemocracia. Por
eso se dice que el de Rawls es un «liberalismo de izquierda» y el de
Nozick un «liberalismo de derecha» o «libertarismo».[794]

Ahora bien, el libertarismo, considerado más allá de su teoría de
la justicia, puede moverse a izquierda o derecha dependiendo de su
posición respecto de la autoridad en general y las instituciones comunitarias. Por eso existe un libertarismo de cuño progresista que,
si bien *a priori* detesta la intervención del Estado en la economía, se
opone en verdad a todo principio de autoridad y mira con simpatía
cualquier fenómeno ideológico (aún promovido estatalmente) que
pulverice instituciones y tradiciones. Por ejemplo: las causas LGBT,

---

793. «El Estado mínimo es el Estado más extenso que se puede justificar. Cualquier
Estado más extenso viola los derechos de las personas» (Robert Nozick, *Anarquía,
Estado y utopía,* Buenos Aires: FCE, 1988, p. 153).

794. Si bien la posición de Nozick puede ser más asociada a la derecha que a la izquierda, es cierto también que la idea «libertaria» puede ser asociada tanto al liberalismo
como al socialismo. Su definición más esencial, no obstante, remite a la reducción
del rol del Estado a su mínimo posible, y no más que esto, en tanto que la derecha,
aunque remita a una idea más organicista y menos colectivista de la sociedad, no
se resume a una mera minimización del rol estatal. Un ejemplo conocido de fusión
de perspectivas de derecha es la de los economistas del ordoliberalismo de Wilhelm
Röpke, que junto con la Escuela de Friburgo de Walter Eucken y la Escuela de
Colonia de Alfred Müller-Armack, dieron forma a la llamada Economía Social de
Mercado de Ludwig Erhard que fue la receta del «milagro económico alemán» occidental. Esta corriente bien puede considerarse más propiamente un «liberalismo
de derecha».

feministas y de género. O también las causas multiculturales, globalistas y de inmigración descontrolada. Pero al mismo tiempo existe
un libertarismo que separa con claridad su aversión al Estado respecto de otras formas de autoridad propias de la vida social, y reivindica la función social y política de los cuerpos intermedios y las
tradiciones, rescatando en muchas ocasiones la particularidad frente
a la universalidad. Desde la década de 1980, estas posiciones fueron
conocidas como «paleolibertarismo», y plantearon alianzas estraté-
gicas con «paleoconservadores». De hecho, uno de sus principales
mentores, Murray Rothbard, en el lapso de pocos años pasó de un
libertarismo que coqueteaba con las izquierdas norteamericanas a
fundar el paleolibertarismo con consignas muy parecidas a las utilizadas por Donald Trump varias décadas después. Es sintomático
que Rothbard se hubiera asqueado de los libertarios de izquierdas
por el odio que estos últimos manifestaban contra todo lo que re-
vistiera un principio de autoridad. El liberalismo de derechas es más
propenso a hallar legítima la autoridad de las instituciones tradicionales, como la familia o las iglesias, mientras que el liberalismo
de izquierdas confiere más fácilmente legitimidad al Estado en sus
proyectos de disolución de aquellas instituciones. El Estado moderno (y, más aún, la orgía de Estados que llamamos Organizaciones
Internacionales), para el liberal de izquierdas, siempre será mejor que
cualquier autoridad tradicional, mientras que un liberal de derechas
tendería a opinar lo contrario.

El nacionalismo, por su parte, también está marcado por esta
tensión entre la izquierda y la derecha. Esto se ve con claridad
en el propio Gellner, uno de los teóricos del nacionalismo más
reconocidos:

> Los nacionalistas son prometeicos cuando invocan el principio abs-
> tracto del nacionalismo contra las instituciones locales tradicionales
> que antaño funcionaron más o menos bien. En realidad el naciona-
> lismo tiene un carácter bifronte. Es prometeico en su desdén hacia
> el arreglo político que hace caso omiso del imperativo nacionalista.
> Pero es, asimismo, antiprometeico cuando ve la nación y su de-
> sarrollo cultural como algo que, precisamente por ser concreto y

específico históricamente, hace bien ignorando la moral abstracta de internacionalistas y humanistas.[795]

Aquí hay una noción clara sobre la fuerza que el nacionalismo puede hacer tanto hacia la izquierda como hacia la derecha. Cuando contribuye a la centralización política y al fin de las culturas tradicionales, el nacionalismo va usualmente por la izquierda; cuando sirve para destacar la homogeneidad armónica de un pueblo particular, en virtud de una cultura compartida y de raíces profundas, puede ir por la derecha. Hay que recordar al respecto que la Revolución Francesa, en su proceso de pulverización de lo social, dejó sin embargo en pie algo que estaba por encima del individuo-átomo resultante: ese algo se llamaba Francia. «La Nación política fue el resultado de una "racionalización revolucionaria" operada por la izquierda jacobina, que transformó el reino del Antiguo Régimen en una Nación republicana»,[796] dice Gustavo Bueno. Y es a partir de la nación política como la revolución puede pasar a su fase de síntesis y reconstruir algo homogéneo a partir de los escombros, pues algo habría supuestamente quedado en pie. La nación representará, pues, el lazo social más importante, impuesto por encima de las formas tradicionales de comunidad y las lealtades de antaño.

La nación es una morfología del «nosotros». El nacionalismo es la doctrina que requiere que ese «nosotros» que es la nación coincida con el gobierno del Estado. Esto, a pesar de ser una exigencia de índole moderna, no es *a priori* ni de derechas ni de izquierdas. De lo que dependerá su ubicación en la díada izquierda/derecha es del contenido de ese «nosotros», del contenido del «ellos» y del contexto político e institucional en el que esta contradicción tiene lugar. En la Francia revolucionaria, por ejemplo, la nación significaba el interés público por sobre los intereses comunes, el derecho impersonal de los individuos (mediados por contratos) por encima de los privilegios asignados a cada persona (mediados por estatutos), esto es: la unidad del Estado nación por sobre la pluralidad de corporaciones, estamentos, regiones, oficios, las naciones propiamente dichas, y todo el

---

795. Gellner, *Naciones y nacionalismo*, p. 170.
796. Bueno, *El mito de la izquierda*, p. 128.

complejo mosaico que el Antiguo Régimen había heredado pero que ya había comenzado a centralizar. La nación se presentaba entonces como una fuerza homogeneizadora y centralizadora, en virtud de la cual se consumaba la igualdad jurídica de los nacionales. Por eso se configuró como una fuerza revolucionaria asociada a las izquierdas del momento.

El abate Sieyès elaboró con astucia este discurso. Si en 1614 el Tercer Estado (la burguesía) había sido humillado al reunirse los Estados Generales, en 1789 habría de tener la fuerza para posicionarse como la verdadera nación. En palabras de Sieyès, el Tercer Estado no es una parte de Francia, sino que es «todo»: es la nación misma. Por lo tanto, los otros órdenes son cuerpos extraños, corruptos y corruptores, que deben ser combatidos y reducidos a la nada (que es lo que, de hecho, son). Hay aquí una vocación universalizadora, que se verá con claridad en la Declaración de los Derechos del Hombre y del Ciudadano, en cuyo nombre ya está presente la tensión universal/particular, y que se desplegará en la voluntad de expandir la revolución a otras zonas de Europa en la construcción de una suerte de República universal. Aquí, el concepto de nación funciona en la izquierda, y alimenta el proceso que hará surgir, pues, la misma distinción izquierda/derecha. Pero cuando la nación sirve para destacar la homogeneidad armónica del cuerpo social, o bien una presunta homogeneidad étnica o racial perdida o amenazada, el concepto se desplaza hacia la derecha, sirviendo para proteger al cuerpo social de las fuerzas disgregadoras. También ocurre lo mismo cuando sirve no como marca de la universalidad, sino como distinción y reivindicación de la particularidad. Las posiciones de la Nueva Derecha francesa que tuvo a Alain de Benoist como pensador referente, por ejemplo, se inscriben en esta lógica. En efecto, frente a la homogeneización racionalizadora del globalismo, esta corriente nacionalista hace pie en el concepto de «diferencia» para celebrar la particularidad de los pueblos.

Es evidente, por lo tanto, que «nación» no significa lo mismo para la izquierda que para la derecha. La indeterminación no es una propiedad exclusiva de la díada izquierda/derecha, sino de las mismas categorías políticas que las llenan. Lo mismo que vimos que ocurría con «libertad» y con «igualdad», también ocurre con «nación» (en tanto que forma de «fraternidad»). Así, para la izquierda, la «nación» funcionó casi como un sinónimo de «República», y por ello mismo buscó universalizarse. Rousseau podría ser una suerte de «padre» para esta forma izquierdista del nacionalismo. Para la derecha, en cambio, la «nación» es anterior a la República, y es incluso prepolítica, dado que remite a los orígenes étnicos, idiomáticos, religiosos, históricos o raciales de un grupo humano que goza de un destino común. Aquí el «padre» podría ser Herder. Así, el nacionalismo puede ser de derecha o izquierda, pues, no solo por el contexto en el que funcione, sino también por cómo defina su término central: la nación.

Para un estudioso del nacionalismo como Kenneth Minogue, sin embargo, hay que «renunciar a la tentativa de situar al nacionalismo en un punto dado de la escala izquierda-derecha».[797] Esta es su conclusión después de adherirse a la tesis de Lord Acton, en cuanto a que en el nacionalismo «el mismo espíritu sirvió a diferentes amos». La conclusión de Minogue solo sería cierta si la escala izquierda/derecha representara posiciones fijas, absolutas e inamovibles, dadas de una vez para siempre. Y es que solo si esto fuera así tendría sentido decir que «el nacionalismo es de derecha» o «el nacionalismo es de izquierda» (¿Qué nacionalismo? ¿Cuándo? ¿Dónde? ¿De izquierda o de derecha respecto de qué?). Pero, como he argumentado, no es el caso. El nacionalismo, al igual que ocurre con el liberalismo, puede ser ubicado en la izquierda o en la derecha dependiendo de factores que ya han sido sugeridos. Más aún: el nacionalismo puede articularse con el liberalismo, pero también con el conservadorismo[798] e incluso con el socialismo, tal como ha ocurrido no pocas veces, en contextos como la descolonización o, más recientemente, en el marco de los populismos latinoamericanos.

En rigor, nacionalistas y liberales se hallan en la izquierda en la Revolución Francesa. Pero si el liberalismo se trasladó posteriormente hacia la derecha respecto del socialismo en virtud de su voluntad política de limitar el poder del Estado, el nacionalismo se movió

---

797. Kenneth Minogue, *Nacionalismo* (Buenos Aires: Paidós, 1968), p. 212.
798. Dice Gellner que, así como el nacionalismo puede ser progresista, «los nacionalistas podrían dar perfectamente el título de hermanos a los tradicionalistas conservadores, como iguales en su rechazo al racionalismo abstracto de la Ilustración» (Gellner, *Naciones y nacionalismo*, p. 170). Minogue, por su parte, trazará algunos paralelismos con el marxismo.

hacia la derecha en virtud del tipo de lealtad que reclamaba. En efecto, esta lealtad se sobrepuso a las hipotéticas lealtades de clases, con las que el socialismo revolucionario esperaba superar la particularidad del Estado nación en el camino que llevaba a una suerte de fraternidad internacional. Pero el nacionalismo hizo triunfar la particularidad nacional por sobre la universalidad de clase en el marco de la Primera Guerra Mundial, y a continuación denunció en muchas partes al socialismo por pretender socavar esa unidad, postulada como orgánica, que constituía la nación. Así, el nacionalismo frena en ciertas circunstancias el proceso de racionalización por holización que, en sus fases de análisis y síntesis, requiere ahora triturar los lazos nacionales que previamente ha levantado tras la trituración de los lazos tradicionales.

Casi en forma especular, se tiene el caso del hegeliano de derecha Giovanni Gentile. Sobre sus premisas se efectuaron las primeras revoluciones sociales de derecha: los fascismos. En pocas palabras, la nación es algo más que costumbres, tradiciones, lenguaje, historia y destino común: la nación es «voluntad», y ella se expresa en la realización del Estado. Italia supo expresar esta voluntad nacional durante la experiencia liberal de *Il Risorgimiento*, y «el fascismo la hará suya para llevar la nación a un destino superior».[799] Así, la filosofía de Gentile estaba pensada para defender los intereses del Estado italiano: el Estado no habría de ser un órgano de la clase dominante, ni tampoco un mero gendarme, sino la realización misma de la nación. En efecto, el Estado liberal y el parlamentarismo ya no pueden contener las contradicciones que han surgido en su seno. La industrialización y la aparición del proletariado suponen nuevas condiciones sociohistóricas que la burguesía no puede manejar, y el Estado entra entonces en crisis, en la medida en que deja de mostrarse como la voluntad de la nación. La fragmentación y el conflicto están en la base de esta crisis. De ahí que el fascismo de Gentile se propusiera una doble función, según explica Bouchet: «reconocer el papel político de la burguesía capitalista y garantizar a los trabajadores una activa participación en el gobierno a través de sindicatos agrupados en el Estado».[800] En resumidas cuentas,

---

799. Bouchet, *Una introducción al mundo del fascismo*, p. 137.
800. Ibíd., p. 141.

esta versión del fascismo impulsará un dirigismo no igualitarista que, en cualquier caso, subsume a las noblezas y burguesías, procurando reconciliarlas con el proletariado, bajo el amparo de una unidad que se quiere orgánica pero que resulta configurada por el Estado.[801] Esta forma del nacionalismo de derechas será considerada durante mucho tiempo como «la derecha», en un esquema que tenía por izquierda al marxismo-leninismo y en el centro a la democracia liberal. Tras el fin de la Segunda Guerra Mundial, este esquema va perdiendo sentido, y la democracia liberal y capitalista va a constituirse en el polo opuesto del comunismo.

Aun respecto del socialismo es posible llevar adelante un análisis similar. Aquí habría que considerar sobre todo la radicalidad que plantea el momento negativo de la racionalización, y la forma en que se plantea la reconstrucción. El pensamiento socialista de un Saint-Simon, por ejemplo, que además de tener un carácter aristocrático prescinde de un momento de aguda negatividad y desmantelamiento del orden recibido, es fácilmente localizable a la derecha de otras manifestaciones de índole socialistas. Piénsese por caso en el marxismo-leninismo, como una ideología que rápidamente podría ubicarse a la izquierda, no solo respecto de expresiones como la de Saint-Simon, sino incluso prácticamente sin parámetros de comparación, al menos en sus manifestaciones de elitismo de partido totalitario, bien sea bolchevique, bien sea estalinista o maoísta. Algo así como una izquierda «cuasiabsoluta», tal como ocurre con el conservadorismo (o, mejor, con el tradicionalismo carlista), pero no necesariamente con las expresiones fascistas,[802] cuando se piensa en la derecha. En efecto, la «cuestión nacional» que durante algún tiempo catalizó las energías izquierdistas (y que donde sigue existiendo esta cuestión, como en Puerto Rico, continúa en el centro del

---

801. *Cf.* Stanley G. Payne, *Historia del fascismo* (Barcelona: Planeta, 1995), pp. 555-584.

802. Intentar por los mismos medios totalitarios una derecha «cuasiabsoluta» es destruir la posibilidad de realizar el fin que se está buscando. Los intentos en esta dirección convirtieron a la reacción de derecha en un proyecto modernista extremo en nombre de la derecha. Este tomaría la forma de una fusión socialista que Hayek llamaría «de clase media», entre capitalismo gremial y dirigismo estatal, y encarnaría en las ideas del modelo económico de Werner Sombart. El fascismo entendido a la manera alemana resultaría una respuesta especular al bolchevismo, y bien puede considerarse como un socialismo de derechas.

discurso de izquierdas)[803] fue sucedida por la «cuestión social», que pudo plantearse de diversas maneras, y que daría lugar a la otra gran revolución política que sucedió a la de 1789: la Revolución Rusa de 1917.

El planteamiento marxista tomó, en el plano político, distintos caminos. Por ejemplo, el de los partidos socialdemócratas de la II Internacional, el del SPD alemán que, con Bebel y Kautsky creería que la revolución llegaría por sí sola, o que con Bernstein abrazaría el gradualismo. O bien, al contrario, el camino revolucionario del leninismo, que, por la radicalidad del proceso holizador que plantea respecto del Estado y la sociedad, suele situarse sin mayores precisiones o parámetros a la izquierda. En efecto, la creación de un Estado comunista, distinto del Estado burgués en virtud del cual la socialdemocracia prepara las transformaciones sociales, coloca al marxismo-leninismo en una suerte de «izquierda cuasiabsoluta».

«Cuasi», sin embargo, porque incluso esta corriente va a encontrar algo a su izquierda y —desde luego— algo a su derecha. A su derecha, el gradualismo socialdemócrata y el «oportunismo»: Lenin calificó de «chovinismo grosero» la política de la II Internacional. A su izquierda, el «revolucionarismo», el infantilismo, la «enfermedad infantil del comunismo»: una degeneración pequeñoburguesa alejada de las condiciones reales de la lucha de clases. En los términos aquí propuestos, el revolucionarismo que denuncia Lenin se ubica a la izquierda del marxismo-leninismo en la medida en que se agudiza más de la cuenta, de manera desordenada, la fase destructiva del proceso revolucionario. Habría aquí un parecido de familia con el anarquismo, que se concentra en la fase analítica de la destrucción del Estado, de cualquier Estado, como una expresión ideológica sustancialmente negativa. Dicho sea de paso, también en el anarquismo hay expresiones tanto de izquierdas como de derechas: el anarcocomunismo (o anarcosocialismo de izquierda), por un lado, y el anarcocapitalismo (o anarcoliberalismo de derecha), por el otro, constituyen ejemplos claros.

---

803. La izquierda y la derecha suelen asociarse en Puerto Rico a la posición tomada respecto del estatus político de la isla. Así, incluso personas que social y económicamente tienen posiciones de derechas suelen ser identificadas como «de izquierdas» por apoyar la independencia política.

Las desviaciones marcadas por Lenin, hacia derecha o izquierda, pueden ser vistas como una desproporción o un desbalance entre lo negativo y lo positivo del proceso racionalizador. En Stalin, a su vez, la cuestión no se presentará demasiado distinta. En el proceso revolucionario puede haber desacuerdos respecto de los tiempos. Quienes van demasiado deprisa se encuentran en la izquierda del movimiento revolucionario, mientras que aquellos que van demasiado lento se hallan en la derecha. Entre estos últimos, por ejemplo, están Bujarin, Rykov y Tomski, que defendían la Nueva Economía Política después de Lenin, con énfasis en la agricultura, frente a los que defendían la aceleración del proceso de industrialización a través de planes quinquenales de Stalin. Aquellos fueron conocidos como la «oposición de derecha» en la URSS. Sus tiempos se concebían demasiado dilatados. A la izquierda, todo lo contrario: Trotsky y su teoría de la revolución permanente. Como todos saben, este último fundaría la «Oposición de Izquierda Internacional» como una facción de la Internacional Comunista.

La contradicción fundamental de esta etapa de la historia es aprehendida por su sustancia económica. Capitalismo o socialismo; burgueses o proletarios; economía libre o economía planificada. Mientras la «cuestión nacional» se resolvía en el terreno de la estructura política, la «cuestión social» se resuelve a través de la infraestructura económica. La contradicción izquierda/derecha refleja por entonces esta disputa, y muchos la leerán directamente como una traducción casi lineal del conflicto de clases: burgueses a la derecha, proletarios (e intelectuales asociados) a la izquierda.[804] Pero hacia 1989, y finalmente en 1991, doscientos años después del nacimiento de la díada, la contienda se supone terminada. Esa conclusión, según algunos, pondría fin también a la distinción izquierda/derecha: fin que, sin embargo, de ninguna manera se ha consumado en los hechos. Más bien, lo que ocurrió fue que las izquierdas llevaron su «racionalización por holización», su análisis/síntesis, su descomposición/recomposición, su incesante «deconstrucción», al ámbito de la cultura. Así, las izquierdas pasaron de ocuparse de derrumbar los antiguos regímenes y levantar las naciones políticas modernas a ocuparse de derrumbar el sistema capitalista resultante y levantar uno

---

804. Un ejemplo de esto es Beauvoir, *El pensamiento político de la derecha*.

supuestamente sin clases, y de ahí a ocuparse por fin de derrumbar la cultura heredada y sus «relaciones opresivas» para levantar algo que todavía no se sabe bien qué es.

Con el fin de la Guerra Fría, la distinción izquierda/derecha no cesó de utilizarse, y esto fue así sencillamente porque la díada no era una simple traducción fija y eterna entre socialismo/capitalismo, ni entre burguesía y proletariado. De haberlo sido, no podría explicarse cómo se usó anteriormente para distinguir entre los republicanos y los partidarios del Antiguo Régimen. La díada se va acomodando al contexto histórico, a la relación de fuerzas y a la tematización de las problemáticas políticas, sociales y económicas. Así pues, lo que ocurrió al terminar la Guerra Fría (y algunas décadas antes, en rigor) fue que el proyecto de acabar con la sociedad de clases y con el capitalismo dejó su lugar a la voluntad de acabar con la cultura dada, como una suerte de cambio estratégico, como una suerte de premio consuelo que emprendió una izquierda derrotada que aplazó aquellos sueños en los que el capitalismo quedaba sepultado por la revolución proletaria. Esto mismo es lo que mostraré en el subcapítulo siguiente.

Pero, antes, un último asunto sobre la vigencia de la díada. Quienes la niegan hacen bien en limitarse a negar su utilidad, porque no pueden dejar de reconocer que, guste o no, sigue utilizándose hasta el día de hoy, habiendo pasado varias décadas ya desde la implosión soviética que se suponía que dejaba caduca la contradicción izquierda/derecha. Prácticamente cualquier partido político, o cualquier candidato político, sigue siendo ubicable hoy en la díada, acentuando unos u otros rasgos políticos pertinentes. Incluso cuando algunos se esfuerzan por definirse como «ni de izquierdas ni de derechas», deben recurrir a la derecha y la izquierda para definirse (por negación), en una simpática paradoja. Ni siquiera el periodismo político, que con tanto esfuerzo posa de desideologizado, ha podido todavía abandonar la díada. No hay día en el que dejen de calificar algunas expresiones a la derecha y otras a la izquierda. No obstante, todo esto no es más que una corroboración fáctica: la díada sigue vigente, claro, ¿pero por qué?

Estimo que lo crucial en el eje izquierda/derecha es que funciona como una estrategia cognitiva que brinda una ventaja muy valiosa para una sociedad moderna en la que se mezcla una elevada división del trabajo con exigencias de participación política democrática, tales como la construcción del voto y algún grado, aunque sea mínimo, de opinión política. Esa ventaja se llama *simplificación*. En efecto, la díada funciona como una suerte de «atajo cognoscitivo», a disposición sobre todo de aquellos que, en virtud de la escasez de tiempo y la sobreabundancia de información, necesitan ubicar las ofertas políticas e ideológicas en un esquema tan simple como sea posible: un segmento construido por dos puntos antitéticos suena, en este sentido, a buena idea. La «hemiplejía moral» intrínseca a la división izquierda/derecha y su contribución a «falsificar aún más la "realidad"»[805] que denunciaba Ortega y Gasset aparece, pues, no como defecto ni falsificación, sino como *simplificación* y, por tanto, economización ventajosa para quienes, al revés de don José, no se dedican a la filosofía ni tienen el más mínimo interés por ella.

Si esto es así, entonces la unidimensionalidad de la díada no es un defecto, sino el principio mismo de su relevancia y de su permanencia en el tiempo. La frecuente acusación de que el mundo es «demasiado complejo» como para reducirlo a dos términos deja de tener sentido si esos dos términos sirven precisamente para reducir la complejidad del mundo. Y ocurre que la mayoría de los individuos no tienen tiempo ni voluntad para hacerse cargo de una complejidad político-ideológica imposible de aprehender para quien no se dedica al estudio sistemático de las innumerables corrientes en boga y su evolución a lo largo de la historia. ¿Cuántos socialismos existen? ¿Cuántos liberalismos? ¿Cuántos conservadorismos? ¿Cuántos nacionalismos? ¿Cuántos anarquismos? Y así sucesivamente. Muy pocos estarían en condiciones de responder estas preguntas, pero la mayoría de los individuos no tendrían necesidad de planteárselas si dispusieran de dos categorías tan flexibles como intuitivas, capaces de ofrecer un mapa político-ideológico *de mínimos* sin los enormes costes de información que de otra manera se generarían.

Es cierto que, a lo largo de ese segmento que va de izquierda a derecha se pueden encontrar matices, y que habitualmente esos matices incorporan alguna dosis de complejidad al esquema.[806] Pero por lo

---

805. José Ortega y Gasset, *La rebelión de las masas* (Barcelona: Alianza Editorial, 1983), p. 26.
806. Un caso de mayor complejidad lo planteó el «test de Nolan», que agregó un eje

general no van más allá de agregarle la palabra «centro» a la categoría «izquierda» o «derecha», como forma de significar que determinado actor o partido no lleva los principios al extremo. Es decir, la idea de centro no puede prescindir de la existencia de una derecha y una izquierda, y la unidimensionalidad se mantiene intacta. Más aún: tan difícil le resulta al «centro» escapar de la díada que él mismo se ubica a la izquierda de la derecha y a la derecha de la izquierda, y como tal es considerado cuando se habla de estos contrastes relativos. Por todo esto, le asiste la razón a Bobbio cuando escribe:

> El centro, definiéndose ni de derecha ni de izquierda y no pudiéndose definir de otra manera, la presupone y extrae de su existencia la propia razón de ser. Según las temporadas y latitudes, el crepúsculo puede ser más o menos largo, pero la mayor o menor duración no altera en absoluto el hecho de que su definición dependa del día y de la noche.[807]

El eje izquierda/derecha solo parece desaparecer cuando izquierdas y derechas se acercan tanto que sus diferencias mismas se evaporan. Dado que, por definición, se trata de términos relacionales, cuando las contradicciones cesan parcialmente, sus contenidos se vuelven equivalentes, y la negatividad que las hace resplandecer se apaga. Esto ocurre en épocas «antipolíticas» o «apolíticas», en las que lo político es reemplazado por la «gobernanza», por la tecnocracia, por la automaticidad de una hegemonía tal que desactiva sostenidamente el conflicto. Pero basta que las contradicciones vuelvan a entreverse y serán fácilmente traducidas a izquierdas y derechas.

Ahora bien, no solo la simplicidad, sino también la relativa indeterminación de la díada explica su relevancia y su vigencia. En

---

(arriba/abajo) a la distinción, pero que establecía preguntas que ya han quedado en gran medida desfasadas (tanto las preguntas como las alternativas a elegir). Además, el test en cuestión nunca llegó a popularizarse, nunca fue incorporado al lenguaje político cotidiano, y sirvió más bien para que aquellos que querían ir más allá de la simplicidad del eje izquierda/derecha pudieran ver otra propuesta. Existen otros test semejantes o muy divergentes en su lógica, pero ninguno termina nunca de ser lo suficientemente satisfactorio, oscilando entre una claridad limitante y un caos omniabarcador.

807. Bobbio, *Derecha e izquierda*, p. 55.

efecto, la simplicidad la vuelve fácilmente *aprehensible*, mientras que la relativa indeterminación la hace *flexible* a distintos tiempos y espacios. En un mundo globalizado, donde la política ha dejado de estar afincada en las realidades nacionales, los individuos necesitan traducir la realidad política y las oposiciones en danza de otras latitudes a términos fácilmente reconocibles. Dado que la díada izquierda/derecha no apunta directamente a ningún conflicto particular, fijo y eterno, ni a ningún nombre propio, por eso resulta lo suficientemente abstracta como para acomodar sus significados particulares a cada contexto espaciotemporal concreto y, aun así, guardar algún grado de sentido para quienes no viven en ese contexto. De tal forma que, cuando se califica a algún líder político de otro país como de «derechas» o de «izquierdas», el individuo que recibe esta información puede hacerse al menos alguna idea de qué tipo de político se trata, o qué tipo de ideas propugna. Esto, por lo general, sería más difícil de lograr si simplemente se le brindara el nombre del partido al que pertenece el político en cuestión, puesto que en este caso el individuo debería conocer previamente las bases ideológicas del partido y su historia reciente para formarse alguna idea significativa. Esta es una de las razones por las cuales el periodismo político se ve obligado a hablar de «derechas» e «izquierdas» cuando aborda sobre todo la política de otros países.

Hay que notar que la flexibilidad de la díada funciona, además, como apertura política para la articulación de posiciones político-ideológicas diferenciales que, sin embargo, encuentran una referencia equivalencial en el universo de las «izquierdas» o de las «derechas». Así, estos términos sirven también para generar identidades políticas más amplias que la que es capaz de generar cada corriente particular de manera aislada. En la actualidad, esto se ve sobre todo en la izquierda, que se posiciona como el término fuerte de la díada en torno al cual los distintos satélites giran, procurando no salirse de la órbita que los hace formar parte, precisamente, del universo de las izquierdas. Esta es una poderosa razón por la cual, desde el punto de vista de la política, la díada ha mantenido su vigencia hasta los días que corren.

II. Mayo de 1968:
la cultura como centro gravitacional

Francia, enero de 1968. El ministro de Juventud y Deportes Françoise Missoffe concurre a la inauguración de un centro deportivo de la Universidad de Nanterre. Un grupo de aproximadamente cincuenta estudiantes lo increpa y este se dispone a dialogar. Daniel Cohn-Bendit, un estudiante de sociología de origen alemán, le exige que hable sobre la «miseria sexual de los estudiantes». Parece una broma. Pero Cohn-Bendit continúa: «Construir un centro deportivo es un método hitleriano, destinado a arrastrar a la juventud hacia el deporte para apartarla de sus problemas reales, cuando lo que hay que hacer es asegurar el equilibrio sexual de los estudiantes». El ministro le aconseja al joven que tome «duchas frías», sin saber que se estaba dirigiendo a quien muy poco después liderará la revuelta estudiantil más grande de la historia del país, que se transformará, además, en un acontecimiento de dimensiones mundiales.[808]

En efecto, el 22 de marzo unos 400 activistas toman la administración de la Universidad como protesta por la detención de un grupo de jóvenes miembros de un comité de solidaridad con Vietnam, acusados de perpetrar atentados con explosivos. Esa maniobra genera dos cosas: el nacimiento del «Movimiento 22 de Marzo» y el salto a la fama de Cohn-Bendit, mejor conocido como «Dany le Rouge» (Dani el Rojo). Para abril, el grupo ya había logrado juntar una mayor cantidad de estudiantes y se organizan mítines en el anfiteatro de Nanterre, rebautizado como «Anfiteatro Che Guevara». A finales de ese mes se convoca a una Asamblea General del Movimiento 22 de Marzo y se provocan una serie de disturbios que culminan con «Dani el Rojo» detenido en una comisaría. Dos días después se intenta llevar a cabo en el mismo lugar una «jornada antimperialista», pero la violencia ya es insoportable y el decano clausura la facultad mientras la policía desaloja el anfiteatro.

El 3 de mayo se convoca a una manifestación de solidaridad con «los compañeros de Nanterre» en el patio de la Sorbona. El Partido

---

808. El diálogo fue recogido por los Servicios Secretos franceses el 9 de enero de 1968. Citado en Jorge Las Heras Bonetto, *Mayo del '68 francés. La imaginación sin poder* (Santiago de Chile: Editorial Universitaria, 2008), p. 19.

Comunista Francés repudia al estudiantado revoltoso a través de su publicación *L'Humanité*: «A los pequeños grupúsculos izquierdistas [...] es necesario combatirlos y aislarlos [...], se trata, en general, de hijos de grandes burgueses [...] pseudo-revolucionarios».[809] La situación se pone tensa en la Sorbona. Los jóvenes izquierdistas chocan con grupos de derecha, la policía acude al lugar e irrumpe en el patio universitario. El episodio culmina con 527 estudiantes detenidos, y se desencadena a la postre una serie de manifestaciones callejeras que no podrán frenarse tan fácilmente. El Barrio Latino es tomado por los jóvenes, y se convoca a una huelga general a todas las universidades francesas. *L'Humanité* lamenta al día siguiente las «graves consecuencias» del «aventurerismo político» que se «disfraza tras una fraseología revolucionaria».[810] Se trata, a todas luces, de la «enfermedad infantil» del «izquierdismo dentro del comunismo» que había denunciado Lenin en otro contexto.

El 6 de mayo, 600.000 estudiantes se movilizan en huelga general. Ese día, Cohn-Bendit debe comparecer ante una Comisión Disciplinaria: acude con Alain Touraine cantando «La Internacional» y, ante la pregunta de qué hacía el 22 de marzo pasado, responde: «Hacía el amor, señor presidente, algo que a usted seguramente no le ha ocurrido nunca». Los disturbios, en tanto, prosiguen y se intensifican. El Barrio Latino se convierte en un campo de guerra: barricadas de automóviles y adoquines por doquier. Las bombas caseras abundan. Solo ese día, por ejemplo, los heridos (entre policías y estudiantes) ascienden a 800. Al día siguiente se declara el estado de sitio en el barrio.

Las manifestaciones no cesan en los días que siguen. Los viejos comunistas ven que la cosa va en serio y, de repente, cambian su discurso. El 9 de mayo, *L'Humanité* habla de «la justa causa de los estudiantes». El Gobierno trata de pacificar reabriendo la Universidad de Nanterre, pero al día siguiente el Movimiento 22 de Marzo aprovecha la situación para volverla a tomar. El saldo del 10 de mayo serán 50 detenidos, más de 1000 heridos y 200 automóviles incendiados. El 11 de mayo, tras innumerables llamados sin respuesta, los estudiantes por fin consiguen la atención de los

809. Citado en Las Heras Bonetto, *Mayo del '68 francés*, p. 24.
810. Citado ibíd., p. 25.

obreros. Ese día, las centrales obreras convocan a huelga general nacional. El Gobierno está contra las cuerdas y promete abrir la Sorbona, amnistiar a los estudiantes y disponer reformas educativas. Es decir, promete cumplir las tres exigencias fundamentales que la juventud le había formulado: pero no es eso lo que quieren los estudiantes en realidad; todo eso es la simple fachada de una lucha mucho mayor.

Lo que está en juego es la «negación de la totalidad», como la llamaba Herbert Marcuse. El viejo filósofo pasa a ser tomado por los rebeldes como el «padre intelectual» de su movimiento. La tregua que ofrece el Gobierno es rechazada por los movilizados, y el 13 de mayo París ve la más cuantiosa movilización en mucho tiempo: un millón de personas. El 19 de mayo se movilizan más de dos millones de personas en Francia. Pocos días después, el número asciende a nueve millones: es la movilización más grande de la historia francesa. De Gaulle está al borde de la dimisión y desaparece por algunos días. Pero el 25 de mayo los sindicatos firman con el Gobierno los acuerdos de Grenelle —donde se aprueba un salario mínimo y se conceden otros beneficios sindicales— y empiezan las diferencias con los estudiantes: los trabajadores solo habían aprovechado la situación para lograr ventajas corporativas, no para enfrentar a la «totalidad» de la sociedad. A los pocos días, De Gaulle programa elecciones para el 23 de junio. Los obreros empiezan a soltar la mano de los estudiantes y la movilización de estos últimos declina sustancialmente. El conflicto se neutraliza. En las elecciones la gente vota en masa por los candidatos oficialistas: los gaullistas obtienen la mayoría absoluta de los escaños, es decir, más de lo que nunca habían tenido. Una feliz paradoja. La revuelta de los estudiantes ha sido sepultada, pero algo ha quedado flotando en el ambiente: no solo en Francia, sino en todos los países donde las revueltas ya se han replicado.

Mayo de 1968 quizás no fue una revolución, pero definitivamente fue un *acontecimiento*. Y es en este acontecimiento en el que hay que buscar el paso que va de la «cuestión social» a lo que puede denominarse «cuestión cultural». Es aquí, pues, donde el conflicto cultural se postula como núcleo de las contradicciones políticas del capitalismo avanzado y el mundo posindustrial. Es aquí donde las izquierdas encuentran en el dominio cultural aquellas energías políticas que hacía tiempo se habían apagado o burocratizado en lo que prometían ser las contradicciones económicas.

En la década de 1960, el malestar era moneda corriente en las izquierdas del capitalismo avanzado. Había razones estructurales para ello. Primero, la clase obrera había sido integrada al sistema, tanto económica como políticamente. Las décadas de 1950 y 1960 fueron consideradas, no en vano, la «edad de oro» del capitalismo debido al generalizado y pronunciado crecimiento que se experimentó: en los países de la OCDE, el PIB creció a un ritmo promedio de 4.9 puntos anuales entre 1950 y 1973.[811] ¿Cómo movilizar a una clase obrera que cada vez vive mejor? ¿Cómo movilizar a un proletariado crecientemente aburguesado que ha sido integrado a la democracia liberal en calidad de ciudadano?

Segundo, en el proceso de trabajo, la energía mental estaba pasando a ocupar un lugar cada vez más destacado en detrimento de la energía física, lo que afectaba a la clase obrera en términos de cantidad, cohesión e identidad. Ya he dado cuenta aquí de la desproletarización del mundo posindustrial.

Tercero, la propiedad se separó de la administración, lo que hizo que la estratificación social, lejos de simplificarse, se volviera más compleja. Es así como las previsiones revolucionarias de Marx no se cumplieron allí donde había vaticinado que el socialismo llegaría más pronto que tarde: en el mundo capitalista avanzado. Al contrario, el que conoció la revolución fue el oriente «feudal»,[812] cuya industrialización solo era reciente e incipiente. Además, la revolución de febrero, que realmente fue popular —o al menos, si no de la mayoría, sí producto de la participación de grandes porciones de las «clases populares»—, no había sido sin embargo colectivista ni de signo comunista, como el golpe bolchevique de octubre, sino democrático-burguesa y asamblearia (de ahí el uso original y correcto de «revolución soviética»), mayormente realizada por soldados

---

811. *Cf.* Angus Maddison, *La economía mundial en el siglo XX. Rendimiento y política en Asia, América Latina, la URSS y los países de la OCDE* (México: FCE, 1992), p. 45.
812. *Cf.* Manuel Moncada Lorén, «El «milagro económico» de la industrialización estalinista», *National Geographic*, 19 de junio de 2018, https://www.nationalgeographic .es/historia/2018/06/el-milagro-economico-de-la-industrializacion-estalinista.

y campesinos, de modo que no se la podía considerar revolución obrera-industrial socialista de Estado.[813]

Pero la crisis de la izquierda pasaba, además, por otro lado. Stalin había muerto hacía no mucho; Khruschev lo había condenado públicamente en 1956, y sus crímenes ya eran tan patentes para todos que mirar para el costado no siempre era posible. La Unión Soviética, después de unas cuantas décadas de socialismo, no se parecía al «reino de la libertad» prometido por el marxismo-leninismo. En honor a la verdad, parecía todo lo contrario. La «dictadura del proletariado», teorizada por Lenin como una fase de transición con persecuciones políticas supuestamente solo contra las clases medias, se convirtió rápidamente, con toda burguesía abolida, en la práctica de una perpetua dictadura ya bajo la «primera fase del modo de producción comunista» (o «sociedad socialista», como la llamaría el leninismo). Un partido-Estado ideológico y totalitario, que subordinaba y reprimía toda actividad civil, y una burocracia gigantesca que acaparaba y reprimía toda actividad económica privada, con una población que sobrevivía gracias al mercado negro, eran cada vez menos fáciles de defender. Lo que se creía una instancia necesaria para la «extinción» del Estado, según los supuestos de Engels, resultó ser un socialismo estatal donde el gobierno controlaba una economía estéril y parasitaria. Las clases sociales habían desaparecido, solo para dar lugar a clases dentro del Estado o a capas privilegiadas de la dirigencia del Estado, sin contar la élite del propio PC «soviético». Todo ·estaba, pues, patas arriba. Muchos giraron su vista entonces hacia China. El neoestalinismo de la «revolución cultural» de Mao ofrecía un modelo novedoso de experimento social: una suerte de bocanada de aire fresco para los activistas comunistas que, sin embargo, tampoco perduraría demasiado.[814]

Mayo de 1968 es un repliegue político hacia la cultura que abre un camino que llega hasta nuestros días, y que constituye la forma

---

813. *Cf.* Sheila Fitzpatrick, *La revolución rusa* (Buenos Aires: Siglo XXI, 2005), pp. 57-90.
814. Todo ello se ve muy bien reflejado en la película francesa *La Chinoise*, dirigida por Jean-Luc Godard y filmada apenas un año antes de 1968, que, no sin excéntricas notas de humor, ofrece una imagen bastante fiel de las discusiones ideológicas que por entonces mantenía la juventud intelectual francesa, atravesada por el desencantamiento soviético, la ansiedad por buscar respuestas a la crisis teórico-práctica y un fugaz exitismo maoísta.

de las izquierdas hegemónicas del mundo actual. En efecto, los estudiantes no plantearon ni una revolución político-institucional que cambiara la forma del Estado, ni una revolución político-económica que llevara al poder a una determinada clase social. Lo que el estudiantado cuestionó fue la existencia misma de la sociedad, sus valores y tradiciones, sus costumbres y formas de vida: en una palabra, cuestionó la cultura. El propio Cohn-Bendit, en diálogo con Sartre, lo dejó bien claro: «Lo importante no es elaborar una reforma de la sociedad capitalista sino lanzar una experiencia de ruptura completa con esta sociedad; una experiencia que no dure pero que deje entrever una posibilidad: se percibe algo, fugitivamente, que luego se extingue. Pero basta para probar que ese algo puede existir».[815]

Efectivamente, la experiencia no duró mucho. Apenas algunas semanas. Pero el sistema cultural quedó marcado a fuego. Los estudiantes no buscaban ninguna reforma institucional, política o económica concreta: la crisis universitaria fue utilizada como la chispa necesaria para iniciar el fuego que debía convertir en cenizas a la sociedad toda. Las consignas que se pintaban en las paredes connotaban esta aguda voluntad de destrucción, propia del momento analítico del proceso racionalizador, mezclada con una falta total de proyecto político, tras la que es prácticamente imposible avizorar la forma del subsiguiente momento de síntesis: «¡¡¡El fuego realiza!!!», «Olvídense de todo lo que han aprendido, comiencen a soñar», «Decreto el estado de felicidad permanente», «¡¡¡Roben!!!», «¡La pasión de la destrucción es una alegría creadora!», «Mis deseos son la realidad», «Acumulen rabia», «Lo sagrado: ahí está el enemigo», «No vamos a reivindicar nada, no vamos a pedir nada. Tomaremos, ocuparemos», «Abajo el realismo socialista, viva el surrealismo», «Tomen sus deseos por realidades», «Seamos realistas: pidamos lo imposible», «La imaginación al poder».

Mayo de 1968 fue una *revolución imaginada*, o, más bien, una rebelión canalizada a través de la imagen. El mundo de la imagen fue su soporte ontológico. Hay quienes se preguntan si pasó algo realmente o no en 1968. Raymond Aron publicó en julio de ese año un libro cuyo título mismo ponía de manifiesto este tipo de duda: *La revolución inencontrable*. Diez años después, Régis Debray

---

815. Citado en Las Heras Bonetto, *Mayo del '68 francés*, p. 60.

caracterizará todo esto como «una contrarrevolución consumada».[816] Otro autor hablará más recientemente de «la comunidad de la ausencia de comunidad».[817] ¿Qué pasó, pues, en Mayo del 68? ¿Una revolución? ¿Una rebelión? ¿Acaso un juego travieso de jóvenes aburridos? ¿No dirá Cohn-Bendit en su libro *El gran bazar* (1975) que la violencia del movimiento solo era un juego? Todo esto no tiene ya la menor importancia. El debate continúa abierto, y no podrá cerrarse nunca satisfactoriamente porque el intento de encontrar sustancia a lo que fue un *simulacro* está condenado a fracasar.

La revolución simulada esconde que la revolución, en rigor, ya no es posible; o quizás que la revolución es la nueva marca del sistema, lo que es decir lo mismo. En el Mayo del 68 el decir es un hacer; el acontecimiento no se distingue de su propia representación; los burgueses quieren ser proletarios, mientras los proletarios quieren ser burgueses; la *performance* se confunde con la revolución; la política y la publicidad resultan ser lo mismo; los reclamos, los discursos, las demandas y, en una palabra, la militancia, se convierten en fiesta. (¿Acaso no es esta una radiografía de nuestros actuales izquierdistas? No hay actualmente una sola expresión de izquierdas que no sea una burda imitación del 68). Una orgía de diversión politizada; un acontecimiento *divertido* y *espectacular*. La primacía de lo virtual, de lo mediatizado, de la puesta en escena, del *happening* y el escándalo posado, debidamente calculado y fabricado para los *mass media*, hicieron de este un acontecimiento enteramente posmoderno (quizás el inicio mismo de la posmodernidad), y eso es lo que a estas alturas realmente importa.

De aquel entonces son los célebres versos del poeta comunista Pier Paolo Pasolini, en los que lamentaba la veneración ciega de la prensa por estos jóvenes, a los que él considera despreciables «hijos de papá». Pasolini se posiciona en esa situación del lado de los policías, que sí son «hijos de pobres».[818]

---

816. Régis Debray, *Mai 68 una contre-révolution réussie* (París: Mille et une Nuits, 2008).

817. Vincent Coussedière, *Élogie du populisme* (París: Élya Éditions, 2012), p. 90.

818. *Cf.* Pier Paolo Pasolini, *Os odio, queridos estudiantes,* citado en Lorente, *¿Liquidar «Mayo del 68»?*

Explica al respecto François Bousquet: «la sociología de la revuelta coincide con la de los barrios hermosos. Es en el muy selecto Louis-le-Grand donde la contestación es más virulenta. Es en el prestigioso liceo Buffon donde los estudiantes queman sus cuadernos de notas».[819] La revuelta no se dirige al patrón, pues ninguno tenía tal cosa. La revuelta se dirige al padre, como símbolo de la cultura heredada. En el fondo, quizás sea el aburrimiento: «Francia se aburre», titulaba *Le Monde* un artículo el 15 de marzo de 1968, a poco de que Cohn-Bendit recriminara a un político por la «miseria sexual de los estudiantes», a poco de que se reclamara que los chicos pudieran entrar en los cuartos de las chicas, y a una semana del evento que daría lugar al Movimiento 22 de Marzo.

Así, la experiencia de 1968 no tiene nada que ver con una lucha de clases. Sus motivos no son económicos, sino culturales: el «todo es político» resultó la forma arquetípica no de una disciplinada revolución político-económica apoyada por la clase obrera y ejecutada por partidos comunistas haciendo malabares de ingeniería social, sino de una desordenada revuelta cultural de los estudiantes, dirigida por agitadores, escritores y periodistas (todo lo cultural se vuelve materia política, para fines que son más generacionales y civiles que ideológicos y partidarios). El sujeto político no es aquí el obrero: es el estudiante. La revuelta no se ajusta a ninguna contradicción entre clases. El análisis marxista clásico, por lo tanto, tacha de «aventurerismo» lo que está ocurriendo. Por esa razón el Partido Comunista Francés repudia en primera instancia a los estudiantes. Por lo mismo los obreros se mantienen al margen durante varios días. Pero cuando la situación se hace insostenible, la clase obrera y la vieja izquierda se suben a un carro que ya estaba andando, aunque no con el fin de «negar la sociedad»: el objetivo es apenas sacar réditos corporativos de una agitación de magnitudes alevosas que ya estaba en marcha. Los estudiantes escriben en las paredes: «Una sociedad que ha abolido toda aventura, hace de la abolición de esta sociedad la única aventura posible», pero a los obreros no les interesa la aventura, solo quieren aprovechar la convulsión política para exigir salario mínimo.

---

819. François Bousquet, «Mayo 68, la enfermedad infantil del capitalismo». En Jesús Sebastián Lorente (Coord.), *¿Liquidar «Mayo del 68»? Del sesentayochismo al liberalismo libertario* (Tarragona: Ediciones Fides, 2018), p. 54.

Los estudiantes escriben en las paredes: «Todo es nada», expresando su desprecio a la abundancia, pero los obreros quieren *más* que nada, ellos sí quieren mayor abundancia, y por eso aprovechan la situación para lograr beneficios corporativos que les provean de mayores ingresos. Los estudiantes escriben en las paredes: «No queremos un mundo donde la garantía de no morir de hambre se compensa por la garantía de morir de aburrimiento», pero ningún obrero se moviliza por el «aburrimiento», sino por motivos económicos bien tangibles. Los estudiantes escriben en las paredes: «Hay que cambiar la vida», pero los obreros solo quieren cambiar de automóvil. Ellos no desean pedir lo imposible, sino lo posible; desean lo concreto, no lo imaginario. Y es por ello por lo que, ni bien se da la oportunidad, firman acuerdos con el Gobierno y se desmovilizan.

A diferencia de las revoluciones políticas o económicas, las revoluciones culturales son más difíciles de determinar. Su materia es escurridiza, intangible, altamente simbólica y mental. Quizás por ello Cohn-Bendit decía que «nada de esto tendrá lugar mañana mismo, pero algo hay que se ha puesto en marcha y que proseguirá».[820] Ese «algo» que se puso en marcha hoy es considerado por muchos historiadores como un punto de inflexión que supuso el fin de una etapa y el inicio de otra: la nuestra, todavía.[821] El 68 plantea, en estos términos, una revolución moral, estética y sexual. Se trata de una *desublimación* radical que se deja ver en un *graffiti* famoso de la época: «Cuanto más hago el amor más quiero hacer la revolución, cuanto más hago la revolución más quiero hacer el amor». El 68 abandona los grandes relatos y lleva la política a la intimidad, disolviendo la frontera que separa lo público de lo privado: la sexualidad se vuelve materia política, la relación con el padre se plantea como foco de una contradicción irresoluble, el feminismo se expresa en una nueva «ola». Se trata de una protesta radical contra toda jerarquía, contra todo principio de autoridad y contra toda tradición heredada. Pero es un cuestionamiento, también, de las formas ya oxidadas de una

---

820. Citado en Las Heras Bonetto, *Mayo del '68 francés*, p. 62.
821. Probablemente el filósofo que más ha influido en las ideologías de nuestro siglo, y que no en vano es de lo más vendidos hasta la fecha, ha dicho en reiteradas oportunidades que el giro genealógico de su obra (por el que más se lo conoce precisamente) fue un resultado de los hechos de mayo del 68. Me refiero a Michel Foucault, quien será citado al respecto en un subcapítulo posterior.

vieja izquierda desmovilizada, absorbida por el parlamentarismo, que no sabe, ni puede ni quiere adaptarse a las nuevas condiciones de lucha de un mundo que ha cambiado.

Por su carácter cultural, la revuelta no es tanto revolucionaria como *progresista*. El proceso destructivo, la «fase analítica» del proceso de racionalización, debe avanzar a su propio ritmo, milímetro a milímetro, sin prisa, pero sin pausa. Mayo de 1968 lo echa a andar, pero el proceso debe adquirir su propia inercia. No hay, pues, otro ritmo que el del largo plazo y, como sostiene Marcuse ante el excitado estudiantado, «lo que debemos emprender es una especie de difusa y dispersa desintegración del sistema».[822] Para el propio Marcuse, no obstante, en estos acontecimientos hay un antes y un después. El 68 es un punto de inflexión para la izquierda en general y su estrategia de futuro: «Pienso que hay una cosa que podemos afirmar con seguridad: se acabó la idea tradicional de revolución y la estrategia tradicional de revolución. Estas ideas son anticuadas».[823] La *New Left* norteamericana, la *Nouvelle Gauche* francesa, y las nuevas izquierdas nacientes en las sociedades capitalistas avanzadas en general, muestran el camino por el cual debe conducirse un proyecto izquierdista adecuado a los tiempos que corren: ese camino se llama cultura, y la *raison d'être* es la negación de toda herencia cultural.

Lo que vino es de sobra conocido. Una década más tarde la China comunista emprendía reformas capitalistas, y no mucho después el imperio soviético se desmoronaba. La década de 1990 fue época de reformas a favor del libre mercado, y en numerosos países se siguieron las políticas del Consenso de Washington. La hegemonía de Estados Unidos se volvió a la sazón indiscutible y pretendidamente definitiva. De esta manera, la contradicción entre capitalismo y socialismo parecía superada tras el triunfo de aquel, y una interpretación muy usual, como la citada de Toffler, anunció por lo tanto el fin de las izquierdas y las derechas en la nueva fase histórica que se abría paso. Esto, sin embargo, no ocurrió, y ahora es posible entender mejor por qué.

---

822. Herbert Marcuse, *La sociedad carnívora* (Buenos Aires: Ediciones Godot, 2011), p. 67.
823. Ibíd., p. 57.

Mayo de 1968 fue ese acontecimiento que desplazó el centro gravitacional en el que la díada misma se definía. Para cuando se desmoronaban los edificios de concreto y acero oxidable del «bloque socialista», las nuevas izquierdas de las sociedades capitalistas avanzadas ya se estaban desenvolviendo en otro terreno, apostando a un proceso de largo plazo y más o menos difuso que les devolvería poder apenas algunas décadas más tarde, en una alianza estratégica con grandes capitales internacionales interesados en financiar estos procesos de disolución cultural.

Sobre esto último merece la pena decir algo más. La habitual alianza entre la izquierda cultural y lo que filósofos como Olavo de Carvalho llaman poderes «metacapitalistas» (o lo que Slavoj Žižek, en la otra punta del abanico ideológico, llama «comunistas liberales») constituiría un hecho que demostraría lo obsoletas que están las categorías izquierda/derecha. No obstante, este argumento solo tendría peso si la izquierda y la derecha fueran el mero reflejo de posiciones de clase, lo cual es absurdo. La posición económica no determina ni ha determinado nunca la posición ideológica, así como las clásicas organizaciones del movimiento comunista nunca reclutaron sus militantes ni sus bases de apoyo en ninguna clase social o grupo específico.[824] La vieja noción marxista de «falsa conciencia» es indicativa de esto último. Lo mismo cabe decir, en la otra vereda, de la preocupación que manifestaron en muchos de sus escritos, en coyunturas históricas muy diferentes, varios de los más importantes y dispares pensadores de las derechas, desde corporativistas como Belloc ya a principios del siglo XX, pasando por liberales clásicos como Mises en la década de 1950 y minarquistas como Nozick durante los años setenta, llegando a conservadores como Kirk y hasta inclasificables como Muray a fines del mismo siglo y comienzos del siguiente. La temática de fondo resulta siempre la misma: la psicología servil, colectivista y uniformizadora que venía extendiéndose por *todas* las clases sociales, incluidas las medias y las altas, tanto en lo económico como en lo personal, tanto en lo cívico como en lo cultural.[825]

---

824. *Cf.* Jeane J. Kirkpatrick, *Dictadura y contradicción* (Buenos Aires: Sudamericana, 1983), pp. 149-169.
825. *Cf.* Hilaire Belloc, *El estado servil* (Buenos Aires: *La Espiga de Oro*, 1945), pp. 127-150; Ludwig von Mises, *La mentalidad anticapitalista* (Buenos Aires: Unión Editorial, 2013); Robert Nozick, *Puzzles socráticos* (Madrid: Cátedra, 1999),

Es más razonable entender, en todo caso, que, si la alianza entre metacapitalistas e izquierdistas culturales se ha forjado, es porque estos últimos no amenazan seriamente el orden económico vigente y, por lo tanto, no suponen un peligro para los intereses materiales de los primeros (¿en qué punto la revolución del travesti se convierte en una amenaza real para los intereses económicos de los metacapitalistas que financian al lobby LGBT?).[826] Más aún, es probable que no solo no amenacen ese orden, sino incluso que lo reproduzcan, funcionando precisamente como la lógica cultural que mejor se articula con un sistema acelerado de consumo globalizado, flexible y enormemente volátil que, dicho sea de paso, requeriría según la ONU tasas de natalidad cada vez más bajas (Conferencia de Población de El Cairo, 1994).[827]

¿Pero cuál es esa «lógica cultural»? La del «gran rechazo», la de la impugnación de la «totalidad», la de la «deconstrucción», que solicita cada cierto tiempo un «borrón y cuenta nueva», que reniega de cualquier herencia en nombre de la «autodeterminación», la «autenticidad», la «autoexpresión» o la «autopercepción», según sea el caso. Pero que en el fondo no es más que «el conformismo del anticonformismo».[828] Se trata de la lógica cultural del «auto»: una lógica narcisista, hedonista, en la que la «emancipación» no es más que la curvatura sobre sí mismo. Se trata, además, de la lógica cultural de lo «nuevo»: donde todo queda subordinado al criterio cronológico, donde la fecha de caducidad de cualquier cosa, pensamiento,

---

pp. 385-403; Russell Kirk, *Qué significa ser conservador* (Madrid: Ciudadela Libros, 2009), p. 52; Philippe Muray, *El imperio del bien* (Granada: Nuevo Inicio, 2012).

826. Por ejemplo, puede verse el *Global Resources Report 2017/2018* de «LGBTQ Issues», en el que se documentan los cientos de millones de dólares que grandes corporaciones, agencias internacionales, magnates y gobiernos destinan al financiamiento de organizaciones LGBT: https://globalresourcesreport.org/wp-content/uploads/2020/05/GRR_2017-2018_Color.pdf.

827. En este punto debo hacer una rectificación. En otro trabajo (*El libro negro de la nueva izquierda*) suponía que la ideología de género, en la medida en que pone en peligro libertades económicas, podía de algún modo convertirse en un desafío de tipo económico para el sistema. Esto no es así, no porque la ideología de género no ataque libertades económicas (¡vaya si lo hace!), sino porque los círculos de poder económico que lideran hoy el capitalismo han logrado que este funcione precisamente en simultaneidad con ataques sistemáticos a las libertades económicas que aumentan el número de beneficiarios y/o participantes de la actividad capitalista.

828. François Bousquet, *Deconstrucciones de la ideología dominante* (Tarragona: Ediciones Fides, 2019), p. 26.

demanda o proyecto, siempre se encuentra a la vuelta de la esquina. La inestabilidad es, por lo mismo, la regla: normas inestables, gustos inestables, creencias inestables, relaciones inestables, identidades inestables, familias inestables, sexualidades inestables. En una palabra, se trata de la lógica cultural *progresista*, que se inscribe perfectamente en la lógica *comercial* del sistema de la moda, en la lógica *productiva* de la obsolescencia programada y en la lógica de *consumo* hiperacelerado, que demandan precisamente inestabilidad cultural, borrones y cuentas nuevas sin cesar, y tiernas aspiraciones de «autoconstrucción» del yo.

La lógica cultural progresista se lleva muy bien con la sociedad de consumo. Las tradiciones, las costumbres, las jerarquías y las normas ralentizan el estado permanente de excitación y recambio que está en la base del hiperconsumo. El *homo festivus* (Philippe Muray *dixit*) siempre es un mejor cliente que el amargado *homo laborans* del viejo capitalismo de producción; ni que decir tiene del *homo religiosus* del viejo orden. Así, lo que en 1968 pudo resultar subversivo, a estas alturas se muestra como la lógica misma del sistema vigente. Los placeres en Foucault, el deseo en Deleuze y Guattari, la desublimación en Marcuse. Liberar el placer, liberar el deseo, liberar la sexualidad, se convierten en un abrir y cerrar de ojos en orgía de consumo; y, por ello mismo, se convierten en la ideología favorita del orden establecido: la transgresión como rutina; la «emancipación» como mercancía; la fiesta como revolución. ¿O no se constituyó el eslogan «Disfrutar sin trabas» en una de las más célebres consignas de 1968?

La deconstrucción de las identidades, o la radical desidentificación con cualquier carácter heredado (social o biológico), que es lo mismo, invita a continuación al *shopping* identitario y a las *identity politics*, con las que es posible llevar todavía más consumidores de rebeldías al *shopping* identitario. ¿A quiénes han beneficiado las «teorías de género», si no en primer lugar a los proveedores de «terapias hormonales cruzadas» y a los proveedores de cirugías plásticas? ¿A quién beneficia la movida abortista si no, en primer término, a las industrias que venden abortos, y que contratan a una figura «rebelde» como Miley Cyrus para sus publicidades?[829] ¿Qué deja el LGBT,

---

829. La cantante *pop* realizó en su cuenta de Instagram una producción fotográfica

si no lo que los mercados ahora denominan «Dinero Rosa»,[830] además de un ejército de burócratas del «género», la «inclusión» y la «diversidad» llenándose los bolsillos? ¿Por qué tan solo un día, y no más bien un mes, un *pride month*, para seguir haciendo correr el dinero rosa y continuar la expansión del funcionariado multicolor? ¿Y a quién beneficiará el actual reinado transformista, la actual antropología de lo *trans*, si no al futuro (¿o actual?) mercado transhumanista? Las tablas rasas que «construyen» sus «identidades» en busca de la «autoexpresión» desentendida de las «imposiciones sociales», y que las cambian además al ritmo de la moda, se constituyen en el consumidor perfecto. Y así, toda empresa en general, y toda multinacional en particular, estará siempre a la caza de estas tablas rasas, para mimarlas, para consolarlas en su presunta «opresión», y siempre listas para ofrecerles sus productos acompañados de la simbología de ocasión (banderas multicolor, consignas tipo «Black Lives Matter», puños feministas, eslóganes ambientalistas, guiños multiculturales y corrección política al por mayor).

Esto no quiere decir necesariamente que los magnates que financian la izquierda cultural tengan todo esto en vista cuando desembolsan. Lo que quiere decir es que, si los financian, es porque no suponen un estorbo real para el sistema. Pero sí que pueden resultar un estorbo político para determinados gobiernos o administraciones a las que determinados magnates pueden querer perjudicar. Además, pueden resultar funcionales a agendas biopolíticas que determinados ingenieros sociales procuran impulsar, como la de natalidad y demografía. Y pueden resultar, desde luego, una buena oportunidad para mostrar «sensibilidad social», «filantropía» y «compromiso con las minorías»: elementos infaltables del *cool marketing*.

Sobre todo lo dicho, piénsese en el rol de un George Soros y su Open Society Foundations, que al momento de escribir estas líneas lleva invirtiendo en grupos y causas progresistas la suma de 16.8 billones de dólares. Entre ellos, por ejemplo: aportes generales de un millón de dólares para el Fondo Lunaria Mujer y la Fundación

---

auspiciada por Planned Parenthood en defensa del aborto, promocionando en el pie de imagen a la red de clínicas abortistas.

830. *Cf.* «Qué es el «Dinero Rosa» y cómo beneficia a la economía mexicana», *Infobae* (2 junio 2021), https://www.infobae.com/america/mexico/2021/06/02/que-es-el-dinero-rosa-y-como-beneficia-a-la-economia-mexicana/.

Calala, para impulsar la «justicia de género»; aporte general para la Rockefeller Philanthropy Advisors para impulsar «enfoque de género» (1.000.000 dólares); aportes al Lawyers' Committee for Civil Rights Under Law para combatir judicialmente los «discursos de odio» (1.228.209 dólares); aportes a la Asociacion Probienestar de la Familia Colombiana para promover el aborto en Colombia (200.000 dólares); apoyo general a la International Women's Health Coalition para promover los «derechos sexuales y reproductivos», o sea, el aborto (1.350.000 dólares); apoyo general a la CREA para promover «derechos sexuales y reproductivos» (500.000 dólares); apoyo puntual al European Forum of LGBT Christian Groups para organizar el «entrismo» LGBT en las iglesias (60.000 dólares); casi medio millón de dólares para Chicas Poderosas Inc., para impulsar periodismo «con perspectiva de género» y «feminista»; apoyo puntual a Race Forward para «promover una narrativa racialmente equitativa sobre la inmigración» (600.000 dólares); apoyo general a Blueprint North Carolina para organizar (¿para qué?) a «las comunidades negras y marginadas de todo Carolina del Norte» (500.000 dólares).[831] Estos son ejemplos tomados simplemente al azar: sirvan como botón de muestra.

O piénsese en la Rockefeller Foundation, en cuya base de datos de financiamientos recientes pueden encontrarse, también al azar, cosas como las que siguen: apoyo a la Columbia University para la realización de una encuesta a la comunidad LGBTQ+ sobre sus percepciones de la pandemia y la vacuna (111.452 dólares); apoyo general a la Brookings Institution para «identificar racismo sistémico» (500.000 dólares); apoyo a Accelerate 500 Inc. para ayudar a «negros y latinos» a que, en el marco de la pandemia, «superen las barreras estructurales relacionadas con la raza y el género» (1.000.000 dólares); apoyo puntual al Center for Antiracist Research de la Boston University para «explorar formas de comprender, explicar y resolver problemas aparentemente insolubles de injusticia racial», además de «desarrollar un Laboratorio de Datos Raciales y un Rastreador de Datos Raciales COVID-19» (¿?) (1.500.000 dólares)[832]... el listado

---

831. Base de datos de financiamiento de Open Society Foundations en https://www.opensocietyfoundations.org/grants/past.
832. Base de datos de financiamiento de The Rockefeller Foundation en https://www.rockefellerfoundation.org/grants/.

se vuelve repetitivo, pero no hay que dejar de decir que fue precisamente John D. Rockefeller III quien auspició el surgimiento no solo del Population Council, sino también de la International Planned Parenthood Federation desde su nacimiento en 1952, y es esta última la que a su vez ha venido auspiciando a toda la militancia feminista y de género de Hispanoamérica (y del mundo en general) con decenas de millones de dólares todos los años para que lleven adelante su agenda.[833]

O bien repárese en la Ford Foundation, que solo entre 2020 y la primera mitad del año 2021 repartió más de 1.135 millones de dólares en proyectos como: un estudio del Action Center on Race and the Economy Institute sobre «intersección» racial, de género e inmigración (3.000.000 de dólares); apoyo general a la organización FRIDA | Young Feminist Fund para «amplificar su visión de justicia de género» (1.000.000 de dólares); apoyo general al Groundswell Fund para llevar «justicia reproductiva» (o sea: aborto) a «mujeres de color y personas transgénero» (3.500.000 dólares); apoyo básico para el Leadership Institute Simone de Beauvoir a los efectos de «lanzar una serie de conversaciones públicas y reuniones» donde se elabore una «agenda feminista global para hacer realidad la igualdad de género antes de 2030» (1.150.000 dólares); apoyo general a la National LGBTQ Task Force para lograr «justicia LGBTQ» (2.000.000 de dólares); apoyo general a Southerners on New Ground para políticas de «interseccionalidad» que crucen personas de bajos ingresos, negros, inmigrantes y LGBT (6.500.000 dólares); apoyo puntual para que NEO Philanthropy, Inc. movilice «participación cívica juvenil de jóvenes de color, mujeres jóvenes, jóvenes inmigrantes y jóvenes LGBTQ» (1.300.000 dólares); apoyo puntual a Borealis Philanthropy para la «equidad racial en el periodismo» (6.000.000 de dólares); apoyo general para el ColorofChange Org Education Fund para promover la «justicia racial» (5.000.000 de dólares); apoyo general al Center for Reproductive Rights para instalar el aborto «como un derecho humano fundamental que todos los

833. Reportes financieros de International Planned Parenthood Federation en https://www.ippf.org/about-us/financial.

gobiernos estén legalmente obligados a proteger, respetar y cumplir» (7.500.000 dólares).[834] Y así, virtualmente hasta el infinito.[835]

Fundaciones de reconocidos millonarios financiando izquierdismo cultural. Esta es la realidad que genera cortocircuito si la díada izquierda/derecha se entiende como una disputa inamovible entre capitalismo y socialismo, o peor aún, como una contradicción entre clases sociales. Pero, como ya he argumentado, no es el caso. La díada, desplazada hacia el terreno cultural en 1968, y afianzada definitivamente en esa dimensión después del fin de la Guerra Fría, hoy se expresa más allá de la disputa por el sistema económico. Más todavía: es precisamente porque la disputa ya no es en primer lugar económica, sino sobre todo cultural, por lo que tantos magnates, económicamente tan poderosos, pueden dedicarse a financiar a la izquierda sin ni siquiera tener, como otrora, contactos comerciales o políticos directos con las pandillas de las élites revolucionarias o sus burocracias estatales,[836] y ni siquiera con los «capitalismos privados» que suelen rodear a los beneficiarios de los regímenes de expropiación y asistencialismo. Solo así la izquierda cultural pudo haberse convertido en el aliado favorito de tantos consorcios financieros, políticos y de organismos públicos, esto es: los «metacapitalistas» de los monopolios de los espacios públicos y las comunicaciones privadas (las Big Tech).[837] Todos ellos conforman un renovado complejo ya no «militar-industrial», sino «cultural-posindustrial».

---

834. Base de datos de financiamiento de Ford Foundation en https://www.fordfoundation.org/work/our-grants/grants-database/grants-all.
835. Podría seguir con «William and Flora Hewlett Foundation», con «Bill y Melinda Gates Foundation», y con otras tantas fundaciones de magnates presuntamente progresistas, pero me abstendré de hacerlo, pues el objetivo de esta enumeración es simplemente ilustrativo.
836. *Cf.* Bertrand de Jouvenel, *Sobre el poder*, pp. 366-369.
837. *Cf.* Pablo Martín Pozzoni, «La censura en redes sociales y el libre uso de la propiedad: un dilema liberal». Portal *Foro Patriótico* (13 febrero 2021), https://www.foropatriotico.com/post/la-censura-en-redes-sociales-y-el-libre-uso-de-la-propiedad-un-dilema-liberal

III. La cultura como centro gravitacional: la vía gramsciana

Más allá del acontecimiento histórico, hay que dar cuenta también de los desplazamientos culturalistas que se fueron dando, paralelamente, en el seno las discusiones teóricas de las izquierdas marxistas a lo largo del siglo XX. Para ello, recorreré muy rápidamente, tanto en este como en el próximo subcapítulo, algunas ideas de renombrados pensadores cuya producción intelectual impacta, de distintas maneras, en las izquierdas de hoy.

El giro culturalista que emprenden distintos autores marxistas puede verse como el intento de relativizar o poner en cuestión el determinismo económico impreso en el esquema estructura/superestructura del marxismo vulgar, y el rígido etapismo histórico que reducía la viabilidad de la revolución socialista a aquellas sociedades donde el desarrollo del capitalismo hubiera llegado a un grado significativo. Por «giro culturalista» entiendo aquí la creciente importancia que adquieren para los teóricos las variables culturales, tanto para sus estudios más abstractos como para la conducción concreta de la práctica política.

Tras el triunfo de la Revolución Rusa, siguió una dura etapa de complicaciones. Si los bolcheviques no deseaban quedar aislados en un mundo predominantemente capitalista, la revolución debía expandirse con rapidez hacia el resto de Europa. Pero los sucesivos fracasos mostraron los límites de estas esperanzas. En Alemania, la revolución fogueada en 1918, que en 1919 llegó a declarar la República Soviética de Baviera como Estado independiente, terminó aplastada en 1920. En Hungría sucedió algo similar: se creó una República Soviética que fue desarmada rápidamente por tropas rumanas. En Austria, el proletariado capituló de inmediato. En Italia sí que hubo algunos intentos con las huelgas y revueltas de Turín entre 1919 y 1920, pero el gobierno de Giovanni Giolitti desactivó la revolución con astucia, y el camino quedó abierto de par en par para que Mussolini se pusiera al frente de Italia dos años más tarde. Poco después sobrevendría la guerra civil española y, por su parte, el nacionalsocialismo haría pie en Alemania. ¿Por qué en occidente no había llegado la revolución como en Rusia? ¿Acaso no estaban dadas las «condiciones»? ¿Pero qué «condiciones»? ¿Cuáles en concreto?

¿Por qué en la Rusia escasamente industrializada sí, y en el occidente decididamente industrializado no, justo al revés de lo que cabría esperar? ¿Por qué, en lugar de la revolución socialista, había llegado más bien el fascismo? ¿Se trataba de un problema teórico, de un problema práctico, o de ambas cosas al mismo tiempo?

Este contexto de derrota, autocríticas e interrogantes inexorables es el que ve nacer lo que Perry Anderson ha llamado «marxismo occidental»,[838] corriente que aparece en el período de entreguerras y que se desarrolla hasta fines de la década de 1960. Los nombres son bien conocidos: Gramsci, Horkheimer, Adorno, Althusser, Marcuse, Sartre, entre muchos otros. Una de las principales características de esta generación de pensadores marxistas es precisamente que el problema de la teoría económica, que estuvo en el centro de interés del propio Marx durante sus últimos años y que tuvo continuación en la generación de Lenin —que agregó además elementos de teoría política—, fue abandonado por los marxistas occidentales en favor de un creciente interés por asuntos abstractos de filosofía y por problemáticas culturales. Así, si el maestro había ido desde la filosofía a la economía, los pupilos occidentales emprendieron un camino inverso, volviendo de la economía política a la filosofía.[839] En el plano de la práctica, esto se manifestó como un corrimiento que fue desde la militancia revolucionaria a la cátedra universitaria.[840]

No fue ciertamente el caso de Antonio Gramsci que, sin perjuicio de pertenecer casi en calidad de pionero a esta generación, y de ubicarse entre los más renombrados marxistas que voltearon la mirada hacia la cultura, tuvo sin embargo un compromiso y un liderazgo

---

838. *Cf.* Perry Anderson, *Consideraciones sobre el marxismo occidental* (Madrid: Siglo XXI, 2015).

839. Que Moscú publicara por primera vez en la década de 1930 los —hasta entonces extraviados— trabajos más importantes del joven Marx (los manuscritos filosóficos de 1844) marcó el desarrollo teórico de los marxistas occidentales. Pero más allá de Marx, los marxistas occidentales hicieron dialogar su propia tradición de pensamiento con tradiciones ajenas, en las que se buscaron conceptos e ideas que pudieran o renovaran sus propias teorías. Weber, Dilthey, Sorel, Croce, Maquiavelo, Freud, Lacan, Heidegger, Husserl, Spinoza, entre otros, influyeron en distintos autores de esta generación.

840. Compárese el rol de un Sartre, un Adorno o un Althusser con, por ejemplo, los miembros de la II Internacional, como Luxemburgo o Kautsky, que calificaban con desprecio como «socialistas de cátedra» a aquellos que, en lugar de estar agitando la práctica política con arreglo a la teoría, sencillamente se dedicaban a dar clases universitarias.

político significativo en el Partido Comunista Italiano. Pero no deja de ser todo un síntoma que lo más importante de su obra, los *Cuadernos de la cárcel*, se produjera desde el aislamiento y desde el fracaso. Muy poco antes de ser encarcelado, Gramsci todavía mostraba un pensamiento bastante economicista que lo llevaba a considerar en 1926, por ejemplo, una muy factible caída de Mussolini en función de «una crisis económica imprevista y fulmínea no improbable en una situación como la italiana [que] podría llevar al poder a la coalición democrática republicana».[841] Semanas después, Mussolini no caía, sino que ilegalizaba los partidos y enviaba a Gramsci a prisión. La crisis de 1929 tampoco hizo caer al fascismo, sino más bien lo contrario.

Cuando Gramsci escribe, la visión dominante en el marxismo internacional era la determinista y mecanicista, que el italiano atribuye sobre todo al filósofo y economista bolchevique Nikolái Bujarin. En breve, este tipo de marxismo, también llamado «vulgar», apuesta por una relación lineal, necesaria y automática entre la estructura económica y la superestructura política y cultural. Así, se toma de Marx esta metáfora arquitectónica, que aparece en varios lugares, pero que se explicita con especial claridad en su célebre «Prólogo de la Contribución a la crítica de la economía política». Vale citar *in extenso* a Marx:

> Mi investigación me llevó a la conclusión de que, ni las relaciones jurídicas ni las formas de Estado pueden comprenderse por sí mismas ni por la llamada evolución general del espíritu humano, sino que, por el contrario, radican en las condiciones materiales de vida [...] la anatomía de la sociedad civil hay que buscarla en la economía política. [...] En la producción social de su vida los hombres establecen determinadas relaciones necesarias e independientes de su voluntad, relaciones de producción que corresponden a una fase determinada de desarrollo de sus fuerzas productivas materiales. El conjunto de estas relaciones de producción forma la estructura económica de la sociedad, la base real sobre la que se levanta la

---

841. Ponencia al Comité directivo del Partido Comunista del 2-3 de agosto de 1926. Citado en Giuseppe Cospito, *El ritmo del pensamiento de Gramsci. Una lectura diacrónica de los Cuadernos de la cárcel* (Buenos Aires: Ediciones Continente, 2016), p. 56.

superestructura jurídica y política y a la que corresponden determinadas formas de conciencia social. El modo de producción de
la vida material condiciona el proceso de la vida social, política y
espiritual en general. No es la conciencia del hombre lo que determina su ser sino, por el contrario, el ser social es lo que determina
su conciencia.[842]

Si esto es así —pensaba la corriente dominante del marxismo
en tiempos de Gramsci—, entonces la práctica política y revolucionaria estará ligada casi exclusivamente a la estructura social, o
sea, a los fundamentos económicos de la sociedad. De ahí también
que «La historia de todas las sociedades hasta nuestros días es la
historia de las luchas de clases»,[843] esto es, luchas definidas al nivel
de las identidades económicas esenciales de los grupos sociales. La
superestructura, o sea, las instituciones jurídico-políticas y la cultura
(la «consciencia social»), se concebirá entonces epifenoménicamente,
como un mero reflejo automático de la estructura económica, que es
donde está el desafío real de una revolución.[844]

---

842. Karl Marx, «Prólogo de la Contribución a la crítica de la economía política». En
Antología (Buenos Aires: Siglo XXI, 2014), p. 200. Esta idea aparece, de otra manera, en otros escritos de Marx: «También las formaciones nebulosas que se condensan
en el cerebro de los hombres son sublimaciones necesarias de su proceso material de
vida, proceso empíricamente registrable y sujeto a condiciones materiales. La moral,
la religión, la metafísica y cualquier otra ideología y las formas de conciencia que a
ellas corresponden pierden, así, la apariencia de su propia sustantividad. No tienen
su propia historia ni su propio desarrollo, sino que son los hombres que desarrollan su
producción material y su intercambio material cambian también, al cambiar esta
realidad, su pensamiento y los productos de su pensamiento. No es la conciencia la
que determina la vida, sino la vida la que determina la conciencia» (Karl Marx, *La
ideología alemana,* España: Ediciones Pueblos Unidos, s/f, p. 26).
843. Karl Marx; Friedrich Engels, *El manifiesto comunista* (Buenos Aires: Editorial Sol
90, 2012) p, 37.
844. Sin duda, las dirigencias de los partidos comunistas ya subsumidos en el tipo
de grupos de poder del bolchevismo internacional ya no obraban sometidas (salvo
como mera fachada en caso necesario) a un análisis marxista de las condiciones
sociológicas para poder influenciar el espontáneo proceso revolucionario de una
clase obrera desarrollada. Más bien procedían con arreglo a un estudio leninista
de *realpolitik* subversiva y partidista: un total oportunismo respecto a condiciones
sociológicas de todo tipo (conflictos sociales en general, factores de poder existentes,
posibilidades de apoyo externo, capacidad de desarrollo militar, organización del
Estado a derrocar, etc.) para así reclutar los suficientes cuadros armados, los recursos
y logística necesaria, cooptar o apropiarse de los medios de comunicación, y finalmente lograr la suficiente legitimación provisoria para que la minoría de un partido
conquistase el poder y desde allí lo ampliara violentamente quebrando las resis-

Este es el economicismo con el que se enfrentará Gramsci. ¿Pero de qué manera? En primer lugar, desarmando la rigidez de la metáfora arquitectónica estructura/superestructura. En la sociedad, anota el italiano, «las fuerzas materiales son el contenido y las ideologías la forma», pero la distinción entre ambas resulta «meramente didáctica, porque las fuerzas materiales no serían concebibles históricamente sin forma y las ideologías serían caprichos individuales sin las fuerzas materiales».[845] Por ello, escribe poco después, la metáfora de la economía como «anatomía» de la sociedad está entre las más «groseras y violentas», a la cual «la filosofía de la praxis, proponiéndose reformar intelectual y moralmente a estratos sociales culturalmente atrasados, recurre».[846] Es decir, la idea de «estructura» y «superestructura» habría sido planteada con propósitos metafóricos-didácticos por Marx, pero no debe ser considerada de manera literal ni, por ello, mecánica. Gramsci no se pelea con Marx; lo hace con muchos de los marxistas posteriores a él. Según el planteamiento gramsciano, el verdadero pensamiento de Marx ha sido vulgarizado y tergiversado.

Comoquiera que sea, a Gramsci le interesaba sobremanera poner en cuestión el mecanicismo por los efectos prácticos que una visión de este tipo provocaba. Así, deja asentado en sus cuadernos:

... hay que reconocer que estando muy difundida una concepción determinista y mecánica de la historia [...] cada individuo, viendo que, no obstante su no intervención, algo sucede todavía, tiende a

---

tencias dispersas. *Cf.* Jeane J. Kirkpatrick, *La estrategia del engaño* (México D. F.: Libreros Mexicanos Unidos, 1964). Sin embargo, incluso en tales circunstancias, el interés por los fenómenos culturales no residía en que estos consistieran, por sí mismos, en una vía de poder para dar forma a la situación política existente, y mucho menos la socioeconómica. El interés por la cultura era meramente entender cuáles eran los recursos propagandísticos óptimos para desestabilizar la sociedad (en sentido infraestructural), generar adherentes engañados hacia otros fines, afianzar a la dirigencia comunista para luego, ya desde una situación de fuerza tanto política como militar, imponerse sobre la sociedad y el Estado. En el caso del gramscismo, la cuestión gira ciento ochenta grados, porque la cultura se transforma en un objeto de planificación general, en tanto se la concibe como vía de condicionamiento social y, a la vez, como una correa de transmisión del poder.

845. Cuaderno 7 [b], § 21. Todas las referencias de Gramsci, salvo que se indique otra cosa, están tomadas del citado libro de Cospito.

846. Cuaderno 11, 6º, § 1. Gramsci utiliza «filosofía de la praxis» como sinónimo de «marxismo».

pensar que por encima de los individuos existe una entidad fantas-
magórica, la abstracción del organismo colectivo, una especie de
divinidad autónoma, que no piensa con ninguna cabeza concreta,
pero no obstante piensa, que no se mueve con determinadas piernas
de hombre, pero no obstante se mueve, etcétera.[847]

Efectivamente, lo que provocaba el mecanicismo era un fatalis-
mo que llevaba a pensar que, al margen de la voluntad humana, la
evolución de las fuerzas productivas llevaría inevitablemente a una
sociedad socialista. Tal vez se habían tomado muy al pie de la letra
el cierre del *Manifiesto comunista*: «La burguesía produce, ante todo,
sus propios sepultureros. Su hundimiento y la victoria del proletariado son igualmente inevitables».[848] ¿Con qué ánimo habría leído eso
un pensador como Gramsci desde la cárcel de Mussolini?

En segundo lugar, y con el esquema estructura/superestructura
desmontado, se dejaba un espacio que era necesario ocupar. ¿Cómo
debía entenderse, entonces, la sociedad? La imagen que Gramsci
ofrece, tomada de Georges Sorel, es la del «bloque histórico», que
viene a sintetizar en sí la dualidad estructura/superestructura, esto
es, que sintetiza las condiciones económicas, políticas y culturales de
una etapa histórica concreta dentro de una misma unidad conceptual. En efecto, Gramsci define al «bloque histórico» como «unidad
entre la naturaleza y el espíritu, unidad de opuestos y distintos».[849]
Esta imagen permite disolver la idea de dos dimensiones ligadas por
una relación de causa-efecto, sugerida por la metáfora arquitectónica. Un bloque, por el contrario, es una unidad compacta de elementos cuya reciprocidad no aparece de manera jerárquica, mecánica
ni lineal, lo cual vuelve más complejo el problema de la revolución.
La superestructura se revaloriza como parte de ese bloque a destruir
y, en consecuencia, se despliegan frente a Gramsci nuevas áreas de
interés dignas de ser estudiadas. Entre otras, la función y el poder
específico de instituciones sociales tales como las escuelas y los medios de comunicación, o el rol que los intelectuales tienen como
«soldadores» del bloque histórico.

---

847. Cuaderno 15, § 13.
848. Marx, Engels, *El manifiesto comunista*, p. 55.
849. Cuaderno 8 [c], § 61.

En este contexto, aparece en Gramsci un término central de su filosofía, y que tiene la mayor importancia político-cultural: «hegemonía». Si bien esta palabra la habían utilizado antes otros marxistas como Lenin o Plejanov, en Gramsci tomará un sentido propio. En el texto «Algunos temas de la cuestión meridional» es donde la palabra en cuestión aparece una de las primeras veces bajo su pluma. Aquí, Gramsci abordará el problema de la división existente entre la Italia industrial del norte y la Italia agraria del sur, y el consecuente *rol hegemónico* que debe asumir la clase obrera frente al campesinado que, en términos leninistas, significa el problema de generar una alianza de clases entre la clase obrera y el campesinado, en la cual el primero lleve la conducción («Golpear juntos, marchar separados», decía Lenin). Gramsci describe la hegemonía en estos términos prácticos: «El proletariado puede convertirse en clase dirigente y dominante en la medida en que consigue crear un sistema de alianzas de clase que le permita movilizar contra el capitalismo y el Estado burgués a la mayoría de la población trabajadora». Hasta aquí, leninismo puro y duro. Pero, inmediatamente después, agrega que esto será posible «en la medida en que consigue obtener el consenso de las amplias masas campesinas». Este consenso es una función de «comprender las exigencias de clase que representan [los campesinos], incorporar esas exigencias a su programa revolucionario de transición, plantear esas exigencias entre sus reivindicaciones de lucha».[850] La hegemonía no se plantea ya como una mera alianza táctica, sino como una articulación consensuada: la idea de «comprender», «incorporar» y «plantear» las exigencias de los grupos campesinos parece ir más allá de una simple alianza pasajera.

En otra parte, Gramsci se dispone a desarrollar el tema de las relaciones de fuerzas políticas, esto es, el grado de homogeneidad y autoconsciencia de grupos sociales. Establece para ello tres fases de desarrollo político de un grupo social: «un primer momento, el más elemental, es el económico primitivo: un comerciante se siente solidario con otro comerciante, un fabricante con otro fabricante, etcétera, pero el comerciante no se siente aún solidario con el fabricante». Estamos aquí frente a la emergencia de grupos profesionales,

---

850. Antonio Gramsci, *Antología*. Volumen 1 (Buenos Aires: Siglo XXI, 2014), p. 192.

pero no verdaderamente políticos. Por otra parte, «un segundo momento es aquel en que se alcanza la conciencia de la solidaridad de intereses entre todos los miembros del agrupamiento social, pero todavía en el campo puramente económico». Aquí nos encontramos frente a la conformación del Estado y los intereses que se barajan son económico-corporativos. Finalmente, «un tercer momento es aquél en el que se alcanza la conciencia de que los intereses propios "corporativos", en su desarrollo actual y futuro, superan los límites "corporativos", esto es, de agrupamiento económico, y pueden y deben pasar a ser los intereses de otros agrupamientos subordinados; ésta es la fase más estrictamente "política" que marca el paso definido de la pura estructura a las superestructuras complejas» que termina conformando «además de la unidad económica y política, también la unidad intelectual y moral, en un plano no corporativo, sino universal, de hegemonía de un agrupamiento social fundamental sobre los agrupamientos subordinados».[851] El concepto de hegemonía adquiere ahora con toda claridad una dimensión de unidad que trasciende el cálculo económico o corporativo; la unidad llega a ser «intelectual-moral», es decir, supone una «visión del mundo» compartida por los grupos sociales hegemonizados.

La lucha política y la lucha cultural son las dos caras, pues, de una misma moneda. Si no hay política sin hegemonía, entonces tampoco hay política sin batalla cultural. En una relación hegemónica un grupo social imprime sobre otro subordinado su concepción del mundo, es decir, su cultura en términos amplios. La hegemonía se plantea entonces como una suerte de dominación cultural. El poder deja de ser una función de la mera fuerza o la dominación económica, y se entreteje dentro del mismo consenso. Las consecuencias teóricas de esta reformulación del poder son enormes. La concepción del Estado se enriquecerá, puesto que ahora, para Gramsci, «Estado = sociedad política + sociedad civil, es decir hegemonía acorazada con coerción».[852] En otras palabras, el poder del Estado es la síntesis del consenso apoyado por la fuerza, que no solo remite a la dinámica de la sociedad política, sino también a la

---

851. Antonio Gramsci, «Análisis de las situaciones. Correlaciones de fuerzas», en *Antología*. Volumen II (Buenos Aires: Siglo XXI, 2014), pp. 414-415.
852. Cuaderno 6, § 87-88.

de la sociedad civil. Las diferencias con la concepción del marxismo clásico sobre el poder y el Estado son incalculables. Recordemos, por ejemplo, que Lenin buscaba concretar la visión antiestatista planteada por Marx y Engels según la cual el Estado «brota de la sociedad» pero «se coloca por encima de ella» y «se divorcia cada vez más de ella». En esa visión, por tanto, la revolución comunista debe ser violenta y llega a su clímax con la extinción del Estado. Sin embargo, en Gramsci el Estado toma una dimensión mucho más amplia y compleja que se sintetiza en la maravillosa fórmula de «hegemonía acorazada con coerción». Por consiguiente, los aparatos estatales no solo están dentro del terreno de la «sociedad política» sino también dentro de la «sociedad civil», en la medida en que controlan instituciones cuya función es la de la hegemonía, tales como como la escuela, los sindicatos, las iglesias, las asociaciones civiles, los medios de comunicación, etcétera.

¿Y todo esto qué significa en términos estratégico-políticos? Pues que para hacer una revolución no basta con hacerse con las instituciones represivas del Estado, sino también —y tal vez fundamentalmente— con las instituciones que mantienen una hegemonía a la que se debe presentar una contrahegemonía, embarcándose en una batalla cultural: medios de comunicación, escuelas, universidades, iglesias, asociaciones civiles, etcétera. Tal vez la revolución comunista no fue posible en Occidente porque nunca se planteó seriamente la lucha por la hegemonía, la lucha por la cultura.

El pensamiento de Gramsci es uno de esos puntos de inflexión en un sistema filosófico que generan sus propias ramificaciones. El francés Louis Althusser, por ejemplo, representará en cierto sentido una de estas ramas. Al menos, en lo que respecta al interés que manifiesta por los «aparatos ideológicos del Estado», y por su contribución teórica al respecto. El núcleo de su planteamiento será, en resumidas cuentas, que la producción económica resulta imposible sin aparatos ubicados en la «sociedad civil» que reproduzcan las condiciones ideológicas de esa producción: la relación entre economía e ideología se problematiza, así, de modo más acabado.

En Althusser, la superestructura ideológica se hace necesaria para la producción, en la medida en que de aquella se desprende la posibilidad de reproducir, por un lado, los propios medios de producción (verbigracia: condiciones para la producción de ciertas maquinarias) y las fuerzas de trabajo (verbigracia: educación cualificada para los hijos de los obreros, futuros obreros), y por otro las relaciones de producción (verbigracia: el marco jurídico que protege determinada forma de propiedad). Así, Althusser reconoce en Gramsci una deuda respecto de su teoría del Estado[853] en la que este no solo es coerción, sino también búsqueda de consenso, apoyándose para conseguir estos fines en «aparatos ideológicos del Estado», tales como la escuela, la iglesia, la familia, los sindicatos, los medios de comunicación y las instituciones culturales en general.

La propuesta de Althusser contribuye a descomponer la metáfora mecanicista del edificio constituido por una estructura y una superestructura, a través de un estudio que profundiza en aspectos relativos a esta última y que terminan conectando al mundo de la producción económica con el de la ideología, en una suerte de operación de reenvío, que se nos presenta de una manera mucho más compleja que la planteada por el marxismo vulgar. Las consecuencias prácticas, por lo demás, son esperables y terminan siendo explicitadas así:

> Los aparatos ideológicos del estado pueden no sólo ser la piedra de toque, sino también el lugar de la lucha de clases y, a menudo, de formas encarnizadas de la lucha de clases. [...] la resistencia de las clases explotadas puede encontrar allí medios y ocasiones de expresarse, sea utilizando las contradicciones que allí existen, sea conquistando por la lucha posiciones de combate en los aparatos ideológicos del estado.[854]

Mucho más próxima en el tiempo es la producción teórica de Ernesto Laclau y Chantal Mouffe, también deudores de la «revolución teórica» (como ellos la llaman) de Gramsci. El objetivo de la pareja será terminar de derribar por completo no solo el economicismo marxista, sino cualquier referencia que suponga la existencia de identidades esenciales constituidas en torno a la realidad económica. En otras palabras, ambos promoverán una deconstrucción radical de toda identidad que pueda encontrar un fundamento extra-discursivo:

---

853. *Cf.* Louis Althusser, «Ideología y aparatos ideológicos del Estado». En *La filosofía como arma de la revolución* (México D. F.: Siglo XXI, 2011), pp. 114-115.
854. Ibíd., p. 119.

la economía deja de ser, por ende, un espacio de constitución objetiva de sujetos políticos. Entonces perderá su relevancia nada menos que la categoría «clase social». Este es el punto de emergencia de lo que se ha dado en llamar «posmarxismo».

Laclau y Mouffe publican en 1985 el libro *Hegemonía y estrategia socialista*. También lo escriben desde el fracaso. El mundo está en las postrimerías de la Guerra Fría; esta todavía no ha terminado, pero todos ya conocen el resultado final y solo es cuestión de tiempo. La expansión del capitalismo ha sido acompañada, para este entonces, por una expansión de la democracia liberal y han aflorado nuevos puntos de conflicto político que no tienen su raíz en fundamentos económicos. El Estado de bienestar, por otro lado, se encuentra en una brutal crisis y, en su reemplazo, los izquierdistas ven venir con toda su fuerza lo que ellos denominan «neoliberalismo» y/o «neoconservadurismo».[855]

En este contexto, Laclau y Mouffe deciden patear de una buena vez el tablero y sacudirse todo resto de polvillo economicista que pudiera quedar todavía en las izquierdas que ellos pretenden conducir intelectualmente a través de una *nueva estrategia*. En el núcleo de esta estrategia estará la problematización de la identidad: en el marxismo clásico la identidad política estaba preconstituida en un campo distinto de ella misma (el económico), y las numerosas posiciones de sujeto extraeconómicas eran desechadas como contingentes. Que durante mucho tiempo los problemas de raza, género o etnias, por mencionar solo tres, fueran considerados «frentes secundarios» por el marxismo habla a las claras respecto de la categoría que continuaba reinando en el corazón mismo de la teoría: la clase social (que es una categoría económica por definición). Para Laclau y Mouffe, por el contrario, hay que comprender que la identidad es el fruto de una compleja construcción política: el sujeto o los sujetos del socialismo no pueden construirse por fuera de la política, sino en el seno de ella misma.

Así pues, el argumento es que si la economía va a constituir una «estructura» a partir de la cual se levanta la política y la cultura («superestructura»), y por lo tanto es en la primera donde los sujetos

---

855. Para una concisa aclaración sobre el uso peyorativo *versus* el uso correcto de ambos términos: Nigel Ashford, Stephen Davies (dir.), *Diccionario del pensamiento conservador y liberal* (Buenos Aires: Nueva Visión, 1992), pp. 239-243.

se constituyen como tales, el nivel económico debería verificar tres condiciones que, en rigor, no verifica. Primero, «sus leyes de movimiento deben ser estrictamente endógenas y excluir toda indeterminación resultante de intervenciones externas», como la política, por ejemplo. Segundo, «la unidad y homogeneidad de los agentes sociales constituidos al nivel económico debe resultar de las propias leyes de movimiento de ese nivel», de modo que debiera excluirse toda unidad cuya referencia no fuera económica. Tercero, «la posición de estos agentes en las relaciones de producción debe dotarlos de "intereses históricos"», con lo cual cualquier otra posición de sujeto (por ejemplo, «católico») deviene contingente y explicable, en todo caso, con referencia a la economía.[856] Laclau y Mouffe, a diferencia de los neomarxistas, no cuestionarán el economicismo a partir de una relativización del peso específico del campo económico en la determinación del sujeto. Su cuestionamiento es mucho más radical que eso: cuestionarán la propia constitución y naturaleza del campo económico como tal.

En efecto, para cada una de las condiciones del nivel económico antedichas, Laclau y Mouffe deberán rebatir leyes y concepciones propias del marxismo clásico. Respectivamente, y de forma resumida, el análisis se formula como sigue. Primero, la tesis de la neutralidad del desarrollo de las fuerzas productivas (que sustenta una visión de la economía como un campo regulado por leyes endógenas) no es correcta: el «valor de uso» del trabajo no sigue la lógica de cualquier otra mercancía, sino que debe ser «extraído» por el capitalista conforme a una dominación específica que, además, puede encontrar resistencia en los obreros. Hay entonces tanto una política para la producción como una política para la resistencia a la política de la producción. Por ello mismo, la evolución de las formas de organización del trabajo no se determina endógenamente por la economía, sino que está ligada a la política. Segundo, la tesis de la unidad del obrero a partir de la creciente homogeneización y pauperización de su clase social conforme avanza el capitalismo tampoco demostró ser acertada. La experiencia histórica, en efecto, evidenció una situación diametralmente contraria: el avance del capitalismo fue en

---

856. Ernesto Laclau, Chantal Mouffe, *Hegemonía y estrategia socialista* (Buenos Aires: FCE, 2011), pp. 112-113.

detrimento de la unidad de la clase obrera. Tercero, la tesis marxista de que en el plano económico se conforman los «intereses históricos» y que, por ende, la clase obrera detenta un interés inexorable en el socialismo, también queda descartada. En rigor, esos intereses se hacían manifiestos a medida que se cumplía la ley de homogeneización y pauperización, cosa que ya no ocurre. Así, el error de esta última ley revela el error de postular una predeterminación de «intereses históricos» presuntamente objetivos.

Pero si el «sujeto de la revolución» no se constituye automáticamente en un nivel económico, ¿dónde y cómo entonces? El concepto de «hegemonía» planteado por Gramsci será la llave maestra para dar una respuesta que descarte cualquier automatismo o esencialismo. Así pues, a través de este se concibe la identidad ya no como una simple función de la posición en el sistema económico, sino como el resultado contingente de prácticas políticas articulatorias entre grupos particulares y diversos de la sociedad (como los obreros con los campesinos en Italia). Como dije antes, en su análisis sobre las fases de la homogeneidad de los grupos sociales, Gramsci define a la hegemonía como el momento verdaderamente político, puesto que a partir de él un grupo social imprime su visión particular sobre grupos subordinados y de esta articulación redunda una voluntad colectiva nueva, no mecánica. Luego, la revolución de la clase obrera no depende de leyes que operan en la «estructura», sino del éxito que esta clase tenga en los procesos hegemónicos, esto es, en su éxito a la hora de articular una voluntad común con grupos hegemonizados por ella. El terreno de la constitución del sujeto ya no es la estructura, sino la superestructura y, puntualmente, la ideología. Ahora bien, para Laclau y Mouffe, a esto le falta una vuelta de tuerca más: la teoría gramsciana está contaminada, todavía, por residuos economicistas. El gran problema es que para Gramsci «la hegemonía debe siempre responder a una clase económica fundamental»,[857] lo cual quiere decir que son las clases sociales las que emprenden los procesos hegemónicos (el obrero sobre el campesino, por ejemplo). Por lo tanto, sigue operando un reducto esencialista, y es eso lo que Laclau y Mouffe se proponen superar.

---

857. Laclau, Mouffe, *Hegemonía y estrategia socialista*, p. 104.

Aquí es cuando lo más innovador de estos autores aparece en escena. Dejar atrás por completo todo economicismo esencialista vendrá de la mano de una redefinición de la hegemonía. Lo primero que Laclau y Mouffe establecen, en este sentido, es que la hegemonía depende de una *articulación* entre grupos particulares. Una «articulación» se define como toda práctica que establece una relación entre grupos diferentes que termina modificando la propia identidad particular de cada uno de ellos. Pero una articulación, para ser hegemónica, debe generarse en el marco de un *antagonismo social*. Esto amerita una explicación. En la ontología de Laclau y Mouffe no existe ninguna identidad esencial debido a que toda identidad es meramente relacional: la identidad se estructura a través de un sistema de relaciones diferenciales, donde A es A en la medida en que no es B, C, D, etc. Pero las identidades sociales nunca están plenamente constituidas porque la sociedad, a causa de los antagonismos que surgen en su seno, nunca está plenamente constituida. Un antagonismo supone una situación en la que «la presencia del Otro me impide ser totalmente yo mismo»: «es porque un campesino no puede ser un campesino, por lo que existe un antagonismo con el propietario que lo expulsa de la tierra».[858] Así, para hablar de hegemonía no basta entonces con la mera articulación de grupos diferentes; se necesita que esa articulación ocurra bajo el marco de un *antagonismo* respecto de otro grupo. ¿Pero qué se articula en una relación hegemónica?

Laclau y Mouffe plantean la hegemonía con la forma de una cadena, donde cada eslabón es una identidad diferencial que queda anudada (*articulada*) a otra identidad diferencial. El enlazamiento de los eslabones es posible gracias a una operación discursiva que vuelve equivalentes elementos diferentes: entre el campesino que «no puede seguir trabajando la tierra» por la «expulsión del terrateniente», el obrero que no puede «realizarse en su trabajo» por la «explotación del capitalista», la mujer que no puede «desplegar sus potencialidades» por la «sujeción del patriarcado», el negro que no puede «vivir su vida» a causa del «racismo del blanco», y el indígena que «no puede practicar sus costumbres ancestrales» por la «colonización de la cultura occidental», puede generarse una equivalencia

---

858. Laclau, Mouffe, *Hegemonía y estrategia socialista*, p. 168.

a partir de un discurso ideológico (en el sentido de Minogue) que presente a todos estos casos como, por ejemplo, «oprimidos por el sistema capitalista»: hete aquí la construcción de su equivalencia en tanto que «oprimidos». ¿Qué tienen en común todos ellos? Pues «ser oprimidos». Así, cada eslabón de la cadena («obrero», «campesino», «mujer», «negro», «indígena») mantiene, en su articulación con los demás, parte de su identidad particular, pero otra parte se ve modificada precisamente por la operación de articulación: hay una claudicación parcial de la identidad, pero nunca su total anulación.

En lo que se vuelven equivalentes las diferencias en el interior de la cadena, en este caso, es en su referencia a aquello a lo que se oponen: «el sistema capitalista», «el patriarcado», «la cultura occidental», o lo que se quiera. ¿Pero cómo se determina que «el sistema capitalista», por ejemplo, es el que está en la base del malestar de estos grupos? Aquí se llega al punto decisivo. En una situación como la descrita, para haber hegemonía, es necesario que un discurso particular pase a representar la cadena de identidades *como tal*. En otras palabras, que domine culturalmente (hegemónicamente) a los distintos eslabones; que ella sea la que termine instituyendo la *visión de conjunto*. En este ejemplo, un discurso socialista bien podría hegemonizar al obrero, al campesino, a la mujer, al negro y al indígena, presentándose como la alternativa radical al «sistema capitalista» que a todos ellos «oprime». Esta es precisamente la estrategia socialista venidera que está en el mismo título de la obra analizada, y que hoy, de hecho, se implementa a pie juntillas por las nuevas izquierdas. De lo que se trata en definitiva es de incursionar en los antagonismos no necesariamente económicos, para hegemonizar distintas luchas e identidades en torno a un mismo discurso izquierdizante. Y, ahora sí, la hegemonía es, en pocas palabras, una *relación* a través de la cual un contenido particular asume la función de representar un conjunto de identidades particulares que, en virtud de antagonismos sociales, no pueden realizarse en su actual situación.

Si la hegemonía pasa a ser el elemento central de una nueva estrategia para el socialismo, eso es porque las determinaciones económicas han perdido toda relevancia. En efecto, la idea de hegemonía no ve la política como un esfuerzo por lograr una «consciencia de clase» que, como tal, estaría preconstituida no en el terreno político, sino en el económico: la política no es el arte de despertar algo que está simplemente dormido. Al contrario, la política como hegemonía es el esfuerzo de *construir* ese algo a través de una *batalla cultural* (tal como en este libro ha sido caracterizada) que anude a distintos tipos de sujetos en una lucha común y bajo un enemigo común. De esta manera, la lucha de clases es desplazada por otro tipo de lucha en la que la propia identidad de los combatientes debe ser trabajada política y culturalmente, exacerbando variopintos antagonismos sociales, que van mucho más allá del desgastado antagonismo de clase. Así, habrá que abarcar nuevos temas tales como el feminismo, el racismo, el indigenismo, el género, el ecologismo, etcétera. En consecuencia, la vieja lucha de clases es reemplazada por la *batalla cultural*, en tanto y en cuanto la misma construcción del juego político dependerá de la conformación de ideologías, discursos, símbolos y marcos de referencia que sean capaces de hacer equivalentes a una serie de identidades diferenciales en la lucha contra «el sistema capitalista», «el orden patriarcal», o lo que se prefiera.

IV. La cultura como centro gravitacional: la vía de Fráncfort

El *Institut für Sozialforschung*, o Instituto de Investigación Social, nació entre 1922 y 1923 en Fráncfort, generosamente financiado por Hermann Weil, un judío alemán radicado en Argentina que tenía una empresa exportadora de cereales. Sus instalaciones se ubicaron en la Universidad de Fráncfort, y por ello mismo sería mundialmente conocido como la «Escuela de Fráncfort».

El primer director del *Institut*, Kurt Albert Gerlach, murió muy joven de un repentino ataque de diabetes a las pocas semanas de aceptar su cargo. Su sucesor, Carl Grünberg, continuó en la reconstrucción y el análisis de la historia del marxismo y el movimiento obrero, pero en 1929 sufrió un ataque de apoplejía y renunció a su cargo. Ahora sí, la dirección pasó entonces a manos de Max Horkheimer, quien le dio al Instituto la nota y la vitalidad intelectual con la que se lo recuerda habitualmente, y quien puso el acento en problemáticas filosóficas y culturales, llamando a la construcción de una nueva «Teoría Crítica» de la sociedad.

Pero para lograr una crítica sustancial ya no bastaría con descender a los «mecanismos de dominación» de tipo económico que se hallan en la «estructura»; más bien se hará necesario criticar a la sociedad más allá de la economía, en los términos de un proyecto que no descuide el nivel cultural y psicológico. Hay que mostrar, concretamente, que la «sociedad burguesa» no solo es «explotadora» (algo que ya empezaba a sonar bastante trillado), sino que además aliena en lo cultural a los individuos y, todavía más, los enferma psicológicamente. Para este fin, los más destacados miembros de la Escuela de Fráncfort recogieron el pensamiento de Freud, sobre todo sus escritos sociales, como «El malestar en la cultura» de 1930. En efecto, allí Freud entiende que la cultura resulta de procesos de sublimación de instintos: «la cultura reposa sobre la renuncia a las satisfacciones instintuales».[859] La vida en comunidad exige al hombre sofocar sus instintos primitivos. La cultura demanda, en consecuencia, represión. Pero se trata de una represión inevitable para vivir con otros: la necesaria vida en sociedad, y más todavía, la propia civilización, queda pagada, así, con el precio de la neurosis que desencadena el referido malestar en la cultura.

El problema cultural deja de ser epifenoménico: deja de verse como «reflejo» de la base económica, para entenderse como una dimensión mediada por la totalidad social, y salta por añadidura al primer plano. Si en algún momento reciente se habían dado las condiciones objetivas para la transición hacia el socialismo, pero no así la revolución, eso significaba que había una realidad cultural y psicológica frenándola. Al decir del historiador de la Escuela de Fráncfort, Martin Jay, «el psicoanálisis podía suplir el eslabón faltante entre la superestructura ideológica y la base socio-económica».[860] En palabras de Horkheimer, «la doctrina de Marx y Engels, siempre indispensable para comprender la dinámica social, ya no alcanza...».[861] Pero que no alcance no significa que esté muerta: significa,

---

859. Sigmund Freud, «El malestar en la cultura». En *Obras Completas*, Vol. 22 (Buenos Aires: Siglo XXI, 2013), p. 3038.
860. Martin Jay, *La imaginación dialéctica. Una historia de la Escuela de Frankfurt* (Madrid: Taurus, 1974), p. 161.
861. Max Horkheimer, *Teoría crítica* (Buenos Aires: Amorrortu Ediciones, 1974),

simplemente, que ha de ser completada explorando otras dimensiones y aportes de otras corrientes y disciplinas.

Los de Fráncfort también son parte de ese «marxismo occidental» estudiado por Anderson, y, como parte de esta corriente, también escriben habitualmente desde el fracaso. Con la llegada del nacionalsocialismo al poder, el 30 de enero de 1933, el Instituto fue clausurado y la mayor parte de sus miembros se exiliaron. Al mes siguiente, sin embargo, seguían trabajando con un consejo de veintiún miembros, pero desde Ginebra, y en los sucesivos meses instalarían filiales en París y Londres.[862] Pero pronto muchos enfilaron hacia Estados Unidos. En 1934, Horkheimer selló un trato con la Universidad de Columbia en el cual el Instituto quedaba asociado a ella y, además, se le brindaba a este un local en el 429 de West 117th Street. Importantes figuras del Instituto, además de Horkheimer, aceleraron entonces su traslado a Estados Unidos: Marcuse, Löwenthal, Pollock, Wittfogel, Fromm y, un poco más tarde, Adorno y Grossman. Desde entonces, el *Institut* pasó a ser el Institute for Social Research.

Probablemente el trabajo más importante del Instituto durante esta década fueran los *Studien über Autorität und Familie* (Estudios sobre autoridad y familia), fruto de un trabajo interdisciplinar de prácticamente todo el equipo. En esta publicación salta a la vista el modo de justificación por el interés superestructural (cultural) por un lado, y la importancia asignada a la familia como institución clave para la reproducción social por el otro. En su introducción, Horkheimer se propone superar el economicismo de Engels, que había trabajado anteriormente el tema de la familia, pero volviéndola un mero reflejo mecánico y lineal de la evolución económica.[863] Sin embargo, para Horkheimer es menester determinar la función que la institución familiar tiene al *mediar* entre la estructura económica y la superestructura ideológica. Así explica el punto: «El proceso de producción influye en los hombres, no solo en la forma directa y presente, tal como ellos lo viven en su trabajo, sino también en

---

p. 10.

862. En París, la filial fue instalada en el Centre de Documentation de la École Normale Supérieure, mientras que en Londres se acomodaron en el Institute of Sociology.

863. *Cf.* Friedrich Engels, *El origen de la familia, la propiedad privada y el Estado* (La Plata: De la Campana, 2012).

la forma en que aquel se conserva, mediado, en las instituciones relativamente estables, es decir, de transformación lenta, como familia, escuela, iglesia, organizaciones artísticas y otras semejantes». La cultura salta por lo tanto al primer plano, tanto por sus potencialidades conservadoras como revolucionarias. Merece la pena citar *in extenso*:

> De tal modo, toda cultura resulta incluida en la dinámica histórica; sus dominios, es decir, los hábitos, los usos y costumbres, el arte, la religión y la filosofía constituyen, en su entrelazamiento, los factores dinámicos que, en cada caso, contribuyen a mantener o destruir una forma determinada de sociedad. La cultura misma, en cada momento, es un conjunto de fuerzas envueltas en el proceso de cambio de las culturas. Todas las instituciones y procesos, en todos los dominios de la cultura, en tanto actúan sobre el carácter y los actos de los hombres, aparecen como momentos de conservación o bien de disolución de la dinámica social, y, según los casos, constituyen la argamasa de un edificio todavía en construcción, la masilla que reúne artificialmente partes que tienden a separarse, o una parte del explosivo que destroza el todo con la primera chispa.[864]

Pasando todo esto un poco en limpio: la familia se encuentra en una relación dialéctica con las fuerzas materiales de la sociedad. Pero esa relación no implica, sencilla y mecánicamente, una determinación de la familia por dichas fuerzas. La familia es una parte activa de la cultura, hace las veces de «masilla» para mantener el «edificio social» en pie, formando el carácter de quienes llegan a este mundo, socializándolos. Por lo tanto, la conservación o disolución del sistema depende en gran medida de la institución familiar. Investigar la familia ya no significa (o no simplemente) analizar la forma en que las condiciones económicas dieron forma a esta institución, sino que ha llegado el momento de dilucidar cómo esta institución puede frenar, en su propia dinámica, el cambio radical de las condiciones económicas: cambio que está en el centro del interés del marxismo, por supuesto.

Horkheimer concluye que la familia es una institución que reproduce el «orden burgués» capitalista, moldeando el carácter de las

---

864. Max Horkheimer, «Autoridad y familia». En *Teoría crítica*, pp. 82-83.

nuevas generaciones en armonía con la conservación de aquel. Y, lo que es más importante: esto ocurre independientemente de la clase social de que se trate. En efecto, el hecho de que «no sólo los estratos de la alta burguesía, sino también muchos grupos de obreros y empleados originen siempre nuevas generaciones que no cuestionan la estructura del sistema económico y social, sino que lo reconocen como natural y eterno»,[865] resulta alarmante para Horkheimer. En otras palabras, la institución familiar produce en la clase obrera generaciones bien dispuestas a adaptarse al capitalismo en lugar de hacer la revolución, razón por la cual desmoronar la institución familiar podría configurar —es fácil deducirlo— una condición revolucionaria en sí misma.

En torno a la familia, la sexualidad emerge como tema. De hecho, para muchos de los de Fráncfort se convierte en *el tema*. De entre ellos, posiblemente el primero haya sido Wilhelm Reich, un allegado al Instituto, que teorizó una propuesta de «revolución sexual», basada en la conjunción de marxismo y psicoanálisis. Así, Reich ve al inicio de todo un «buen salvaje», un hombre bueno por naturaleza al estilo rousseauniano, pero cuya caída no viene provocada por la aparición de la propiedad privada, sino por la represión sexual. El núcleo de la dominación social es, pues, de carácter sexual y la liberación es, por añadidura, también sexual. La contracara de la «explotación del capital» es la «represión sexual»: el corolario de lo primero es el sistema capitalista, mientras que el de lo segundo es la familia «monógama patriarcal». Esta última guarda la función de preparar («reprimir») a los individuos para ser funcionales al capitalismo, y es por ello que una verdadera revolución socialista no puede dejar de ser al mismo tiempo una revolución sexual.

Para Reich, el gran problema de la Revolución Rusa fue que no hizo efectiva su revolución sexual. Aquí, y no en las hambrunas, los desabastecimientos, los gulags y las matanzas sistemáticas, se explica el verdadero fracaso del socialismo real. Pero otro socialismo es posible: aquel que entienda que la revolución económica debe tener su contrapartida en la dimensión sexual. Esa posibilidad ya se despliega frente a nosotros en forma de batalla cultural, en tanto que «estamos atravesando un momento de verdadera y profunda revolución de la

---

865. Horkheimer, «Autoridad y familia», p. 132.

vida cultural. Sin desfiles, uniformes, condecoraciones, redobles de tambor o salvas de cañón [...]. La revolución de nuestra vida afecta a las raíces de nuestra existencia afectiva, social y económica». Y añade seguidamente Reich: «Aquello que en la Rusia de los años veinte quería ser una solución obtenida en un corto lapso de tiempo, se lleva a cabo en nuestros días con mucha mayor lentitud, pero también de un modo mucho más completo. Cuando yo hablo de "revolución profunda de nuestra vida cultural", me refiero principalmente a la sustitución de la familia patriarcal autoritaria por una forma natural de familia».[866]

Desde el primer momento Reich, para sostener su propuesta, deberá romper con el mecanicismo que se desprendía de la metáfora arquitectónica, donde la superestructura era apenas un reflejo de la estructura económica (de no lograr esto, romper con la familia no puede ser nunca una verdadera revolución). Ahora la visión es ligeramente distinta: los «sistemas de producción» derivan de las necesidades biológicas de los hombres, entre las cuales destaca la de la satisfacción sexual. El sistema económico impacta, sin embargo, sobre las mismas necesidades, reprimiéndolas y creando otras nuevas: se vuelve así contra su propio amo. Al calor tanto del sistema económico como de una psiquis marcada por la represión sexual, se erige la ideología que habita en la superestructura social, pero no como «reflejo», no como «ilusión», sino como realidad material, conclusión que anticipa en más de dos décadas al propio Althusser. Dice Reich al respecto:

La ideología ya no puede tomarse como un simple reflejo de las condiciones económicas. Cuando una ideología se ha posesionado de la estructura síquica de la gente y la ha modificado, se ha convertido ya en un poder social material. No existe un proceso socioeconómico de cierta importancia histórica que no esté enraizado en la estructura síquica de las masas y que no tenga su expresión activa en el comportamiento de las mismas. [...] La economía, sin una estructura emocional operante, es inconcebible; dígase lo mismo del sentir, pensar y obrar humanos sin una base económica.[867]

---

866. Wilhelm Reich, *La revolución sexual* (Buenos Aires: Planeta, 1993), p. 16.
867. Reich, *La revolución sexual*, p. 21.

Reich procura así tomar distancia tanto del economicismo como del psicologismo, pero su acento estará puesto, de todas formas, en que una revolución económica no puede ser completa sin una revolución psicológica y cultural; y hablar de una revolución psicológica y cultural equivale aquí a decir una revolución sexual, puesto que «será imposible dominar el proceso cultural actual si no se comprende que el núcleo de la estructura sicológica es la estructura sexual y que el proceso cultural está esencialmente condicionado por las necesidades sexuales».[868] Recuérdese a Freud: la cultura se estructura a partir de la sublimación de los instintos sexuales, entendiéndose esto como un desvío pulsional hacia objetivos socialmente aceptables (por ejemplo, el trabajo). Así pues, una revolución sexual según Reich equivaldría a liberar los instintos sexuales a través de una revolución psicológica y cultural que desarmaría por completo la cultura vigente.

Reich fue expulsado del Partido Comunista Alemán en 1934, y resultó expulsado ese mismo año también de la Asociación Psicoanalítica Internacional de Sigmund Freud. Así, tendrían que pasar algunas décadas más para que sus ideas fueran recuperadas y por fin bendecidas por la Nueva Izquierda naciente en la década de 1960 y los jóvenes de la época que lo estudiarán copiosamente. Dichas ideas se harán presentes también en los *beatniks* y los *hippies*, en las utopías de las comunas y los diversos grupos contraculturales. La importancia de Reich es fundamental para explicar, incluso, gran parte de las ideas del feminismo radical de aquellos años (y de los nuestros también). En efecto, para Reich la revolución sexual era una revolución no solo cultural, sino también política; o, mejor dicho, como era una revolución cultural, era por añadidura una revolución política. Pero la política no se entendía ya como relaciones de poder entre grandes grupos sociales, como podían ser las clases, sino como una realidad que invadía los aspectos más cotidianos e interpersonales de la vida privada. Por eso Reich exclamaba: «Se ha dicho siempre que la sexualidad es un asunto privado y ajeno, por completo, a la política. ¡La reacción política no lo cree así!».[869] Incluso llegará a considerar que la cuestión del «onanismo en

---

868. Reich, *La revolución sexual,* p. 22.
869. Ibíd, p. 23.

los niños es política».[870] Algunas décadas más tarde, la feminista radical Kate Millett inmortalizará su frase «lo personal es político»,[871] y la feminista canadiense Shulamith Firestone llegará a adjudicarle condición de clase social a la mujer en virtud de su función en la reproducción sexual, dándole al vínculo íntimo un carácter eminentemente político.[872]

La «revolución sexual» de Reich tiene condimentos que son demasiado actuales. Por ejemplo, la obsesión por la sexualidad de los niños. Su fijación por la niñez viene de la noción de que no habría revolución posible sin modificar radicalmente la consciencia de las nuevas generaciones, que son las más susceptibles a absorber las nuevas ideas que se les impone. Así, los pasajes que Reich dedica a los niños son incontables, llegando a aconsejar que participen en las relaciones sexuales de sus padres. En uno de estos pasajes se pregunta: «¿Deberían los sexos perder su vergüenza de mostrar sus partes genitales y las restantes partes eróticas de su cuerpo? Y todavía más precisa la pregunta: ¿deberían educadores y alumnos, padres e hijos, en sus juegos y bañándose, presentarse desnudos o en traje de baño?».[873] En efecto, Reich recomendaba que «si no se tiene vergüenza de estar desnudos delante del niño, éste no desarrollará en sí ni la timidez, ni la lascivia; querrá, sin duda, satisfacer su curiosidad sexual. Difícilmente se le podrá negar este deseo porque se le crearía un conflicto mucho más grave». Seguidamente se preguntaba: «¿Qué se podría responder a un moralista cínico que preguntara por la razón que impide al niño asistir al acto sexual? [...] Ante estas preguntas se debe tener el coraje de la honradez y confesar que no hay objeciones de peso —si no es el peso moral, lo que reforzaría la posición de nuestro moralista cínico— para que el niño asistiera al espectáculo».[874]

Uno de los herederos de Reich fue precisamente el ya mencionado Herbert Marcuse, «padre» del Mayo Francés. Su línea prosigue la ecuación que conjuga socialismo, revolución sexual y batalla

---

870. Wilhelm Reich, *Materialismo dialéctico y psicoanálisis* (México D. F.: Siglo XXI, 1970), p. 174.
871. *Cf.* Kate Millett, *Sexual Politics* (Estados Unidos: First Illinois Paperback, 2000).
872. *Cf.* Shulamith Firestone, *The Dialectic of Sex* (Estados Unidos: Bantam Books, 1970).
873. Reich, *La revolución sexual*, p. 86.
874. Ibíd., p. 87.

cultural. Su célebre libro *Eros y civilización*, de 1955, parte de un reconocimiento fundamental: la sociedad industrial avanzada (capitalista) ha logrado un nivel de productividad tan indiscutible que la rebelión contra el sistema ya no será producto de la miseria material,[875] sino de una subversión contra los valores, las tradiciones y el modo de vida de esa sociedad que más que «explotadora» es ahora tachada como «represiva» y «opresora». Y esa subversión parte de un proceso a través del cual «la sexualidad se extiende sobre dimensiones y relaciones antiguamente prohibidas»,[876] generando una suerte de «sublimación no represiva» que modifica radicalmente al ser humano, el trabajo y la sociedad.

En el origen, para Freud, era el «principio del placer». Conforme a él, el hombre procuraba en todo momento satisfacer sus instintos primarios. Pero muy pronto la represión de estos se hizo necesaria. La satisfacción constante y total de los instintos se muestra imposible. El dolor entra en escena. Se entiende, además, que la supervivencia requiere de organización y trabajo, y que ambas cosas resultan imposibles si lo único que guía la conducta humana es el «principio del placer». En este punto hace su ingreso en la historia el «principio de la realidad», estructurado por la represión, a través del cual se sustituye el placer inmediato e incierto por placer retardado pero certero. Los instintos se organizan junto con la sociedad: y organización es represión. Pero, así como el avance del capitalismo según Marx crea las condiciones para el socialismo, Marcuse alegará de forma similar que «los mismos logros de la civilización represiva parecen crear las precondiciones necesarias para la abolición gradual de la represión»,[877] y esa sería la situación que la sociedad industrial avanzada (capitalista) estaría viviendo: su abundancia y automatización tecnológica son los factores que permitirían regresar hacia el «principio del placer», siempre que se descarte toda «represión excedente», desechando la realidad preexistente, es decir, consumando una revolución.

---

875. En otro lado, escribe: «El alcance de esa meta [la revolución] es impedido por la integración de las clases trabajadoras organizadas (y no sólo las organizadas) al sistema del capitalismo avanzado» (Herbert Marcuse, *Un ensayo sobre la liberación*, México D. F.: Cuadernos de Joaquín Mortiz, 1969, p. 22).
876. Marcuse, *Eros y civilización*, p. 17.
877. Ibíd., p. 22.

La ecuación de Marcuse es la siguiente: la escasez hace necesario el trabajo; el trabajo no es placer, sino represión; el capitalismo generó abundancia, pero una mala distribución; esa mala distribución hace todavía, por ende, necesario al trabajo; si la abundancia fuera bien distribuida («de a cada quien según su capacidad, a cada quien según su necesidad») y estuviera eficazmente apoyada por la automatización, el trabajo se tornaría prácticamente prescindible; sin necesidad de trabajar, enormes cantidades de energía libidinal que antes eran desviadas desde los instintos sexuales hacia el trabajo ahora pueden volver al campo de la sexualidad; luego, una revolución socialista y una revolución sexual aparecen como dos caras de un mismo movimiento histórico: una liberación respecto del trabajo («el reino de la libertad») y una liberación respecto de la tiranía represiva del «principio de la realidad» son parte de lo mismo.

La operación intelectual de Marcuse es compleja, pero sus móviles más profundos se pueden entrever. El socialismo no está funcionando en la *realidad*, y Marcuse es consciente de ello. Él mismo vive desde 1934 en Estados Unidos y ha visto el crecimiento exponencial de lo que él califica como «abundancia», al tiempo que se ha desencantado con la Unión Soviética. Pedir el socialismo a la vieja usanza se ha convertido en un cantar intelectual anacrónico; necesita no solo adornarlo con nuevos ingredientes, sino también cubrirse de las críticas que de inmediato surgirían si así no lo hiciese. Si el socialismo no funciona en la *realidad*, podemos no obstante seguir luchando por él si pedimos que, junto con la introducción del socialismo, se modifique la *realidad* misma. Tal es la lógica (ideológica) que subyace a su teoría. La precondición de lo que Marcuse llama «sociedad no-represiva» (conjunción de socialismo y revolución sexual) es un nivel de abundancia elevado alcanzado, paradójicamente, por el capitalismo: para repartir, primero hay que producir. Pero, dado que la experiencia del socialismo real ya ha mostrado que ese sistema socava los incentivos a partir de los cuales la abundancia fue posible, y empobrece cada vez más a la sociedad, Marcuse necesita un «hombre nuevo»[878] que acepte

---

878. En *Eros y civilización,* ese «hombre nuevo» es nuevo al nivel de sus instintos; en *Un ensayo sobre la liberación,* escrito más de diez años después, ese hombre es nuevo

vivir en austeridad con tal de regresar al placer erótico: el precio de Eros es el hombre despojado.[879] Tan hondo debe ser el cambio de la realidad, pues, que de él debiera surgir incluso un orden instintivo nuevo; la forma de lograrlo es, desde ya, una revolución sexual: «La noción de un orden instintivo no represivo debe ser probada primero en el más "desordenado" de todos los instintos: la sexualidad».[880]

La ecuación que de esto resulta aclara más todavía las relaciones ideológicas antedichas: el socialismo es posible en la medida en que se modifique radicalmente al hombre; para cambiar radicalmente al hombre es necesaria una revolución sexual que desplace el «principio de la realidad» establecida, instituyendo un nuevo orden instintivo; no obstante, para lograr una revolución sexual bajo la cual impere de nuevo el «principio del placer» es necesario eliminar la escasez que hace necesario el trabajo; y para eliminar la escasez en un marco de abundancia sería necesario el socialismo, pues este asegurará una «buena distribución» de la producción (¡conseguida por el capitalismo!). La implicación es doble: el socialismo necesita de una revolución sexual, mientras que la revolución sexual necesita del socialismo.

Y aquí se cierra el círculo: en tal sociedad liberada sexual y económicamente, al mismo tiempo, el trabajo no solo será reducido al mínimo, sino que será convertido en «juego», gracias a la sublimación no-represiva que dará forma a la cultura tras la revolución sexual. En efecto, si para Freud toda sublimación equivale a desviar los instintos sexuales hacia fines desexualizados, para Marcuse existe un modo de sublimación posible que no descarta el contenido sexual de sus impulsos, sino que sexualiza campos de la actividad humana que no consideramos hoy sexuales: a ese modo lo llama «sublimación no-represiva». De tal suerte que el trabajo ya no sería una actividad posibilitada por la sublimación a secas, sino por la «sublimación no-represiva» que, erotizándolo, convierte el trabajo en

---

en virtud incluso de un cambio «biológico», «orgánico», que redunda del cambio de sus instintos. *Cf.* Marcuse, *Un ensayo sobre la liberación*, pp. 26-27.

879. Un crítico de Marcuse se sorprende al respecto: «Hay que convenir que esta especie de ascetismo resulta sorprendente en un materialista; en un hombre que pretende, por otra parte, que "sólo un orden de abundancia es compatible con la libertad"» (Michel Ambacher, *Marcuse y la civilización americana*, Barcelona: Ediciones Acervo, 1970, p. 79).

880. Marcuse, *Eros y civilización*, p. 174.

juego, causando ya no desagrado y represión, sino placer. ¿Pero quién ordena semejante paraíso? Esta es la parte menos bonita de la teoría, desde luego: lo hará una «dictadura educacional»,[881] compuesta por gente como Marcuse, claro. ¿No es posible ver en todo esto demasiados puntos de contacto con el actual estado de cosas en el siglo XXI?

Comoquiera que sea, su idea sobre la revolución sexual tiene ecos evidentes en todo el feminismo radical y *queer* contemporáneo. Para Marcuse, la revolución sexual consiste en liberar la sexualidad de toda represión, a un nivel tal que desborde el campo en el que fue encadenada por la civilización para proteger el trabajo socialmente necesario: la genitalidad. La revolución sexual rompe la primacía genital y la función reproductora de la sexualidad; devuelve el cuerpo a un estado previo a la institución de la represión. El cuerpo como totalidad queda resexualizado y, por ello mismo, da paso a un «hombre nuevo» y a una «sociedad nueva». Así lo explica Marcuse:

> El tabú sobre el uso total del cuerpo sería debilitado. Sin ser empleado ya como un instrumento del trabajo de tiempo completo, el cuerpo sería sexualizado otra vez. La regresión envuelta en este esparcimiento de la libido se manifestaría primero en una reactivación de todas las zonas erógenas y, consecuentemente, en un resurgimiento de la sexualidad polimorfa pregenital y en una declinación de la supremacía genital. El cuerpo en su totalidad llegaría a ser un objeto de catexis, una cosa para gozarla: un instrumento de placer. Este cambio en el valor y el panorama de las relaciones libidinales llevaría a una desintegración de las instituciones en las que las relaciones privadas interpersonales han sido organizadas, particularmente la familia monogámica y patriarcal.[882]

En definitiva, la revolución sexual está llamada a cambiar al hombre y, con él, a las instituciones de la sociedad civil (familia) y política (Estado). En todo esto, las perversiones juegan un rol central, pues expresan «la rebelión contra la subyugación de la sexualidad al orden de la procreación y contra las instituciones que garantizan ese orden». Además, Marcuse prosigue: «Contra una sociedad que emplea la sexualidad como medio para un final útil, las perversiones

---

881. Marcuse, *Eros y civilización*, p. 195.
882. Ibíd., p. 176.

desarrollan la sexualidad como un fin en sí mismo; así se sitúan a sí mismas fuera del principio de actuación [principio de la realidad establecida] y desafían su misma base». Como conclusión, «permitir la práctica de perversiones pondría en peligro la reproducción ordenada no sólo del poder de trabajo, sino quizá inclusive de la humanidad».[883]

Es precisamente esto lo que se encuentra hoy al por mayor en las actuales filósofas posfeministas y *queer* (que muchas veces no citan su origen), tal el caso de Beatriz Preciado, quien sintetiza su propuesta de una revolución «contra-sexual» en los siguientes términos: «La contra-sexualidad afirma que el deseo, la excitación sexual y el orgasmo no son sino los productos retrospectivos de cierta tecnología sexual que identifica los órganos reproductivos como órganos sexuales, en detrimento de una sexualización de la totalidad del cuerpo».[884] Si bien con un lenguaje mucho más provocativo, Preciado parece concluir algo similar a Marcuse cuando dice que «los trabajadores del ano son los proletarios de una posible revolución contra-sexual».[885] Por su parte, la filósofa Leonor Silvestri sigue una línea muy similar cuando asevera que «la renuncia a mantener relaciones sexuales naturalizantes heteronormales habilita la resignificación y deconstrucción de la centralidad del pene y critica la categoría "órganos sexuales" (cualquier parte del cuerpo u objeto puede devenir en juguete sexual)».[886]

El culturalismo de Marcuse es evidente, y lleva la marca de la revolución sexual. Pero, en el fondo, lo que opera es una desilusión respecto del rol histórico de la clase obrera en la revolución socialista:

> En virtud de su puesto fundamental en el proceso de producción, en virtud de su fuerza numérica y del peso de la explotación, la clase trabajadora es todavía el agente histórico de la revolución; en virtud de que comparte las necesidades estabilizadoras del sistema, se ha convertido en un factor conservador, incluso contrarrevolucionario.

---

883. Marcuse, *Eros y civilización*, pp. 56-57.
884. Beatriz Preciado, *Manifiesto contra-sexual. Prácticas subversivas de identidad sexual* (Madrid: Opera Prima, 2002), p. 20.
885. Ibíd., p. 26.
886. Manada de Lobxs, *Foucault para encapuchadas* (Buenos Aires: Colección (im) pensados, 2014), p. 25.

Objetivamente, «en sí», la clase trabajadora es todavía, potencialmente, la clase revolucionaria; subjetivamente, «para sí», no lo es.[887]

Según Marcuse, el del capitalismo avanzado es un «hombre unidimensional», en tanto que solo puede pensar positivamente en los términos de un sistema que, para peor, funciona bien y le provee abundancia. Los individuos tienen ahora, en general, «un buen modo de vida —mucho mejor que antes—, y como es un buen modo de vida se opone al cambio cualitativo».[888] La dominación ahora es más sutil, no tanto policíaca como tecnológica (más hegemonía que coerción, diría Gramsci), y como la tecnología se está extendiendo, el «hombre unidimensional» trasciende a las clases sociales: los obreros también son —y este es el verdadero drama— «hombres unidimensionales». Devienen unidimensionales no por la explotación, sino por la incorporación y el mejoramiento de su calidad material de vida: en la mejora se bloquea habitualmente la posibilidad de pensar en clave revolucionaria.

Así las cosas, habrá que salir a cazar un «nuevo sujeto» de la revolución. La revolución, pues, parece tener dos fases para Marcuse. La primera es aquella que empieza a formar al «hombre nuevo», una nueva consciencia, incluso una nueva «estructura instintiva y fisiológica», que es la meta de la batalla cultural. La segunda es aquella que altera el sistema de clases modificando la estructura económica hacia el socialismo. La primera fase pasa a ser la decisiva bajo el capitalismo avanzado, porque es la que puede derrumbar la superestructura que imposibilita todo cambio económico radical. Y he aquí lo relevante: el sujeto histórico en esta fase no tiene nada que ver con las clases sociales. ¿Quién lo constituye entonces? Marcuse dirá primeramente que son aquellos que catalizan la transformación operando «desde fuera»[889] de la clase obrera. Luego, se animará a poner nombre propio a «los de afuera»: negros,[890] habitantes de

---

887. Marcuse, *Un ensayo sobre la liberación*, p. 24.
888. Herbert Marcuse, *El hombre unidimensional* (México D. F.: Editorial Joaquín Mortiz, 1968), p. 34.
889. Marcuse, *Un ensayo sobre la liberación*, p. 59.
890. «Los conflictos de clase están siendo aplastados o desplazados por los conflictos de raza: el color de piel determina fronteras que se vuelven realidades políticas y económicas» (Ibíd., p. 62).

guetos, presos, locos,[891] drogadictos,[892] insurgentes del tercer mundo y, sobre todas las cosas, el estudiantado. En este último recae toda la consciencia revolucionaria de la que carece el proletariado: «el factor subjetivo, es decir, la consciencia política, existe entre la joven *intelligentsia* no conformista».[893] La misión de la joven intelectualidad es expandir esa consciencia, lo que Marcuse llama una «ilustración radical», o lo que aquí más bien llamamos «batalla cultural». Ellos son, en definitiva, los convocados a enfrentar la superestructura capitalista a los fines de allanar el camino para una posible revolución.

Esto nos deja nuevamente en 1968. Revuelta estudiantil, revuelta intelectual, revolución sexual, detracción respecto del principio de realidad, rebelión contra el principio de autoridad, negación de la totalidad, impugnación de toda cultura recibida y, en resumen, *batalla cultural*: todo esto ya estaba en Marcuse, y por eso este se convirtió en el referente intelectual más importante del acontecimiento, y en el «padre de la Nueva Izquierda». Así, Marcuse celebró los sucesos de 1968 como «la primera rebelión poderosa contra la totalidad de la sociedad existente, la rebelión por la total transvaluación de valores, por formas de vida cualitativamente diversas», declarando que «la nueva sensibilidad se ha convertido en una fuerza política».[894]

Mientras tanto, Horkheimer miraba los sucesos desde Suiza —donde se había retirado a vivir— con gran desconfianza. Siempre había separado tajantemente el trabajo teórico del político, y este último aparecía como una suerte de contaminación para el primero.[895] En mayo de 1968, los sucesos de Francia se replicaron en Alemania y llegaron, por supuesto, también a Fráncfort. La primera institución tomada por los jóvenes fue el instituto que dirigía Jürgen Habermas, el más aclamado filósofo de la segunda generación de la Escuela de Fráncfort. Las autoridades acudieron a la policía y se logró el desalojo a la fuerza. El día 27, la Universidad de Fráncfort fue tomada por 2.000 estudiantes, y la Johann Wolfgang Goethe

---

891. *Cf.* Marcuse, *El hombre unidimensional*, p. 75.
892. *Cf.* Marcuse, *Un ensayo sobre la liberación*, pp. 42-43.
893. Ibíd., p. 61.
894. Ibíd., p. 29.
895. *Cf.* Rolf Wiggershaus, *La escuela de Fráncfort* (México D. F.: FCE, 2009), p. 778

Universität, además de tomada, fue rebautizada como «Karl Marx Universität». En enero de 1969 se intentó la ocupación estudiantil del Instituto de Investigación Social (es decir, del instituto de la aclamada Escuela de Fráncfort). Pese a las peticiones, los estudiantes se negaban a desalojar el lugar. Fue entonces cuando Theodor Adorno, director a la sazón del Instituto, decidió llamar a la policía, la cual acudió de inmediato y arrestó a la totalidad de los ocupas.[896] La sede del Instituto quedó dañada y sus paredes tapizadas con consignas políticas. Marcuse arremetió contra Adorno, y desde Estados Unidos le escribió:

> No podemos eliminar el hecho de que estos estudiantes hayan recibido nuestra influencia [...]. Nosotros sabemos (y ellos saben) que la situación no es una situación revolucionaria, ni siquiera una situación prerrevolucionaria. Pero esta misma situación es tan espantosa, tan asfixiante y humillante, que la rebelión en contra de ella obliga a una reacción biológica, fisiológica: no se la puede soportar más, es asfixiante, y uno tiene que conseguir aire. Y este aire fresco no es el de un «fascismo de izquierda» (una ¡*contradictio in adjecto!*), es el aire que nosotros (por lo menos yo) quisiéramos respirar también algún día.[897]

En abril de 1969, la clase «Introducción al pensamiento dialéctico», dictada por Adorno en la Universidad de Fráncfort, fue repentinamente interrumpida por un grupo de estudiantes feministas que se enfrentaron al profesor enseñándole los senos como acto de protesta. Grupos de alumnos, al mismo tiempo, repartían a los asistentes unos folletines que decían «Adorno como institución está muerto».[898] Nueve meses más tarde, Adorno fallecía de un infarto. Horkheimer, por su parte, viviría todavía casi cuatro años más.

Marcuse había tenido razón. Lo hubieran procurado o no, el pensamiento de los teóricos de la Escuela de Fráncfort tenía consecuencias políticas que ellos ya no podían controlar, encarnadas esta vez

---

896. Wiggershaus, *La escuela de Fráncfort*, p. 788.
897. Cartas citadas en ibíd., pp. 788-789.
898. Jordi Maiso Blasco, «Sobrevivir a la efeméride. La compleja herencia estética de Theodor W. Adorno». En revista de filosofía *Azafea* (3 marzo 2007), Ediciones Universidad de Salamanca, p. 204.

en una nueva generación que había encontrado en ellos mismos, los «críticos de la sociedad», la renovación teórica que necesitaban para una *aggiornada* práctica político-ideológica de izquierdas.

***

Excurso. Después de 1968, el giro culturalista se acentúa por doquier. En Francia, surge o se afianza una nueva camada de filósofos izquierdistas que —a diferencia de la vía de Gramsci o la vía de Fráncfort— directamente se desentenderán del marxismo y, por ello, el marxismo occidental se apagará precisamente en 1968. Entre esta camada resuenan nombres como Michel Foucault, Gilles Deleuze, Félix Guattari, Jacques Derrida o Jean-François Lyotard; y la *French Theory* muy rápidamente hegemonizará las aulas universitarias de Estados Unidos, convirtiéndose en el nuevo *mainstream*.

No me concentraré en estos pensadores en este trabajo. Algunas cosas ya han sido dichas sobre ellos en capítulos anteriores. Pero sí quisiera decir algo más sobre Foucault —uno de los más importantes referentes de esta generación— por tres motivos. Primero, porque su llamada etapa «genealógica» (el «Foucault del poder») estuvo, como él mismo dijo varias veces, posibilitada por los hechos de 1968: «Ese trabajo solo pudo comenzar a hacerse después de 1968, es decir, a partir de luchas cotidianas y libradas en la base, con quienes tenían que debatirse en los eslabones más finos de la red del poder».[899] Segundo, porque Foucault encontró en la Escuela de Frankfurt una referencia para su trabajo, aunque no *a priori* sino *a posteriori*:

> Cuando le reconozco todos estos méritos a la Escuela de Frankfurt, lo hago con la mala conciencia de quien habría debido leerlos antes, que lamenta no haberlo hecho antes y que se dice, en una suerte de oscilación: si hubiera leído esas obras, hay un montón de cosas que no hubiera necesitado decir, y de errores que no hubiera cometido, mucho trabajo que me habría ahorrado. Pero acaso también tengo una satisfacción, porque tal vez, si los hubiera leído muy joven,

---

899. Michel Foucault, *Microfísica del poder* (Buenos Aires: Siglo XXI, 2019), p. 26.

me habría sentido tan seducido que no habría hecho otra cosa que comentarlos.[900]

Y tercero, sencillamente porque Foucault se ha convertido en algo así como el filósofo estrella de las izquierdas contemporáneas.[901] *Mutatis mutandis*, tal vez el francés sea a las izquierdas de hoy lo que Marcuse fue a las de 1968.[902]

Lo que quisiera decir en concreto es que en la misma analítica del poder de Foucault hay implícito un programa mínimo de acción política (o quizás, más modestamente, el delineamiento de un camino sobre el que trazar una estrategia política). Y que ese programa o ese camino es absolutamente culturalista en los términos que aquí he propuesto, a saber: que abandona las grandes narrativas económicas y jurídicas para concentrarse en luchas más difusas, que referencian a otro tipo de instituciones y relaciones sociales y, por tanto, a otros tipos de sujetos (potencialmente) políticos.

En efecto, es sabido que Foucault no va a buscar directamente el poder a los enormes engranajes del sistema económico capitalista, ni tampoco a la elefantiásica maquinaria estatal. La de Foucault es una «microfísica del poder», en la medida en que desciende a las dimensiones capilares del poder, en un movimiento que traza su recorrido de abajo hacia arriba, proponiendo historias particulares: la historia del poder psiquiátrico, la historia del poder médico, la historia del poder penal, la historia del poder confesional, la historia del poder en la sexualidad, y así sucesivamente. De aquí redunda, en términos de política, una *expansión dispersa* y virtualmente sin límites de las causas que las izquierdas culturales podrán abrazar y de sus respectivos sujetos políticos: presos, locos, mujeres, indígenas, homosexuales, estudiantes, ecologistas, tercermundistas, inmigrantes, etcétera.

---

900. Entrevista de Duccio Trombadori a Foucault, citada en Martin Jay, *The Dialectical Imagination: A History of the Frankfurt School and the Institute of Social Research, 1923-1950* (California: California University Press, 1996), p. 16.

901. Piénsese, por ejemplo, en la deuda teórica que mantiene la «teoría *queer*» con Foucault. *Cf.* Tasmin Spargo, *Foucault y la teoría queer* (Barcelona: Gedisa, 2013). O, más puntualmente, la deuda del pensamiento de Judith Butler respecto de las categorías de Foucault, como su «biopolítica», por ejemplo.

902. En una entrevista de 1978, Foucault arengaba: «Dejemos de lado Disneylandia y pensemos en Marcuse» (Michel Foucault, *El poder, una bestia magnífica*, Buenos Aires: Siglo XXI, 2014, p. 137).

Esta miniaturización de lo político es la otra cara de su expansión indefinida a toda experiencia, institución o relación social que revele diferencias, desigualdades o jerarquías. La expresión más cabal del poder ya no se encuentra ni en el Estado ni en el sistema económico, sino en *toda relación asimétrica*. Por eso hay que desechar tanto el modelo jurídico del poder, según el cual este tiene la forma del contrato o de la ley, como el modelo marxista, según el cual el poder tiene la forma de «dominación de clase». Las asimetrías, pues, se dan en muchos otros tipos de relaciones. En efecto, el poder no es un mero producto del sistema económico, ni mantiene respecto de él una relación de subordinación funcional o de isomorfismo formal. De lo económico no simplemente proceden relaciones de poder, sino que también lo económico mismo ha sido constituido por efecto del propio juego de las relaciones microfísicas de poder. Asimismo, lo jurídico y su producto, la ley, no agotan las formas en que se ejerce el poder, formas mucho más amplias y diseminadas de lo que el derecho puede disponer. Así, la analítica del poder de Foucault, al tirar por la borda «grandes relatos», y proponer más bien las «pequeñas historias» del poder y la constitución correlativa de instituciones y saberes asociados, se corona como el más ilustre ejemplo de lo que representa la filosofía política posmoderna (posmoderna en términos de Lyotard).

> [El poder] no debe ser buscado en la existencia primera de un punto central, en un foco único de soberanía del cual irradiarían formas derivadas y descendientes; son los cimientos móviles de las relaciones de fuerzas los que sin cesar inducen, por su desigualdad, estados de poder —pero siempre locales e inestables—.[903]

El poder se manifiesta en relaciones de fuerzas que se definen, a su vez, por la desigualdad que las constituye. Ahora bien, prácticamente cualquier relación social puede ser leída como una relación de fuerzas, en la medida en que se pueda hallar en su núcleo una desigualdad. Por lo tanto, de prácticamente cualquier relación social se podrán determinar manifestaciones de poder, que serán

---

903. Michel Foucault, *Historia de la sexualidad. Tomo 1: La voluntad de saber* (Buenos Aires: Siglo XXI, 2019), p. 89.

rápidamente leídas, a su vez, como lacras opresivas para una de las partes (y en esto reside el potencial izquierdista de la propuesta de Foucault).[904] Así es con la relación médico/paciente, estudiante/profesor, padre/hijo, varón/mujer, adulto/niño, penitente/confesor, psiquiatra/loco, etcétera. Omnipresencia del poder: para Foucault el poder está literalmente «en todas partes», «viene de todas partes», «se ejerce a partir de innumerables puntos, y en el juego de relaciones móviles y no igualitarias». Y, lo más importante: «las relaciones de poder no se hallan en posición de superestructura, con un simple papel de prohibición o reconducción; desempeñan, allí donde actúan, un papel directamente productor».[905]

Esta combinación de omnipresencia con miniaturización y dispersión del poder abre sendas para incursionar en el trazado de una estrategia política de izquierdas.[906] La politización de distintos rincones y relaciones de la vida social, otrora no leídos en términos de poder y lucha, deberán politizarse.[907] Asimismo, las luchas deberán ser locales, particulares, focalizadas en los pequeños temas y en las *opresiones marginales*, y habrán de abandonar

---

904. Un ejemplo claro se da en una entrevista de Foucault con estudiantes. Estos sugieren que la relación profesor/estudiante es represiva, a lo que el filósofo responde que el sistema de enseñanza mismo «funciona como una doble represión, contra quienes están excluidos de él y contra quienes lo reciben (a quienes se les impone un modelo, normas, una matriz)». Nótese, pues, que no hay escapatoria a estar «oprimido»: recibiendo enseñanza uno queda oprimido, pero no recibiéndola, también. *Microfísica del poder*, p. 68.

905. Foucault, *Historia de la sexualidad*, p. 90.

906. Existen interpretaciones que sostienen que la filosofía de Foucault no abre ninguna posibilidad política real. Pero como el propio Foucault ha remarcado, esta no es su perspectiva: «Muchas veces se dijo —los críticos me hicieron este reproche— que yo, al poner el poder por doquier, excluyo cualquier posibilidad de resistencia. ¡No, es todo lo contrario!». Foucault, *El poder, una bestia magnífica*, p. 77.

907. Dice un comentador de la obra de Foucault: «El significado político de la filosofía, cuando ésta se dedica a objetos del campo político, o cuando, como hizo a menudo Foucault, amplía las fronteras del campo político a cuestiones despolitizadas, cae por su propio peso» (José Luis Moreno Pestaña, *Foucault y la política*, Madrid: Tierradenadie, 2011, p. 24). Una comentadora va por la misma línea: «el poder es aquello que penetra todas las relaciones sociales que podamos imaginar», y agrega que lo que Foucault propone es: «Ni saberes sustanciales, ni cuerpos naturales, ni discursos a-históricos, ni verdades esenciales, ni sujeto a priori; todo cobra la liviandad de lo ficcionado políticamente y, desde ese lugar de la construcción, abre también el intersticio de otra configuración posible». O sea, la constitución política de *todo* (María Cecilia Colombani, *Foucault y lo político*, Buenos Aires: Prometeo Libros, 2008, pp. 239-242).

la vieja teoría revolucionaria en virtud de la cual existía un núcleo privilegiado de poder (*el* Poder) que conquistar: «Respecto del poder no existe, pues, un lugar del gran Rechazo —alma de la revuelta, foco de todas las rebeliones, ley pura del revolucionario». Así, si el poder se disemina por toda la compleja red de relaciones sociales, se presentarán entonces «puntos de resistencia móviles y transitorios, que introducen en una sociedad líneas divisorias que se desplazan rompiendo unidades y suscitando reagrupamientos». Finalmente, así como el Estado descansa en la cristalización institucional de relaciones de poder, así también «es sin duda la codificación estratégica de esos puntos de resistencia lo que torna posible una revolución».[908] ¿Y acaso no podrá entenderse como «codificación estratégica» lo que Laclau llamó, siguiendo a Gramsci, «hegemonía»?

Comoquiera que sea, en algún sentido esta estrategia ya empezaba a vislumbrarse en Marcuse. Mujeres, jóvenes, negros, locos, drogadictos, tercermundistas: estos y otros cabían en un listado provisorio que el filósofo de Fráncfort diagramaba en torno a las luchas de la *New Left*, tal como ya se ha citado. Sin embargo, y como buen marxista occidental que era, Marcuse nunca pudo abandonar por completo el gran relato económico-político de las clases. Tampoco pudo desligarse de una visión del poder como *represión*, al buen estilo de Reich. Así, el poder nunca fue analizado por fuera del sistema económico que estaba, según esto, en su base misma. Marcuse seguía encontrando que, si bien ya no subjetivamente, resultaba indudable que «objetivamente» la clase obrera era el «sujeto revolucionario» por su relación con el sistema económico. Y esto era precisamente lo que Adorno le achacaba cuando Marcuse se entusiasmaba demasiado con las revueltas estudiantiles.

En contraste, Foucault analiza el poder no en relación con el campo económico, sino con los discursos; y no solo por su carácter represivo, sino por sus efectos productivos, de saber y verdad. Si en el marxismo es lo económico, y en el liberalismo podría decirse que es lo jurídico, en Foucault es el discurso. En concreto, se trata del doble juego del poder-saber: de qué manera el poder está en

---

908. Foucault, *Historia de la sexualidad*, pp. 92-93.

la base de la constitución de los discursos de saber y verdad, y de qué manera esos mismos discursos generan efectos de poder sobre sujetos y sobre otros discursos.[909] No es en la ley ni en la economía, sino en la propia articulación discursiva de la realidad social donde Foucault buscará el poder: las palabras, las disciplinas, los saberes, las ciencias del hombre. En los términos de este libro, la *cultura*.

> Hay que admitir más bien que poder produce saber (y no simplemente favoreciéndolo porque le sirva o aplicándolo porque sea útil); que poder y saber se implican directamente el uno al otro; que no existe relación de poder sin constitución correlativa de un campo de saber, ni de saber que no suponga y no constituya al mismo tiempo relaciones de poder.[910]

¿Cómo combatir entonces el poder? ¿Qué sugiere esta especie de ontología discursiva del poder, no solo respecto de su funcionamiento, sino más bien respecto de las luchas que contra él podrían emprenderse? Pues que esta dependencia ontológica que existe entre el poder y el saber —entre el poder y los discursos que están no solo en su base, sino también en su ejercicio mismo y en sus efectos— revelaría que al poder se le pueden oponer otros discursos, una suerte de «contradiscursos», que fragmenten al poder en su propia constitución discursiva: «El discurso transporta y produce poder: lo refuerza, pero también lo mina, lo expone, lo torna frágil y permite detenerlo».[911] Al poder-saber se le oponen contrasaberes, contradiscursos, o bien «saberes sometidos»,[912] tal como hicieron organizaciones izquierdistas con el «Grupo de Información sobre las Prisiones», el «Grupo de Información Psiquiatría», o el «Grupo

---

909. *Cf.* Michel Foucault, *El orden del discurso* (Barcelona: Austral, 2019).

910. Michel Foucault, *Vigilar y castigar* (México D. F.: Siglo XXI, 2016), p. 37.

911. Foucault, *Historia de la sexualidad*, p. 97.

912. Foucault entiende dos cosas por «saberes sometidos»: por un lado, «bloques de saberes históricos que estaban presentes y enmascarados dentro de los conjuntos funcionales y sistemáticos, y que la crítica pudo hacer reaparecer por medio [...] de la erudición»; por otro lado, «toda una serie de saberes que estaban descalificados como saberes no conceptuales, como saberes insuficientemente elaborados: [...] el del psiquiatrizado, el del enfermo, el del enfermero, [...] el del delincuente, etcétera». El filósofo francés concibe su propio trabajo como la insurrección de estos saberes sometidos, en ambos sentidos, contra los hegemónicos (Michel Foucault, *Defender la sociedad,* Buenos Aires: FCE, 2014, p. 21).

de Información Emigrados», todas ellas hijas del 68, inspiradas y promovidas por Foucault.[913]

Ahora bien, ¿qué es todo esto sino una lucha en torno a las palabras, los símbolos, los saberes, las historias, los ritos, los mitos y las innumerables instituciones formadas a lo largo y ancho de la sociedad civil? ¿Y qué es esto sino, en definitiva, una batalla cultural?

V. Las derechas y la batalla cultural: una relación distante

En los subcapítulos precedentes intenté mostrar de qué manera ciertas izquierdas —que hoy son ciertamente hegemónicas, y que de hecho reciben financiamientos incalculables y apoyo político de las más importantes Organizaciones Internacionales—[914] emprendieron una transición política hacia la conflictividad cultural. Dicho de otra manera: de qué forma llevaron los antagonismos políticos desde la esfera económica a la amplísima esfera cultural. Es precisamente en esta transición donde se puede hallar la génesis de lo que se ha llamado «Nueva Izquierda», «*New Left*», «*Nouvelle Gauche*», o como se prefiera. Este es el terreno predilecto, además, de lo que también se denomina «progresismo».

¿Pero qué ha pasado entretanto con las derechas? ¿Se ha registrado en ellas una consciencia similar? ¿Han estado acaso también marcadas por esta suerte de voluntad de politizar lo cultural? Por regla general, mi respuesta es negativa. Mayormente, las derechas han ignorado el campo cultural como *locus* de lo político de dos maneras: o bien desconsiderando la potencia *agonista* que en el propio campo cultural se desarrollaba, o bien reconociendo el conflicto cultural, pero reduciéndolo a su registro *moral* o *religioso*. Lo

---

913. Deleuze, que también formó parte del Grupo de Información sobre las Prisiones, comenta que Foucault «se percató que la gente no dejaba de hablar de las cárceles, pero que los presos nunca hablaban», y que por lo tanto allí podían formarse esta suerte de «contradiscursos» que fueran lanzados en una lucha política en favor de los presos (Gilles Deleuze, *Michel Foucault y el poder. Viajes iniciáticos I,* Madrid: Errata Naturae, 2014, p. 76).

914. Ejemplo de esto es la «Agenda 2030» de la ONU, en la que los enfoques de género, LGBT y feministas resultan transversales a sus «17 objetivos».

primero ha sido propio sobre todo de las distintas expresiones del liberalismo de derechas, mientras que lo segundo ha caracterizado más bien a los sectores conservadores, tradicionalistas y, a veces, también a los patriotas.

Por mor de la claridad, estableceré tipos ideales muy sintéticos para estas cuatro expresiones políticas que, a mi juicio, y por razones que luego serán establecidas, hoy pertenecen al campo de las derechas. Dichos tipos ideales serán pensados en torno a la noción de «demanda», para mantener las definiciones en el terreno político de la manera más acotada posible. Así pues, por «liberalismo de derechas» o «libertarismo» debe entenderse aquellas doctrinas que demandan una reducción sustantiva de las funciones estatales, en un regreso a algo parecido al «Estado gendarme» de los viejos liberales. Por «conservadorismo» debe entenderse el conjunto de disposiciones que demandan una defensa de valores tradicionales e instituciones comunitarias frente a los procesos constructivistas y racionalizadores de la modernidad ilustrada, pero sin regresar a una eterna vida comunitaria, confesional y monárquica. Por «tradicionalismo» debe entenderse la doctrina que demanda precisamente esto último, a través de revivir en el presente un orden social premoderno, sin caer necesariamente en una imposición política por medios gubernamentales que derive en integrismo religioso. Finalmente, por «patriotismo» (propiamente nacionalismo de derecha, aunque dicho término preste a confusión) entiendo las doctrinas que demandan la protección de la soberanía de la nación, pero basándose en las particularidades culturales que dan unidad a su población, frente a la intervención globalista y la uniformización de un cosmopolitismo dirigido. Insisto: estos son *tipos ideales*, y en la realidad pueden darse de distinta manera, mezclarse entre ellos, etcétera.

También por mor de la claridad distinguiré algunas nociones útiles para lo que sigue. Hay que diferenciar, antes que nada, «lo político» de «la política». Por lo primero sigo una corriente que por ello entiende la dimensión antagónica que es inherente a toda sociedad moderna. Este enfoque posa sus ojos en la constitución conflictiva de las sociedades, entendiendo por estas últimas la sedimentación contingente —y por tanto siempre inestable— de prácticas hegemónicas. Por lo segundo, «la política», se entiende el conjunto de las prácticas concretas a partir de las cuales se crea, se gestiona, se conserva o se recambia el orden que involucra la coexistencia humana. Entre estas prácticas, destaca el esfuerzo por definir la oposición «nosotros/ellos». Pero, en tanto que políticas, estas identidades serán antagónicas, adquiriendo la forma «amigo/enemigo», aunque, en un contexto democrático, en la medida en que la aniquilación del otro queda excluida por las reglas del sistema, la forma será agonal: «amigo/adversario». Las identidades políticas son relacionales: la identidad de los «amigos» tiene una «exterioridad constitutiva» en los «adversarios».[915] Así, todo desencuentro entre grupos sociales puede devenir político en la medida en que termine traduciéndose a estos términos. La batalla cultural, como quedó dicho inicialmente, consiste en una expresión particular de lo político, cuyo conflicto tiene su centro en la esfera cultural. Finalmente, entre las prácticas políticas discursivas que definen el nosotros/ellos como amigos/adversarios, distingo a grandes rasgos dos tipos: aquellas que evitan la articulación de identidades diferenciales en un sistema de equivalencias, que podrían denominarse «prácticas políticas cerradas», y aquellas que buscan elaborar un sistema de equivalencias entre identidades diferenciales, que podrían denominarse «prácticas políticas abiertas». Dos términos equivalentes no son dos términos idénticos; son equivalentes en la medida en que se abren a una articulación discursiva que subvierte sus diferencias en el marco de un «nosotros» político más amplio.

Existen, retomando ahora sí el punto, dos patologías políticas que han llevado a las antedichas manifestaciones de derechas, por regla general, a desconsiderar el campo cultural. La primera de ellas es el *economicismo*, que es la inclinación por disolver lo político en lo económico. Esto afectó, como ya se vio, a ciertas corrientes marxistas en su momento, y fue superado precisamente por el giro culturalista ya mencionado. Si lo político corresponde en un nivel ontológico a la ineluctable dimensión conflictual de toda sociedad, el economicismo consiste en reducir esa realidad a sus manifestaciones

915. Para profundizar en esta terminología que aquí no puedo detenerme a desarrollar: *cf.* Chantal Mouffe, *En torno a lo político* (Buenos Aires: FCE, 2021); Chantal Mouffe, *Agonística. Pensar el mundo políticamente* (Buenos Aires: FCE, 2014); Chantal Mouffe, *La paradoja democrática. El peligro del consenso en la política contemporánea* (Buenos Aires: Gedisa, 2012)

meramente económicas. De aquí que el marxismo se esperanzara en que la resolución del conflicto económico (el fin del sistema de clases) traería aparejada la resolución de todo conflicto. Y de ahí también que los liberalismos de derechas, que son los que habitualmente están afectados por esta patología política, esperen algo similar: un buen programa económico bastaría, para ellos, para desactivar todo conflicto político. Quizás por eso mismo sus referentes suelan ser, en la inmensa mayoría de los casos, economistas.

La patología *economicista* no inhabilita para hablar de batalla cultural. De hecho, en los últimos tiempos el libertarismo ha empezado a hablar cada vez más de batalla cultural. Sin embargo, el economicismo lleva a concebir la batalla cultural tan solo como una disputa intelectual por las valoraciones sociales de los sistemas económicos. En efecto, dar una batalla cultural se convierte sencillamente en un esfuerzo para explicarle a la sociedad que el capitalismo de libre mercado funciona mejor que el socialismo y que el Estado interventor. La batalla cultural se asemeja así a una gran clase de economía. Y no es que la lucha de ideas por cambiar las premisas conceptuales del electorado (en este caso económicas), no sea, en efecto, un aspecto de la batalla cultural; el problema es que es simplemente eso, *un* aspecto, su aspecto relativo a las ideas económicas, y no a los hábitos y costumbres en sí mismos que son el *ethos* que subyace a tales ideas. No es una casualidad que la crítica cultural sea un género prácticamente inhallable en la literatura libertaria. La general incapacidad del libertarismo para tomar una posición social y políticamente significativa, por ejemplo, en torno a los tópicos dominantes del género y el feminismo, es consecuencia de esto mismo. Allí donde la variable económica no aparece con claridad dominando la índole del discurso, la regla general es el silencio o un balbuceo inconducente (y, en el peor de los casos, la aceptación acrítica de las propuestas progresistas en lo que es un desplazamiento hacia las izquierdas, que es lo que define precisamente al libertarismo progresista).

Un ejemplo de la importancia atribuida a la lucha de ideas, a la que sin embargo le cuesta mucho salir de las fronteras de lo económico, se puede encontrar en Ludwig von Mises. Durante su vida, el austríaco apostó a este combate, a la vista de que «si el término socialista se toma en su sentido amplio, se reconocerá sin dificultad que hoy la mayor parte de las personas se colocan en favor del socialismo».[916] Ese «sentido amplio» involucraba la dimensión cultural, a la que Mises otorgó de hecho cierta importancia en sus estudios, aunque siempre en tanto que subordinada al orden económico del capitalismo. Algunas veces, por desgracia, sus análisis culturales no fueron más allá de un *psicologismo economicista*; por ejemplo, respecto de los intelectuales, que con agudeza Mises reconoció como una fuerza adversa en la batalla cultural. En efecto, los intelectuales son, por regla general, socialistas, dice el austríaco, y eso explica en alguna medida la mala fama del capitalismo. Ahora bien, ¿por qué ocurre esto? Mises responde: «Odia el intelectual, como decíamos, al capitalismo porque se encarna en viejos amigos cuyo éxito le duele; inculpa al sistema de la frustración de unas ambiciones que su personal vanidad hizo desmedidas».[917] Esta explicación contiene desde luego algo de verdad, pero se atrinchera en el dominio que mezcla variables psicológicas con variables económicas, lo cual le impide ver panoramas tanto o más relevantes que ese. Por ejemplo: la relación de fuerzas intelectuales dentro de los ámbitos académicos; los condicionamientos ideológicos escolares y universitarios; la distribución de disciplinas y ámbitos de estudios según las corrientes ideológicas; la evolución misma de las teorías y el rol político atribuido a los intelectuales, y un largo etcétera.

Esto es más frecuente de lo que se piensa en el liberalismo clásico o en el libertarismo de propiedad privada. Murray Rothbard, por ejemplo, dirá algo casi idéntico cuando se pregunta por la relación entre los intelectuales y el Estado:

> Sencillamente, un intelectual no tiene bien asegurado su sustento en el mercado libre, dado que, como cualquier otro participante del mercado, debe depender de los valores y elecciones de la masa de sus conciudadanos, y por lo general éstos no están interesados en las cuestiones intelectuales. El Estado, en cambio, está dispuesto a ofrecerles un empleo estable y permanente dentro de su aparato, un ingreso seguro y, además, la panoplia de prestigio.[918]

916. Ludwig von Mises, *El Socialismo. Análisis económico y sociológico* (Madrid: Unión Editorial, 2007), p. 35.

917. Ludwig von Mises, *La mentalidad anticapitalista* (Buenos Aires: Unión Editorial, 2011), p. 28.

918. Murray Rothbard, *Hacia una nueva libertad. El manifiesto libertario* (Buenos Aires: Grito Sagrado, 2005), p. 76.

Pero esta explicación —que también tiene su cuota de verdad— se viene abajo cuando se encuentran, por ejemplo, inmensos caudales de dineros privados, de fundaciones de magnates como las ya mencionadas, financiando a intelectuales socialistas por doquier, brindando becas universitarias, armando *think tanks* progresistas, patrocinando libros y conferencias a todo propósito izquierdizante.[919] Asimismo, existen muchas otras razones sociológicas por las que la *intelligentsia* abraza ideas de izquierdas y estatistas que van más allá de un cálculo racional respecto a sus ingresos económicos: una de esas razones estriba, nada menos, en las determinaciones del campo intelectual que redundan de las batallas culturales que en él se suscitan. En efecto, no está de más preguntarse: ¿qué salida dejan estos enfoques economicistas sobre la cultura? En este caso concreto, donde los intelectuales giran a las izquierdas por envidiosos y por buscadores de rentas estatales, no parece que haya nada que se pueda hacer: la batalla cultural carece aquí de sentido, y cuando mucho la solución pasará por una reforma económica que retire esos dineros públicos de la mano del intelectual (¡que sin embargo seguirá recibiendo su sustento de diversas ONG!).

Por otra parte, el vicio economicista trae consigo a menudo la *tecnocracia*. En lugar de políticos, se quiere técnicos: aspiración dominante en el centroderechismo demoliberal (también llamado con poca precisión «neoliberalismo»). Si el conflicto político consiste esencialmente en un desajuste de las variables económicas, el técnico debería ser a nuestros Estados algo así como el «filósofo rey» a las *polis* en la filosofía de Platón. Pero los tecnócratas no dan batallas culturales. A ellos no solo se les escapa la diversidad de elementos que componen una cultura, irreductibles al tratamiento tecnocrático, sino que también se les esconde la inexorabilidad de la dimensión conflictual de lo político. En el técnico palpita la esperanza de que la resolución técnica de ciertos desajustes desactive toda conflictividad, y que una tablilla de Excel pueda iluminar el camino de la verdad. Por eso para el técnico «el dato

---

919. Véase por ejemplo «George Soros donará 1.000 millones de dólares para crear una red mundial de universidades contra el autoritarismo», *Infobae* (24 enero 2020), https://www.infobae.com/america/mundo/2020/01/24/george-soros-donara -1000-millones-de-dolares-para-crear-una-red-mundial-de-universidades-contra -el-autoritarismo/.

mata al relato», y la batalla cultural no pasa de presentarse como una avalancha de números y fórmulas que, una vez puestas en su lugar, allanarían el camino para implementar los cambios técnicos necesarios y superar por fin todo conflicto. Pero por una de esas «irracionalidades» tan hostiles al tecnócrata, a menudo ocurre que un buen relato moviliza pasiones políticas que no se despiertan en la contemplación de un gráfico de barras, por más esmero que en su diseño se haya procurado. Estos técnicos desconsideran el *pathos* de lo político, en virtud del cual las identidades colectivas se amarran y se mantienen de pie.

Por dar un ejemplo muy cercano en el tiempo, considérese Chile. Los *think tanks* liberales son allí probablemente los más importantes de toda la región. La escuela de los «Chicago Boys», que dio lugar al llamado «milagro chileno», e hizo de Chile uno de los países más prósperos de Hispanoamérica, fue esencialmente una escuela económica. En sus enseñanzas se han basado fundamentalmente aquellos *think tanks*, cuya labor en general pasó siempre por esgrimir argumentos económicos y técnicos sobre la sociedad chilena. A menudo decían dar la «batalla cultural», pero en la práctica muy poco iba más allá de economía, o, en el mejor de los casos, de enfoques económicos sobre la política y la cultura. Mientras tanto, las izquierdas trabajaban sobre un discurso cultural al nivel de las universidades, las escuelas, los libros, los medios y las artes. El final es ya conocido: sin una crisis económica, el modelo chileno ha terminado cayendo, y los gráficos de barras y las plantillas de Excel no pudieron salvarlo. Nadie daría la vida por una fórmula matemática, y ningún porcentaje es capaz de formar identidades colectivas capaces de desenvolverse en la tortuosa marea de lo político.

Precisamente hablando de identidades colectivas, el *economicismo* también afecta la constitución política de estas en varios sentidos. En el caso marxista, como se vio, el economicismo no dejaba mucho lugar al juego político de la constitución del «nosotros» frente al «ellos», puesto que estos términos ya estaban dados automáticamente por el mismo sistema económico: proletarios frente a capitalistas. En consecuencia, ninguna operación política intervenía más que para insuflar «consciencia» o cosa parecida. En este punto es cuando la estrategia hegemónica ya descrita surge como una «práctica política abierta», y empieza progresivamente a desesencializar la identidad de clase. En el caso de los liberalismos de derechas, directamente no se concibe que se pregunte por las identidades colectivas, porque su economicismo a veces va de la mano de un individualismo metodológico, ontológico y moral que a duras penas serviría para pensar políticamente algo tan colectivo como un «nosotros». ¿Cómo se constituye un «nosotros» con referencia a la cultura? ¿Cómo trazar allí una frontera política, cómo dar lugar a una «exterioridad constitutiva» que marque la propia identidad política? Estas preguntas no solo no tienen respuestas, sino que su propia enunciación puede incomodar a algunos.

En concreto, al libertario se le hace difícil concebir que exista algo llamado «identidad colectiva». Probablemente piense que tal cosa es un síntoma de «colectivismo», y que debe ser rechazado de inmediato. Pero no todo lo que tenga que ver con fenómenos sociales debería ser tachado de «colectivismo» (¿no es acaso el propio libertarismo como movimiento un fenómeno social?); esto no solo es absurdo, sino que bloquea la formación política misma, que termina siendo vista solamente desde una perspectiva similar a la de la «teoría de la elección racional»: como un conjunto de átomos racionales desesperados por conseguir renta en forma individual, sin referencia siquiera a otro tipo de intereses egoístas. Se mira a la política como al mercado, y se quiere conducirla como a una empresa. Ese horror a lo colectivo, a lo que se forma por el concurso de distintas voluntades y que cristaliza en una formación que constituye un aspecto necesario de la identidad completa del individuo (su personalidad, nada menos) deja al libertario en desventaja política al costarle tanto (moral y metodológicamente) definir un «nosotros». Esta manía por confundir lo social con el «colectivismo» desconoce que este último es una forma totalitaria de lo social, una forma en la que el individuo desaparece en las coacciones del colectivo.

Así, por ejemplo, Rothbard dice que «el libertario es un individualista; cree que uno de los principales errores de la teoría social es considerar a la "sociedad" como si realmente fuera una entidad con existencia». La verdad es que «la "sociedad" no es una entidad viviente sino sencillamente un nombre dado a un grupo de individuos en interacción».[920] En idéntico sentido, Ayn Rand dirá que «no existe una

---

920. Rothbard, *Hacia una nueva libertad*, p. 51.

entidad tal como la "sociedad", puesto que no es sino un número de hombres individuales».[921] Ahora bien, ciertamente no existe sociedad sin los individuos que la componen, en la medida en que la sociedad no es una sustancia. De hecho, sustancializar la sociedad es lo que lleva a lo que el libertarismo legítimamente teme: al colectivismo. La persona es sustancia, no la sociedad. Sin embargo, más allá del sustancial, el ente tiene otro modo de ser: el accidental (y esto tanto Rothbard como Rand, como aristotélicos, seguramente lo sabían). No puede decirse que la sociedad no exista, sino que existe como ente accidental al individuo (pero necesario para su conformación) que cae bajo la categoría de relación. Estas relaciones no son una mera «suma», sino que, en tanto que accidentes, modifican a la sustancia que el libertario llama «individuo». No reconocer que los individuos constituyen lo social genera el peligro colectivista; no reconocer que las relaciones sociales a su vez pueden tomar formas previas en las que luego se ubican los individuos, y que de hecho no existe tal cosa como un individuo no social, genera el peligro atomista que, en términos políticos, significa dar por tierra con la posibilidad de un «nosotros» político. Claro que la mayoría de los liberales clásicos de derecha, como Hayek, no caen en esta clase de individualismo.[922]

A principios de la década de 1980, Rothbard escribió una «estrategia» para los libertarios, donde establece que «debe crearse un activo y autoconsciente *movimiento* libertario». Y prosigue: «Podría creerse que estamos enunciando una perogrullada, pero se advierte una curiosa renuencia por parte de muchos libertarios a considerarse a sí mismos como parte de un movimiento deliberado».[923] ¿Y cómo podrían querer ser *parte* de algo necesariamente *no individual* como lo es un movimiento político si la verdad es que solo existen los

---

921. Ayn Rand, *La virtud del egoísmo* (Buenos Aires: Grito Sagrado, 2009), p. 24.
922. «La interacción de los individuos produce estructuras de relación que dan origen a acciones que ninguna razón individual es capaz de comprender plenamente». «Los individuos son, meramente, los nodos de la red de relaciones, y son las diversas actitudes que los individuos adoptan respecto de sus semejantes (o respecto de sus actitudes similares o diferentes respecto de los objetos físicos) lo que forma los elementos recurrentes, habituales e identificables de la estructura» (Friedrich Hayek, *La contrarrevolución de la ciencia,* Madrid: Unión Editorial, 2014, pp. 63 y 323).
923. Murray Rothbard, *La ética de la libertad* (Madrid: Unión Editorial, 2011), p. 340. En este momento (año 2021), hay que decir que se está formando un movimiento libertario muy fuerte en Argentina, liderado por el economista Javier Milei.

individuos? ¿Por qué pedirles ser parte de algo que, si se atienen a la misma ontología individualista rothbardiana, no tendría ninguna existencia real?

El economicismo trae a menudo también el *mecanicismo*. La mecánica económica de la sociedad determinaría, pues, que ocurra esto o aquello en el terreno político, social y cultural. Luego, los economistas se convierten en profetas por fuera de su propio campo. En materia política, por ejemplo, se podrá cantar la victoria libertaria o proletaria, según desde qué sector se lo mire. De esto mismo se quejaba Gramsci, según mostré. Pero estas inclinaciones también surgen a veces en libertarios, tal el caso de Rothbard. ¿Y para qué habría entonces que esforzarse en un «nosotros» político si el conocimiento económico ya permite decir que el futuro será necesariamente libertario? ¿Para qué un «nosotros» si la economía ya ha dado su veredicto?

> Por fortuna para la causa de la libertad, las ciencias económicas han mostrado que una economía industrial moderna no puede sobrevivir indefinidamente bajo tan draconianas condiciones. Esta economía requiere la división del trabajo y una vasta red de intercambio de libre mercado, una red que sólo puede florecer en climas de libertad. [...] resulta de todo punto inevitable a largo plazo el triunfo de la economía de libre mercado y el final del estatalismo.[924]

En rigor, el «nosotros» del liberalismo de derecha procede automáticamente de sus doctrinas económicas: «nosotros, quienes estamos cansados de impuestos expoliadores y regulaciones asfixiantes». En efecto, es posible trazar aquí una interesante frontera política nosotros/ellos, pero, como es evidente, esta no pasa de la dimensión económica a la cultural; y ciertamente el libertarismo puede eludir el problema cultural, eligiendo no aprehenderlo como espacio de un antagonismo político (¿cómo seguir hablando de «batalla cultural» en ese caso?). Ahora bien, esto puede traer dos problemas cruciales: por un lado, como ya sugerí, un somnoliento mutismo o bien un balbuceo políticamente correcto sobre problemáticas culturales que han adquirido estatus político en nuestras

---

924. Rothbard, *La ética de la libertad*, p. 345.

agendas públicas del siglo XXI; por otro lado, y directamente aparejado a aquello, la incapacidad de definirse en esas temáticas tan cruciales para lo político hoy día lleva a identidades políticas debilitadas, perdidas, sin guía. Así podría leerse el problema que enfrentó Rothbard como cabeza (teórica y práctica) del movimiento libertario norteamericano.

Rothbard fue calificado como «conservador cultural confeso»[925] y se supo etiquetar a sí mismo como «reaccionario radical» y como «derechista radical».[926] También definió su línea como «libertarismo de derecha».[927] Su concepción del derecho natural, por caso, viene de tradición tomista; sus convicciones culturales lo llevaron a esforzarse por diferenciar el «libertarianismo» del «libertinismo»;[928] su férrea defensa de la libertad basada en la propiedad privada lo hizo un virulento opositor de los llamados «derechos civiles de no discriminación».[929] Pero en su práctica política el centro de gravedad fue económico, y lo cultural quedó relegado y malentendido. Así, en la década de 1960 terminó creyendo que la *New Left* podía ser absorbida por el movimiento libertario, dado el presunto antiburocratismo y el antiintervencionismo de los jóvenes izquierdistas. Pero, desde el punto de vista de la cultura, el antiburocratismo de la Nueva Izquierda se sostenía sobre bases sustancialmente distintas de las del antiestatismo libertario, y mientras que el antimilitarismo izquierdista se enmarcaba en un pacifismo lírico, en Vietnam y en el escenario concreto de la Guerra Fría, el antiintervencionismo de Rothbard era el legado de su formación en la *Old Right*. Además, la *New Left* era un movimiento totalmente consolidado, cuyo centro de gravedad era la cultura, y terminó ocurriendo exactamente lo inverso a lo que Rothbard pretendía: su propio movimiento libertario fue absorbido por el

---

925. Hoppe, *Monarquía, democracia y orden natural*, p. 269.
926. Murray Rothbard, «A Strategy for the Right». *Mises Institute*, https://mises.org/library/strategy-right.
927. Rothbard, *Hacia una nueva libertad*, p. 61.
928. *Cf.* Miguel Anxo Bastos, «Un reaccionario radical: El pensamiento político de Murray N. Rothbard», *Instituto Mises*, http://www.miseshispano.org/2013/11/un-reaccionario-radical-el-pensamiento-politico-de-murray-n-rothbard/.
929. Murray Rothbard, «The Big Government Libertarians: The Anti-Left-Libertarian Manifesto». En *Rothbard-Rockwell Report*, vol. IV, n. 12, diciembre 1993, p. 3, http://rothbard.altervista.org/articles/big-gover-libertarians.pdf.

izquierdismo cultural, mientras que el economicismo libertario no le hizo ni cosquillas a la *New Left*.

El movimiento libertario «está incrementalmente abandonando los principios libertarios y abrazando los principios igualitarios y estatistas de la izquierda»,[930] escribía poco después, afligido, Rothbard. Más tarde haría una autocrítica en la que subraya «la grave sobrestimación de la estabilidad emocional y de los conocimientos de economía de aquellos libertarios poco experimentados»: curiosa mezcla de economicismo y psicologismo. Políticamente, lo que reconocerá es que no reparó en la «inexistencia de un verdadero movimiento libertario, de las consecuencias que acarrearía la entrega de los jóvenes a la alianza con un grupo más nutrido y poderoso».[931] ¿Pero en qué sentido no existía un «verdadero» movimiento? ¿Por qué la *New Left* estaba más «nutrida»? ¿Tan solo era cuestión de número? Por supuesto, lo que se descubre aquí es la insuficiencia del campo económico para trazar fronteras políticas en un contexto de vigorosos debates culturales. La resultante son identidades políticas muy débiles: más que cuantitativa, se trata de una debilidad cualitativa, aprovechable para la izquierda cultural. Probablemente entreviendo este problema, y ya habiendo renunciado al Partido Libertario, Rothbard fundará el «paleolibertarismo», y trazará una frontera cultural para diferenciarse del libertarismo progresista hegemonizado por la *New Left*. Para lograr tal cosa, brindará un «perfil» del «libertario modelo» («LM»), que es el libertario progresista, que vale citar *in extenso*:

> El LM es ocurrente y está bien empapado de la teoría libertaria. Sin embargo, no tiene ni idea —tampoco, por lo demás, le preocupa— de historia o cultura, de la situación política o de los asuntos internacionales. Su cultura libresca proviene del género de ciencia ficción. [...] Desgraciadamente, el LM no odia al Estado por ser el único instrumento social de la agresión institucionalizada contra la persona y la propiedad. El LM, más bien, es un rebelde adolescente que se enfrenta a todo lo que le rodea: primero a sus padres, después

---

930. Rothbard, «The Big Government Libertarians: The Anti-Left-Libertarian Manifesto», p. 1.
931. *Toward a Strategy of Libertarian Social Change*. Manuscrito inédito, 1977, pp. 159-161. Citado en Hoppe, *Monarquía, democracia y orden natural*, p. 273.

a su familia y finalmente a la misma sociedad, pasando por sus
vecinos. Se opone a toda institucionalización de la autoridad social
y cultural, especialmente a la burguesía —clase de la que proceden—, a las normas y convenciones burguesas y a las iglesias. [...]
De ahí también la fanática hostilidad del LM hacia el cristianismo.
[...] Pero el LM no es necesariamente ateo, pues si alguien en una
reunión libertaria dice que es una bruja o un devoto del Poder del
cristal u otras tonterías de la New Age será tratado con gran tolerancia y respeto. Únicamente se rechaza a los cristianos y la razón de
esta diferencia de trato nada tiene que ver con el ateísmo, sino con
el desprecio y el desdén por la cultura burguesa americana. Para el
LM cualquier majadería cultural es un tirón de orejas a esa odiada
burguesía.[932]

La segunda patología política que a veces afecta a las derechas es
lo que podríamos denominar «religiosismo». Esta es más frecuente
en conservadores y en tradicionalistas, aunque a veces toca también
a patriotas, y consiste en transitar el espinoso campo de la cultura y la sociedad con la única mirada religiosa, despojado de una
aprehensión política abierta a prácticas hegemónicas. En concreto, la
religión es capaz de proveer enormes cantidades no solo de energías
positivas, sino también de energías negativas, esto es, de energías
reactivas frente a los horrores de la cultura contemporánea, y en esta
medida la religión es ciertamente una fuerza política privilegiada.
Pero el *religiosismo* pone un freno a esa fuerza política, conteniendo
esas energías negativas dentro del mismo campo religioso en el que
ellas surgen. Así, se reconoce el desastre, pero no se concibe la política como un campo de acción en el que el desastre puede revertirse.
O bien no hay reversión posible, lo que lleva a un pesimismo apo-
calíptico, o bien la única reversión posible se da en la oración y en el
templo, lo que lleva a una pasividad inmovilizante. Tanto una como
otra son actitudes esencialmente antipolíticas, que solo tendrían sentido en sociedades organizadas por la propia religión.

En algún punto es como si los propios religiosos y los hombres
de fe hubieran bebido del laicismo que promete reducirlos a la nada
misma. Porque una cosa es el Estado laico, que reconoce la libertad

---

932. «Why Paleo?», en *Rothbard-Rockwell Report*, 1, n. 2, mayo de 1990, pp. 4-5.
Citado en Hoppe, *Monarquía, democracia y orden natural*, pp. 274-275.

de culto y que trata con igualdad a los distintos credos, y otra cosa es el *laicismo*, que es la ideología que demanda la extirpación de cualquier rastro de religión del ámbito público. Pero el Estado laico no puede demandar que la religión guarde silencio ante la política, porque en tal caso se contradeciría a sí mismo, y lo suyo pasaría a ser, en efecto, el ateísmo como dogma oficial. Ya no sería un Estado laico, sino uno ateo, y estaría por lo tanto tomando partido religioso. Y mucho menos el Estado laico puede implicar la retracción de la religión del espacio público y de la sociedad civil, reduciendo las expresiones religiosas a la intimidad y a lo privado, porque entonces tiraría por la borda los principios de tolerancia en los que se supone que se asienta. No obstante, esta confusión entre el Estado laico y la ideología laicista no solo se evidencia en los enemigos de las religiones, sino muchas veces también en los propios hombres de fe, que aceptan acríticamente el nuevo dogma que les dice que la religión no tiene conexión alguna con la política, y que tampoco debería tenerla; que un hombre de fe no tiene derecho político a elaborar sus opiniones políticas respetando su fe; que un hombre de fe no puede representar en política a otros hombres de fe, porque el discurso religioso no debe representar políticamente a nadie; que si en la democracia todos valen uno, el hombre de fe, cuando se revela como tal, vale menos que uno, vale cero, es un ciudadano de segunda; que ese mismo hombre no es en verdad el mismo cuando entra al templo, por un lado, y cuando vota, por el otro: está fragmentado en identidades incompatibles, que deben rechazarse recíprocamente dependiendo del contexto en el que ese hombre partido en dos se encuentre; y que, mientras la política presta denodados esfuerzos para atacar a la religión, la religión no tiene derecho alguno a defenderse, y menos *políticamente*. La solución será, pues, la oración, pero nunca la política. Muchos hombres de fe han aceptado inconscientemente semejante cosa, y así han contribuido sin quererlo a cavar sus propias tumbas.

Cierto es que hay casos de tradicionalismos militantes que transpiran política, y que precisamente se definen por no haber aceptado esta ideología. Por ejemplo, el de Plinio Corrêa de Oliveira, que reconoce lo político en cada una de las páginas de su *Revolución y Contra-Revolución*:

Si se entiende por negativista, de acuerdo con el lenguaje corriente, algo que insiste en negar, en atacar, y en tener los ojos continuamente vueltos hacia el adversario, se debe decir que la Contra-Revolución, sin ser sólo negación, tiene en su esencia algo fundamental y sanamente negativista. Constituye, como dijimos, un movimiento dirigido contra otro movimiento, y no se comprende que, en una lucha, un adversario no tenga los ojos puestos sobre el otro y no esté en una actitud de polémica con él, de ataque y contraataque.[933]

El autor tradicionalista reconoce el agonismo político y elabora su «Contra-Revolución» en estos términos. Sin embargo, su concepción contrarrevolucionaria no pasa de lo político a la política; o, más concretamente, no puede dejar de girar en torno a la identidad católica de la contrarrevolución, cerrándose a prácticas políticas abiertas. «El ideal de la Contra-Revolución es, pues, restaurar y promover la cultura y la civilización católicas», escribe Corrêa de Oliveira. Y agrega: «El elemento fundamental de la cultura católica es la visión del universo elaborada según la doctrina de la Iglesia». Por su parte, la «civilización católica es la estructuración de todas las relaciones humanas, de todas las instituciones humanas y del propio Estado, según la doctrina de la Iglesia».[934] Esta forma de religiosismo se llama *integrismo*. Es fácil deducir que nadie que no profese el culto católico podría ser legítimamente incorporado a las filas contrarrevolucionarias. Doble trabajo, pues: convertir a los individuos a la fe católica, primero, y convertirlos a la causa contrarrevolucionaria, después. Al no poder hacer lo segundo sin existir lo primero, lo político, sin perjuicio de ser reconocido en toda su expresión, queda subordinado a lo religioso, lo que ciertamente puede ser muy adecuado para la doctrina, pero muy poco práctico para la política.

El religiosismo trae aparejada esta clase de problemas políticos. Al nivel de las identidades colectivas, la religión continúa siendo un importante espacio para su constitución. El «nosotros» puede caracterizarse por la adhesión a una fe en particular, y su exterior constitutivo está dado por todo lo que se ubica por fuera de esa fe («ellos»: los que no participan de esta fe en concreto). Ahora bien,

---

933. Plinio Corrêa de Oliveira, *Revolución y Contra-Revolución* (Perú: Tradición y Acción por un Perú Mayor, 2005), p. 103.
934. Corrêa de Oliveira, *Revolución y Contra-Revolución*, pp. 64-65.

dadas ciertas circunstancias, esta identidad colectiva de tipo religioso podría expresarse también como parte de una identidad política
mayor, que tuviera la forma de un «nosotros» no definido por la
adhesión a una fe en concreto, sino, por ejemplo, por la adhesión a
un género de valores o instituciones genéricas que estuvieran siendo atacadas por «ellos». O bien ese «nosotros» podría definirse, en
forma no reactiva, sino proactiva, como quienes han encontrado un
núcleo de coincidencias valóricas (distintos de un «ellos» que no par-
ticipa de estas adhesiones) y desean trabajar mancomunadamente
para impulsar sus convicciones. En ambos casos, la conformación
del «nosotros» excede los marcos de la identidad religiosa y se desliza
rápidamente a lo político, asumiendo la dimensión conflictual de
su propio seguir-existiendo frente a la potencia proactiva o reactiva
de un «ellos» y, más aún, aunándose en procesos hegemónicos con
posiciones diferenciales en una cadena de equivalencias. Así, por
ejemplo, un cristiano evangélico puede mantener su identidad religiosa, seguir yendo al mismo templo, proseguir con sus ritos, etcétera, pero constituir su identidad política junto a un cristiano católico,
un mormón, un agnóstico, un ateo, que podrán también mantener
sus particularidades y aun así formar parte de un mismo «nosotros»
político. Lo que anuda la cadena equivalencial no será ciertamente
la adhesión a una misma fe, sino, por ejemplo, una lucha contra la
ideología de género, contra el aborto, contra el globalismo, o, en
términos proactivos, a favor de la libertad religiosa, a favor de la
libertad educativa, a favor de la familia, etcétera. De ahí que esto no
deba interpretarse como una suerte de *sincretismo religioso*, ni siquiera como un intento de retirar la Verdad que para sí demanda cada
religión, sino más bien como el reconocimiento de que la política, la
política real, tal como es y no simplemente como gustaría que fuera,
exige siempre una suerte de *sincretismo político*.

El filósofo conservador Roger Scruton reconoce el poder identitario de las religiones y apunta que «la religión proporciona una primera persona del plural: puede definirme como cristiano o musulmán, y eso podría bastarme para vincularme a mis correligionarios,
incluso si disentimos en materias de ordinaria administración».[935]
En efecto, en esto consiste la identidad religiosa. No obstante, con

---

935. Roger Scruton, *Cómo ser conservador* (Madrid: Homo Legens, 2018), p. 69.

la excepción de que la religión se convierta en un partido político, la identidad política debiera ser algo inverso pero complementario: incluso si disentimos en materias de orden religioso, la política podría proporcionarnos una base sobre la cual edificar una identidad política en la que se resuelvan los innumerables puntos de contacto que los distintos credos mantienen en el marco de un ataque generalizado y sistemático contra sus valores y libertades. Pero esto es precisamente lo que el religiosismo en sus diversas formas bloquea: la posibilidad de constituir identidades políticas que abarquen conjuntos de identidades diferenciales ubicadas por fuera de la propia identidad religiosa. El religiosismo no anula tanto «lo político» como «la política»; es decir, el religiosismo no tiene por qué negar la inexorabilidad de la dimensión antagónica de nuestras sociedades, pero sí que niega las prácticas políticas abiertas que esa dimensión hoy demanda. Así, redunda a la postre en una cerrazón que paraliza la práctica política.

Esto puede verse con claridad en un pasaje de Russell Kirk, uno de los filósofos conservadores más relevantes del siglo XX en Estados Unidos. Su diagnóstico avizora la centralidad de la cultura para las luchas políticas que están por venir: «Cabe pensar que la política en este país, tras finalizar el siglo, estará más interesada por la revivificación de la cultura que por los asuntos económicos que la mayor parte del tiempo han dominado las elecciones en estas últimas siete décadas». Cuando se repara en los gobiernos de Obama, la contraofensiva de Trump y el regreso de Biden, uno no puede más que reconocer la visión de Kirk. Ahora bien, así continúa el filósofo:

> Y reciban o no una señal del Altísimo, los hombres y mujeres que se sientan imperiosamente concernidos por el orden moral y la supervivencia de una cultura elevada necesitarán volver a la fuente de toda cultura: a la comprensión religiosa de lo que, aquí abajo, somos o debemos ser.[936]

El problema, ciertamente, no estriba en su alusión religiosa, sino en que postula a la comprensión religiosa (¿cuál?) como la base misma, como la «fuente» misma, de la cruzada cultural. Aquí es donde

---

936. Kirk, *Qué significa ser conservador*, p. 66.

el «nosotros» político se reduce necesariamente a la identidad religiosa, puesto que las religiones particulares querrán ser justo esa fuente. Así, el proceso político abierto, en el cual las identidades diferenciales van articulándose en una identidad política, muere antes de nacer. De lo que se trata entonces no es de postular una religión como «fuente» de lo que ha de hacerse, sino una serie de valores e instituciones cuya defensa numerosas religiones (y también numerosos hombres que no profesan fe alguna) están comprometidas a mantener.

Un ejemplo actual: en el año 2018, los movimientos provida de Argentina se fracturaron por motivos religiosos en el preciso momento en que la ley de legalización del aborto estaba a días de votarse en el Congreso Nacional. La discordia se suscitó porque los católicos llevaron una imagen de la Virgen María a una importante manifestación organizada juntamente con los evangélicos, y ello incomodó a estos últimos. Todo esto llevó a organizar las marchas subsiguientes de manera separada: los católicos en Luján, los evangélicos en el Obelisco. Las fuerzas se dividieron, no por motivos políticos, sino por razones religiosas.

Tras lo dicho hasta aquí no debería pensarse que la filosofía conservadora siempre sufre el problema del religiosismo. Al contrario: numerosos filósofos conservadores han defendido la idea de que es posible ser conservador independientemente de la adhesión a tal o cual religión, e incluso sin adhesión a fe alguna.[937] Estos filósofos liberados del religiosismo algunas veces se meten, sin embargo, en otros callejones antipolíticos que los dejan en posiciones en las que las perspectivas de la batalla cultural se cierran. En efecto, reconocen el valor de la cultura, comprenden los antagonismos que surgen en su seno y las fuerzas destructivas que se han echado a andar, pero nada de esto los conduce a una reflexión política en virtud de la cual se determine la práctica política abierta para la defensa y la difusión de esa cultura asediada. No es que desconsideren lo político: al contrario, ello se encuentra en el centro de sus reflexiones. Pero el

937. Por ejemplo, Roger Scruton: «Sean cuales fueren nuestra religión y nuestras convicciones personales, somos herederos colectivos de cosas a la vez excelentes y escasas, y para nosotros la vida política debe tener un fin prioritario: el de conservar esas cosas, a fin de legarlas a nuestros hijos» (*Cómo ser conservador*, p. 46).

pensamiento político se limita a reconocer cómo debería ser el gobierno, cuál debería ser la naturaleza de las leyes, y todo lo que tradicionalmente toca a la filosofía política. ¿Pero cómo dotar de fuerza política al conservadorismo? Esta pregunta incluso parece incómoda para el temperamento conservador, al menos como lo podemos encontrar en un gran pensador como Michael Oakeshott, que termina en una propuesta casi resignada a mantener la propia identidad, y no más que eso. Es necesario, en cambio, hacer política: configurar estrategias, determinar fines, establecer vías de acción, forjar alianzas, sin por eso caer en aquello que con razón temen los conservadores: un politicismo que anule la vida civil, religiosa y familiar.

Podrían encontrarse probablemente muchos otros motivos por los cuales las derechas o bien se han mantenido al margen de la batalla cultural o bien no han podido articularse políticamente en torno a ella. No pretendo aquí ninguna exhaustividad. Lo que pretendo, más bien, es generar una pregunta política: ¿cómo lograr entonces esa articulación?

VI. Hacia una Nueva Derecha

Es curioso que, mientras que las diversas izquierdas no suelen tener ningún inconveniente para considerarse «de izquierdas», con las derechas ocurre exactamente lo contrario: demandan, cada una a su modo, una situación privilegiada que las ubicaría por fuera de la díada. Así, los libertarios puros dirán que «no son ni de derechas ni de izquierdas», y señalarán a los conservadores como «la derecha»; la mayoría de los conservadores, a su vez, dirán que en verdad son los libertarios «la derecha», pues el conservadorismo no tiene que ver con ideología alguna; los tradicionalistas, por su parte, sostendrán que de ninguna manera ellos son «de derechas», puesto que la díada izquierda/derecha es moderna y ellos, como antimodernos, deben rechazarla; y los patriotas, finalmente, dirán que derechas e izquierdas son casi la misma cosa en tanto que ambas pueden servir al globalismo.

El término «derecha» va pasando de mano en mano, sin que nadie desee hacer nada más con él que pasarlo al siguiente en la fila. Muchos alegan que el término tiene «mala prensa», mientras la prensa sigue llamando «de derechas» a todos aquellos que con desespero procuran deshacerse del estigma. La imagen es ciertamente patética, y el centro-derechismo demoliberal llega a veces al extremo del centrismo y pasa a autodefinirse como ¡de centroizquierda! Con todo, nadie plantea con seriedad por qué la izquierda, a pesar de sus crímenes, de sus afrentas contra las libertades individuales y de sus estruendosos fracasos económicos, no goza de la mentada «mala prensa». Si se planteara esa pregunta, la respuesta sería: batalla cultural. Porque lo cierto es que las izquierdas, en lugar de negarse a sí mismas como izquierdas, tal como hacen las derechas, asumieron su identidad y se encargaron de establecer en la opinión pública sus propios contenidos. Apropiarse del significante permite maniobrar con su significado y combatir por él.

Ahora bien, tal como hemos visto, y con la presunta excepción del tradicionalismo, todas las ideologías políticas modernas están tensionadas hacia la izquierda y hacia la derecha dependiendo de una multiplicidad de factores ya mencionados. Si bien es cierto que ninguna de estas ideologías es «la derecha» (pues tal cosa en tanto que identidad absoluta carece de entidad), no es cierto que no puedan expresar firmemente, en determinados contextos, sus contenidos particulares como formas de derechas. Si esto es así, el contenido derechista de cada una de esas ideologías podría postularse como el principio para una construcción hegemónica; dicho de otra forma: para la constitución de una cadena de eslabones de identidades particulares que, debidamente articulados, implique un sistema de equivalencias que sobrepase la fuerza relativa e individual de cada uno de esos eslabones.

El contenido derechista, en términos abstractos, alude por supuesto a la resistencia a los procesos racionalizadores por holización, a la voluntad de armonía social de los roles y diferencias, al horror al constructivismo de los ingenieros sociales. En términos concretos, esto puede traducirse como la resistencia a los hoy llamados procesos de «deconstrucción cultural» y «posidentitarios» que producen tablas rasas por doquier; la voluntad de armonizar las relaciones entre clases, sexos, razas, etcétera, en un marco en el que las izquierdas instrumentalizan ideológicamente antagonismos en estos campos; el horror al constructivismo no solo estatal, sino también globalista, que lleva tiempo esforzándose por crear un «nuevo orden» uniformizador y posnacional. Sostengo que este contenido derechista puede encontrarse, con mayor o menor agudeza, en las corrientes derechistas de las que vengo hablando. Y sostengo también que ese contenido, por la índole del momento actual, se desenvuelve en la esfera cultural, politizándola en batallas culturales.

Dos consecuencias prácticas, por lo tanto: hay que radicalizar en estas corrientes la tensión hacia la derecha, con el objeto de facilitar los esfuerzos equivalenciales entre ellas a partir de puntos en común que se van haciendo cada vez más visibles; y hay que postular la batalla cultural como centro estratégico, así como en la Guerra Fría, por ejemplo, dicho centro estuvo en lo económico, o así como en las revoluciones liberales se puso como centro estratégico lo político-institucional. Afortunadamente, esta segunda consecuencia ya está siendo reconocida por las distintas derechas, pues en estos momentos no existe ninguna de ellas que no esté hablando con cierto entusiasmo de «batalla cultural». Libertarios, conservadores, tradicionalistas y patriotas dicen, por lo general, estar dando «la batalla cultural».

¿Pero es posible articular estas distintas corrientes en una «cadena equivalencial»? No existe una respuesta *a priori*. Las cadenas equivalenciales son el producto de prácticas políticas. En ellas no hay simplemente una alianza táctica, sino el principio de una identidad política que es mayor que la suma de las partes. Hay en ellas algo radicalmente nuevo, por más que los eslabones conserven una parte importante de su identidad diferencial. Ahora bien, para nombrar esta cadena, a menos que alguno de los eslabones se postule como fuerza hegemónica y le brinde a la cadena el nombre de su propia particularidad, se necesita de un significante tendencialmente vacío:

> Sabemos que una relación de equivalencia debilita el sentido diferencial: si debemos concentrarnos en aquello que todas las diferencias tienen en común (que es aquello a lo que la equivalencia apunta), debemos encaminarnos en la dirección de un «más allá» de todas las diferencias que será tendencialmente vacío.[938]

Ahora bien, «derecha» (así como «izquierda») es precisamente un significante tendencialmente vacío. Y si bien cada eslabón particular

---

938. Ernesto Laclau, *Los fundamentos retóricos de la sociedad* (Buenos Aires: FCE, 2014), p. 64.

podría postularse para ser él mismo el nombre de la cadena, para continuar formando una cadena equivalencial tendría que irse vaciando de contenido particular y así representaría de manera efectiva al conjunto. En caso contrario, no podría mantener sus articulaciones con los otros eslabones. Incluso, por más que esto pudiera hacerse (cosa que veo poco realista), el término «derecha» continuaría teniendo una ventaja relativa, a saber: las funciones político-cognitivas de la díada ya explicadas. Por estas razones, aunque abierto a otras alternativas que puedan proponerse, me inclino a pensar que «derecha» es un término que vale la pena rescatar, y en torno al cual vale la pena articular las distintas corrientes derechistas.

Empero, «derecha» a secas no hace gala de la novedad de esta articulación y de su estrategia de batalla cultural. Además, puede confundirse con el lamentable centroderecha demoliberal y tecnocrático hoy totalmente volcado al centro, desesperado por ser admitido en la familia de las izquierdas progresistas, sin perjuicio de lo cual la prensa y el hombre común lo siguen considerando parte de «las derechas». Esta derecha, que en verdad es centro, no forma parte de la articulación que aquí propongo; es más, una de las condiciones de posibilidad de mi propuesta estriba en despegarse de esos tecnócratas globalistas, que no son más que eslabones de la casta política (a los que los eslabones de la cadena aquí propuesta se oponen radicalmente).

Más que «derecha», entonces, «Nueva Derecha». Nuevos contextos, nuevas amenazas, nuevos adversarios, nuevas articulaciones políticas y nuevas estrategias, me llevan a pensar que «Nueva Derecha» es un candidato que, si bien es poco original,[939] reúne condiciones básicas para denominar la cadena equivalencial propuesta. Una Nueva Derecha es una invitación a delinear políticamente un nuevo «nosotros».

El reconocimiento de los desafíos políticos del campo cultural abre, en cierta medida, las puertas para esta articulación. Ese reconocimiento es el que puede exacerbar el derechismo de las distintas corrientes, volviendo factible la operación equivalencial. Esto se puede ejemplificar con el libertarismo, que de todas las corrientes de derechas es la más renuente a reconocer el cultural como un campo

---

939. Es importante recalcar que esta propuesta no es una continuación de la *Nouvelle Droite* francesa, concebida en la década de 1960.

surcado por antagonismos políticos. Al no reconocerlo, se mantiene en el centro buscando razones económicas para salir del paso, o bien se va a la izquierda abrazando a los «oprimidos» que el progresismo determina. Pero, cuando se reconoce la cultura como un espacio de luchas políticas significativas, el libertario gira a la derecha sin concesiones, tal como ocurrió nada menos que con Rothbard.

Ya en la década de 1990, el padre del libertarismo norteamericano escribía:

> La verdadera amenaza intervencionista no se apoya directamente en «argumentos económicos»: hoy viene sobre todo de izquierdistas «sociales» que invocan la «moral» más bien que la «economía», si bien las medidas que preconizan tienen desastrosas consecuencias económicas. Es lamentable que frente a ellos los economistas «liberales» [...] sólo sepan responder —como casi todos los economistas desde Ricardo— con argumentos productivistas y utilitaristas.[940]

Seguidamente, Rothbard reconoce que en este contexto una de las amenazas más cabales que las izquierdas suponen es la de la «víctima a la carta», en la que se definen algunos grupos como «Oprimidos» y a otros como «Opresores», por motivos no necesariamente económicos:

> En la actualidad, el conjunto de Víctimas oficiales comprende: los negros, los judíos, los asiáticos, las mujeres, los jóvenes, los viejos, los «sin casa», los homosexuales y —última categoría— los «disminuidos». Lo cual permite identificar a los Opresores como los blancos varones, de mediana edad, heterosexuales, cristianos, no disminuidos y que disfrutan de una morada.[941]

Esto muestra de qué manera, cuando se reconoce el problema cultural, el libertario promedio se traslada hacia la derecha (lo mismo ha pasado con tantos otros, en general de orientación austríaca, como Rockwell, Block o Hoppe).[942] El «paleolibertarismo» fue el

---

940. Rothbard, *La ética de la libertad*, p. 356. Corresponde al posfacio de la edición de 1990.
941. Ibíd., p. 358.
942. «Los verdaderos libertarios tendrán que desvincularse manifiesta y ostensiblemente de los impostores del pseudolibertarianismo de izquierda, multicontracultural,

producto de ese giro, que fue producto a su vez de poner el foco en lo cultural. Y, a partir de aquí, este movimiento planteó una estrategia junto a los «paleoconservadores».

> Recuerdo que la gente en ese momento decía: «¡Oh no! ¡Te estás acostando con un grupo de derechistas religiosos!» Simplemente me frotaba los ojos con consternación. En primer lugar, si una persona cree en la libertad y también es religiosa, ¿qué hay de malo en eso? ¿Desde cuándo el ateísmo se convierte en una visión obligatoria de los círculos libertarios?[943]

En estas palabras de Rockwell, uno de los libertarios más cercanos a Rothbard, se aprecia con claridad la articulación equivalencial: un libertario puede trabajar junto a un religioso y, más aún, un religioso puede muy bien ser un libertario. Lo mejor de todo: esta articulación ni siquiera es entre «libertarios ateos» y «libertarios religiosos», sino también entre libertarios y conservadores; y esta articulación es posible porque se ha trazado una nueva frontera política, que separa a los paleolibertarios de los libertarios progresistas.

Este Rothbard derechizado, que reconoce finalmente la batalla cultural, dirá muchas cosas que espantarían a los «liber-progres» de ayer y de hoy. Por ejemplo, que «todo lo bueno de la civilización occidental, desde la libertad individual hasta el arte, se debe al cristianismo».[944] Otro ejemplo es cuando califica al feminismo contemporáneo de «manifestación de la actual degeneración de la Nueva izquierda», y procede a describir sus demandas así:

> Piden la abolición revolucionaria del supuesto dominio masculino y de su supuesto corolario, la familia. Dando muestra de un odio hacia los hombres profundamente arraigado, y que apenas disimulan, estas mujeres quieren comunas solo para mujeres, niños administrados por el Estado, bebés probeta o simplemente la «castración de los hombres» [...]. En las cada vez más numerosas publicaciones

---

igualitario y contrario a todo principio de autoridad» (Hoppe, *Monarquía, democracia y orden natural*, p. 288).

943. «Libertarianism and the Old Right», en *Mises Institute*, https://mises.org/library/libertarianism-and-old-right.

944. Citado en Llewelyn Rockwell, «En defensa del paleolibertarismo», https://www.mises.org.es/2016/03/defensa-del-paleolibertarismo/.

de las nuevas feministas hay una abierta y creciente reivindicación de la homosexualidad femenina. [...] En el núcleo duro del Movimiento de Liberación de la Mujer hay un lesbianismo andrófobo, amargado, extremadamente neurótico si no psicótico.[945]

Hacia el final de su vida, Rothbard habrá pasado de su estrategia libertaria naíf, mencionada más arriba, a una estrategia denominada «populismo de derecha», en la que subrayó la apelación al pueblo y, entre otras cosas, llamó a «defender los valores de la familia: lo que significa sacar al Estado de la familia y reemplazar el control estatal por el control parental». Además, reconoció como adversario al *stablishment* globalista compuesto por «poderosas corporaciones y viejas élites financieras (por ejemplo, los Rockefeller, los Trilateralists) y la Nueva Clase de tecnócratas e intelectuales, incluidas las academias de la Ivy League y las élites de los medios, que constituyen la clase moldeadora de opinión en la sociedad». Así, hay que «exponer y denunciar esta alianza impía y pedir que esta alianza mediática liberal de clase alta se quite de la espalda de las clases medias y trabajadoras». Su programa llama a «recuperar las calles: aplastar a los criminales», «abolir los privilegios raciales y de grupo» (referencia a las «políticas identitarias» de «discriminación positiva»), «defender los valores familiares», y acá viene la frutilla del postre: «America First», en virtud de lo cual hay que «dejar de apoyar a los vagos en el extranjero», «detener la *globaloney* [globalización de la tontería] y resolver nuestros problemas en casa».[946]

Lo más interesante es que todo esto Rothbard puede seguir diciéndolo en tanto que libertario. Así, las identidades particulares mantienen su contenido diferencial (por caso: emprender todos estos ataques en el nombre de la «libertad»), pero se abren a la articulación con otras identidades diferenciales en un sistema de equivalencias. Rothbard, porque le resulta posible defender la familia, la patria, la herencia cristiana, la armonía en la relación varón-mujer y al pueblo frente a las élites globalistas, en nombre de la «libertad», continúa desde tal punto de vista hablando como un «libertario»; pero, en la

---

945. Murray Rothbard, *El igualitarismo como rebelión contra la naturaleza* (Buenos Aires: Grupo Unión, 2019), pp. 214-227.
946. Murray Rothbard, «Right-Wing Populism», https://www.lewrockwell.com/2017/02/murray-n-rothbard/program-right-wing-populism/.

medida en que esta defensa se puede articular con defensas equivalentes de otras corrientes, Rothbard habla como un derechista.

Otro ejemplo, pero en el campo conservador, puede hallarse en Roger Scruton. Su actitud política frente al liberalismo consiste en encontrar precisamente equivalencias, pero no con cualquier liberalismo, sino con el de derechas:

> En concreto, liberales y conservadores coinciden en la necesidad del gobierno limitado, las instituciones representativas, la separación de poderes y los derechos básicos de los ciudadanos, cuestiones que deben defenderse siempre frente a la administración vertical de los estados colectivistas modernos.[947]

A partir de esta coincidencia, Scruton llega a articular estas dos corrientes en los términos siguientes: «Entre liberalismo y conservadurismo se daría por tanto una relación más de simbiosis que de antagonismo absoluto, porque el liberalismo tiene sentido exclusivamente en el contexto social que defiende el conservadurismo».[948] Además, reconoce en la Escuela Austríaca de Economía un pensamiento económico compatible con el temperamento conservador, y elogia recurrentemente a Hayek: «a él se debe la defensa más importante en el terreno conservador de la justicia consuetudinaria».[949] Viceversa: en su último libro, Hayek se mostrará ya sin ningún tapujo como partidario de la tradición, y denunciará al progresismo cultural, las políticas antinatalistas y al conglomerado globalista en general.[950]

Volviendo a Scruton, no solo planteará este tipo de articulaciones con el liberalismo, sino también con el nacionalismo o lo que acá prefiero llamar, para evitar confusiones por la izquierda, «patriotismo». El contexto globalista así lo requiere. Por ejemplo, respecto de Pierre Manent, Scruton escribe:

> Una comunidad política depende de una lealtad que es prepolítica, y estoy de acuerdo con Manent en que esa lealtad debe definirse

---

947. Roger Scruton, *Conservadurismo* (Madrid: El buey mudo, 2019), p. 28.
948. Ibíd., p. 64. Esto mismo es defendido por Francisco José Contreras en un reciente libro que precisamente busca acercar a liberales y conservadores (*Cf. Una defensa del liberalismo conservador*, Madrid: Unión Editorial, 2018).
949. Ibíd., p. 119.
950. *Cf.* Friedrich Hayek, *La fatal arrogancia* (Madrid: Unión Editorial, 1990).

en términos nacionales. La lealtad nacional, que supone vincularse con el territorio compartido con nuestros vecinos, es la base de las libertades que disfrutamos.[951]

Scruton cierra filas contra el globalismo de manera directa: «la democracia necesita fronteras, y las fronteras necesitan un Estado nación». Pero no se confunde por completo con el nacionalismo, sino que mantiene al respecto una interpretación conservadora: «Lo esencial de las naciones es que crecen desde abajo, mediante hábitos de libre asociación entre vecinos», y adjudica la importancia de la patria al territorio propio y a «la historia y las costumbres con las que se ha asentado la gente en ese territorio». Finalmente, Scruton concluye: «Quien entienda lo que está en juego en el conflicto global que se desarrolla hoy, estoy convencido, verá que la nación es una de esas cosas que debemos conservar».[952]

Se aprecia en todo esto el esfuerzo por articular un «nosotros» más allá del conservadorismo, en el que los valores del libertarismo y los valores del patriotismo son asumidos (en los propios términos del conservadorismo y por sus propias razones, pero asumidos al fin). Esta suerte de «traducción» es la que posibilita la articulación entre términos diferenciales que se lanzan a la aventura de las equivalencias.

Manent, a su vez, desde el sector patriota, hace lo propio. El proyecto globalista no pretende tan solo la unificación comercial de la humanidad, sino fundamentalmente su unificación política y cultural. En consecuencia, se tienen Estados cada vez menos soberanos, gobiernos cada vez menos representativos y pueblos cada vez más aislados de los procesos políticos. Las organizaciones internacionales se van convirtiendo en centros de poder que reclaman dirigir los destinos de la humanidad. Frente a ello, Manent reivindica el concepto de nación y de soberanía, y escribirá que el problema crucial es que «no vemos que la separación entre los grupos humanos no puede ser superada completamente y que esta feliz impotencia es la condición de la libertad y de la diversidad humana».[953] Ahora bien,

---

951. Scruton, *Conservadurismo*, p. 169.
952. Scruton, *Cómo ser conservador*, pp. 73-78.
953. Manent, *La razón de las naciones*, p. 22.

no ha de encontrarse tampoco en el Leviatán una libertad asegurada ni mucho menos, y es aquí donde Manent no tiene problemas en reconocer el valor liberal:

> Había que protegerse de nuestro protector. Algo que se logró mediante la elaboración de dispositivos propiamente liberales [...], la hostilidad actual contra el poder puede presentarse como la prolongación y radicalización de la desconfianza «liberal», que por fortuna ha acompañado al Estado soberano desde su nacimiento.[954]

El globalismo se presenta ante Manent como una maquinaria política sin alma, o sea, sin pueblo y sin nación. Los individuos cada vez más uniformizados, cada vez más temerosos de las verdaderas diferencias, terminan siendo gobernados por instrumentos de *gobernanza* más que de gobierno. El Estado se vuelve gobernanza al servicio de otros poderes no nacionales, y el peso de estos instrumentos es insoportable: «Ha vuelto el tiempo del despotismo ilustrado, designación exacta para la suma de agencias, administraciones, cortes de justicia y comisiones que, dentro del desorden pero con un espíritu unánime, nos dan cada vez más meticulosamente la regla».[955]

¿No puede constituir todo este horror ejercido por una suerte de Leviatán supranacional una base para la articulación del patriotismo antiglobalista con el libertarismo antiestatista? Sí, en la medida en que el patriotismo no se confunda con estatismo, y en que el libertarismo sea capaz de ver que un Estado global, en tanto que ni siquiera la opción del exilio va quedando abierta, es ciertamente más peligroso que el Estado nación. Cuando los Estados se van convirtiendo en una suerte de virreinatos, lo que ha de defenderse es la soberanía del Estado y no el estatismo, y lo que ha de atacarse, en todo caso, es todo avance colectivista, venga del Estado nación o de las organizaciones internacionales hegemónicas que utilizan a este como *proxy*.

Aun desde sectores tradicionalistas, que por su militancia antimoderna pudieran resultar menos abiertos a una articulación con corrientes modernas, se han escrito textos que dejan esta puerta abierta

---

954. Manent, *La razón de las naciones*, p. 34.
955. Ibíd., p. 61.

en alguna medida. Un caso reciente es el de Fernando Romero Moreno, que se ha esforzado desde el tradicionalismo por encontrar un «mínimo denominador común» precisamente entre «conservadorismo, tradicionalismo, nacionalismo y liberalismo clásico». Así, impulsa «una coalición en torno a una propuesta de mínima, sin desconocer las diferencias de máxima y cediendo cada uno en algo por vía de la tolerancia».[956] El autor cita el ejemplo de tradicionalistas reconocidos, como Julio Meinvielle, que ya decían durante la Guerra Fría cosas como estas:

> Las cosas se han puesto tan difíciles y cada día se han de poner peor [...] que una Revolución Nacional Auténtica pura, se hace difícil; es necesario hoy que todos los que están en posición anti-comunista, sean nacionales, sean liberales, aúnen sus esfuerzos para hacer frente al comunismo.[957]

En pocas palabras, creo que una Nueva Derecha podría conformarse en la articulación de libertarios no progresistas, conservadores no inmovilistas, patriotas no estatistas y tradicionalistas no integristas. El resultado sería una fuerza resuelta en la *incorrección política* que podría traducirse como una oposición radical a la casta política nacional e internacional, al estatismo y al globalismo, al *stablishment* multimediático y la hegemonía progresista que domina la academia, a los ingenieros sociales y culturales de las BigTech y del poder financiero global inclinados sin disimulo alguno hacia la izquierda cultural. Pero este «nosotros» no sería sencillamente un producto del espanto, que en todo caso genera alianzas pasajeras, sino también producto de lo que cada corriente tiene para ofrecer en el particular contexto de nuestro siglo, y en la especificidad de las batallas culturales. La práctica política misma irá descubriendo esos puntos de apoyo, esas ventajas comparativas, esas especializaciones y relevos.

La Nueva Derecha, por ejemplo, tendrá que dar forma a *su* «nosotros» en los varones cansados de la constante demonización de su sexo, pero también en las mujeres hastiadas de la recurrente y

---

956. Fernando Romero Moreno, *La nueva derecha. Reflexiones sobre la revolución conservadora en la Argentina* (Buenos Aires: Grupo Unión, 2020), p. 40.
957. Julio Meinvielle, *El comunismo en la Argentina* (Buenos Aires: Biblioteca del Pensamiento Nacionalista Argentino, 1974), pp. 461-473.

compulsiva victimización ideológica a cambio de privilegios legales; en los heterosexuales empujados por doquier a asumir culpas que no tienen, pero también en los homosexuales que se despiertan de la instrumentalización política que reduce su «orgullo» a lo que hacen en sus camas; en los blancos a los que en tantos lugares se les está diciendo que su raza está maldita, pero también en los negros que se han dado cuenta de que nada bueno ha surgido de los odios y automarginaciones que el *stablishment* pretende instalarles; en los nacionales que ven cómo la inmigración descontrolada —e incluso fomentada en ciertas zonas— perjudica sus oportunidades laborales, destruye su cultura y vuelve más inseguros sus barrios, pero también en los inmigrantes legales que no tienen por qué aceptar que otros lleguen sin ni siquiera revisar los requisitos que ellos sí cumplieron; en los empresarios de todos los tamaños que no aceptan que las políticas socialistas destruyan las riquezas que generan para el recurrente beneficio de la casta política, pero también en obreros y trabajadores que no ven cómo las nuevas causas de las izquierdas, tales como el «lenguaje inclusivo», el «cambio de sexo» o la «dieta vegana», pueden tener relación alguna con los problemas reales de sus vidas; en los religiosos y hombres de fe agotados de ser atacados, ridiculizados, silenciados y reducidos a la escoria de la sociedad moderna, y en los no creyentes que consideran que la libertad de culto es cosa importante, y que valoran las raíces judeocristianas de nuestra cultura; en los que jamás tuvieron participación política de ninguna naturaleza porque pensaron que la política era cosa de otros, pero también en quienes han terminado de hastiarse de los centrismos bienpensantes que siempre gobiernan para la progresía, y en tantos otros que se animan a dejar atrás incluso sus pasados izquierdistas; en los adultos horrorizados por los niveles de adoctrinamiento escolar, que claman desesperadamente por el derecho a elegir la educación de sus propios hijos, pero también en los jóvenes que van cayendo en la cuenta de que nada impuesto por la ONU, acatado a pie juntillas por los Estados, financiado por fundaciones como la de Soros, difundido por canales como CNN y apoyado por corporaciones que van desde Hollywood a Facebook, desde Google a Apple, puede ser algo verdaderamente «rebelde» o «antisistema».

Ese proyecto de «nosotros» debe construirse políticamente a través de batallas culturales. Estas abarcan no solo todos los temas culturales devenidos material político, sino todos los medios e instituciones culturales analizados en este libro. La batalla cultural habrá de ser total, habrá de hacerse presente allí donde lo cultural se haya vuelto político: una suerte de «guerra de guerrillas», pero cultural, que se infiltra en todas partes, donde la asimetría de fuerzas obliga al bando débil a volverse realmente creativo, escurridizo, a veces camuflado a veces descubierto, diverso en sus métodos, flexible en sus tácticas. Pero si la batalla cultural no se decide a coagular en un «nosotros», entonces tiene la mera forma de la reacción corporativa, pero no contrahegemónica. No implica ninguna práctica política abierta y no articula ningún término en ninguna cadena equivalencial que pueda redundar en una identidad política mayor. Por eso la batalla cultural, que es política en esencia en la medida en que surge de los antagonismos de la esfera cultural, precisa ser tomada como el centro de gravedad, ya no de la mera reacción, sino de la construcción del «nosotros» político.

Así, la batalla cultural podrá engarzarse a la postre con batallas político-electorales, formando una suerte de estrategia bifronte con la que la Nueva Derecha sea capaz no solo de luchar por el contenido de nuestra cultura, sino también por el contenido efectivo de nuestras políticas.

Es la única manera que se me ocurre de no simplemente retardar el horror, sino de intentar revertirlo.

BIBLIOGRAFÍA

Aime, Marco. *Cultura*. Buenos Aires: Adriana Hidalgo Editora, 2015.

Altamirano, Carlos. *Intelectuales. Notas de investigación sobre una tribu inquieta*. Buenos Aires: Siglo XXI, 2013.

Althusser, Louis. «Ideología y aparatos ideológicos del Estado». En *La filosofía como arma de la revolución*. México D. F.: Siglo XXI, 2011.

Ambacher, Michel. *Marcuse y la civilización americana*. Barcelona: Ediciones Acervo, 1970.

Anderson, Perry. *Consideraciones sobre el marxismo occidental*. Madrid: Siglo XXI, 2015.

———. *Los orígenes de la posmodernidad*. Madrid: Akal, 2016.

———. *Spectrum. De la derecha a la izquierda en el mundo de las ideas*. Madrid: Akal, 2008.

Aristóteles. *Metafísica*, Madrid: Gredos, 1994.

———. *Poética*. Madrid: Gredos, 1999.

———. *Política*. Madrid: Alianza Editorial, 2019.

Aron, Raymond. *Democracia y totalitarismo*. Barcelona: Seix Barral, 1967

Asch, Solomon E. *Studies of Independence and Conformity: I: A Minority of One against a Unanimous Majority*. Washington: American Psychological Ass, 1956.

Ashford, Nigel; Davies, Stephen (dir.), *Diccionario del pensamiento conservador y liberal*. Buenos Aires: Nueva Visión, 1992.

Avanessian, Armen; Reis, Mauro (comps.). *Aceleracionismo. Estrategias para una transición hacia el postcapitalismo*. Buenos Aires: Caja Negra, 2019.

Bargh, John; Chen, Mark; Burrows, Lara. «Automaticity of Social Behavior: Direct Effects of Trait Construct and Stereotype Activation», *Journal of Personality and Social Psychology* 71 (1996).

Barthes, Ronald. *La cámara lúcida*. Barcelona: Paidós, 1990.

Baschet, Jérôme. *La civilización feudal. Europa del año mil a la colonización de América*. México: FCE, 2009.

Baudrillard, Jean. *Crítica de la economía política del signo*. México: Siglo XXI, 1974.

———. *Cultura y simulacro*. Barcelona: Editorial Kairós, 2016.

———. *La sociedad de consumo. Sus mitos, sus estructuras*. Madrid: Siglo XXI, 2018.

———. *La transparencia del mal.* Barcelona: Anagrama, 1991.

———. *El crimen perfecto*. Barcelona: Anagrama, 2016.

———. *El sistema de los objetos*. México: Siglo XXI, 2019.

Bauman, Zygmunt. *La cultura como praxis*. Barcelona: Paidós, 2002.

———. *La cultura en el mundo de la modernidad líquida*. México: FCE, 2015.

———. *Modernidad líquida*. Ciudad de México: FCE, 2017.

———. *Legisladores e intérpretes. Sobre la modernidad, la posmodernidad y los intelectuales*. Buenos Aires: Universidad Nacional de Quilmes, 1997.

———. *Vida líquida*. Barcelona: Paidós, 2006.

Beattie, John. *Otras culturas. Objetivos, métodos y realizaciones de la antropología cultural*. México: FCE, 1972.

Bell, Daniel. *El advenimiento de la sociedad post-industrial*. Madrid: Alianza, 1989.

———. *Las contradicciones culturales del capitalismo*. Madrid: Alianza, 1977.

Belloc, Hilaire. *El estado servil*. Buenos Aires: La Espiga de Oro, 1945.

———. *La crisis de nuestra civilización*. Buenos Aires: Sudamericana, 1950.

Benjamin, Walter. *La obra de arte en la época de su reproducción mecánica*. Madrid: Casimiro, 2019.

———. *Tesis sobre el concepto de Historia*. Rosario: Prohistoria Ediciones, 2009.

Berardi, Franco «Bifo». *Fenomenología del fin. Sensibilidad y mutación conectiva*. Buenos Aires: Caja Negra, 2020.

Berardi, Franco «Bifo». *Futurabilidad. La era de la impotencia y el horizonte de la posibilidad*. Buenos Aires: Caja Negra, 2019.

Berger, Peter; Luckmann, Thomas. *Modernidad, pluralismo y crisis de sentido. La orientación del hombre moderno*. Barcelona: Paidós, 1997.

Berlin, Isaiah. *La traición de la libertad*. México D. F.: FCE, 2004.

Berman, Marshall. *Todo lo sólido se desvanece en el aire. La experiencia de la modernidad*. México: Siglo XXI, 2011.

Bernabé, Daniel. *La trampa de la diversidad*. Madrid: Akal, 2018.

Bianchi, Susana. *Historia social del mundo occidental. Del feudalismo a la sociedad contemporánea*. Buenos Aires: Universidad Nacional de Quilmes, 2016.

Bloch, Marc. *La sociedad feudal*. Madrid: Akal, 2002.

―――. *Reyes y siervos y otros escritos sobre la servidumbre*. Valencia: Universidad de Granada y Universitat de València, 2006.

Bloom, Allan. *El cierre de la mente moderna*. Barcelona: Plaza & Janes Ediciones, 1989.

Boas, Franz. *Race, Language, and Culture*. Londres: Macmillan, 1984.

Bobbio, Norberto. *Derecha e izquierda. Razones y significados de una distinción política*. Madrid: Taurus, 1995.

Bond, Robert; *et al.*, «A 61-Millon-Person Experiment in Social Influence and Political Mobilization», *Nature*, 489, 7415, 2012, https://www.nature.com/articles/nature11421.

Bosch, Jorge. *Cultura y contracultura*. Buenos Aires: Emecé, 1992.

Bouchet, Rubén Calderón. *Una introducción al mundo del fascismo*. Buenos Aires: Editorial Nuevo Orden, 1969.

Bourdieu, Pierre. *Capital cultural, escuela y espacio social*. Ciudad de México: Siglo XXI, 2011.

―――. *El sentido social del gusto. Elementos para una sociología de la cultura*. Buenos Aires: Siglo XXI, 2014.

―――. *Sobre la televisión*. Barcelona: Anagrama, 2000.

Bousquet, François. *Deconstrucciones de la ideología dominante*. Tarragona: Ediciones Fides, 2019.

Brague, Rémi. *El reino del hombre. Génesis y fracaso del proyecto moderno*. Madrid: Ediciones Encuentro, 2016.

Brea, José Luis. *Las tres eras de la imagen. Imagen-materia, film, e-image*. Madrid: Akal, 2016.

Brossat, Alain. *El gran hartazgo cultural*. Madrid: Ediciones Dado, 2016.

Bueno, Gustavo. *El mito de la izquierda*. Barcelona: Ediciones B, 2003.

Burke, Edmund. *Reflexiones sobre la Revolución Francesa*. Buenos Aires: Ediciones Dictio, 1980.

Burleigh, Michael. *Poder terrenal. Religión y política en Europa*. España: Taurus, 2005.

Caba, Pedro. *La izquierda y la derecha en el hombre y en la cultura*. Madrid: Marova, 1978.

Calinescu, Matei. *Cinco caras de la modernidad. Modernismo, vanguardia, decadencia, kitsch, posmodernismo*. Madrid: Tecnos, 1991.

Cardon, Dominique. *La democracia Internet. Promesas y límites*. Buenos Aires: Prometeo Libros, 2016.

Carr, Nicholas. *Superficiales*. México D. F.: Taurus, 2015.

Cassirer, Ernst. *Antropología filosófica. Introducción a una filosofía de la cultura*. Ciudad de México: FCE, 2016.

Castells, Manuel. *Comunicación y poder*. México: Siglo XXI, 2012.

Castillo, Alejandra. *Adicta imagen*. Buenos Aires: Ediciones La Cebra, 2020.

Chalmers, Alan. *¿Qué es esa cosa llamada ciencia?* Madrid: Siglo XXI, 2015.

Chartier, Roger, et al., *La Revolución francesa: ¿matriz de las revoluciones?* México D. F.: Universidad Iberoamericana, 2010.

Colombani, María Cecilia. *Foucault y lo político*. Buenos Aires: Prometeo Libros, 2008.

Contreras, Francisco José. *Una defensa del liberalismo conservador*, Madrid: Unión Editorial, 2018.

Corrêa de Oliveira, Plinio. *Revolución y Contra-Revolución*. Perú: Tradición y Acción por un Perú Mayor, 2005.

Cospito, Giuseppe. *El ritmo del pensamiento de Gramsci. Una lectura diacrónica de los Cuadernos de la cárcel*. Buenos Aires: Ediciones Continente, 2016.

Coussedière, Vincent. *Élogie du populisme*. París: Élya Éditions, 2012.

Cremayer Mejía, Leonor. *Los medios de comunicación y sus transformaciones*. México D. F.: Editorial Parmenia, 2017.

Dahl, Robert. *La democracia. Una guía para los ciudadanos*. Buenos Aires: Taurus, 1999.

———. *La poliarquía*. Buenos Aires: Editorial Rei, 1972.

Dawson, Christopher. *Historia de la cultura cristiana*. México D. F.: FCE, 2005.

———. *La religión y el origen de la cultura occidental*. Madrid: Encuentro, 1995.

Debord, Guy. *La sociedad del espectáculo*. Valencia: Pre-Textos, 2002.

Debray, Régis. *El Estado seductor. Las revoluciones mediológicas del poder*. Buenos Aires: Manantial, 1995.

———. *Mai 68 une contre-révolution réussie*. París: Mille et une Nuits, 2008.

———. *Que vive la République*. Odile Jacob: 1989.

———. *Vida y muerte de la imagen*. Barcelona: Paidós, 1994.

De Beauvoir, Simone. *El pensamiento político de la derecha*. Buenos Aires: Ediciones Leviatán, 1956.

———. *El segundo sexo*. Buenos Aires: Debolsillo, 2015.

De Benoist, Alain. *Derechos humanos. Deconstrucción de un mito moderno*. Tarragona: Edición Fides, 2016.

De Bruyne, Edgar. *La estética de la Edad Media*. Madrid: Visor, 1994.

De Fleur, Melvin; Ball-Rokeach, Sandra. *Teorías de la comunicación de masas*. Buenos Aires: Paidós, 1993.

De Grazia, Sebastián. *Tiempo, trabajo y ocio*. Madrid: Tecnos, 1966.

De Jouvenel, Bertrand. *La soberanía*. Madrid: Rialp, 1957.

———. *Sobre el poder. Historia natural de su crecimiento*. Madrid: Unión Editorial, 2011.

Deleuze, Gilles; Guattari, Félix. *Rizoma. Introducción*. Valencia: Pre-Textos, 2005.

Deleuze, Gilles. *Michel Foucault y el poder. Viajes iniciáticos I*. Madrid: Errata Naturae, 2014.

————. *Conversaciones 1972-1990*. Valencia: Pretextos, 1999.

De Maistre, Joseph. *Consideraciones sobre Francia*. Buenos Aires: Ediciones Dictio, 1980.

De Saussure, Ferdinand. *Curso de lingüística general*. México D. F.: Fontanamara, 2011.

Descartes, René. *Los principios de la filosofía*. Madrid: Alianza, 1995.

Domenach, Jean Marie. *La propaganda política*. Buenos Aires: Eudeba, 1962.

Downs, Anthony. *Teoría económica de la democracia*. Madrid: Aguilar, 1973.

Durán Barba, Jaime; Nieto, Santiago. *Mujer, sexualidad, internet y política. Los nuevos electores latinoamericanos*. México: FCE, 2006.

Eagleton, Terry. *Ideología. Una introducción*. Barcelona: Paidós, 1997.

Eliot, Thomas S. *La unidad de la cultura europea*. Madrid: IEE/Encuentro, 2003.

Engels, Friedrich. *El origen de la familia, la propiedad privada y el Estado*. La Plata: De la Campana, 2012.

Ennemoser, Marco; Schneider, Wolfgang (2007). «Relations of Television Viewing and Reading: Findings from a 4-Year Longitudinal Study». En *Journal of Educational Psychology*. 99. pp. 349-368. 10.1037/0022-0663.99.2.349.

Farocki, Harun. *Desconfiar de las imágenes*. Buenos Aires: Caja Negra, 2020.

Febvre, Lucien; Henri-Jean, Martin. *The Coming of the Book: The Impact of Printing 1450-1800*. Londres: Verso, 1976.

Ferraris, Maurizio. *Movilización total*. Barcelona: Herder, 2017.

Finley, Moses. *La economía de la antigüedad*. México: FCE, 2003.

Firestone, Shulamith. *The Dialectic of Sex*. Estados Unidos: Bantam Books, 1970.

Fisher, Mark. *Realismo capitalista. ¿No hay alternativa?* Buenos Aires: Caja Negra, 2018.

Fitzpatrick, Sheila. *La revolución rusa.* Buenos Aires: Siglo XXI, 2005.

Flusser, Vilém. *El universo de las imágenes técnicas. Elogio de la superficialidad.* Buenos Aires: Caja Negra, 2017.

Foster, George. *Las culturas tradicionales y los cambios técnicos.* México: FCE, 1966.

Foucault, Michel. *Defender la sociedad.* Buenos Aires: FCE, 2014.

————. *El orden del discurso.* Barcelona: Austral, 2019.

————. *El poder, una bestia magnífica.* Buenos Aires: Siglo XXI, 2014.

————. *El poder psiquiátrico.* Buenos Aires: FCE, 2012.

————. *Historia de la sexualidad. Tomo 1: La voluntad de saber.* Buenos Aires: Siglo XXI, 2019.

————. *Los anormales.* México: FCE, 2017.

————. *Microfísica del poder.* Buenos Aires: Siglo XXI, 2019.

————. *Nacimiento de la biopolítica.* México: FCE, 2007.

————. *Subjetividad y verdad.* Buenos Aires: FCE, 2020.

————. *Vigilar y castigar.* México D. F.: Siglo XXI, 2016.

Freud, Sigmund. *Obras Completas,* Vol. 22. Buenos Aires: Siglo XXI, 2013.

Fukuyama, Francis. «Natural Rights and Natural History», en *The National Interest,* Nueva York, otoño 2001.

Furet, François. *La revolución francesa en debate.* Buenos Aires: Siglo XXI, 2016.

————. *Pensar la revolución francesa.* Barcelona: Ediciones Petrel, 1980.

Galbraith, John Kenneth. *La sociedad opulenta.* Barcelona: Ariel, 1960.

Gaxotte, Pierre. *La revolución francesa.* Madrid: Áltera, 2008.

Gellner, Ernest. *Naciones y nacionalismo.* Buenos Aires: Alianza Editorial, 1991.

Gil Gascón, Fátima. «Televisión versus cine: La influencia de los largometrajes emitidos por TVE en la exhibición cinematográfica española (1962-1969)». En *Estudios sobre el Mensaje Periodístico,*

Vol. 20, Núm. especial, pp. 177-191. Madrid: Servicio de Publicaciones de la Universidad Complutense, 2014.

Gómez de Ágreda, Ángel. *Mundo Orwell*. Bogotá: Ariel, 2019.

González, Ana Marta. *Ficción e identidad. Ensayos de cultura postmoderna*. Madrid: Rialp, 2009.

González Seara, Luis. *La aventura del intelectual antiguo*. Madrid: Centro de Investigaciones Sociológicas, 2008.

Gouldner, Alvin. *El futuro de los intelectuales y el ascenso de la nueva clase*. Madrid: Alianza Editorial, 1980.

Gramsci, Antonio. *Antología. Volumen II*. Buenos Aires: Siglo XXI, 2014.

———. *Los intelectuales y la organización de la cultura*. México D. F.: Juan Pablo, 1975.

———. *Para la reforma moral e intelectual*. Madrid: Libros de la Catarata, 1998.

Grimberg, Car; Svanström, Ragnar. *Historia universal. Tomo VI: Descubrimientos y reformas*. Buenos Aires: Daimon, 1984.

Groys, Boris. *Volverse público. Las transformaciones del arte en el ágora contemporánea*. Buenos Aires: Caja Negra, 2020.

Gruzinski, Serge. *La guerra de las imágenes. De Cristóbal Colón a «Blade Runner»* (1492-2016). México: FCE, 2019.

Guattari, Félix. *La revolución molecular*. Madrid: Errata Naturae, 2017.

Gueniffey, Patrice. *La revolución francesa y las elecciones*. Ciudad de México: FCE, 2001.

Han, Byung-Chul. *En el enjambre*. Barcelona: Herder, 2019.

———. *Hiperculturalidad*. Barcelona: Herder, 2018.

———. *La expulsión de lo distinto*. Buenos Aires: Herder, 2020.

———. *Psicopolítica*. Barcelona: Herder, 2019.

———. *Sobre el poder*. Barcelona: Herder, 2016.

Harvey, David. *La condición de la posmodernidad. Investigación sobre los orígenes del cambio cultural*. Buenos Aires: Amorrortu, 2017.

Hayek, Friedrich. *Derecho, legislación y libertad*. Madrid: Unión Editorial, 2016.

Hayek, Friedrich. *La contrarrevolución de la ciencia*. Madrid: Unión Editorial, 2014.

————. *La fatal arrogancia*. Madrid: Unión Editorial, 1990.

————. *Democracia, justicia y socialismo*. Madrid: Unión Editorial, 2005.

Hegel, G. W. F. *Lecciones sobre la filosofía de la historia universal*. Madrid: Alianza, 2001.

————. *Lecciones sobre la historia de la filosofía*. México: FCE, 1995.

Held, David. *La democracia y el orden global. Del Estado moderno al gobierno cosmopolita*. España: Paidós, 1997.

Heller, Hermann. *Teoría del Estado*. México: FCE, 2017.

Heriberto Muraro (Comp.). *La comunicación de masas*. Buenos Aires: Centro Editor de América Latina, 1977.

Hermet, Guy. *Totalitarismos*. México D. F.: FCE, 1991.

Herskovits, Melville. *El hombre y sus obras. La ciencia de la antropología cultural*. México: FCE, 1952.

Hitler, Adolf. *Mi lucha*. Medellín: Sigfrido Casa Editora, 2013.

Hoppe, Hans-Hermann. *Monarquía, democracia y orden natural*. Madrid: Ediciones Gondo, 2004.

Horkheimer, Max. *Teoría crítica*. Buenos Aires: Amorrortu Ediciones, 1974.

Horton Cooley, Charles. *Social Organization*. Nueva York: Charles Scribner's Sons, 1910.

Huntington, Samuel. *El orden político en las sociedades en cambio*. Buenos Aires: Paidós, 1972.

Illescas, Jon. *Educación tóxica. El imperio de las pantallas y la música dominante en niños y adolescentes*. Barcelona: El Viejo Topo, 2019.

————. *La dictadura del videoclip. Industria musical y sueños prefabricados*. Barcelona: El Viejo Topo, 2015.

Jaki, Stanley. *Science and Creation: from Eternal Cycles to an Oscillating Universe*. Edimburgo: Scottish Academic Press, 1986.

Jameson, Fredric. *El giro cultural. Escritos seleccionados sobre el posmodernismo 1983-1998*. Buenos Aires: Ediciones Manantial, 1999.

————. *Posmodernismo: la lógica cultural del capitalismo avanzado*. Buenos Aires: La marca editora, 2012.

Jay, Martin. *La imaginación dialéctica. Una historia de la Escuela de Frankfurt.* Madrid: Taurus, 1974.

———. *The Dialectical Imagination: A History of the Frankfurt School and the Institute of Social Research,* 1923-1950. Berkeley: University of California Press, 1996.

Jessop, Bob. *El Estado. Pasado, presente, futuro.* Buenos Aires: Universidad Nacional de Quilmes / Prometeo Libros, 2019.

Jiménez, José. *Crítica del mundo imagen.* Madrid: Tecnos, 2019.

Kaiser, Axel. *La neoinquisición. Persecución, censura y decadencia cultural en el siglo XXI.* Madrid: Planeta, 2020.

Kant, Immanuel. *Crítica del juicio.* Buenos Aires: Editorial Losada, 1961.

———. *La metafísica de las costumbres.* Madrid: Tecnos, 2008.

———. *¿Qué es la ilustración?* Buenos Aires: Prometeo, 2010.

Kenny, Anthony. *Breve historia de la filosofía occidental.* Barcelona: Paidós, 2005.

Kirk, Russell. *Qué significa ser conservador.* Madrid: Ciudadela Libros, 2009.

Kirkpatrick, Jeane J. *Dictadura y contradicción.* Buenos Aires: Sudamericana, 1983.

———. *La estrategia del engaño.* México D. F.: Libreros Mexicanos Unidos, 1964.

Kluckhohn, Clyde; Kroeber, Alfred. *Culture: A Critical Review of Concepts and Definitions.* Cambridge (MA): The Museum, 1952.

Koestler, Arthur. *Los sonámbulos. Historia de la cambiante cosmovisión del hombre.* Buenos Aires: Eudeba, 1963.

Kramer, A.; Guillory, J. E.; Hancock, J. T. «Experimental evidence of massive-scale emotional contagion through social networks». *National Academy of Sciences* (2014): 201320040.

Laclau, Ernesto; Mouffe, Chantal. *Hegemonía y estrategia socialista.* Buenos Aires: FCE, 2011.

———. *La razón populista.* Buenos Aires: FCE, 2013.

———. *Los fundamentos retóricos de la sociedad.* Buenos Aires: FCE, 2014.

Landes, David S. *Revolución en el tiempo. El reloj y la formación del mundo moderno.* Barcelona: Crítica, 2007.

Lajugie, Joseph. *Los sistemas económicos*. Buenos Aires: Eudeba, 1960.

Las Heras Bonetto, Jorge. *Mayo del '68 francés. La imaginación sin poder*. Santiago de Chile: Editorial Universitaria, 2008.

Lash, Scott. *Sociología* del posmodernismo. Buenos Aires: Amorrortu, 2007.

Lazarsfeld, Paul; Berelson, Bernard; Gaudet, Hazle. *El pueblo elige. Estudio del proceso de formación del voto durante una campaña presidencial*. Buenos Aires: Ediciones 3, 1962.

Le Goff, Jacques. *La Edad Media y el dinero*. Madrid: Akal, 2012.

———. *Los intelectuales en la Edad Media*. México: Gedisa, 2008.

Lippmann, Walter. *La opinión pública*. Buenos Aires: Compañía General Fabril Editora, 1964.

Lipovetsky, Gilles. *De la ligereza*. Barcelona: Anagrama, 2016.

———. *La era del vacío*. Barcelona: Anagrama, 2020.

Lipovetsky, Gilles; Serroy, Jean. *La estetización del mundo. Vivir en la época del capitalismo artístico*. Barcelona: Anagrama, 2015.

Lorente, Jesús Sebastián Lorente (Coord.). *¿Liquidar «Mayo del 68»? Del sesentayochismo al liberalismo libertario*. Tarragona: Ediciones Fides, 2018.

Lull, James. *Medios, comunicación, cultura. Aproximación global*. Buenos Aires: Amorrortu, 2009.

Lyon, David. *Surveillance after September 11*. Massachusetts: Polity, 2003.

Lyons, Elizabeth; et al., «Behavior Change Techniques Implemented in Electronic Lifestyle Activity Monitors: A Systematic Content Analysis», *Journal of Medical Internet Research*. 16 agosto 2014, e192, https://www.jmir.org/2014/8/e192/.

Lyotard, Jean-François. *La condición postmoderna*. Madrid: Cátedra, 2019.

———. *La posmodernidad (explicada a los niños)*. Barcelona: Gedisa, 1992.

Maase, Kaspar. *Diversión ilimitada. El auge de la cultura de masas (1850-1970)*. Madrid: Siglo XXI, 2016.

MacBridem, Sean. *et al., Un solo mundo, voces múltiples. Comunicación e información en nuestro tiempo*. México D. F.: FCE, 1993.

Maddison, Angus. *La economía mundial en el siglo XX. Rendimiento y política en Asia, América Latina, la URSS y los países de la OCDE.* México: FCE, 1992.

Maiso Blasco, Jordi. «Sobrevivir a la efeméride. La compleja herencia estética de Theodor W. Adorno». En revista de filosofía *Azafea*, 3 marzo 2007, Ediciones Universidad de Salamanca.

Manada de Lobxs. *Foucault para encapuchadas.* Buenos Aires: Colección (im)pensados, 2014.

Manent, Pierre. *La razón de las naciones. Reflexiones sobre la democracia en Europa.* Madrid: Escolar y Mayo Editores, 2009.

Manin, Bernard. *Los principios del gobierno representativo.* Madrid: Alianza, 1998.

Mannheim, Karl. *Ideología y utopía.* Ciudad de México: FCE, 2012.

Marcuse, Herbert. *Cultura y sociedad.* Buenos Aires: Sur, 1978.

———. *El hombre unidimensional.* México D. F.: Editorial Joaquín Mortiz, 1968.

———. *Eros y civilización.* Barcelona: Ariel, 2015.

———. *La sociedad carnívora.* Buenos Aires: Ediciones Godot, 2011.

———. *Un ensayo sobre la liberación.* México D. F.: Cuadernos de Joaquín Mortiz, 1969.

Márquez, Nicolás. *Chávez: de Bolívar al narcoterrorismo.* Buenos Aires: Edivern, 2010.

Martínez Albaizeta, Jorge. *Izquierdas y derechas. Su sentido y misterio.* Madrid: Speiro, 1974.

Marx, Karl. *Crítica de la filosofía del Estado de Hegel.* Madrid: Biblioteca Nueva, 2002.

———. *El 18 Brumario de Luis Bonaparte.* Buenos Aires: Prometeo, 2009.

———. *Escritos sobre materialismo histórico.* Antología. Madrid: Alianza, 2012.

———. *Formaciones económicas precapitalistas.* Buenos Aires: Editorial Polémica, 1973.

———. *La ideología alemana.* Montevideo: Pueblos Unidos; Barcelona: Grijalbo, 1970.

———. *Antología.* Buenos Aires: Siglo XXI, 2014.

Marx, Karl. *Sobre la cuestión judía*. Buenos Aires: Prometeo Libros, 2004.

Marx, Karl; Engels, Friedrich. *El manifiesto comunista*. Buenos Aires: Editorial Sol 90, 2012.

Massot, Vicente Gonzalo. *Max Weber y su sombra. La polémica sobre la religión y el capitalismo*. Buenos Aires: Grupo Editor Latinoamericano, 1992.

McCombs, Maxwell; Shaw, Donald. «The Agenda-Setting Function of the Mass Media». En *Public Opinion Quaterly*, 1972.

McLuhan, Marshall. *Comprender los medios de comunicación. Las extensiones del ser humano*. Barcelona: Paidós, 1996.

Meinvielle, Julio. *El comunismo en la Argentina*. Buenos Aires: Biblioteca del Pensamiento Nacionalista Argentino, 1974.

Millett, Kate. *Sexual politics*. Estados Unidos: First Illinois Paperback, 2000.

Minogue, Kenneth. *La teoría pura de la ideología*. Buenos Aires: Grupo Editor Latinoamericano, 1988.

———. *Nacionalismo*. Buenos Aires: Paidós, 1968.

Molnar, Thomas. *La izquierda vista de frente*. Madrid: Unión Editorial, 1973.

Mond, George. «Las comunicaciones de masas en la U.R.S.S. 1917-1953». En *Revista española de la opinión pública*, n. 11, 1968.

Moreno Pestaña, José Luis. *Foucault y la política*. Madrid: Tierradenadie, 2011.

Mosse, George L. *La nacionalización de las masas*. Madrid: Marcial Pons, 2005.

Mosterín, Jesús. *El pensamiento arcaico*. Madrid: Alianza, 2015.

Mouffe, Chantal. *Agonística. Pensar el mundo políticamente*. Buenos Aires: FCE, 2014.

———. *En torno a lo político*. Buenos Aires: FCE, 2021.

———. *La paradoja democrática*. El peligro del consenso en la política contemporánea. Buenos Aires: Gedisa, 2012.

Muray, Philippe. *El imperio del bien*. Granada: Nuevo Inicio, 2012.

Negri, Antonio; Hardt, Michael. *Imperio*. Buenos Aires: Paidós, 2012.

Nietzsche, Friedrich. *Humano, demasiado humano.* Madrid: Akal, 2001.

Nisbet, Robert, *et al. Cambio social.* Madrid: Alianza, 1979.

Noelle-Neumann, Elisabeth. *La espiral del silencio. Opinión pública: nuestra piel social.* Madrid: Paidós, 2010.

Norte Sosa, José. *Big Data. Comunicación y política.* Buenos Aires: Tetraedro Ediciones, 2020.

Nozick, Robert. *Anarquía, Estado y utopía.* Buenos Aires: FCE, 1988.

————. *Puzzles socráticos.* Madrid: Cátedra, 1999.

Oakeshott, Michael. *El racionalismo en la política y otros ensayos.* México D. F.: FCE, 2001.

————. «John Locke», *Cambridge Review,* 4 noviembre 1932.

Ortega y Gasset, José. *El tema de nuestro tiempo.* Madrid: Austral, 1987.

————. *La rebelión de las masas.* Barcelona: Ediciones Orbis, 1983.

Parikka, Jussi. *Una geología de los medios.* Buenos Aires: Caja Negra, 2021.

Payne, Stanley G. *Historia del fascismo.* Barcelona: Planeta, 1995.

Pernoud, Régine. *A la luz de la Edad Media.* Barcelona: Juan Granica Ediciones, 1983.

————. *Los orígenes de la burguesía.* Buenos Aires: Miraflor, 1962.

————. *¿Qué es la Edad Media?* Madrid: Magisterio Español, 1979.

Perry Barlow, John. «Declaración de independencia del ciberespacio», *Periférica Internacional. Revista para el análisis de la cultura y el territorio,* v. 1, n. 10, 2011, https://revistas.uca.es/index.php/periferica/article/view/943.

Pieper, Josef. *El ocio: fundamento de la cultura.* Buenos Aires: Librería Córdoba, 2010.

Pineda, Antonio; Fernández Gómez, Jorge David; Huici, Adrián. *Ideologías políticas en la cultura de masas.* Madrid: Tecnos, 2018.

Platón, *República.* Madrid: Editorial Gredos, 2011.

Polanyi, Karl. *El sustento del hombre.* Madrid: Capitán Swing, 2009.

Popović, Srdja. *Cómo hacer la revolución. Instrucciones para cambiar el mundo.* Barcelona: Malpaso, 2016.

Postman, Neil. *Divertirse hasta morir*. Barcelona: Ediciones La Tempestad, 2012.

Prada, Juan Martín. *El ver y las imágenes en el tiempo de Internet*. Madrid: Akal, 2018.

Preciado, Beatriz. *Manifiesto contra-sexual. Prácticas subversivas de identidad sexual*. Madrid: Opera Prima, 2002.

Prelot, Marcel. *Sociología política*. Buenos Aires: La Ley, 1985.

Rand, Ayn. *La rebelión de Atlas*. Grito Sagrado: Buenos Aires, 2006.

———. *La virtud del egoísmo*. Buenos Aires: Grito Sagrado, 2009.

Reich, Wilhelm. *La revolución sexual*. Buenos Aires: Planeta, 1993.

———. *Materialismo dialéctico y psicoanálisis*. México D. F.: Siglo XXI, 1970.

Reinares Lara, Pedro. «Jóvenes y televisión generalista en España: ¿es Internet responsable de una audiencia perdida?». En *Revista Estudios de Juventud*, marzo 10, n. 88, http://www.injuve.es/sites/default/files/RJ88-06.pdf.

Romero, José Luis. *Estudio de la mentalidad burguesa*. Buenos Aires: Alianza, 2016.

———. *La cultura occidental. Del mundo romano al siglo XX*. Buenos Aires: Siglo XXI, 2013.

Romero Moreno, Fernando. *La nueva derecha. Reflexiones sobre la revolución conservadora en la Argentina*. Buenos Aires: Grupo Unión, 2020.

Rosler, Martha. *Clase cultural. Arte y gentrificación*. Buenos Aires: Caja Negra, 2017.

Rothbard, Murray. *El igualitarismo como rebelión contra la naturaleza*. Buenos Aires: Grupo Unión, 2019.

———. *Hacia una nueva libertad. El manifiesto libertario*. Buenos Aires: Grito Sagrado, 2005.

———. *La ética de la libertad*. Madrid: Unión Editorial, 2011.

Rousseau, Jean-Jacques. *Del contrato social*. Madrid: Alianza, 2000.

Sabine, George. *Historia de la teoría política*. México: FCE, 2015.

Sáenz, Alfredo. *La cristiandad y su cosmovisión*. Buenos Aires: Gladius, 2007.

Sandel, Michael. *Lo que el dinero no puede comprar. Los límites morales del mercado.* Bogotá: Debate, 2013.

―――. *La nave y las tempestades. La Revolución Francesa.* Segunda Parte. Buenos Aires: Gladius, 2011.

Sandin, Éric. *La humanidad aumentada. La administración digital del mundo.* Buenos Aires: Caja Negra Editora, 2018.

―――. *La siliconización del mundo. La irresistible expansión del liberalismo digital.* Buenos Aires: Caja Negra, 2018.

Sartori, Giovanni. *Elementos de teoría política.* Buenos Aires: Alianza, 1992.

―――. *La política. Lógica y método en las ciencias sociales.* Ciudad de México: FCE, 2015.

―――. *Homo videns.* Ciudad de México: Penguin Random House, 2017.

―――. *Teoría de la democracia.* Madrid: Alianza, 2005.

Schluchter, Wolfgang. *El desencantamiento del mundo. Seis estudios sobre Max Weber.* México D. F.: FCE, 2017.

Schmidt, Eric; Cohen, Jared. *The New Digital Age: Transforming Nations, Businesses, and Our Lives.* Nueva York: Vintage, 2014.

Schmitt, Carl. *El concepto de lo político.* Madrid: Alianza Editorial, 2019.

Schumpeter, Joseph. *Capitalismo, socialismo y democracia.* Barcelona: Folio, 1996.

Scott Brown, Denise; Venturi, Robert; Izenour, Steven. *Learning from Las Vegas.* Cambridge, MA: MIT Press, 1972.

Scruton, Roger. *Cómo ser conservador.* Madrid: Homo Legens, 2018.

―――. *Conservadurismo.* Madrid: El buey mudo, 2019.

Shils, Edward. *Los intelectuales y el poder.* Buenos Aires: Ediciones Tres Tiempos, 1976.

Sibilia, Paula. *La intimidad como espectáculo.* Buenos Aires: FCE, 2017.

Simmel, Georg. *De la esencia de la cultura.* Buenos Aires: Prometeo Libros, 2008.

―――. *El conflicto de la cultura moderna.* Córdoba: Universidad Nacional de Córdoba / Encuentro Grupo Editor, 2015.

Simmel, Georg. *El individuo y la libertad. Ensayos de crítica de la cultura*. Barcelona: Península, 2001.

Smith, James. *Intermediarios de ideas. Los «grupos expertos» (Think Tanks) y el surgimiento de la nueva elite política*. Buenos Aires: Grupo Editor Latinoamericano, 1994.

Spaemann, Robert. «Sobre la ontología de "derechas" e "izquierdas"». En *Anuario filosófico de la Universidad de Navarra*: XVII, 1984.

Spargo, Tasmin. *Foucault y la teoría queer*. Barcelona: Gedisa, 2013.

Speer, N. K., Reynolds, J. R., Swallow, K. M., y Zacks, J. M. (2009). «Reading Stories Activates Neural Representations of Visual and Motor Experiences». *Psychological Science*, 20(8), pp. 989–999, https://journals.sagepub.com/doi/abs/10.1111/j.1467-9280.2009.02397.x.

Srineck, Nick. *Capitalismo de plataformas*. Buenos Aires: Caja Negra, 2019.

Steyerl, Hito. *Arte Duty Free. El arte en la era de la guerra civil planetaria*. Buenos Aires: Caja Negra, 2018.

———. *Los condenados de la pantalla*. Buenos Aires: Caja Negra, 2020.

Sylvester Viereck, George. *Spreading Germs of Hate*. Nueva York: Horace Liveright, 1930.

Thompson, John. *Los media y la modernidad*. Barcelona: Paidós, 2017.

Tocqueville, Alexis. *El antiguo régimen y la revolución*. Madrid: Istmo, 2004.

Todorov, Tzvetan. *El espíritu de la Ilustración*. Barcelona: Galaxia Gutenberg, 2014.

———. *El nacimiento del individuo en el arte*. Buenos Aires: Ediciones Nueva Visión, 2006.

Toffler, Alvin. *Avances y premisas*. Barcelona: Plaza & Janés, 1983.

Touraine, Alain. *La sociedad post-industrial*. España: Ariel, 1969.

Traverso, Enzo. *¿Qué fue de los intelectuales?* Buenos Aires: Editorial Siglo XXI, 2014.

Vattimo, Gianni. *La sociedad transparente*. Barcelona: Paidós, 1996.

Vilar, Esther. *El varón domado*. Barcelona: Grijalbo, 1973.

Voegelin, Eric. *Las religiones políticas*. Madrid: Editorial Trotta, 2014.

Von Mises, Ludwig. *El socialismo*. Madrid: Unión Editorial, 2007.

————. *La mentalidad anticapitalista*. Buenos Aires: Unión Editorial, 2013.

————. *Liberalismo*. Madrid: Unión Editorial, 1975.

Warhol, Andy. *Mi filosofía de A a B y de B a A*. Barcelona: Tusquets, 1993.

Watson, Peter. *Ideas. Historia intelectual de la humanidad*. Colombia: Planeta, 2017.

Weber, Max. *Economía y sociedad*. México: FCE, 2016.

————. *El político y el científico*. Madrid: Alianza, 2012.

————. *Historia económica general*. México: FCE, 2017.

————. *La ética protestante y el espíritu del capitalismo*. México: FCE, 2011.

————. *¿Qué es la burocracia?* Buenos Aires: Leviatán, 1991.

Westerman, Frank. *Ingenieros del alma*. Madrid: Siruela, 2002.

White, Lynn. *Medieval Technology and Social Change*. Oxford: Clarendon Press, 1962.

Wiggershaus, Rolf. *La escuela de Fráncfort*. México D. F.: FCE, 2009.

Wilde, Oscar. *El retrato de Dorian Gray*. Buenos Aires: Hyspamérica, 1983.

Williamson, Ben. «Brain Data: Scanning, Scraping and Sculpting the Plastic Learning Brain Through Neurotechnology». *Postdigital Science and Education*, 1 (1), 2019, https://doi.org/10.1007/s42438-018-0008-5.

Woods, Thomas. *Cómo la Iglesia construyó la civilización occidental*. Madrid: Ciudadela, 2007.

Young, Christopher J, *et al.* (eds.) *Quick Hits for Teaching with Digital Humanities: Successful Strategies from Award-Winning Teachers*. Indiana: Indiana University Press, 2020.

Zuboff, Shoshana. *La era del capitalismo de la vigilancia*. Barcelona: Paidós, 2020.

Acerca del autor

Licenciado en Ciencia Política por la Universidad Católica de Córdoba y Máster en Filosofía por la Universidad de Navarra, el afamado escritor, politólogo, intelectual y conferencista Agustín Laje ha participado como autor y coautor en varios libros, entre los cuales destaca el éxito de ventas *El libro negro de la nueva izquierda*. Ha visto publicadas sus columnas en medios locales, nacionales e internacionales. Laje es actualmente columnista en La Gaceta de la Iberosfera, El American, PanAm Post, Alt Media y el diario digital español El Liberal. El autor ha recibido distintos galardones nacionales e internacionales. Sus ensayos sobre filosofía política han sido premiados cinco años consecutivos en México por Caminos de la Libertad. Ha dictado conferencias en distintos países, tales como Uruguay, Argentina, Chile, Perú, Paraguay, Ecuador, Bolivia, México, El Salvador, Colombia, Puerto Rico, Costa Rica, Guatemala, República Dominicana, Estados Unidos y España. Actualmente, Laje está realizando el doctorado en Filosofía por la Universidad de Navarra.